새로운 ... 자료 동양북스 홈페이지에서 만나보세요!

홈페이지 활용하여 외국어 실력 두 배 늘리기!

홈페이지 이렇게 활용해보세요!

1 도서 자료실에서 학습자료 및 MP3 무료 다운로드!

❶ 도서 자료실 클릭
❷ 검색어 입력
❸ MP3, 정답과 해설, 부가자료 등 첨부파일 다운로드

* 원하는 자료가 없는 경우 '요청하기' 클릭!

2 동영상 강의를 어디서나 쉽게! 외국어부터 바둑까지!

500만 독자가 선택한

가장 쉬운
독학 일본어 첫걸음
14,000원

가장 쉬운
독학 중국어 첫걸음
14,000원

가장 쉬운
독학 베트남어 첫걸음
15,000원

가장 쉬운
독학 스페인어 첫걸음
15,000원

가장 쉬운
독학 프랑스어 첫걸음
16,500원

가장 쉬운
독학 태국어 첫걸음
16,500원

가장 쉬운
프랑스어 첫걸음의 모든 것
17,000원

가장 쉬운
독일어 첫걸음의 모든 것
18,000원

가장 쉬운
스페인어 첫걸음의 모든 것
14,500원

첫걸음 베스트 1위!

가장 쉬운 러시아어
첫걸음의 모든 것
16,000원

가장 쉬운 이탈리아어
첫걸음의 모든 것
17,500원

가장 쉬운 포르투갈어
첫걸음의 모든 것
18,000원

버전업! 가장 쉬운
베트남어 첫걸음
16,000원

가장 쉬운 터키어
첫걸음의 모든 것
16,500원

버전업! 가장 쉬운
아랍어 첫걸음
18,500원

가장 쉬운 인도네시아어
첫걸음의 모든 것
18,500원

버전업! 가장 쉬운
태국어 첫걸음
16,800원

가장 쉬운 영어
첫걸음의 모든 것
16,500원

버전업! 굿모닝
독학 일본어 첫걸음
14,500원

가장 쉬운 중국어
첫걸음의 모든 것
14,500원

일단 합격

하고 오겠습니다

정반합 新HSK

4급

전략서

동양북스

정반합
新HSK 4급 전략서

초판 3쇄 | 2020년 3월 20일

지은이 | 孙春颖
해 설 | 이선민
발행인 | 김태웅
편집장 | 강석기
책임 편집 | 조유경, 신효정
디자인 | 정혜미, 남은혜
마케팅 | 나재승
제 작 | 현대순

발행처 | ㈜동양북스
등 록 | 제 2014-000055호
주 소 | 서울시 마포구 동교로22길 14(04030)
구입 문의 | 전화 (02)337-1737 팩스 (02)334-6624
내용 문의 | 전화 (02)337-1762 dybooks2@gmail.com

ISBN 979-11-5768-239-3 14720
ISBN 979-11-5768-233-1 (세트)

孙春颖 主编 2015年

▶ 잘못된 책은 구입처에서 교환해 드립니다.
▶ 도서출판 동양북스에서는 소중한 원고, 새로운 기획을 기다리고 있습니다.
http://www.dongyangbooks.com

이 도서의 국립중앙도서관 출판예정도서목록(CIP)은 서지정보유통지원시스템 홈페이지(http://seoji.nl.go.kr)와
국가자료공동목록시스템(http://www.nl.go.kr/kolisnet)에서 이용하실 수 있습니다.
(CIP제어번호:CIP2017002027)

머리말

新HSK 시험은 국제한어능력 표준화 시험으로 제 1언어가 중국어가 아닌 수험생이 생활과 학습, 업무상에서 중국어를 사용하여 교제하는 능력을 중점적으로 평가합니다.

이에 수험생들이 시험을 보기 전, 짧은 시간 내에 新HSK 각 급수의 시험 구성과 문제 유형에 익숙해지고, 신속하게 응시 능력과 성적을 향상할 수 있도록《新汉语水平考试大纲》에 의거하여 문제집을 만들게 되었습니다.

정말 **반**드시 **합**격한다
본 교재는 新HSK 1~6급까지 총 6권으로 구성된 시리즈이며, 新HSK 시험을 처음 접하는 학습자일지라도 누구나 쉽게 도전할 수 있도록 구성하였습니다. 또한 기초를 학습한 후 고득점으로 합격할 수 있게 많은 문제를 다루었습니다.

〈정.반.합. 新HSK〉 시리즈는

1. 시험의 중점 내용 및 문제 풀이 방법 강화

본 책의 집필진은《新汉语水平考试大纲》,《国际汉语能力标准》과《国际汉语教学通用课程大纲》을 참고하여 新HSK의 예제와 기출 문제의 유형적 특징을 심도 있게 연구하였습니다. 이를 통해 수험생은 시험의 출제 의도 및 시험에서 중점적으로 다루는 내용을 파악할 수 있고 더불어 시험 문제 풀이 방법까지 제시하여 수험생으로 하여금 더욱 빠르고 정확하게 문제를 풀 수 있도록 하였습니다.

2. 문제 유형 분석 및 높은 적중률

본 책은 수년간의 기출 문제를 바탕으로 시험에 자주 나오는 문제 유형을 꼼꼼히 분석, 실제 시험과 유사한 문제를 집필하였습니다. 이에 수험생은 실제 시험에서도 당황하거나 어려움 없이 시험에 응시할 수 있으며, 이 책의 문제와 실제 시험이 유사하다는 것을 느낄 수 있을 것입니다.

3. 강의용 교재로, 독학용으로도 모두 적합

본 책은 영역별 예제 및 해설, 실전 연습 문제, 영역별 실전 테스트 외 3세트의 모의고사로 구성되어 있어 교사가 학생과 수업하기에도 학생이 독학으로 시험을 준비하기에도 모두 적합합니다.

新HSK 도전에 두려움을 겪거나 점수가 오르지 않아 어려움을 겪고 있는 모든 분들이 이 책을 통해 고득점으로 합격하기를 희망합니다!

저자 孙春颖

新HSK 소개

新HSK는 국제 중국어능력 표준화 시험으로, 중국어가 모국어가 아닌 수험생의 생활, 학습과 업무 중 중국어를 이용하여 교제를 진행하는 능력을 중점적으로 측정한다.

1. 구성 및 용도

新HSK는 필기시험과 구술시험으로 나누어지며, 각 시험은 서로 독립되어 있다. 또한 新HSK는 ① 대학의 신입생 모집 · 분반 · 수업 면제 · 학점 수여, ② 기업의 인재채용 및 양성 · 진급, ③ 중국어 학습자의 중국어 응용능력 이해 및 향상, ④ 중국어 교육 기관의 교육 성과 파악 등의 참고 기준으로 사용할 수 있다.

필기 시험	구술 시험
新HSK 6급 (구 고등 HSK에 해당)	HSKK 고급
新HSK 5급 (구 초중등 HSK에 해당)	
新HSK 4급 (구 초중등 HSK에 해당)	HSKK 중급
新HSK 3급 (구 기초 HSK에 해당)	
新HSK 2급 (신설)	HSKK 초급
新HSK 1급 (신설)	

※ 구술시험은 녹음 형식으로 이루어진다.

2. 등급

新HSK 각 등급과 〈국제 중국어 능력 기준〉, 〈유럽 언어 공통 참고규격(CEF)〉의 대응 관계는 아래와 같다.

新HSK	어휘량	국제 중국어 능력 기준	유럽 언어 공통 참고 규격(CEF)
6급	5,000 이상	5급	C2
5급	2,500		C1
4급	1,200	4급	B2
3급	600	3급	B1
2급	300	2급	A2
1급	150	1급	A1

- **新HSK 1급** 매우 간단한 중국어 단어와 문장을 이해하고 사용할 수 있으며, 구체적인 의사소통 요구를 만족시키고 진일보한 중국어 능력을 구비한다.
- **新HSK 2급** 익숙한 일상 화제에 대해 중국어로 간단하고 직접적인 교류를 할 수 있으며, 초급 중국어의 우수 수준이라 할 수 있다.
- **新HSK 3급** 중국어로 일상생활 · 학습 · 업무 등 방면에서 기본 의사소통이 가능하며, 중국에서 여행할 때 대부분의 의사소통이 가능하다.
- **新HSK 4급** 비교적 넓은 영역의 화제에 대해 중국어로 토론할 수 있으며, 원어민과 비교적 유창하게 대화할 수 있다.
- **新HSK 5급** 중국어로 신문과 잡지를 읽고 영화와 TV 프로그램을 감상할 수 있으며 중국어로 비교적 완전한 연설을 할 수 있다.
- **新HSK 6급** 중국어로 된 정보를 가볍게 듣고 이해할 수 있으며, 구어체 또는 서면어의 형식으로 자신의 견해를 유창하게 표현할 수 있다.

3. 접수

① **인터넷 접수:** HSK 홈페이지(www.hsk.or.kr)에서 접수

② **우편 접수:** 구비서류(응시원서(사진 1장 부착) + 반명함판 사진 1장 + 응시비 입금 영수증)를 동봉하여 HSK한국사무국으로 등기 발송

③ **방문 접수:** 서울공자아카데미에서 접수

[접수 시간] 평 일 - 오전 9시 30분~12시, 오후 1시~5시 30분 / 토요일 - 오전 9시 30분~12시

[준비물] 응시원서, 사진 3장(3×4cm 반명함판 컬러 사진, 최근 6개월 이내 촬영)

4. 시험 당일 준비물

수험표, 2B 연필, 지우개, 신분증

※유효한 신분증:

18세 이상- 주민등록증, 운전면허증, 기간만료 전의 여권, 주민등록증 발급신청 확인서

18세 미만- 기간만료 전의 여권, 청소년증, HSK 신분확인서

주의! 학생증, 사원증, 국민건강보험증, 주민등록등본, 공무원증은 인정되지 않음

5. 성적 조회, 성적표 수령

시험일로부터 1개월 후 중국고시센터 홈페이지(www.hanban.org)에서 개별 성적 조회가 가능하며, 성적표는 시험일로부터 45일 이후 발송된다.

新HSK 4급 소개

1. 新HSK 4급 소개

- **어휘 수**: 1,200개
- **수준**: 비교적 넓은 영역의 화제에 대해 중국어로 토론할 수 있으며, 원어민과 비교적 유창하게 대화할 수 있다.
- **대상**: 매주 2~4시간씩 4학기 정도의 중국어를 학습하고 1,200개의 상용어휘 및 관련 어법지식을 가지고 있는 학습자를 대상으로 한다.

2. 시험 구성

시험 과목	문제 형식	문항 수		시간
듣기	제1부분	10	45	약 30분
	제2부분	15		
	제3부분	20		
듣기 답안지 작성 시간				5분
독해	제1부분	10	40	40분
	제2부분	10		
	제3부분	20		
쓰기	제1부분	10	15	25분
	제2부분	5		
합계		100		약 100분

※총 시험 시간은 105분이다.(개인정보 작성 시간 5분 포함)

3. 영역별 문제 유형

듣기	제1부분 (10문제)	녹음 내용과 제시된 문장의 일치 불일치 판단하기 한 사람이 말한 후 두 번째 사람이 한 문장을 말한다. 두 번째 사람이 하는 말의 옳고 그름을 판단한다.(녹음은 1번 들려준다)
	제2부분 (15문제)	2문장의 대화 듣고 질문에 답하기 두 사람의 대화 후 질문에 대한 답을 고른다. 시험지에 제시되는 4개의 보기 중 알맞은 답안을 고른다.(녹음은 1번 들려준다)
	제3부분 (20문제)	4~5문장의 대화나 단문 듣고 질문에 답하기 대화는 각 1문제씩 10문제, 단문은 각 2문제씩 10문제로 이루어져 있다. 대화나 단문을 듣고 시험지에 제시되는 4개의 선택항 중 알맞은 답안을 고른다.(녹음은 1번 들려준다)

독해	제1부분 (10문제)	빈칸 채우기 5문제는 한 문장, 5문제는 대화로 이루어져 있다. 제시된 선택항 중에서 빈칸에 들어갈 단어를 고른다.
	제2부분 (10문제)	문장 순서 배열하기 주어진 ABC 3개의 문장을 순서에 맞게 배열한다.
	제3부분 (20문제)	지문 읽고 질문에 답하기 짧은 단락은 각 1문제씩 14문제, 비교적 긴 단락은 각 2문제씩 6문제로 이루어져 있다. 독해 후 4개의 선택항 중 알맞은 답을 고른다.
쓰기	제1부분 (10문제)	제시된 어휘로 문장 완성하기 문제마다 몇 개의 어휘가 주어지며, 어휘를 이용하여 문장을 만든다.
	제2부분 (5문제)	제시된 어휘와 사진 보고 작문하기 매 문제마다 사진과 어휘가 한 개씩 제공되는데, 그림의 내용에 맞게 문장을 만든다.

4. 성적

성적표는 듣기, 독해, 쓰기 세 영역의 점수 및 총점이 기재되며, 총점이 180점을 넘어야 합격이다.

	만점	점수
듣기	100	
독해	100	
쓰기	100	
총점	300	

※HSK성적은 시험일로부터 2년간 유효하다.

이 책의 구성 및 특징

新HSK 시험 형식에 맞춰 듣기, 독해, 쓰기 3개의 영역으로 나뉘어 있으며, '유형 익히기 → 유형 확인 문제 → 실전 연습 → 영역별 실전 테스트'의 순으로 학습할 수 있도록 구성하였습니다.

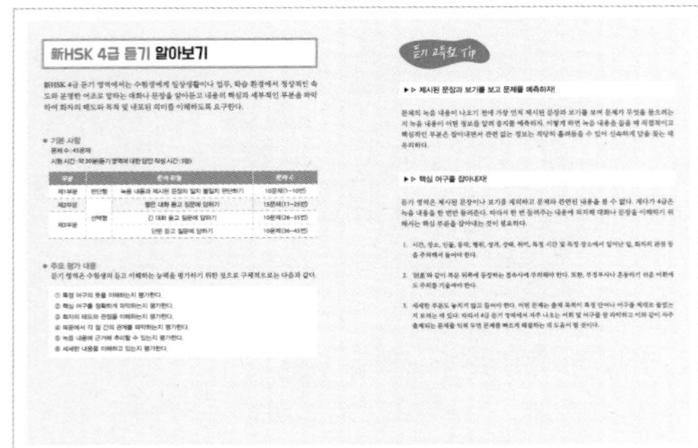

알아보기

영역별로 알아보기를 제시해 HSK의 시험 시간, 문제 수 및 구성을 파악하고 나서, 고득점 Tip으로 문제 푸는 방법을 익힐 수 있습니다.

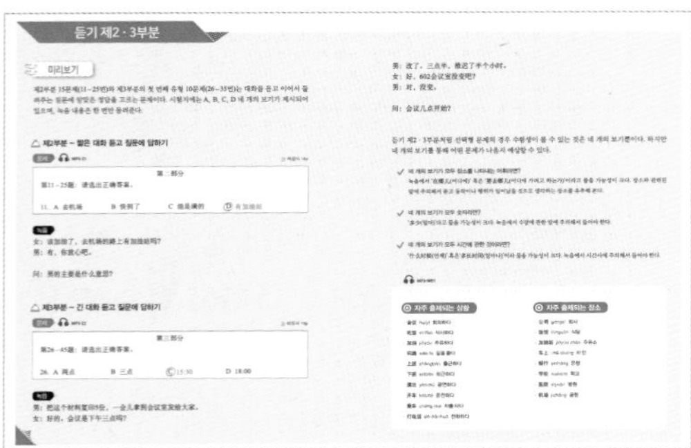

미리보기

미리보기를 통해 앞으로 학습할 문제 유형에 대해 미리 확인할 수 있습니다.

특별 부록

실전 모의고사 1, 2, 3회

실전 모의고사 3회분 제공

단어 / 문장 쓰기 노트

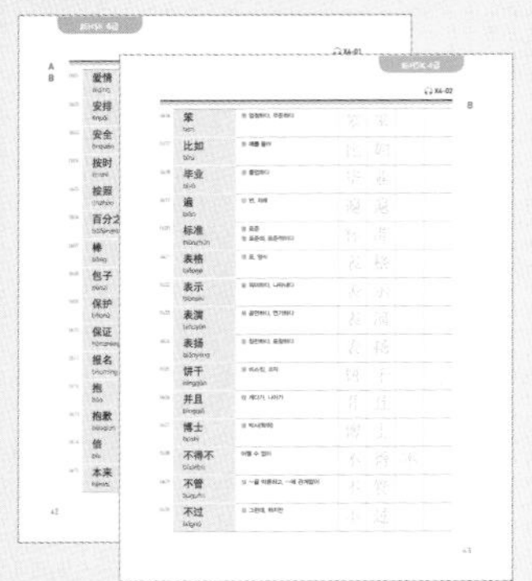

1~4급 단어 1200개 + 문장 쓰기 노트 제공

해설서

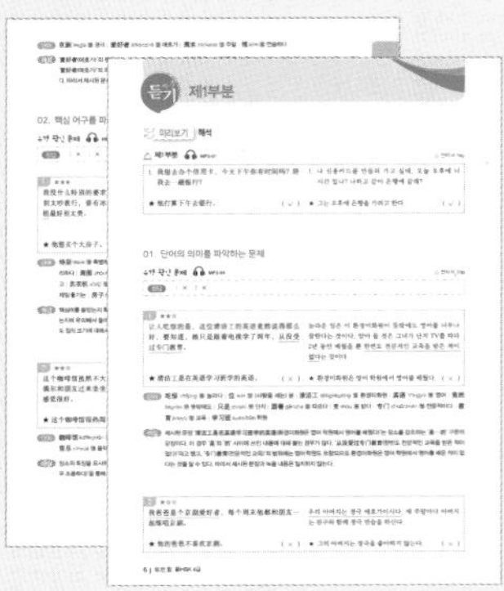

다양한 Tip과 자세한 해설 제공

고득점을 향한 3단계

step 1

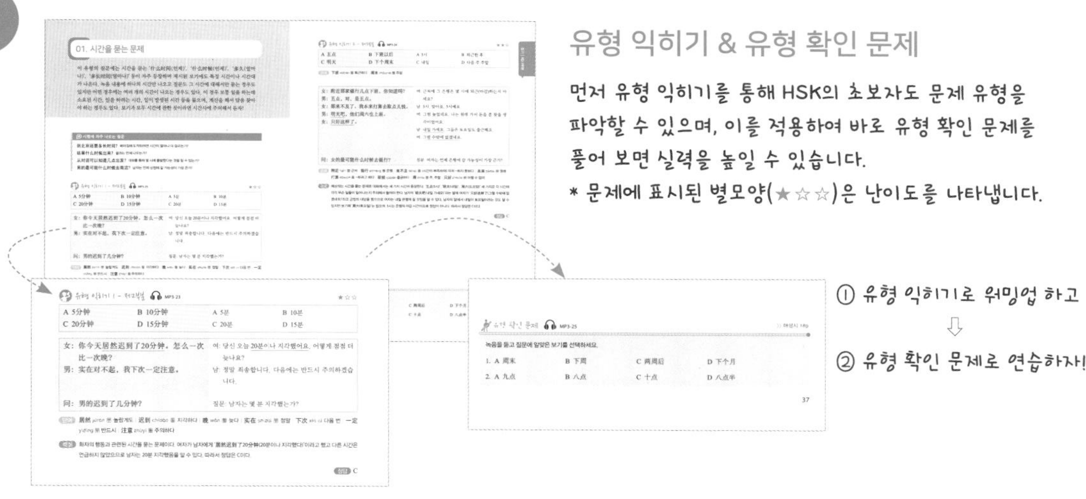

유형 익히기 & 유형 확인 문제

먼저 유형 익히기를 통해 HSK의 초보자도 문제 유형을 파악할 수 있으며, 이를 적용하여 바로 유형 확인 문제를 풀어 보면 실력을 높일 수 있습니다.
* 문제에 표시된 별모양(★☆☆)은 난이도를 나타냅니다.

① 유형 익히기로 워밍업 하고
⇩
② 유형 확인 문제로 연습하자!

step 2

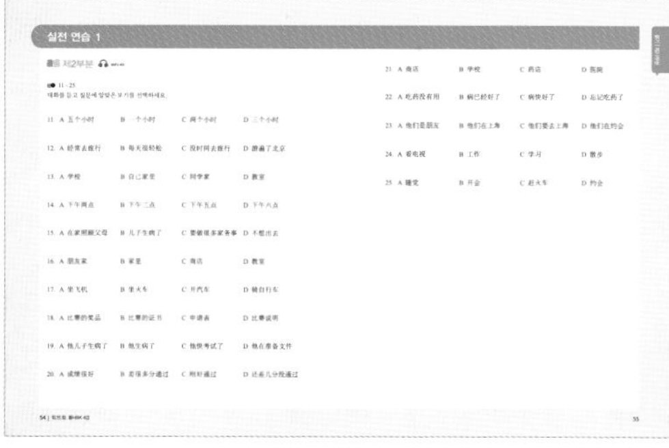

실전 연습

유형 익히기 & 유형 확인 문제를 통해 연습한 내용을 각 부분이 끝나면 실전 연습을 통해 복습할 수 있습니다.

step 3

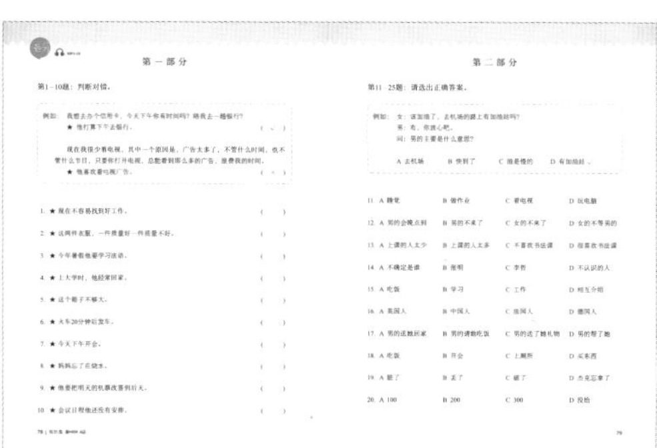

영역별 실전 테스트

듣기, 독해, 쓰기 각 영역의 학습이 끝나면 영역별 실전 테스트를 통해 실력을 점검할 수 있습니다.

차례

新HSK 듣기

4

听力

알아보기

제1부분

녹음 내용과 제시된 문장의 일치 불일치 판단하기

제2 · 3부분

대화 듣고 질문에 답하기

제3부분

단문 듣고 질문에 답하기

실전 테스트

新HSK 4급 듣기 알아보기

新HSK 4급 듣기 영역에서는 수험생에게 일상생활이나 업무, 학습 환경에서 정상적인 속도와 분명한 어조로 말하는 대화나 문장을 알아듣고 내용의 핵심과 세부적인 부분을 파악하여 화자의 태도와 목적 및 내포된 의미를 이해하도록 요구한다.

● 기본 사항

문제 수 : 45문제

시험 시간 : 약 30분(듣기 영역에 대한 답안 작성 시간 : 5분)

부분	문제 유형		문제 수
제1부분	판단형	녹음 내용과 제시된 문장의 일치 불일치 판단하기	10문제(1–10번)
제2부분	선택형	짧은 대화 듣고 질문에 답하기	15문제(11–25번)
제3부분		긴 대화 듣고 질문에 답하기	10문제(26–35번)
		단문 듣고 질문에 답하기	10문제(36–45번)

● 주요 평가 내용

듣기 영역은 수험생의 듣고 이해하는 능력을 평가하기 위한 것으로 구체적으로는 다음과 같다.

① 특정 어구의 뜻을 이해하는지 평가한다.
② 핵심 어구를 정확하게 파악하는지 평가한다.
③ 화자의 태도와 관점을 이해하는지 평가한다.
④ 복문에서 각 절 간의 관계를 파악하는지 평가한다.
⑤ 녹음 내용에 근거해 추리할 수 있는지 평가한다.
⑥ 세세한 내용을 이해하고 있는지 평가한다.

듣기 고득점 Tip

▶▷ 제시된 문장과 보기를 보고 문제를 예측하자!

문제의 녹음 내용이 나오기 전에 가장 먼저 제시된 문장과 보기를 보며 문제가 무엇을 물으려는지 녹음 내용이 어떤 정보를 알려 줄지를 예측하자. 이렇게 하면 녹음 내용을 들을 때 직접적이고 핵심적인 부분은 잡아내면서 관련 없는 정보는 적당히 흘려들을 수 있어 신속하게 답을 찾는 데 유리하다.

▶▷ 핵심 어구를 잡아내자!

듣기 영역은 제시된 문장이나 보기를 제외하고 문제와 관련된 내용을 볼 수 없다. 게다가 4급은 녹음 내용을 한 번만 들려준다. 따라서 한 번 들려주는 내용에 의지해 대화나 문장을 이해하기 위해서는 핵심 부분을 잡아내는 것이 필요하다.

1. 시간, 장소, 인물, 동작, 행위, 성격, 상태, 취미, 특정 시간 및 특정 장소에서 일어난 일, 화자의 관점 등을 주의해서 들어야 한다.

2. '但是'와 같이 복문 뒤쪽에 등장하는 접속사에 주의해야 한다. 또한, 부정부사나 혼동하기 쉬운 어휘에도 주의를 기울여야 한다.

3. 세세한 부분도 놓치지 않고 들어야 한다. 어떤 문제는 출제 목적이 특정 단어나 어구를 제대로 들었는지 보려는 데 있다. 따라서 4급 듣기 영역에서 자주 나오는 어휘 및 어구를 잘 파악하고 이와 같이 자주 출제되는 문제를 익혀 두면 문제를 빠르게 해결하는 데 도움이 될 것이다.

제1부분

녹음 내용과 제시된 문장의 일치 불일치 판단하기

01. 단어의 의미를 파악하는 문제
02. 핵심 어구를 파악하는 문제
03. 화자의 관점과 견해를 묻는 문제
04. 각 절 간의 관계에 주의해야 하는 문제
05. 녹음 내용을 근거로 추리하는 문제
06. 세부 내용을 묻는 문제

듣기 제1부분

미리보기

제1부분은 10문제(1－10번)로 단문을 듣고 이어서 들려주는 제시된 문장과의 일치 여부를 판단하는 문제이다. 녹음 내용은 한 번만 들려준다.

제1부분 – 녹음 내용과 제시된 문장의 일치 불일치 판단하기

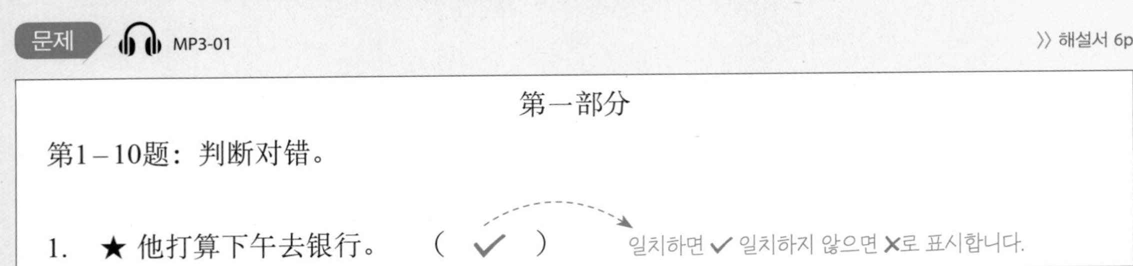
문제 MP3-01

》 해설서 6p

第一部分

第1－10题：判断对错。

1.　★ 他打算下午去银行。　（ ✓ ）　일치하면 ✓ 일치하지 않으면 ✗로 표시합니다.

녹음

我想去办个信用卡，今天下午你有时间吗？陪我去一趟银行？

01. 단어의 의미를 파악하는 문제

이 유형은 제시된 문장에 녹음 내용 속의 특정 어구와 뜻이 일치하거나 상반된 의미의 단어가 나오며, 해당 어구의 의미를 정확히 이해해야 문제를 풀 수 있다. 만약 어구의 뜻을 잘 모르겠다면 앞뒤 내용을 분석해서 판단할 수 있다.

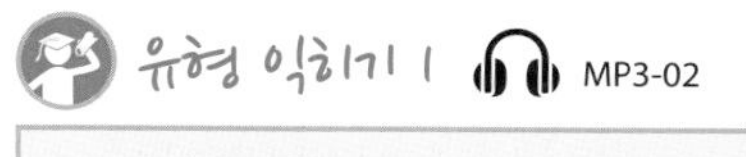

★★☆

★ 飞机还没起飞。 ( )	★ 비행기는 아직 이륙하지 않았다.

단어 起飞 qǐfēi 동 (비행기 등이) 이륙하다

乘客您好，我们很抱歉地通知您，由于天气原因，您乘坐的CA1864航班推迟起飞。	승객 여러분 안녕하십니까, 여러분께 이런 말씀을 드리게 되어서 대단히 죄송합니다. 날씨로 인해 탑승하신 CA 1864 항공편은 이륙이 지연되겠습니다.

단어 乘客 chéngkè 명 승객 | 抱歉 bàoqiàn 형 죄송합니다 | 通知 tōngzhī 동 통지하다 | 由于 yóuyú 접 ~으로 인하여 | 原因 yuányīn 명 원인 | 乘坐 chéngzuò 동 (비행기 등을) 타다 | 航班 hángbān 명 (비행기 등의) 항공편 | 推迟 tuīchí 동 늦추다

해설 단어 '推迟(늦추다)'의 의미를 알고 있는지 묻는 문제이다. 제시된 문장이 '비행기가 아직 이륙하지 않았다'이니 '비행기'와 '이륙하다'에 관해 무엇을 말하는지 주의해서 들어야 한다. '推迟起飞(이륙이 지연되다)'의 '推迟'는 어떤 일을 하는데 예정된 시간보다 늦어지는 것을 말하므로 비행기가 아직 이륙하지 않았다는 것을 알 수 있다. 게다가 '我们很抱歉地通知您(여러분께 이런 말씀을 드리게 되어서 대단히 죄송합니다)'을 통해 뒤에 이어질 내용이 부정적인 일이라는 것을 추측할 수 있으므로 비행기가 아직 이륙하지 않았음을 알 수 있다. 따라서 제시된 문장과 녹음 내용은 일치한다.

유형 익히기 2 MP3-03

★★☆

★ 经理发现了小王的一些缺点。 (　　)	★ 사장은 샤오왕의 결점들을 발견했다.

단어 经理 jīnglǐ 명 (기업의) 경영 관리 책임자, 사장 | 发现 fāxiàn 동 발견하다 | 缺点 quēdiǎn 명 결점

昨天的面试，小王给经理留下了非常好的印象：有礼貌，有信心，有能力。经理几乎没发现他有什么缺点。	어제 면접시험에서 샤오왕은 사장에게 예의 바르고, 자신감 있고, 유능하다는 아주 좋은 인상을 남겼다. 사장은 그가 어떤 결점이 있는지 거의 발견하지 못했다.

단어 面试 miànshì 명 면접시험 | 留下 liúxià 동 남기다 | 印象 yìnxiàng 명 인상 | 礼貌 lǐmào 명 예의 | 信心 xìnxīn 명 자신감 | 能力 nénglì 명 능력 | 几乎 jīhū 부 거의

해설 제시된 문장이 '经理发现了小王的一些缺点(사장은 샤오왕의 결점들을 발견했다)'이므로 사장이 샤오왕의 결점을 발견했는지 그렇다면 무슨 결점을 발견했는지 주의해서 들어야 한다. 앞부분에서는 샤오왕이 사장에게 좋은 인상을 남겼다고 했고, 마지막 문장 '经理几乎没发现他有什么缺点(사장은 그가 어떤 결점이 있는지 거의 발견하지 못했다)'을 통해 사장은 샤오왕의 결점을 발견하지 못했음을 알 수 있다. 따라서 제시된 문장과 녹음 내용은 일치하지 않는다.

정답 ✕

유형 확인 문제 MP3-04

》 해설서 6p

녹음을 듣고 제시된 문장이 녹음 내용과 일치하면 ✓, 일치하지 않으면 ×를 표시하세요.

1. ★ 清洁工是在英语学习班学的英语。 (　　)

2. ★ 他的爸爸不喜欢京剧。 (　　)

02. 핵심 어구를 파악하는 문제

이 유형은 수험생이 녹음 내용 중의 핵심 어구를 정확히 파악하는지 보려는 것으로, 제시된 문장도 이 핵심 어구와 관련된 경우가 많다.

유형 익히기 1 MP3-05

★☆☆

★ 服务员的京剧唱得很好。 ( )	★ 종업원은 경극을 매우 잘 부른다.

단어 京剧 jīngjù 명 경극 | 唱 chàng 동 노래하다

让人吃惊的是，这位服务员的京剧竟然唱得非常好，要知道，他只是跟着电视学习京剧，从来没有接受过专门教育。	놀라운 일은 이 종업원이 뜻밖에도 경극을 대단히 잘 부른다는 것이다. 알아 둘 것은 그가 단지 TV를 따라 경극을 배웠을 뿐 한번도 전문적인 교육을 받은 적이 없다는 것이다.

단어 吃惊 chījīng 동 놀라다 | 位 wèi 양 (사람을 세는) 분 | 竟然 jìngrán 부 뜻밖에도 | 只是 zhǐshì 부 오직 | 跟着 gēnzhe 부 ~을 향해 | 接受 jiēshòu 동 받다 | 专门 zhuānmén 형 전문적이다 | 教育 jiàoyù 명 교육

해설 핵심 어구를 잡아낼 수 있는지 묻는 문제이다. 제시된 문장이 '服务员的京剧唱得很好(종업원은 경극을 매우 잘 부른다)'이므로 녹음 내용 중 종업원의 노래가 '어떠한지'에 관한 정보가 있음을 예상할 수 있다. '竟然唱得非常好(뜻밖에도 대단히 잘 부른다)'라고 했으므로, '竟然'의 뜻이 '뜻밖에도'인 것만 이해한다면 종업원이 경극을 잘 부른다는 것을 알 수 있다. 따라서 제시된 문장과 녹음 내용은 일치한다.

정답 

유형 확인 문제 MP3-06

>> 해설서 7p

녹음을 듣고 제시된 문장이 녹음 내용과 일치하면 ✓, 일치하지 않으면 ×를 표시하세요.

1. ★ 他想买个大房子。 ( )
2. ★ 这个咖啡馆很热闹。 ( )

03. 화자의 관점과 견해를 묻는 문제

이 유형의 녹음 내용은 제시된 문장과 관련된 주제에 대한 화자의 관점과 견해가 나타난다. 제시된 문장을 미리 보고 이와 관련된 화자의 견해에 집중해서 녹음을 들어야 한다.

유형 익히기 1 MP3-07 ★★☆

★ 不饿就不要吃早饭。 ( )	★ 배고프지 않으면 아침밥을 먹을 필요 없다.

단어 饿 è 형 배고프다 | 不要 búyào 부 필요 없다 | 早饭 zǎofàn 명 아침밥

可能是因为忙，没有时间，也许只是觉得不饿，一些人不吃早饭就去上学或上班，时间长了，健康自然会受到影响。	바쁘고 시간이 없기 때문인지 혹은 단지 배고픔을 느끼지 못해서인지 어떤 사람들은 아침밥을 거르고 등교하거나 출근하는데, 오래되면 자연스럽게 건강도 영향을 받게 된다.

단어 也许 yěxǔ 부 혹은, 어쩌면 | 只是 zhǐshì 부 단지 | 觉得 juéde 동 ~라고 여기다 | 上学 shàngxué 동 등교하다 | 或 huò 접 또는 | 健康 jiànkāng 명 건강 | 自然 zìrán 형 당연하다 | 受到 shòudào 동 받다 | 影响 yǐngxiǎng 명 영향

해설 화자의 관점을 이해하는지 묻는 문제이다. 제시된 문장이 '不饿就不要吃早饭(배고프지 않으면 아침밥을 먹을 필요 없다)'이므로 녹음 내용 중 '배고픔'과 '아침밥' 이 두 관계에 대한 화자의 견해가 나올 것임을 알 수 있다. 이에 대한 화자의 견해가 드러난 부분은 '健康自然会受到影响(자연스럽게 건강도 영향을 받게 된다)'으로 아침밥을 거르는 것은 좋지 않고 건강을 위해서는 아침을 꼭 먹어야 한다는 것을 알 수 있다. 따라서 제시된 문장과 녹음 내용은 일치하지 않는다.

정답 ✕

유형 익히기 2 MP3-08

★★☆

★ 儿童不应该整天玩电脑游戏。 ( )	★ 어린이는 온종일 컴퓨터 게임을 해서는 안 된다.

단어 儿童 értóng 명 아동 | 应该 yīnggāi 조동 ~해야 한다 | 整天 zhěngtiān 명 하루 종일 | 游戏 yóuxì 명 게임

现在许多儿童不喜欢看书，整天玩电脑游戏，这不仅影响学习，而且有害健康。	요즘 많은 어린이들은 책 보는 것을 좋아하지 않고, 온종일 컴퓨터 게임을 한다. 이는 학습에 영향을 줄 뿐만 아니라 건강에도 해롭다.

단어 许多 xǔduō 형 매우 많다 | 不仅 bùjǐn 접 ~뿐만 아니라 | 影响 yǐngxiǎng 동 영향을 주다 | 而且 érqiě 접 게다가 | 有害 yǒu hài 유해하다 | 健康 jiànkāng 명 건강

해설 화자의 관점을 이해하는지 묻는 문제이다. 제시된 문장이 '儿童不应该整天玩电脑游戏(어린이는 온종일 컴퓨터 게임을 해서는 안 된다)'이므로 어린이가 온종일 컴퓨터 게임을 하는 것에 대한 화자의 견해에 주의해서 들어야 한다. 후반부에서 '这不仅影响学习，而且有害健康(이는 학습에 영향을 줄 뿐만 아니라 건강에도 해롭다)'이라며 온종일 컴퓨터 게임을 하면 초래될 부정적인 면에 대해 말했으므로 제시된 문장과 녹음 내용은 일치한다는 것을 알 수있다.

정답 ✓

유형 확인 문제 MP3-09

〉〉 해설서 8p

녹음을 듣고 제시된 문장이 녹음 내용과 일치하면 ✓, 일치하지 않으면 ×를 표시하세요.

1. ★ 他很喜欢他的女朋友。 ( )

2. ★ 他很喜欢看电视广告。 ( )

04. 각 절 간의 관계에 주의해야 하는 문제

이 유형은 녹음 내용에 일반적으로 하나 내지는 여러 개의 접속사가 나온다. 수험생은 복문에 대한 지식을 토대로 각 절 간의 관계를 판단해야 한다.

★★☆

★ 他没有翻译第二部分。 ( )	★ 그는 두 번째 부분을 번역하지 않았다.

단어 翻译 fānyì 동 번역하다

刘律师，您的材料我已经翻译完了，不过其中第二部分有一些专业知识我不太了解，您看翻译得是不是准确。	리우 변호사님, 당신의 자료는 제가 이미 다 번역했습니다. 하지만 그중 두 번째 부분의 전문 지식은 제가 잘 알지 못합니다. 당신이 번역이 정확하게 되었는지 봐 주십시오.

단어 律师 lǜshī 명 변호사 | 材料 cáiliào 명 자료 | 不过 búguò 접 그런데 | 其中 qízhōng 명 그중에 | 专业 zhuānyè 명 전공 | 知识 zhīshi 명 지식 | 了解 liǎojiě 동 이해하다 | 准确 zhǔnquè 형 정확하다

해설 복문의 앞뒤 관계를 정확하게 이해하고 있는지 묻는 문제이다. 제시된 문장이 '他没有翻译第二部分(그는 두 번째 부분을 번역하지 않았다)'이므로 그가 두 번째 부분을 번역했는지 아닌지에 주의해서 들어야 한다. 복문 문제에서 지나치게 뒷부분에만 신경을 쓰다 보면 앞부분을 놓칠 수 있다. 이 문제는 앞에서 분명히 '您的材料我已经翻译完了(당신의 자료는 제가 이미 다 번역했다)'라고 했으므로, 그가 두 번째 부분을 번역하지 않았다고 한 제시된 문장은 녹음 내용과 일치하지 않는다.

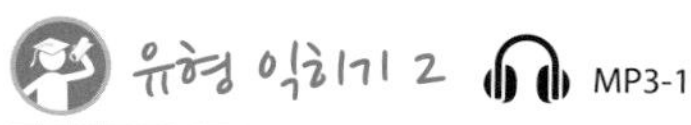 MP3-11

★☆☆

★ 姐姐没有去北京。　　　　(　　)	★ 누나는 베이징에 가지 않았다.
姐姐答应和我一起去北京，可昨天她生病了，所以我只能一个人去了。	누나는 나와 같이 베이징에 간다고 약속했지만, 어제 누나가 병이 나는 바람에 나는 혼자 갈 수밖에 없었다.

단어 答应 dāying 동 동의하다 | 可 kě 접 그러나 | 只能 zhǐnéng 동 ~할 수밖에 없다

해설 복문에서의 전환 관계를 이해하고 있는지 묻는 문제이다. 제시된 문장이 '**姐姐没有去北京**(누나는 베이징에 가지 않았다)'이므로 누나가 베이징에 갔는지 안 갔는지에 주의해서 들어야 한다. '**可**(그러나)'는 전환을 나타내는 접속사로 누나가 나와 같이 베이징에 가려했던 일이 이루어지지 않았음을 말해 준다. 게다가 마지막 부분 '**我只能一个人去了**(나는 혼자 갈 수밖에 없었다)'를 통해 누나는 베이징에 가지 않았다는 것을 알 수 있다. 따라서 제시된 문장과 녹음 내용은 일치한다.

정답 ✓

유형 확인 문제 MP3-12

›› 해설서 8p

녹음을 듣고 제시된 문장이 녹음 내용과 일치하면 ✓, 일치하지 않으면 ×를 표시하세요.

1. ★ 他因为买房子的事情生气了。　　　　(　　)

05. 녹음 내용을 근거로 추리하는 문제

이 유형에 자주 나오는 문제는 두 가지 형태가 있다. 하나는 두 사람의 상황을 비교하는 문제로 과거와 비교해서 현재 어떤 변화가 일어났는지 유추해야 한다. 다른 하나는 화자가 무엇을 하는지 혹은 어디에 있는지 직접 언급하지 않고 특정 상황이나 장소에서만 사용될 수 있는 표현을 통해 화자가 있는 장소, 하고 있는 일, 해야 하는 일, 이미 한 일 등을 유추해야 하는 문제이다. 이런 유형의 문제는 모두 기본적인 내용을 이해한 후 추리 과정을 통해 완성할 수 있다.

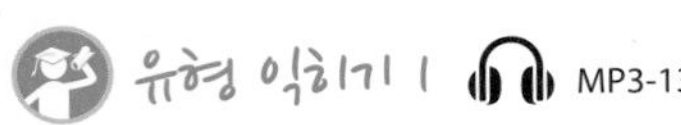

MP3-13 ★★☆

★ 小王现在比以前高了很多。 ( )	★ 샤오왕은 지금 예전보다 많이 컸다.

단어 以前 yǐqián 명 예전

没想到几年不见，小王比我高了那么多，想想以前，他比我矮多了。	몇 년 보지 못했더니 샤오왕이 나보다 그렇게 많이 컸을 줄 몰랐다. 예전을 생각해 보면 나보다 훨씬 키가 작았는데.

단어 没想到 méi xiǎngdào 생각지 못하다 | 那么 nàme 대 그렇게 | 矮 ǎi 형 (키가) 작다

해설 화자가 비교한 내용에 대한 분석이 필요한 문제이다. 제시된 문장이 '小王现在比以前高了很多(샤오왕은 지금 예전보다 많이 컸다)'이므로 샤오왕이 예전과 비교해서 키가 컸는지 아닌지에 주의해서 들어야 한다. '几年不见，小王比我高了那么多(몇 년 보지 못했더니 샤오왕이 나보다 그렇게 많이 컸다)'를 통해 샤오왕이 예전에 비해 컸고 게다가 많이 컸다는 것을 유추할 수 있다. 따라서 제시된 문장과 녹음 내용은 일치한다.

유형 익히기 2 MP3-14

★☆☆

★ 他还没吃饭。 ( )	★ 그는 아직 밥을 먹지 않았다.

都已经八点了，爸爸还没回来，我都快要饿死了。	이미 8시인데 아버지께서 아직 돌아오지 않으셨다. 나는 배고파 죽겠다.

단어 快要 kuàiyào 부 곧 (머지않아) ~하다 | 饿 è 형 배고프다 | 死了 sǐle ~해서 죽겠다

해설 제시된 문장이 '他还没吃饭(그는 아직 밥을 먹지 않았다)'이므로 그가 밥을 먹었는지에 주의해서 들어야 한다. '我都快要饿死了(나 배고파 죽겠다)'는 그가 밥을 먹지 않아서 배고픈 것인지 아니면 그가 이미 밥을 먹었는데 계속 배고픈 것인지 정확히 알 수 없다. 하지만 '都已经八点了，爸爸还没回来(이미 8시인데 아버지께서 아직 돌아오지 않으셨다)'를 통해 그는 아버지를 기다리느라 아직 밥을 먹지 않았음을 유추할 수 있다. 따라서 제시된 문장과 녹음 내용은 일치한다.

정답 

유형 확인 문제 MP3-15

》 해설서 9p

녹음을 듣고 제시된 문장이 녹음 내용과 일치하면 ✓, 일치하지 않으면 ×를 표시하세요.

1. ★ 他在理发店。 ( )
2. ★ 他们要去加油站。 ( )

06. 세부 내용을 묻는 문제

이 유형의 제시된 문장은 대체로 녹음 내용 중 한 단락과 완전히 일치하거나 일부 단어를 바꾸어 의미를 완전히 상반되게 한 것이다. 이러한 문제에 대처하기 위해서는 단어 하나까지 분명하게 잘 들어야 한다.

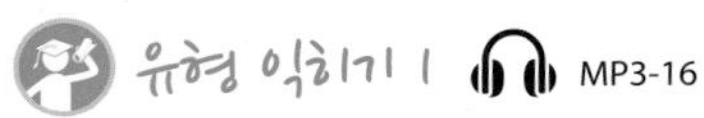

★☆☆

★ 女朋友听过这个笑话。　　( )	★ 여자 친구는 이 우스운 이야기를 들은 적이 있다.

단어 女朋友 nǚpéngyou 명 여자 친구 | 笑话 xiàohuà 명 우스운 이야기

第一次和女朋友约会的时候，他有点儿紧张，于是他决定讲一个笑话，刚讲了一半儿，女朋友笑着说："这个我听过。"	처음 여자 친구와 데이트할 때 그는 조금 긴장돼서 우스운 이야기를 하려고 마음을 먹었다. 막 반 정도 이야기했을 때 여자 친구가 웃으며 말했다. "나 이거 들어 봤어."

단어 约会 yuēhuì 동 만날 약속을 하다 | 紧张 jǐnzhāng 형 긴장해 있다 | 于是 yúshì 접 그래서 | 决定 juédìng 동 결정하다 | 讲 jiǎng 동 이야기하다 | 刚 gāng 부 막 | 一半儿 yíbànr 수 절반

해설 세세한 부분을 제대로 들었는지 묻는 문제이다. 제시된 문장 '女朋友听过这个笑话(여자 친구는 이 우스운 이야기를 들은 적이 있다)'는 바로 맨 마지막 여자 친구의 말인 '这个我听过(나 이거 들어 봤어)'를 겨냥한 것으로 만약 그 부분을 잘 들었다면 쉽게 해결할 수 있다. 따라서 제시된 문장과 녹음 내용은 일치한다.

유형 익히기 2 MP3-17

★★★

★ 中国队赢了。 ( )	★ 중국 팀이 이겼다.

단어 队 duì 명 팀 | 赢 yíng 동 승리하다

我看了昨天晚上的足球赛，中国队对韩国队，输得实在是太惨了。	나는 어제 밤에 축구 시합을 보았는데, 중국 팀이 한국 팀에게 너무나도 처참하게 졌다.

단어 足球赛 zúqiúsài 명 축구 시합 | 输 shū 동 패하다 | 实在 shízài 부 정말 | 惨 cǎn 형 처참하다

해설 마지막 부분에서 '**输得实在是太惨了**(너무나도 처참하게 졌다)'라고 했고, '**中国队对韩国队**(중국 팀이 한국 팀에게)'라며 중국 팀을 한국 팀 앞에 두었으니 중국 팀이 한국 팀에게 졌다는 의미이다. 이 부분을 잘 들었다면 제시된 문장은 녹음 내용과 일치하지 않는다는 것을 알 수 있다.

정답 ✕

유형 확인 문제 MP3-18

›› 해설서 10p

녹음을 듣고 제시된 문장이 녹음 내용과 일치하면 ✓, 일치하지 않으면 ×를 표시하세요.

1. ★ 他请别人帮他翻译出国材料。 ( )

2. ★ 朱秀以前去过云南。 ( )

실전 연습 1

제1부분 MP3-19

1–10.
녹음을 듣고 제시된 문장이 녹음 내용과 일치하면 ✓, 일치하지 않으면 ✕를 표시하세요.

1. ★ 暑假他要去参观兵马俑。 ( )

2. ★ 上班第一天他一直在看报纸。 ( )

3. ★ 运动就会受伤。 ( )

4. ★ 他因为不熟悉工作而出了不少差错。 ( )

5. ★ 他很感动。 ( )

6. ★ 他会书法和太极拳。 ( )

7. ★ 今天考试他没考好。 ( )

8. ★ 张明上个月忙着锻炼身体。 ( )

9. ★ 王勇是英语老师。 ( )

10. ★ 他没买那件衣服。 ( )

〉〉 해설서 10p

실전 연습 2

제1부분 MP3-20

1–10.
녹음을 듣고 제시된 문장이 녹음 내용과 일치하면 ✓, 일치하지 않으면 ✕를 표시하세요.

1. ★ 他们会永远记得四川大地震。 ( )

2. ★ 张明的房间很小。 ( )

3. ★ 他们输了。 ( )

4. ★ 韩风很快就做完了作业。 ( )

5. ★ 张明比他的妈妈高。 ( )

6. ★ 王勇是李强的朋友。 ( )

7. ★ 李明的字比朱秀写得好。 ( )

8. ★ 为了减肥不吃饭对身体不好。 ( )

9. ★ 最近生意上没什么好消息。 ( )

10. ★ 玛丽觉得汉语语法比较难。 ( )

》 해설서 14p

제2 · 3부분

대화 듣고 질문에 답하기

01. 시간을 묻는 문제
02. 장소를 묻는 문제
03. 인물에 대해 묻는 문제
04. 숫자를 묻는 문제
05. 행동 및 계획을 묻는 문제
06. 사건의 원인과 결과를 묻는 문제
07. 행위나 활동의 방식을 묻는 문제
08. 관점 및 태도를 묻는 문제
09. 화제를 묻는 문제
10. 대화를 통해 이해할 수 있는 상황을 묻는 문제

듣기 제2 · 3부분

제2부분 15문제(11 – 25번)와 제3부분의 첫 번째 유형 10문제(26 – 35번)는 대화를 듣고 이어서 들려주는 질문에 알맞은 정답을 고르는 문제이다. 시험지에는 A, B, C, D 네 개의 보기가 제시되어 있으며, 녹음 내용은 한 번만 들려준다.

제2부분 – 짧은 대화 듣고 질문에 답하기

문제 MP3-21

》 해설서 18p

第二部分

第11 – 25题：请选出正确答案。

11. A 去机场 B 快到了 C 油是满的 Ⓓ 有加油站

녹음

女：该加油了，去机场的路上有加油站吗?

男：有，你放心吧。

问：男的主要是什么意思?

제3부분 – 긴 대화 듣고 질문에 답하기

문제 MP3-22

》 해설서 18p

第三部分

第26 – 45题：请选出正确答案。

26. A 两点 B 三点 Ⓒ 15:30 D 18:00

녹음

男：把这个材料复印5份，一会儿拿到会议室发给大家。

女：好的。会议是下午三点吗?

男：改了。三点半，推迟了半个小时。
女：好，602会议室没变吧？
男：对，没变。

问：会议几点开始？

듣기 제2 · 3부분처럼 선택형 문제의 경우 수험생이 볼 수 있는 것은 네 개의 보기뿐이다. 하지만 네 개의 보기를 통해 어떤 문제가 나올지 예상할 수 있다.

✔ **네 개의 보기가 모두 장소를 나타내는 어휘라면?**
녹음에서 '在哪儿(어디에)' 혹은 '要去哪儿(어디에 가려고 하는가)'이라고 물을 가능성이 크다. 장소와 관련된 말에 주의해서 듣고 동작이나 행위가 일어났을 것으로 생각하는 장소를 유추해 본다.

✔ **네 개의 보기가 모두 숫자라면?**
'多少(얼마)'라고 물을 가능성이 크다. 녹음에서 수량에 관한 말에 주의해서 들어야 한다.

✔ **네 개의 보기가 모두 시간에 관한 것이라면?**
'什么时候(언제)' 혹은'多长时间(얼마나)'이라 물을 가능성이 크다. 녹음에서 시간사에 주의해서 들어야 한다.

MP3-W01

◎ 자주 출제되는 상황

· 会议 huìyì 회의 (开会 kāihuì 회의하다)
· 吃饭 chīfàn 식사하다
· 加油 jiāyóu 주유하다
· 问路 wèn lù 길을 묻다
· 上班 shàngbān 출근하다
· 下班 xiàbān 퇴근하다
· 演出 yǎnchū 공연하다
· 开车 kāichē 운전하다
· 乘车 chéng chē 차를 타다
· 打电话 dǎ diànhuà 전화하다

◎ 자주 출제되는 장소

· 公司 gōngsī 회사
· 饭馆 fànguǎn 식당
· 加油站 jiāyóu zhàn 주유소
· 车上 chē shang 차 안
· 银行 yínháng 은행
· 学校 xuéxiào 학교
· 医院 yīyuàn 병원
· 机场 jīchǎng 공항

01. 시간을 묻는 문제

이 유형의 질문에는 시간을 묻는 '什么时间(언제)', '什么时候(언제)', '多久(얼마나)', '多长时间(얼마나)' 등이 자주 등장하며 제시된 보기에도 특정 시간이나 시간대가 나온다. 녹음 내용에 하나의 시간만 나오고 질문도 그 시간에 대해서만 묻는 경우도 있지만 어떤 경우에는 여러 개의 시간이 나오는 경우도 있다. 이 경우 보통 일을 하는데 소요된 시간, 일을 하려는 시간, 일이 발생된 시간 등을 물으며, 계산을 해서 답을 찾아야 하는 경우도 있다. 보기가 모두 시간에 관한 것이라면 시간사에 주의해서 듣자!

시험에 자주 나오는 질문

到北京还要多长时间? 베이징에 도착하려면 시간이 얼마나 더 걸리는가?

结果什么时候出来? 결과는 언제 나오는가?

从对话可以知道几点出发? 대화를 통해 몇 시에 출발한다는 것을 알 수 있는가?

男的最可能什么时候去商店? 남자는 언제 상점에 갈 가능성이 가장 큰가?

유형 익히기 1 - 제2부분 MP3-23 ★☆☆

A 5分钟	B 10分钟	A 5분	B 10분
C 20分钟	D 15分钟	C 20분	D 15분

女: 你今天居然迟到了20分钟。怎么一次比一次晚?	여: 당신 오늘 20분이나 지각했어요. 어떻게 점점 더 늦나요?
男: 实在对不起，我下次一定注意。	남: 정말 죄송합니다. 다음에는 반드시 주의하겠습니다.
问: 男的迟到了几分钟?	질문: 남자는 몇 분 지각했는가?

단어 居然 jūrán 부 놀랍게도 | 迟到 chídào 동 지각하다 | 晚 wǎn 형 늦다 | 实在 shízài 부 정말 | 下次 xià cì 다음 번 | 一定 yídìng 부 반드시 | 注意 zhùyì 동 주의하다

해설 화자의 행동과 관련된 시간을 묻는 문제이다. 여자가 남자에게 '居然迟到了20分钟(20분이나 지각했다)'이라고 했고 다른 시간은 언급하지 않았으므로 남자는 20분 지각했음을 알 수 있다. 따라서 정답은 C이다.

정답 C

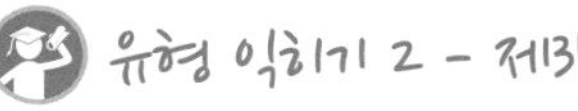  MP3-24 ★★☆

A 五点	B 下班以后	A 5시	B 퇴근한 후
C 明天	D 下个周末	C 내일	D 다음 주 주말

단어 下班 xiàbān 동 퇴근하다 | 周末 zhōumò 명 주말

女：附近那家银行几点下班，你知道吗？	여: 근처에 그 은행은 몇 시에 퇴근(마감)하는지 아세요?
男：五点，对，是五点。	남: 5시. 맞아요. 5시예요.
女：那来不及了。我本来打算去取点儿钱。	여: 그럼 늦었네요. 나는 원래 가서 돈을 좀 찾을 생각이었어요.
男：明天吧，他们周六也上班。	남: 내일 가세요. 그들은 토요일도 출근해요.
女：只好这样了。	여: 그럴 수밖에 없겠네요.
问：女的最可能什么时候去银行？	질문: 여자는 언제 은행에 갈 가능성이 가장 큰가?

단어 附近 fùjìn 명 근처 | 银行 yínháng 명 은행 | 来不及 láibují 동 (시간이 부족하여) 미처 ~하지 못하다 | 本来 běnlái 부 원래 | 打算 dǎsuan 동 ~하려고 하다 | 取钱 qǔqián 출금하다 | 周 zhōu 명 주, 주말 | 只好 zhǐhǎo 부 어쩔 수 없이

해설 예상되는 시간을 묻는 문제로 대화에서는 세 가지 시간이 등장한다. '五点(5시)', '明天(내일)', '周六(토요일)' 세 가지로 각 시간에 각각 무슨 일들이 일어나는지 주의해서 들어야 한다. 남자의 '明天吧(내일 가세요)'라는 말에 여자가 '只好这样了(그럴 수밖에 없겠네요)'라고 긍정의 대답을 했으므로 여자는 내일 은행에 갈 것임을 알 수 있다. 남자의 말에서 내일이 토요일이라는 것도 알 수 있지만 보기에 '周六(토요일)'는 없으며, 5시는 은행의 마감 시간이므로 정답이 아니다. 따라서 정답은 C이다.

정답 C

유형 확인 문제 MP3-25

〉〉 해설서 18p

녹음을 듣고 질문에 알맞은 보기를 선택하세요.

1. A 周末　B 下周　C 两周后　D 下个月

2. A 九点　B 八点　C 十点　D 八点半

02. 장소를 묻는 문제

이 유형의 보기는 특정한 장소들로 이루어져 있으며, 질문은 주로 화자가 가려는 장소나 있는 장소 혹은 일이 발생한 장소 등을 묻는다. 장소가 직접 언급되는 경우 수험생이 대화 속에서 그 장소를 나타내는 단어를 찾을 수 있지만, 장소가 직접적으로 언급되지 않는 경우도 있다. 이 경우 두 사람의 대화에 근거하여 장소를 유추해야 한다.

시험에 자주 나오는 질문

他们在什么地方? 그들은 어디에 있는가?

他们要去哪儿? 그들은 어디에 가려고 하는가?

他们最可能在哪儿? 그들은 어디에 있을 가능성이 가장 큰가?

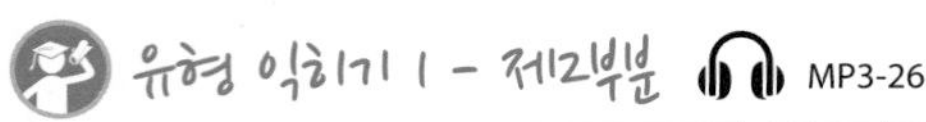

MP3-26 ★☆☆

A 故宫	B 兵马俑	A 고궁	B 병마용
C 丽江	D 三峡	C 리장	D 삼협

단어 故宫 Gùgōng 명 고궁 | 兵马俑 bīngmǎyǒng 명 병마용[고대에 순장에 쓰였던 병사나 말 모양의 도기 모형] | 丽江 Lìjiāng 명 리장 | 三峡 Sānxiá 명 삼협[창장(长江)에 있는 세 개의 거대한 협곡이 만나는 구간]

男：李梅，暑假旅行怎么样？ 女：很不错，我和朋友一起去了故宫，那儿非常大，我们走了一天都没看完。	남: 리메이, 여름 방학 여행 어땠어? 여: 아주 좋았어. 나는 친구와 함께 고궁에 갔었어. 그곳이 엄청 커서 하루 종일 걸었는데도 다 보지 못했어.
问：李梅暑假去哪儿旅行了？	질문: 리메이는 여름 방학 때 어디로 여행을 갔었는가?

단어 暑假 shǔjià 명 여름 방학 | 旅行 lǚxíng 동 여행하다 | 不错 búcuò 형 좋다

해설 두 사람의 대화에서 여자는 '我和朋友一起去了故宫(나는 친구와 함께 고궁에 갔었다)'이라고 했고, 여기에 등장하는 '故宫(고궁)'이 대화에 등장하는 유일한 장소이다. 리메이는 여름 방학 때 어디로 여행을 갔었는가를 물었으므로 정답은 A이다.

정답 A

MP3-27 ★★☆

A 车上	B 火车站	A 차 안	B 기차역
C 电梯里	D 地铁上	C 엘리베이터 안	D 지하철 안

단어 电梯 diàntī 명 엘리베이터 | 地铁 dìtiě 명 지하철

女：最近的交通好像好多了。	여: 최근에 교통이 많이 좋아진 것 같아.
男：是，堵车不那么严重了。	남: 맞아. 교통 체증도 그렇게 심하지 않아.
女：以前得开一个小时才能到公司，现在40分钟应该就能到了吧？	여: 예전에는 한 시간을 운전해야만 회사에 도착할 수 있었는데, 지금은 40분이면 도착하지?
男：是，差不多。	남: 맞아, 비슷해.
问：他们最有可能在哪儿？	질문: 그들은 어디에 있을 가능성이 가장 큰가?

단어 交通 jiāotōng 명 교통 | 好像 hǎoxiàng 부 마치 ~과 같다 | 堵车 dǔchē 동 차가 막히다 | 严重 yánzhòng 형 심각하다 | 以前 yǐqián 명 예전 | 得 děi 조동 ~해야 한다 | 才 cái 부 ~이 되어서야 | 应该 yīnggāi 조동 ~해야 한다 | 差不多 chàbuduō 형 비슷하다

해설 화자가 있을 것으로 예상되는 장소를 묻는 문제이다. 대화 도입부 여자의 말 '最近的交通好像好多了(최근에 교통이 많이 좋아진 것 같다)'를 통해 그들이 교통에 대해 이야기하고 있음을 알 수 있으므로 '电梯里(엘리베이터 안)'는 정답에서 제외된다. 또 여자가 '以前得开一个小时才能到公司，现在40分钟应该就能到了吧?(예전에는 한 시간을 운전해야만 회사에 도착할 수 있었는데, 지금은 40분이면 도착하지?)'라며 차에 대해 이야기하고 있으므로 그들이 있는 곳은 아마도 차 안일 것이다. 지하철은 일반적으로 막히지 않고 기차는 장거리 운행에 사용되는 교통수단이므로 정답이 될 수 없다. 따라서 정답은 A이다.

정답 A

유형 확인 문제 MP3-28

》 해설서 19p

녹음을 듣고 질문에 알맞은 보기를 선택하세요.

1. A 电影院 B 商店 C 火车站 D 机场

2. A 医院 B 宾馆 C 图书馆 D 体育场

03. 인물에 대해 묻는 문제

이 유형은 주로 두 사람이 어떤 사람에 대해 이야기하면서 그 사람의 성격이나 행위에 대해 언급하는데, 상황이나 상태를 묘사하는 형용사나 동작이나 행위를 나타내는 동사가 자주 등장한다. 질문은 주로 인물의 특징, 인물에게 일어난 변화, 인물에게 발생한 사건이나 하려는 활동을 물으며, 어떤 경우에는 화자의 말을 통해 알 수 있는 화자의 성격이나 직업을 묻는 경우도 있다.

시험에 자주 나오는 질문

关于男的，可以知道什么？ 남자에 관해 알 수 있는 것은 무엇인가?
根据对话，可以知道女的怎么样？ 대화에 근거하여 알 수 있는 여자는 어떠한가?
男的最可能是做什么的？ 남자는 무엇을 하는 사람일 가능성이 가장 큰가?
他们遇见了谁？ 그들은 누구를 만났는가?

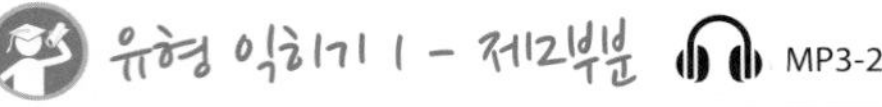

MP3-29 ★★☆

A 变胖了	B 很难受	A 뚱뚱해졌다	B 무척 괴롭다
C 正在减肥	D 工作很辛苦	C 다이어트 중이다	D 일이 매우 힘들다

단어 变 biàn 동 변하다 | 胖 pàng 형 뚱뚱하다 | 难受 nánshòu 형 (몸과 마음이) 괴롭다 | 减肥 jiǎnféi 동 살을 빼다 | 辛苦 xīnkǔ 형 고생스럽다

男：你最近瘦了很多，工作很辛苦吗？ 女：不是，以前太胖了。我正在减肥。我真的瘦了？	남: 당신 요즘 살이 많이 빠졌어요. 일이 매우 힘든가요? 여: 아니에요. 예전에 너무 뚱뚱해서 저는 지금 다이어트 중입니다. 제가 정말 살이 빠졌나요?
问：关于女的，可以知道什么？	질문: 여자에 관해 알 수 있는 것은 무엇인가?

단어 瘦 shòu 형 마르다 | 以前 yǐqián 명 예전

해설 남자의 말 '你最近瘦了很多，工作很辛苦吗?(당신 요즘 살이 많이 빠졌어요. 일이 매우 힘든가요?)'를 통해 여자가 살이 빠졌음을 알 수 있으므로 '变胖了(뚱뚱해졌다)'는 정답에서 제외된다. 일이 힘드냐는 남자의 질문에 여자는 '不是(아니에요)'라고 부정했으므로 '很难受(무척 괴롭다)'와 '工作很辛苦(일이 매우 힘들다)'도 정답이 아님을 알 수 있다. 이어서 여자가 '我正在减肥(나는 지금 다이어트 중이다)'라고 했으므로 정답은 C이다.

정답 C

★☆☆

A 司机	B 老师	A 운전기사	B 선생님
C 服务员	D 打字员	C 종업원	D 타자수

단어 司机 sījī 명 운전기사 | 打字员 dǎzìyuán 명 타자수

男：请问几位？	남: 몇 분이세요?
女：六位。	여: 6명이요.
男：请坐这边。要点菜吗？	남: 이쪽으로 앉으세요. 주문하시겠어요?
女：好的，请把菜单给我。	여: 네. 메뉴를 주세요.
男：请稍等。	남: 잠시만 기다리세요.
问：男的可能是做什么的？	질문: 남자는 무엇을 하는 사람일 가능성이 있는가?

단어 位 wèi 양 (사람을 세는) 분 | 点菜 diǎncài 요리를 주문하다 | 把 bǎ 개 ~을, ~를 | 菜单 càidān 명 메뉴 | 稍 shāo 부 약간

해설 보기를 통해 직업을 묻는 문제임을 알 수 있다. '请问几位?(몇 분이세요?)'는 대부분 음식점 같은 서비스업에서 사용한다는 점에 주의해야 한다. 이어지는 남자의 대화 '要点菜吗?(주문하시겠어요?)'를 통해서도 남자가 종업원임을 알 수 있다. 따라서 정답은 C이다.

정답 C

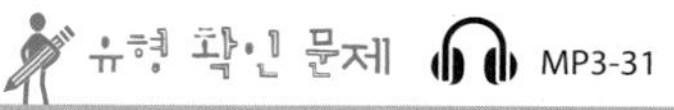

〉〉 해설서 20p

녹음을 듣고 질문에 알맞은 보기를 선택하세요.

1. A 医生	B 导游	C 卖家具的	D 开出租车的
2. A 李明	B 李明的哥哥	C 李明的弟弟	D 李明的同学

04. 숫자를 묻는 문제

이 유형의 보기는 금액, 수량, 거리 등과 같은 숫자로 이루어져 있으며 질문은 '多少(얼마)'와 '几(몇)'를 사용해서 물을 가능성이 높다. 계산을 해서 답을 찾아야 하는 경우도 있으니 녹음을 들을 때 숫자를 메모하면서 들어야 한다.

 유형 익히기 1 - 제3부분 MP3-32 ★★☆

A 2元5角	B 3元	A 2위안 5지아오	B 3위안
C 5元	D 7元5角	C 5위안	D 7위안 5지아오

단어 元 yuán 양 위안[중국의 화폐 단위] | 角 jiǎo 양 지아오[1元의 10분의 1]

男：黄瓜怎么卖？新鲜吗？ 女：两块五一斤。今天早上刚从地里摘的。 男：那我买三斤吧。 女：好，一共七块五。	남: 오이 얼마예요? 신선한가요? 여: 한 근에 2위안 5지아오입니다. 오늘 아침에 밭에서 막 딴 거예요. 남: 그럼 저 세 근 살게요. 여: 네. 모두 7위안 5지아오입니다.
问：男的买黄瓜花了多少钱？	질문: 남자는 오이를 사는데 얼마를 썼는가?

단어 黄瓜 huángguā 명 오이 | 新鲜 xīnxiān 형 신선하다 | 斤 jīn 양 근(무게 단위) | 刚 gāng 부 방금 | 地 dì 명 땅 | 摘 zhāi 동 따다 | 一共 yígòng 부 전부 | 花 huā 동 쓰다, 소비하다

해설 남자가 오이를 사는 데 쓴 총 금액을 묻는 문제이다. 대화에서는 '两块五一斤(한 근에 2위안 5지아오)', '三斤(세 근)', '七块五(7위안 5지아오)' 세 개의 숫자가 나온다. 처음에 남자가 여자에게 '黄瓜怎么卖?(오이 얼마예요?)', '新鲜吗?(신선한가요?)' 두 가지를 물었지만, 문제의 질문은 남자가 오이를 사는데 쓴 비용이므로 여자의 마지막 말 '一共七块五(모두 7위안 5지아오)'에서 정답을 찾을 수 있다. 따라서 정답은 D이다.

정답 D

05. 행동 및 계획을 묻는 문제

이 유형은 대화를 들을 때 인물이 하려는 일, 특히 '打算(~할 계획이다)'과 연결된 어구에 주의해야 하며, 질문이나 제안하는 말에 대한 상대방의 대답이 긍정인지 부정인지 주의해서 들어야 한다. 또한 대화에 근거하여 유추해야 하는 경우도 있는데, 이를 위해서는 어떤 활동에서 어떤 표현이 쓰이는지 상황별 동작 어휘를 잘 파악해야 한다.

시험에 자주 나오는 질문

男的打算做什么？ 남자는 무엇을 할 계획인가?
女的做了什么？ 여자는 무엇을 했는가?
男的想做什么？ 남자는 무엇을 하고 싶어 하는가?
他们最可能在做什么？ 그들은 무엇을 하고 있을 가능성이 가장 큰가?
他们要干什么？ 그들은 무엇을 하려고 하는가?

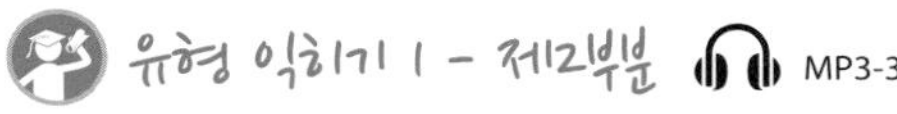

★★☆

A 逛街	B 参加考试	A 쇼핑하다	B 시험에 참가하다
C 去香山玩	D 回家	C 향산에 놀러 가다	D 집에 가다

단어 逛街 guàngjiē 동 쇼핑하다 | 参加 cānjiā 동 참가하다

男：明天是星期天，我们打算去香山公园，你想跟我们一起去吗？	남: 내일 일요일이여서 우리 향산 공원에 가려고 하는데, 너 우리와 같이 갈래?
女：不好意思，明天我要参加英语考试，不能和你们一起去了。	여: 미안해. 내일 나는 영어 시험에 참가해야 해서 너희들과 같이 못 갈 거 같아.
问：明天男的要做什么？	질문: 내일 남자는 무엇을 하려고 하는가?

단어 星期天 xīngqītiān 명 일요일 | 打算 dǎsuan 동 ~할 계획이다 | 公园 gōngyuán 명 공원 | 跟 gēn 개 ~와, ~과 | 不好意思 bù hǎoyìsi 미안합니다 | 英语 Yīngyǔ 명 영어

해설 대화에서 남자는 '去香山玩(향산에 놀러가다)'이라고 했고, 여자는 '参加考试(시험에 참가하다)'라고 했다. 질문은 '남자는 무엇을 하려고 하는가'이므로 정답은 C이다.

정답 C

★☆☆

A 旅游	B 买衣服	A 여행하다	B 옷을 구입하다
C 看电影	D 吃饭	C 영화를 보다	D 식사하다

男：路边的饭馆很多，有好的也有差的。 女：我们可以选择一个中档的，太贵的我们也吃不起。 男：那就这家吧，环境不错，而且这家的老板我也认识。 女：真不错，没准还能便宜点。	남: 길가의 음식점이 무척 많은데, 좋은 곳도 있고 좀 별로인 곳도 있어. 여: 우린 중간 수준으로 선택하자. 너무 비싸면 우리는 사 먹을 수가 없어. 남: 그럼 이곳으로 가자. 분위기도 좋은데다 이 가게 주인을 내가 알아. 여: 정말 좋다, 그럼 좀 싸게 해 줄 지도 모르겠네.
问：他们要去干什么？	질문: 그들은 무엇을 하러 가는가?

단어 路边 lùbiān 명 길가 | 饭馆 fànguǎn 명 식당 | 差 chà 형 나쁘다 | 选择 xuǎnzé 동 선택하다 | 中档 zhōngdàng 형 중급의 | 吃不起 chībuqǐ 먹을 수 없다 | 环境 huánjìng 명 환경 | 不错 búcuò 형 좋다 | 而且 érqiě 접 게다가 | 老板 lǎobǎn 명 사장 | 没准(儿) méizhǔn(r) 동 ~일지도 모른다

해설 화자가 하려고 하는 행동에 대해 묻는 문제이다. 처음에 남자가 '路边的饭馆(길가의 음식점)'을 언급하자 여자는 중간 수준으로 선택하자며 '太贵的我们也吃不起(너무 비싸면 우리는 사 먹을 수가 없다)'라고 했다. 두 사람의 이러한 대화를 통해 그들이 하려는 일은 식사임을 유추할 수 있다. 따라서 정답은 D이다.

정답 D

》 해설서 21p

녹음을 듣고 질문에 알맞은 보기를 선택하세요.

1. A 办签证　　B 去学校　　C 打网球　　D 打羽毛球
2. A 给车加油　　B 买食用油　　C 上班　　D 回家
3. A 买手机　　B 去亲戚家　　C 交电话费　　D 找李大夫

06. 사건의 원인과 결과를 묻는 문제

이 유형은 두 사람이 어떤 일이나 상황에 대해 이야기하며, 질문은 무슨 일이 일어났는지, 사건의 경과가 어떠했는지, 사건 발생의 원인이 무엇인지 등을 묻는다. 원인을 묻는 문제는 대화 속에서 직접 답을 찾을 수도 있지만 추론을 통해 틀린 답부터 배제하는 것이 필요할 때도 있다.

시험에 자주 나오는 질문

根据对话，可以知道什么？ 대화에 근거하여 알 수 있는 것은 무엇인가?
女的怎么了？ 여자는 어떠한가?
男的为什么不能参加会议？ 남자는 왜 회의에 참가하지 못하는가?

  MP3-36 ★★☆

A 他们输了	B 他们赢了	A 그들은 졌다	B 그들은 이겼다
C 他们放弃了	D 他们很愉快	C 그들은 포기했다	D 그들은 매우 즐겁다

단어 输 shū 동 패하다 | 赢 yíng 동 승리하다 | 放弃 fàngqì 동 포기하다 | 愉快 yúkuài 형 유쾌하다

女：这场篮球赛太可惜了！我们差一点儿就赢了。	여: 이번 농구 경기 너무 아깝다! 우리가 거의 이길 뻔 했는데.
男：只差1分，确实可惜。	남: 겨우 1점 차였어. 정말 아까워.
问：根据对话，可以知道什么？	질문: 대화에 근거하여 알 수 있는 것은 무엇인가?

단어 场 chǎng 양 (체육 활동을 세는) 번, 차례 | 篮球赛 lánqiúsài 명 농구 시합 | 可惜 kěxī 형 아깝다 | 差一点儿 chà yìdiǎnr 부 거의 | 只 zhǐ 부 겨우 | 差 chà 동 부족하다 | 确实 quèshí 부 정말로

해설 '差一点儿'의 뜻을 이해하는지 묻는 문제이다. '差一点儿' 뒤에 원하던 일이 오면 이 일이 이루어지지 못한 것에 대한 애석함을 나타낸다. 게다가 '只差1分，确实可惜(겨우 1점 차였다. 정말 아깝다)'라는 표현에서 화자의 애석함을 느낄 수 있는데, 만약 이겼다면 이런 생각은 들지 않았을 것이다. 따라서 그들이 경기에서 졌다는 것을 알 수 있으므로 정답은 A이다.

정답 A

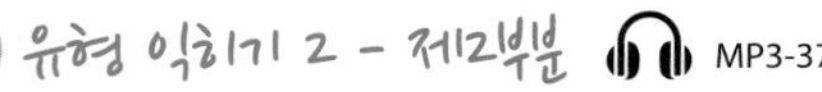 MP3-37 ★★☆

A 没好好看书	A 책을 열심히 보지 않아서
B 题目很难	B 문제가 너무 어려워서
C 题目太多	C 문제가 너무 많아서
D 题目书上没有	D 문제가 책에 없어서

단어 **题目** tímù 명 문제 | **难** nán 형 어렵다

男：真不该天天打游戏。昨天考试的题目我只做出了一半，肯定不及格了。 女：你平时应该多看书，这些题都是从书上练习里出的。 问：男的为什么觉得自己会不及格？	남: 정말 매일 컴퓨터 게임을 하는 게 아니었어. 어제 시험 문제를 나는 반 밖에 못 풀어서 틀림없이 불합격일 거야. 여: 너는 평소에 책을 많이 봐야 해. 이 문제들은 모두 책의 연습 문제에서 나온 거야. 질문: 남자는 왜 자신이 불합격할 거라고 생각하는가?

단어 **不该** bù gāi ~해서는 안 된다 | **打** dǎ 동 (게임을) 하다 | **游戏** yóuxì 명 게임 | **只** zhǐ 부 겨우 | **一半** yíbàn 수 절반 | **肯定** kěndìng 부 틀림없이 | **及格** jígé 동 합격하다 | **平时** píngshí 명 평소 | **应该** yīnggāi 조동 ~해야 한다 | **练习** liànxí 명 연습 문제 | **自己** zìjǐ 대 자신

해설 남자는 시험 문제를 다 풀지 못해서 합격하지 못할 것이라고 했고, 남자가 문제를 풀지 못한 이유는 여자의 말 '**这些题都是从书上练习里出的**(이 문제들은 모두 책의 연습 문제에서 나온 거다)'에서 알 수 있다. 다시 말해 남자는 자신이 책을 열심히 보지 않아서 불합격할 거라고 생각하는 것이다. 따라서 정답은 A이다.

정답 A

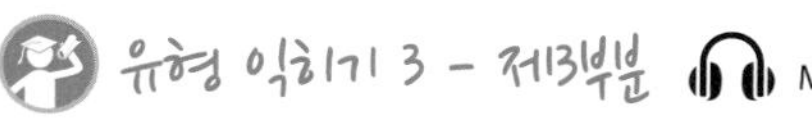

MP3-38 ★☆☆

A 生病了	A 병이 났다
B 丢了电脑	B 컴퓨터를 잃어버렸다
C 忘了密码	C 비밀번호를 잊어버렸다
D 弄坏电脑了	D 컴퓨터를 망가뜨렸다

단어 丢 diū 동 잃어버리다 | 忘 wàng 동 잊다 | 密码 mìmǎ 명 비밀번호 | 弄坏 nònghuài 동 망가뜨리다

男：我把电脑的密码忘了，怎么办啊？	남: 나 컴퓨터 비밀번호를 잊어버렸어. 어떡하지?
女：别着急，我有一个好主意。	여: 조급해하지 마. 나한테 좋은 생각이 하나 있어.
男：你有什么办法，快说！	남: 무슨 방법인데, 어서 말해 봐!
女：重新买个电脑不就行了。	여: 컴퓨터를 다시 한 대 사면 되잖아.
男：我都急死了，你不帮忙，还跟我开玩笑！	남: 나는 답답해 죽겠는데. 넌 돕지도 않고 나한테 농담만 하냐!
问：男的怎么了？	질문: 남자는 어떠한가?

단어 把 bǎ 개 ~을, ~를 | 着急 zháojí 동 조급해하다 | 主意 zhǔyi 명 아이디어 | 办法 bànfǎ 명 방법 | 重新 chóngxīn 부 새로 | 死了 sǐle ~해 죽겠다[형용사나 동사 뒤에서 정도가 심함을 나타냄] | 帮忙 bāngmáng 동 일을 돕다 | 跟 gēn 접 ~와, ~과 | 开玩笑 kāi wánxiào 농담하다

해설 이 문제의 네 가지 보기는 모두 '어떠한가'에 대한 내용이다. 대화에는 두 사람이 등장하므로 두 사람이 각자 무엇을 하는지 주의해야 한다. 남자는 첫 번째 대화에서 '把电脑的密码忘了(컴퓨터 비밀번호를 잊어버렸다)'라고 했는데 여기서 '남자는 어떠한가?'라는 질문을 예상해 볼 수 있다. 게다가 보기에 대화 내용과 일치하는 '忘了密码(비밀번호를 잊어버렸다)'가 있으므로 정답은 C이다.

정답 C

유형 확인 문제 MP3-39

〉〉 해설서 22p

녹음을 듣고 질문에 알맞은 보기를 선택하세요.

1. A 没纸了　B 男的没发　C 打印机坏了　D 传真机坏了

2. A 生病了　B 太忙了　C 不喜欢　D 忘了

07. 행위나 활동의 방식을 묻는 문제

이 유형은 보통 어떤 일을 어떻게 할까에 대한 이야기를 하고 질문은 주로 그들이 했거나 하려는 행동의 방식을 묻는다. 수험생은 대화를 듣고 그들이 어떠한 동작이나 행위를 할지 판단하는 것이 필요하다. 일반적으로 그 방식은 대화 속에서 직접 나오며 여러 가지 방식이 나타나거나 시간 변화에 따라 방식이 다르게 나타날 수도 있다. 수험생들은 매 방식이 각각 어떤 일, 어떤 시간에 해당하는지 주의 깊게 듣고 문제를 풀어야 한다.

 유형 익히기 1 - 제2부분  MP3-40 ★☆☆

A 开车　　B 打的 C 乘地铁　　D 坐公共汽车	A 운전을 해서　　B 택시를 타고 C 지하철을 타고　　D 버스를 타고

단어 开车 kāichē 동 차를 운전하다 | 打的 dǎdī 동 택시를 타다 | 乘 chéng 동 (교통수단에) 타다 | 地铁 dìtiě 명 지하철

男：我们怎么去医院？ 女：我妈说开车送我们去。 问：他们明天怎么去医院？	남: 우리 병원에 어떻게 가지? 여: 우리 엄마가 운전해서 데려다 주신대. 질문: 그들은 내일 병원에 어떻게 가는가?

해설 남자가 여자에게 질문했으므로 여자의 대답을 주의 깊게 들어야 한다. 여자가 직접적으로 '我妈说开车送我们去(우리 엄마가 운전해서 데려다 주신대)'라고 했으므로 택시, 지하철, 버스는 답이 아니다. 따라서 정답은 A이다.

정답 A

 유형 확인 문제 MP3-41 》 해설서 23p

녹음을 듣고 질문에 알맞은 보기를 선택하세요.

1. A 打电话　　B 写信　　C 见面　　D 上网聊天

08. 관점 및 태도를 묻는 문제

이 유형은 화자의 관점이나 태도가 직접적으로 드러나는 경우도 있지만 표면적으로 드러나지 않는 경우도 있다. 이 경우 화자의 어투를 통해 화자의 정서를 판단해야 한다. 다른 단어로 에둘러 표현하는 경우에는 화자의 말을 근거로 유추하여 감추고 있는 뜻을 파악해야 한다. 그 밖에 화자의 말 속에 부사나 관용어 또는 화자의 의도를 충분히 표현해 내는 핵심어를 잡아낼 줄도 알아야 한다.

시험에 자주 나오는 질문

女的是什么意思？ 여자의 말은 무슨 의미인가?
女的觉得…怎么样？ 여자는 ~가 어떻다고 생각하는가?
男的对…态度怎么样？ 남자의 ~에 대한 태도는 어떠한가?

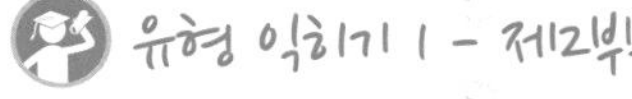  MP3-42 ★☆☆

A 我不会	B 马上来	A 나는 할 줄 모른다	B 곧 오겠다
C 没法解释	D 解决不了	C 설명할 방법이 없다	D 해결할 수 없다

단어 马上 mǎshàng 부 바로 | 没法(儿) méifǎ(r) 동 방법이 없다 | 解释 jiěshì 동 설명하다 | 解决 jiějué 동 해결하다 | 不了 bù liǎo ~할 수 없다

男：小黄，打扰你一下，我这台电脑打不开了。你来帮我看看？	남: 샤오황, 실례합니다만 제 이 컴퓨터가 안 켜지는데. 좀 봐 주시겠어요?
女：好。你等我五分钟。	여: 네, 5분만 기다려 주세요.
问：女的是什么意思？	질문: 여자의 말은 무슨 의미인가?

단어 打扰 dǎrǎo 동 폐를 끼치다 | 台 tái 양 (기계를 세는) 대 | 打不开 dǎbukāi (기계를) 켤 수 없다

해설 남자가 '你来帮我看看?(좀 봐 주시겠어요?)'이라고 묻는 것을 들었을 때 우선 생각할 것은 여자가 동의할지 안 할지 여부이다. 여자가 '好(네)'라고 대답했다는 것은 그를 돕겠다는 말이고, 이어서 말한 '你等我五分钟(5분만 기다려 주세요)'에서 '5분'은 비교적 짧은 시간이므로 여자는 곧 남자를 도우러 갈 것임을 알 수 있다. 따라서 정답은 B이다.

정답 B

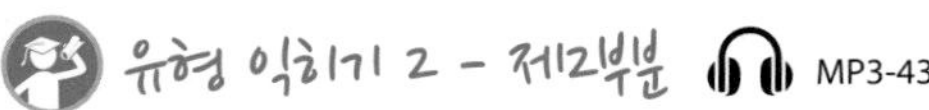

유형 익히기 2 – 제2부분 MP3-43 ★☆☆

A 不想出国　B 换个行李箱 C 不符合规定　D 早点儿回来	A 출국하고 싶지 않다　B 여행 가방을 바꾸겠다 C 규정에 맞지 않는다　D 일찍 돌아오겠다

단어 **出国** chūguó 동 출국하다 | **换** huàn 동 바꾸다 | **行李箱** xínglixiāng 명 여행용 가방 | **符合** fúhé 동 부합하다 | **规定** guīdìng 명 규정

女：你这次出国要两个多星期，得多带几件衣服。	여: 당신 이번에 2주 넘게 외국에 나가니까 옷을 몇 벌 더 챙겨야 해요.
男：带这么多东西，恐怕我得换个大一点儿的行李箱。	남: 이렇게 많은 물건을 가져가려면 나는 좀 더 큰 여행 가방으로 바꿔야 할 것 같아요.
问：男的是什么意思？	질문: 남자의 말은 무슨 의미인가?

단어 **得** děi 조동 ~해야 한다 | **带** dài 동 휴대하다 | **恐怕** kǒngpà 부 아마 ~일것이다

해설 남자가 물건이 많다고 하면서 '恐怕我得换个大一点儿的行李箱(나는 좀 더 큰 여행 가방으로 바꿔야 할 것 같다)'이라고 말했다. '恐怕'는 '아마 ~일 것이다'라는 의미로 어떠한 일의 예상을 나타낸다. 따라서 남자는 여행 가방을 바꿀 것임을 알 수 있으므로 정답은 B이다.

정답 B

유형 확인 문제 MP3-44

》해설서 24p

녹음을 듣고 질문에 알맞은 보기를 선택하세요.

1. A 反对　B 不明确　C 支持　D 既不支持也不反对
2. A 李明没有经验　B 李明不常出国　C 李明很有经验　D 李明很聪明

09. 화제를 묻는 문제

이 유형은 보통 '他们在讨论什么?(그들은 무엇에 대해서 이야기하고 있는가?)'라고 묻기 때문에 두 사람이 나누는 이야기의 중심 내용을 파악할 수 있어야 한다. 생활, 이상, 미래, 체육, 정치 등 다양한 주제의 화제가 나온다.

유형 익히기 1 – 제2부분 MP3-45

★☆☆

A 将来	B 理想	A 미래	B 이상
C 小说	D 职业	C 소설	D 직업

단어 **将来** jiānglái 명 미래 | **理想** lǐxiǎng 명 이상 | **小说** xiǎoshuō 명 소설 | **职业** zhíyè 명 직업

女：这本小说讲了一个爱情故事，很浪漫，让人特别感动。	여: 이 소설은 러브 스토리로 아주 낭만적이고 정말 감동적이야.
男：你们女孩子就是喜欢看这种小说。	남: 너희 여자들은 꼭 이런 소설 보는 걸 좋아하더라.
问：他们在谈论什么?	질문: 그들은 무엇에 대해서 이야기하고 있는가?

단어 **讲** jiǎng 동 이야기하다 | **爱情故事** àiqíng gùshì 명 러브 스토리 | **浪漫** làngmàn 형 로맨틱하다 | **特别** tèbié 부 아주 | **感动** gǎndòng 동 감동하다 | **谈论** tánlùn 동 논의하다

해설 어떤 화제를 다루고 있는지 묻는 문제이다. 여자는 '这本小说(이 소설)'가 어떠한지에 대해서 이야기했고 남자도 이에 대해 '你们女孩子就是喜欢看这种小说(너희 여자들은 꼭 이런 소설 보는 걸 좋아한다)'라고 말했으므로 그들은 소설에 대해 이야기하고 있음을 알 수 있다. 따라서 정답은 C이다.

정답 C

10. 대화를 통해 이해할 수 있는 상황을 묻는 문제

이 유형의 질문은 주로 사물 혹은 인물의 특징이나 상황 혹은 사건의 발전 과정 등을 묻는다. 보기는 대화에서 언급된 상황이나 대화 속의 특정 단어와 일치하거나 상반된 것으로 수험생은 대화 내용에 근거하여 제시된 보기들이 대화 내용과 일치하는지 판단해야 한다. 이를 위해서는 형용사, 동사, 일부 부사와 같은 세세한 부분들에 주의해야 하며 화자의 어투까지 유의해야 한다.

시험에 자주 나오는 질문

根据对话，可以知道什么？ 대화를 통해 알 수 있는 것은 무엇인가?
…怎么样？ ~는 어떠한가?
关于女的，可以知道什么？ 여자에 관해 알 수 있는 것은 무엇인가?
通过对话，可以知道什么？ 대화를 통해 알 수 있는 것은 무엇인가?
男的想要做什么？ 남자는 무엇을 하고 싶어 하는가?

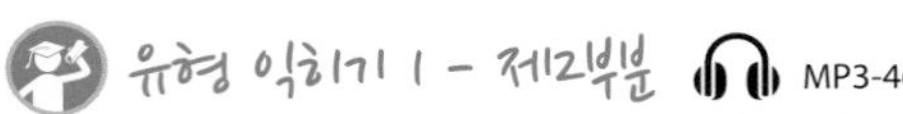

MP3-46 ★☆☆

A 很酸	B 很甜	A 매우 시다	B 매우 달다
C 很咸	D 很辣	C 매우 짜다	D 매우 맵다

단어 酸 suān 형 시다 | 甜 tián 형 달다 | 咸 xián 형 짜다 | 辣 là 형 맵다

男：今天的汤怎么这么咸啊？	남: 오늘 국이 왜 이렇게 짜죠?
女：啊？对不起，对不起，肯定是我放错了，把盐当成糖了。	여: 네? 죄송합니다. 죄송해요. 제가 잘못 넣은 게 분명해요. 소금을 설탕인 줄 알았어요.
问：今天的汤怎么样？	질문: 오늘 국은 어떠한가?

단어 汤 tāng 명 국 | 肯定 kěndìng 부 틀림없이 | 放 fàng 동 넣다 | 错 cuò 형 틀리다 | 盐 yán 명 소금 | 当成 dàngchéng 동 ~으로 여기다 | 糖 táng 명 설탕

해설 남자가 처음에 '今天的汤怎么这么咸啊?(오늘 국이 왜 이렇게 짜죠?)'라고 말했고, 여자의 말 '把盐当成糖了(소금을 설탕인 줄 알았다)'를 통해서 여자가 소금을 설탕인 줄 알고 넣어서 오늘 국이 매우 짠 것임을 알 수 있다. 따라서 정답은 C이다.

정답 C

유형 익히기 2 – 제3부분 MP3-47

★★☆

A 花	B 蛋糕	A 꽃	B 케이크
C 玩具	D 书	C 장난감	D 책

단어 花 huā 명 꽃 | 蛋糕 dàngāo 명 케이크 | 玩具 wánjù 명 장난감

男：我女朋友明天过生日，我送她什么礼物好呢？	남: 내 여자 친구가 내일 생일인데, 내가 무슨 선물을 하면 좋을까?
女：那还不简单，很多女孩子都喜欢花。	여: 간단하잖아. 여자들은 대부분 꽃을 좋아해.
男：年年都送花，太没意思了。	남: 해마다 꽃을 줘서 너무 재미없어.
女：那就送点有意义的吧。	여: 그럼 의미 있는 걸 선물해 봐.
男：对，我女朋友前几天说要买一本书，一直没买呢。	남: 맞다. 여자 친구가 며칠 전에 책 한 권을 사야겠다고 했는데, 계속 못 샀어.
问：男的可能会给女朋友送什么礼物？	질문: 남자는 여자 친구에게 어떤 선물을 줄 것인가?

단어 女朋友 nǚpéngyou 명 여자 친구 | 过 guò 동 (시간을) 보내다 | 礼物 lǐwù 명 선물 | 简单 jiǎndān 형 단순하다 | 意义 yìyì 명 의미, 의의 | 一直 yìzhí 부 계속

해설 처음에 여자가 꽃을 말했지만 남자는 꽃을 해마다 줘서 재미없다고 했으므로 꽃은 정답이 아니다. 마지막 여자의 말 '送点有意义的吧(의미 있는 걸 선물해 봐)'에 대한 남자의 대답 '我女朋友前几天说要买一本书，一直没买呢(여자 친구가 며칠 전에 책 한 권을 사야겠다고 했는데, 계속 못 샀다)'를 통해 남자는 여자 친구에게 책을 선물할 것임을 유추할 수 있다. 따라서 정답은 D이다.

정답 D

플러스 해설

대화를 들을 때 첫 번째 화자의 말에 대한 두 번째 화자의 말이 '是呀', '当然', '好的', '对'와 같은 긍정인지 '没有', '哪儿呀', '不可能'과 같은 부정인지 주의해서 들어야 한다. 또한 보기 중에 대화에서 나왔던 시간, 장소, 사물이나 특정 어구에 다른 말을 보태게 되면 상반된 의미가 될 수 있으니 주의해야 한다. 이 경우 전체 대화 내용에 대한 이해를 통해 틀린 답을 배제하는 것이 필요하다.

유형 확인 문제 MP3-48

》 해설서 25p

녹음을 듣고 질문에 알맞은 보기를 선택하세요.

1. A 肚子疼　B 感冒了　C 觉得热　D 穿得太少

2. A 撞车了　B 车速太慢　C 他们是记者　D 女的很小心

제2부분 MP3-49

11－25.
대화를 듣고 질문에 알맞은 보기를 선택하세요.

11. A 五个小时 B 一个小时 C 两个小时 D 三个小时

12. A 经常去旅行 B 每天很轻松 C 没时间去旅行 D 游遍了北京

13. A 学校 B 自己家里 C 同学家 D 教室

14. A 下午两点 B 下午三点 C 下午五点 D 下午六点

15. A 在家照顾父母 B 儿子生病了 C 要做很多家务事 D 不想出去

16. A 朋友家 B 家里 C 商店 D 教室

17. A 坐飞机 B 坐火车 C 开汽车 D 骑自行车

18. A 比赛的奖品 B 比赛的证书 C 申请表 D 比赛说明

19. A 他儿子生病了 B 他生病了 C 他快考试了 D 他在准备文件

20. A 成绩很好 B 差很多分通过 C 刚好通过 D 还差几分没通过

21. A 商店 B 学校 C 药店 D 医院

22. A 吃药没有用 B 病已经好了 C 病快好了 D 忘记吃药了

23. A 他们是朋友 B 他们在上海 C 他们要去上海 D 他们在约会

24. A 看电视 B 工作 C 学习 D 散步

25. A 睡觉 B 开会 C 赶火车 D 约会

제3부분

26–35.
대화를 듣고 질문에 알맞은 보기를 선택하세요.

26. A 生病了　B 挨骂了　C 心情不好　D 丢东西

27. A 不好看　B 忘了看　C 考试忙　D 工作忙

28. A 暑假　B 学习　C 工作　D 衣服

29. A 坏了　B 快了　C 慢了　D 丢了

30. A 九点　B 八点　C 七点　D 六点

31. A 书　B 自行车　C 玩具　D 机票

32. A 第二层　B 第三层　C 第四层　D 第五层

33. A 宿舍　B 图书馆　C 银行　D 教室

34. A 车站　B 商店　C 学校　D 公司

35. A 图书馆　B 宿舍　C 北门　D 教室

›› 해설서 26p

실전 연습 2

제2부분 MP3-50

11–25.
대화를 듣고 질문에 알맞은 보기를 선택하세요.

11. A 已经开店了 B 没有钱开店 C 生意不好做 D 非常想开店

12. A 他不想做 B 他还没想 C 他不会做 D 他要再想想

13. A 他听不懂汉语 B 他汉语不太好 C 他故意不说话 D 他汉语很好

14. A 意大利语 B 日语 C 法语 D 英语

15. A 女的付 B 男的付 C 两个人一起付 D 找其他人付

16. A 张明很不开心 B 张明很开心 C 张明很忙 D 张明不在家

17. A 花 B 猫 C 书 D 狗

18. A 不爱吃点心 B 现在不想吃点心 C 想要吃饭 D 刚刚吃完点心

19. A 名片 B 护照 C 手机 D 电话号码

20. A 票已经卖完了 B 票的价格高 C 需要提前买票 D 不用提前买票

21. A 汽车开得太慢　B 汽车开得太快　C 汽车没撞自行车　D 汽车没有动

22. A 写小说　B 当老师　C 做买卖　D 当记者

23. A 刚才　B 昨天　C 还没联系　D 前几天

24. A 看新闻　B 上网　C 做作业　D 看书

25. A 开得很快　B 停的时间很短　C 班次很多　D 车上人很多

제3부분

26–35.
대화를 듣고 질문에 알맞은 보기를 선택하세요.

26. A 除夕的票很多　B 他买不到票　C 票很容易买到　D 他买到票了

27. A 超市　B 同事家　C 商场　D 学校

28. A 到女的家过节　B 在学校过中秋　C 跟朋友去旅游　D 回美国

29. A 回家　B 旅游　C 转车　D 开会

30. A 坐公共汽车　B 坐地铁　C 打出租车　D 骑摩托车

31. A 睡觉　B 工作　C 看书　D 爬山

32. A 在等朋友　B 出车祸了　C 在练车　D 车坏了

33. A 大家都喜欢她　B 对人很热情　C 没有男朋友　D 朋友很多

34. A 运动太久　B 工作太多　C 学习太忙　D 吃得太少

35. A 同事　B 夫妻　C 亲戚　D 同学

》해설서 36p

제3부분

단문 듣고 질문에 답하기

01. 단문의 세부 내용과 보기에 주의하자!
02. 서술문과 설명문
03. 화자와 관련된 문제

듣기 제3부분

제3부분의 두 번째 유형 10문제(36–45번)는 단문을 듣고 이어서 들려주는 질문에 알맞은 정답을 고르는 문제이다. 대개 네 다섯 문장으로 이루어진 짧은 대화나 단문을 듣고 두 문제를 묻는데, 시험지에는 A, B, C, D 네 개의 보기가 제시되어 있으며, 녹음 내용은 한 번만 들려준다.

제3부분 – 단문 듣고 질문에 답하기

문제 MP3-51 》해설서 48p

36. A 失望	B 羡慕	C 后悔	(D) 激动
37. A 是演员	(B) 结婚了	C 很年轻	D 没有得奖

녹음

第36–37题是根据下面一段话:

大家晚上好，我没有想到自己今天能得到这个奖。谢谢，谢谢大家！我，我还要感谢我的父母，还有我的妻子，没有他们的支持和帮助，我不可能站到这里拿这个奖。

36. 说话人现在心情怎么样?

37. 关于说话人，可以知道什么?

01. 단문의 세부 내용과 보기에 주의하자!

이 유형은 녹음 내용의 특정 부분에 대해 질문하여 그 부분의 의미를 잘 이해하고 있는지 묻는다. 정답은 녹음 내용의 특정 부분에서 직접 찾을 수도 있고 여러 내용을 종합해야 하는 경우도 있다. 이 경우 녹음 내용과 화자의 어투 등을 종합적으로 판단해야 한다. 따라서 녹음을 들을 때는 이러한 세세한 측면들에 주의해야 하며 특히 단락의 첫 번째 문장과 이어지는 핵심 어구에 주의해야 한다. 또한 녹음 내용 중 보기와 일치하는 것이 있다면 어떤 것인지 잘 살펴보아야 한다.

시험에 자주 나오는 질문

关于张明可以知道什么? 장밍에 관해 알 수 있는 것은 무엇인가?
这段话主要想告诉我们什么? 이 글이 우리에게 말하고자 하는 것은 무엇인가?
说话人是谁? 화자는 누구인가?
说话人是做什么的? 화자는 무엇을 하는 사람인가?
说话人正在做什么? 화자는 지금 무엇을 하는 중인가?
说话人可能在哪儿? 화자는 어디에 있을 가능성이 있는가?
说话人的心情怎么样? 화자의 기분은 어떠한가?

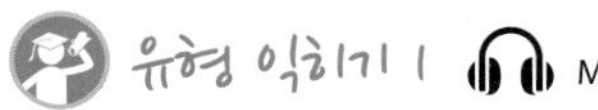

1 ★☆☆

A 睡觉	B 散散步	A 잠을 잔다	B 산책을 한다
C 洗个澡	D 回忆过去	C 목욕을 한다	D 과거를 회상한다

단어 散步 sànbù 동 산책하다 | 洗澡 xǐzǎo 동 목욕하다 | 回忆 huíyì 동 회상하다 | 过去 guòqù 명 과거

해설 세부 내용을 묻는 문제이다. 녹음 내용 중 '例如(예컨대)' 뒷부분에 주의한다면 정확한 답을 찾을 수 있다. 네 개의 보기 중에서 녹음 내용에서 언급한 것은 '散散步(산책하다)' 밖에 없으므로 정답은 B이다.

정답 B

2

★☆☆

A 要互相关心	A 서로 관심을 가져야 한다
B 做事要冷静	B 일을 할 때는 침착해야 한다
C 运动很重要	C 운동은 매우 중요하다
D 怎样改变心情	D 어떻게 기분을 바꾸는가

단어 **互相** hùxiāng 부 서로 | **关心** guānxīn 동 관심을 갖다 | **冷静** lěngjìng 형 침착하다 | **重要** zhòngyào 형 중요하다 | **改变** gǎibiàn 동 바꾸다 | **心情** xīnqíng 명 기분

해설 녹음 내용의 주제를 묻는 문제이다. 첫 부분 '你应该想一些办法让自己从不高兴的心情中走出来(당신은 어떻게든 방법을 생각해서 자신을 안 좋은 기분에서 빠져나오게 해야 한다)'와 어떻게 기분을 바꾸는지 예를 들어 설명한 부분에 주의해서 듣는다면 이 글이 어떻게 기분을 바꾸는지에 대해 말하는 것임을 알 수 있다. 따라서 정답은 D이다.

정답 D

1-2

遇到烦恼事时，[2]你应该想一些办法让自己从不高兴的心情中走出来，逐渐地冷静下来。例如[1]去散散步，与熟悉的朋友聊聊有趣的事，阅读几篇比较轻松的文章等。	걱정스러운 일이 닥쳤을 때 [2]당신은 어떻게든 방법을 생각해서 자신을 안 좋은 기분에서 빠져나오게 하고, 점차 침착해져야 한다. 예를 들어, [1]산책하기, 친한 친구와 재미난 일을 이야기하기, 비교적 가벼운 글을 몇 편 읽기 등이 있다.
1. 怎样可以使心情变好? 2. 这段话主要想告诉我们什么?	1. 어떻게 기분을 좋게 변화시킬 수 있는가? 2. 이 글이 우리에게 말하고자 하는 것은 무엇인가?

단어 **遇到** yùdào 동 맞닥뜨리다 | **烦恼** fánnǎo 동 걱정하다 | **应该** yīnggāi 조동 ~해야 한다 | **办法** bànfǎ 명 방법 | **自己** zìjǐ 대 자신 | **逐渐** zhújiàn 부 점점 | **例如** lìrú 동 예를 들면 | **与** yǔ 개 ~와, ~과 | **熟悉** shúxī 형 잘 알다 | **聊** liáo 동 잡담하다 | **有趣** yǒuqù 형 재미있다 | **阅读** yuèdú 동 (책을) 보다 | **篇** piān 양 (문장을 세는) 편 | **比较** bǐjiào 부 비교적 | **轻松** qīngsōng 형 가볍다, 부담이 없다 | **文章** wénzhāng 명 글 | **等** děng 조 등, 따위 | **怎样** zěnyàng 대 어떻게 | **使** shǐ 동 ~하게 하다 | **变好** biànhǎo 나아지다 | **主要** zhǔyào 형 주요한

플러스 해설

1. 후반부의 핵심어는 '例如(예컨대)'로 이 뒤에 안 좋은 기분에서 빠져나오게 하는 방법의 구체적인 예가 나온다. 따라서 '기분을 좋게 변화시키는 방법에는 어떤 것이 있을까?'라는 질문을 생각해 볼 수 있다. 이 질문에 대한 답으로 산책, 수다, 글 읽기가 나왔지만 보기에 산책만 있으므로 정답은 B이다.
2. 첫 번째 문장인 '遇到烦恼事时，你应该(걱정스러운 일이 닥쳤을 때 당신은 어떻게든)'를 들으면 뒤에 걱정거리를 어떻게 하는지에 대한 설명이 이어진다는 것을 예측할 수 있다. '应该想一些办法让自己从不高兴的心情中走出来，逐渐地冷静下来(어떻게든 방법을 생각해서 자신을 안 좋은 기분에서 빠져나오게하고, 점차 침착해져야 한다)'라고 했고, 바로 이 부분이 글의 주제이므로 이에 관한 질문도 나올 것이다. 2번 문제의 답을 B 做事要冷静(일을 할 때는 침착해야 한다)으로 생각할 수 있지만 주로 '어떻게 할 것인가'에 대해 말하고 있으므로 D 怎样改变心情(어떻게 기분을 바꾸는가)이 가장 적합하다.

02. 서술문과 설명문

듣기 제3부분 두 번째 유형의 지문은 문체에 따라 서술문, 설명문, 논설문 등으로 나눌 수 있다. 지문의 종류에 따라 나올 수 있는 질문을 예측할 수 있다.

서술문

주로 이야기의 내용이나 특정 인물의 특징 또는 행동 등에 대해 묻는다.

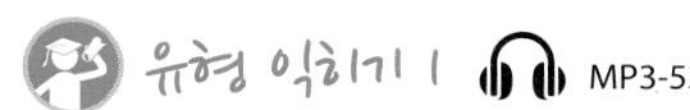

MP3-53

1 ★☆☆

A 脾气好	B 爱做梦	A 성격이 좋다	B 꿈을 잘 꾼다
C 很成功	D 工作压力大	C 매우 성공했다	D 업무 스트레스가 크다

단어 脾气 píqi 명 성격 | 做梦 zuòmèng 동 꿈을 꾸다 | 成功 chénggōng 동 성공하다 | 压力 yālì 명 스트레스

해설 인물의 행동을 묘사한 녹음 내용에 근거하여 인물의 성격이나 상황을 판단하는 문제이다. 녹음 내용을 분석하면서 틀린 답을 하나씩 배제할 수 있다. 그가 아들이 담배 피우는 것을 보자 무척 화를 냈다고 했으므로 그의 성격이 좋다고 할 수는 없다. 지문에 꿈을 꾸었다는 언급은 없었고, 그가 성공했는지 여부에 대해서도 언급하지 않았다. 따라서 A, B, C를 제외하면 답이 D라는 것을 판단할 수 있고, 게다가 가족들이 그의 흡연을 반대했을 때 그가 '工作压力大(업무 스트레스가 심하다)'라고 했으므로 정답은 D이다.

정답 D

2 ★☆☆

A 喝酒	B 抽烟	A 술 마시는 것	B 담배 피우는 것
C 踢足球	D 说假话	C 축구하는 것	D 거짓말 하는 것

단어 喝酒 hējiǔ 술을 마시다 | 抽烟 chōuyān 동 담배를 피우다 | 踢足球 tī zúqiú 축구를 하다 | 假话 jiǎhuà 명 거짓말

해설 녹음 내용은 모두 흡연에 대해 이야기하고 있고 술, 축구, 거짓말에 대한 언급은 없다. 또한 아들이 담배 피우는 것을 보고 화가 나서 큰 소리로 '你怎么可以抽烟呢?(네가 어떻게 담배를 피울 수 있냐?)'라고 했으므로 그가 아들의 흡연을 반대한다는 것을 알 수 있다. 따라서 정답은 B이다.

정답 B

1-2

有一个人很喜欢抽烟，当家人反对时，他总是说："[1]我工作压力大，让我轻松一会儿吧。"一天，他进门时发现儿子正坐在沙发上抽烟呢。他很生气，大声说："[2]你怎么可以抽烟呢？"儿子回答："我学习压力大，让我轻松一会儿吧。	담배 피우는 것을 아주 좋아하는 한 사람이 있었다. 가족이 반대할 때 그는 항상 "[1]나는 업무 스트레스가 너무 심해, 날 좀 쉬게 해 줘."라고 말했다. 하루는 그가 집에 들어왔을 때 아들이 마침 소파에 앉아서 담배 피우고 있는 것을 발견했다. 그는 매우 화가 나서 큰소리로 "[2]네가 어떻게 담배를 피울 수 있냐?"라고 말했고, 아들은 "공부 스트레스가 너무 심해서 그러니까 저를 좀 쉬게 해 주세요."라고 대답했다.
1. 关于那个人，可以知道什么？ 2. 他不同意儿子做什么？	1. 그 사람에 관해 알 수 있는 것은 무엇인가? 2. 그는 아들이 무엇을 하는 것에 반대하는가?

단어 当…时 dāng…shí ~할 때 | 家人 jiārén 명 가족 | 反对 fǎnduì 동 반대하다 | 总是 zǒngshì 부 늘, 항상 | 轻松 qīngsōng 동 쉬게 하다 | 一会儿 yíhuìr 수량 잠시 | 进门 jìnmén 동 문으로 들어가다 | 发现 fāxiàn 동 발견하다 | 正 zhèng 부 마침 | 沙发 shāfā 명 소파 | 生气 shēngqì 동 화내다 | 大声 dàshēng 명 큰 소리 | 回答 huídá 동 대답하다 | 同意 tóngyì 동 동의하다

플러스 해설

서술문은 시간, 장소, 인물, 발생한 사건, 인물의 말에 주의해서 들어야 한다. 이 지문에서는 첫 구절을 주의해야 하는데, 첫 구절에서 이 지문이 담배와 관계가 있다는 것을 알려 주기 때문이다. 가족들이 반대하자 그는 '工作压力大(업무 스트레스가 크다)'를 이유로 들었다. 때문에 이어지는 스토리도 당연히 그가 담배를 피는 것과 담배를 피는 이유를 둘러싸고 전개될 것이라는 것을 예상할 수 있다.

설명문

주로 지문에서 설명한 방법, 과정, 구체적인 상황과 같은 세부적인 내용에 대해 묻는다.

유형 익히기 2 MP3-54

1 ★★★

A 吃下去	A 먹는다
B 擦在被虫咬过的地方	B 벌레에 물린 곳에 바른다
C 擦满身体	C 몸 전체에 바른다
D 一种吃，一种擦	D 한 종류는 먹고, 한 종류는 바른다

단어 擦 cā 동 바르다 | 被 bèi 개 ~에 의해 ~를 당하다 | 虫 chóng 명 벌레 | 咬 yǎo 동 (개)물다 | 地方 dìfang 명 장소 | 种 zhǒng 양 종류

해설 '擦(바르다)'와 '涂(바르다)'가 같은 의미라는 것을 알면 쉽게 풀 수 있는 문제이다. 용법과 용량 부분에 '均匀涂抹患处，先涂药水，后涂药膏(환부에 균일하게 바른다. 먼저 물약을 바르고 난 후 연고를 바른다)'라고 했으므로 A, C, D는 제외된다. B와 C 모두 '擦(바르다)'라고 나와 있지만 몸 전체가 아닌 환부라고 했기 때문에 정답은 B이다.

정답 B

2

★★★

A 1次	B 2次	A 1번	B 2번
C 3次	D 4次	C 3번	D 4번

해설 '每日早中晚各1次(매일 아침, 점심, 저녁 각 1회씩)'라고 했기 때문에 하루에 3번임을 알 수 있다. 따라서 정답은 C이다.

정답 C

1-2

诊断：虫咬皮炎 药品：复方氧化锌(药水)，皮炎平软膏 用法用量：外用。[1]均匀涂抹患处，先涂药水，后涂药膏，[2]每日早中晚各1次。	진단: 벌레 물림으로 인한 피부염 약품: 복합산화아연(물약), 피부염 연고 용법용량: 외용. [1]환부에 균일하게 바른다. 먼저 물약을 바르고 난 후 연고를 바른다. [2]매일 아침, 점심, 저녁 각 1회씩 바른다.
1. 这两种药应该怎么用? 2. 这两种药每天用几次?	1. 이 두 가지 약은 어떻게 사용해야 하는가? 2. 이 두 가지 약은 매일 몇 차례 사용하는가?

단어 诊断 zhěnduàn 동 진단하다 | 皮炎 píyán 명 피부염 | 药品 yàopǐn 명 약품 | 复方氧化锌 fùfāngyǎnghuàxīn 명 복합산화아연 | 药水 yàoshuǐ 명 물약 | 软膏 ruǎngāo 명 연고 | 用法 yòngfǎ 명 용법 | 用量 yòngliàng 명 용량 | 外用 wàiyòng 동 외용하다 | 均匀 jūnyún 형 균일하다 | 涂抹 túmǒ 동 바르다 | 患处 huànchù 명 환부 | 涂 tú 동 바르다 | 药膏 yàogāo 명 연고 | 每日 měirì 명 매일 | 各 gè 대 각 | 应该 yīnggāi 조동 ~해야 한다

03. 화자와 관련된 문제

듣기 제3부분 두 번째 유형에서는 화자의 직업이나 녹음 내용을 통해 알 수 있는 화자와 관련된 상황을 묻는 경우가 많다. 화자가 자신의 감정을 이야기하는 경우, 화자가 누구인지 혹은 화자가 어떤 상황인지를 묻는 질문이 나올 수 있다. 또 화자의 진술을 토대로 그가 처한 상황이나 있는 장소, 그리고 현재 무엇을 하고 있는지 등을 묻기도 한다.

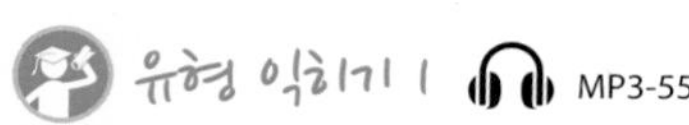

1 ★★☆

A 警察	B 司机	A 경찰	B 운전기사
C 学生	D 家长	C 학생	D 학부모

단어 **警察** jǐngchá 명 경찰 | **司机** sījī 명 운전기사 | **家长** jiāzhǎng 명 학부모

해설 녹음 내용을 토대로 화자가 누구인지 판단하는 문제이다. '我们都很担心孩子的安全(우리 모두 아이들의 안전을 걱정한다)'과 '去校门口接孩子(아이를 데리러 학교 정문까지 가다)', 그리고 '我们都放心多了(우리 모두 마음이 많이 놓인다)'로 보아 '我们(우리)'은 학부모임을 알 수 있다. 녹음 내용에서 경찰이 언급되긴 했지만 단지 학교 근처 길에 경찰이 있다는 것이지 화자가 경찰이라는 것은 아니므로 정답은 D이다.

정답 D

2 ★★☆

A 变宽了	B 比较窄	A 넓어졌다	B 비교적 좁다
C 禁止停车	D 没有红绿灯	C 주차 금지	D 신호등이 없다

단어 **变** biàn 동 변하다 | **宽** kuān 형 (폭이) 넓다 | **比较** bǐjiào 부 비교적 | **窄** zhǎi 형 (폭이) 좁다 | **禁止** jìnzhǐ 동 금지하다 | **停车** tíngchē 동 차량을 주차하다 | **红绿灯** hónglǜdēng 명 신호등

해설 보기를 보고 도로 또는 길에 대한 내용이 나올 것임을 알 수 있다. '不光路修宽了(길이 넓게 수리가 되었을 뿐만 아니라)'를 통해 그 길은 현재 넓어졌음을 알 수 있으므로 정답은 A이다.

정답 A

1-2

学校旁边的这条路以前路窄车多，[1]我们都很担心孩子的安全，每天中午和下午都要去校门口接孩子。现在情况不一样了，[2]不光路修宽了，还有交警指挥，[1]我们都放心多了。	학교 옆 이 길은 예전에는 길이 좁고 차가 많았다. [1]우리 모두 아이들의 안전이 걱정되어 매일 점심과 오후에 아이를 데리러 학교 정문까지 가야 했다. 현재는 상황이 달라져 [2]길이 넓게 수리가 되었을 뿐만 아니라 교통경찰이 지휘하고 있어서 [1]마음이 많이 놓인다.
1. 说话人是谁? 2. 那条路现在怎么样?	1. 화자는 누구인가? 2. 그 길은 현재 어떠한가?

단어 条 tiáo 양 가늘고 긴 것을 세는 양사 | 车 chē 명 자동차 | 担心 dānxīn 동 걱정하다 | 安全 ānquán 명 안전 | 每天 měitiān 명 매일 | 门口 ménkǒu 명 입구 | 接 jiē 동 마중하다 | 情况 qíngkuàng 명 상황 | 一样 yíyàng 형 같다 | 光 guāng 부 단지 | 修 xiū 동 보수하다 | 交警 jiāojǐng 명 교통경찰('交通警察'의 약칭) | 指挥 zhǐhuī 동 지휘하다 | 放心 fàngxīn 동 안심하다

플러스 해설

듣기 제3부분 두 번째 유형을 풀 때는 녹음 내용으로부터 알 수 있는 화자의 정서나 신분, 그가 현재 있는 장소나 하고 있는 행동 등의 정보에 특별히 주의를 기울여 들어야 한다. 이를 위해서는 녹음 내용에 대한 이해와 함께 어느 정도의 분석도 필요하다.

유형 확인 문제 MP3-56

〉〉 해설서 48p

녹음을 듣고 질문에 알맞은 보기를 선택하세요.

1–2.

1. A 商店　B 学校　C 车站　D 饭店
2. A 吃饭　B 买东西　C 喝茶　D 开会

실전 연습 1

제3부분 MP3-57

36–45.
대화를 듣고 질문에 알맞은 보기를 선택하세요.

36. A 老师　B 学生　C 家长　D 教授

37. A 打架　B 成绩　C 住房　D 教育

38. A 弟弟的缺点　B 弟弟的优点　C 饮食　D 蔬菜

39. A 水果　B 蔬菜　C 肉　D 小吃

40. A 老师　B 汽车修理工　C 司机　D 演员

41. A 很幸福　B 很幽默　C 很伤心　D 很失望

42. A 公园　B 菜园　C 花园　D 网上

43. A 讨厌　B 珍惜　C 小心　D 害怕

44. A 认真　B 马虎　C 幽默　D 虚伪

45. A 业务员　B 业务经理　C 老板　D 总经理

〉〉 해설서 49p

실전 연습 2

제3부분 MP3-58

36–45.
대화를 듣고 질문에 알맞은 보기를 선택하세요.

36. A 聊天　B 购物　C 看电影　D 网络

37. A 什么都能知道　B 人们都迷恋网络　C 容易引发犯罪　D 对身体不好

38. A 激动　B 失望　C 伤心　D 羡慕

39. A 父母　B 朋友　C 妻子　D 老师

40. A 网购　B 团购　C 电视购物　D 逛街购物

41. A 能认识很多人　B 能买到好商品　C 不用自己出门　D 能省钱

42. A 5月1日　B 9月1日　C 10月1日　D 12月1日

43. A 约700人　B 700万人　C 2万多人　D 2000多万人

44. A 去故宫游览　B 去王府井购物　C 跟朋友吃饭　D 待在家里

45. A 出郊游受欢迎　B 人们举行狂欢活动　C 购物中心挤满了人　D 饭店爆满

›› 해설서 53p

新HSK 4급 시험에 자주 나오는 어휘

MP3-W02

1 접속사

● 인과 관계

- 因为…所以… yīnwèi…suǒyǐ… ~때문에, 그래서 ~하다
- …因此… …yīncǐ… ~때문에, 그래서 ~하다
- 既然…就… jìrán…jiù… 기왕 ~한 바에야 ~해라

* 원인과 결과를 나열한다.

* 因为는 由于 yóuyú로도 쓸 수 있다.

● 계승 관계

- …于是… …yúshì… 그래서 ~하다
- 首先…其次…然后… shǒuxiān…qícì…ránhòu… 우선~, 그다음에~, 그리고~

* 앞에서 말한 내용에 이어서 말하거나 앞의 화제에 이어서 뒤의 화제가 온다.

● 점층 관계

- 不但…而且… búdàn…érqiě… ~뿐만 아니라, 또한 ~하다

* 진일보된 설명

* 不但은 不仅 bùjǐn으로도 쓸 수 있다.

* 而且는 并且 bìngqiě, 反而 fǎn'ér으로도 쓸 수 있다.

● 전환 관계

- 虽然…但是… suīrán…dànshì… 비록 ~하지만, 그러나 ~하다

* 상반되거나 상대적인 상황을 나타낸다.

* 虽然은 尽管 jǐnguǎn으로도 쓸 수 있다.

* 但是는 但 dàn, 不过 búguò, 然而 rán'ér, 而 ér, 可是 kěshì로도 쓸 수 있다.

● 조건 관계

- 不管…都… bùguǎn…dōu… ~에 관계없이 모두 ~하다

* 무조건으로 어떤 조건에서도 일어난다.

* 不管은 无论 wúlùn, 不论 búlùn으로도 쓸 수 있다.

* 都는 也 yě로도 쓸 수 있다.

- 只有…才… zhǐyǒu…cái… ~해야만, 비로소 ~하다
- 除非…否则… chúfēi…fǒuzé… 다만 ~해야만 한다, 그렇지 않으면 ~하다

* 필요 조건으로 앞에 일어난 일이나 사건이 뒤에 일어난 일이나 사건의 조건이 되어야 한다.

- 只要…就… zhǐyào…jiù… ~하기만 하면, ~하다

* 충분 조건

가설 관계

- 即使…也… jíshǐ…yě… 설령 ~할지라도 ~한다
- 如果…那么… rúguǒ…nàme… 만약 ~한다면, 그러면 ~해라

* 어떤 상황을 가정하는 것으로, 이런 상황에서 일어날 수 있지만 실제 일어나지는 않는다.

목적 관계

- 为了…而… wèile…ér… ~을 위해 ~하다

* 어떤 목적을 가지고 어떠한 일을 한다.

2 동사

- 猜 cāi 추측하다
- 觉得 juéde ~라고 여기다
- 打折 dǎzhé 할인하다
- 减少 jiǎnshǎo 감소하다
- 扩大 kuòdà 확대하다
- 按时 ànshí 제때에, 제시간에
- 包括 bāokuò 포함하다
- 差 chà 부족하다
- 超过 chāoguò 초과하다
- 迟到 chídào 지각하다
- 感谢 gǎnxiè 감사하다
- 感动 gǎndòng 감동하다
- 鼓掌 gǔzhǎng 손뼉치다
- 后悔 hòuhuǐ 후회하다
- 结束 jiéshù 끝나다
- 流泪 liúlèi 눈물을 흘리다
- 免费 miǎnfèi 무료로 하다
- 帮忙 bāngmáng 돕다
- 保护 bǎohù 보호하다
- 表达 biǎodá 표현하다
- 表扬 biǎoyáng 칭찬하다
- 参观 cānguān 참관하다
- 成为 chéngwéi ~으로 되다
- 打印 dǎyìn 인쇄하다
- 代表 dàibiǎo 대표하다
- 浏览 liúlǎn 대충 훑어보다
- 堵车 dǔchē 차가 막히다
- 放心 fàngxīn 안심하다
- 放弃 fàngqì 포기하다
- 怀疑 huáiyí 의심하다
- 经历 jīnglì 경험하다
- 举行 jǔxíng 거행하다
- 帮助 bāngzhù 돕다
- 保证 bǎozhèng 보증하다
- 表示 biǎoshì 나타내다
- 表演 biǎoyǎn 연기하다
- 参加 cānjiā 참가하다
- 打算 dǎsuan ~하려고 하다
- 带 dài 지니다
- 代替 dàitì 대체하다
- 发生 fāshēng 발생하다
- 访问 fǎngwèn 방문하다
- 负责 fùzé 책임지다
- 关心 guānxīn 관심을 갖다
- 欢迎 huānyíng 환영하다
- 坚持 jiānchí 꾸준히 하다
- 举办 jǔbàn 개최하다
- 开 kāi 열다
- 决定 juédìng 결정하다
- 练习 liànxí 연습하다
- 降低 jiàngdī 내리다
- 提高 tígāo 향상시키다
- 丰富 fēngfù 풍부하다
- 困 kùn 졸리다

- [ ] 调查 diàochá 조사하다
- [ ] 反对 fǎnduì 반대하다
- [ ] 反映 fǎnyìng 반영하다, 보고하다
- [ ] 发展 fāzhǎn 발전하다
- [ ] 改变 gǎibiàn 변하다
- [ ] 让 ràng 양보하다, 사양하다
- [ ] 用 yòng 사용하다
- [ ] 开始 kāishǐ 시작하다
- [ ] 聊天儿 liáotiānr 잡담하다

3 형용사

- [ ] 可惜 kěxī 아깝다
- [ ] 实际 shíjì 실제적이다
- [ ] 够 gòu 충분하다
- [ ] 贵 guì 비싸다
- [ ] 厚 hòu 두껍다
- [ ] 简单 jiǎndān 간단하다
- [ ] 浪费 làngfèi 낭비하다
- [ ] 懒 lǎn 게으르다
- [ ] 冷静 lěngjìng 냉정하다
- [ ] 浪漫 làngmàn 낭만적이다
- [ ] 紧张 jǐnzhāng 긴장하다
- [ ] 困难 kùnnán 곤란하다
- [ ] 精彩 jīngcǎi 뛰어나다, 훌륭하다
- [ ] 丰富 fēngfù 풍부하다
- [ ] 满意 mǎnyì 만족하다
- [ ] 抱歉 bàoqiàn 사과하다
- [ ] 吃惊 chījīng 놀라다
- [ ] 得意 déyì 마음에 들다, 의기양양하다
- [ ] 烦恼 fánnǎo 번뇌하다, 걱정하다
- [ ] 高兴 gāoxìng 기쁘다
- [ ] 害羞 hàixiū 부끄러워하다
- [ ] 激动 jīdòng 감동하다
- [ ] 忙 máng 바쁘다
- [ ] 乱 luàn 혼란하다, 어지럽히다
- [ ] 难受 nánshòu 괴롭다
- [ ] 难过 nánguò 괴롭다, 고생스럽다
- [ ] 安静 ānjìng 조용하다
- [ ] 诚实 chéngshí 성실하다
- [ ] 聪明 cōngmíng 총명하다
- [ ] 可怜 kělián 가엽다
- [ ] 厉害 lìhai 심하다, 대단하다
- [ ] 便宜 piányi 싸다
- [ ] 漂亮 piàoliang 예쁘다

4 부사

- [ ] 本来 běnlái 원래
- [ ] 原来 yuánlái 원래, 알고보니
- [ ] 果然 guǒrán 과연
- [ ] 其实 qíshí 사실은
- [ ] 只好 zhǐhǎo 어쩔 수 없이
- [ ] 到底 dàodǐ 도대체
- [ ] 差点儿 chàdiǎnr 하마터면
- [ ] 当时 dāngshí 당시(그때)
- [ ] 大约 dàyuē 대략(대강) = 大概 dàgài
- [ ] 大概 dàgài 아마도, 대개
- [ ] 仍然 réngrán 여전히
- [ ] 始终 shǐzhōng 언제나, 결국
- [ ] 一直 yìzhí 줄곧, 계속
- [ ] 刚才 gāngcái 방금
- [ ] 刚刚 gānggāng 방금
- [ ] 往往 wǎngwǎng 왕왕, 늘, 항상
- [ ] 稍微 shāowéi 조금, 약간
- [ ] 更 gèng 더욱
- [ ] 甚至 shènzhì 심지어
- [ ] 越 yuè 점점, 더욱더

- [ ] 恐怕 kǒngpà 아마도
- [ ] 也许 yěxǔ 어쩌면
- [ ] 一般 yībān 일반적으로
- [ ] 千万…别 qiānwàn…bié 제발 (~하지 마라)
- [ ] 一定 yídìng 반드시
- [ ] 肯定 kěndìng 확실히
- [ ] 必须 bìxū 반드시, 꼭
- [ ] 最好 zuìhǎo 제일 좋기는
- [ ] 难道 nándào 설마 ~란 말인가
- [ ] 当然 dāngrán 당연히, 물론
- [ ] 竟然 jìngrán 뜻밖에도
- [ ] 多么 duōme 얼마나
- [ ] 真 zhēn 정말
- [ ] 终于 zhōngyú 마침내, 결국
- [ ] 就 jiù 곧, 즉시
- [ ] 只 zhǐ 다만, 단지
- [ ] 尤其 yóuqí 특히, 더욱
- [ ] 极其 jíqí 매우, 지극히
- [ ] 极 jí 아주, 극히
- [ ] 光 guāng 다만, 오직
- [ ] 都 dōu 모두
- [ ] 全部 quánbù 전부
- [ ] 完全 wánquán 완전히
- [ ] 一共 yígòng 전부, 모두
- [ ] 从来 cónglái (不 bù/没 méi) 지금까지, 여태껏 ~하지 않았다
- [ ] 顺便 shùnbiàn ~하는 김에
- [ ] 一起 yìqǐ 함께
- [ ] 一边…一边… yìbiān…yìbiān… ~하면서 ~하다
- [ ] 已经 yǐjing 이미
- [ ] 又 yòu 또
- [ ] 也 yě ~도
- [ ] 再 zài 다시
- [ ] 好像 hǎoxiàng ~과 같다

5 개사

- [ ] 让 ràng ~에게, ~에 의해
- [ ] 对于 duìyú ~에 대해서
- [ ] 关于 guānyú ~에 관해서
- [ ] 从…到 cóng…dào ~에서 ~까지
- [ ] 除了 chúle ~외에
- [ ] 在 zài ~에서
- [ ] 按照 ànzhào ~에 따라
- [ ] 随着 suízhe ~따라서
- [ ] 以 yǐ ~로, ~하여
- [ ] 由 yóu ~으로
- [ ] 给 gěi ~에게
- [ ] 跟 gēn ~와(과)
- [ ] 比 bǐ ~보다

실전 테스트

〉〉 해설서 58p

第一部分

第1－10题：判断对错。

例如：我想去办个信用卡，今天下午你有时间吗？陪我去一趟银行？

★ 他打算下午去银行。 （ √ ）

现在我很少看电视，其中一个原因是，广告太多了，不管什么时间，也不管什么节目，只要你打开电视，总能看到那么多的广告，浪费我的时间。

★ 他喜欢看电视广告。 （ × ）

1. ★ 现在不容易找到好工作。 （ ）

2. ★ 这两件衣服，一件质量好一件质量不好。 （ ）

3. ★ 今年暑假他要学习法语。 （ ）

4. ★ 上大学时，他经常回家。 （ ）

5. ★ 这个箱子不够大。 （ ）

6. ★ 火车20分钟后发车。 （ ）

7. ★ 今天下午开会。 （ ）

8. ★ 妈妈忘了在烧水。 （ ）

9. ★ 他要把明天的机票改签到后天。 （ ）

10. ★ 会议日程他还没有安排。 （ ）

第二部分

第11–25题：请选出正确答案。

例如： 女：该加油了，去机场的路上有加油站吗？
男：有，你放心吧。
问：男的主要是什么意思？

A 去机场　B 快到了　C 油是慢的　D 有加油站 √

11. A 睡觉　B 做作业　C 看电视　D 玩电脑

12. A 男的会晚点到　B 男的不来了　C 女的不来了　D 女的不等男的

13. A 上课的人太少　B 上课的人太多　C 不喜欢书法课　D 很喜欢书法课

14. A 不确定是谁　B 张明　C 李哲　D 不认识的人

15. A 吃饭　B 学习　C 工作　D 相互介绍

16. A 英国人　B 中国人　C 法国人　D 德国人

17. A 男的送她回家　B 男的请她吃饭　C 男的送了她礼物　D 男的帮了她

18. A 吃饭　B 开会　C 上厕所　D 买东西

19. A 脏了　B 丢了　C 破了　D 杰克忘拿了

20. A 100　B 200　C 300　D 没给

21. A 送女的去火车站　B 去学校请假　C 看朋友　D 去医院看病

22. A 她认识这个字　B 她汉语不好　C 她学过这个字　D 她见过这个字

23. A 小明没生病　B 小明病了　C 小明在家里　D 小明在上学

24. A 饭店　B 在家　C 公司　D 商店

25. A 吃饭　B 买衣服　C 加油　D 逛街

第三部分

第26–45题：请选出正确答案。

例如：男：把这个材料复印5份，一会儿拿到会议室发给大家。
女：好的。会议是下午三点吗？
男：改了。三点半，推迟了半个小时。
女：好，602会议室没变吧？
男：对，没变。
问：会议几点开始？

A 两点　B 三点　C 15:30 ✓　D 18:00

26. A 水龙头修好了　B 水龙头坏了　C 男的没打电话　D 女的生气了

27. A 餐馆里　B 电影院里　C 商场里　D 火车上

28. A 工作不太累　B 天气不热　C 希望在家工作　D 不可能放一个月的假

29. A 参观　B 购物　C 上课　D 照相

30. A 走了太多路　B 背了太多东西　C 没有睡好觉　D 站得太久

31. A 买南京小吃　B 买书　C 买衣服　D 买花

32. A 玛丽气消了　B 张明要去道歉　C 张明没有错　D 玛丽生气了

33. A 粗心　B 活泼　C 严肃　D 幽默

34. A 爬山　B 打球　C 跑步　D 吃早饭

35. A 258　B 268　C 261　D 271

36. A 开会　B 参观　C 听广播　D 看电视

37. A 家里　B 厨房　C 教室　D 会议室

38. A 老年人　B 小孩儿　C 胖人　D 所有人

39. A 很累　B 不应该经常爬　C 对身体有好处　D 不如坐电梯好

40. A 发烧要加衣服　B 婴儿发烧怎么办　C 天凉要加衣服　D 发烧的表现

41. A 婴儿觉得冷　B 手脚很热　C 发烧的时候　D 身体有点儿热

42. A 现在的天气　B 最近的天气　C 什么时候下雪　D 哪里在下雨

43. A 下大雨　B 下雨的同时下雪　C 下大雪　D 有阵雨

44. A 被人打伤的　B 自己碰伤的　C 打篮球碰伤的　D 在战争中受伤的

45. A 手　B 胳膊　C 腿　D 嘴唇

MEMO

新HSK 독해

4

阅读

알아보기

제1부분
빈칸 채우기

제2부분
문장 순서 배열하기

제3부분
지문 읽고 질문에 답하기

실전 테스트

新HSK 4급 독해 알아보기

기본 사항

문제 수 : 40문제

시험 시간 : 40분 (답안 작성 시간 포함)

부분	문제 유형		문제 수
제1부분	선택형	빈칸 채우기	5문제(46–50번)
			5문제(51–55번)
제2부분		문장 순서 배열하기	10문제(56–65번)
제3부분		지문 읽고 질문에 답하기	14문제(66–79번)
			6문제(80–85번)

주요 평가 내용

독해 영역은 수험생의 문장 및 문단을 이해하는 능력을 평가하기 위한 것이다. 세 유형 모두 문장이나 문단의 뜻을 이해해야만 알맞은 단어를 빈칸에 넣고, 올바른 순서로 문장을 배열하고, 정확한 답을 선택할 수 있다. 구체적인 평가 내용은 다음과 같다.

① 특정 어구의 뜻을 이해하는지 평가한다.
② 핵심 어구를 정확하게 파악하는지 평가한다.
③ 화자의 태도와 관점을 이해하는지 평가한다.
④ 복문에서 각 절 간의 관계를 파악하는지 평가한다.
⑤ 지문에 근거해 추리할 수 있는지 평가한다.
⑥ 세세한 내용을 이해하고 있는지 평가한다.
⑦ 일정한 연결 수단을 활용할 수 있는지 평가한다.

▶▷ 빠른 속도로 핵심만 잡아내자!

독해에서 가장 중요한 것은 바로 핵심을 잡아내어 모르는 부분은 건너뛰면서 최대한 빠른 속도로 읽는 것이다. 많은 수험생이 시험을 볼 때 시간이 부족하다고 느끼는데 이는 문제 수가 많아서가 아니라 독해 과정에서 속도에 주의를 기울이지 않기 때문이다. 평상시 독해 문제를 풀 때 연습을 통해 속도를 점점 더 높여야 한다.

제1부분 보기의 단어들이 일반적으로 어떤 단어와 짝을 이루어 결합하는지 생각해 보자!

제2부분 관련 어구나 접속사를 통해 문장의 올바른 배열 순서를 찾아보자!

제3부분 질문을 통해 무슨 내용이 나올지 추측하고, 지문을 읽으면서 질문에 나왔던 어구를 찾거나 질문에 어떻게 답할지 생각해 보자!

독해 속도 높이는 방법

1. 손가락으로 짚어가며 글을 읽지 말고, 아무런 소리도 내지 말고 묵독을 하자.
2. 새 단어가 나올 때마다 사전을 찾는 습관도 좋지 않다. 모르는 단어가 나오면 우선 표시만 해 두자.
3. 시간을 제한해서 읽는 방식을 시도해 보자. 시작 단계에서는 문제마다 시간을 좀 길게 잡는다. 하지만 반드시 끝까지 읽어야 하며 만약 뜻을 이해하거나 문제를 푸는 데 비교적 큰 지장이 있다면 다 읽은 후 다시 한 번 읽어 앞뒤 문맥으로부터 단어의 뜻을 이해할 수 있는지 보자. 만약 앞뒤 문장의 도움을 받았는데도 이해하기 어렵다면 그때 가서 사전을 보면 된다.
4. 의미를 이해하는 데 큰 영향을 주지 않는 단어들은 그냥 무시하고 넘어가자.

제1부분

빈칸 채우기

01. 빈칸에 들어갈 품사를 파악하고
    문맥상 가장 자연스러운 어휘를 선택하자!

독해 제1부분

미리보기

제1부분은 10문제(46–55번)로 두 가지 유형으로 이루어져 있다. 유형마다 빈칸에 들어갈 6개의 어휘가 주어진다. 그중 1개는 예시로 나온 문장에 들어간 어휘이므로, 남은 5개의 어휘가 실제 5문제의 보기가 된다.

- 46-50번 서술문 형태
- 51-55번 A, B 두 사람이 주고받는 대화문 형태

제1부분 유형 1 – 서술문 빈칸 채우기

문제

》 해설서 77p

第一部分

第46－50题：选词填空。

A 没　B 阴天　C 几乎　D 坚持　E 挺　Ⓕ 这

46. 你要的不就是（　　）个吗？赶快拿去吧。 보기에서 알맞은 어휘를 골라 문장을 완성하세요.

제1부분 유형 2 – 대화문 빈칸 채우기

문제

》 해설서 77p

第51－55题：选词填空。

A 推迟　B 提前　C 温度　D 马虎　Ⓔ 恐怕　F 几乎

51. A：你能帮我翻译一下这段英语吗？
　　B：就我这样的英语水平（　　）不行。 보기에서 알맞은 어휘를 골라 문장을 완성하세요.

01. 빈칸에 들어갈 품사를 파악하고 문맥상 가장 자연스러운 어휘를 선택하자!

보기에 제시된 어휘의 품사는 동사, 명사, 형용사가 주로 나오며, 개사와 부사도 출제된다. 바로 정답을 찾지 못하는 경우 자신 있는 문장부터 완성해서 보기들을 하나씩 소거한 후 마지막에 자신 없는 문장을 완성할 수 있다.

유형 1 – 서술문 빈칸 채우기

정답을 고르려면 보기에 제시된 어휘의 뜻을 정확하게 알고 문장의 의미도 파악해야 한다. 문장에 빈칸이 있지만 무언가 정보를 주는 부분이 있으므로 문장 속의 핵심 어구나 중요 부분을 통해 정답을 찾을 수 있다.

1-5

A 随着	B 尝	C 春节	A ~에 따라	B 맛보다	C 춘절
D 坚持	E 收拾	F 提醒	D 꾸준히 하다	E 정돈하다	F 일깨워 주다

단어 **随着** suízhe 개 ~에 따라 | **尝** cháng 동 맛보다 | **春节** Chūnjié 명 춘절 | **坚持** jiānchí 동 꾸준히 하다 | **收拾** shōushi 동 정돈하다 | **提醒** tíxǐng 동 일깨우다

예시

她每天都（ D 坚持 ）走路上下班，所以身体一直很不错。	그녀는 매일 (D 꾸준히) 걸어서 출퇴근하므로 건강이 줄곧 아주 좋다.

단어 **走路** zǒulù 동 걷다 | **上下班** shàngxiàbān 동 출퇴근하다 | **一直** yìzhí 부 계속 | **不错** búcuò 형 좋다

해설 '每天都(매일 항상)'와 '一直(줄곧)'를 통해 '走路上下班(걸어서 출퇴근하다)'가 그녀가 지속적으로 하고 있는 일임을 알 수 있다. 보기 중 이러한 뜻을 갖고 있는 것은 '꾸준히 하다'라는 뜻의 '坚持' 뿐이므로 정답은 D이다.

정답 D 坚持

1

★☆☆

虽然现在离（　　　）还有段时间，但是不少人已经开始准备过年的东西了。	비록 지금부터 (C 춘절)까지는 아직 좀 시간이 있지만, 많은 사람들은 이미 춘절을 쇨 물건을 준비하기 시작했다.

단어 **过年** guònián 동 설을 쇠다

해설 빈칸 앞의 '离'는 '~부터'라는 의미의 개사로 시간, 장소를 나타내는 명사 앞에 쓰인다. '离' 앞에 시간을 나타내는 명사인 '现在(지

금)'가 있으므로 빈칸에는 시간을 나타내는 명사인 '春节(춘절)'가 올 수 있다. 이어서 '准备过年的东西(춘절을 쇨 물건을 준비한다)'라고 했으므로 문맥상으로도 자연스럽다. 따라서 정답은 C이다.

정답 C 春节

2

★★☆

研究证明，人们的心情会（　　　）天气的变化而变化。	연구에 따르면, 사람들의 기분도 날씨의 변화(A 에 따라) 변할 수 있다고 한다.

단어 **研究** yánjiū 동 연구하다 | **证明** zhèngmíng 동 증명하다 | **心情** xīnqíng 명 기분 | **变化** biànhuà 동 변하다, 달라지다 | **而** ér 접 목적 또는 원인 등을 나타내는 성분을 연결시킴

해설 '**天气的变化而变化**(날씨의 변화에 따라 변화한다)'를 통해 날씨의 변화에 따라 사람의 마음도 변할 수 있다는 것을 알 수 있으므로 빈칸에는 개사 '**随着**(~에 따라)'가 와야 한다. 따라서 정답은 A이다.

정답 A 随着

3

★★☆

明天可能下雨，你记得（　　　）儿子带雨伞。	내일 아마도 비가 내릴 것 같으니, 아들에게 우산을 가져가라고 (F 일깨워 주는) 거 잊지 말아요.

단어 **记得** jìde 동 기억하고 있다, ~잊지 않고 있다 | **带** dài 동 휴대하다 | **雨伞** yǔsǎn 명 우산

해설 언뜻 보기에 빈칸에 '**让**(~하게 하다)'을 넣어야 한다는 생각이 들 수 있지만 보기에 '**让**'은 없다. '**可能下雨**(아마도 비가 내릴 것 같다)'와 '**儿子带雨伞**(아들이 우산을 챙기다)' 간의 연관성에서 볼 때 1번과 2번에서 선택된 단어를 빼고 나면 '어떤 사람에게 무엇을 하게 하다'라는 의미를 가지고 있는 '**提醒**(일깨워 주다)'만이 가능하다는 걸 알 수 있다. 따라서 정답은 F이다.

정답 F 提醒

4

★☆☆

这是你做的饺子？真香！我先（　　　）一个。	이거 당신이 만든 만두예요? 정말 맛있겠네요! 제가 먼저 하나 (B 맛볼게요).

단어 **饺子** jiǎozi 명 만두 | **香** xiāng 형 맛있다 | **先** xiān 부 우선

해설 빈칸 뒤에 수량사 '**一个**(한 개)'가 있으므로 빈칸에는 동사가 올 수 있다. 문장에서 **饺子**(만두)'를 말하며 '**真香**(정말 맛있겠다)'이라고 했으니 빈칸에는 '맛보다'라는 뜻의 동사인 '**尝**'이 올 수있다. 따라서 정답은 B이다.

정답 B 尝

5

★☆☆

快把房间（　　　）一下，准备一些水果，一会儿有客人要来。	어서 방을 좀 (E 정돈하고), 과일을 좀 준비해. 곧 손님이 올 거야.

단어 把 bǎ 개 ~을, ~를 | 一会儿 yíhuìr 명 곧 | 客人 kèrén 명 손님

해설 빈칸 뒤의 '一下'는 동사 뒤에 쓰여 '좀 ~하다'라는 의미를 나타내므로 빈칸에는 동사가 올 수 있다. '一会儿有客人要来 (곧 손님이 올 거다)'를 통해 손님이 온다는 것을 알 수 있고, 손님이 왔을 때 방이 깨끗해야 하기 때문에 방을 '收拾(정돈하다)'하라고 이야기하는 상황임을 알 수 있다. 따라서 정답은 E이다.

정답 E 收拾

플러스 해설

단어들을 본 후 우선 이 단어들이 어떤 단어와 조합을 이룰 수 있을지 생각해 보아야 한다.

'尝' '尝'은 주로 먹는 것과 함께 짝을 이루는데 4번 문제만 먹는 것인 '만두'를 언급했다.

'坚持' '坚持' 뒤에는 행위나 활동을 나타내는 동사나 신념, 이상 등을 나타내는 단어가 오며 '一下', '一会儿' 등 수량사나 시간사와도 연결될 수 있다. 하지만 5번 문제는 '快把房间(빨리 방을)'으로 시작되어 '坚持'가 올 수 없으므로 '坚持'를 넣을 수 있는 것은 예시 문제 밖에 없다.

'收拾' '收拾'는 '房间(방)', '厨房(주방)', '行李(여행용 가방)' 등과 함께 쓰이므로 5번 문제의 정답이다.

'提醒' '提醒' 뒤에는 일반적으로 사람이 와서 '어떤 사람에게 무엇을 하도록 일깨워 주다'의 형식으로 자주 쓰인다. 예시 문제와 4번, 5번을 제외하고 동사가 필요한 곳은 3번 문제밖에 없다.

'春节' '春节'라는 명사를 보면 우선 문장에 들어갈 내용이 춘절이나 명절과 관련이 있는 일이나 활동일 거라는 생각을 해야 하는데 1번 문제가 이에 해당한다.

'随着' 마지막으로 '随着'만 남았으므로 이것이 2번의 답이 된다. '随着'는 통상 '随着…而…'의 형태로 쓰이고 '而'은 생략할 수도 있다.

유형 2 – 대화문 빈칸 채우기

대화문 형태로 된 문제는 앞뒤 문맥을 통해 정답을 찾을 수 있다.

1-5

A 反映	B 陪	A 보고하다	B 데리고 가다
C 温度	D 堵车	C 온도	D 차가 막히다
E 来得及	F 肯定	E 늦지 않다	F 틀림없이

단어 反映 fǎnyìng 동 (의견을 관련 부서에) 보고하다 | 陪 péi 동 데리고 가다 | 温度 wēndù 명 온도 | 堵车 dǔchē 동 차가 막히다 | 来得及 láidejí 동 늦지 않다 | 肯定 kěndìng 부 틀림없이

예시

A: 今天真冷啊，好像白天最高（ C 温度 ）才2℃。 B: 刚才电视里说明天更冷。	A：오늘 정말 춥네요. 낮 최고 (C 온도)가 2℃ 밖에 안 되는 것 같아요. B：방금 전 텔레비전에서 내일은 더 춥다고 했어요.

단어 好像 hǎoxiàng 부 마치 ~과 같다 | 白天 báitiān 명 낮 | 才 cái 부 겨우 | 刚才 gāngcái 명 방금

해설 날씨에 대해 이야기하고 있고 빈칸 뒤에 온도를 나타내는 '2℃'가 나오므로 빈칸에는 '温度(온도)'가 올 수 있다. 따라서 정답은 C이다.

정답 C 温度

1

★★☆

A: 这些瓶子的数量对吧。 B: 我都仔细检查过了，（ ）没问题。	A：이 병들 수량은 맞는 거죠? B：제가 이미 자세히 검사했어요. (F 틀림없이) 문제 없어요.

단어 瓶子 píngzi 명 병 | 数量 shùliàng 명 수량 | 仔细 zǐxì 형 꼼꼼하다 | 检查 jiǎnchá 동 검사하다

해설 A는 수량이 맞는지 물었고 B는 이미 검사했으며 문제 없다고 했으므로 빈칸에는 빈칸 뒤의 동사 '没问题(문제 없다)'를 꾸며서 확고함을 나타내는 부사 '肯定(틀림없이)'이 올 수 있다. 따라서 정답은 F이다.

정답 F 肯定

2

★★☆

A: 讨论会开得顺利吗? B: 顺利，大家（ ）了不少管理过程中出现的问题，对下一步工作很有帮助。	A：토론회는 순조로웠나요? B：순조로웠습니다. 모두들 관리 과정에서 나타났던 문제들을 (A 보고했고) 다음 단계 업무를 진행하는데 큰 도움이 되었습니다.

단어 讨论 tǎolùn 동 토론하다 | 顺利 shùnlì 형 순조롭다 | 管理 guǎnlǐ 동 관리하다 | 过程 guòchéng 명 과정 | 出现 chūxiàn 동 나타나다 | 下一步 xià yí bù 다음 단계

해설 빈칸 뒤에 동태조사 '了'가 있으므로 빈칸에는 동사가 올 수 있다. 보기의 동사 중에 문장의 목적어인 '问题(문제)'와 어울리는 동사는 '反映(전달하다)'이므로 정답은 A이다.

정답 A 反映

3

★☆☆

A: 火车快开了，他怎么还没来? B: 他一般很准时的，可能是路（ ）别着急，再等等。	A：기차가 곧 출발하는데, 그는 왜 아직 안 오죠? B：그는 보통 시간을 잘 지키는데 아마 길이 (D 막히나 봐요). 조급해하지 말고 좀 기다려요.

단어 一般 yìbān 형 보통이다 | 准时 zhǔnshí 부 정시에 | 着急 zháojí 동 조급해하다

해설 A의 말을 통해 그가 아직 오직 않았다는 것을 알 수 있다. B가 '**他一般很准时的**(그는 보통 시간을 잘 지킨다)'라고 했으므로 그가 오지 못하는 이유는 아마도 불가항력적인 일일 것이다. 보기 중 이에 해당하는 것은 '**堵车**(차가 막히다)'밖에 없으므로 정답은 D이다.

정답 D 堵车

4

★☆☆

A: 快点儿，今天千万不能迟到。 B: 还有10分钟呢，（　　）。	A : 서둘러요. 오늘은 절대로 늦으면 안 돼요. B : 아직 10분 남았어요. (E 늦지 않아요).

단어 千万 qiānwàn 부 절대로 | 迟到 chídào 동 지각하다

해설 A가 절대로 늦으면 안 된다고 말했고 B가 '**还有10分钟呢**(아직 10분 더 남았다)'라고 했으므로 빈칸에는 아직 늦지 않았고 여유가 있다는 의미의 '**来得及**(늦지 않다)'가 올 수 있다. 따라서 정답은 E이다.

정답 E 来得及

5

★☆☆

A: 我（　　）你一起去吧，可以顺便活动活动。 B: 太好了，我们现在就出发。	A : 제가 당신을 (B 데리고) 함께 갈게요. 몸도 좀 움직일 겸 해서요. B : 좋습니다. 우리 지금 출발해요

단어 顺便 shùnbiàn 부 겸사겸사 | 活动 huódòng 동 (몸을) 움직이다 | 出发 chūfā 동 출발하다

해설 빈칸 앞에는 주어인 '我(나)', 뒤에는 목적어인 '你(당신)'가 있으므로 빈칸에는 동사가 올 수 있다. 이어진 '**一起去**(함께 가다)'를 통해 두 사람이 동행하려는 것임을 알 수 있으므로 정답은 B이다.

정답 B 陪

유형 확인 문제

》 해설서 77p

빈칸에 알맞은 단어를 선택하세요.

1-2

A 没　B 阴天　C 几乎　D 坚持　E 挺　F 这

1. 他真不够意思，根本（　　）把我的事儿放在心上。
2. 她长得（　　）漂亮的，就是眼睛小了点儿。

3-4

A 推迟　B 提前　C 温度　D 马虎　E 恐怕　F 几乎

3. A: 马上就要考试了，我不知道把准考证放在哪儿了，怎么办啊?
   B: 你怎么总是这么（　　）。
4. A: 不是六点集合吗? 怎么别人都还没来?
   B: 你没有收到通知吗? （　　）到七点了。

실전 연습 1

제1부분

46 - 50.
빈칸에 알맞은 단어를 선택하세요.

A 暗　B 准时　C 保护　D 往　E 软　F 成绩

* 보기 A는 예시이므로 제외

46. 从这儿（　　　）前再走20米就到学校了。

47. 他能取得今天的（　　　），全靠老师和同学的帮助。

48. 明天的会议非常重要，请大家（　　　）参加。

49. 宾馆里的床很（　　　），躺上去非常舒服。

50. 动物是人类的朋友，所以应该受到（　　　）。

51 - 55.
빈칸에 알맞은 단어를 선택하세요.

A 已经	B 挺	C 温度	D 祝贺	E 受不了	F 印象

* 보기 C는 예시이므로 제외

51. A：明天我要去见一个客户，你说我穿哪件衣服好？
B：这件吧，可以给人家留下一个好（　　　　）。

52. A：明天冷空气就要来了。
B：是的，但是今天（　　　　）开始降温了。

53. A：你工作怎么样了？
B：找了一家，工资还（　　　　）高的。

54. A：听说你比赛得了第一名，（　　　　）你。
B：谢谢，这多亏老师的帮助。

55. A：这天气太热了，我实在是（　　　　）了。
B：电视里说明天会下雨，可能会凉快一些。

〉〉 해설서 79p

실전 연습 2

제1부분

46 - 50.
빈칸에 알맞은 단어를 선택하세요.

A 有点儿	B 翻译	C 让	D 安全	E 新的	F 适合

* 보기 D는 예시이므로 제외

46. 今天我又（　　　　）老师批评了一顿。

47. 今天的天气可能会（　　　　）冷。

48. 我昨天买的那本（　　　　）语法书不见了。

49. 这是英文的，我看不懂，你能帮我把它（　　　　）成中文吗?

50. 据说，女人能从男人吃饭的样子看出对方是否（　　　　）做恋人。

51 - 55.

빈칸에 알맞은 단어를 선택하세요.

A 吃惊　　B 联系　　C 完成　　D 大概　　E 参观　　F 机会

* 보기 D는 예시이므로 제외

51. A：明天学校组织我们去（　　　　）孔庙。
    B：太棒了，我一定要好好看看。

52. A：听说你要出国了，什么时候走?
    B：再过一两个星期就走了。记得要经常跟我（　　　　）啊。

53. A：（　　　　）难得，你千万不要错过了。
    B：我一定会好好准备的。

54. A：今天晚上去看电影吗?
    B：恐怕不行，我作业还没做，今天晚上必须（　　　　）。

55. A：我真没想到哥哥会向我道歉。
    B：是啊，我当时也有点儿（　　　　）。

〉〉해설서 82p

제2부분

문장 순서 배열하기

독해 제2부분

미리보기

제2부분은 10문제(56-65번)로 제시된 보기를 문맥에 맞도록 배열하는 문제이다. 각 문제마다 구나 문장으로 이루어진 A, B, C 세 개의 보기가 등장한다.

제2부분 – 문장 순서 배열하기

문제

》 해설서 85p

第二部分

第56－65题：排列顺序。

56. A 可是今天起床晚了
    B 平时我都是骑自行车上下班
    C 只好打车来公司

BAC

01. 맨 앞부분 찾기

독해 제2부분은 맨 앞에 올 부분을 찾는 것이 문제를 완성하는 데 있어 핵심이다. 일반적으로 문장 맨 앞에는 비교적 명확한 지칭 대상을 가진 인명, 사물, 지명, '这 + 양사 + 명사' 형식 등이 오거나 시간사나 접속사 등이 오기도 한다.

구체적인 대상이 맨 앞에 오는 경우

'他', '她'와 같은 인칭대사도 주어가 될 수 있지만 대사는 앞에서 언급한 것을 지칭하기 때문에 구체적인 인명이나 사물이 있는 보기가 문장 맨 앞에 올 가능성이 높다.

유형 익히기 1

★☆☆

A 茶不仅仅是一种饮料	A 차는 일종의 음료일 뿐만 아니라
B 它在中国有着几千年的历史	B 그것은 중국에서 수 천 년의 역사를 가지고 있다
C 而且还是一种文化	C 게다가 하나의 문화이다

단어 **不仅仅** bùjǐnjǐn 접 ~뿐만 아니라 | **种** zhǒng 양 종류 | **饮料** yǐnliào 명 음료 | **历史** lìshǐ 명 역사 | **而且** érqiě 접 게다가 | **文化** wénhuà 명 문화

해설 **1단계: ? → ? → C or ? → C → ?**

C의 '而且(게다가)'는 점층 관계를 나타내는 접속사로 문장 맨 앞에 올 수 없다.

2단계 : A → C → ? or A → ? → C

A의 '茶(차)'와 B의 '它(그것)'는 가리키는 대상이 동일하지만 '它'는 '茶'를 대신하여 지칭하는 말인 반면 '茶'는 대상을 직접 지칭하므로 A가 맨 앞에 와야 한다.

3단계 : A → C → B

A의 '不仅仅'과 C의 '而且'는 '不仅仅…而且…(~뿐만 아니라 게다가 ~하다)'의 형식으로 쓰여 A-C는 '차는 일종의 음료일 뿐만 아니라 게다가 하나의 문화이다'라고 해석되고, 나머지 B가 맨 뒤에 위치한다. 따라서 정답은 A-C-B이다.

정답 A C B

시간사가 맨 앞부분에 오는 경우

'今天', '以前', '最近', '平时', '第一次'와 같은 시간사가 맨 앞에 오는 경우가 많다. 일반적으로 '시간사 + 주어(인칭대사)' 형식이거나 주어가 생략된 형태로 나온다.

유형 익히기 2

★☆☆

A 昨天我和同事去逛街	A 어제 나와 동료는 쇼핑하러 갔는데
B 可惜没有我穿的号了	B 아쉽게도 내가 신는 사이즈가 없었다
C 我看上了一双挺漂亮的鞋，还打折	C 나는 아주 예쁜 신발 한 켤레가 마음에 들었고 게다가 세일도 했다

단어 同事 tóngshì 명 동료 | 逛街 guàngjiē 동 거리 구경을 하다 | 可惜 kěxī 명 아깝다 | 看上 kànshàng 동 마음에 들다 | 双 shuāng 양 켤레 | 挺 tǐng 부 매우 | 鞋 xié 명 신발 | 打折 dǎzhé 동 할인하다

해설 **1단계 : A → ? → ?**

A에 시간사 '昨天(어제)'이 나오므로 A가 맨 앞에 올 수 있다. A에서 '我和同事去逛街(나와 동료는 쇼핑하러 갔다)'라고 했으므로 이어서 쇼핑할 때 일어난 일에 대한 이야기가 나올 것임을 알 수 있다.

2단계 : A → C → B

B에서 '可惜没有我穿的号了(아쉽게도 내가 신는 사이즈가 없었다)'라고 했으므로 B 앞에 옷이나 신발 등 치수가 있는 물건에 대해서 이야기했을 것임을 알 수 있다. C에서 '看上了一双挺漂亮的鞋(아주 예쁜 신발 한 켤레가 마음에 들었다)'라며 신발에 대해 언급했으므로 정답은 A-C-B이다.

정답 A C B

인칭대사가 맨 앞부분에 오는 경우

인칭대사가 주어인 보기가 맨 앞에 올 수 있는지의 여부는 인칭대사가 다른 보기의 사람이나 사물을 가리키는 것인지를 살펴보면 알 수 있다. 인칭대사가 앞에서 언급한 사람이나 사물을 대신 지칭하지 않는다면 맨 앞에 올 수 있다.

유형 익히기 3

★★☆

A 我们还是经常打电话联系	A 우리는 여전히 자주 전화로 연락한다
B 尽管已经毕业那么多年	B 비록 이미 졸업한 지 여러 해 되었지만
C 他是我大学时最好的同学	C 그는 내가 대학 때 가장 친했던 친구다

단어 还是 háishi 부 여전히 | 经常 jīngcháng 부 자주 | 联系 liánxì 동 연락하다 | 尽管 jǐnguǎn 접 비록 ~라 하더라도 | 毕业 bìyè 동 졸업하다 | 大学 dàxué 명 대학

해설 **1단계 : B → A**

B의 '尽管'과 A의 '还是'는 '尽管… 还是…(비록 ~하지만 그래도 ~하다)'의 형식으로 쓰여 전환 관계를 나타내므로 B-A 순서로 연결한다.

2단계 : C → B → A

A,B에는 그들이 졸업한 지 여러 해 되었지만 여전히 자주 전화로 연락한다고만 하고 그 이유는 설명하지 않았다. C가 바로 이에 대한 이유로 C가 맨 앞에 오고 B와 A가 이어지는 것이 문맥상 자연스럽다. 따라서 정답은 C-B-A이다.

정답 C B A

접속사가 맨 앞부분에 오는 경우

접속사로 시작하는 보기도 제일 앞부분에 올 가능성이 크다. 하지만 결과, 역접, 예시를 나타내는 접속사는 맨 앞에 올 수 없으니 주의하자!

★ 문두에 자주 나오는 접속사 인과 因为 yīnwèi 왜냐하면, 전환 尽管 jǐnguǎn 비록 ~라 하더라도, 조건 无论 wúlùn ~을 막론하고, 가정 如果 rúguǒ 만약, 만일

유형 익히기 4

★☆☆

A 所以你喜欢哪种颜色	A 그래서 당신이 어떤 색을 좋아하는지는
B 因为不同的颜色表示不同的性格	B 서로 다른 색은 서로 다른 성격을 나타내기 때문에
C 就说明你是哪种性格的人	C 바로 당신이 어떤 성격의 사람인지를 말해 준다

단어 种 zhǒng 양 종류 | 不同 bù tóng 같지 않다 | 表示 biǎoshì 동 나타내다 | 性格 xìnggé 명 성격 | 说明 shuōmíng 동 설명하다

해설 **1단계 : B → A**

B의 '因为'와 A의 '所以'는 '因为…所以…(~ 때문에 ~하다)'의 형식으로 쓰여 인과 관계를 나타내므로 B-A 순서로 연결한다.

2단계 : ? → C

C에 '就说明'은 '바로 ~을 말해 준다'라는 뜻으로, 앞에 무언가 다른 내용이 있음을 말해 준다. 따라서 문장 맨 앞에 올 수 없다.

3단계 : B → A→ C

A와 B 사이의 관계로 볼 때 전체 문장을 총괄하는 부분은 B로 '서로 다른 색은 서로 다른 성격을 나타낸다'고 했다. A가 '색'에 대해 말하고 있고 C가 '성격'에 대해 말하고 있으므로 C는 A 다음에 와야 한다. 따라서 정답은 B-A-C이다.

정답 B A C

유형 확인 문제

〉〉 해설서 85p

A, B, C를 순서에 맞게 배열하세요.

1. A 这种鱼生活在深海中
   B 看起来像一个个会游泳的小电灯
   C 它们的身体能发出美丽的亮光 ____________

2. A 还是从材料的质量上看
   B 无论从价格方面看
   C 这种盒子都是值得考虑的 ____________

02. 연결 부분 찾기

문장의 맨 앞부분을 찾고 나면 이제 다른 부분들을 배열할 수 있다. 독해 제2부분의 문장들은 비교적 분명한 접속사를 갖고 있어 문구 간의 순서가 비교적 분명하게 드러난다. 따라서 이런 접속사를 통해 문장의 배열 순서를 판단할 수 있고 복잡한 문장 혹은 문단의 내용을 이해할 수 있다.

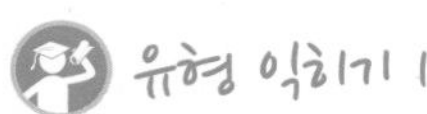

대사를 찾아라!

'它'나 '它们' 같은 대사가 문구 앞에 있는 걸 보게 되면 우선 그 앞에 올 또 다른 내용이 있는지 살펴보아야 한다. 만약 있다면 대사가 있는 문구가 문장 맨 앞부분이 아닐 가능성이 매우 크다.

유형 익히기 1 ★☆☆

A 很多学生都想去那儿学习 B 这是一所世界闻名的大学 C 我也一样	A 많은 학생들이 모두 그곳에 가서 공부하기를 바란다 B 이 학교는 세계적으로 유명한 대학이다 C 나 역시 마찬가지이다

단어 所 suǒ 양 (학교 · 병원을 세는) 개, 하나 | 世界 shìjiè 명 세계 | 闻名 wénmíng 형 유명하다 | 大学 dàxué 명 대학 | 一样 yíyàng 형 같다

해설 **1단계 : B → A**

A의 '那儿(그 곳)'은 장소를 가리키는 지시대사로 문장 맨 앞에 올 수 없으며, '那儿'은 B의 '世界闻名的大学(세계적으로 유명한 대학)'를 가리키므로 지칭 대상이 구체적으로 명시된 B가 A보다 앞에 와야 한다.

2단계 : B → A → C

C에서 '我也一样(나 역시 마찬가지이다)'이라고 했으므로 내가 동의하는 내용이 C 앞에 와야 한다. 따라서 정답은 B-A-C이다.

정답 B A C

생략 부분을 고려하자!

제시된 세 개의 보기 중 주어가 없는 경우가 있다. 이때는 주어가 생략됐다는 것을 생각해 보아야 한다. 주로 앞부분에 이미 주어가 나왔을 때 생략하므로 주어가 없는 보기는 주어가 있는 보기 뒤에 와야 한다.

유형 익히기 2

★★☆

A 现在却比我高一头	A 지금은 오히려 나보다 머리 하나만큼 더 크다
B 有一米八的个子，让我羡慕极了	B 1m 80cm의 키는 정말 너무 부럽다
C 小时候弟弟比我矮一大截	C 어렸을 때 남동생은 나보다 한참 작았다

단어 却 què 부 오히려 | 一头 yìtóu 명 머리 하나 | 米 mǐ 양 미터 | 个子 gèzi 명 (사람의) 키 | 羡慕 xiànmù 동 부러워하다 | 极了 jíle ~ 극히, 매우[형용사 뒤에서 뜻을 매우 강조] | 小时候 xiǎoshíhou 명 어렸을 때 | 矮 ǎi 형 (키가) 작다 | 截 jié 양 토막, 마디

해설 **1단계 : C → ? → ?**

A와 B에는 모두 주어가 생략되었고 비교 대상인 '我(나)'만 있으므로 '弟弟(남동생)'라는 주어가 있는 C가 맨 앞에 와야 한다.

2단계 : C → A → B

A의 시간사 '现在(지금)'는 C의 '小时候(어렸을 때)'와 대응 관계로 과거와 현재를 비교하는 내용임을 알 수 있다. 또한 B의 '有一米八的个子(1m 80cm 키)'는 A에서 '比我高一头(내 머리 하나만큼 더 크다)'라고 한 것에 대한 구체적인 수치이므로 A 뒤에 B가 오는 것이 자연스럽다. 따라서 정답은 C-A-B이다.

정답 C A B

접속사의 조합 순서를 이용하자!

접속사는 흔히 조합을 이루어 쓰이기 때문에 많은 접속사들이 앞뒤 순서에 맞게 사용된다. 이를 통해 접속사가 있는 문장의 순서를 어떻게 배열할지 판단할 수 있다.

유형 익히기 3

★☆☆

A 因为工作的需要	A 업무상의 필요 때문에
B 所以我去过那里几次	B 그래서 나는 그곳에 몇 번 가 봐서
C 对当地的文化有一些简单的了解	C 현지 문화에 대해서 어느 정도 이해하고 있다

단어 需要 xūyào 동 필요하다 | 几次 jǐ cì 여러 번 | 当地 dāngdì 명 현지 | 文化 wénhuà 명 문화 | 简单 jiǎndān 형 간단하다 | 了解 liǎojiě 동 이해하다

해설 **1단계 : A → B**

A의 '因为'와 B의 '所以'는 '因为… 所以…(~때문에 그래서 ~하다)'의 형식으로 쓰여 원인과 결과를 나타내므로 A-B 순서로 연결한다.

2단계 : A → B → C

C는 의미를 통해 판단해야 한다. 현지 문화에 대해 이해하게 된 것은 그곳에 몇 번 가 봤던 결과이므로 B-C 순서로 연결하고, 그곳에 간 원인은 '工作的需要(업무상의 필요)' 때문이었으므로 A가 맨 앞에 와야 한다. 따라서 정답은 A-B-C이다.

정답 A B C

의미적 연관성을 이용하자!

일반적으로는 전체를 먼저 언급한 후, 그다음 부분에 대해 더욱 상세한 설명을 하여 큰 것으로부터 작은 것 혹은 전체로부터 부분으로 나아간다.

유형 익히기 4

★★☆

A 被大家普遍使用的是汉语普通话 B 中国是一个多民族的国家 C 很多民族都有自己的语言	A 모두에게 보편적으로 사용되는 것은 중국어 보통화이다 B 중국은 다민족 국가로 C 많은 민족이 모두 자신의 언어를 가지고 있다

단어 被 bèi 개 ~에게 ~를 당하다 | 普遍 pǔbiàn 형 보편적인 | 使用 shǐyòng 동 사용하다 | 普通话 pǔtōnghuà 명 보통화 | 民族 mínzú 명 민족 | 国家 guójiā 명 국가 | 自己 zìjǐ 대 자신 | 语言 yǔyán 명 언어

해설 **1단계 : C → A**

이 문제에서 부분과 전체의 관계를 나타내고 있는 말은 A의 '汉语普通话(중국어 보통화)'와 C의 '语言(언어)' 두 군데로, '중국어 보통화'가 '언어'의 한 종류이므로 보다 큰 범위에 대해 말하는 C가 A앞에 오는 것이 적합하다.

2단계 : B → C

B는 '多民族(다민족)'라고 했고 C는 '很多民族(많은 민족)'의 언어에 대해 언급했으므로 상대적으로 범위가 큰 B가 C 앞에 와야 한다. 부분과 전체를 둘러싼 의미 관계를 고려했을 때 정답은 B-C-A이다.

정답 B C A

유형 확인 문제

》 해설서 86p

A, B, C를 순서에 맞게 배열하세요.

1. A 不管离家多远都会回家过年过节
   B 中国人很重视家庭
   C 尤其是过年的时候 ______________

2. A 是父母的鼓励给了她信心
   B 其实她小时候很普通
   C 让她后来终于成为一位优秀的演员 ______________

3. A 昨天的那场演出刚一结束
   B 人们都在询问那位男演员是谁
   C 就引起了轰动 ______________

03. 핵심어 찾기

접속사 외에 문장 속의 핵심어를 통해 배열 순서를 판단할 수도 있다. 예를 들어 부사 '也', '又', '再', '更', '就'를 포함하거나 혹은 사역 동사 '使', '令', '让' 등이 있는 문구는 일반적으로 그 앞에 다른 문구가 더 있는 경우가 많다.

유형 익히기 1

★★☆

A 使人们越来越重视对环境的保护	A 사람들로 하여금 점점 더 환경 보호를 중시하게 한다
B 加上生活质量不断下降	B 게다가 생활의 질도 점점 떨어져서
C 环境污染不断加重	C 환경 오염이 점점 심각해지고

단어 **使** shǐ 동 (~에게) ~하게 하다 | **越来越** yuèláiyuè 부 더욱더 | **重视** zhòngshì 동 중시하다 | **环境** huánjìng 명 환경 | **保护** bǎohù 동 보호하다 | **加上** jiāshàng 부 게다가 | **生活** shēnghuó 명 생활 | **质量** zhìliàng 명 품질 | **不断** búduàn 부 부단히, 끊임없이 | **下降** xiàjiàng 동 (정도가) 떨어지다 | **污染** wūrǎn 동 오염되다 | **加重** jiāzhòng 동 심해지다

해설 **1단계 : ? → A**

A에 사역동사 '**使**'가 있으므로 A 앞에 적어도 문구 하나가 더 있다는 것을 알 수 있다.

2단계 : ? → B

B의 '加上(게다가)'은 이미 앞에 어떤 내용이 있을 경우 쓰이는 접속사로 B 앞에 상황을 설명하는 내용이 와야 한다.

3단계 : C → B → A

1, 2단계를 통해 남은 C가 문장 맨 앞에 와야 하며, B와 A 중 A가 이러한 상황으로 인해 초래된 결과를 이야기하고 있으므로 문장 마지막에 와야 한다. 따라서 정답은 C-B-A이다.

정답 C B A

유형 확인 문제

》 해설서 87p

A, B, C를 순서에 맞게 배열하세요.

1. A 她就给我留下了极深的印象
   B 那就是她特别热情、特别友好
   C 第一次和王小姐见面 ____________________

실전 연습 1

제2부분

56 - 65.

A, B, C를 순서에 맞게 배열하세요.

56. A 各地还会举行灯会，人们可以逛花灯，猜灯谜
    B 在这一天，家家吃元宵，希望新的一年能事事圆满
    C 农历正月十五是中国传统的元宵节 ____________

57. A 今天早上天放晴了
    B 大雪整整下了一夜
    C 太阳出来了 ____________

58. A 就失去了联系
    B 但后来两个人都转学了
    C 他们曾经是初中同学 ____________

59. A 你今晚就把要用的东西准备好吧
    B 明天就要考试了
    C 还有千万别忘了再买几支铅笔 ____________

60. A 我们都知道
    B 许多动物组织的含水量在百分之八十以上
    C 水是生物的重要组成部分 ____________

61. A 我们有机会看清它的真面目，是棵大树
B 我们的船渐渐逼近榕树了
C 有数不清的丫枝 ______________

62. A 有人甚至睡在火车站前的广场上
B 节日期间火车票很紧张
C 每天可以看到车站外排着长队 ______________

63. A 常常都是一个人吃饭
B 生病的时候也没有人照顾我
C 我在国外的生活非常孤单 ______________

64. A 于是申请了一所中国的学校
B 并且已经办好了去中国的签证
C 弟弟喜欢中国文化，打算学习汉语 ______________

65. A 因此请了一天的假
B 想去医院检查一下
C 他说他身体不太舒服 ______________

〉〉 해설서 88p

실전 연습 2

제2부분

56 - 65.
A, B, C를 순서에 맞게 배열하세요.

56. A 他的妻子和女儿都非常生气
    B 因为忙着写小说
    C 他已经半个月没有回家了 ________________

57. A 一方面是表示对他人的尊敬
    B 另一方面是表示热情
    C 中国人常常在吃饭的时候互相敬酒 ________________

58. A 这两项活动让更多国家的人民对中国有了更加深入的了解
    B 而后，2010年上海世博会又吸引了众多外国人来参观
    C 2008年，北京成功举办了奥运会 ________________

59. A 保护环境就是保护我们自己
    B 地球是我们共同的家园
    C 因此我们应该养成节约用水、用电的习惯 ________________

60. A 它由西向东，流经十几个省市
    B 最后由上海市流入东海
    C 长江全长6300千米 ________________

61. A 它不仅缩短了各地之间的距离
B 还扩大了人们活动的范围
C 交通工具是日常生活中不可缺少的工具 ________

62. A 但确实是一个值得一来的好地方
B 这里的环境优美，空气清新
C 虽然门票贵了一点 ________

63. A 但是太忙了，没有时间去
B 本来打算去西湖看看
C 我是昨天到杭州的 ________

64. A 但动物和人就不能叫"东西"
B 中国人把物品称为"东西"，比如椅子、电视
C 如果说一个人"不是东西"，那是在骂这个人很坏 ________

65. A 尽管他一直在不停地努力
B 不得不放弃原先的计划
C 但最终还是失败了 ________

》해설서 92p

제3부분

지문 읽고 질문에 답하기

01. 중심 내용 및 화제를 묻는 문제
02. 활동 및 장소를 묻는 문제
03. 원인, 목적, 결과를 묻는 문제
04. 대비되는 상황에서 한쪽의 상황을 묻는 문제
05. 특징 및 상황을 묻는 문제
06. 서술, 논설, 설명문 형태의 글

독해 제3부분

미리보기

제3부분은 20문제(66-85번)로 지문을 읽고 이에 대한 이해를 토대로 질문에 알맞은 정답을 고르는 문제이다. A, B, C, D 네 개의 보기가 제시된다.

- 66-79번 단문 독해
- 80-85번 장문 독해(한 지문당 2문제)

제3부분 유형 1 – 단문 독해

문제

》 해설서 97p

第三部分

第66－85题： 请选出正确答案。

66. 她很活泼，说话很有趣，总能给我们带来快乐，我们都很喜欢和她在一起。

★ 她是个什么样的人？

A 幽默　　B 马虎　　C 骄傲　　D 害羞

제3부분 유형 2 – 장문 독해

문제

》 해설서 97p

80－81.

通过旅游，人们不仅可以亲眼观察到美丽的自然和人文景观，还可以了解到各地不同的气候、动植物和特产，亲身体验到各地不同的民风民俗、饮食习惯和宗教信仰，还可听到各种不同的传说、典故和奇闻轶事，让人开阔眼界，增长知识和见闻。每一次旅游，能给人带来新的感受。

★ 这段话主要介绍的是：

(A) 旅游　　B 饮食　　C 建筑　　D 宗教

★ 根据这段话，旅游可以让人：

A 放松压力　　B 广交朋友　　C 获得幸福　　(D) 增长知识

독해 제3부분은 주로 복잡한 문장이나 장문에 대한 이해 능력을 보는 것이기 때문에 질문에 알맞은 정답을 고르기 위해서는 우선 지문에 대한 이해가 필요하다. 수험생은 지문 아래 주어지는 질문에 근거하여 대답해야 할 것이 어떤 내용인지부터 판단해야 한다. 우선 질문과 보기를 본 후 지문과 보기를 읽도록 하자. 이렇게 할 경우 지문을 읽고 문제를 본 후 다시 지문을 읽을 필요가 없으므로 문제 푸는 시간을 절약할 수 있다.

01. 중심 내용 및 화제를 묻는 문제

이 유형은 우선 지문 전체의 의미나 의도를 이해한 후 중심 내용과 화제를 요약하고 정리하는 것이 필요하다. 지문의 제일 첫마디에 지문의 중심 내용이나 화제를 밝히는 경우가 많다.

시험에 자주 나오는 질문

这段话主要是说: 이 글이 주로 말하는 것은:

根据这段话，可以知道: 이 글에 근거하여, 알 수 있는 것은:

这段话主要谈: 이 글이 주로 말하는 것은:

这段话主要介绍的是: 이 글이 주로 소개하는 것은:

유형 1 – 단문 독해

유형 익히기 1

★☆☆

我们要学会尊重别人。你尊重别人，别人才会尊重你。你不尊重别人，别人也不会尊重你。 ★ 这段话主要是说: A 尊重别人 B 拒绝别人 C 关心别人 D 减少误会	우리는 다른 사람을 존중하는 것을 배워야 한다. 당신이 다른 사람을 존중해야 다른 사람도 당신을 존중할 것이다. 당신이 다른 사람을 존중하지 않는다면, 다른 사람도 당신을 존중하지 않을 것이다. ★ 이 글에서 주로 말하는 것은: A 다른 사람을 존중해야 한다 B 다른 사람을 거절해야 한다 C 다른 사람에게 관심을 가져야 한다 D 오해를 줄여야 한다

단어 **学会** xué huì 배워서 할 수 있다 | **尊重** zūnzhòng 동 존중하다 | **别人** biéren 대 다른 사람 | **才** cái 부 비로소 | **拒绝** jùjué 동 거절하다 | **关心** guānxīn 동 관심을 갖다 | **减少** jiǎnshǎo 동 줄이다 | **误会** wùhuì 명 오해

해설 지문의 중심 내용을 요약할 수 있는지 묻는 문제이다. 제일 첫 부분에서 '我们要学会尊重别人(우리는 다른 사람을 존중하는 것을 배워야 한다)'이라고 했고 이어서 서로 존중해야 한다고 했다. 따라서 정답은 A이다.

정답 A

★☆☆

交通工具是现代生活中不可缺少的一部分。常见的交通工具包括汽车、飞机、船等，这一切拉近了人与人之间的距离，并且扩大了人们的活动范围。	교통수단은 현대 생활에서 없어서는 안 되는 부분이다. 흔히 볼 수 있는 교통수단에는 자동차, 비행기, 배 등이 있다. 이 모든 것은 사람과 사람 사이의 거리를 가깝게 해 주었을 뿐만 아니라 사람들의 활동 범위를 넓혀 주었다.
★ 这段话主要谈： A 生活经历 B 交通工具 C 社会责任 D 夫妻感情	★ 이 글이 주로 말하는 것은: A 생활 경험 B 교통수단 C 사회 책임 D 부부 감정

단어 交通工具 jiāotōng gōngjù 명 교통수단 | 现代 xiàndài 명 현대 | 生活 shēnghuó 명 생활 | 不可缺少 bùkě quēshǎo 없어서는 안 된다 | 常见 chángjiàn 형 흔히 보는 | 包括 bāokuò 동 포함하다 | 汽车 qìchē 명 자동차 | 船 chuán 명 선박 | 等 děng 조 등, 따위 | 一切 yíqiè 대 모든 | 拉近 lājìn 동 가까이 끌어당기다 | 与 yǔ 개 ~와, ~과 | 之间 zhījiān 명 (~의) 사이 | 距离 jùlí 명 거리 | 并且 bìngqiě 접 게다가 | 扩大 kuòdà 동 확대하다 | 活动 huódòng 명 활동 | 范围 fànwéi 명 범위 | 经历 jīnglì 명 경험 | 社会 shèhuì 명 사회 | 责任 zérèn 명 책임 | 夫妻 fūqī 명 부부 | 感情 gǎnqíng 명 감정

해설 지문의 중심 내용과 화제에 대해 묻는 문제이다. 시작부터 '交通工具(교통수단)'를 언급했고 이어서 '常见的交通工具(흔히 볼 수 있는 교통수단)'와 그것이 인간 생활에 미친 영향에 대해 설명했다. 따라서 정답은 B이다.

정답 B

02. 활동 및 장소를 묻는 문제

이 유형은 1인칭으로 자신의 활동에 대해 서술하며 어떤 활동을 하고, 어떤 장소에 있고, 어떤 일이 발생했는지 묻는다. 지문 속에서 직접 답을 찾을 수 없는 경우 지문에 나온 단어나 문장이 어떤 활동과 장소와 관련이 있는지 생각해야 한다.

유형 1 – 단문 독해

★☆☆

我是昨天到上海的，想借此机会到外滩看看，但是公司事情太多，没有时间出去。 ★ 我最有可能来上海： A 出差　　B 访问 C 休息　　D 旅游	나는 어제 상하이에 도착했다. 이번 기회에 와이탄에 가 보고 싶지만 회사 일이 너무 많아 갈 시간이 없다. ★ 내가 상하이에 온 이유로 가능성이 가장 높은 것은: A 출장 가다　　B 방문하다 C 휴식하다　　D 여행하다

단어 上海 Shànghǎi 명 상하이 | 借此 jiècǐ 동 이 기회를 빌리다 | 机会 jīhuì 명 기회 | 外滩 Wàitān 명 와이탄 | 出差 chūchāi 동 출장 가다 | 访问 fǎngwèn 동 방문하다

해설 화자가 하는 활동에 대해 묻는 문제이다. 상하이에 무엇을 하러 왔는지 직접적으로 언급하지 않았지만 '公司事情太多(회사 일이 너무 많다)'를 통해 화자는 회사 일로 상하이에 출장 갔다는 것을 알 수 있다. 따라서 정답은 A이다.

정답 A

유형 확인 문제

》 해설서 98p

지문을 읽고 올바른 답을 고르세요.

1. 我本来订的是昨天下午杭州到北京的机票。可是，昨天北京下大雨，所有航班都取消了，我被安排在航空宾馆住了一晚。现在正等着登机呢。

   ★ 我现在最有可能在：

   A 杭州机场　　B 北京机场　　C 航空宾馆　　D 飞机上

03. 원인, 목적, 결과를 묻는 문제

이 유형의 지문은 원인이나 목적을 먼저 서술하고 결과는 뒤에 두는 경우가 많다. 질문은 이런 결과가 생겨난 원인이나 어떤 일을 진행한 목적에 대해 묻거나 때로는 역으로 결과를 묻기도 한다.

유형 1 – 단문 독해

★☆☆

一些电影院拒绝观众带任何食品、饮料，人们不得不买电影院里卖的东西。很多观众批评这个做法，因为电影院里卖的东西特别贵，大约比超市贵三倍。	일부 영화관들이 관객들에게 어떤 음식이나 음료도 반입하지 못하게 해서 사람들은 할 수 없이 영화관 내에서 판매하는 것을 구입한다. 많은 관객이 이러한 방식을 비판하는 것은 영화관에서 파는 물건들이 너무 비싸기 때문이다. 대략 슈퍼마켓보다 세 배정도 더 비싸다.
★ 观众对什么不满意? A 票价高 B 座位少 C 东西太贵 D 电影不精彩	★ 관객은 무엇에 대해 불만인가? A 표의 가격이 비싸다 B 좌석이 적다 C 물건이 너무 비싸다 D 영화가 재미없다

단어 **电影院** diànyǐngyuàn 명 영화관 | **拒绝** jùjué 동 거부하다 | **观众** guānzhòng 명 관중 | **带** dài 동 지니다 | **任何** rènhé 대 어떠한 | **食品** shípǐn 명 식품 | **饮料** yǐnliào 명 음료 | **不得不** bùdébù 부 어쩔 수 없이 | **批评** pīpíng 동 비판하다 | **做法** zuòfǎ 명 방법 | **特别** tèbié 부 아주 | **大约** dàyuē 부 대략 | **超市** chāoshì 명 슈퍼마켓 | **倍** bèi 양 곱절 | **满意** mǎnyì 형 만족하다 | **票价** piàojià 명 표값 | **座位** zuòwèi 명 좌석 | **精彩** jīngcǎi 형 멋지다

해설 관객의 불만 원인을 묻는 문제이다. 지문에서 관객들이 무엇에 대해 불만이라고 직접 언급하지는 않았지만 '很多观众批评这个做法(많은 관객들이 이러한 방식을 비판한다)'라고 말한 것으로 보아 이 문장의 앞뒤에서 관객의 불만 원인을 찾을 수 있다. 이어서 '因为电影院里卖的东西特别贵(영화관에서 파는 물건들이 너무 비싸기 때문이다)'라며 구체적으로 불만의 원인에 대해서 설명했으므로 정답은 C이다.

정답 C

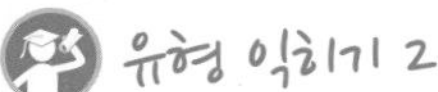

유형 익히기 2

★★☆

我一直听说杭州西湖非常美丽，这次能去杭州上学，真是个好机会，以后可以经常去欣赏西湖美景了。 ★ 我去杭州最主要的目的是: A 看西湖　　B 上学 C 访问　　D 开会	나는 줄곧 항저우의 시후가 매우 아름답다고 들었다. 이번에 항저우로 학교를 다닐 수 있게 된 것은 정말 좋은 기회이다. 앞으로는 시후의 아름다운 경치를 자주 보러 갈 수 있다. ★ 내가 항저우에 가는 가장 주된 목적은: A 시후를 보려고　　B 학교를 다니려고 C 방문을 하려고　　D 회의를 하려고

단어 一直 yìzhí 부 줄곧 | 杭州 Hángzhōu 명 항저우 | 西湖 Xīhú 명 시후[저장(浙江)성 항저우(杭州)에 있는 호수 이름] | 美丽 měilì 형 아름답다 | 机会 jīhuì 명 기회 | 以后 yǐhòu 명 이후 | 经常 jīngcháng 부 자주 | 欣赏 xīnshǎng 동 감상하다 | 美景 měijǐng 명 아름다운 경치 | 主要 zhǔyào 형 주된 | 目的 mùdì 명 목적 | 访问 fǎngwèn 동 방문하다 | 开会 kāihuì 동 회의를 열다

해설 항저우에 가는 목적을 묻는 문제이다. 주의해야 할 점은 '主要的目的(주된 목적)'를 묻고 있다는 것이다. 항저우에 가면 시후를 볼 수 있지만, 이는 그저 항저우에 가게 되어서 하게 된 일이고 '这次能去杭州上学(이번에 항저우로 학교를 다닐 수 있게 되었다)'를 통해 내가 항저우에 가는 주된 목적은 바로 학교를 다니기 위해서임을 알 수 있다. 따라서 정답은 B이다.

정답 B

유형 확인 문제

≫ 해설서 98p

지문을 읽고 올바른 답을 고르세요.

1. 兴趣是最好的老师，如果孩子对一件事情感兴趣，那他一定会主动、努力地去学习，效果也会更好。

   ★ 为了提高学习效果，应该让孩子:

   A 积累经验　　B 努力学习　　C 产生兴趣　　D 相信自己

2. 怎样才能说一口流利的外语呢？如果你有一定的语言基础和经济条件，那么出国是最好的选择。因为语言环境对学习语言有重要的作用。

   ★ 去国外学习外语是因为:

   A 语言环境好　　B 经济条件好　　C 有语言基础　　D 学习更认真

04. 대비되는 상황에서 한쪽의 상황을 묻는 문제

이 유형은 과거와 현재를 비교하거나 서로 다른 대상을 비교하는 내용이 주로 나오며, '以前', '…的时候', '现在'와 같은 시간사들이 서로 대비되어 나타난다. 또한, 질문에 '更'이나 '最'를 사용해서 여러 종류의 방식이나 방법, 상황 중 두드러진 측면을 묻는 문제도 출제된다.

유형 1 – 단문 독해

★★☆

小时候弟弟比我矮，<u>现在却超过我了</u>，看着他一米八二的个子，我真是羡慕极了。	어렸을 때 동생은 나보다 키가 작았지만, <u>지금은 오히려 나를 넘어섰다</u>. 1m 82cm나 되는 동생의 키를 보면 나는 정말 부럽다.
★ 根据这句话，可以知道现在： A 我一米八 B 我比弟弟矮 C 弟弟个子矮 D 我同情弟弟	★ 이 글에 근거하여 알 수 있는 것은, 현재: A 나는 1m 80cm이다 B 나는 동생보다 작다 C 동생은 키가 작다 D 나는 동생을 동정한다

단어 小时候 xiǎoshíhou 명 어렸을 때 | 矮 ǎi 형 (키가) 작다 | 却 què 부 오히려 | 超过 chāoguò 동 초과하다 | 米 mǐ 양 미터 | 个子 gèzi 명 (사람의) 키 | 羡慕 xiànmù 동 부러워하다 | 极了 jíle 극히, 매우[형용사 뒤에서 뜻을 매우 강조] | 同情 tóngqíng 동 동정하다

해설 화자는 '小时候(어렸을 때)'와 '现在(지금)', '弟弟(동생)'와 '我(나)'라는 시간과 대상 두 가지를 비교하고 있다. 어렸을 때는 동생이 나보다 작았지만 '现在却超过我了(지금은 오히려 나를 넘어섰다)'라고 했으므로 현재 나는 동생보다 작다는 것을 알 수 있다. 따라서 정답은 B이다.

정답 B

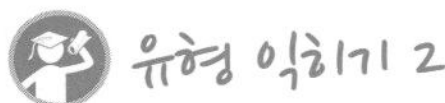

★★☆

进入21世纪，随着科学技术的发展，人与人的联系越来越方便，上网发电子邮件的人越来越多，写信的人越来越少。	21세기에 들어서 과학 기술이 발전함에 따라 사람들 간의 연락은 점점 더 편리해졌다. 인터넷으로 이메일을 보내는 사람은 갈수록 늘어나고, 편지를 쓰는 사람은 갈수록 줄어들고 있다.
★ 根据这段话，人们更喜欢怎么交流? A 寄信 B 谈话 C 打电话 D 写电子邮件	★ 이 글에 근거하여, 사람들은 어떻게 교류하는 것을 더 좋아하는가? A 편지를 부친다 B 대화를 한다 C 전화를 한다 D 이메일을 쓴다

단어 **进入** jìnrù 동 (어떤 시기에) 들다 | **世纪** shìjì 명 세기 | **随着** suízhe 개 ~에 따라 | **科学** kēxué 명 과학 | **技术** jìshù 명 기술 | **发展** fāzhǎn 동 발전하다 | **与** yǔ 접 ~와, 과 | **联系** liánxì 동 연락하다 | **越来越** yuèláiyuè 더욱더 | **方便** fāngbiàn 형 편리하다 | **上网** shàngwǎng 동 인터넷을 하다 | **发** fā 동 보내다 | **电子邮件** diànzǐ yóujiàn 명 이메일 | **信** xìn 명 편지 | **更** gèng 부 더욱 | **交流** jiāoliú 동 교류하다 | **寄** jì 동 (우편으로) 부치다 | **谈话** tánhuà 동 이야기하다

해설 사람들이 어떻게 교류하는 것을 더 좋아하는지 묻는 문제이다. 지문에서 언급된 것으로는 '上网发电子邮件(인터넷으로 이메일을 보내는 것)'과 '写信(편지를 쓰는 것)' 두 가지가 있다. 그중 '上网发电子邮件的人越来越多(인터넷으로 이메일을 보내는 사람은 갈수록 늘어났다)'라고 했으므로 사람들은 이메일 쓰는 것을 더 좋아한다는 것을 알 수 있다. 따라서 정답은 D이다.

정답 D

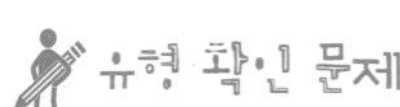

》 해설서 100p

지문을 읽고 올바른 답을 고르세요.

1. 以前，日记是写给自己看的，然而现在更多的年轻人喜欢把自己的日记放到网站上，希望和更多的人交流。

★ 现在许多年轻人写日记:

A 写得很短　B 代替交流　C 只在网上写　D 允许别人看

2. 毕业的时候，亲戚帮他找了一份工作。很多人都说这份工作不适合他，他肯定干不长。没想到这一年多里，他一直非常努力，已经成为部门经理了。

★ 根据这段话，可以知道他现在:

A 工作得很好　B 工作得不开心　C 结婚了　D 不喜欢这份工作

05. 특징 및 상황을 묻는 문제

이 유형의 문제는 두 종류가 있다. 하나는 어떤 지역의 지리적인 특징과 상황에 대해 소개하는 것이고 다른 하나는 어떤 사람이나 현상에 대해 소개하는 것으로 두 가지 모두 지문과 일치하는 보기를 선택하는 문제이다. 정답은 지문에서 직접 찾을 수도 있고, 분석을 통해서 유추해야 하는 것도 있다. 질문과 보기를 먼저 본 후 무엇을 물을지 생각하고 지문을 읽으면 빠르게 정확한 답을 찾을 수 있다.

유형 1 – 단문 독해

유형 익히기 1

★☆☆

黄河是中国的第二长河，是世界上含沙量最多的河流，全长5464千米，流经9个省区，具有中国母亲河之称。

★ 黄河：

A 中国最长
B 含沙量最多
C 长1万千米
D 流经10个省区

황하는 중국에서 두 번째로 긴 강으로 세계에서 모래 함유량이 가장 많은 강이다. 전체 길이는 5464km로 9개의 성을 흐르며 중국의 '어머니 강'이란 칭호를 가지고 있다.

★ 황하는:

A 중국에서 가장 길다
B 모래의 함유량이 가장 많다
C 길이는 1만 km이다
D 10개의 성을 거쳐 흐른다

단어 黄河 Huánghé 명 황하 | 长河 chánghé 명 긴 강줄기 | 世界 shìjiè 명 세계 | 含 hán 동 함유하다 | 沙 shā 명 모래 | 量 liàng 명 양 | 河流 héliú 명 강 | 全长 quáncháng 명 전체 길이 | 米 mǐ 양 미터 | 流经 liújīng 동 지나다 | 省区 shěngqū 명 성(省)과 자치구(自治区) | 具有 jùyǒu 동 가지다 | 母亲河 mǔqīnhé 명 어머니와 같은 강 | 称 chēng 명 호칭

해설 황하에 대해 소개하는 지문으로 보기와 지문의 내용을 비교하면서 맞지 않는 보기를 지워 나가면 된다. '黄河是中国的第二长河(황하는 중국에서 두 번째로 긴 강이다)'라고 했으므로 A는 정답이 아니다. 두 번째 줄에서는 '全长5464千米(전체 길이는 5464km이다)'라고 했으므로 C도 정답이 아니다. 마지막으로 황하는 '流经9个省区(9개의 성을 흐른다)'라고 했으므로 D도 정답이 아니다. '含沙量最多的河流(모래의 함유량이 가장 많은 강)'가 보기 B와 일치하므로 정답은 B이다.

정답 B

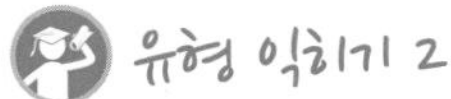

유형 익히기 2

★☆☆

一个不喜欢开玩笑的人，不一定让人讨厌。但是一个会开玩笑的人，往往让人觉得很可爱。	농담하는 것을 좋아하지 않는 사람이 반드시 사람들의 미움을 사는 것은 아니다. 하지만 농담을 잘하는 사람은 사람들이 흔히 귀엽다고 생각한다.
★ 会开玩笑的人： A 更聪明 B 很成熟 C 让人喜欢 D 比较无聊	★ 농담을 잘하는 사람은: A 더욱 똑똑하다 B 매우 성숙하다 C 사람들이 좋아한다 D 비교적 지루하다

단어 开玩笑 kāi wánxiào 농담하다 | 不一定 bùyídìng 부 (반드시) ~한 것은 아니다 | 讨厌 tǎoyàn 동 싫어하다, 미워하다 | 往往 wǎngwǎng 부 종종 | 可爱 kě'ài 형 귀엽다 | 更 gèng 부 더욱 | 聪明 cōngming 형 똑똑하다 | 成熟 chéngshú 형 성숙하다 | 比较 bǐjiào 부 비교적 | 无聊 wúliáo 형 지루하다

해설 농담을 잘하는 사람에 대해 언급하며 '往往让人觉得很可爱(사람들이 흔히 귀엽다고 생각한다)'라고 했으므로 사람들이 농담을 잘하는 사람을 좋아한다는 것을 알 수 있다. 따라서 정답은 C이다.

정답 C

유형 확인 문제

》 해설서 101p

지문을 읽고 올바른 답을 고르세요.

1. 我对现在的这份工作还比较满意。首先，我学的就是这个专业：其次，同事们都很喜欢我：另外，工资也还算可以，还有奖金，收入不错。

   ★ 根据这段话，可以知道我：

   A 工作累　　B 受欢迎　　C 奖金很少　　D 收入很低

2. 有一天早上，敬老院的人工湖里突然出现了很多鱼。人们都在猜测鱼是从哪儿来的: 是从别处游来的？是有人买来偷偷放进去的？还是从天上掉下来的？后来经过调查发现，原来是前一天夜里刮龙卷风，从附近鱼塘卷过来的。

   ★ 敬老院人工湖里的鱼是从哪儿来的？

   A 从别处游来的　　B 有人放进去的　　C 天上掉下来的　　D 龙卷风刮来的

06. 서술, 논설, 설명문 형태의 글

한 지문을 근거로 두 개의 질문에 답해야 하는 장문 독해 문제는 주로 서술, 논설, 설명문 형태의 글이다. 이 유형도 우선 질문과 보기를 본 후 지문을 읽는 방식을 취하면 된다. 이렇게 할 경우 지문을 다 읽고 문제를 본 후 다시 지문을 읽을 필요가 없으므로 문제 푸는 시간을 절약할 수 있다.

유형 2 – 장문 독해

서술문

일반적으로 동화나 우화, 소설의 한 단락으로 이야기 속에는 여러 인물과 다양한 활동이 등장하는 경우가 많다. 주로 지문에서 언급된 어떤 인물의 말이나 활동에 대해 묻거나 견해나 태도 혹은 중심 주제에 관해 묻기도 한다.

유형 익히기 1

1-2

森林里，动物们决定举办一个晚会，这次演出吸引了几乎所有的动物。他们都很积极，准备的节目各有特点。小鸟要给大家唱歌，老虎要跳舞，小猫要画画儿，[1]猴子要讲故事，狮子说他给大家照相，熊猫说："我不会表演，但是我可以当观众，为大家鼓掌。"最后只剩下小牛了，她想了好久，忽然得意地说：[2]"我负责为大家送免费的牛奶！"

숲 속에서 동물들이 파티를 열기로 결정했다. 이번 공연은 거의 모든 동물을 매료시켰다. 그들은 모두 매우 적극적이었고 준비한 프로그램도 각기 특색이 있었다. 새는 모두에게 노래를 불러 주고, 호랑이는 춤을 추고, 고양이는 그림을 그리고, [1]원숭이는 이야기를 들려주고, 사자는 모두에게 사진을 찍어 주겠다고 했다. 판다는 "나는 공연은 못 하지만 관객은 될 수 있으니 모두를 위해서 손뼉을 칠게."라고 말했다. 마지막으로 송아지만 남았는데, 그녀는 한참을 생각하더니 갑자기 득의양양하게 "[2]나는 모두를 위해 무료로 우유를 제공하는 것을 맡을게!"라고 말했다.

단어 森林 sēnlín 명 숲 | 动物 dòngwù 명 동물 | 决定 juédìng 동 결정하다 | 举办 jǔbàn 동 개최하다 | 晚会 wǎnhuì 명 이브닝 파티 | 演出 yǎnchū 명 공연 | 吸引 xīyǐn 동 끌어당기다 | 几乎 jīhū 부 거의 | 所有 suǒyǒu 형 모든 | 积极 jījí 형 적극적이다 | 节目 jiémù 명 프로그램 | 各 gè 부 각기 | 特点 tèdiǎn 명 특색 | 小鸟 xiǎoniǎo 명 작은 새 | 老虎 lǎohǔ 명 호랑이 | 画画儿 huàhuàr 동 그림을 그리다 | 猴子 hóuzi 명 원숭이 | 讲 jiǎng 동 이야기하다 | 故事 gùshi 명 이야기 | 狮子 shīzi 명 사자 | 熊猫 xióngmāo 명 판다 | 表演 biǎoyǎn 동 공연하다 | 当 dāng 동 ~이 되다 | 观众 guānzhòng 명 관중 | 为 wèi 개 ~을 위하여 | 鼓掌 gǔzhǎng 동 손뼉을 치다 | 最后 zuìhòu 명 제일 마지막 | 只 zhǐ 부 오직 | 剩下 shèngxià 동 남다 | 好久 hǎojiǔ 형 (시간이) 오래다 | 忽然 hūrán 부 갑자기 | 得意 déyì 형 대단히 만족하다 | 负责 fùzé 동 책임지다 | 免费 miǎnfèi 동 무료로 하다

1

★☆☆

★ 谁打算为大家讲故事?		★ 누가 모두에게 이야기를 들려주려고 하는가?	
A 小鸟	B 老虎	A 작은 새	B 호랑이
C 猴子	D 狮子	C 원숭이	D 사자

단어 打算 dǎsuan 동 ~할 생각이다

해설 '猴子要讲故事(원숭이는 이야기를 들려준다)'를 통해 원숭이가 모두에게 이야기를 들려준다는 것을 알 수 있으므로 정답은 C이다.

정답 C

2

★☆☆

★ 小牛负责为大家:		★ 송아지가 모두를 위해 맡는 것은:	
A 当观众	B 送牛奶	A 관중되기	B 우유 제공하기
C 画画儿	D 鼓掌	C 그림 그리기	D 박수치기

해설 송아지가 '我负责为大家送免费的牛奶(나는 모두를 위해 무료로 우유를 제공하는 것을 맡겠다)'라고 했으므로 정답은 B이다.

정답 B

논설문

일반적으로 하나의 화제를 두고 주장을 전개하며, 주로 글의 논점이나 필자의 관점 혹은 주요 논제에 대해 묻는다.

유형 익히기 2

1-2

什么是真正的朋友？不同的人会有不同的理解，而我的理解是：[1]在你遇到困难的时候，朋友会勇敢地站出来，及时给你帮助；在你孤单或者伤心流泪的时候，朋友会陪在你身边，想办法让你感到幸福；无论你是穷人还是富人，真正的朋友永远值得你信任。

무엇이 진정한 친구인가? 사람들마다 다른 생각을 가지고 있지만 나의 생각은 이렇다. [1]당신이 어려움에 처했을 때, 친구는 용감하게 나서서 즉시 당신을 도와줄 것이다. 당신이 고독하거나 슬퍼서 눈물을 흘릴 때, 친구는 당신 곁에서 함께하며 당신을 행복하게 해 줄 방법을 생각할 것이다. 당신이 가난한 사람이든 부자이든 상관없이 진정한 친구는 영원히 믿을 가치가 있다.

단어 真正 zhēnzhèng 형 진정한 | 不同 bù tóng 같지 않다 | 理解 lǐjiě 동 이해하다 | 而 ér 접 그러나 | 遇到 yùdào 동 부닥치다 | 困难 kùnnan 명 어려움 | 勇敢 yǒnggǎn 형 용감하다 | 站出来 zhàn chūlái 나서다 | 及时 jíshí 부 즉시 | 孤单 gūdān 형 외롭

다 | 或者 huòzhě 접 ~이던가 아니면 ~이다 | 伤心 shāngxīn 동 상심하다 | 流泪 liúlèi 동 눈물을 흘리다 | 陪 péi 동 곁에서 도와주다 | 身边 shēnbiān 명 곁 | 办法 bànfǎ 명 방법 | 感到 gǎndào 동 느끼다 | 幸福 xìngfú 형 행복하다 | 无论 wúlùn 접 ~을 막론하고 | 穷人 qióngrén 명 가난뱅이 | 还是 háishi 접 또는 | 富人 fùrén 명 부자 | 永远 yǒngyuǎn 부 영원히 | 值得 zhídé 동 ~할 만한 가치가 있다 | 信任 xìnrèn 동 신임하다

1

★★☆

★ 根据这段话，朋友可以帮你：	★ 이 글에 근거하여, 친구는 당신을 도와:
A 总结经验	A 경험을 종합할 수 있다
B 照顾家人	B 가족을 돌볼 수 있다
C 远离危险	C 위험을 멀리한다
D 解决难题	D 어려움을 해결해 줄 수 있다

단어 总结 zǒngjié 동 총정리하다 | 经验 jīngyàn 명 경험 | 照顾 zhàogù 동 보살피다 | 家人 jiārén 명 식구 | 远离 yuǎnlí 동 멀리 떠나다 | 危险 wēixiǎn 명 위험 | 解决 jiějué 동 해결하다 | 难题 nántí 명 난제

해설 '在你遇到困难的时候，朋友会勇敢地站出来，及时给你帮助(당신이 어려움에 처했을 때 친구는 용감하게 나서서 즉시 당신을 도와줄 것이다)'라는 말로부터 친구는 당신을 도와 어려움을 해결해 줄 수 있음을 알 수 있다. 따라서 정답은 D이다.

정답 D

2

★☆☆

★ 这段话主要介绍的是：		★ 이 글이 주로 소개하는 것은:	
A 精神	B 爱情	A 정신	B 애정
C 态度	D 友谊	C 태도	D 우정

단어 主要 zhǔyào 형 주요한 | 精神 jīngshén 명 정신 | 爱情 àiqíng 명 애정 | 态度 tàidu 명 태도 | 友谊 yǒuyì 명 우정

해설 지문의 화제를 묻는 문제이다. 이 글은 친구에 대한 필자의 생각과 진정한 친구는 어떠한지를 말하고 있기 때문에 정답은 D이다.

정답 D

설명문

일반적으로 자연 현상이나 사회 현상에 대해 설명하거나 물건의 사용 방법이나 일의 진행 과정 등을 이야기한다. 주로 지문에서 언급했던 세부적인 내용이나 중심 내용을 묻는다.

유형 익히기 3

1-2

目前，香港的600多所小学、初中、高中、除了114所规定使用英语的学校以外，其余学校都采用粤语教学。然而，[1]1997年香港回归前，所有学校所教的官方语言都是英语。香港一些学校遵从母语教学政策，大幅缩减了英语的授课时间，并从2006年开始引进了小学生普通话水平考试，从各方面加强普通话的教育。	현재 홍콩의 600여 곳의 초·중·고등학교 가운데 영어를 사용하도록 규정한 114개 학교를 제외하고, 나머지 학교에서는 모두 광둥어를 채택해서 수업한다. 하지만 [1]1997년 홍콩 반환 이전에 모든 학교에서 가르쳤던 공용어는 영어였다. 홍콩의 일부 학교에서는 모국어 교육 정책에 따라 영어 수업 시간을 대폭 줄이고, 2006년부터 초등학생 표준어 시험을 도입하기 시작하여 여러 방면에서 표준어 교육을 강화했다.

단어 目前 mùqián 명 지금 | 香港 Xiānggǎng 명 홍콩 | 所 suǒ 양 (학교·병원을 세는) 개, 하나 | 小学 xiǎoxué 명 초등학교 | 初中 chūzhōng 명 중학교 | 高中 gāozhōng 명 고등학교 | 除了 chúle 개 ~을 제외하고 | 规定 guīdìng 동 규정하다 | 使用 shǐyòng 동 사용하다 | 英语 Yīngyǔ 명 영어 | 以外 yǐwài 명 이외 | 其余 qíyú 대 나머지 | 采用 cǎiyòng 동 채택되다 | 粤语 Yuèyǔ 명 광둥어 | 教学 jiāoxué 명 교육 | 然而 rán'ér 접 그러나 | 回归 huíguī 동 회귀하다, 되돌아 가다 | 所有 suǒyǒu 형 모든 | 教 jiào 동 가르치다 | 官方语言 guānfāng yǔyán 명 공용어 | 遵从 zūncóng 동 따르다 | 母语 mǔyǔ 명 모국어 | 政策 zhèngcè 명 정책 | 大幅 dàfú 형 대폭의 | 缩减 suōjiǎn 동 축소하다 | 授课 shòukè 동 수업하다 | 并 bìng 접 게다가 | 引进 yǐnjìn 동 도입하다 | 小学生 xiǎoxuéshēng 명 초등학생 | 普通话 pǔtōnghuà 명 보통화 | 水平 shuǐpíng 명 수준 | 各 gè 대 각 | 方面 fāngmiàn 명 방면 | 加强 jiāqiáng 동 강화하다

1 ★★☆

★ 1997年以前，香港学校所教的官方语言是什么? A 汉语　B 粤语 C 英语　D 法语	★ 1997년 이전 홍콩의 학교에서 가르쳤던 공용어는 무엇인가? A 중국어　B 광둥어 C 영어　D 프랑스어

단어 以前 yǐqián 명 예전 | 法语 Fǎyǔ 명 프랑스어

해설 1997년 이전 홍콩의 학교에서 가르쳤던 공용어가 무엇인지 묻는 문제이다. '1997年香港回归前，所有学校所教的官方语言都是英语(1997년 홍콩 반환 이전에 모든 학교에서 가르쳤던 공용어는 영어였다)'라고 했으므로 정답은 C이다.

정답 C

2

★★☆

★ 这段话主要介绍了香港：	★ 이 글이 주로 소개한 것은 홍콩의:
A 官方语言	A 공용어
B 人们使用的语言	B 사람들이 사용하는 언어
C 学校加强母语教学	C 학교가 모국어 교육을 강화하고 있다
D 用英语教学	D 영어로 수업을 한다

단어 主要 zhǔyào 형 주요한 | 使用 shǐyòng 동 사용하다 | 语言 yǔyán 명 언어

해설 지문의 중심 내용을 묻는 문제이다. 전체적으로 홍콩의 학교 언어 교육의 변화에 대해 말하고 있지 홍콩의 공식 언어나 일상생활에서 사용되는 언어에 대해 말하고 있는 것이 아니다. 영어로 교육했던 것은 1997년 이전의 일이었고 1997년 이후부터는 홍콩의 대부분 학교에서 광둥어를 채택해 가르치고 있다. 게다가 일부 학교에서는 2006년부터 표준어 교육을 강화하기 시작했는데 이 모든 것이 모국어 교육을 강화하기 위한 것이므로 정답은 C이다.

정답 C

유형 확인 문제

>> 해설서 102p

지문을 읽고 올바른 답을 고르세요.

1–2.

南半球和北半球的季节正好相反。当北半球到处春暖花开的时候，南半球已经进入凉快的秋天，树叶也开始慢慢地变黄了；当北半球的气温逐渐降低的时候，南半球的天气却开始热起来，人们已经脱掉了厚厚的大衣。

★ 南半球是秋天的时候，北半球是：

A 春天　　B 夏天　　C 秋天　　D 冬天

★ 关于南北半球，可以知道：

A 季节不同　　B 南半球更热　　C 北半球植物多　　D 秋天都很干燥

실전 연습 1

제3부분

66 - 85.
지문을 읽고 올바른 답을 고르세요.

66. 我刚回到家就接到公司的电话，让我马上再回公司开会。我不得不开车回去了。

★ 根据这段话，可以知道我回家前在：

A 机场　　B 公司　　C 外地　　D 商店

67. 他人很好，很亲切，和他在一起让我们感到很舒服。

★ 他这个人很：

A 随和　　B 马虎　　C 害羞　　D 骄傲

68. 我中学毕业的时候就已经有55千克重了，到大学毕业时还和原来一样。这几年因为锻炼得少，体重已经大大超过从前，所以现在我正努力减肥。

★ 根据这句话，可以知道现在我：

A 变瘦了　　B 变胖了　　C 胃口不好　　D 长高了

69. 老板好不容易才同意帮这个忙，见了他你不要乱说话，把报名表交给他就行了。

★ 我希望他：

A 请老板帮忙　　B 和老板聊天　　C 交报名表　　D 同意帮忙

70. 我家离火车站只有两站路，走着去只要20分钟。等会儿我妈送我去，提前半个小时就可以了，完全来得及。

★ 妈妈要送我：

A 去汽车站　　B 去公司　　C 回家　　D 去火车站

71. 这个房间正好对着车站，人来人往非常热闹，每天都像市场一样，像你这样喜欢安静的人肯定住不惯。

★ 他喜欢：

A 安静　　B 热闹　　C 人多　　D 市场

72. 他在学校时成绩很好，毕业后却只找到一份不太适合他的工作。但他没有放弃，凭自己的努力和坚持，终于成为同学中最成功的一个。

★ 毕业后，他的工作：

A 让人羡慕　　B 他很满足　　C 非常好　　D 不太好

73. 中国是世界上人口最多的国家，位于亚洲东部，太平洋西岸，陆地面积约960万平方千米，气候复杂。

★ 中国：

A 面积最大　　B 人口最多　　C 气候很好　　D 在太平洋东岸

74. 在人生的某些时候，我们要学会忘记。忘记悲伤的事情，才能更加快乐。否则将永远不会开心。

★ 这段话主要是说人们应该：

A 学会忘记　　B 更加快乐　　C 学会放弃　　D 喜欢悲伤

75. 上海市不仅是中国第一大城市，也是国际大都市，位于中国东部沿海，更是2010年世博会的举办地。

★ 根据这段话，可以知道上海是：

A 政治中心　　B 西部城市　　C 奥运会举办地　　D 世博会举办地

76. 一些酒店谢绝顾客自带酒水，顾客不得不在酒店购买。很多顾客认为酒店中的酒水比超市要贵很多，这种做法很不合理。

★ 顾客对什么不满?

A 订座难　　B 菜的种类少　　C 服务差　　D 酒水贵

77. 互联网已经是现代生活的一部分。在网上聊天，购物，看电影，听歌等，不仅扩大了人们的交际范围，也使人与人之间的联系更为密切。

★ 这段话主要谈:

A 互联网　　B 生活经历　　C 相互关系　　D 交通工具

78. 他喜欢踢足球、跑步、打乒乓球，而且跑步很厉害，所以从小到大身体都很好。

★ 他身体好是因为:

A 跑步很差　　B 爱运动　　C 喜欢游泳　　D 吃得好

79. 世界杯开赛以来，法国队已经连输两场，如果下一场还不能赢的话，就要提早回家了。法国队的球迷都为他们捏一把汗。

★ 如果再输一场，法国队可能:

A 继续比赛　　B 回家休息几天　　C 退出比赛　　D 赢一场

80 – 81.

“蓝牙”由英文单词“blue tooth”意译而来。公元前10世纪，征服了丹麦和挪威的德哈洛德国王爱吃蓝莓，牙齿被染成蓝色，“蓝牙”的绰号因此而得。为了纪念他，SIG公司为自己的无线技术取名为“蓝牙”。利用“蓝牙”技术，人们还发明了蓝牙耳机、蓝牙鼠标、蓝牙键盘等等。

★ “蓝牙”这个名称是根据什么取的?

A SIG公司创造的　　B 现代人创造的
C 神话　　D 历史故事

★ “蓝牙”的特点是:

A 像牙齿的形状　B 无线　C 蓝色　D 很小

82 – 83.

从前，有个放羊娃，每天都去山上放羊。一天，他觉得十分无聊，就大声喊：“狼来了！狼来了！救命啊！”农夫们听到喊声急忙跑来帮助他，但没有看见狼。放羊娃哈哈大笑：“真有意思，你们上当了！”农夫们生气地走了。后来，放羊娃又重复玩了几次，农夫们再也不相信他的话了。过了几天，狼真的来了，放羊娃大声喊叫，但大家都不理睬他了。

★ 这段话是提醒人们要:

A 聪明　B 诚实　C 勇敢　D 坚强

★ 这是一则:

A 谚语　B 笑话　C 寓言　D 小说

84 – 85.

面包按用途可以分为“主食面包”和“点心面包”两类；按质感可以分为“软质面包”“脆皮面包”“松质面包”和“硬质面包”四类；按原料可以分为白面包、全麦面包和杂粮面包三类。

★ 一个面包被称为“全麦面包”，是按照什么分类的?

A 用途　　B 质感　　C 原料　　D 做法

★ 这段话主要是介绍面包的:

A 分类　　B 原料　　C 吃法　　D 做法

〉〉 해설서 103p

Memo

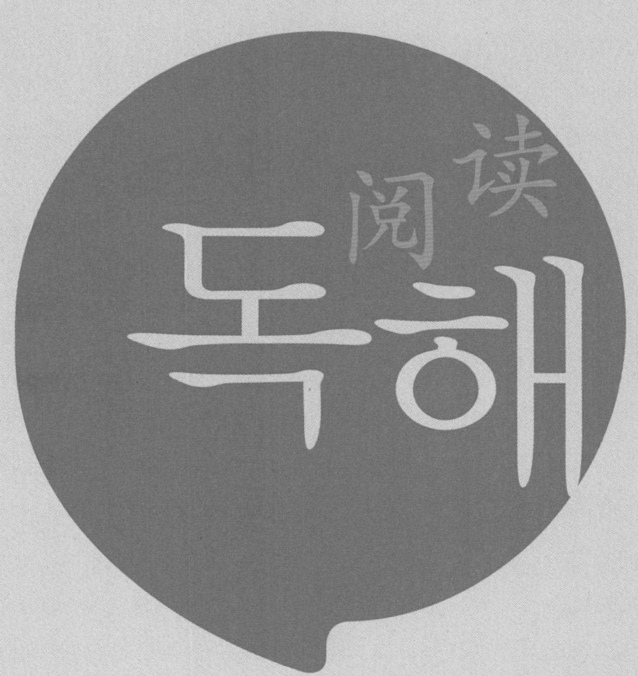

실전 테스트

〉〉 해설서 112p

第一部分

第46－50题：选词填空。

A 选择	B 多	C 研究生	D 坚持	E 连	F 提醒

例如：她每天都（ D ）走路上下班，所以身体一直很不错。

46. 这次我要在北京（　　　　　）住上几天。

47. 他这些天非常忙，（　　　　　）说一句话的时间都没有。

48. 经过一番努力，我终于考上了（　　　　　）。

49. 一个人的（　　　　　）很重要，有时会影响人的一生。

50. 你要的书我后天给你带来，你到时候（　　　　　）我一下。

第51–55题：选词填空。

A 同情　　B 也许　　C 温度　　D 打算　　E 轻松　　F 不得不

例如：A：今天真冷啊，好像白天最高（　C　）才2℃。
　　　B：刚才电视里说明天更冷。

51. A：昨天一场大火，他什么都没有了。
　　B：真值得（　　　　），我们应该帮帮他。

52. A：学期马上结束了，你有什么（　　　　）吗?
　　B：我可能会去学钢琴。

53. A：比赛马上开始了，他人在哪里?
　　B：他的脚摔断了，（　　　　）退出了比赛。

54. A：我找不到我的戒指了。
　　B：你再仔细找找，（　　　　）在哪个角落里你没注意到。

55. A：你真厉害，这道数学题你那么（　　　　）就做出来了。
　　B：其实我在别的书上看过这道题。

第二部分

第56–65题：排列顺序。

例如：A 可是今天起晚了
B 平时我骑自行车上下班
C 所以就打车来公司　　　　B A C

56. A 可还是没有用
B 吃了很多药
C 他说自己病得很厉害　　______

57. A 不仅住得舒服，而且离公司也近了
B 到日本两个星期后
C 他从宾馆搬进了属于自己的新家　　______

58. A 只要坚持努力
B 无论你做什么事情
C 都有成功的可能　　______

59. A 这次语文考试题目并不难
B 所以成绩才不太好
C 但由于她马虎、粗心　　______

60. A 看起来和别的植物没什么区别
B 实际上是一种食人草
C 这种植物长在热带雨林中 ____________________

61. A 如果不想看到那么多的人
B 周末去上海世博会的人太多
C 我们最好选择周末以外的时间去 ____________________

62. A 还是从价格方面
B 无论从交通上
C 这套房子都是不错的选择 ____________________

63. A 这是一个没有标准答案的问题
B 幸福是什么
C 关键在于你的生活态度 ____________________

64. A 而且晚上他们就把家具送到了她家
B 张敏昨天在商店里转了一下午
C 终于买到了喜欢的家具 ____________________

65. A 所以我们决定坐飞机
B 坐火车要好几天
C 从上海到昆明大约有三千多千米 ____________________

第三部分

第66－85题：请选出正确答案。

例如：她很活泼，说话很有趣，总能给我们带来快乐，我们都很喜欢和她在一起。

★ 她是个怎么样的人？

A 幽默√　　B 马虎　　C 骄傲　　D 害羞

66. 他小时候读书很用功，成绩也不错，可是小学毕业后他就没再继续上学。听他的邻居说是因为他是家中的老大，为了照顾弟弟妹妹，不得不放弃了学业。

★ 他没有继续读书是因为：

A 他很聪明　　B 他不努力

C 他成绩不好　　D 他要挣钱

67. 我每个月的工资只有800元，连吃饭都不够，所以另找了一份业余时间做的工作，多赚点钱。谁知业余工作没做两天，我就因为犯了大错而被老板赶出来了。

★ 我现在做几份工作？

A 一份　　B 两份

C 三份　　D 四份

68. 我从英国回来的第二天就去找李明了。六年没见，但我们还是无话不谈，就像六年前我们在教室里聊天一样。

★ 我和李明是什么关系？

A 朋友　　B 同学

C 老板与职员　　D 夫妻

69. 如果衣服上不小心沾上了果汁，得赶快用清水冲洗。要是时间长了，就很难洗干净了，只能送到洗衣店花钱洗了。

★ 衣服沾上果汁很长时间后会怎么样?

A 可以用清水洗掉　　B 很容易洗掉
C 没法洗干净　　D 需要送到洗衣店洗

70. 刚开始为火箭队打球时，姚明接受记者采访，对记者的问题只能理解百分之二十，更多情况下他还是通过翻译来回答问题，以免自己说错了话。

★ 姚明回答记者问题时需要翻译，因为他:

A 不想回答　　B 担心自己说错话
C 不理解记者的问题　　D 不会回答

71. 我做这些事情是因为它们是我工作的一部分，并不是因为这些事情能给我带来什么好处。但还是有很多人不能理解我，认为我做这些都是为了钱。

★ 我做这些事情是为了:

A 获得很大的好处　　B 升职
C 得到钱　　D 完成工作

72. 他做事总是犹豫不决，生怕做不好。给别人写信，总是写完后又撕掉，常常拿起笔又放下。连每次吃饭吃什么他都要考虑很久。

★ 他写完信又撕掉是因为他:

A 忘记了要写什么　　B 不知道怎么写
C 生怕写不好　　D 不想继续写

73. 李明昨天刚从英国回来，时差还没有倒过来，早上起不来，晚上睡不着，白天上班也是昏昏沉沉的。

★ 李明早上起不来，晚上睡不着，是因为：

A 时差没有倒过来　　B 出差太累了
C 白天事情太多　　D 生病了

74. 大学毕业时，我决定考法学的研究生。爸爸非常支持我。他认为，只有多读书，才能找到好工作。在读书的同时，寻找好的学习方法也是十分关键的。

★ 对于我考研究生的决定，爸爸认为：

A 读书很重要　　B 我不适合读书
C 工作比读书重要　　D 读书的同时工作

75. 没有了伤心的事就会开心。忘掉昨天不愉快的事，忘掉昨天不开心的人，就会开心起来。有些人表面开心，其实内心并不开心。

★ 什么样的人会开心？

A 忘记欢乐的人　　B 忘记愉快的人
C 忘记伤心的人　　D 表面开心的人

76. 小王认为人生最大的快乐不在挣钱，而是在吃喝玩乐上，所以下班之后，他从来不回家休息，几乎天天跟朋友一起大吃大喝，逍遥快活。

★ 小王认为快乐就是：

A 休息　　B 赚钱
C 吃喝玩乐　　D 交很多朋友

77. 那年他才15岁，可在画家圈里却已经小有名气了。可以说，在他那个年龄段的孩子当中，他是画得最好的，甚至超过了一部分成年人。

★ 他画画：

A 很一般
B 超过同年龄段的孩子
C 超过所有孩子
D 超过所有人

78. “绿色学校”注重让学生关注环境问题，让青少年受教育的同时热爱大自然，保护地球，同时掌握基本的环境科学知识，积极参与保护环境的行动。

★ “绿色学校”的教学目的在于让学生：

A 了解大自然
B 寻找工作
C 提高学习成绩
D 学会保护环境

79. 随着中国经济的发展，我们的生活条件越来越好，出国留学逐渐成为很多中国学生的选择。

★ 根据这段话，很多中国学生选择出国：

A 旅游
B 学习
C 做生意
D 享受生活

80－81.

有一天，动物园管理员发现袋鼠从笼子里跑了出来，于是他们将笼子的高度由原来的10米加高到20米。结果第二天他们发现袋鼠还是跑到外面来，所以他们又将高度加高到30米。没想到隔天居然又看到袋鼠全跑到外面，于是管理员们着急起来，将笼子的高度加高到100米。一天，长颈鹿和几只袋鼠在闲聊，“你们看，这些人会不会再继续加高你们的笼子？”长颈鹿问。“很难说，”袋鼠说，“如果他们再继续忘记关门的话！”

★ 笼子最后加高到了：

A 10米　　B 20米　　C 30米　　D 100米

★ 袋鼠逃出笼子的原因是：

A 笼子太低　　B 袋鼠力量大　　C 管理员马虎　　D 长颈鹿帮忙

82－83.

王明每天大部分时间都待在公司，生活很不规律。渐渐地，他发现自己的健康亮起了红灯，所以他决心改变自己的饮食习惯和日程安排。王明每个星期都会抽空去健身房锻炼身体，每个月都要和朋友去城市周围的公园里爬山，呼吸一下新鲜空气。几个月下来，他发现以前的头晕、乏力症状都消失了，而且身体比以前强壮了许多。

★ 王明要改变以前的生活方式是因为：

A 换了工作　　B 身体状况变差

C 喜欢运动　　D 不喜欢以前的生活方式

★ 以前的生活方式给王明带来的是：

A 快乐　　B 爱情　　C 生病　　D 金钱

84–85.

最初，种花种草只不过是他的私人爱好。作为商人的他也从未想过把这作为一生的事业。通过四年的学习，他取得了日本著名花艺学校的结业证书，由一个“门外汉”成为了专业人士。于是，他放弃了原来的工作，改了行，开起了花艺课堂。他的工作节奏因为这个课堂而变得缓慢，生活也变得有规律。他很开心。

★ 从这段话中可以知道“门外汉”的意思是：

A 他站在门外　　B 他不想种花

C 他不喜欢种花　　D 他不太理解种花

★ 改了行后，他的生活怎么样？

A 很辛苦　　B 有规律

C 很难受　　D 没变

新HSK

쓰기

4

书写

알아보기

제1부분

제시된 어휘로 문장 완성하기

제2부분

제시된 어휘와 사진 보고 작문하기

실전 테스트

新HSK 4급 쓰기 알아보기

新HSK 4급 쓰기 영역에서 수험생은 정확한 중국어 어순으로 단어를 조합해서 문장을 구성하고, 가장 기본이 되는 어휘로 제시된 사진을 묘사하고 설명해야 한다.

● 기본 사항

문제 수 : 15문제

시험 시간 : 25분 (답안 작성 시간 포함)

부분	문제 유형	문제 수
제1부분	제시된 어휘로 문장 완성하기	10문제(86–95번)
제2부분	제시된 어휘와 사진 보고 작문하기	5문제(96–100번)

● 주요 평가 내용

쓰기 영역은 수험생의 어법 규칙의 이해 정도를 평가하기 위한 것으로 구체적으로는 다음과 같다.

① 각 문장성분에 맞는 품사를 사용했는지 평가한다.
② 어순을 제대로 배열했는지 평가한다.
③ 문장의 구조와 특수 구문을 이해하는지 평가한다.
④ 단어의 조합과 결합을 평가한다.
⑤ 문장의 어기를 제대로 파악했는지 평가한다.

쓰기 기본 어법

1. 품사와 문장성분

중국어에서 문장성분이 되는 품사에는 주로 대사, 명사, 형용사, 동사, 부사, 수사, 양사 등이 있다. 중국어는 부사가 오직 부사어만 될 수 있는 것을 제외하고 다른 품사들은 여러 가지 성분을 겸할 수 있다. 따라서 쓰기 영역 문제를 풀 때, 특히 제1부분 문제를 풀 때는 먼저 어떤 품사의 단어가 있는지, 또 이런 단어들이 어떤 문장성분이 될 수 있는지를 먼저 살펴야 한다.

문장성분

주어, 술어, 목적어, 보어, 부사어, 관형어

문장성분과 품사의 대응관계

2. 중국어의 어순

기본 어순

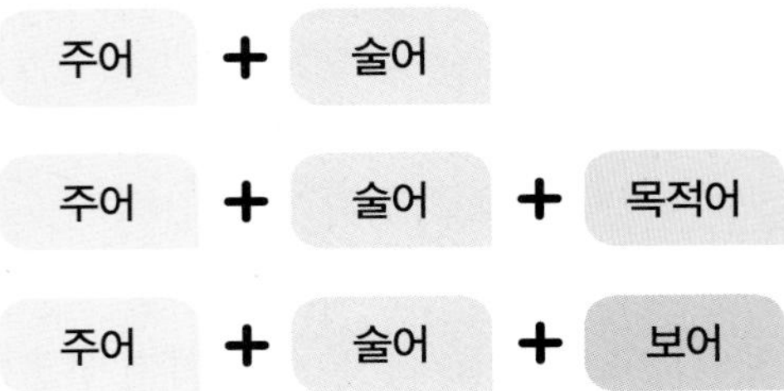

수식 성분

- **관형어 + 중심어**

  이 구조는 명사 형태로 주로 주어나 목적어의 역할을 하며 관형어와 중심어 사이를 '的'로 연결하기도 한다. 따라서 문제에서 '的'를 보게 되면 우선은 '是…的' 구문인지 보아야 하고, 다음으로는 그 앞뒤로 연결된 것이 관형어와 중심어가 아닌지 따져 보아야 한다. '的'가 있는 문제에서 '的'는 흔히 관형어에 붙어 하나의 형태로 제시되는 경우가 많다.

- **부사어 + 중심어**

  이 구조는 동사나 형용사 형태로 주로 술어의 역할을 한다. 그래서 보통 주어 뒤에 놓이지만 경우에 따라 주어 앞에서 문장 전체를 수식할 때도 있다. 간혹 부사어와 중심어 사이를 '地'로 연결하기도 한다.

보어의 위치

주로 술어 뒤에 놓여 동사나 형용사에 대한 보충 설명을 한다. 때로 '得'로 연결하기도 한다.

자주 보이는 어순

- **대사/명사 + 不 + 조동사 + 동사 + 명사어**
- **대사/명사 + 부사 + 동사 + 명사어**
- **대사/명사 + 개사(对 / 向 / 为) + 명사 + 동사 + 명사어**
- **대사/명사 + 부사(不+太 / 很 / 非常) + 형용사**

[명사어 = 형용사 / 대사 + (的) + 명사]

3. 중국어의 특수 구문

특수 구문은 나름의 형식을 갖고 있으므로 만약 이런 형식을 잘 숙지하면 어순을 배열하는데 많은 도움이 된다. 이 밖에 특수 구문의 대표적인 구조와 의미를 잘 이해하면 쓰기 제2부분에서 표현하려는 의미에 따라 적합한 구문을 선택해서 사용할 수 있다.

(1) 是…的 강조 구문

동작이 발생한 시간, 방식, 수단, 원인, 동작의 행위자 등을 강조한다.

• 기본구조

… + 是 + … + 동사 + 的

• 부정형식

… + 不是 + … + 的

• 관련용법

① '的'는 생략할 수 없다.
② '是'는 생략할 수 있지만 부정 형식이나 주어가 지시대사일 때는 생략할 수 없다.
③ 부정 형식에 '没'나 '没有'를 쓸 수 없다.
④ 동작 행위는 이미 발생했거나 완성된 것을 의미한다.

(2) 比자 비교문

사물 사이의 다름을 설명한다.

• 기본구조

A + 比 + B + 형용사 / 형용사구
A + 比 + B + 동사 + 得 + 형용사 / 형용사구
A + 동사 + 得 + 比 + B + 형용사 / 형용사구

• 부정형식

A + 不比 + B + 술어
A + 没有 + B + 술어
A + 不如 + B + 술어

• 관련용법

① 주로 두 가지 사물을 비교할 때, 그리고 서로 비교하는 두 가지 사물이 동시에 나타날 때 사용된다.

② 개사 '比'는 비교 대상을 이끌어 내는 데 사용된다.

③ 정도의 비교를 나타낼 때는 술어 앞에 부사 '更'이나 '还'를 쓸 수 있다. 또한, 술어 뒤에 '多了/得多'나 '一点儿/一些' 혹은 구체적인 수량을 나타내는 보어나 목적어를 넣을 수도 있다. 하지만 이런 경우에는 술어 앞의 부사 '更'이나 '还'를 동시에 쓸 수 없다.

④ 비교문의 부정은 대체로 '没有'의 형식을 많이 쓴다.

(3) 把자문

목적어를 술어 앞에 놓아 어떤 사물에 대해 영향을 주어 나온 결과를 강조한다.

• 기본구조

주어 + 把 + 목적어 + 동사 + 기타성분

• 부정형식

没 + 把 + …

别 / 不要 + 把 + …

• 관련용법

① 개사 '把'는 동사를 동반하는 목적어를 술어 앞에 두어 부사어로 만든다.

② 술어 뒤에는 기타성분이 와야 하는데 주로 결과보어, 방향보어, 정도보어 등이 온다.

③ 조동사나 부정부사 등은 '把' 앞에 놓인다.

④ '把'의 목적어는 화자와 청자가 알 수 있는 특정한 것이어야 한다. 만약 앞에 수량사가 있다면 대상을 명확하게 지칭할 수 있는 대사 '这'나 '那'가 와야 한다.

⑤ 把자문에는 인지, 감각, 심리 활동을 나타내는 동사를 쓸 수 없다.

예 '是', '有', '知道', '觉得', '来', '爱', '发生' 등

(4) 被자문

동작의 피행위자가 행위자의 영향을 받아 어떤 결과가 나타났음을 설명하는 것으로 '~에 의해 ~되다'라는 의미이다.

• 기본구조

주어 + 被 + 목적어 + 동사 (+ 기타성분)

• 부정형식

没有 + 被 + …

不 + 被 + …

• 관련용법

① 개사 '被' (혹은 '叫', '让' 등)가 동작의 행위자를 이끌어 낸다.

② 주어는 동작의 피행위자이고 목적어가 동작의 행위자로 주어는 화자와 청자 모두 알고 있는 대상이어야 한다.

③ 동작의 행위자를 굳이 말하고 싶지 않을 때는 목적어를 생략할 수도 있다.

④ 조동사나 부정부사 등은 '被' 앞에 놓인다.

(5) 존현문

어떤 장소에 사람이나 사물이 존재, 출현, 소실함을 의미한다. 주로 인물이나 환경 등을 묘사하는 데 쓰인다.

• 기본구조

주어(장소 / 방위사) + 동사 + 목적어

* 일반적으로 존재를 나타낼 때는 '着'가 오고, 출현이나 소실을 나타낼 때는 '了'가 온다.

• 부정형식

没有 + 동사

4. 문장의 어기와 문장부호

단어 순서를 다 배열했다고 해서 모두 다 끝난 것은 아니다. 문장과 구의 가장 큰 차이는 바로 문장이 일정한 어기를 가지고 있다는 점이기 때문에 문장부호를 정확하게 사용해야 한다.

✓ 가장 기본적인 서술문에는 마침표 '。'를 사용한다.

✓ 의문문에는 물음표 '？'를 써야 한다. '…了吗', '…吗', '…吧', '…呢'가 있다면 우선 의문문이 아닌지 고려해 보아야 한다.

✓ 감탄문에는 느낌표 '！'를 쓴다. 문장 끝에 '啊'가 있거나 부사 '多么', '真', '太'와 같은 말이 있으면 일반적으로 감탄문이다.

✓ 명령문은 어기의 경중에 따라 마침표와 느낌표 중 선택해서 사용한다.

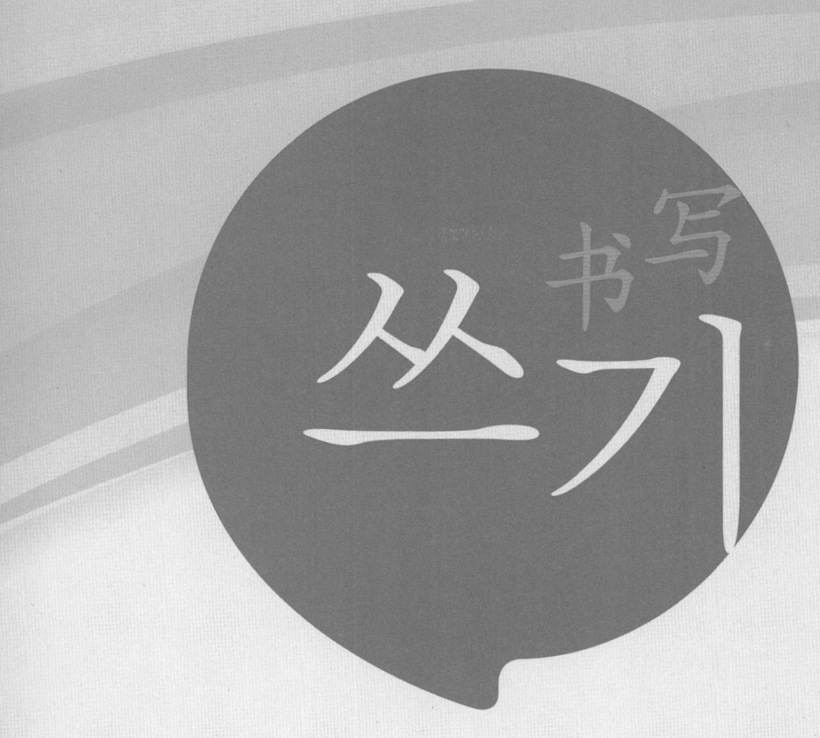

제1부분

제시된 어휘로 문장 완성하기

01. 주어의 위치
02. 수식어 + 的 + 명사
03. 형용사의 위치
04. 부사의 위치와 부사 간의 순서
05. 어기조사와 의문대사의 위치
06. 동사성 목적어는 앞으로 이동할 수 있다

쓰기 제1부분

제1부분은 10문제(86–95번)로 주어진 어휘를 배열해서 문장을 완성하는 문제이다. 문제마다 4~6개의 어휘나 구가 제공되며 순서는 임의로 배열되어 있다. 문장 끝에 적합한 문장부호도 넣어 문장을 완성해야 한다.

제1부분 – 제시된 어휘로 문장 완성하기

문제

》 해설서 129p

第一部分

第86–95题：完成句子。

86. 那座桥　800年的　历史　有　了

답안

三、书写

86. 那座桥有800年的历史了。　답안지에 옮겨 적을 때 틀리지 않도록 주의하세요!

01. 주어의 위치

제시된 어휘를 본 후 우선 이런 단어가 어떤 어휘적 특성을 갖고 있는지 파악해야 한다. 일반적으로 대사는 문장의 주어로 문장 맨 앞에 위치하므로 먼저 대사가 있는지 없는지 봐야 한다. 만약 대사는 없지만 명사가 있다면 그 명사가 주어가 될 가능성이 높다.

유형 익히기 1

★☆☆

音乐　　喜欢　　流行　　他　　听	
정답 他喜欢听流行音乐。	그는 대중 음악 듣는 것을 좋아한다.

단어 流行 liúxíng 동 유행하다 | 音乐 yīnyuè 명 음악

해설 1. 인칭대사 '他(그)'와 명사 '音乐(음악)' 두 단어 모두 주어가 될 수 있지만 제시된 어휘 중 술어가 될 수 있는 동사는 '喜欢(좋아하다)'과 '听(듣다)'이므로 '音乐'는 두 동사의 주어가 될 수 없다. 따라서 문장의 주어는 '他'이다.

2. 술어 자리에는 동사나 형용사가 와야 한다. 제시된 어휘 중 동사는 '喜欢(좋아하다)'과 '听(듣다)'이 있지만 '喜欢'이 다른 동사와 함께 제시된 경우 술어로 쓰여 동사구를 목적어로 가질 수 있으므로 술어 역할을 한다.

3. 술어 喜欢(좋아하다)' 뒤에 술목구 목적어인 '听流行音乐(대중 음악을 듣다)'가 올 수 있다.

他	喜欢	听 流行 音乐。
주어	술어	목적어

플러스 해설

만약 대사와 명사가 같이 있었다면 대사가 주어가 되고 명사는 목적어나 관형어가 될 가능성이 높다. 하지만 여기서도 동사, 형용사의 의미적 특징과 술어가 무엇인지를 알아야만 어떤 단어가 주어인지 정확하게 판단할 수 있다. 일반적으로 각 문제마다 한두 개의 동사나 형용사, 의문대사 등이 있다. 동사가 두 개면 대개 그 중 하나는 '能', '可以', ' 会'와 같은 조동사나 '喜欢'과 같은 심리동사로 다른 동사 앞에 위치한다.

유형 확인 문제

》해설서 129p

제시된 어휘로 어순에 맞는 문장을 완성하세요.

1. 有效　　这种药　　对　　头疼　　很

→ ______________________________

02. 수식어 + 的 + 명사

'的' 뒤에는 일반적으로 명사가 필요하므로 제시된 어휘 중 '的'가 있다면 '的' 앞의 단어와 조합될 수 있는 명사를 찾는다. 단독으로 '的'만 나왔다면 제시된 어휘 중에서 형용사와 명사 혹은 명사가 두 개인지를 살펴보아야 한다. 더러 대사가 관형어가 되어 '的' 앞에 놓일 수도 있는데, 일부 명사와 관형어의 경우 꼭 '的'로 연결할 것 없이 '명사 + 관형어'로 조합할 수도 있다. '一些'와 '许多' 혹은 수량구는 관형어가 될 수 있는데 만약 문장 속에 명사가 두 개 있을 경우 어떤 명사 앞에 놓을지 잘 판단해야 한다.

유형 익히기 1

★☆☆

更	南方	的	湿润	气候

정답 南方的气候更湿润。	남방의 기후가 더 습하다.

단어 **南方** nánfāng 명 남방 | **气候** qìhòu 명 기후 | **更** gèng 부 더욱 | **湿润** shīrùn 형 축축하다

해설 1. 구조조사 '的(~의)'는 관형어와 주어 또는 목적어를 연결해 주는 조사로 우선 '的'와 같이 놓을 수 있는 두 개의 단어부터 찾아야 한다. 주어나 목적어 자리에는 주로 명사나 대사가 오므로 가능한 조합으로 '**南方的气候**'(남방의 기후)나 '**湿润的气候**(습한 기후)'를 생각할 수 있다.

2. 술어 자리에는 동사나 형용사가 와야 한다. 의미상 '**气候**(기후)'가 주어이므로 제시된 형용사 '**湿润**(습하다)'이 술어가 된다. '**更**(더욱)'은 형용사를 꾸며주는 부사이므로 형용사 술어 앞 부사어 자리에 위치한다.

南方 的	气候	更	湿润。
관형어	주어	부사어	술어

유형 익히기 2

★☆☆

看懂	能	他	中文	说明书

정답 他能看懂中文说明书。	그는 중국어 설명서를 이해할 수 있다.

단어 **看懂** kàndǒng 동 이해하다 | **中文** Zhōngwén 명 중국의 언어와 문자 | **说明书** shuōmíngshū 명 설명서

해설 1. 제시된 어휘 중 대사가 하나, 명사가 두 개 있다. 이 중 명사 두 개는 구조조사 '的'없이 '**中文说明书**(중국어 설명서)'로 연결할 수 있다.

2. 조동사 '**能**(~할 수 있다)'은 부사어, '**看懂**(이해하다)'은 술어 자리에 위치한다.

3. 남은 어휘인 '**他**(그)'가 이 문장의 주어가 된다.

他	能	看懂	中文	说明书。
주어	부사어	술어	관형어	목적어

유형 익히기 3

★★☆

公司	机会	提供了	一些	学习的

정답 公司提供了一些学习的机会。 회사가 약간의 공부할 수 있는 기회를 제공했다.

단어 **提供** tígōng 동 제공하다 | **一些** yìxiē 수량 약간, 조금 | **机会** jīhuì 명 기회

해설 1. 구조조사 '的(~의)'가 '学习(공부하다)'와 조합되어 제시되었으므로 '学习的' 뒤에 올 수 있는 명사는 '机会(기회)'이며, 이 문장의 목적어가 된다.

2. 목적어 '机会(기회)'와 어울리는 술어는 '提供(제공하다)'이고, 주어는 '公司(회사)'이다.

3. 관형어가 2개 이상인 경우 수량사 관형어는 묘사성 관형어 앞에 위치한다. 따라서 '一些(약간의)'는 '学习的' 앞에 위치해 '学习的'와 함께 관형어로 쓰인다.

公司	提供了	一些 学习的	机会。
주어	술어	관형어	목적어

유형 확인 문제

》 해설서 129p

제시된 어휘로 어순에 맞는 문장을 완성하세요.

1. 自己的 每个人 优点和缺点 都 有

→ ______________________________

03. 형용사의 위치

형용사는 명사의 관형어가 될 수도 있고 문장의 술어가 될 수도 있다. 따라서 형용사가 반드시 명사 앞에 와야 하는 것은 아니다.

★☆☆

内容　　那本杂志　　的　　十分　　丰富	
정답 那本杂志的内容十分丰富。	그 잡지의 내용은 매우 풍부하다.

단어 杂志 zázhì 명 잡지 | 内容 nèiróng 명 내용 | 十分 shífēn 부 매우 | 丰富 fēngfù 형 풍부하다

해설 1. 술어 자리에는 동사나 형용사가 와야 하므로 제시된 어휘 중에서는 형용사 '丰富(풍부하다)'가 술어이다.

2. '十分(매우)'은 형용사나 심리 활동을 나타내는 동사를 수식하므로 '丰富(풍부하다)' 앞 부사어 자리에 위치한다.

3. 구조조사 '的(~의)' 앞뒤로 관형어와 주어 또는 목적어를 연결해야 하는데, 남은 어휘인 '那本杂志(그 잡지)', '的(~의)', '内容(내용)'은 '那本杂志的内容(그 잡지의 내용)'으로 연결할 수 있다.

那本杂志 的	内容	十分	丰富。
관형어	주어	부사어	술어

유형 확인 문제

〉〉 해설서 130p

제시된 어휘로 어순에 맞는 문장을 완성하세요.

1. 跑步　　的　　王老师　　时候　　很帅

→ ______________________________

04. 부사의 위치와 부사 간의 순서

부사는 술어나 문장을 수식하여 정도, 시간, 빈도, 부정, 범위 등을 나타낸다. 문장 속에 여러 개의 부사가 있을 경우 배열 순서에 주의해야 하는데, 일반적으로 주어의 뒤, 술어 앞에 위치하지만 정확한 위치는 구체적인 상황을 보고 결정해야 한다. 정도부사의 경우 다른 부사들의 뒤에 위치하며, 부정부사와 범위부사가 같이 쓰이는 경우 부정부사는 전체 부정이면 범위부사 뒤에 부분 부정이면 범위부사 앞에 온다.

유형 익히기 1 ★★☆

符合　　太　　他的看法　　不　　实际	
정답 他的看法不太符合实际。	그의 견해는 그다지 실제에 부합하지 않는다.

단어 看法 kànfǎ 명 견해 | 符合 fúhé 동 부합하다 | 实际 shíjì 명 실제

해설 1. 술어는 동사 '符合(부합하다)'로 이와 어울리는 목적어는 명사 '实际(실제)'이다.

2. '관형어 + 주어' 조합인 '他的看法(그의 견해)'가 주어 자리에 위치한다.

3. 부정부사 '不'와 정도부사 '太(그다지)'가 '符合实际(실제에 부합하다)' 앞에서 부사어로 쓰인다. 부정부사는 정도부사보다 앞에 오기 때문에 '不太'로 조합해야 한다.

他的看法	不 太	符合	实际。
관형어 + 주어	부사어	술어	목적어

쓰기 | 제1부분

유형 확인 문제 》 해설서 130p

제시된 어휘로 어순에 맞는 문장을 완성하세요.

1. 人　　相识　　的　　不　　朋友　　都　　是

→ ________________________

05. 어기조사와 의문대사의 위치

화자의 태도나 어투를 나타내는 어기조사의 위치는 비교적 고정적으로 문장 끝에 위치하며, 의문문을 만드는 의문대사는 역할과 쓰임에 따라 조금씩 다르다.

어기조사와 의문대사

'吗', '呢', '吧'와 같은 어기조사는 문장 끝에 위치한다.

'什么'는 동사 앞에 쓰여 관형어 역할을 하거나 목적어로 동사 뒤에 올 수 있다.

'怎么样'은 보통 술어로 쓰인다.

'哪儿(哪里)'은 주로 동사 뒤에서 목적어 역할을 한다.

유형 익히기 1

★★☆

区别	发现	你	这两张照片的	吗	了
정답 你发现这两张照片的区别了吗?			당신은 이 사진 두 장의 차이를 발견했나요?		

단어 发现 fāxiàn 동 발견하다 | 张 zhāng 양 (종이 세는) 장 | 照片 zhàopiàn 명 사진 | 区别 qūbié 명 차이

해설 1. 어기조사 '吗'를 통해 이 문장은 의문문임을 알 수 있고, '吗'는 문장 끝에 위치하며 물음표를 동반한다.

2. 구조조사 '的'는 뒤에 명사 또는 대사가 오므로 '这两张照片的(이 사진 두 장)'는 의미상 명사 '区别(차이)'와 조합할 수 있다.

3. 목적어 '区别(차이)'와 어울리는 술어는 '发现(발견하다)'이며, '发现'의 행위자가 '你(당신)'이므로 주어는 '你'이다.

4. '了'는 완성의 의미를 나타내는 조사로 '吗' 앞에 위치한다.

你	发现	这两张照片的	区别	了	吗?
주어	술어	관형어	목적어		

유형 확인 문제

〉〉 해설서 131p

제시된 어휘로 어순에 맞는 문장을 완성하세요.

1. 菜　的　怎么样　这个　味道

→ ______________________________

06. 동사성 목적어는 앞으로 이동할 수 있다

어떤 문장은 원래 동사 뒤의 있어야 할 명사를 문장 맨 앞으로 오게 하고 그 뒤에 동작 행위자를 두기도 한다. 이런 문장은 강조를 위한 것으로 '任何…都…'와 같은 문장이 있다.

 유형 익히기 1 ★★★

后果　承担　任何　都　我　愿意	
정답 任何后果我都愿意承担。	어떠한 결과이든 내가 다 책임을 지겠다.

단어 **任何** rènhé 대 어떠한 | **后果** hòuguǒ 명 (주로 안 좋은) 결과 | **愿意** yuànyì 조동 ~하기를 바라다 | **承担** chéngdān 동 책임지다

해설 1. 술어 자리에는 보통 동사와 형용사가 쓰이므로 이 문장에서 술어는 동사 '**承担**(책임지다)'이다.

2. 술어인 '**承担**(책임지다)'과 어울리는 목적어는 '**后果**(결과)'이며, 행위자가 '**我**(나)'이므로 '**我**'가 주어가 된다.

3. '**愿意**(~하기를 바라다)'는 조동사로 술어 '**承担**(책임지다)' 앞 부사어 자리에 위치한다.

4. '**任何**(어떠한)'는 '**后果**(결과)' 앞에서 관형어로 쓰인다.

5. 1-4를 통해 '**我愿意承担任何后果**'라는 문장을 생각할 수 있지만 범위를 나타내는 부사어 '**都**'가 있으므로 '**都**'가 나타내는 범위인 '**任何后果**'는 '**都**' 앞으로 와야 한다. 따라서 '**任何后果我都愿意承担**'으로 문장을 완성할 수 있다. '**任何…都**'라는 구문을 알면 쉽게 풀 수 있다.

任何	后果	我	都 愿意	承担。
관형어	목적어	주어	부사어	술어

쓰기 | 제1부분

실전 연습 1

제1부분

86 - 95.
제시된 어휘로 어순에 맞는 문장을 완성하세요.

86. 保护　我们共同的　责任　地球　是

87. 报道　这篇　没有　反映　社会现实

88. 就　你要找的　在　地方　学校附近

89. 早就　飞机票了　订好　去上海的　李明

90. 比　气温　高点儿　昨天　今天的

91. 同屋　他的　早睡早起　习惯于

92. 事情　在日记本上　我　喜欢　记下　每天发生的

93. 完成了　努力　他　经过　所有工作

94. 他　从衣着　可以看出　朴素的人　是个

95. 这　怎么回事　是　到底

〉〉 해설서 131p

실전 연습 2

제1부분

86 - 95.
제시된 어휘로 어순에 맞는 문장을 완성하세요.

86. 只能　他　道歉　向大家

87. 请　时间　告诉我　准确　现在的

88. 妈妈　生气　不会　吧　了

89. 灯　打开　这个开关　只要　就亮了

90. 最　爷爷　喜欢　京剧　看

91. 应该　我　怎么安排　时间　呢

92. 让　非常　他的到来　我　吃惊

93. 的　这是　很复杂　一个　过程

94. 上　画　挂满　墙　了　教室

95. 干净　把　请　擦　桌子

》해설서 136p

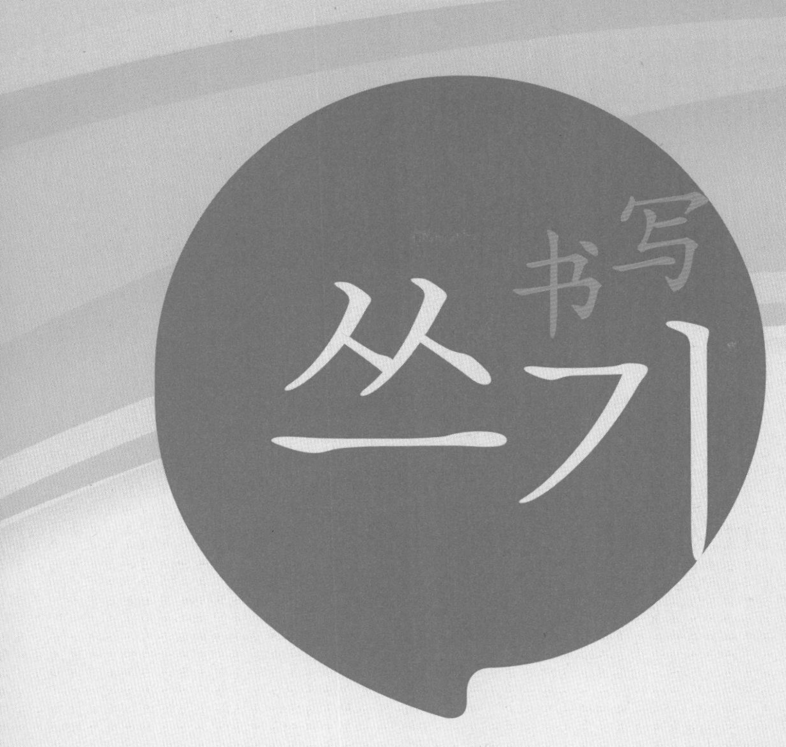

제2부분

제시된 어휘와 사진 보고 작문하기

제2부분은 5문제(96–100번)로 제시된 어휘와 사진을 보고 작문하는 문제이다. 문제마다 사진과 어휘가 하나씩 제시되어 있고, 제시된 어휘를 사용해서 사진에 근거한 문장을 만들어야 한다. 제시된 어휘의 품사는 일반적으로 동사, 명사, 형용사이며 양사나 부사도 출제된다.

제2부분 – 제시된 어휘와 사진 보고 작문하기

문제

〉〉 해설서 140p

第二部分

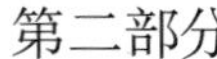

第96–100题：看图，用词造句。

96. 乒乓球

제시된 어휘와 사진이 어떤 관련이 있는지 생각해 보자!

답안

三、书写

96. 她很喜欢打乒乓球。 답안지에 옮겨 적을 때 틀리지 않도록 주의하자!

01. 동사

제시된 어휘가 동사인 경우 주로 사진 속의 인물들이 현재 하고 있는 구체적인 동작이나 활동을 나타낸다. 동사 문제는 출제 비율이 가장 높다.

유형 익히기 1 ★☆☆

唱

모범 답안

她很喜欢唱歌。
她边弹吉他边唱歌。
她在唱自己写的歌。

그녀는 노래 부르는 것을 매우 좋아한다.
그녀는 기타를 치면서 노래를 부르고 있다.
그녀는 자신이 쓴 노래를 부르고 있다.

단어 唱 chàng 동 노래하다 | 边…边… biān…biān… 동 ~하면서 ~하다 | 弹 tán 동 (악기를) 치다 | 吉他 jítā 명 기타 | 自己 zìjǐ 대 자신 | 歌 gē 명 노래

해설 사진에서 한 사람이 기타를 치며 노래를 부르고 있다. 제시된 어휘는 동사 '唱(노래하다)'이므로 '喜欢(좋아한다)'을 써서 '노래 부르는 것을 좋아하다'라고 작문하거나 '边…边…(~하면서 ~하다)'과 '弹吉他(기타를 치다)'를 써서 두 가지 동작이 동시에 진행됨을 나타낼 수 있다.

플러스 해설

★ 제시된 동사가 그림 속 인물의 행동을 나타내는 경우

제시된 어휘가 동사일 때는 '在', '喜欢', '要'를 활용해 그림 속의 활동이나 사건을 묘사할 수 있다.

- 他/她 + 在 + 동사(+ 사물)
- 他/她 + 喜欢 + 동사(+ 사물)
- 你 + 要 + 동사(+ 사물) + 吗?

유형 익히기 2

★★★

醒

모범 답안

她还没睡醒。
她还没睡醒吗?

그녀는 아직 잠에서 깨지 않았다.
그녀는 아직 잠에서 깨지 않았나요?

단어 醒 xǐng 동 잠에서 깨다 | 睡醒 shuìxǐng 동 잠에서 깨다

해설 사진 속의 여자는 잠을 자고 있다. 제시된 어휘는 동사 '醒(잠에서 깨다)'이므로 부정부사를 써서 '她还没睡醒(그녀는 아직 잠에서 깨지 않았다)'이나 의문조사 '吗'를 써서 의문문 '她还没睡醒吗?(그녀가 아직 잠에서 깨지 않았니?)'로 작문할 수 있다.

플러스 해설

★ 제시된 동사가 그림 속 인물의 행동과 다른 경우

이때는 그림의 상황에 따라 '还没有 + 동사', '还没 + 동사 + 吗? ' 등의 형식으로 내용을 묘사할 수 있다.

유형 확인 문제

〉〉 해설서 140p

사진을 보고 제시된 어휘를 사용하여 문장을 만드세요.

1.  试

→ ________________________________

02. 명사

제시된 어휘가 명사인 경우 이 명사는 사진 속에 이미 존재하는 사물일 가능성이 높고 사진 속에는 인물의 행동과 관련된 사물명사나 추상명사가 있을 수 있다. 명사를 이용해 작문할 때는 명사에 어울리는 동사를 조합하여 '동사 + 목적어' 구조로 작문하거나, '명사 + 형용사' 구조로 작문할 수 있다.

유형 익히기 1

★☆☆

风景

모범 답안

这儿的风景真漂亮。
她很喜欢这里的风景，所以一直不停地拍照。

이곳의 풍경은 정말 아름답다.
그녀는 이곳의 풍경을 매우 좋아해서 줄곧 끊임없이 사진을 찍는다.

단어 这儿 zhèr 대 이곳 | 风景 fēngjǐng 명 풍경 | 这里 zhèlǐ 대 이곳 | 一直 yìzhí 부 줄곧, 계속 | 不停 bùtíng 동 계속해서 | 拍照 pāizhào 동 사진을 찍다

해설 사진 속의 여자는 카메라를 들고 사진을 찍고 있다. 풍경이 아름다우면 사진을 찍고 싶어지므로 형용사 '漂亮(아름답다)'을 써서 '这儿的风景真漂亮(이곳의 풍경은 정말 아름답다)'으로 작문하거나 '喜欢(좋아하다)'과 '拍照(사진을 찍다)'를 써서 '她很喜欢这里的风景，所以一直不停地拍照(그녀는 이곳의 풍경을 매우 좋아해서 줄곧 끊임없이 사진을 찍는다)'라고 작문할 수 있다.

유형 확인 문제

〉〉 해설서 140p

사진을 보고 제시된 어휘를 사용하여 문장을 만드세요.

1.  答案

→ ____________________

03. 형용사

제시된 어휘가 형용사인 경우 사람이나 사물의 상황을 묘사하는 상태 형용사가 자주 출제되지만, 그림 속 인물의 행동이나 사건, 사물과 관련된 추상적인 형태의 형용사가 출제되기도 한다. 형용사를 이용해 작문할 때는 '그/그녀/그것(그림 속의 인물이나 사물)이 (형용사)하다'의 형식으로 문장을 만들 수 있다. 정도부사와 같은 수식 성분을 적당히 추가하면 문장의 내용이 더욱 풍부해진다.

★☆☆

困

모범 답안

她看起来很困。
妈妈困得连眼睛都睁不开了。

그녀는 매우 졸려 보인다.
엄마는 졸려서 눈도 뜨지 못할 정도이다.

단어 **看起来** kàn qǐlái 보기에 ~하다 | **困** kùn 통 졸리다 | **连…都…** lián…dōu… ~조차도 ~하다 | **睁不开** zhēngbukāi 눈을 뜰 수 없다

해설 사진 속의 여자는 하품을 하고 있다. 제시된 어휘는 형용사 '困(졸리다)'이며, 이처럼 형용사로 사람의 상태를 나타내는 경우 '~처럼 보이다'라는 의미의 '**看起来**'를 써서 작문할 수 있다. 또는 강조 구문 '**连…都…**(~조차도 ~하다)'를 써서 피곤한 정도를 강조해서 표현할 수도 있다.

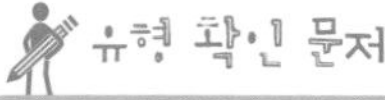

〉〉 해설서 141p

사진을 보고 제시된 어휘를 사용하여 문장을 만드세요.

1.  脏

→ ____________________

04. 양사

제시된 어휘가 양사인 문제도 간혹 출제된다. 양사는 지시대사나 수사를 활용해 '지시대사 + 양사 + 명사', '수사 + 양사 + 명사' 형식으로 작문할 수 있다.

유형 익히기 1 ★★☆

份

모범 답안

大学毕业后，我找到了一份让人羡慕的工作。
姐姐对最近找到的这份工作感到非常满意。

대학교를 졸업한 후, 나는 남들이 부러워하는 직업을 찾았다.
언니는 최근에 구한 이 일에 대해 매우 만족한다.

단어 **毕业** bìyè 동 졸업하다 | **份** fèn 양 직업을 세는 양사 | **羡慕** xiànmù 동 부러워하다 | **最近** zuìjìn 명 최근 | **感到** gǎndào 동 느끼다, 생각하다 | **满意** mǎnyì 형 만족하다

해설 '份'은 직업을 세는 양사로 '수사 + 양사 + 명사' 형식으로 '一份工作'라고 표현하거나, '지시대사 + 양사 + 명사' 형식으로 '这份工作'로 표현할 수 있다. 답안에 필요한 필수 구조를 만들었으면 '大学毕业后(대학교를 졸업한 후)'와 같은 시간 표현이나 '让人羡慕(남들이 부러워하다)', '最近找到(최근에 구한)'와 같은 표현을 넣어 문장을 더욱 풍성하게 작문할 수 있다.

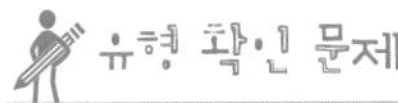

유형 확인 문제

〉〉 해설서 141p

사진을 보고 제시된 어휘를 사용하여 문장을 만드세요.

1.  篇

→ ____________________

실전 연습 1

제2부분

96 - 100.

사진을 보고 제시된 어휘를 사용하여 문장을 만드세요.

96. 

抽烟

97. 
复印

98. 
词典

99. 
打扫

100. 

打折

〉〉 해설서 142p

실전 연습 2

제2부분

96 - 100.

사진을 보고 제시된 어휘를 사용하여 문장을 만드세요.

96.  友好

97.  幸福

98. 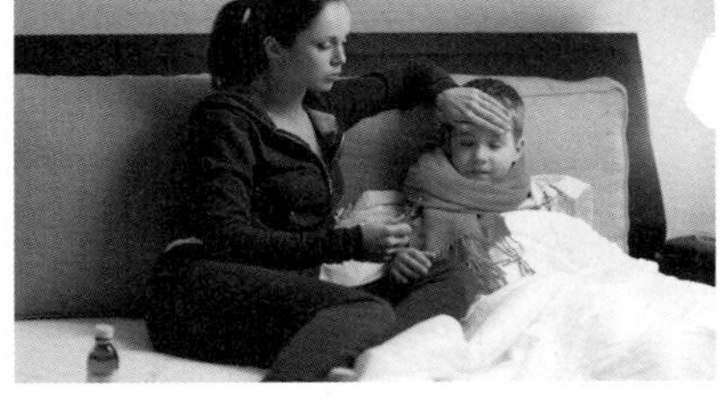 严重

99.  羽毛球

100.  堵车

》 해설서 144p

실전 테스트

〉〉 해설서 146p

第一部分

第86–95题：完成句子。

例如：那座桥　800年的　历史　有　了
那座桥有800年的历史了。

86. 他们　经常　打篮球　在一起

87. 任务　认真　她　完成　地　总是

88. 自己的家人　保护　每个人　都会

89. 果实　成熟　已经　了　果园里的

90. 我们　任何事情　不应该　放弃　都

91. 十分　激动　心情　孩子们　听到这个消息后

92. 我们　一个小时　大约　讨论　了

93. 健康　水果　多吃　为了　应该

94. 我们知道　他　原因　没去　上班的

95. 他　把　忘了　可能　爸爸的生日

第二部分

第96–100题：看图，用词造句。

例如： 乒乓球 她很喜欢打乒乓球。

96.  获得

97.  欢迎

98.  沙发

99.  帽子

100.  北方

国家汉办/孔子学院总部
Hanban/Confucius Institute Headquarters

新 汉 语 水 平 考 试
Chinese Proficiency Test

HSK（四级）成绩报告
HSK (Level 4) Examination Score Report

姓名：
Name

性别：　　　　国籍：
Gender　　　　Nationality

考试时间：　　　　年　　　　月　　　　日
Examination Date　　Year　　Month　　Day

编号：
No.

	满分（Full Score）	你的分数（Your Score）
听力（Listening）	100	
阅读（Reading）	100	
书写（Writing）	100	
总分（Total Score）	300	

总分180分为合格（Passing Score：180）

主 任
Director

国家汉办
Hanban

中国 • 北京
Beijing • China

新 汉 语 水 平 考 试
HSK（四级）答题卡

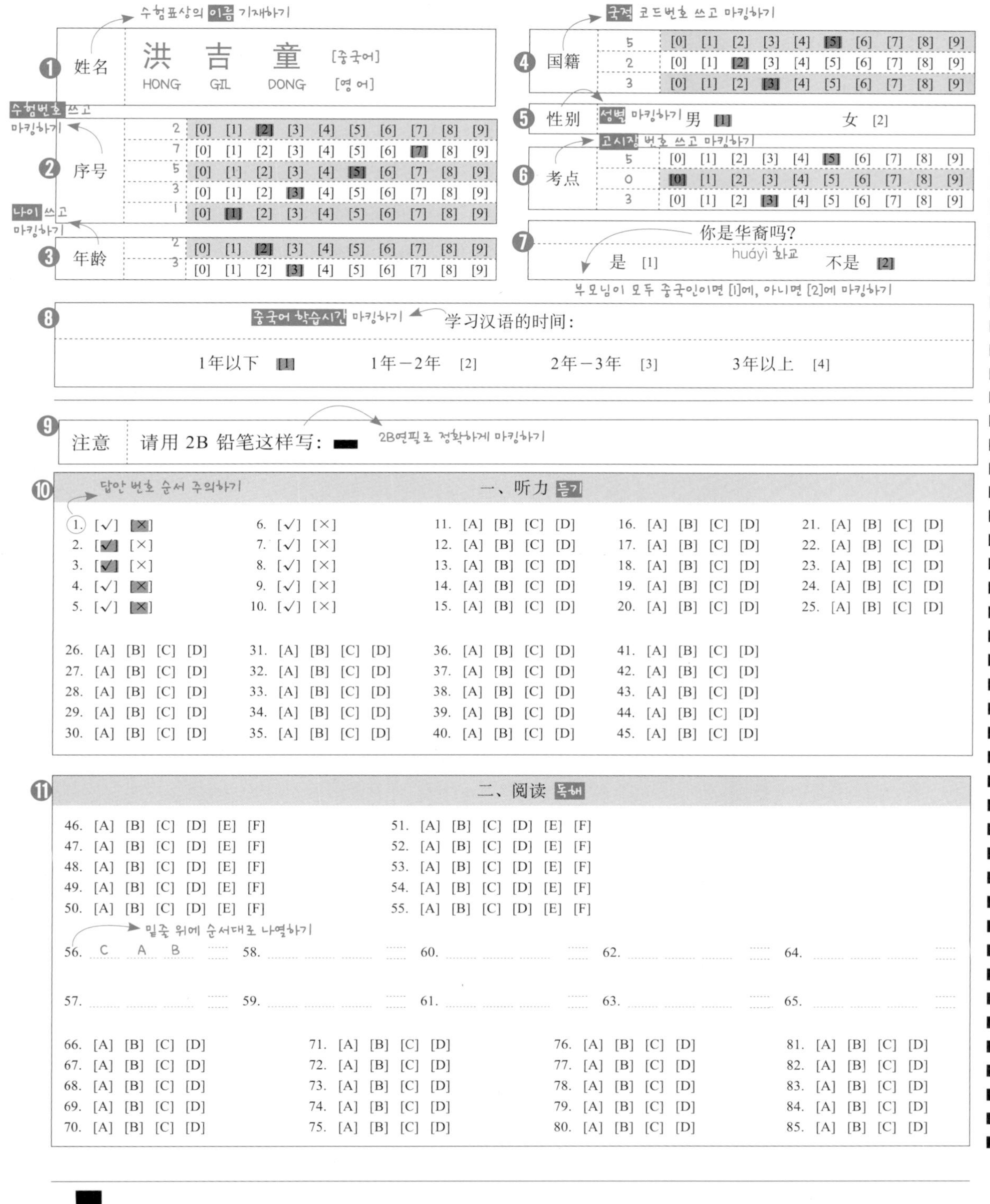

수험표상의 이름 기재하기

❶ 姓名　洪 吉 童 [중국어]
HONG GIL DONG [영어]

수험번호 쓰고 마킹하기

❷ 序号

2	[0]	[1]	[2]	[3]	[4]	[5]	[6]	[7]	[8]	[9]
7	[0]	[1]	[2]	[3]	[4]	[5]	[6]	[7]	[8]	[9]
5	[0]	[1]	[2]	[3]	[4]	[5]	[6]	[7]	[8]	[9]
3	[0]	[1]	[2]	[3]	[4]	[5]	[6]	[7]	[8]	[9]
1	[0]	[1]	[2]	[3]	[4]	[5]	[6]	[7]	[8]	[9]

나이 쓰고 마킹하기

❸ 年龄

2	[0]	[1]	[2]	[3]	[4]	[5]	[6]	[7]	[8]	[9]
3	[0]	[1]	[2]	[3]	[4]	[5]	[6]	[7]	[8]	[9]

국적 코드번호 쓰고 마킹하기

❹ 国籍

5	[0]	[1]	[2]	[3]	[4]	[5]	[6]	[7]	[8]	[9]
2	[0]	[1]	[2]	[3]	[4]	[5]	[6]	[7]	[8]	[9]
3	[0]	[1]	[2]	[3]	[4]	[5]	[6]	[7]	[8]	[9]

성별 마킹하기

❺ 性别　男 [1]　女 [2]

고사장 번호 쓰고 마킹하기

❻ 考点

5	[0]	[1]	[2]	[3]	[4]	[5]	[6]	[7]	[8]	[9]
0	[0]	[1]	[2]	[3]	[4]	[5]	[6]	[7]	[8]	[9]
3	[0]	[1]	[2]	[3]	[4]	[5]	[6]	[7]	[8]	[9]

❼ 你是华裔吗？ huáyì 화교

是 [1]　不是 [2]

부모님이 모두 중국인이면 [1]에, 아니면 [2]에 마킹하기

❽ 중국어 학습시간 마킹하기　学习汉语的时间：

1年以下 [1]　1年－2年 [2]　2年－3年 [3]　3年以上 [4]

❾ 注意　请用 2B 铅笔这样写：▬　2B연필로 정확하게 마킹하기

❿ 답안 번호 순서 주의하기

一、听力 듣기

1. [✓] [×]　6. [✓] [×]　11. [A] [B] [C] [D]　16. [A] [B] [C] [D]　21. [A] [B] [C] [D]
2. [✓] [×]　7. [✓] [×]　12. [A] [B] [C] [D]　17. [A] [B] [C] [D]　22. [A] [B] [C] [D]
3. [✓] [×]　8. [✓] [×]　13. [A] [B] [C] [D]　18. [A] [B] [C] [D]　23. [A] [B] [C] [D]
4. [✓] [×]　9. [✓] [×]　14. [A] [B] [C] [D]　19. [A] [B] [C] [D]　24. [A] [B] [C] [D]
5. [✓] [×]　10. [✓] [×]　15. [A] [B] [C] [D]　20. [A] [B] [C] [D]　25. [A] [B] [C] [D]

26. [A] [B] [C] [D]　31. [A] [B] [C] [D]　36. [A] [B] [C] [D]　41. [A] [B] [C] [D]
27. [A] [B] [C] [D]　32. [A] [B] [C] [D]　37. [A] [B] [C] [D]　42. [A] [B] [C] [D]
28. [A] [B] [C] [D]　33. [A] [B] [C] [D]　38. [A] [B] [C] [D]　43. [A] [B] [C] [D]
29. [A] [B] [C] [D]　34. [A] [B] [C] [D]　39. [A] [B] [C] [D]　44. [A] [B] [C] [D]
30. [A] [B] [C] [D]　35. [A] [B] [C] [D]　40. [A] [B] [C] [D]　45. [A] [B] [C] [D]

⓫

二、阅读 독해

46. [A] [B] [C] [D] [E] [F]　51. [A] [B] [C] [D] [E] [F]
47. [A] [B] [C] [D] [E] [F]　52. [A] [B] [C] [D] [E] [F]
48. [A] [B] [C] [D] [E] [F]　53. [A] [B] [C] [D] [E] [F]
49. [A] [B] [C] [D] [E] [F]　54. [A] [B] [C] [D] [E] [F]
50. [A] [B] [C] [D] [E] [F]　55. [A] [B] [C] [D] [E] [F]

밑줄 위에 순서대로 나열하기

56. C A B　58.　60.　62.　64.

57.　59.　61.　63.　65.

66. [A] [B] [C] [D]　71. [A] [B] [C] [D]　76. [A] [B] [C] [D]　81. [A] [B] [C] [D]
67. [A] [B] [C] [D]　72. [A] [B] [C] [D]　77. [A] [B] [C] [D]　82. [A] [B] [C] [D]
68. [A] [B] [C] [D]　73. [A] [B] [C] [D]　78. [A] [B] [C] [D]　83. [A] [B] [C] [D]
69. [A] [B] [C] [D]　74. [A] [B] [C] [D]　79. [A] [B] [C] [D]　84. [A] [B] [C] [D]
70. [A] [B] [C] [D]　75. [A] [B] [C] [D]　80. [A] [B] [C] [D]　85. [A] [B] [C] [D]

⑫ [86-95번] 제1부분: 문장 순서 배열하기 三、书写 쓰기

86. 牙疼最好使用这种牙膏。

87.

88.

89.

90.

91.

92.

93.

94.

95.

[96-100번] 제2부분: 작문하기

96. 这里的交通很不方便，经常堵车。

97.

98.

99.

100.

정답 및 녹음 스크립트

정답

듣기 听力

제1부분

01

1. × 2. ×

02

1. × 2. ×

03

1. ✓ 2. ×

04

1. ×

05

1. ✓ 2. ✓

06

1. ✓ 2. ×

실전 연습 1

1. ✓ 2. × 3. × 4. ✓ 5. ✓
6. ✓ 7. ✓ 8. × 9. ✓ 10. ✓

실전 연습 2

1. ✓ 2. ✓ 3. × 4. ✓ 5. ✓
6. × 7. × 8. ✓ 9. × 10. ×

제2 ·3부분

01

1. A 2. A

02

1. A 2. A

03

1. C 2. B

05

1. C 2. A 3. D

06

1. A 2. B

07

1. D

08

1. C 2. C

10

1. B 2. D

실전 연습 1

11. D 12. C 13. B 14. B 15. B
16. D 17. A 18. C 19. B 20. C
21. D 22. A 23. C 24. B 25. B
26. A 27. C 28. A 29. C 30. B
31. D 32. B 33. D 34. A 35. C

실전 연습 2

11. C 12. C 13. B 14. D 15. A
16. A 17. B 18. B 19. D 20. C
21. B 22. A 23. B 24. C 25. C
26. D 27. A 28. A 29. C 30. B
31. B 32. D 33. C 34. D 35. A

제3부분

03

1. D 2. A

실전 연습 1

36. C 37. D 38. A 39. B 40. C
41. A 42. C 43. B 44. A 45. B

실전 연습 2

36. D 37. C 38. A 39. D 40. B
41. D 42. C 43. A 44. D 45. C

실전 테스트

제1부분

1. ✓ 2. × 3. ✓ 4. × 5. ✓
6. × 7. × 8. ✓ 9. ✓ 10. ×

제2부분

11. B 12. A 13. D 14. A 15. D
16. B 17. A 18. B 19. D 20. A
21. C 22. B 23. A 24. D 25. A

제3부분

26. B 27. B 28. D 29. A 30. B

31. A 32. D 33. C 34. B 35. D
36. A 37. D 38. D 39. C 40. B
41. A 42. B 43. B 44. C 45. D

독해 阅读

제1부분

01

1. A 2. E 3. D 4. A

실전 연습 1

46. D 47. F 48. B 49. E 50. C
51. F 52. A 53. B 54. D 55. E

실전 연습 2

46. C 47. A 48. E 49. B 50. F
51. E 52. B 53. F 54. C 55. A

제2부분

01

1. ACB 2. BAC

02

1. BAC 2. BAC 3. ACB

03

1. CAB

실전 연습 1

56. CBA 57. BAC 58. CBA 59. BAC 60. ACB
61. BAC 62. BCA 63. CAB 64. CAB 65. CBA

실전 연습 2

56. BCA 57. CAB 58. CBA 59. BAC 60. CAB
61. CAB 62. BCA 63. CBA 64. BAC 65. ACB

제3부분

02

1. A

03

1. C 2. A

04

1. D 2. A

05

1. B 2. D

06

1. A 2. A

실전 연습 1

66. B 67. A 68. B 69. C 70. D
71. A 72. D 73. B 74. A 75. D
76. D 77. A 78. B 79. C 80. D
81. B 82. B 83. C 84. C 85. A

실전 테스트

제1부분

46. B 47. E 48. C 49. A 50. F
51. A 52. D 53. F 54. B 55. E

제2부분

56. CBA 57. BCA 58. ABC 59. ACB 60. CAB
61. BAC 62. BAC 63. BAC 64. BCA 65. CBA

제3부분

66. D 67. A 68. B 69. D 70. B
71. D 72. C 73. A 74. A 75. C
76. C 77. B 78. D 79. B 80. D
81. C 82. B 83. C 84. D 85. B

쓰기 书写

제1부분

01

1. 这种药对头疼很有效。

02

1. 每个人都有自己的优点和缺点。

03

1. 王老师跑步的时候很帅。

04

1. 相识的人不都是朋友。

05

1. 这个菜的味道怎么样?

실전 연습 1

86. 保护地球是我们共同的责任。
87. 这篇报道没有反映社会现实。
88. 你要找的地方就在学校附近。
89. 李明早就订好去上海的飞机票了。
90. 今天的气温比昨天高点儿。
91. 他的同屋习惯于早睡早起。
92. 我喜欢在日记本上记下每天发生的事情。
93. 经过努力他完成了所有工作。
94. 从衣着可以看出他是个朴素的人。
95. 这到底是怎么回事?

실전 연습 2

86. 他只能向大家道歉。
87. 请告诉我现在的准确时间。
88. 妈妈不会生气了吧?
89. 只要打开这个开关,灯就亮了。
90. 爷爷最喜欢看京剧。
91. 我应该怎么安排时间呢?
92. 他的到来让我非常吃惊。
93. 这是一个很复杂的过程。
94. 教室墙上挂满了画。
95. 请把桌子擦干净。

제2부분

01

1. 她想试试这件衣服。
   我想买这件衣服,我可以试试吗?

02

1. 他还没有想出答案。
   他不知道答案是什么。

03

1. 这个房间很脏。
   这个房间又脏又乱。

04

1. 这篇小说的作者竟然是大学生。
   我非常喜欢这篇小说。

실전 연습 1

96. 不能在公共场所抽烟。
97. 她在复印今天下午开会的资料。
98. 她在查汉语词典。
99. 她在办公室打扫。
100. 春节期间各大商场都在打折。

실전 연습 2

96. 别人遇到问题请她帮忙时,她总是很友好。
97. 她看起来很幸福。
98. 孩子感冒很严重,所以妈妈很担心。
99. 很多学生的爱好是打羽毛球。
100. 每天上下班的时间,这里都会堵车。

실전 테스트

제1부분

86. 他们经常在一起打篮球。
87. 她总是认真地完成任务。
88. 每个人都会保护自己的家人。
89. 果园里的果实已经成熟了。
90. 任何事情我们都不应该放弃。
91. 听到这个消息后孩子们心情十分激动。
92. 我们大约讨论了一个小时。
93. 为了健康应该多吃水果。
94. 我们知道他没去上班的原因。
95. 他可能把爸爸的生日忘了。

제2부분

96. 这次比赛上,他获得了第一名。
97. 她站在门口欢迎朋友的到来。
98. 今天工作很累,所以她坐在沙发上休息。
99. 妈妈给女儿买了一顶新帽子。
100. 北方的冬天特别冷。

녹음 스크립트

제1부분

01

1. 让人吃惊的是，这位清洁工的英语竟然说得那么好，要知道，她只是跟着电视学了两年，从没受过专门教育。
★ 清洁工是在英语学习班学的英语。

2. 我爸爸是个京剧爱好者，每个周末他都和朋友一起练唱京剧。
★ 他的爸爸不喜欢京剧。

02

1. 我没什么特别的要求，只要交通方便，周围环境别太吵就行，要有冰箱、洗衣机、空调，当然房租最好别太贵。
★ 他想买个大房子。

2. 这个咖啡馆虽然不大，有些破旧，但是很安静。偶尔和朋友过来坐坐，听听音乐，喝一杯咖啡，感觉很好。
★ 这个咖啡馆很热闹。

03

1. 我的女朋友长得又高又漂亮，人也很好，还非常幽默。
★ 他很喜欢他的女朋友。

2. 我很喜欢看电视，尤其爱看电视剧。让我烦恼的是，每次看到兴头上或是关键处，就会跳出很长时间的广告，所有电视台都一样。真希望没有广告。
★ 他很喜欢看电视广告。

04

1. 买房子这么大的事情，你应该和他好好商量商量，否则他又要生气了。
★ 他因为买房子的事情生气了。

05

1. 你好，我想理个发，稍微短一点儿就可以。一会儿我还有些事要办，所以麻烦你快一点儿。
★ 他在理发店。

2. 汽车快没油了，我们得赶紧找个地方加油。
★ 他们要去加油站。

06

1. 刘老师，我的出国材料已经准备得差不多了，但有些需要英文翻译，想请您帮个忙。
★ 他请别人帮他翻译出国材料。

2. 朱秀没有去过云南，所以她决定放寒假的时候去那儿旅游。
★ 朱秀以前去过云南。

실전 연습 1

1. 暑假我要去西安旅行，听说那儿的兵马俑很有名，你想跟我一起去吗?
★ 暑假他要去参观兵马俑。

2. 我上班的第一天非常轻闲，上午跟同事聊天，下午一直在看报纸。
★ 上班第一天他一直在看报纸。

3. 大家运动的时候要小心，否则可能会受伤。
★ 运动就会受伤。

4. 因为刚开始工作，我对这份工作还十分不了解，所以总是犯错，不是忘了这个就是忘了那个。
★ 他因为不熟悉工作而出了不少差错。

5. 我今天在网上看到一则新闻，讲的是一个小孩为了照顾妈妈而上街乞讨，让我感动得流下了眼泪。
★ 他很感动。

6. 他课后参加了很多活动，学习了书法、太极拳，经常表演给我们看。

★ 他会书法和太极拳。

7. 今天的考试一点儿也不顺，迟到了不说，题目也太多，我都没做完。

★ 今天考试他没考好。

8. 上个月张明很忙，又要工作，又要帮助玛丽学习汉语，所以一直没有时间锻炼身体。

★ 张明上个月忙着锻炼身体。

9. 同学们好，我叫王勇，来自首都北京，是你们这个学期的英语口语老师。

★ 王勇是英语老师。

10. 我很喜欢这件衣服，可是太贵了，而且也没有我穿的尺寸了。

★ 他没买那件衣服。

실전 연습 2

1. 我们绝不会忘记发生在四川的大地震，更不会忘记在地震中死去的人们。

★ 他们会永远记得四川大地震。

2. 张明的房间不怎么大，放下一张床就没什么地方站人了。

★ 张明的房间很小。

3. 上午那场球赛实在是太险了，我们差一点就输了。

★ 他们输了。

4. 今天的作业很简单，韩风没用多长时间就做完了。

★ 韩风很快就做完了作业。

5. 张明在家里是个子最高的，就连爸爸都比他矮不少。

★ 张明比他的妈妈高。

6. 李强非常爱开玩笑，而王勇却不喜欢好开玩笑的人，所以他们成不了朋友。

★ 王勇是李强的朋友。

7. 李明的字写得不错，但比起朱秀，还差得远呢。

★ 李明的字比朱秀写得好。

8. 有很多人为了减肥而每天运动，绝对不在睡觉前吃东西。还有一些人常常连午饭、晚饭也不吃，时间长了，就得了厌食症，结果身体也变差了。

★ 为了减肥不吃饭对身体不好。

9. 你又不是不知道，这几笔生意谈得都不顺，不过今天英国方面传来了好消息。

★ 最近生意上没什么好消息。

10. 学了半年汉语，玛丽觉得汉语的语音很难，常常有发不准的音，语法倒不难。

★ 玛丽觉得汉语语法比较难。

제2·3부분

01

1. 男：调查结果还没出来吗？估计还要多长时间？

女：按原来的计划大概是两周，但是我们可以提前完成，周末保证可以出来。

问：结果什么时候出来？

2. 男：他又迟到了。

女：是啊，现在已经十点了，会都开了一个小时了。

问：从对话可以知道几点开会？

02

1. 男：小姐，这电影票票价是不是算错了？
   女：没错，今天小孩儿打折，大人不打折。
   问：他们最有可能在哪儿？

2. 女：把姓名、年龄、性别、联系电话，都写在这张表上。
   男：好的，是在一楼打针吗？
   女：对，一楼，就在对面，一会儿请把这张表交给护士。
   男：好的，谢谢你。
   问：男的最可能在哪儿？

03

1. 女：你好，我在这里买家具，你们负责送吗？
   男：当然，我们免费在24小时内送到您要求的地方。
   问：男的是做什么的？

2. 女：我刚才在学校里遇见李明了，跟他打招呼，他好像没看到我。
   男：不可能，他还在国外学习，没回来呢。你一定认错了，那是他哥哥吧。
   问：女的刚才遇见了谁？

05

1. 男：明天我们一起去打网球，好吗？
   女：我上午要去使馆办签证，我回来以后直接去找你。
   问：他们明天一起做什么？

2. 男：请问这儿附近有加油站吗？我汽车没油了。
   女：有，你再往前开50米就到了。
   问：男的要干什么？

3. 女：你有李大夫的手机号吗？
   男：他最近好像换了个号，我没有他的新号。
   女：那怎么办呢？我有点儿事要找他。
   男：我有他家里的电话，你打他家里的电话吧。
   问：女的想做什么？

06

1. 男：我上午发的那份传真你收到了吧？
   女：没收到。等等，我看一下，抱歉，没纸了，麻烦您再发一遍吧。
   问：女的为什么没收到传真？

2. 男：最近怎么一直没见你出来锻炼啊？
   女：工作太忙了，所以没有时间。
   问：女的为什么没有出来锻炼？

07

1. 男：你平时怎么和朋友联系的？
   女：我以前喜欢打电话，但是现在喜欢在网上聊天。
   问：女的现在喜欢怎么联系朋友？

08

1. 男：你觉得这个方案怎么样？
   女：还可以，没什么问题了。
   问：女的对这个方案态度怎么样？

2. 女：你想出国， 应该去问问李明。
   男：可不是， 他可是非常有经验的。
   问：男的是什么意思？

10

1. 女：今天天气不是很冷， 你怎么穿这么厚？
   男：就是因为昨天穿得太少，今天感冒了，不停地咳嗽。
   问：男的怎么了？

2. 女: 危险！你开得太快了。
男: 好吧，好吧。我开慢点儿。
女: 你现在把车停下，我来开，我真受不了你了。
男: 干什么呀? 你不是也刚学会几天吗?
女: 至少比你开得慢。
问: 通过对话，可以知道什么?

실전 연습 1

11. 男: 听说上个月你们去长城了，感觉怎么样?
女: 相当雄伟。我花了三个小时走完了八达岭长城，到了长城的最高点。
问: 女的用了多长时间走完八达岭长城?

12. 女: 你来北京三个月了，都去哪儿旅游了?
男: 我哪儿都没去，实在太忙了，每天要工作10个小时，还没抽出时间去旅游呢。
问: 男的到北京工作后过得怎么样?

13. 男: 明天又到星期六了，你有什么打算?
女: 我想待在家里学习，下个星期就要考试了。
问: 明天女的会在哪儿?

14. 女: 快点，大家都在等你呢。
男: 急什么呀！火车下午五点才开，还有两个小时呢。
问: 现在几点?

15. 男: 你最近在忙什么呀? 怎么总是见不到你?
女: 我儿子生病了，最近我每天都在家里照顾他，一步都离不开。
问: 女的为什么每天都在家里?

16. 女: 你明天能早点来学校吗? 我想请你帮我打扫一下教室。
男: 没问题，我早上六点到学校，上午有其他活动吗?
问: 明天早上六点他们去哪儿?

17. 男: 北京真棒，连飞机场都又漂亮又方便。
女: 早就听说首都机场非常大了，有机会我也去北京看看。
问: 男的是怎么去北京的?

18. 女: 想参加这个比赛的话，必须填写申请表。
男: 请给我一张申请表。
问: 男的向女的要什么?

19. 男: 会议快开始了，李明怎么还没有来?
女: 他生病了，今天不来了。
问: 李明为什么不来参加会议?

20. 女: 这次考试怎么样?
男: 差点儿就没通过。
问: 男的考试怎么样?

21. 男: 你都咳嗽好几天了还不见好，还是去医院看看吧。
女: 那你陪我一起去吧。
问: 女的要去哪儿?

22. 女: 吃了药感觉好些了吗?
男: 还是老样子。
问: 男的是什么意思?

23. 男: 你一个人去上海吗? 我也一个人，下了车可以陪你走，帮你拿拿行李。
女: 不用了，谢谢。下了火车，我爸爸会开车来接我回家。
问: 根据对话可以知道什么?

24. 女: 你晚饭后应该去散散步，这样对身体有好处。
男: 我哪有时间，晚上还有文件要整理。

问: 男的晚上要做什么?

25. 男: 你匆匆忙忙的，去干什么?
女: 我忘了一点钟要开会，中午睡过头了，现在时间快到了。
问: 女的一点钟要干什么?

26. 女: 你怎么看上去没什么精神?
男: 身体不是很舒服。
女: 是不是感冒了?
男: 可能是，下午想去医院看看。
女: 看完之后好好休息一下吧。
问: 男的怎么了?

27. 男: 我借给你的那本书看完了吗?
女: 还没有，才看了一半。
男: 不好看吗?
女: 不是，最近忙着考试没有时间看。
男: 那你有空慢慢看吧。
问: 女的为什么没有看完男的借给她的书?

28. 女: 你喜欢放假吗?
男: 当然，放了假就可以做我喜欢做的事情了。
女: 你暑假准备干什么?
男: 我先去上个兴趣班，然后去旅游。
女: 挺有计划的。
问: 他们在谈什么?

29. 男: 快点，要迟到了！
女: 别急，还有二十分钟呢。
男: 九点开会，现在已经八点五十了。
女: 怎么可能? 我的手表是八点四十啊！
男: 你手表慢了，快点。
问: 女的手表怎么了?

30. 女: 起床了！
男: 再睡一会儿，还早呢。
女: 你要迟到了，已经七点半了。
男: 啊，要迟到了。
女: 赶紧，还有半个小时上课。
问: 几点上课?

31. 男: 我爷爷对我特别好，每年都记得我的生日，送我一份礼物。
女: 今年生日他送你什么了?
男: 两张去海南的机票，那是我一直向往的地方。
女: 真不错，你应该请你的爷爷一起去。
问: 男的收到了什么生日礼物?

32. 女: 请登记一下。
男: 好的，这里是填身份证号码吗?
女: 是的。
男: 人事科在几楼?
女: 在三楼。
问: 人事科在第几层?

33. 男: 我把书落在宿舍了。
女: 不会吧，你来上课竟然忘记带书！
男: 怎么办啊?
女: 别急，赶紧打电话让你的室友帮你带过来。
问: 男的最有可能在哪里?

34. 女: 请问有没有明天到杭州的火车票?
男: 什么时候的?
女: 越早越好。
男: 最早的是早上六点的。
女: 可以，买三张。
问: 女的最有可能在哪里?

35. 男: 门卫那边有你的包裹。
女: 谢谢，我等会儿去拿。你要去哪里?

男: 我去北门买点东西。

女: 那你可以帮我把东西拿回来吗?

男: 好的，顺路。

问: 男的要去哪里?

실전 연습 2

11. 男: 你带着两个孩子生活肯定挺困难的，还是开家小商店吧，应该能赚些钱。

女: 哪儿这么容易！ 现在做生意难啊。

问: 女的是什么意思?

12. 女: 张洪，你来回答一下这个问题。

男: 老师，这题太难了，我想了半天也没想出来。

问: 男的是什么意思?

13. 男: 我说了半天，杰克都没有理我，他听得懂汉语吗?

女: 他能听懂，只是你得说慢点。

问: 根据他们的对话，关于杰克可以知道什么?

14. 女: 你去过这么多国家，肯定学会了不少语言吧?

男: 除了英语和汉语，我其他语言都没学过。

问: 男的会说什么语言?

15. 男: 玛丽，我可以请你一起吃饭吗?

女: 昨天你请客，今天应该轮到我了，我们可以去试试日本菜。

问: 今天吃饭谁付钱?

16. 女: 张明怎么样了?

男: 不知道，好像有什么心事，我给他讲了好几个笑话他都开心不起来。

问: 根据对话可以知道什么?

17. 男: 春节快到了，我想买份礼物送给我女朋友，你说买什么好呢?

女: 送只小花猫吧，女生都喜欢这个。

问: 女的想让男的买什么礼物?

18. 女: 我刚刚做了些点心，你想吃点吗?

男: 不用了，我刚吃过饭。

问: 男的是什么意思?

19. 男: 已经10点了，我一定要等王先生回来吗?

女: 不用，你可以留个电话。等王先生回来，我会转告他。

问: 女的向男的要什么?

20. 女: 我们必须提前这么多天买火车票吗?

男: 是的，否则走的那天票就可能卖完了。

问: 男的是什么意思?

21. 男: 那辆汽车一定开得太快了。

女: 当然，否则就不会撞到前面的自行车了。

问: 女的是什么意思?

22. 女: 你还在那所高中当老师吗?

男: 去年我就离开那儿了，我正在写一部小说。

问: 男的现在在做什么?

23. 男: 这些天你有没有跟父母联系?

女: 当然，我昨天还给他们打了电话呢。

问: 女的是什么时候给父母打的电话?

24. 女: 你怎么又玩儿电脑了！别忘了，你说过要做完作业才玩儿电脑的。

男: 作业太多，今天做不完了，而且我要上网看新闻。

问: 男的应该先做什么?

25. 男: 快点，汽车来了。
女: 别那么着急，这条线路的车每隔两三分钟就有一班。
问: 从对话可以知道，这条线路的车怎么样?

26. 女: 春节期间的火车票很紧张，很多人都买不到车票。
男: 是啊，去年春节我就没买到车票，所以没回家。
女: 今年呢? 你买到票了吗?
男: 排了五个小时的队，总算是买到了除夕那天的票。
问: 男的是什么意思?

27. 男: 昨天晚上你去哪儿了? 我到处找你都找不到。
女: 跟张老师一起吃饭来着。
男: 真奇怪，你们平时都没什么联系，昨天怎么一起去吃饭了?
女: 我们在超市买东西的时候遇上，就顺便一起吃了顿饭。
问: 女的昨天去过哪儿?

28. 女: 这个月22号是中秋节。
男: 中秋节是中国的一个重要节日吗?
女: 对，这是中国传统节日之一。那一天，全家人都会尽量聚在一起，吃月饼、赏月。如果你不回美国，可以到我家过中秋。
男: 太好了，我非常喜欢中国文化，很想多了解一下中国人是怎么过各种传统节日的。
问: 男的会在中秋节做什么?

29. 男: 你明天几点能到我这里?
女: 火车正点是凌晨2点58分到杭州，我还要看什么时间有到你那儿的车。
男: 是到杭州站吗?
女: 不是，是杭州东站。
男: 那就比较麻烦了。杭州东站到这里的火车很少，我查了一下，你能坐的最早的一趟车是六点半，要等三个多小时呢。
问: 女的到杭州做什么?

30. 女: 我明天晚上10点才到北京。
男: 这么晚，那你怎么来学校?
女: 坐公共汽车。
男: 公共汽车8点半之后就没有了。
女: 那我就看看地铁，地铁最后一班好像是11点。剩下一段路我就走过去。
问: 女的可能怎么去学校?

31. 男: 办公室的生活真无聊。
女: 可不是嘛，每天一直面对电脑，这样对我们的健康一点儿都不好。
男: 明天是星期六，我们一起去爬山吧，放松一下。
女: 我倒是非常想去，可惜我要加班。
问: 女的明天要干什么?

32. 女: 先生，我的车坏了，您能来帮我一下吗?
男: 好的，请问您在哪儿?
女: 中山路口。这儿车很多，我的车刚好停在路中间，会挡住其他车辆，所以麻烦您快点来。
男: 好的，我们五分钟之后到。
问: 女的怎么了?

33. 男: 玛丽还是一个人吗?
女: 看起来是，我没有听说她和任何人约会。
男: 她真是个怪人，我们都不喜欢跟她做朋友。
女: 我也这么觉得，但还是希望她能找到合适的朋友。
问: 根据对话，关于玛丽可以知道什么?

34. 女: 最近我总感觉很累，没有力气。
男: 你只吃水果和蔬菜，没有能量当然会有这种感觉。
女: 为了减肥，我只能吃这些。
男: 减肥也不能不顾健康啊，多运动运动才对。
问: 女的为什么感觉累?

35. 男: 太巧了，你也在这家公司工作吗?
女: 是啊，我也没想到能在这儿遇见你。
男: 从毕业到现在，我们有十多年没见了吧? 现在竟然成为同事了。
女: 值得庆祝一下，今晚一起吃饭吧。
问: 现在两个人是什么关系?

제3부분

03

1-2.

我特别喜欢在这儿吃饭。虽然地方不大，但是很安静，菜也非常好吃。我希望你能喜欢这里。

1. 说话人最可能在哪儿?
2. 他们在那儿做什么?

실전 연습 1

36-37.

一些家长把考试的分数看得过重，对自己的孩子非常严格。只要孩子没取得好成绩，就打骂孩子。其实分数的好坏不能决定孩子的未来。我们应该注重孩子综合能力的发展。

36. 谁把分数看得很重?
37. 这段话主要谈论什么?

38-39.

弟弟有很多优点，活泼、善良、孝顺，唯一的缺点就是挑食。每次吃饭，妈妈总要哄他很久，还要追着他喂饭。最糟的是，他特别不爱吃蔬菜，妈妈一把蔬菜放到他嘴里，他就吐出来。

38. 这段话主要讨论什么?
39. 弟弟最不喜欢吃什么?

40-41.

我非常爱我的家人。我有一位和蔼可亲的奶奶，她经常会给我做好吃的东西。我爸爸是开车的，今年已经40岁了，但看起来只有三十来岁，非常幽默，他在家的时候，我们家总是笑声不断，我妈妈则是一名老师，她虽然有些严肃，但是对待学生就像对自己的孩子一样。

40. 根据这段话，可以知道爸爸是做什么的?
41. 关于说话人，我们可以知道什么?

42-43.

我家有个小花园。我在里面种上了各种各样的植物，有玫瑰花、水仙、桂花、茶花，还种了一棵桃树。这棵桃树可是我的心肝宝贝，我可小心了，总是怕种不好，养不活。于是，我上网查了很多养花的方法。

42. 说话人在哪里种了桃树?
43. 说话人对桃树的态度怎样?

44-45.

他工作非常认真。每天早上第一个到，每天晚上最后一个离开。大家都觉得他是一个认真负责、乐于助人的人，老板也称他是公司里最好的业务经理。大家都以为这次总经理的位子非他莫属。谁知，新任总经理竟是他的助手。

44. 根据这段话可以知道他是个怎样的人?
45. 他现在是什么职务?

실전 연습 2

36-37.

随着人民生活水平的提高，网络已经成为人们生活中不可缺少的一部分。越来越多的人喜欢在网上购物、聊天、看电影、玩游戏等。但是，沉迷于网络不利于心理健康。近年来，因迷恋网络而引发的青少年犯罪呈上升趋势。
36. 这段话谈的是什么？
37. 根据这段话，可以知道网络有什么害处？

38-39.

大家好，我实在不知道该说什么好了。我从来没想过会拿到这个奖。真的非常感谢大家对我的关爱。在这里，我尤其要感谢我的老师，没有他，我就不可能有今天的成绩。谢谢您，老师。
38. 说话人的心情怎样？
39. 他最想感谢的是谁？

40-41.

最近在中国兴起一种新的购物方式叫作“团购”。一些想要买东西的人，可能是朋友，也可能是通过互联网认识的陌生人，以某种方式组成一个团体，再以较低的价格向商家购买产品。这样可以省下不少钱。比如，一对刚结婚的年轻人团购家具，就足足省了5000元人民币。
40. 最近兴起的购物方式叫作什么？
41. 这种购物方式的优点是什么？

42-43.

10月1日是上海世博会中国馆日。中国馆日官方仪式将于10月1日10点30分在世博中心中央大厅举行，中外贵宾共约700人参加。自5月1日正式开馆以来，中国馆运行良好。到目前为止，接待了各类参观者一共2114.9万人次。中国馆可能在世博会结束后做一个月整修，12月1日起重新开馆。
42. 中国馆日是哪一天？
43. 参加中国馆日官方仪式的有多少人？

44-45.

每年国庆节都是人们出游或购物的好机会。今年国庆假期的前三天，北京旅游进入狂欢状态，北京市民出城郊游大幅增多。除了旅游，王府井步行街、西单购物中心、三里屯等休闲购物胜地尤为火爆，挤满了前来休闲的市民，成为今年北京十一黄金周旅游的一大亮点。
44. 根据这段话，人们在国庆节可能不会做什么？
45. 根据这段话，今年北京黄金周旅游的一大亮点是什么？

실전 테스트

1. 现在招聘广告很多，想要找到一份好的工作却很难，有时候还会受骗。
★ 现在不容易找到好工作。

2. 这两件衣服样子和质量都差不多，而价格却差这么多，我当然买便宜的那件。
★ 这两件衣服，一件质量好一件质量不好。

3. 今年9月我就要读研究生了，所以我打算这个暑假开始学习法语，为以后的学习做准备。
★ 今年暑假他要学习法语。

4. 上大学的时候，我很少回家，一般都是通过电话跟爸爸妈妈聊聊学校的生活。
★ 上大学时，他经常回家。

5. 我这次开会要带很多书和资料，这个箱子可能装不下。
★ 这个箱子不够大。

6. 乘客们，我们非常抱歉地通知您，由上海开往武昌的K121次列车晚点20分钟，到达本站时间为19:25，开车时间待定。
★ 火车20分钟后发车。

7. 各位同事，因为董事长有急事，今天下午的会议取消了。下次会议时间另行通知。

★ 今天下午开会。

8. 我闻到一股烧焦的味道，好像是从厨房里传出来的，赶紧进去一看，原来妈妈忘记了炉子上还在烧水。

★ 妈妈忘了在烧水。

9. 我本来打算明天去上海，但公司临时有事，麻烦您帮我把机票改签到后天吧。

★ 他要把明天的机票改签到后天。

10. 经理，会议日程表和材料我已经准备好了，但有些活动的时间我还不太确定，请您看一下这样安排行不行。

★ 会议日程他还没有安排。

11. 女: 我今天晚上没法睡觉了，这个星期的作业到现在都没做完。
男: 你不应该到最后一天才开始做。
问: 今天晚上女的要做什么?

12. 男: 你好，是玛丽吗? 我在路上堵车了，要8点以后才能到学校。
女: 没关系，我会等你。
问: 从对话中，我们可以知道什么?

13. 女: 看来你很喜欢书法课?
男: 没错，我在课上认识了许多喜爱书法的朋友。
问: 男的是什么意思?

14. 男: 在台上表演的是谁? 舞跳得真好。
女: 太远了，我看不清，可能是李哲，听他说今天要去表演节目，但我不知道是不是在这儿。
问: 从对话中可以知道，在台上表演的是谁?

15. 女: 我是王小明，很高兴见到你。
男: 你好，我是李正。
问: 他们在做什么?

16. 男: 你是法国人吗?
女: 我妈妈是。我爸爸是中国人，我随我爸爸。
问: 女的是哪国人?

17. 女: 今天你送我回家，真是太感谢了。
男: 不客气，这是应该的。
问: 女的为什么感谢男的?

18. 男: 我刚才打你办公室电话，怎么没人接?
女: 哦，我刚好出去开会了。
问: 女的刚才干什么去了?

19. 女: 杰克，这件衣服是你的吗?
男: 是的，我忘记带回家了。
问: 杰克的衣服怎么了?

20. 男: 姐姐，我的钱花完了，能借我200块钱吗?
女: 你怎么花钱这么快? 我现在没那么多，先借你100吧。
问: 女的给男的多少钱?

21. 女: 你明天可以送我去火车站吗?
男: 我明天要先去医院看一个朋友，看完送你去来得及吧。
问: 明天男的会先做什么?

22. 男: 你认识这个字吗?
女: 我学汉语才一个月，还没见过这个字。
问: 女的是什么意思?

23. 女: 我听说小明生病住院了?
男: 你听谁说的，我刚才还看见他在图书馆呢。

问: 男的是什么意思?

24. 男: 服务员，这钱是不是算错了?
女: 没错，裙子打折，衣服不打折。
问: 他们最有可能在哪儿?

25. 女: 请问这儿附近有饭馆吗?
男: 前面不到100米就有一家。
问: 女的想干什么?

26. 女: 卫生间的水龙头坏了，水不停地流。
男: 我昨天就给工人打过电话了，他们到现在还没来。
女: 再打一遍吧，可能他们忘了。
男: 我待会就去打。
问: 根据对话，可以知道什么?

27. 男: 请问这个位子有人坐吗?
女: 没有，请坐。
男: 今天看电影的人真多，找个空座真不容易。
女: 听说这部电影是伍德斯托克的最后一部电影，宣传了很久了，所以这么多人来看。
问: 他们可能在哪儿?

28. 女: 太热了，我都喘不过气来了。
男: 杭州在8月份是最热的。
女: 要是能放一个月的假，天天待在家里吹空调就好了。
男: 想得美，能有一个星期的假期我就谢天谢地了。
问: 男的是什么意思?

29. 男: 我们今天去孔庙。
女: 我想跟孔子像照张相。
男: 我也是。
女: 我们可以站在孔子像的两边一起拍。
问: 他们今天要去干什么?

30. 女: 我的背包太重了，实在爬不动了。
男: 你为什么不把这些东西都放在宾馆里呢?
女: 我不放心，里面有我的电脑，被偷了怎么办?
男: 宾馆服务台可以寄存的呀。现在只能拿着了，我帮你拿一点儿吧。
问: 女的为什么爬不动了?

31. 男: 现在才9点，我们来得太早了，10点才开门。
女: 你看，排队的人这么多，如果我们不早来，都买不到。
男: 真奇怪，每天都有这么人。
女: 这是南京最有名的小吃，来旅游的人都想尝尝，买的人自然就多了。
问: 他们在排队干什么?

32. 女: 张明，玛丽好像在生你的气。
男: 随她去吧，都是她的错。
女: 你们都有错，但你可以先跟她道歉，毕竟你是男生。
男: 再说吧。过几天她的气就消了。
问: 根据对话，可以知道什么?

33. 男: 我们的英语老师太严肃了。
女: 是啊，他上课从来不笑。
男: 缺少幽默感，所以我们都不喜欢上英语课。
女: 没办法，学校就他一个英语老师，我们只能选他的课。
问: 英语老师是个什么样的人?

34. 女: 八点差十分了，快起来。
男: 别烦我，今天是星期六。
女: 你忘了吗? 昨天晚上我们约好去打球的。
男: 我记得，但我真的很累，不想起床。
问: 他们约好早上去干什么?

35. 男: 您好，我想买一辆婴儿用的推车。多少钱?

女: 不算快递费258元。

男: 到上海，快递要多少钱?

女: 1千克以内10元，超过1千克的，每千克3块钱，推车2千克，快递费一共是13块。请问您用什么方式付款?

男: 我用信用卡。

问: 男的要付多少钱?

36-37.

这个广告可以在广播里做，也可以在电视上做，关键要看我们的顾客是谁。孩子的妈妈是我们最主要的顾客，因此我认为应该选择电视，下面我听听大家的意见。

36. 他们正在做什么?

37. 说话人最可能在哪儿?

38-39.

现代人的户外运动越来越少，所以应该少坐电梯、多走楼梯。爬楼梯是一种对身体非常有好处的运动，不管年轻人还是老年人，不管胖人还是瘦人，不管大人还是小孩儿，都可以通过爬楼梯使全身得到锻炼，变得更有活力。

38. 哪些人需要爬楼梯?

39. 根据这段话，说话人觉得爬楼梯怎么样?

40-41.

婴儿发高烧而身体发烫时，一般人会觉得要给婴儿多穿衣服或多盖被子，让婴儿出汗，就可以退烧。其实这种做法会让婴儿烧得更加厉害。正确做法应该是衣服或被子比平时少点，自然散热。只是当婴儿觉得冷、手脚凉的时候，可以多穿一件衣服。

40. 这段话主要讲了什么?

41. 什么时候要给婴儿多加衣服?

42-43.

随着强冷空气的到来，中国大部分地区已经出现了降温、降水天气。未来两天，新疆北部、内蒙古中东部、东北地区等地有雨夹雪；西南地区大部、江南大部、福建、广西等地有小到中雨或阵雨。全国各地都将有10度左右的降温。

42. 这段话主要讲了什么?

43. 根据这段话，明天东北地区的天气怎么样?

44-45.

奥巴马11月26日在华盛顿一个军事基地打篮球。球赛中，一名球员的胳膊不小心撞到奥巴马嘴唇，造成他受伤。白宫医疗小组为他细致地缝了12针。

44. 奥巴马是怎么受的伤?

45. 奥巴马哪儿受伤了?

新汉语水平考试
HSK（四级）答题卡

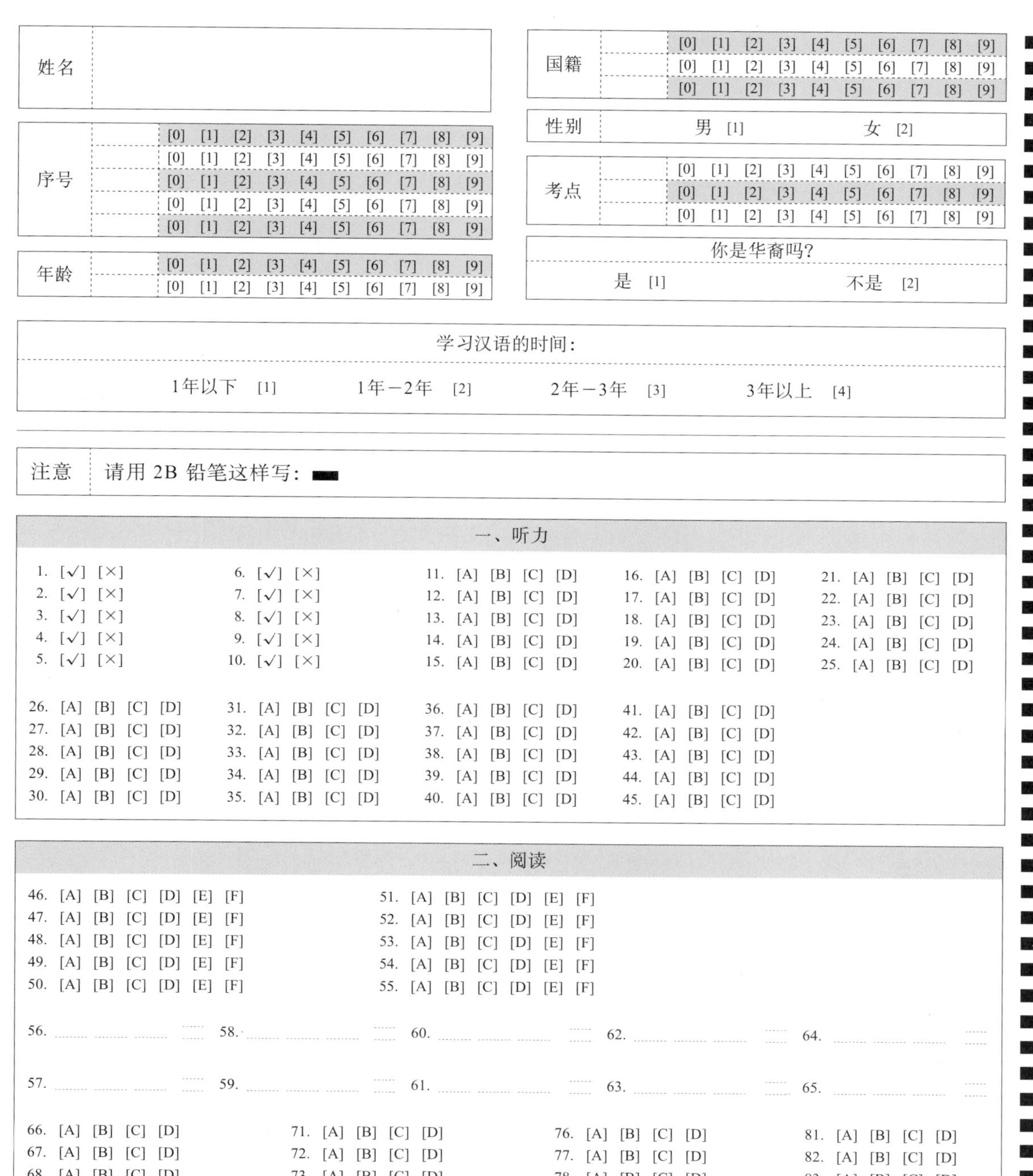

姓名	

国籍	
	[0] [1] [2] [3] [4] [5] [6] [7] [8] [9]
	[0] [1] [2] [3] [4] [5] [6] [7] [8] [9]
	[0] [1] [2] [3] [4] [5] [6] [7] [8] [9]

序号	
	[0] [1] [2] [3] [4] [5] [6] [7] [8] [9]
	[0] [1] [2] [3] [4] [5] [6] [7] [8] [9]
	[0] [1] [2] [3] [4] [5] [6] [7] [8] [9]
	[0] [1] [2] [3] [4] [5] [6] [7] [8] [9]
	[0] [1] [2] [3] [4] [5] [6] [7] [8] [9]

性别	男 [1]	女 [2]

考点	
	[0] [1] [2] [3] [4] [5] [6] [7] [8] [9]
	[0] [1] [2] [3] [4] [5] [6] [7] [8] [9]
	[0] [1] [2] [3] [4] [5] [6] [7] [8] [9]

年龄	
	[0] [1] [2] [3] [4] [5] [6] [7] [8] [9]
	[0] [1] [2] [3] [4] [5] [6] [7] [8] [9]

你是华裔吗？

是 [1]　　不是 [2]

学习汉语的时间：

1年以下 [1]　　1年－2年 [2]　　2年－3年 [3]　　3年以上 [4]

注意　请用 2B 铅笔这样写：▬

一、听力

1. [✓] [×]
2. [✓] [×]
3. [✓] [×]
4. [✓] [×]
5. [✓] [×]
6. [✓] [×]
7. [✓] [×]
8. [✓] [×]
9. [✓] [×]
10. [✓] [×]
11. [A] [B] [C] [D]
12. [A] [B] [C] [D]
13. [A] [B] [C] [D]
14. [A] [B] [C] [D]
15. [A] [B] [C] [D]
16. [A] [B] [C] [D]
17. [A] [B] [C] [D]
18. [A] [B] [C] [D]
19. [A] [B] [C] [D]
20. [A] [B] [C] [D]
21. [A] [B] [C] [D]
22. [A] [B] [C] [D]
23. [A] [B] [C] [D]
24. [A] [B] [C] [D]
25. [A] [B] [C] [D]
26. [A] [B] [C] [D]
27. [A] [B] [C] [D]
28. [A] [B] [C] [D]
29. [A] [B] [C] [D]
30. [A] [B] [C] [D]
31. [A] [B] [C] [D]
32. [A] [B] [C] [D]
33. [A] [B] [C] [D]
34. [A] [B] [C] [D]
35. [A] [B] [C] [D]
36. [A] [B] [C] [D]
37. [A] [B] [C] [D]
38. [A] [B] [C] [D]
39. [A] [B] [C] [D]
40. [A] [B] [C] [D]
41. [A] [B] [C] [D]
42. [A] [B] [C] [D]
43. [A] [B] [C] [D]
44. [A] [B] [C] [D]
45. [A] [B] [C] [D]

二、阅读

46. [A] [B] [C] [D] [E] [F]
47. [A] [B] [C] [D] [E] [F]
48. [A] [B] [C] [D] [E] [F]
49. [A] [B] [C] [D] [E] [F]
50. [A] [B] [C] [D] [E] [F]
51. [A] [B] [C] [D] [E] [F]
52. [A] [B] [C] [D] [E] [F]
53. [A] [B] [C] [D] [E] [F]
54. [A] [B] [C] [D] [E] [F]
55. [A] [B] [C] [D] [E] [F]
56. ……
57. ……
58. ……
59. ……
60. ……
61. ……
62. ……
63. ……
64. ……
65. ……
66. [A] [B] [C] [D]
67. [A] [B] [C] [D]
68. [A] [B] [C] [D]
69. [A] [B] [C] [D]
70. [A] [B] [C] [D]
71. [A] [B] [C] [D]
72. [A] [B] [C] [D]
73. [A] [B] [C] [D]
74. [A] [B] [C] [D]
75. [A] [B] [C] [D]
76. [A] [B] [C] [D]
77. [A] [B] [C] [D]
78. [A] [B] [C] [D]
79. [A] [B] [C] [D]
80. [A] [B] [C] [D]
81. [A] [B] [C] [D]
82. [A] [B] [C] [D]
83. [A] [B] [C] [D]
84. [A] [B] [C] [D]
85. [A] [B] [C] [D]

三、书写

86.

87.

88.

89.

90.

91.

92.

93.

94.

95.

96.

97.

98.

99.

100.

新汉语水平考试
HSK（四级）答题卡

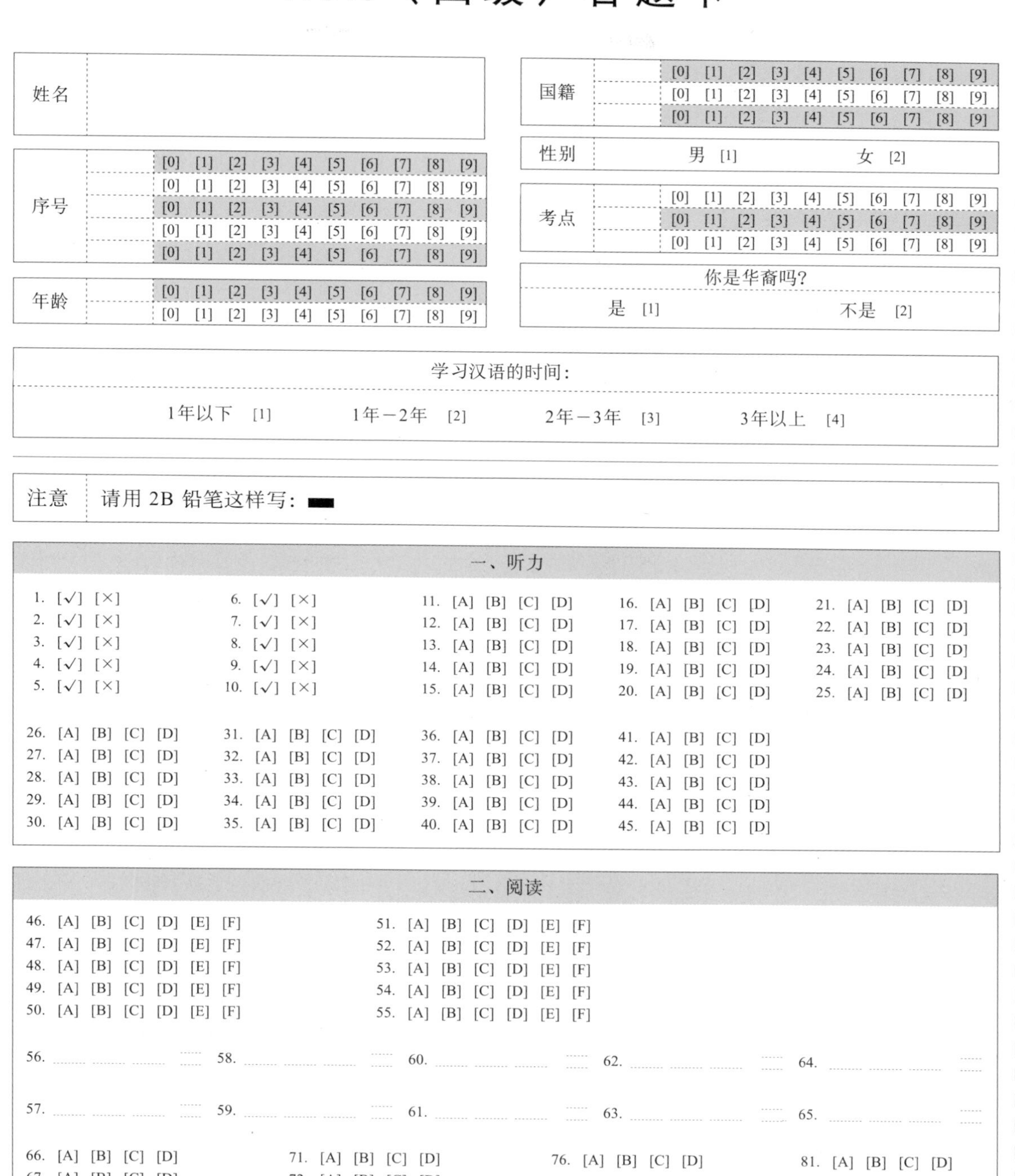

姓名	

序号	[0] [1] [2] [3] [4] [5] [6] [7] [8] [9]
	[0] [1] [2] [3] [4] [5] [6] [7] [8] [9]
	[0] [1] [2] [3] [4] [5] [6] [7] [8] [9]
	[0] [1] [2] [3] [4] [5] [6] [7] [8] [9]
	[0] [1] [2] [3] [4] [5] [6] [7] [8] [9]

年龄	[0] [1] [2] [3] [4] [5] [6] [7] [8] [9]
	[0] [1] [2] [3] [4] [5] [6] [7] [8] [9]

国籍	[0] [1] [2] [3] [4] [5] [6] [7] [8] [9]
	[0] [1] [2] [3] [4] [5] [6] [7] [8] [9]
	[0] [1] [2] [3] [4] [5] [6] [7] [8] [9]

性别	男 [1]	女 [2]

考点	[0] [1] [2] [3] [4] [5] [6] [7] [8] [9]
	[0] [1] [2] [3] [4] [5] [6] [7] [8] [9]
	[0] [1] [2] [3] [4] [5] [6] [7] [8] [9]

你是华裔吗？

是 [1]　　不是 [2]

学习汉语的时间：

1年以下 [1]　　1年－2年 [2]　　2年－3年 [3]　　3年以上 [4]

注意　请用 2B 铅笔这样写：▬

一、听力

1. [√] [×]	6. [√] [×]	11. [A] [B] [C] [D]	16. [A] [B] [C] [D]	21. [A] [B] [C] [D]
2. [√] [×]	7. [√] [×]	12. [A] [B] [C] [D]	17. [A] [B] [C] [D]	22. [A] [B] [C] [D]
3. [√] [×]	8. [√] [×]	13. [A] [B] [C] [D]	18. [A] [B] [C] [D]	23. [A] [B] [C] [D]
4. [√] [×]	9. [√] [×]	14. [A] [B] [C] [D]	19. [A] [B] [C] [D]	24. [A] [B] [C] [D]
5. [√] [×]	10. [√] [×]	15. [A] [B] [C] [D]	20. [A] [B] [C] [D]	25. [A] [B] [C] [D]

26. [A] [B] [C] [D]	31. [A] [B] [C] [D]	36. [A] [B] [C] [D]	41. [A] [B] [C] [D]
27. [A] [B] [C] [D]	32. [A] [B] [C] [D]	37. [A] [B] [C] [D]	42. [A] [B] [C] [D]
28. [A] [B] [C] [D]	33. [A] [B] [C] [D]	38. [A] [B] [C] [D]	43. [A] [B] [C] [D]
29. [A] [B] [C] [D]	34. [A] [B] [C] [D]	39. [A] [B] [C] [D]	44. [A] [B] [C] [D]
30. [A] [B] [C] [D]	35. [A] [B] [C] [D]	40. [A] [B] [C] [D]	45. [A] [B] [C] [D]

二、阅读

46. [A] [B] [C] [D] [E] [F]	51. [A] [B] [C] [D] [E] [F]
47. [A] [B] [C] [D] [E] [F]	52. [A] [B] [C] [D] [E] [F]
48. [A] [B] [C] [D] [E] [F]	53. [A] [B] [C] [D] [E] [F]
49. [A] [B] [C] [D] [E] [F]	54. [A] [B] [C] [D] [E] [F]
50. [A] [B] [C] [D] [E] [F]	55. [A] [B] [C] [D] [E] [F]

56. ……　58. ……　60. ……　62. ……　64. ……

57. ……　59. ……　61. ……　63. ……　65. ……

66. [A] [B] [C] [D]	71. [A] [B] [C] [D]	76. [A] [B] [C] [D]	81. [A] [B] [C] [D]
67. [A] [B] [C] [D]	72. [A] [B] [C] [D]	77. [A] [B] [C] [D]	82. [A] [B] [C] [D]
68. [A] [B] [C] [D]	73. [A] [B] [C] [D]	78. [A] [B] [C] [D]	83. [A] [B] [C] [D]
69. [A] [B] [C] [D]	74. [A] [B] [C] [D]	79. [A] [B] [C] [D]	84. [A] [B] [C] [D]
70. [A] [B] [C] [D]	75. [A] [B] [C] [D]	80. [A] [B] [C] [D]	85. [A] [B] [C] [D]

三、书写

86.

87.

88.

89.

90.

91.

92.

93.

94.

95.

96.

97.

98.

99.

100.

新汉语水平考试
HSK（四级）答题卡

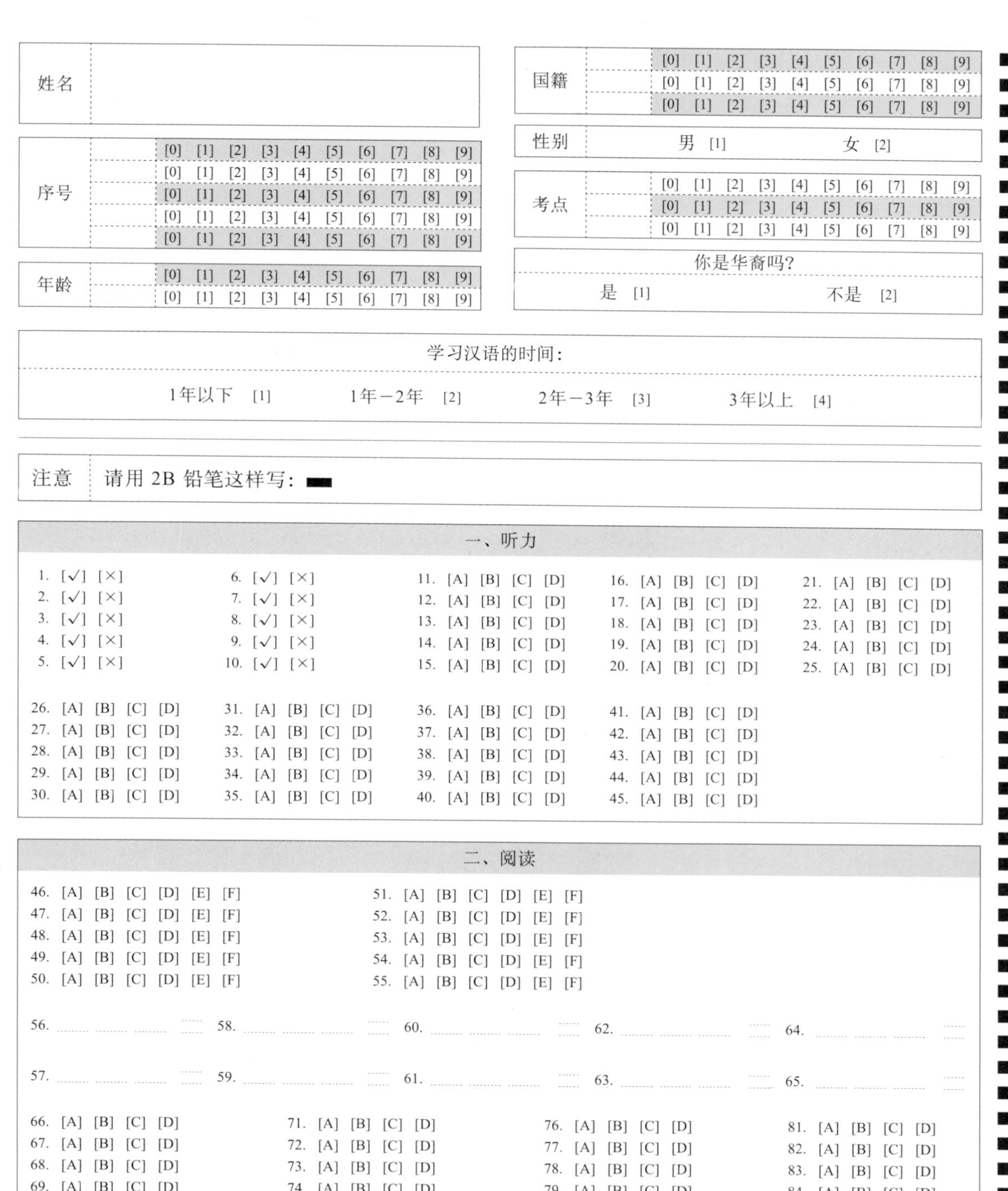

姓名	

国籍	[0] [1] [2] [3] [4] [5] [6] [7] [8] [9]
	[0] [1] [2] [3] [4] [5] [6] [7] [8] [9]
	[0] [1] [2] [3] [4] [5] [6] [7] [8] [9]

序号	[0] [1] [2] [3] [4] [5] [6] [7] [8] [9]
	[0] [1] [2] [3] [4] [5] [6] [7] [8] [9]
	[0] [1] [2] [3] [4] [5] [6] [7] [8] [9]
	[0] [1] [2] [3] [4] [5] [6] [7] [8] [9]
	[0] [1] [2] [3] [4] [5] [6] [7] [8] [9]

性别	男 [1]	女 [2]

考点	[0] [1] [2] [3] [4] [5] [6] [7] [8] [9]
	[0] [1] [2] [3] [4] [5] [6] [7] [8] [9]
	[0] [1] [2] [3] [4] [5] [6] [7] [8] [9]

年龄	[0] [1] [2] [3] [4] [5] [6] [7] [8] [9]
	[0] [1] [2] [3] [4] [5] [6] [7] [8] [9]

你是华裔吗?

是 [1]　　不是 [2]

学习汉语的时间:

1年以下 [1]　　1年－2年 [2]　　2年－3年 [3]　　3年以上 [4]

注意　请用 2B 铅笔这样写: ▬

一、听力

1. [√] [×]	6. [√] [×]	11. [A] [B] [C] [D]	16. [A] [B] [C] [D]	21. [A] [B] [C] [D]
2. [√] [×]	7. [√] [×]	12. [A] [B] [C] [D]	17. [A] [B] [C] [D]	22. [A] [B] [C] [D]
3. [√] [×]	8. [√] [×]	13. [A] [B] [C] [D]	18. [A] [B] [C] [D]	23. [A] [B] [C] [D]
4. [√] [×]	9. [√] [×]	14. [A] [B] [C] [D]	19. [A] [B] [C] [D]	24. [A] [B] [C] [D]
5. [√] [×]	10. [√] [×]	15. [A] [B] [C] [D]	20. [A] [B] [C] [D]	25. [A] [B] [C] [D]

26. [A] [B] [C] [D]	31. [A] [B] [C] [D]	36. [A] [B] [C] [D]	41. [A] [B] [C] [D]
27. [A] [B] [C] [D]	32. [A] [B] [C] [D]	37. [A] [B] [C] [D]	42. [A] [B] [C] [D]
28. [A] [B] [C] [D]	33. [A] [B] [C] [D]	38. [A] [B] [C] [D]	43. [A] [B] [C] [D]
29. [A] [B] [C] [D]	34. [A] [B] [C] [D]	39. [A] [B] [C] [D]	44. [A] [B] [C] [D]
30. [A] [B] [C] [D]	35. [A] [B] [C] [D]	40. [A] [B] [C] [D]	45. [A] [B] [C] [D]

二、阅读

46. [A] [B] [C] [D] [E] [F]	51. [A] [B] [C] [D] [E] [F]
47. [A] [B] [C] [D] [E] [F]	52. [A] [B] [C] [D] [E] [F]
48. [A] [B] [C] [D] [E] [F]	53. [A] [B] [C] [D] [E] [F]
49. [A] [B] [C] [D] [E] [F]	54. [A] [B] [C] [D] [E] [F]
50. [A] [B] [C] [D] [E] [F]	55. [A] [B] [C] [D] [E] [F]

56.	58.	60.	62.	64.
57.	59.	61.	63.	65.

66. [A] [B] [C] [D]	71. [A] [B] [C] [D]	76. [A] [B] [C] [D]	81. [A] [B] [C] [D]
67. [A] [B] [C] [D]	72. [A] [B] [C] [D]	77. [A] [B] [C] [D]	82. [A] [B] [C] [D]
68. [A] [B] [C] [D]	73. [A] [B] [C] [D]	78. [A] [B] [C] [D]	83. [A] [B] [C] [D]
69. [A] [B] [C] [D]	74. [A] [B] [C] [D]	79. [A] [B] [C] [D]	84. [A] [B] [C] [D]
70. [A] [B] [C] [D]	75. [A] [B] [C] [D]	80. [A] [B] [C] [D]	85. [A] [B] [C] [D]

三、书写

86.

87.

88.

89.

90.

91.

92.

93.

94.

95.

96.

97.

98.

99.

100.

新HSK

실전 모의고사

4급

동양북스

일단 합격

하고 오겠습니다

정반합 新HSK

4급

실전 모의고사

동양북스

新HSK
4
급

실전 모의고사 1, 2, 3회

〉〉 실전 모의고사 1회 해설서 154p
〉〉 실전 모의고사 2회 해설서 196p
〉〉 실전 모의고사 3회 해설서 236p

주의사항

★ 新HSK 4급 총 시험 시간은 약 105분
(응시자 개인정보 작성 시간 5분 포함)

★ 듣기 영역에 대한 답안은 듣기 시간 종료 후, 정해진 시간(5분) 안에 답안지 상에 작성한다.

★ 독해와 쓰기 영역에 대한 답안은 해당 영역 시간에 직접 답안지에 작성한다.

* 정답 및 녹음 스크립트 60p

新汉语水平考试
HSK（四级）
全真模拟题 1

注意

一、 HSK（四级）分三部分：

1．听力（45题，约30分钟）

2．阅读（40题，40分钟）

3．书写（15题，25分钟）

二、 听力结束后，有5分钟填写答题卡。

三、 全部考试约105分钟（含考生填写个人信息时间5分钟）。

中国 北京　　　　XXXX/XXXXXX　编制

一、听 力

第 一 部 分

第 1 - 10 题：判断对错。

例如：我想去办个信用卡，今天下午你有时间吗？陪我去一趟银行？

★ 他打算下午去银行。 （ ✓ ）

现在我很少看电视，其中一个原因是，广告太多了，不管什么时间，也不管什么节目，只要你打开电视，总能看到那么多的广告，浪费我的时间。

★ 他喜欢看电视广告。 （ × ）

1. ★ 他现在钢琴弹得很好。 （ ）

2. ★ 他的工作很轻松。 （ ）

3. ★ 她每天自己上班。 （ ）

4. ★ 他感到很孤独。 （ ）

5. ★ 这件事情不重要。 （ ）

6. ★ 大卫汉语说得很好。 （ ）

7. ★ 他又参加了一次高考。 （ ）

8. ★ 他今天为了买一本书要专门去一趟书店。 （ ）

9. ★ 跑步是他的爱好。 （ ）

10. ★ 调查报告需要两周才能完成。 （ ）

第二部分

第 11－25 题：请选出正确答案。

例如：女：该加油了，去机场的路上有加油站吗？
男：有，你放心吧。
问：男的主要是什么意思？
A 去机场　B 快到了　C 油是满的　D 有加油站 ✓

11. A 衣服　B 生活用品　C 什么也没买　D 吃的

12. A 去书店　B 逛街　C 休息　D 看书

13. A 打的　B 坐公交车　C 坐地铁　D 开车

14. A 水果　B 面包　C 牙刷　D 衣服

15. A 两点　B 三点　C 四点　D 四点以后

16. A 学校　B 商店　C 回家　D 车站

17. A 很好　B 不好　C 不清楚　D 不太好

18. A 500元　B 800元　C 600元　D 350元

19. A 她不想翻译　B 她翻译不了　C 她英语很好　D 她没空翻译

20. A 找工作　B 出国　C 考研究生　D 考博士

21. A 公司 B 学校 C 车站 D 饭店

22. A 太忙 B 不好吃 C 不会做 D 不想做

23. A 考上研究生 B 出国 C 找到工作 D 考博士

24. A 两场 B 三场 C 四场 D 五场

25. A 伤心 B 高兴 C 痛苦 D 失望

第 三 部 分

第 26 – 45 题：请选出正确答案。

例如：男：把这个材料复印5份，一会儿拿到会议室发给大家。
女：好的。会议是下午三点吗？
男：改了。三点半，推迟了半个小时。
女：好，602会议室没变吧？
男：对，没变。
问：会议几点开始？
A 两点　B 三点　C 15:30 ✓　D 18:00

26. A 这里人太多　B 北方凉快　C 这里没意思　D 这里缺水

27. A 把车开快些　B 在大路上等　C 打电话给公司　D 换走小路

28. A 不喜欢丽莎　B 记性越来越差
C 记不得认识的人　D 常常生病

29. A 参加的人很少　B 女的参加了　C 在广场上举行　D 男的不喜欢

30. A 可以打发时间　B 电梯要等很久　C 对身体有好处　D 电梯坏了

31. A 语言　B 文化　C 经济　D 通讯

32. A 李明　B 李明的同学　C 李明的爸爸　D 李明的叔叔

33. A 被辞退了　B 心情不好　C 决定出国　D 决定辞职

34. A 商场 B 市场 C 超市 D 机场

35. A 她们不熟 B 女的要找玛丽
C 女的不认识玛丽 D 经常联系

36. A 在购物 B 在吃肯德基 C 在玩捉迷藏 D 走散了

37. A 肯德基餐厅 B 播音室 C 一楼大厅 D 收银台

38. A 早上8:30 B 早上7:00 C 早上8:00 D 早上7:30

39. A 早上8:15 B 早上7:45 C 晚上7:00 D 晚上7:15

40. A 参观各国家馆 B 办“世博护照”
C 买世博纪念品 D 买各国印章

41. A 5种 B 10种 C 20种 D 30种

42. A 8月5日 B 11月17日 C 8月13日 D 10月13日

43. A 看报纸 B 上网聊天 C 跟家人见面 D 看足球比赛

44. A 天气不好 B 他得到很多钱 C 他等兔子撞树 D 他想种树

45. A 做事要坚持 B 人不能只靠运气
C 人常会有好运 D 人比兔子聪明

二、阅 读

第 一 部 分

第 46 - 50 题：选词填空。

A 能　　B 意见　　C 了解　　D 坚持　　E 原来　　F 优秀

例如：她每天都（ D ）走路上下班，所以身体一直很不错。

46. 不出意外的话，今天晚上我就（　　）把报告写完了。

47. 我说我怎么找不到自行车了，（　　）是你骑走了。

48. 听说她是这一届最（　　）的学生。

49. 不管你对我有什么（　　），都可以直接向我提出来。

50. 北京奥运会和上海世博会都是让世界人民进一步（　　）中国的好机会。

第 51 – 55 题：选词填空。

A 安静　　B 来不及　　C 温度　　D 报纸　　E 鼓励　　F 还

例如：A：今天真冷啊，好像白天最高（ C ）才2℃。
B：刚才电视里说明天更冷。

51. A：巴西对阿根廷的比赛马上就要开始了，你再不快点就（　　）了。
B：就来就来，这两支强队比赛，一定特别精彩。

52. A：太吵了，能不能（　　）一点，孩子在睡觉！
B：对不起，我们马上出去。

53. A：过几天他就要去上海比赛了。
B：我们应该（　　）他，并且祝他取得好成绩。

54. A：已经连续下了好几天的雨了，潮乎乎的真难受。
B：天气预报说这种天气（　　）要持续一段时间呢。

55. A：你平时吃完晚饭后会干什么?
B：我会看（　　）。

第二部分

第 56 - 65 题：排列顺序。

例如：A 可是今天起晚了
B 平时我骑自行车上下班
C 所以就打车来公司 B A C

56. A 说家里有急事，让我马上回家
B 所以我不得不请假了
C 我刚接到家里的电话 ______

57. A 他们会给你提供一些意见
B 你要出国留学的话
C 可以向出国留学服务中心咨询 ______

58. A 即使不让人讨厌
B 也得不到别人的喜欢
C 这种经常迟到的人 ______

59. A 答应别人的事情就应该做到
B 这是一种礼貌
C 如果做不到就应该及时说明原因 ______

60. A 而且可以减少污染

B 节假日我常常骑自行车去旅游

C 不仅可以锻炼身体 ______________

61. A 谁的耳朵都受不了

B 飞机起飞时声音太大

C 面对面讲话都听不到 ______________

62. A 同学们都从家里带来了自己做的菜

B 大家一起在教室里过了一个特别的节日

C 今天是六一儿童节 ______________

63. A 最让我讨厌的是电视广告

B 不仅浪费时间，还影响剧情

C 和绝大多数观众一样 ______________

64. A 听说那里很热闹

B 明天导游安排我们去东城看电影

C 看完之后可以去附近逛逛 ______________

65. A 所以有很多人的姓听起来差不多

B 汉语中有很多字读音相同或者相近

C 比如“刘老师”和“柳老师”就常常让人分不清 ______________

第三部分

第 66 - 85 题：请选出正确答案。

例如：她很活泼，说话很有趣，总能给我们带来快乐，我们都很喜欢和她在一起。

★ 她是个什么样的人？

A 幽默 ✓　　B 马虎　　C 骄傲　　D 害羞

66. 词典已经成为人们生活和学习中不可缺少的工具。随着词典的发展，出现了形状各异，内容丰富多样的不同种类的词典，从内容上看有外语词典，成语词典，谚语词典等，从形式上看有纸质词典，电子词典等。

★ 词典：

A 都是纸质的　　B 内容都一样

C 是不太重要的工具　　D 有很多种类

67. 前年从杭州回到北京的老陈住到了小儿子家，并在北京的海淀区投资开了一家厂做生意。谁知越做越好，他和小儿子两个人都忙不过来，所以把远在杭州的大儿子叫过来帮忙。

★ 老陈叫他大儿子来帮忙是因为：

A 老陈老了　　B 小儿子不想工作了

C 生意越做越好　　D 工人不认真工作

68. 经过店员的精彩介绍，这辆车给我留下了深刻印象。虽然有些贵，我还是咬牙买了下来。

★ 我买这辆车的原因是：

A 价格低　　B 店员的介绍很好

C 车的性能好　　D 广告做得好

69. 那年的期末考试，张明再次八门功课不及格。之前因为功课不好已留过一级的他决定退学找工作，最终在一家商店开始了他的销售员生涯。

★ 张明决定退学是因为:

A 找到了工作　　B 不喜欢读书　　C 学习不好　　D 学习太累

70. 公司有一段时间费用支出特别大，不知道是什么原因。经理为了降低费用支出开了好多次会议，制订了一些计划，却没有起多大作用。

★ 根据这段话，可以知道公司:

A 提到了费用支出　　B 费用计划很有效

C 换了经理　　D 想办法降低支出

71. 在最后的投票中，德国以一票优势战胜了南非，获得了2006年世界杯的举办权。这是德国第二次举办世界杯决赛阶段的比赛，上次举办世界杯是1974年。

★ 德国举办了几次世界杯?

A 零次　　B 三次　　C 两次　　D 一次

72. 经过4年的训练，战士们都身经百战，积累了丰富的经验，同时，战士们之间也结下了深厚的友谊。大家约定在分开之后都要保持联系。

★ 4年中战士们主要在:

A 结交朋友　　B 读书　　C 积累工作经验　D 训练

73. 我们一起出去旅游的时候，他的爸爸总是默默地帮我们拎东西，还早早起来给我们准备早饭。

★ 他的爸爸是个什么样的人?

A 幽默　　B 细心　　C 麻烦　　D 冷漠

74. 现在很多人工作时都用电脑处理文件。电脑能保存大量的信息，而且查阅起来很方便。可是一旦停电或是系统受损，就会面临无法工作或者丢失很多信息的大麻烦。

★ 在电脑上工作有什么缺点?

A 查阅不方便　B 容易丢失信息　C 处理速度慢　D 工作时间长

75. 因为现在是暑假，最近去上海世博会的人越来越多了，每天都有四五十万人。虽然门票价格一直在涨，但还是卖出了很多票。

★ 根据这段话，可以知道世博会的门票:

A 很难买到　B 价格便宜　C 在打折　D 卖出很多

76. 接到成绩之前，李兰把自己一个人关在办公室里，呆呆地望着墙壁坐了一个下午。一听说成绩出来了，她马上冲了过来。

★ 根据这段话，可以知道接到成绩之前李兰的心情是:

A 高兴　B 担心　C 生气　D 难过

77. 世界杯比赛期间，很多人都在预测哪个国家的球队会赢得比赛。那段时间，人们都在议论一只名叫保罗的章鱼，据说它预测过的几场比赛结果都是正确的。

★ 根据这段对话，保罗是:

A 预言家　B 一名球员　C 一个动物　D 人们编出来的

78. 竹类大都在温暖湿润的气候下生长。竹子对水分的要求，高于对气温和土壤的要求，既要有充足的水分，又要排水良好。

★ 根据这段话，竹子生长最重要的因素是:

A 阳光　B 气温　C 水分　D 土壤

79. 世界环境日是全世界环保工作者宣传环境保护重要性的宣传日，更是联合社会各种力量一起保护地球的重要节日。

★ 设置世界环境日最主要的目的是：

A 节约水电　　B 保护环境

C 宣传环保　　D 团结环保工作者

80-81.

中国人在结婚的时候讲究喜庆吉利，就连婚宴上的菜肴也不例外。通常，酒桌上的菜肴一定要是双数，意思是成双成对。比如冷菜喜欢点八小碟，八代表发；来十道或八道热菜，象征了十全十美或发上加发的意思。不少婚宴用鱼作为最后一道菜，因为“鱼”和“余”同音，所以这道菜有年年有余的意思。

★ 中国人在婚宴上会放几道热菜？

A 三道　　B 五道　　C 十道　　D 十一道

★ 中国人注重菜的数量是因为：

A 个人喜好　　B 不喜欢其他数字

C 有特殊的含义　　D 酒店规定的

82-83.

英国某调查公司针对说谎问题调查了3000名成年人。结果显示，男性平均一年说谎1092次，女性平均一年说谎次数为728次。82%接受调查的女性表示说谎时良心不安，只有70%男性有同样感受。调查结果还显示，母亲是人们最爱说谎的对象，只有10%的人表示欺骗过自己的伴侣。

★ 人们经常会对谁撒谎?

A 朋友　　B 伴侣　　C 父亲　　D 母亲

★ 与男性比较，女性:

A 更常说谎　　B 说谎时会更不安

C 更喜欢对母亲说谎　　D 不会说谎

84-85.

长假过后，许多重回工作岗位的人会感觉上班的工作效率很低，很难进入工作状态，精力难集中、精神不足、没有力气，或者感到头疼、很累、胃口不好、失眠等，有的甚至还伴有一些不良情绪。这种“长假综合征”是因为人们在长假中娱乐过度，没有得到充分休息。

★ 人们得“长假综合征”是因为:

A 工作太累　　B 工作太久　　C 运动时间太长　　D 玩乐时间太长

★ 人们什么时候可能产生“长假综合征”？

A 工作中　　B 星期一　　C 春节假期以后　　D 充分休息以后

三、书 写

第 一 部 分

第 86 - 95 题：完成句子。

例如：那座桥　　800年的　　历史　　有　　了

那座桥有800年的历史了。

86. 将要　　他们　　美丽的城市　　参观　　这个

87. 你知道　　什么时候　　她　　去　　吗

88. 我们　　带　　很多地方　　导游　　去了

89. 办公室　　他的　　换到　　已经　　二楼了

90. 事情我　　对于　　抱歉　　感到　　昨天发生的　　非常

91. 别人的　　关心　　事情　　从来　　她　　不

92. 天气　　这种　　真　　难受

93. 没有办法　　这项　　完成　　他们　　任务

94. 我　　他的　　忘记　　号码了　　电话

95. 他　　我　　来参加　　邀请　　他的　　生日会

第二部分

第 96 - 100 题：看图，用词造句。

例如：  乒乓球 她很喜欢打乒乓球。

96.  京剧

97.  爬

98.  弹

99.  毕业

100.  电脑

新汉语水平考试
HSK（四级）
全真模拟题 2

注意

一、 HSK（四级）分三部分：

1．听力（45题，约30分钟）

2．阅读（40题，40分钟）

3．书写（15题，25分钟）

二、 听力结束后，有5分钟填写答题卡。

三、 全部考试约105分钟(含考生填写个人信息时间5分钟)。

中国　北京　　　　XXXX/XXXXXX　　编制

一、听 力

第 一 部 分

第 1 - 10 题：判断对错。

例如：我想去办个信用卡，今天下午你有时间吗？陪我去一趟银行？

★ 他打算下午去银行。 （ √ ）

现在我很少看电视，其中一个原因是，广告太多了，不管什么时间，也不管什么节目，只要你打开电视，总能看到那么多的广告，浪费我的时间。

★ 他喜欢看电视广告。 （ × ）

1. ★ 他的孩子现在两岁。 （　　）

2. ★ 他不是中国人。 （　　）

3. ★ 他知道小刘要找哪本书。 （　　）

4. ★ 这部电梯不是所有的楼层都停。 （　　）

5. ★ 他上大学时每周都回家。 （　　）

6. ★ 考试现在开始。 （　　）

7. ★ 最近几年自然环境状况不好。 （　　）

8. ★ 他们要在两点半到学校。 （　　）

9. ★ 他表演得很好，却没有得第一名。 （　　）

10. ★ 他去故宫了。 （　　）

第二部分

第 11 - 25 题：请选出正确答案。

例如：女：该加油了，去机场的路上有加油站吗？
男：有，你放心吧。
问：男的主要是什么意思？
A 去机场　B 快到了　C 油是满的　D 有加油站 ✓

11. A 开　B 不开
C 领导还没决定　D 等领导回来才能确定

12. A 不知道自己汉语有多好　B 想知道自己汉语好在哪里
C 觉得自己汉语说得不那么好　D 觉得自己和中国人说得差不多

13. A 她要加班　B 不想去爬山　C 没时间爬山　D 带孩子去爬山

14. A 十套　B 十一套　C 十二套　D 一套

15. A 三点　B 三点十五分　C 三点过五分　D 四点十分

16. A 春天　B 夏天　C 秋天　D 冬天

17. A 她不想拍　B 她不会拍　C 相机坏了　D 相机没电了

18. A 自己家里　B 邻居家　C 街上　D 超市

19. A 出不出去　B 吃不吃米饭　C 晚饭吃什么　D 外面下没下雨

20. A 买的 B 他自己做的 C 他请朋友做的 D 他爷爷做的

21. A 一直很活泼 B 一直不活泼 C 以前很活泼 D 以前不活泼

22. A 飞机取消了 B 路上堵车去晚了
C 看错时间了 D 飞机提前起飞了

23. A 一个故事 B 一部电影 C 一件衣服 D 一个人

24. A 书是张兰的 B 书张兰看完了
C 李强找书找了很久 D 张兰把书放桌子上了

25. A 上学的时候 B 到北京很久以后
C 到北京后不久 D 去北京以前

第 三 部 分

第 26 - 45 题：请选出正确答案。

例如：男：把这个材料复印5份，一会儿拿到会议室发给大家。
女：好的。会议是下午三点吗？
男：改了。三点半，推迟了半个小时。
女：好，602会议室没变吧？
男：对，没变。
问：会议几点开始？
A 两点　B 三点　C 15:30 ✓　D 18:00

26. A 昆明　B 大理　C 丽江　D 西双版纳

27. A 在家带孩子　B 参观了中国馆　C 去了上海　D 排队买东西

28. A 320元　B 400元　C 500元　D 600元

29. A 当老师　B 当警察　C 当护士　D 当医生

30. A 做饭　B 工作　C 学习　D 性别

31. A 今天　B 明天　C 周末　D 下个星期

32. A 忘了　B 太忙了　C 没到时间　D 不想刮

33. A 伞的质量很好　B 伞很便宜　C 价钱不能减少　D 伞不卖了

34. A 英国人 B 法国人 C 德国人 D 中国人

35. A 坐火车 B 坐飞机 C 骑自行车 D 开汽车

36. A 朋友 B 信任 C 快乐 D 网络

37. A 一时的快乐 B 一辈子的幸福 C 汽车 D 房子

38. A 广西 B 杭州 C 苏州 D 广州

39. A 20个 B 42个 C 45个 D 476个

40. A 睡不好觉 B 空气不好 C 用电脑太久 D 互相传染

41. A 远离患者 B 减少用电脑时间
C 让电脑休息 D 减少休息时间

42. A 40分钟 B 30分钟 C 20分钟 D 10分钟

43. A 11:20 B 11:30 C 11:40 D 12:00

44. A 1个 B 1–2个 C 2–3个 D 3个以上

45. A 要多吃鸡蛋 B 吃鸡蛋的数量 C 鸡蛋不要多吃 D 鸡蛋的吃法

二、阅 读

第 一 部 分

第 46 - 50 题：选词填空。

A 调查　　B 出名　　C 至少　　D 坚持　　E 直接　　F 原则

例如：她每天都（ D ）走路上下班，所以身体一直很不错。

46. 对于这种情况，我们还需要作进一步的（　　）。

47. 人一旦（　　）了，烦恼也随之越来越多。

48. （　　）上，你是不能放下手中的工作去旅游的。

49. 这次考试你（　　）要达到85分。

50. 如果你不想（　　）跟我说，可以写信给我。

第 51 - 55 题：选词填空。

A 超过　　B 复习　　C 温度　　D 即使　　E 粗心　　F 所以

例如：A：今天真冷啊，好像白天最高（ C ）才2℃。
B：刚才电视里说明天更冷。

51. A：明明，你长得可真够快的。才上初二，就已经到你爸爸耳朵那里了。
B：再过几年，我就会（　　）爸爸的。

52. A：你实在太（　　）了，今天都打破好几个碗了。
B：唉，我也不知道怎么了，今天总是觉得好像有什么事。

53. A：晚上我请你去看电影吧，《变形金刚4》，据说非常好看。
B：真想去，可是明天要考试了，今天晚上我要好好（　　）一下。

54. A：听说我们单位组织周末去上海参观世博会？万一下雨怎么办？
B：（　　）下雨也还是要去，因为我们已经跟旅行社签了合同了。

55. A：你怎么学起太极拳来了？
B：这是工作需要。很多外国人喜欢中国功夫，（　　）我们在教汉语的时候也教他们打太极拳。

第 二 部 分

第 56 - 65 题：排列顺序。

例如：A 可是今天起晚了
B 平时我骑自行车上下班
C 所以就打车来公司 ________B A C________

56. A 被农夫的妻子赶出了家门
B 可它却因为被孩子们吓到而打翻了碗
C 不久，一个农夫把丑小鸭带回了家 ____________

57. A 他发现五岁的儿子正靠在门旁等着他
B 一天，爸爸回到家已经很晚了
C 他很累，也有点儿烦 ____________

58. A 其中有些是讨论怎么学习语言的
B 可以借给你看看
C 我家里有很多书 ____________

59. A 所以上班迟到了
B 早上睡过头了
C 昨天晚上他工作得太晚了 ____________

60. A 就应该全心全意地把工作做好

B 不要总是到处抱怨

C 既然选择了这个职业 ____________

61. A 这些都会严重影响到生活质量

B 繁忙的工作和学习常常使人感觉疲劳

C 并且情绪总是时好时坏 ____________

62. A 不仅减不了肥

B 乱吃减肥药

C 更会影响身体健康 ____________

63. A 在蔚蓝的大海深处

B 里面住着海王、他的老母亲和他的六个女儿

C 有一座美丽的王宫 ____________

64. A 他的钱多得可以买下一座城市

B 但是他知道钱应该花在有用的地方

C 从前有一个商人 ____________

65. A 吃着各自带来的拿手菜，聊着各家的事

B 我们几家人关系很好

C 每到周末，我们都聚在一起 ____________

第三部分

第 66－85 题：请选出正确答案。

例如：她很活泼，说话很有趣，总能给我们带来快乐，我们都很喜欢和她在一起。

★ 她是个什么样的人？

A 幽默 ✓　　B 马虎　　C 骄傲　　D 害羞

66. 这地方离市区太远了，坐车要两个小时。你喜欢热闹，肯定不会考虑买这里的房子。

★ 根据上面这句话，这地方：

A 离市区远　　B 热闹　　C 环境很好　　D 环境不好

67. 毕业的时候，他考上了公务员，让人非常羡慕。但由于他不够努力，至今仍然是一个普通职员，而其他同学都已经超过了他。

★ 毕业时他的工作：

A 并不好　　B 十分理想　　C 工资很低　　D 不太满意

68. 她激动地讲完事情的经过，终于平静下来。我们却有点难过，想着她丢了工作以后该怎么生活。

★ 她为什么激动？

A 取得了好成绩　　B 找到了新的工作

C 很高兴　　D 丢了工作

69. 小燕是我们这里的领导，什么事情都要经过她的同意才能执行。同时，她也是这里最年轻的工人，却是工作最久的工人，经验非常丰富。

★ 根据这段话，可以知道小燕：

A 年龄比较大　B 新来的工人　C 工作了很久　D 是普通工人

70. 我们在这儿住了才一个多月，就遇上了两次停电，都是因为小区施工，碰断了电线，整个小区停电一个多小时。

★ 停电的原因是：

A 没交电费　B 住得不久　C 小区施工　D 电线老化

71. 在美国纽约，有一个叫迪亚的年轻人，离开微软公司后开起了自己的公司，经过几年的努力，终于挣了一些钱。他准备用这些钱来购置一套舒适的房子。

★ 迪亚在有了钱后准备干什么？

A 买房子　B 买车　C 旅游　D 开公司

72. 当我们的枪对准小熊时，母熊在树后发出低吼，并向我们冲过来。我们赶紧放下枪，开着车走了，才躲过了母熊的攻击。

★ 母熊向我们冲过来是因为我们：

A 打死了小熊　B 开了车　C 抓了小熊　D 用枪对着小熊

73. 世博会昨日迎来了开园以来接待人数的最高峰，有超过35万人进入世博园区参观。可以明显地看到，在一些比较热门的国家馆前面排着长长的队。

★ 世博会：

A 很受欢迎　B 参观不用排队

C 人数逐渐减少　D 看国家馆都要排队

74. 现在，大学毕业生找工作十分困难，而且社会上出现了只工作不拿钱的“零工资”现象，严重损害了毕业生的利益，并且也是不合法的。

★ “零工资”是什么意思?

A 没有工作　　B 工作但得不到工资

C 工资很少　　D 工资很高

75. 我们一天天长大，都走出山村上了大学，而父亲却一点一点变老，还是守着他的土地一天天地辛苦耕作，供我们上学。

★ 父亲是:

A 医生　　B 老板　　C 工人　　D 农民

76. 老王心眼儿很好，收养了三个孤儿。可就因为这三个孩子，他都40岁了还没结婚。上次一个姑娘看见老王的三个孩子就吓跑了。

★ 老王没有结婚是因为:

A 收养了三个孩子　　B 人不好

C 年纪太大　　D 不想结婚

77. 现在人们总是把“代沟”挂在嘴边，动不动就说与别人有“代沟”。其实年龄差异较大的人之间只要能够冷静地坐下来沟通,“代沟”的问题是可以解决的。

★ 这段话主要是说:

A 代沟无法消除　　B 代沟可以消除　　C 代沟不存在　　D 人们喜欢代沟

78. 像一般画家那样，我经过数十年如一日的努力，在这个陌生的城市里终于有了自己的画廊，生活相对比较稳定。

★ 我的职业是:

A 医生　　B 老师　　C 画家　　D 司机

79. “时间马上到了，你再不进去，飞机就要起飞了。”妈妈着急地说。可是我的男朋友还没有来，我还舍不得走。

★ 她们最有可能在：

A 车站　　B 机场　　C 家里　　D 公司

80-81.

有一门选修课的最后一次课上，老师布置了一个作业，还留了一个电子邮箱让学生把作业传进去。只见老师很快写下密码：cptbtptpbcptdtptp。大家都很吃惊。一个同学问：“老师，这么长的密码你怎么记得啊？”老师说道：“吃葡萄不吐葡萄皮，不吃葡萄倒吐葡萄皮。”

★ 老师为什么要写密码？

A 让学生背下来　　B 让学生解释

C 让学生交作业　　D 给学生讲绕口令

★ 老师为什么用这个密码？

A 随便编的　　B 有纪念意义

C 让学生背不下来　　D 长但容易记

82-83.

晚上没事也要拖到半夜才去睡觉，这是一种强迫症的表现，对健康害处很多。人们应该在下班后安排一些运动来释放压力，让身体和心理都渴望睡眠，逐渐养成早睡的习惯。

★ 这段话主要讲了什么?

A 半夜睡觉不健康　　B 早睡觉是一种病

C 人们没时间睡觉　　D 人们压力很大

★ 根据这段话，人们可以怎样养成早睡的习惯?

A 晚上早点躺下　　B 多给自己压力

C 让自己忙得很困　　D 下班后运动一下

84-85.

西湖龙井茶是中国的名茶之一，味道甘美，香气幽雅。因其产于杭州西湖山区的龙井而得名。习惯上称为西湖龙井，简称为“龙井”。龙井，既是地名，又是泉名和茶名。

★ 根据这段话，可以知道“龙井”不是:

A 地方名称　　B 泉水名称　　C 城市名称　　D 茶叶名称

★ 这段话主要谈什么?

A 西湖　　B 杭州　　C 龙井茶　　D 名茶

三、书 写

第 一 部 分

第 86 - 95 题：完成句子。

例如：那座桥　800年的　历史　有　了

那座桥有800年的历史了。

86. 你　写日记的　有　吗　习惯

87. 漂亮　真　风景　的　这儿

88. 弟弟　打　轻轻地　开　把门

89. 为了　公共场所　大家的健康　吸烟　禁止

90. 身体　好处　换个环境　对　有

91. 经理　批评了　被　我今天

92. 留下了　他的幽默　给大家　印象　深刻的

93. 都　观众　为我鼓掌　站起来

94. 回国　一个星期　我　提前　要

95. 多大　没　作用　我的努力　起

第 二 部 分

第 96 - 100 题：看图，用词造句。

例如：  乒乓球 她很喜欢打乒乓球。

96.  冰箱

97.  安静

98.  握手

99.  从来

100.  条

新汉语水平考试
HSK（四级）
全真模拟题 3

注意

一、 HSK（四级）分三部分：

1．听力（45题，约30分钟）

2．阅读（40题，40分钟）

3．书写（15题，25分钟）

二、 听力结束后，有5分钟填写答题卡。

三、 全部考试约105分钟(含考生填写个人信息时间5分钟)。

中国　北京　　　XXXX/XXXXXX　　编制

一、听 力

第 一 部 分

第 1 - 10 题：判断对错。

例如：我想去办个信用卡，今天下午你有时间吗？陪我去一趟银行？

★ 他打算下午去银行。 （ ✓ ）

现在我很少看电视，其中一个原因是，广告太多了，不管什么时间，也不管什么节目，只要你打开电视，总能看到那么多的广告，浪费我的时间。

★ 他喜欢看电视广告。 （ × ）

1. ★ 摄影是小李的工作。 （ ）

2. ★ 他和玛丽都会用筷子。 （ ）

3. ★ 这个教室很不安静。 （ ）

4. ★ 我们要去市中心才能买到生活用品。 （ ）

5. ★ 张兰在机场很快就找到了登机口。 （ ）

6. ★ 有很多学生在图书馆看书。 （ ）

7. ★ 哈尔滨的冬天很冷。 （ ）

8. ★ 他觉得昨天的电影很有趣。 （ ）

9. ★ 小波的爸爸妈妈没有工作。 （ ）

10. ★ 他很生气。 （ ）

第 二 部 分

第 11 - 25 题：请选出正确答案。

例如：女：该加油了，去机场的路上有加油站吗？
男：有，你放心吧。
问：男的主要是什么意思？
A 去机场　B 快到了　C 油是满的　D 有加油站 ✓

11. A 上海　B 香港　C 北京　D 台湾

12. A 1977年　B 1978年　C 1983年　D 1973年

13. A 菜不好吃　B 食物不新鲜　C 环境差　D 价格太高

14. A 马上关电视　B 再看一会儿
C 节目时间太长了　D 节目完了

15. A 表扬男的　B 让男的休假　C 开除男的　D 批评男的

16. A 学习　B 工作　C 写书　D 旅行

17. A 很差　B 一般　C 观众不喜欢　D 很精彩

18. A 在家做事　B 跟女的去看电影
C 一个人看电影　D 一个人去逛街

19. A 有人来接她　B 停车不方便　C 她没有汽车　D 公司离家很近

20. A 不想去游泳 B 不喜欢游泳 C 很会游泳 D 不会游泳

21. A 回家 B 公司 C 医院 D 车站

22. A 太忙了 B 忘了看了 C 信找不到了 D 出差了

23. A 运动场 B 教室 C 图书馆 D 宿舍

24. A 老师 B 打字员 C 司机 D 学生

25. A 钥匙 B 手机 C 书 D 信用卡

第 三 部 分

第 26－45 题：请选出正确答案。

例如：男：把这个材料复印5份，一会儿拿到会议室发给大家。
女：好的。会议是下午三点吗？
男：改了。三点半，推迟了半个小时。
女：好，602会议室没变吧？
男：对，没变。
问：会议几点开始？
A 两点　B 三点　C 15:30 ✓　D 18:00

26. A 北京　B 杭州　C 上海　D 西安

27. A 星期一　B 星期二　C 星期三　D 星期四

28. A 英文原版书　B 常用英语词典　C 古代英语词典　D 英国文学书

29. A 很紧张　B 很放松　C 很开心　D 很自信

30. A 学校　B 饭馆　C 男的家　D 女的家

31. A 生病了　B 瘦了　C 胖了　D 高兴

32. A 去还书　B 帮同学借的　C 准备演讲　D 写论文用

33. A 医院　B 火车站　C 商场　D 公司

34. A 钱包丢了 B 车票丢了 C 找不到朋友 D 没赶上火车

35. A 天气很热 B 男的去运动了 C 女的要洗衣服 D 男的要洗热水澡

36. A 他是猎人 B 他要救小猴子 C 狐狸咬了人 D 想要红狐狸皮毛

37. A 猴群送来的 B 他自己采的 C 邻居送的 D 他自己种的

38. A 放冷水煮 B 先烧开水 C 用开水洗米 D 洗米后用温水煮

39. A 可以少用水 B 方法更简单 C 饭会更好吃 D 饭更有营养

40. A 82 B 202 C 416 D 131

41. A 杭州与北京 B 杭州与南京 C 上海与北京 D 上海与杭州

42. A 敌人 B 朋友 C 师生 D 同学

43. A 爬树 B 抓动物 C 吃猫 D 走路

44. A 太极拳的历史 B 太极拳的打法 C 太极拳的种类 D 太极拳的简介

45. A 太极拳好学 B 太极拳好看 C 练后心情好 D 动作很慢

二、阅 读

第 一 部 分

第 46 - 50 题：选词填空。

A 从　　B 一定　　C 有趣　　D 坚持　　E 热情　　F 送

例如：她每天都（ D ）走路上下班，所以身体一直很不错。

46. 夏雨明天就去北京工作了，我跟朋友要（　　）他去火车站。

47. 她（　　）五岁起就练钢琴了。

48. 这个小姑娘非常（　　），大家都很喜欢她。

49. 他下定决心（　　）要把这件事情弄清楚。

50. 大家都觉得做游戏是件（　　）的事情。

第 51 - 55 题：选词填空。

A 决定	B 一点儿	C 温度	D 突然	E 到处	F 几乎

例如：A：今天真冷啊，好像白天最高（ C ）才2℃。
B：刚才电视里说明天更冷。

51. A：你怎么（ ）提前去日本了？
B：我原来联系好的房子住不成了，我得在开学前找到新的房子。

52. A：你来中国有一段时间了，有没有到处走走啊？
B：我经常去旅游，中国有名的地方，我（ ）都去过了。

53. A：你暑假有什么打算？
B：我爸爸（ ）带我去北京玩。

54. A：现在好像有不少工作岗位，（ ）都可以看到招聘广告。
B：可不是！不过，真正能通过广告找到合适工作的人还不多。而且有些广告是骗人的。

55. A：王老师待人真是亲切，（ ）架子都没有，总是把我们当作自己的家人。
B：所以大家都称她为“王妈妈”啊。

第 二 部 分

第 56 – 65 题：排列顺序。

例如：A 可是今天起晚了
B 平时我骑自行车上下班
C 所以就打车来公司 ____B A C____

56. A 世界上有很多国家
B 但是英语是使用最广的语言
C 每个国家都有自己的语言 ________

57. A 小李非常喜欢画画
B 简直把画画当成了工作
C 每天不练上几个小时就好像少了什么 ________

58. A 朋友们约好到我家
B 2008年8月8日晚上8点，全世界人民都在观看北京奥运会
C 喝着啤酒，看着精彩的开幕式 ________

59. A 世界上吸烟的人数却不断减少
B 根据近几年的调查
C 中国吸烟的人数正在不断增加 ________

60. A 其次要有合适的教学方法

B 首先要有丰富的知识

C 要成为一名合格的教师 ________________

61. A 小孩子适当地玩一点儿电脑游戏对智力发展和学习是有利的

B 但如果没有限制地玩下去

C 就可能出现一些严重的后果 ________________

62. A 曾经有几年，在中国一年有三个长假：劳动节、国庆节和春节

B 所以，从去年开始，清明节、端午节和中秋节也成为法定假日

C 然而，中国的传统节日却没有得到足够的重视 ________________

63. A 希望能得到老师的原谅

B 为了不引起更多的误会

C 他又把事情的经过说了一遍 ________________

64. A 至今还是住在那个破旧的小屋里

B 张明老师这几年一直都在山区教书

C 而且一个邻居也没有 ________________

65. A 昨天下午突然下起了大雨

B 所以我没能参加昨天的会议

C 所有飞机都延误了几个小时 ________________

第 三 部 分

第 66 - 85 题：请选出正确答案。

例如：她很活泼，说话很有趣，总能给我们带来快乐，我们都很喜欢和她在一起。

★ 她是个什么样的人？

A 幽默 ✓　　B 马虎　　C 骄傲　　D 害羞

66. 这次访问安排在北京。那是中国名胜古迹之一，听说故宫、长城很有名。我们可以借这个机会好好看看。

★ 我们这次去北京的目的是：

A 文化交流　　B 访问　　C 看故宫　　D 开会

67. 阳台是家的窗户，种植些漂亮的花草不仅可以美化环境，而且也可以看出一年四季季节的变化。

★ 在阳台种花草的目的是：

A 让阳台变窗户　　B 了解季节

C 让阳台有窗户　　D 从窗户看季节变化

68. 这个空调才用了一个星期就问题不断，不是无法启动，就是不能制冷。爸爸非常生气，决定明天把它退回去。

★ 爸爸要退还空调，是因为：

A 用得太久　　B 服务不好　　C 质量不好　　D 价格太贵

69. 在炎热的夏季，不少车主都习惯在车里放上一箱矿泉水或饮料。其实，高温下矿泉水瓶会放出有毒物质，因此长时间处于高温日照下的矿泉水不能饮用。

★ 夏天不能在车里放矿泉水，是因为：

A 矿泉水有毒　　B 矿泉水瓶温度太高

C 矿泉水瓶在高温下有毒　　D 矿泉水不能受日照

70. 据报道，在每年的11月份等旅游淡季，出游费用较一般节假日节省30%。不少中老年人看准这一时机，成为淡季出游的主力军。

★ 不少中老年人在旅游淡季出去旅游是因为：

A 人比较少　　B 比较空闲　　C 天气比较好　　D 费用比较低

71. 人们常常觉得很多国家人们的名字都有相同点，比如俄国男人都叫什么“夫斯基”。这正是不同国家或民族文化的体现。

★ 这段话谈的是什么?

A 名字是什么　　B 名字受文化影响

C 取名的方法　　D 外国人的名字

72. 感冒后应当更换牙刷，因为大多数家庭全家人的牙刷都放在一个牙缸里，虽然感冒好了，但牙刷上还带有病菌，有可能污染别的牙刷。

★ 根据这段话，牙刷：

A 应该放在一起　　B 有污染

C 应全家人一起用　　D 可能带有病菌

73. 昨日，上海飞往香港的FM809航班起飞半小时后返回上海机场。机上乘客说机舱里冒烟了。航空公司表示因机械故障返航，无人员伤亡。

★ 这架飞机：

A 没有飞到香港　　B 没有起飞　　C 起火了　　D 没有乘客

74. 秋天是人们调养身心的大好时节。坚持早睡早起，注意“春捂秋冻”，不要一下子穿上很厚的衣服，应该让身体慢慢适应温度的变化。

★ 根据这段话，秋天应该：

A 穿很厚的衣服　B 穿得很少　C 逐渐添加衣服　D 多睡觉

75. 近年来，在每年8月底各大高校要开学的时候，没有拿到录取通知书的学生也不会像以往那样着急了，因为他们可以选择出国留学。

★ 根据这段话，近年来：

A 高校招生减少　B 出国是最好的选择

C 没人考大学　D 留学较容易

76. 中国有句话叫“欲速则不达”，意思是任何时候做事不能急于求成，应该静下心来一步一步去做，耐心细致地跟别人沟通，否则就可能达不到预定的目标。

★ “欲速则不达”的意思是：

A 做事不能太着急　B 做事要快

C 应该多走路　D 应该多找人商量

77. 很多人认为牙膏就是用来刷牙的。其实牙膏有很多用处，可以擦洗咖啡杯或茶杯，可以擦掉写错的字，还可以擦皮鞋、去除衣服上的油。清洗鱼后手上留下的味道用牙膏也可以去掉。

★ 牙膏的主要用途是：

A 洗杯子　B 擦皮鞋　C 洗脏东西　D 刷牙

78. 孩子前几天摔了一跤，我们以为没什么，就在家清洗了一下伤口，之后也就没太在意。没想到会摔得这么严重，居然骨折了。要是我早点注意到就好了。

★ 根据这段话，可以知道“我”觉得：

A 无聊　　B 高兴　　C 同情　　D 后悔

79. 很多学习汉语的人都觉得汉语词语的用法很难学。比如说“体会”这个词，很多学习者就分不清它和“体验”“经历”以及“感受”有什么不同，因为在他们的母语中，这几个意思是用一个词来表示。

★ 这段话是在谈论：

A “体会”的用法　　B 几个近义词

C 汉语词语用法复杂　　D 汉语与外语比较

80-81.

这种蜘蛛在求爱时，雄蛛要在雌蛛面前做一番舞蹈表演，边舞边小心地向雌蛛靠近。这时，雌蛛如果不动，并把前面两对脚缩到胸前，轻轻抖动它的触须，就表示接受了对方的爱情。

★ 雄蛛跳舞是因为：

A 紧张　　B 要睡觉　　C 要吸引雌蛛　　D 要捕食

★ 这段话谈论的主题是：

A 蜘蛛跳舞　　B 蜘蛛求爱　　C 蜘蛛间的交流　　D 蜘蛛间的战争

82-83.

有一个姓“孙”的中国人到英国留学。在伦敦办理入境手续时，工作人员一看到他的名字马上很热情地用英语对他说：“啊，太阳，谢谢你能来，欢迎你！”原来在伦敦很少能看到太阳，而“孙”写成英文跟英语里的“太阳”这个词是一样的。

★ 工作人员感谢中国人是因为中国人：

A 给了他礼物　　B 帮了他的忙

C 姓和“太阳”一样　　D 能到英国留学

★ 根据这段话，可以知道英国人：

A 喜欢中国人　　B 喜欢中国人的名字

C 喜欢汉语　　D 喜欢太阳

84-85.

快速阅读，简称快读或者速读，就是用比平常人快几倍、十几倍、几十倍，甚至上百倍的速度进行阅读，用一句成语形容就是“一目十行”。快速阅读是在注意力高度集中的状态下，从文本当中迅速汲取有价值的信息的一种学习方法和工作方法。

★ “一目十行”的意思是：

A 看不清楚　　B 看得很快　　C 看不仔细　　D 马虎地看

★ 快速阅读最关键的是：

A 从慢速阅读开始练　　B 注意力高度集中

C 经常练习　　D 掌握技巧

三、书 写

第 一 部 分

第 86 - 95 题：完成句子。

例如：那座桥　800年的　历史　有　了

那座桥有800年的历史了。

86. 讨厌　别人　我的房间　进　我

87. 他　吃剩的食物　把　了　扔

88. 学习方法　每个人　自己的　适合　都会找到

89. 妈妈　给我　从来　出主意　不

90. 故事书　喜欢　看　她　有趣的

91. 衣服　把　她　弄脏　了

92. 差一点儿　赢　我　就　了

93. 从窗户　他　是　的　进来　吧

94. 烦恼　为　他　而　这件事情

95. 她　很难　这道题　做　发现

第 二 部 分

第 96 – 100 题：看图，用词造句。

例如：乒乓球　　她很喜欢打乒乓球。

96.  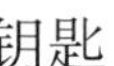 钥匙

97.  棵

98.   搬

99.  讨论

100.  味道

新HSK
4
급

정답 및 녹음 스크립트

〈제1회〉 정답

一、听力

第一部分

1. ✓	2. X	3. X	4. ✓	5. X
6. ✓	7. X	8. ✓	9. ✓	10. X

第二部分

11. C	12. B	13. C	14. C	15. D
16. A	17. A	18. D	19. B	20. C
21. D	22. A	23. B	24. D	25. B

第三部分

26. B	27. D	28. B	29. C	30. C
31. A	32. C	33. D	34. A	35. D
36. D	37. A	38. C	39. D	40. B
41. A	42. A	43. D	44. C	45. B

二、 阅读

第一部分

46. A	47. E	48. F	49. B	50. C
51. B	52. A	53. E	54. F	55. D

第二部分

56. CAB	57. BCA	58. CAB	59. ACB	60. BCA
61. BCA	62. CAB	63. CAB	64. BCA	65. BAC

第三部分

66. D	67. C	68. B	69. C	70. D
71. C	72. D	73. B	74. B	75. D
76. B	77. C	78. C	79. B	80. C
81. C	82. D	83. B	84. D	85. C

三、书写

第一部分

86. 他们将要参观这个美丽的城市。

87. 你知道她什么时候去吗?

88. 导游带我们去了很多地方。

89. 他的办公室已经换到二楼了。

90. 对于昨天发生的事情我感到非常抱歉。

91. 她从来不关心别人的事情。

92. 这种天气真难受。

93. 他们没有办法完成这项任务。

94. 我忘记他的电话号码了。

95. 他邀请我来参加他的生日会。

第二部分

(模范答案)

96. 她喜欢看京剧，但是听不懂。

97. 小孩子多爬一爬对身体有好处。

98. 她从小就对弹钢琴感兴趣。

99. 毕业以后，我打算考研究生。

100. 她正坐在电脑前查资料。

〈제2회〉 정답

一、听力

第一部分

1. X	2. X	3. X	4. ✓	5. X
6. X	7. ✓	8. X	9. ✓	10. X

第二部分

11. B	12. C	13. C	14. B	15. D
16. A	17. D	18. B	19. A	20. D
21. D	22. C	23. A	24. D	25. C

第三部分

26. D	27. C	28. A	29. D	30. A
31. C	32. B	33. C	34. B	35. A
36. A	37. B	38. D	39. B	40. C
41. B	42. D	43. A	44. A	45. B

二、 阅读

第一部分

46. A	47. B	48. F	49. C	50. E
51. A	52. E	53. B	54. D	55. F

第二部分

56. CBA	57. BCA	58. CAB	59. CBA	60. CAB
61. BCA	62. BAC	63. ACB	64. CAB	65. BCA

第三部分

66. A	67. B	68. D	69. C	70. C
71. A	72. D	73. A	74. B	75. D
76. A	77. B	78. C	79. B	80. C
81. D	82. A	83. D	84. C	85. C

三、书写

第一部分

86. 你有写日记的习惯吗?
87. 这儿的风景真漂亮。
88. 弟弟轻轻地把门打开。
89. 为了大家的健康，公共场所禁止吸烟。
90. 换个环境对身体有好处。
91. 我今天被经理批评了。
92. 他的幽默给大家留下了深刻的印象。
93. 观众都站起来为我鼓掌。
94. 我要提前一个星期回国。
95. 我的努力没起多大作用。

第二部分

（模范答案）

96. 她从冰箱里拿了几个鸡蛋。
97. 他们都在工作，办公室里很安静。
98. 握手是一种礼貌。
99. 这是他从来没见过的词。
100. 我给他新买了一条裤子。

〈제3회〉 정답

一、听力

第一部分

1. X	2. X	3. ✓	4. X	5. X
6. ✓	7. ✓	8. X	9. X	10. ✓

第二部分

11. C	12. C	13. B	14. B	15. D
16. A	17. D	18. B	19. B	20. D
21. C	22. A	23. A	24. A	25. D

第三部分

26. C	27. A	28. C	29. A	30. D
31. B	32. D	33. B	34. B	35. A
36. B	37. A	38. B	39. D	40. B
41. D	42. C	43. A	44. D	45. C

二、 阅读

第一部分

46. F	47. A	48. E	49. B	50. C
51. D	52. F	53. A	54. E	55. B

第二部分

56. ACB	57. ABC	58. BAC	59. BCA	60. CBA
61. ABC	62. ACB	63. BCA	64. BAC	65. ACB

第三部分

66. B	67. B	68. C	69. C	70. D
71. B	72. D	73. A	74. C	75. D
76. A	77. D	78. D	79. C	80. C
81. B	82. C	83. D	84. B	85. D

三、书写

第一部分

86. 我讨厌别人进我的房间。
87. 他把吃剩的食物扔了。
88. 每个人都会找到适合自己的学习方法。
89. 妈妈从来不给我出主意。
90. 她喜欢看有趣的故事书。
91. 她把衣服弄脏了。
92. 我差一点儿就赢了。
93. 他是从窗户进来的吧?
94. 他为这件事情而烦恼。
95. 她发现这道题很难做。

第二部分

（模范答案）

96. 她正在找车钥匙。
97. 我家院子里有一棵大树。
98. 他们正在把沙发搬出去。
99. 这次会议上讨论的问题很重要。
100. 这道菜的味道很好。

〈제1회〉 녹음 스크립트

（音乐，30秒，渐弱）

大家好！欢迎参加 HSK（四级）考试。

大家好！欢迎参加 HSK（四级）考试。

大家好！欢迎参加 HSK（四级）考试。

HSK（四级）听力考试分三部分，共45题。

请大家注意，听力考试现在开始。

第 一 部 分

一共10个题，每题听一次。

例如：我想去办个信用卡，今天下午你有时间吗？陪我去一趟银行？

★ 他打算下午去银行。

现在我很少看电视，其中一个原因是，广告太多了，不管什么时间，也不管什么节目，只要你打开电视，总能看到那么多的广告，浪费我的时间。

★ 他喜欢看电视广告。

现在开始第1题：

1. 几年不见，他从完全不会弹钢琴到现在能开钢琴演奏会了，真要对他刮目相看了。

   ★ 他现在钢琴弹得很好。

2. 他找了一份自己喜欢的工作，尽管每天很忙，但他一点儿也不觉得辛苦。

   ★ 他的工作很轻松。

3. 她现在在市里的一家公司上班，每天丈夫都会接送她上下班，所以她感到非常幸福。

★ 她每天自己上班。

4. 他每天回到家都只有一个人，只能看电视、上网，感到很孤独。

★ 他感到很孤独。

5. 你先把这件事情做好，其他事情暂时放一放。

★ 这件事情不重要。

6. 大卫，你太让我吃惊了，才来中国一个月，而且没有参加任何学习班，你就能把汉语说得那么地道，真是不简单。

★ 大卫汉语说得很好。

7. 高中毕业后我没有考上大学，爸爸希望我再考一次，可我自己觉得没什么希望，就找了一份工作。

★ 他又参加了一次高考。

8. 我今天要去书店买一本书，这本书我已经等了很久了。

★ 他今天为了买一本书要专门去一趟书店。

9. 我经常跑步，一来是我的爱好，二来对身体有好处。

★ 跑步是他的爱好。

10. 按原计划，调查报告大概要两周才能写好，但我们加了一下班，这周末就可以提前完成了。

★ 调查报告需要两周才能完成。

第二部分

一共15个题，每题听一次。

例如：女：该加油了，去机场的路上有加油站吗？
男：有，你放心吧。
问：男的主要是什么意思？

现在开始第11题：

11. 男：昨天你上街买了什么？
女：本来是去买衣服、买生活用品的，结果钱包忘带了，空手回来的。
问：女的买了什么？

12. 女：你下午能陪我去一趟书店吗？
男：不好意思，我已经和朋友约好去逛街了。
问：男的准备做什么？

13. 男：明天我们怎么去海边？
女：坐地铁吧，便宜。
问：他们怎么去海边？

14. 女：我要去超市买些水果和面包，你去不去？
男：我懒得换衣服。你顺便帮我买支牙刷吧。
问：男的要买什么？

15. 男：你今天下午有空吗？
女：两点到四点我要上课，之后有空。
问：女的下午什么时候有空？

16. 女：我们一起去学校吧。
男：好的，但是我要先去一趟商店，你在这等我一下。
问：他们要去哪儿？

17. 男：你们这种蛋糕卖得怎么样？
女：顾客很喜欢吃，每天都有不少人排队，刚做出来就都卖完了。
问：根据对话，蛋糕卖得怎么样？

18. 女：这件衣服多少钱？
男：原价500元，现在打七折。
问：这件衣服多少钱？

19. 男：你能帮我把这段汉语翻译成英语吗？
女：就我这英语水平，恐怕不行。翻译成法语我倒还可以。
问：女的是什么意思？

20. 女：你毕业后有什么打算？
男：现在工作太难找了，我打算考研究生。
问：男的打算干什么？

21. 男：你来点菜吧。
女：我没吃过四川菜，还是你来点吧。
问：他们最有可能在哪里？

22. 女：你会做饭吗？
男：会，不过很少做，因为工作太忙了。
问：男的为什么很少做饭？

23. 男：你听李明说了吗？他快出国了，签证都已经拿到了。
女：真的吗？
问：根据对话，可以知道李明要做什么？

24. 女：你喜欢打篮球吗?

男： 喜欢，几乎每天都打。上个星期打了五场球赛，这个星期打了三场。

问：男的上周打了几场篮球赛?

25. 男：你在这次钢琴比赛中又得了第一名。

女：我自己都没想到能再次取得第一名的成绩。

问：女的心情怎样?

第三部分

一共20个题，每题听一次。

例如： 男：把这个材料复印5份，一会儿拿到会议室发给大家。

女：好的。会议是下午三点吗?

男：改了。三点半，推迟了半个小时。

女：好，602会议室没变吧?

男：对，没变。

问：会议几点开始?

现在开始第26题：

26. 女：今天又热又干燥。

男：这儿的天气就是这样，你要多喝水。下个月可能更热。

女：都快到40度了，还要更热，怎么受得了啊！

男：所以很多人选择去北方避暑。

问：为什么很多人夏天去北方?

27. 男：车太多了，看来9点到不了公司了。给公司打个电话说一声吧。

女：这条路看着很宽，但一到这个时间就堵车。没关系，我们换条路走，应该能赶到。

男：往哪儿走？

女：左拐，走后面的小路，我知道那儿不会堵车。

问：他们会做什么？

28. 女：那个外国学生叫什么名字来着？我又想不起来了。

男：她叫丽莎，来自俄罗斯。

女：看我这记性，你都告诉过我好几次了。年纪越大，越记不住事情。

男：没关系，你下次记不起来的话我再告诉你。

问：女的怎么了？

29. 男：那边广场上怎么那么热闹？

女：今年是法国的中国年，所以在举办一些活动。

男：你没参加什么活动吗？

女：没有，参加的人实在太多了，我的申请没有得到批准。

问：根据对话，关于活动可以知道什么？

30. 女：你家住在10层吧。楼里有电梯吗？

男：有，不过我从来不坐，我都是爬楼梯。

女：这样很费时间。

男：虽然要花很多时间，但这是最好的运动。平时上班没有时间锻炼，正好爬爬楼梯。

问：男的为什么总是走楼梯？

31. 男：老师让我们暑假做一个专业调查。

女：是关于什么的调查？你做得怎么样了？

男：调查商务用语，我都不知道从哪儿下手。

女：别担心，我可以帮你。

问：调查的内容是哪个方面的？

32. 女：请问李明在吗？我是他同学。

男：你来得不巧，他刚出去了，可能要等晚上才能回来。

女：您是他父亲吧？是这样，我前几天向他借了一本词典，今天来还给他。

男：那你交给我吧。

女：好的。麻烦您了，叔叔。请您代我谢谢李明。

问：女的把词典交给了谁？

33. 男：玛丽怎么样了，听说她想辞职。

女：我一直劝她，因为这是一份很好的工作。

男：结果呢？

女：我说服不了她，明天她就会离开公司。

问：玛丽怎么了？

34. 女：你听说了吗？好多商场都在打折，而且折扣挺多的。

男：是嘛，打几折？

女：好像是一到三折。

男：那还等什么？咱们赶紧走啊。

问：他们要去哪儿？

35. 男：我又找不到玛丽了，她的电话也打不通。

女：别担心，我刚刚和她通过电话，她在回学校的路上。

男：要找到她真不容易。

女：下次如果你找不到她可以问我，我经常和她联系。

问：女的跟玛丽的关系怎么样？

第36-37题是根据下面一段话：

现在播送一个通知。张杰小朋友，你妈妈王女士正在找你，请你听到广播后速到一楼肯德基餐厅。其他顾客朋友如看到一个10岁左右、身高大约1米3，穿蓝色短袖T恤、白色长裤，戴一顶黑色棒球帽的男孩，请告诉他到一楼肯德基餐厅找他妈妈。

36. 王女士和她的儿子怎么了？
37. 王女士在哪里等儿子？

第38-39题是根据下面一段话：

亲爱的顾客朋友，晚上好！感谢您光临上海百货公司，我们的营业时间冬季为早上8:30至晚上7:00，夏季为早上8:00至晚上7:30。现在距离营业结束时间还有15分钟，请您抓紧时间挑选商品，同时不要遗忘随身携带的物品。祝各位顾客朋友购物愉快，欢迎您的再次光临。

38. 这个商场夏天几点开始营业？
39. 听到这段话的时侯，最有可能是在什么时间？

第40-41题是根据下面一段话：

游览世博园，一种很好的纪念方式就是拥有一本“世博护照”。游客可以以30元的价格买到一本“世博护照”，每参观完一个国家馆，就可以获得该国印章，享受“环游世界”的乐趣。此次上海世博会推出的“世博护照”共有5种风格，每种风格都体现了中国特色和文化。

40. 文中介绍的游览世博会的纪念方式是什么？
41. “世博护照”有几种风格？

第42-43题是根据下面一段话：

2010年8月5日，智利一个铜矿发生事故，33名矿工被困在地下700米处。他们都挤在一个不足50平米的房间里，有吃有喝，能看足球比赛，能和家人通话。经过努力，矿工们终于在10月13日被救出矿井，被困长达69天。除一人比较虚弱外，其他矿工的身体状况都很好。

42. 事故发生在什么时候？
43. 矿工们被困在地下时可以做什么？

第44-45题是根据下面一段话：

从前有个农民，他的田里有棵树。一天，一只兔子跑过来，因为跑得太急，一头撞到树上撞死了。农民很轻松地捡到了这只兔子。从这天起，他连活儿也不干了，天天守在树下，希望还能捡到死兔子。可是再也没有兔子撞死，农民的田里却长满了草。

44. 这个人为什么不干农活了？
45. 这个故事说明什么？

听力考试现在结束。

〈제2회〉 녹음 스크립트

（音乐，30 秒，渐弱）

大家好！欢迎参加 HSK（四级）考试。
大家好！欢迎参加 HSK（四级）考试。
大家好！欢迎参加 HSK（四级）考试。

HSK（四级）听力考试分三部分，共45题。
请大家注意，听力考试现在开始。

第 一 部 分

一共10个题，每题听一次。

例如：我想去办个信用卡，今天下午你有时间吗？陪我去一趟银行？
★ 他打算下午去银行。

现在我很少看电视，其中一个原因是，广告太多了，不管什么时间，也不管什么节目，只要你打开电视，总能看到那么多的广告，浪费我的时间。
★ 他喜欢看电视广告。

现在开始第1题：

1. 朋友们都说我的孩子看起来有两岁，其实她才九个多月。
★ 他的孩子现在两岁。

2. 我虽然在国外生活了三十年，但还是中国人。
★ 他不是中国人。

3. 我不太确定这本书是不是小刘要找的。

★ 他知道小刘要找哪本书。

4. 这部电梯一、四、五、六层可以上下，二、三层不停。

★ 这部电梯不是所有的楼层都停。

5. 上大学时我离家不远，每隔一周回一次家。

★ 他上大学时每周都回家。

6. 现在已经8点55分了，请大家安静，五分钟后开始考试。

★ 考试现在开始。

7. 最近这几年不知怎么了，世界各地总是发生各种各样的自然灾害，在中国就发生了好几次大地震。

★ 最近几年自然环境状况不好。

8. 王先生会在明天下午两点到达我们学校，所以我们要提前30分钟到学校。

★ 他们要在两点半到学校。

9. 他的表演太精彩了，观众都站起来为他鼓掌，可是结果却出乎意料，他没有获得第一名。

★ 他表演得很好，却没有得第一名。

10. 我是前天到北京的，本来想借出差的机会看看故宫，可是事情很多，实在是没有机会，计划又落空了。

★ 他去故宫了。

第二部分

一共15个题，每题听一次。

例如：女：该加油了，去机场的路上有加油站吗？

男：有，你放心吧。

问：男的主要是什么意思？

现在开始第11题：

11\. 男：今天下午开会吗？

女：领导都不在，怎么开呀？

问：今天下午开不开会？

12\. 女：你汉语说得真不错。

男：哪里哪里，比起中国人来差远了。

问：男的是什么意思？

13\. 男：你明天休息吗？跟我一起去爬山怎么样？

女：我倒是想去，可是我要打扫卫生，还要带孩子去学钢琴。

问：女的是什么意思？

14\. 女：中央电视台有个戏曲频道，是十套吧？

男：十套是科技频道，十一套才是戏曲频道。

问：戏曲频道是几套？

15\. 男：快点儿吧，都三点了，再不走就赶不上火车了。

女：着什么急呢？四点十分的火车，走过去也就是十五分钟的路，开车五分钟就到了。

问：火车几点开？

16. 女：你最喜欢哪个季节？

男：冬天太冷了，夏天又太热了，春天最好，不太冷也不太热。

问：男的最喜欢什么季节？

17. 男：你一整天都拿着照相机，怎么一直没有拍照呢？

女：我不是不想拍，是照相机没电了。

问：女的为什么不拍照？

18. 女：今天上午我给你打电话，可是没人接，你没在家吗？

男：我在邻居家，没有听见电话响。

问：女的打电话的时候，男的在哪儿？

19. 男：既然下雨了，我们就别出去了。

女：不行，家里的米都吃光了，不出去买的话今天晚上吃什么？

问：他们在讨论什么问题？

20. 女：你结婚的家具买好了吗？

男：不用买了。我家有一套我爷爷自己做的家具，颜色、式样都很适合放在我的新房里。

问：男的结婚的家具是从哪儿来的？

21. 男：这几年张兰变化可真大，现在这么活泼，大家都愿意和她做朋友。

女：是啊，上大学的时候，我都很少听到她说话。

问：张兰的性格怎么样？

22. 女：你们不是订的昨天下午的机票吗？怎么现在才回来？

男：别提了，都怪我，把航班号1327看成了起飞时间，到机场时，飞机都飞走35分钟了。

问：男的为什么没有坐昨天下午的飞机回来？

23. 男：这本小说讲的是一个英雄故事，看了让人很感动。

女：你们男孩子就是喜欢看这种故事。

问：他们在讨论什么？

24. 女：李强，你把书拿回去了怎么也没告诉我一声？害我找了半天。

男：哎呀，张兰，真不好意思，我看书放在桌上，以为你用完了，就拿回来了。

问：从对话中可以知道什么？

25. 男：好久不见，你在北京过得好吗？

女：还行，刚来的时候不怎么习惯，但很快就适应了，而且我还在那时认识了我丈夫。

问：女的什么时候认识的她丈夫？

第三部分

一共20个题，每题听一次。

例如：男：把这个材料复印5份，一会儿拿到会议室发给大家。

女：好的。会议是下午三点吗？

男：改了。三点半，推迟了半个小时。

女：好，602会议室没变吧？

男：对，没变。

问：会议几点开始？

现在开始第26题：

26. 女：听说你们去云南旅游了。都去哪儿玩了？

男：去了昆明、丽江、大理，还有香格里拉。

女：没去西双版纳吗？

男：跟着旅游团只有七天的时间，根本来不及去。

女：我建议你下次自己去看一下，那里更有特色。

问：男的没有去哪儿？

27. 男：听说周末你去上海看世博会了？

女：是呀。人还真是不少。

男：参观中国馆了吗？

女：带着孩子，而且排队的人很多，我只在外面照了张相。

男：那太可惜了。

问：女的周末做了什么？

28. 女：请问有什么需要吗？

男：我想买一件衬衫。

女：这件怎么样？

男：挺好的，多少钱？

女：原价400元，现在打八折。

问：衬衫现在多少钱？

29. 男：你的理想是什么？

女：我在不同的年龄有不同的理想。

男：什么意思？

女：我小时候想当老师，长大后想当警察，现在又想成为一名医生。

问：女的现在的理想是什么？

30. 女：你会做饭吗?

男：会，而且经常做。

女：是吗！现在会做饭的男生越来越少了。

男：你什么时候有空可以到我家吃饭。

女：一定。

问：他们在聊什么?

31. 男：明天我要去杭州西湖玩。

女：杭州西湖? 听说那里非常漂亮。

男：是的，和我一起去吧。

女：我也想去，但是我明天还要上课。

男：那我就等着你，周末去。

问：他们最有可能什么时候去西湖?

32. 女：你的胡子该刮了吧。

男：这段时间太忙了，根本没有时间。

女：不是已经忙完了吗?

男：今天刚忙完，我一会儿就好好理理。

问：男的为什么没有刮胡子?

33. 男：您想买点什么?

女：这把伞多少钱?

男：60元。

女：太贵了，能不能便宜一点?

男：您看这伞的质量，已经不算贵了。

问：男的什么意思?

34. 女：你是从哪儿来的？
男：法国，最近刚到中国的。
女：我还以为你是英国人呢。
男：亚洲人都觉得我们和英国人、德国人长得很像。
女：确实挺像的，我就常常分不清楚。
问：男的是哪国人？

35. 男：明天我们怎么去北京？
女：我想坐火车去。
男：坐火车？要20多个小时，还是坐飞机快些。
女：火车安全，而且我们可以看一下沿途的风景。
男：听起来也不错。
问：他们最有可能怎么去北京？

第36-37题是根据下面一段话：

在人的生命中，朋友是不可缺少的。朋友比世界上所有的金钱都要贵重。金钱能给你一时的快乐，但是给不了你一生的幸福。朋友能够在你困难的时候给你鼓励，在你喜悦的时候和你一起分享快乐。有了朋友，你会幸福一生。

36. 这段话讲的是什么？
37. 根据这段话，可以知道金钱不能带来什么？

第38-39题是根据下面一段话：

广州亚运会开幕式于11月20日晚8时举行。本次亚运会上，来自亚洲45个国家和地区的9704名运动员，将在42个比赛项目中争夺476枚金牌。

38. 这次亚运会在哪儿召开？
39. 这次亚运会上有多少个比赛项目？

第40-41题是根据下面一段话：

有调查表明，每天在电脑前工作3小时以上的人中，90%的人都患有干眼症。在未来5年中，干眼症患者人数还将以每年10%以上的速度上升。预防干眼症，应避免长时间操作电脑，注意休息，每操作1小时，休息5至10分钟。

40. 根据这段话，患干眼症的人越来越多主要原因是什么？
41. 怎样预防干眼症？

第42-43题是根据下面一段话：

中国国际航空公司对外宣布，国航航班提前40分钟停止办理乘机手续。萧山机场所有出港航班的截止办理乘机手续的时间均由原来的30分钟提前到了40分钟以上。

42. 萧山机场停止办理乘机手续的时间提前了多长时间？
43. 根据这段话，要乘坐12:00的国航航班，最晚什么时间办理乘机手续？

第44-45题是根据下面一段话：

一般情况下，健康成年人每天吃1-2个鸡蛋；老年人每天吃一个比较好；脑力劳动者每天吃两个鸡蛋比较合适；孕妇、产妇及身体虚弱者每天可吃2-3个鸡蛋，不宜再多。煮鸡蛋是最好的吃法。

44. 老年人每天吃几个鸡蛋比较好？
45. 这段话主要讲了什么？

听力考试现在结束。

〈제3회〉 녹음 스크립트

（音乐，30 秒，渐弱）

大家好！欢迎参加 HSK(四级)考试。

大家好！欢迎参加 HSK(四级)考试。

大家好！欢迎参加 HSK(四级)考试。

HSK(四级)听力考试分三部分，共45题。

请大家注意，听力考试现在开始。

第 一 部 分

一共10个题，每题听一次。

例如：我想去办个信用卡，今天下午你有时间吗？陪我去一趟银行？

★ 他打算下午去银行。

现在我很少看电视，其中一个原因是，广告太多了，不管什么时间，也不管什么节目，只要你打开电视，总能看到那么多的广告，浪费我的时间。

★ 他喜欢看电视广告。

现在开始第1题：

1. 我的朋友小李是个摄影爱好者，每个周末都去公园拍些照片，简直把这当作了他的工作。

   ★ 摄影是小李的工作。

2. 我真笨，来中国两年了还不会用筷子，还是玛丽聪明，才来一个月就学会了。

   ★ 他和玛丽都会用筷子。

3. 这个教室这么多人说话，桌椅也直响，我们换个地方看书吧。

★ 这个教室很不安静。

4. 学校里的商店要什么有什么，我们不用到市中心就能买到各种生活用品。

★ 我们要去市中心才能买到生活用品。

5. 张兰第一次坐飞机。她发现机场非常大，也很漂亮，就是一时找不到登机口。

★ 张兰在机场很快就找到了登机口。

6. 图书馆有各种各样的书可以借阅，而且有很多座位可以坐，所以有很多学生去那儿看书准备考试。

★ 有很多学生在图书馆看书。

7. 哈尔滨冬天常常下雪，大家出门都穿戴得厚厚的，只露出眼睛。

★ 哈尔滨的冬天很冷。

8. 昨天晚上我和朋友去看电影了。大家都说这部电影很好看，我却觉得非常无聊，没看完就回家了。

★ 他觉得昨天的电影很有趣。

9. 小波得了重病，不仅要花很多钱看病，而且需要每天有人陪伴。小波的爸爸妈妈只能白天努力工作，晚上在医院陪他。

★ 小波的爸爸妈妈没有工作。

10. 昨天他在电视上看到一则故事，讲的是子女们为了钱而不愿意照顾父母，还把父母扔在大街上，气得他火冒三丈。

★ 他很生气。

第 二 部 分

一共15个题，每题听一次。

例如：女：该加油了，去机场的路上有加油站吗？
男：有，你放心吧。
问：男的主要是什么意思？

现在开始第11题：

11. 男：去杭州的计划安排得怎么样了？
女：计划变了，杭州太热，我们改去北京了。
问：女的决定去哪儿？

12. 女：我们俩谁比较年轻？
男：当然是我，你是1978年生的，我比你整整小5岁呢。
问：男的是哪年出生的？

13. 男：明天我们去学校旁边的饭馆吃饭吧，听说那里的菜挺好吃的。
女：谁说的？那家的菜不新鲜，还是别去了。
问：女的为什么不去学校旁边的饭馆吃饭？

14. 女：你还在看电视，都已经看了三个小时了。
男：还有一小会儿这个节目就完了，太有意思了，我很想看完。
问：男的是什么意思？

15. 男：经理，真对不起，又迟到了，我的家太远了，总是堵车。
女：你总是这么说，天天迟到，如果明天再迟到，以后就不用来上班了。
问：女的是什么意思？

16. 女：暑假快到了，你有什么打算？

男：我本来想找一份工作，不过刚刚知道考上了研究生，我还是决定待在家里看书，为以后的学习做好准备。

问：男的决定在暑假期间做什么？

17. 男：今天的表演怎么样？听说观众都站起来鼓掌了。

女：当然，表演中间没有一个观众离开。

问：今天的表演怎么样？

18. 女：这个周末我要和朋友看电影。

男：我可以跟你们一起去吗？这个周末我一个人在家，也没什么事情做 。

问：男的周末想做什么？

19. 男：你家离公司那么远，为什么不开车上班呢？

女：我上下班的时间路上车很多，堵车不说，停车也很不方便。

问：女的为什么不开车上班？

20. 女：明天跟我们一起去游泳吧。

男：我打打球、跑跑步还可以，游泳可就不行了。

问：男的是什么意思？

21. 男：你买这么多东西是要去哪里？

女：我一个朋友生病住院了，我要去看她。

问：女的要去哪儿？

22. 女：我寄给你的信收到了吗？

男：收到了，但一直没看，太忙了。

问：男的为什么没看信？

23. 男：你知道王力在哪儿吗？

女：我刚才在操场碰到他刚打完篮球，正准备回宿舍呢。

问：王力刚才在哪儿？

24. 女：你是做什么工作的？

男：以前当过司机、做过打字员，不过现在是小学老师。

问：男的现在做什么工作？

25. 男：小王，我忘带信用卡了，你能帮我把卡送过来吗？

女：我现在有点忙，下午给你送过去。

问：男的忘带什么了？

第 三 部 分

一共20个题，每题听一次。

例如： 男：把这个材料复印5份，一会儿拿到会议室发给大家。

女：好的。会议是下午三点吗？

男：改了。三点半，推迟了半个小时。

女：好，602会议室没变吧？

男：对，没变。

问：会议几点开始？

现在开始第26题：

26. 女：快要放暑假了，你打算去哪里玩？

男：我还没想好，北京、上海、西安我都没去过。你有什么建议吗？

女：上海吧，今年世博会在上海举办。

男：有道理，就去上海世博会。

问：男的最有可能去哪里？

27. 男：你的销售计划写完了吗？星期一就要交了。

女：还没有。能不能推迟一两天？

男：不行。星期二我们就要开会讨论。

女：那好吧，我一定加快速度把它写好。

问：销售计划什么时候交？

28. 女：张教授交给你的那本英文原版书你翻译完了吗？

男：还没有，书里有很多词我都不认识，连词典里也找不到。

女：你可能需要查一下古代英语词典，因为那些词都是古代的形式，现在根本不用了。

男：难怪我查不到。我去试试。

问：女的建议男的用什么书？

29. 男：轮到你上台表演了，准备好了吗？

女：昨天我一整晚都没睡，现在心也跳得越来越厉害，就怕表演失败。

男：别担心，我相信你，我会在台下为你加油的。

女：好，谢谢！我上台了，祝我成功。

问：女的是什么意思？

30. 女：你帮了我一个大忙，晚上我请你吃饭吧。

男：别客气，这是我应该做的。

女：我也不请你去外面吃了，就去我家，让我妈妈做几个我们家乡菜给你尝尝。

男：那好吧，谢谢！

问：他们将要去哪儿？

31. 男：你看起来瘦了。

女：最近天气热，吃不下去东西，而且每天又要工作到深夜。

男：那你得好好补补了。

女：等忙完了这段时间，我要给自己放个假。

男：好好休息休息。

问：女的怎么了？

32. 女：你怎么拿了这么多书？

男：刚从图书馆借的。明天我要写论文，这些书都用得上。

女：你看你，都快拿不住了，我帮你拿几本吧。

男：谢谢，我都快累坏了。

问：男的为什么拿这么多书？

33. 男：你好，我要一张去杭州的票，21号早上九点的。

女：好的，但是只有站票了。

男：几点到杭州？

女：11:30，你可以在车上自己找空座。

问：男的在哪儿？

34. 女：您好，有什么可以帮您的？

男：火车快开了，我把票弄丢了。

女：别着急，您可以去服务台补票，就在前面。

男：好的，只能这样了，谢谢。

问：男的为什么着急？

35. 男：天气太热了，看我，出了一身的汗。

女：我何尝不是，衣服都湿透了。

男：我得用冷水洗个澡。

女：别图一时凉快，洗凉水澡对身体不好。至少加一点热水。

问：根据这段话可以知道什么？

第36-37题是根据下面一段话：

五年前的一天，王大伯去打猎，只见一只浑身火红的狐狸从一块岩石上跳下来，逮住了一只小猴子。小猴吓得浑身发抖，吱吱叫着。王大伯用枪打死了红狐狸，救了小猴子。第二天一大早，他一打开门就看见屋前堆满了山桃和野果。是猴群来报恩啦。

36. 王大伯为什么打死红狐狸?
37. 王大伯家屋前的山桃和野果是从哪儿来的?

第38-39题是根据下面一段话：

蒸饭煮饭都是洗米后放冷水再烧开，这是人们通常会采用的方法。但事实上，正确的做法应该是先将水烧开，再用这开水来煮饭。这样做，可以缩短蒸煮时间，保护米中的维生素。

38. 正确的蒸饭煮饭方法是什么?
39. 这段话里介绍的蒸煮方法有什么优点?

第40-41题是根据下面一段话：

10月26日起，沪杭高速铁路正式通车。沪杭高铁连接上海至杭州及周边城市，全长202千米。在沪杭高铁试运行杭州至上海途中，最高时速达到416.6千米，已刷新世界铁路最高运行时速。杭州站至上海虹桥站高铁票价为一等座123.5元，二等座77.5元。

40. 沪杭高速铁路全长多少千米?
41. 沪杭高速铁路在哪两个城市之间通车?

第42-43题是根据下面一段话：

传说猫是老虎的师傅。猫把自己的很多本领都教给了老虎，只有爬树它没有教。有一天，老虎觉得自己已经学会了猫所有的本领，就要吃掉猫。这时，猫爬到了树上，老虎只能站在树下看着，最后走开了。

42. 根据这段话，猫和老虎是什么关系?

43. 根据这段话，老虎没有学会什么?

第44-45题是根据下面一段话：

太极拳是一种武术项目，也是健身项目，在中国有着悠久的历史。尽管太极拳打起来慢悠悠的，但可以锻炼人的耐性，使人心情平静、放松，所以很多人因为喜欢太极拳而来到中国。

44. 这段话主要讲了什么?

45. 为什么很多人到中国学太极拳?

听力考试现在结束。

- **목표 점수** ___________점
- **목표 점수 달성일** _____년 ___월 ___일

祝你考试成功!

시험 잘 보세요!

新 汉 语 水 平 考 试
HSK（四级）答题卡

姓名	

序号	
	[0] [1] [2] [3] [4] [5] [6] [7] [8] [9]
	[0] [1] [2] [3] [4] [5] [6] [7] [8] [9]
	[0] [1] [2] [3] [4] [5] [6] [7] [8] [9]
	[0] [1] [2] [3] [4] [5] [6] [7] [8] [9]
	[0] [1] [2] [3] [4] [5] [6] [7] [8] [9]

年龄	
	[0] [1] [2] [3] [4] [5] [6] [7] [8] [9]
	[0] [1] [2] [3] [4] [5] [6] [7] [8] [9]

国籍	
	[0] [1] [2] [3] [4] [5] [6] [7] [8] [9]
	[0] [1] [2] [3] [4] [5] [6] [7] [8] [9]
	[0] [1] [2] [3] [4] [5] [6] [7] [8] [9]

性别	男 [1]	女 [2]

考点	
	[0] [1] [2] [3] [4] [5] [6] [7] [8] [9]
	[0] [1] [2] [3] [4] [5] [6] [7] [8] [9]
	[0] [1] [2] [3] [4] [5] [6] [7] [8] [9]

你是华裔吗？

是 [1] 不是 [2]

学习汉语的时间：

1年以下 [1] 1年—2年 [2] 2年—3年 [3] 3年以上 [4]

注意 请用 2B 铅笔这样写：▬

一、听力

1. [√] [×]
2. [√] [×]
3. [√] [×]
4. [√] [×]
5. [√] [×]
6. [√] [×]
7. [√] [×]
8. [√] [×]
9. [√] [×]
10. [√] [×]
11. [A] [B] [C] [D]
12. [A] [B] [C] [D]
13. [A] [B] [C] [D]
14. [A] [B] [C] [D]
15. [A] [B] [C] [D]
16. [A] [B] [C] [D]
17. [A] [B] [C] [D]
18. [A] [B] [C] [D]
19. [A] [B] [C] [D]
20. [A] [B] [C] [D]
21. [A] [B] [C] [D]
22. [A] [B] [C] [D]
23. [A] [B] [C] [D]
24. [A] [B] [C] [D]
25. [A] [B] [C] [D]
26. [A] [B] [C] [D]
27. [A] [B] [C] [D]
28. [A] [B] [C] [D]
29. [A] [B] [C] [D]
30. [A] [B] [C] [D]
31. [A] [B] [C] [D]
32. [A] [B] [C] [D]
33. [A] [B] [C] [D]
34. [A] [B] [C] [D]
35. [A] [B] [C] [D]
36. [A] [B] [C] [D]
37. [A] [B] [C] [D]
38. [A] [B] [C] [D]
39. [A] [B] [C] [D]
40. [A] [B] [C] [D]
41. [A] [B] [C] [D]
42. [A] [B] [C] [D]
43. [A] [B] [C] [D]
44. [A] [B] [C] [D]
45. [A] [B] [C] [D]

二、阅读

46. [A] [B] [C] [D] [E] [F]
47. [A] [B] [C] [D] [E] [F]
48. [A] [B] [C] [D] [E] [F]
49. [A] [B] [C] [D] [E] [F]
50. [A] [B] [C] [D] [E] [F]
51. [A] [B] [C] [D] [E] [F]
52. [A] [B] [C] [D] [E] [F]
53. [A] [B] [C] [D] [E] [F]
54. [A] [B] [C] [D] [E] [F]
55. [A] [B] [C] [D] [E] [F]

56. ……………… 58. ……………… 60. ……………… 62. ……………… 64. ………………

57. ……………… 59. ……………… 61. ……………… 63. ……………… 65. ………………

66. [A] [B] [C] [D]
67. [A] [B] [C] [D]
68. [A] [B] [C] [D]
69. [A] [B] [C] [D]
70. [A] [B] [C] [D]
71. [A] [B] [C] [D]
72. [A] [B] [C] [D]
73. [A] [B] [C] [D]
74. [A] [B] [C] [D]
75. [A] [B] [C] [D]
76. [A] [B] [C] [D]
77. [A] [B] [C] [D]
78. [A] [B] [C] [D]
79. [A] [B] [C] [D]
80. [A] [B] [C] [D]
81. [A] [B] [C] [D]
82. [A] [B] [C] [D]
83. [A] [B] [C] [D]
84. [A] [B] [C] [D]
85. [A] [B] [C] [D]

三、书写

86.

87.

88.

89.

90.

91.

92.

93.

94.

95.

96.

97.

98.

99.

100.

新 汉 语 水 平 考 试
HSK（四级）答题卡

姓名	

国籍	
	[0] [1] [2] [3] [4] [5] [6] [7] [8] [9]
	[0] [1] [2] [3] [4] [5] [6] [7] [8] [9]
	[0] [1] [2] [3] [4] [5] [6] [7] [8] [9]

序号	
	[0] [1] [2] [3] [4] [5] [6] [7] [8] [9]
	[0] [1] [2] [3] [4] [5] [6] [7] [8] [9]
	[0] [1] [2] [3] [4] [5] [6] [7] [8] [9]
	[0] [1] [2] [3] [4] [5] [6] [7] [8] [9]
	[0] [1] [2] [3] [4] [5] [6] [7] [8] [9]

性别　男 [1]　女 [2]

考点	
	[0] [1] [2] [3] [4] [5] [6] [7] [8] [9]
	[0] [1] [2] [3] [4] [5] [6] [7] [8] [9]
	[0] [1] [2] [3] [4] [5] [6] [7] [8] [9]

年龄	
	[0] [1] [2] [3] [4] [5] [6] [7] [8] [9]
	[0] [1] [2] [3] [4] [5] [6] [7] [8] [9]

你是华裔吗?

是 [1]　不是 [2]

学习汉语的时间:

1年以下 [1]　1年－2年 [2]　2年－3年 [3]　3年以上 [4]

注意　请用 2B 铅笔这样写: ▬

一、听力

1. [√] [×]
2. [√] [×]
3. [√] [×]
4. [√] [×]
5. [√] [×]
6. [√] [×]
7. [√] [×]
8. [√] [×]
9. [√] [×]
10. [√] [×]
11. [A] [B] [C] [D]
12. [A] [B] [C] [D]
13. [A] [B] [C] [D]
14. [A] [B] [C] [D]
15. [A] [B] [C] [D]
16. [A] [B] [C] [D]
17. [A] [B] [C] [D]
18. [A] [B] [C] [D]
19. [A] [B] [C] [D]
20. [A] [B] [C] [D]
21. [A] [B] [C] [D]
22. [A] [B] [C] [D]
23. [A] [B] [C] [D]
24. [A] [B] [C] [D]
25. [A] [B] [C] [D]
26. [A] [B] [C] [D]
27. [A] [B] [C] [D]
28. [A] [B] [C] [D]
29. [A] [B] [C] [D]
30. [A] [B] [C] [D]
31. [A] [B] [C] [D]
32. [A] [B] [C] [D]
33. [A] [B] [C] [D]
34. [A] [B] [C] [D]
35. [A] [B] [C] [D]
36. [A] [B] [C] [D]
37. [A] [B] [C] [D]
38. [A] [B] [C] [D]
39. [A] [B] [C] [D]
40. [A] [B] [C] [D]
41. [A] [B] [C] [D]
42. [A] [B] [C] [D]
43. [A] [B] [C] [D]
44. [A] [B] [C] [D]
45. [A] [B] [C] [D]

二、阅读

46. [A] [B] [C] [D] [E] [F]
47. [A] [B] [C] [D] [E] [F]
48. [A] [B] [C] [D] [E] [F]
49. [A] [B] [C] [D] [E] [F]
50. [A] [B] [C] [D] [E] [F]
51. [A] [B] [C] [D] [E] [F]
52. [A] [B] [C] [D] [E] [F]
53. [A] [B] [C] [D] [E] [F]
54. [A] [B] [C] [D] [E] [F]
55. [A] [B] [C] [D] [E] [F]

56. ....
57. ....
58. ....
59. ....
60. ....
61. ....
62. ....
63. ....
64. ....
65. ....

66. [A] [B] [C] [D]
67. [A] [B] [C] [D]
68. [A] [B] [C] [D]
69. [A] [B] [C] [D]
70. [A] [B] [C] [D]
71. [A] [B] [C] [D]
72. [A] [B] [C] [D]
73. [A] [B] [C] [D]
74. [A] [B] [C] [D]
75. [A] [B] [C] [D]
76. [A] [B] [C] [D]
77. [A] [B] [C] [D]
78. [A] [B] [C] [D]
79. [A] [B] [C] [D]
80. [A] [B] [C] [D]
81. [A] [B] [C] [D]
82. [A] [B] [C] [D]
83. [A] [B] [C] [D]
84. [A] [B] [C] [D]
85. [A] [B] [C] [D]

三、书写

86.

87.

88.

89.

90.

91.

92.

93.

94.

95.

96.

97.

98.

99.

100.

新HSK
실전 모의고사
4급

동양북스 추천 교재

일본어 교재의 최강자, 동양북스 추천 교재

회화 코스북

일본어뱅크 다이스키
STEP 1 · 2 · 3 · 4 · 5 · 6 · 7 · 8

일본어뱅크
좋아요 일본어 1 · 2 · 3

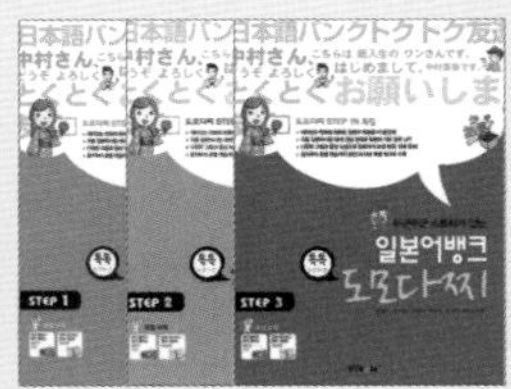

일본어뱅크 도모다찌
STEP 1 · 2 · 3

분야서

일본어뱅크
NEW 스타일 일본어 문법

일본어뱅크
일본어 작문 초급

일본어뱅크
사진과 함께하는
일본 문화

일본어뱅크
항공 서비스 일본어

가장 쉬운 독학
일본어 현지회화

수험서

일취월장 JPT
독해 · 청해

일취월장 JPT
실전 모의고사 500 · 700

일단 합격하고 오겠습니다
JLPT 일본어능력시험
N1 · N2 · N3 · N4 · N5

일단 합격하고 오겠습니다
JLPT 일본어능력시험
실전모의고사 N1 · N2 · N3 · N4/5

단어 · 한자

특허받은
일본어 한자 암기박사

일본어 상용한자 2136
이거 하나면 끝!

일본어뱅크
New 스타일 일본어 한자 1 · 2

가장 쉬운 독학
일본어 단어장

일단 합격하고 오겠습니다
JLPT 일본어능력시험
단어장 N1 · N2 · N3

중국어 교재의 최강자, 동양북스 추천 교재

중국어뱅크 북경대학 신한어구어
1·2·3·4·5·6

중국어뱅크 스마트중국어
STEP 1·2·3·4

중국어뱅크 집중중국어
STEP 1·2·3·4

중국어뱅크
문화중국어 1·2

중국어뱅크
관광 중국어 1·2

중국어뱅크
여행실무 중국어

중국어뱅크
호텔 중국어

중국어뱅크
판매 중국어

중국어뱅크
항공 서비스 중국어

중국어뱅크
시청각 중국어

정반합 新HSK
1급·2급·3급·4급·5급·6급

버전업! 新HSK 한 권이면 끝
3급·4급·5급·6급

버전업! 新HSK
VOCA 5급·6급

가장 쉬운 독학 중국어 단어장

중국어뱅크
중국어 간체자 1000

특허받은
중국어 한자 암기박사

동양북스 추천 교재

기타외국어 교재의 최강자, 동양북스 추천 교재

중고급 학습

첫걸음 끝내고 보는 프랑스어 중고급의 모든 것

첫걸음 끝내고 보는 스페인어 중고급의 모든 것

첫걸음 끝내고 보는 독일어 중고급의 모든 것

첫걸음 끝내고 보는 태국어 중고급의 모든 것

단어장

버전업! 가장 쉬운 프랑스어 단어장

버전업! 가장 쉬운 스페인어 단어장

버전업! 가장 쉬운 독일어 단어장

여행 회화

NEW 후다닥 여행 중국어

NEW 후다닥 여행 일본어

NEW 후다닥 여행 영어

NEW 후다닥 여행 독일어

NEW 후다닥 여행 프랑스어

NEW 후다닥 여행 스페인어

NEW 후다닥 여행 베트남어

NEW 후다닥 여행 태국어

수험서 · 교재

한 권으로 끝내는 DELE 어휘·쓰기·관용구편 (B2~C1)

수능 기초 베트남어 한 권이면 끝!

버전업! 스마트 프랑스어

일단 합격하고 오겠습니다 독일어능력시험 A1 · A2 · B1 · B2(근간 예정)

일단 합격 하고 오겠습니다

정반합 新HSK

4급

해설서

동양북스

정반합 新HSK 4급 해설서

초판 3쇄 | 2020년 3월 20일

지은이 | 孙春颖
해　설 | 이선민
발행인 | 김태웅
편집장 | 강석기
책임 편집 | 조유경, 신효정
디자인 | 정혜미, 남은혜
마케팅 | 나재승
제　작 | 현대순

발행처 | ㈜동양북스
등　록 | 제 2014-000055호
주　소 | 서울시 마포구 동교로22길 14(04030)
구입 문의 | 전화 (02)337-1737　　팩스 (02)334-6624
내용 문의 | 전화 (02)337-1762　　dybooks2@gmail.com

ISBN　979-11-5768-239-3　14720
ISBN　979-11-5768-233-1　(세트)

孙春颖 主编 2015年

이 도서의 국립중앙도서관 출판예정도서목록(CIP)은 서지정보유통지원시스템 홈페이지(http://seoji.nl.go.kr)와 국가자료공동목록시스템(http://www.nl.go.kr/kolisnet)에서 이용하실 수 있습니다.
(CIP제어번호:CIP2017002027)

차례

新HSK
4
급

해설서

제1부분

미리보기 해석

제1부분 MP3-01

〉〉 전략서 18p

1. 我想去办个信用卡，今天下午你有时间吗？陪我去一趟银行？ ★ 他打算下午去银行。 (√)	1. 나 신용카드를 만들러 가고 싶데, 오늘 오후에 너 시간 있니? 나하고 같이 은행에 갈래? ★ 그는 오후에 은행을 가려고 한다. (√)

01. 단어의 의미를 파악하는 문제

 MP3-04

〉〉 전략서 20p

정답 1 × 2 ×

1 ★★☆	
让人吃惊的是，这位清洁工的英语竟然说得那么好，要知道，她只是跟着电视学了两年，从没受过专门教育。 ★ 清洁工是在英语学习班学的英语。 (×)	놀라운 일은 이 환경미화원이 뜻밖에도 영어를 너무나 잘한다는 것이다. 알아 둘 것은 그녀가 단지 TV를 따라 2년 동안 배웠을 뿐 한번도 전문적인 교육을 받은 적이 없다는 것이다. ★ 환경미화원은 영어 학원에서 영어를 배웠다. (×)

단어 吃惊 chījīng 동 놀라다 | 位 wèi 양 (사람을 세는) 분 | 清洁工 qīngjiégōng 명 환경미화원 | 英语 Yīngyǔ 명 영어 | 竟然 jìngrán 부 뜻밖에도 | 只是 zhǐshì 부 단지 | 跟着 gēnzhe 동 따르다 | 受 shòu 동 받다 | 专门 zhuānmén 형 전문적이다 | 教育 jiàoyù 명 교육 | 学习班 xuéxíbān 학원

해설 제시된 문장 '清洁工是在英语学习班学的英语(환경미화원은 영어 학원에서 영어를 배웠다)'는 장소를 강조하는 '是…的' 구문의 문장이다. 이 경우 '是'와 '的' 사이에 쓰인 내용에 대해 묻는 경우가 많다. '从没受过专门教育(한번도 전문적인 교육을 받은 적이 없다)'라고 했고, '专门教育(전문적인 교육)'의 범위에는 영어 학원도 포함되므로 환경미화원은 영어 학원에서 영어를 배운 적이 없다는 것을 알 수 있다. 따라서 제시된 문장과 녹음 내용은 일치하지 않는다.

2 ★☆☆	
我爸爸是个京剧爱好者，每个周末他都和朋友一起练唱京剧。 ★ 他的爸爸不喜欢京剧。 (×)	우리 아버지는 경극 애호가이시다. 매 주말마다 아버지는 친구와 함께 경극 연습을 하신다. ★ 그의 아버지는 경극을 좋아하지 않는다. (×)

단어 京剧 jīngjù 명 경극 | 爱好者 àihàozhě 명 애호가 | 周末 zhōumò 명 주말 | 练 liàn 동 연습하다

해설 '爱好者(애호가)'의 뜻을 알고 있는지 묻는 문제이다. '我爸爸是个京剧爱好者(우리 아버지는 경극 애호가이다)'라고 했고, 설령 '爱好者(애호가)'의 의미를 모르더라도 '爱好'가 '~하기를 즐기다'라는 뜻이므로, 그녀의 아버지는 경극을 좋아한다는 것을 알 수 있다. 따라서 제시된 문장과 녹음 내용은 일치하지 않는다.

02. 핵심 어구를 파악하는 문제

유형 확인 문제 MP3-06

》 전략서 21p

정답 1 × 2 ×

1 ★★★

我没什么特别的要求，只要交通方便，周围环境别太吵就行，要有冰箱、洗衣机、空调，当然房租最好别太贵。	저는 별로 특별한 요구 사항은 없습니다. 교통이 편리하고 주변 환경이 너무 시끄럽지만 않으면 됩니다. 냉장고, 세탁기, 에어컨이 있어야 하고, 당연히 집세가 너무 비싸지 않은 것이 가장 좋습니다.
★ 他想买个大房子。 (×)	★ 그는 큰 집을 사고 싶어 한다. (×)

단어 特别 tèbié 형 특별하다 | 要求 yāoqiú 명 요구 | 只要 zhǐyào 접 ~하기만 하면 | 交通 jiāotōng 명 교통 | 方便 fāngbiàn 형 편리하다 | 周围 zhōuwéi 명 주위 | 环境 huánjìng 명 환경 | 吵 chǎo 형 시끄럽다 | 行 xíng 동 좋다 | 冰箱 bīngxiāng 명 냉장고 | 洗衣机 xǐyījī 명 세탁기 | 空调 kōngtiáo 명 에어컨 | 当然 dāngrán 부 당연히 | 房租 fángzū 명 집세 | 最好 zuìhǎo 부 제일 좋기는 | 房子 fángzi 명 집

해설 핵심어를 들었는지 확인하는 문제이다. 제시된 문장이 '他想买个大房子(그는 큰 집을 사고 싶어 한다)'이므로 그가 어떠한 집을 사는지에 유의해서 들어야 한다. 핵심어인 '房租(집세)'를 통해 그는 집을 사려는 것이 아니라 빌리는 것임을 알 수 있고, 요구 사항에도 집의 크기에 대해서는 언급하지 않았다. 따라서 제시된 문장과 녹음 내용은 일치하지 않는다.

2 ★★☆

这个咖啡馆虽然不大，有些破旧，但是很安静。偶尔和朋友过来坐坐，听听音乐，喝一杯咖啡，感觉很好。	이 커피숍은 비록 크지 않고 좀 낡았지만 매우 조용하다. 가끔 친구와 와서 앉아 음악을 들으며 커피 한 잔을 마시면 기분이 매우 좋다.
★ 这个咖啡馆很热闹。 (×)	★ 이 커피숍은 매우 시끌벅적하다. (×)

단어 咖啡馆 kāfēiguǎn 명 커피숍 | 破旧 pòjiù 형 낡다 | 安静 ānjìng 형 조용하다 | 偶尔 ǒu'ěr 부 간혹 | 过来 guòlái 동 오다 | 音乐 yīnyuè 명 음악 | 杯 bēi 양 잔, 컵 | 感觉 gǎnjué 명 감각, 느낌 | 热闹 rènao 형 시끌벅적하다

해설 장소의 특징을 묘사하는 형용사를 들었는지 확인하는 문제이다. 커피숍을 묘사하는 형용사가 여러 개 등장하지만 그중 '很安静(매우 조용하다)'을 통해 이 커피숍은 매우 조용하다는 것을 알 수 있다. 따라서 제시된 문장과 녹음 내용은 일치하지 않는다.

03. 화자의 관점과 견해를 묻는 문제

유형 확인 문제 MP3-09 》 전략서 23p

정답 1 ✓ 2 ×

1 ★☆☆

我的女朋友长得又高又漂亮，人也很好，还非常幽默。	내 여자 친구는 키도 크고 예쁘며 사람도 굉장히 좋고 매우 유머러스하다.
★ 他很喜欢他的女朋友。 (✓)	★ 그는 그의 여자 친구를 아주 좋아한다. (✓)

단어 女朋友 nǚpéngyou 명 여자 친구 | 长 zhǎng 동 생기다 | 漂亮 piàoliang 형 예쁘다 | 幽默 yōumò 형 유머러스한

해설 여자 친구에 대한 화자의 생각을 묻는 문제이다. '长得又高又帅(키도 크고 예쁘다)', '人也很好(사람도 굉장히 좋다)', '还非常幽默(매우 유머러스하다)'라는 평가를 통해 그가 여자 친구를 아주 좋아한다는 것을 알 수 있다. 따라서 제시된 문장과 녹음 내용은 일치한다.

2 ★★★

我很喜欢看电视，尤其爱看电视剧。让我烦恼的是，每次看到兴头上或是关键处，就会跳出很长时间的广告，所有电视台都一样。真希望没有广告。	나는 텔레비전 보는 것을 아주 좋아하는데, 특히 드라마를 즐겨 본다. 하지만 괴로운 것은 매번 한창 흥이 났을 때나 중요한 부분에 다달았을 때 아주 긴 광고가 끼어든다는 것으로, 모든 방송국이 다 똑같다. 정말 광고가 없었으면 좋겠다.
★ 他很喜欢看电视广告。 (×)	★ 그는 텔레비전 광고 보는 것을 좋아한다. (×)

단어 尤其 yóuqí 부 특히 | 电视剧 diànshìjù 명 텔레비전 드라마 | 烦恼 fánnǎo 형 걱정하다 | 每次 měicì 명 매번 | 看到 kàndào 동 보이다 | 兴头上 xìngtóushang 명 흥이 절정에 달할 무렵 | 或是 huòshì 접 ~이거나 혹은 ~이다 | 关键 guānjiàn 명 관건 | 处 chù 명 부분 | 跳 tiào 동 튀어오르다 | 广告 guǎnggào 명 광고 | 所有 suǒyǒu 형 모든 | 电视台 diànshìtái 명 텔레비전 방송국 | 一样 yíyàng 형 같다

해설 텔레비전 광고에 대해 화자가 어떤 태도를 갖고 있는지 묻는 문제이다. '真希望没有广告(정말 광고가 없었으면 좋겠다)'를 통해 그가 텔레비전 광고 보는 것을 싫어한다는 것을 알 수 있다. 따라서 제시된 문장과 녹음 내용은 일치하지 않는다. 다만 맨 앞에서 '我很喜欢看电视(나는 텔레비전 보는 것을 아주 좋아한다)'라고 한 것만 듣고 텔레비전 광고 보는 것도 좋아한다고 판단할 수 있으니 지문을 끝까지 들어야 한다.

04. 각 절 간의 관계에 주의해야 하는 문제

유형 확인 문제 MP3-12 》 전략서 25p

정답 1 ×

1 ★★★	
买房子这么大的事情，你应该和他好好商量商量，否则他又要生气了。	집을 사는 이런 큰일은 그와 잘 상의해야 해. 그렇지 않으면 그가 또 화를 낼 거야.
★ 他因为买房子的事情生气了。 (×)	★ 그는 집을 사는 일 때문에 화가 났다. (×)

단어 房子 fángzi 명 집 | 应该 yīnggāi 조동 ~해야 한다 | 好好 hǎohāo 부 최대한, 잘 | 商量 shāngliang 동 상의하다 | 否则 fǒuzé 접 만약 그렇지 않으면 | 又 yòu 부 또 | 生气 shēngqì 동 화내다

해설 복문의 조건 관계를 이해하고 있는지 묻는 문제이다. 제시된 문장이 '他因为买房子的事情生气了(그는 집을 사는 일 때문에 화가 났다)'이므로 그가 집을 사는 일로 화를 냈는지 안 냈는지 주목해서 들어야 한다. '否则他又要生气了(그렇지 않으면 그가 또 화를 낼 것이다)'에서 '否则(그렇지 않으면)'라는 조건 관계를 나타내는 접속사와 '又要(또 ~하려 한다)'라는 말을 통해 그는 화가 나지 않았다는 것을 알 수 있다. 따라서 제시된 문장과 녹음 내용은 일치하지 않는다.

05. 녹음 내용을 근거로 추리하는 문제

유형 확인 문제 MP3-15

〉〉 전략서 27p

정답 1 ✓ 2 ✓

1 ★★☆	
你好，我想理个发，稍微短一点儿就可以。一会儿我还有些事要办，所以麻烦你快一点儿。	안녕하세요. 이발을 좀 하고 싶은데요. 약간만 짧게 잘라 주시면 됩니다. 조금 후에 또 처리해야 하는 일이 있어서 죄송하지만 빨리 좀 해 주세요.
★ 他在理发店。 (✓)	★ 그는 이발소에 있다. (✓)

단어 理发 lǐfà 동 이발하다 | 稍微 shāowēi 부 약간 | 短 duǎn 형 짧다 | 一会儿 yíhuìr 수량 곧, 조금 후 | 办 bàn 동 처리하다 | 麻烦 máfan 형 번거롭게 하다 | 理发店 lǐfàdiàn 명 이발소

해설 화자가 있는 장소를 판단하는 문제이다. 화자가 어디에 있는지 직접적으로 설명하고 있지는 않지만 '我想理个发(이발을 좀 하고 싶다)'를 통해 그는 이발소에 있음을 알 수 있다. 따라서 제시된 문장과 녹음 내용은 일치한다.

2 ★☆☆	
汽车快没油了，我们得赶紧找个地方加油。	차에 기름이 거의 없으니, 우리는 서둘러 주유할 곳을 찾아야 한다.
★ 他们要去加油站。 (✓)	★ 그들은 주유소에 가려고 한다. (✓)

단어 快 kuài 부 곧 | 油 yóu 명 기름 | 得 děi 조동 ~해야 한다 | 赶紧 gǎnjǐn 부 서둘러 | 地方 dìfang 명 장소 | 加油 jiāyóu 동 기름을 넣다 | 加油站 jiāyóuzhàn 명 주유소

해설 화자가 어디로 가려고 하는지 판단하는 문제이다. '我们得赶紧找个地方加油(우리는 서둘러 주유할 곳을 찾아야 한다)'를 통해 그들은 주유소에 가려고 한다는 것을 알 수 있다. 따라서 제시된 문장과 녹음 내용은 일치한다.

06. 세부 내용을 묻는 문제

유형 확인 문제 MP3-18

〉〉 전략서 29p

정답 1 ✓ 2 ×

1 ★★☆	
刘老师，我的出国材料已经准备得差不多了，但有些需要英文翻译，想请您帮个忙。	리우 선생님, 제 출국 자료는 이미 거의 다 준비되었습니다. 하지만 일부는 영문 번역이 필요해서 선생님께 부탁드리고자 합니다.
★ 他请别人帮他翻译出国材料。 (✓)	★ 그는 다른 사람에게 자신의 출국 자료 번역을 부탁했다. (✓)

단어 **出国** chūguó 동 출국하다 | **材料** cáiliào 명 자료 | **差不多** chàbuduō 형 그럭저럭 되다 | **需要** xūyào 동 필요하다 | **英文** Yīngwén 명 영문 | **翻译** fānyì 동 번역하다 | **帮忙** bāngmáng 동 일을 돕다 | **别人** biéren 명 다른 사람

해설 전환을 나타내는 접속사 '但(그러나)' 이후 문장의 의미를 파악했는지 확인하는 문제이다. '但有些需要英文翻译，想请您帮个忙(하지만 일부는 영문 번역이 필요해서 선생님께 부탁드리고자 합니다)'을 통해 그는 다른 사람에게 무언가를 영어로 번역해 달라고 부탁하는 상황임을 알 수 있고 앞에서 출국 자료라고 말했기 때문에 제시된 문장과 녹음 내용은 일치한다.

2 ★☆☆	
朱秀没有去过云南，所以她决定放寒假的时候去那儿旅游。	주시우는 윈난에 가 본 적이 없다. 그래서 그녀는 겨울 방학 때 그곳에 여행을 가기로 결정했다.
★ 朱秀以前去过云南。 (×)	★ 주시우는 예전에 윈난에 가 본 적이 있다. (×)

단어 **云南** Yúnnán 명 윈난성 | **决定** juédìng 동 결정하다 | **放** fàng 동 (학교가) 쉬다 | **寒假** hánjià 명 겨울 방학 | **以前** yǐqián 명 예전

해설 동사 뒤에 쓰여 과거의 경험을 나타내는 '过'를 들었는지 확인하는 문제이다. '朱秀没有去过云南(주시우는 윈난에 가 본 적이 없다)'을 통해 주시우는 예전에 윈난에 가 본 적이 없다는 것을 알 수 있으므로 제시된 문장과 녹음 내용은 일치하지 않는다.

실전 연습 1 – 제1부분 MP3-19

〉〉 전략서 30p

정답 1 ✓ 2 × 3 × 4 ✓ 5 ✓ 6 ✓ 7 ✓ 8 × 9 ✓ 10 ✓

1 ★☆☆	
暑假我要去西安旅行，听说那儿的兵马俑很有名，你想跟我一起去吗？	여름 방학 때 나는 시안으로 여행 가려고 하는데, 그곳은 병마용이 굉장히 유명하대, 나랑 같이 가고 싶니?

★ 暑假他要去参观兵马俑。 (√)	★ 여름 방학 때 그는 병마용을 보러 가려고 한다. (√)

단어 暑假 shǔjià 명 여름 방학 | 西安 Xī'ān 명 시안 | 旅行 lǚxíng 동 여행하다 | 兵马俑 bīngmǎyǒng 명 병마용 | 有名 yǒumíng 형 유명하다 | 跟 gēn 개 ~와, ~과 | 参观 cānguān 동 견학하다

해설 '暑假我要去西安旅行，听说那儿的兵马俑很有名(여름 방학 때 나는 시안으로 여행 가려고 하는데, 그곳은 병마용이 굉장히 유명하다고 한다)'을 통해 여름 방학 때 그녀는 시안을 가고, 시안에서 병마용을 보러 갈 것임을 알 수 있다. 따라서 제시된 문장과 녹음 내용은 일치한다.

2 ★★☆	
我上班的第一天非常轻闲，上午跟同事聊天，下午一直在看报纸。	나는 출근 첫날 너무 한가해서 오전에는 동료와 이야기하고, 오후에는 계속 신문을 봤다.
★ 上班第一天他一直在看报纸。 (×)	★ 출근 첫날 그는 계속 신문을 봤다. (×)

단어 轻闲 qīngxián 형 한가하다 | 跟 gēn 개 ~와, ~과 | 同事 tóngshì 명 동료 | 聊天 liáotiān 동 이야기하다 | 一直 yìzhí 부 계속

해설 출근 첫날 그가 오전과 오후에 한 일은 다르다. '上午跟同事聊天(오전에는 동료와 이야기했다)'과 '下午一直在看报纸(오후에는 계속 신문을 봤다)'를 통해 그는 출근 첫날 오전에는 신문을 보지 않았음을 알 수 있다. 따라서 제시된 문장과 녹음 내용은 일치하지 않는다.

Tip

녹음 내용에 여러 가지 시간이 나오는 경우

이 경우 시간대별로 한 일이 다르기 때문에 메모를 하면서 듣는 것이 문제 풀이에 도움이 된다.

3 ★★★	
大家运动的时候要小心，否则可能会受伤。	모두들 운동할 때 조심해야 한다. 그렇지 않으면 다칠 수도 있다.
★ 运动就会受伤。 (×)	★ 운동을 하면 다칠 것이다. (×)

단어 小心 xiǎoxīn 동 조심하다 | 否则 fǒuzé 접 만약 그렇지 않으면 | 受伤 shòushāng 동 부상당하다

해설 '否则'는 '그렇지 않으면'이라는 뜻으로 '否则可能会受伤(그렇지 않으면 다칠 수도 있다)'은 다칠 수도 있는 것이지 무조건 다친다는 뜻이 아니다. 따라서 제시된 문장과 녹음 내용은 일치하지 않는다.

4 ★★☆	
因为刚开始工作，我对这份工作还十分不了解，所以总是犯错，不是忘了这个就是忘了那个。	일을 막 시작했기 때문에 나는 이 일에 대해 아직 충분히 이해하지 못해서 항상 실수하고 이걸 잊는 게 아니면 저걸 잊는다.
★ 他因为不熟悉工作而出了不少差错。 (√)	★ 그는 일에 익숙하지 않아서 적지 않은 실수를 저질렀다. (√)

단어 刚 gāng 부 방금 | 十分 shífēn 부 매우 | 了解 liǎojiě 동 자세하게 알다, 이해하다 | 总是 zǒngshì 부 늘 | 犯错 fàncuò 동 실수하다 | 忘 wàng 동 잊다 | 熟悉 shúxī 동 잘 알다 | 而 ér 접 그리고 | 差错 chācuò 명 실수

해설 '十分不了解(충분히 이해하지 못하다)', '总是犯错(항상 실수하다)'는 제시된 문장의 '不熟悉(익숙하지 않다)', '出了不少差错(적지 않은 실수를 저질렀다)'와 같은 의미이다. 따라서 제시된 문장과 녹음 내용은 일치한다.

Tip

조건 관계

형식	의미	예문
不是A就是B	A 아니면 B이다	她不是中国人，就是美国人。그녀는 중국인이 아니면 미국인이다.
不是A而是B	A 아니라 B이다	她不是中国人，而是美国人。그녀는 중국인이 아니라 미국인이다.

5 ★☆☆

我今天在网上看到一则新闻，讲的是一个小孩为了照顾妈妈而上街乞讨，让我感动得流下了眼泪。

★ 他很感动。 (√)

나는 오늘 인터넷에서 뉴스 하나를 봤는데, 한 어린아이가 엄마를 보살피기 위해 길거리에서 구걸을 한다는 이야기였다. 나는 눈물을 흘릴 정도로 감동했다.

★ 그는 매우 감동했다. (√)

단어 网上 wǎngshàng 명 인터넷 | 一则 yìzé 양 한 마디 | 新闻 xīnwén 명 뉴스 | 讲 jiǎng 동 이야기하다 | 小孩 xiǎohái 명 어린이 | 为了 wèile 개 ~을 하기 위하여 | 照顾 zhàogù 동 보살피다 | 而 ér 접 그리고 | 上街 shàngjiē 동 거리로 나가다 | 乞讨 qǐtǎo 동 구걸하다 | 感动 gǎndòng 동 감동하다 | 流 liú 동 (액체가) 흐르다 | 眼泪 yǎnlèi 명 눈물

해설 '感动得流下了眼泪'는 정도보어 구문으로 '눈물을 흘릴 정도로 감동했다'라는 의미이다. 제시된 문장의 '很感动(매우 감동했다)'과 같은 의미이므로 제시된 문장과 녹음 내용은 일치한다.

Tip

为了 + A(목적) + B(행위) A를 위하여 B하다

예 我为了学习汉语来到中国。저는 중국어를 배우기 위하여 중국에 왔습니다.

6 ★☆☆

他课后参加了很多活动，学习了书法、太极拳，经常表演给我们看。

★ 他会书法和太极拳。 (√)

그는 방과 후에 매우 많은 활동에 참가하여 서예와 태극권을 배웠고 자주 우리에게 공연을 해 준다.

★ 그는 서예와 태극권을 할 줄 안다. (√)

단어 参加 cānjiā 동 참가하다 | 活动 huódòng 명 활동 | 书法 shūfǎ 명 서예 | 太极拳 tàijíquán 명 태극권 | 经常 jīngcháng 부 자주 | 表演 biǎoyǎn 동 공연하다

해설 '学习了书法、太极拳(서예와 태극권을 배웠다)'이라고 했고, 공연도 해 준다고 했으니 그는 서예와 태극권을 할 줄 안다는 것을 알 수 있다. 따라서 제시된 문장과 녹음 내용은 일치한다.

7 ★★☆

今天的考试一点儿也不顺，迟到了不说，题目也太多，我都没做完。	오늘 시험은 정말 하나도 순조롭지 않았다. 지각한 건 둘째 치고 시험 문제도 너무 많아서 나는 다 풀지 못했다.
★ 今天考试他没考好。　(√)	★ 그는 오늘 시험을 잘 보지 못했다.　(√)

단어 不顺 búshùn 형 순조롭지 않다 | 迟到 chídào 동 지각하다 | 题目 tímù 명 문제

해설 제시된 문장 '今天考试他没考好(그는 오늘 시험을 잘 보지 못했다)'라는 제시문에서 '没考好'는 '시험을 보지 않았다'라는 의미가 아니라 '시험을 잘 보지 못했다'라는 의미이므로 해석에 주의해야 한다. 시험이 순조롭지 않았고 게다가 다 풀지 못했다고 했으므로 시험을 잘 보지 못했음을 알 수 있다. 따라서 제시된 문장과 녹음 내용은 일치한다.

Tip

一点儿也不… 조금도 ~하지 않다

예 这部电影一点儿也不好看。이 영화는 조금도 재미있지 않다.

8 ★★☆

上个月张明很忙，又要工作，又要帮助玛丽学习汉语，所以一直没有时间锻炼身体。	지난달에 장밍은 매우 바빴다. 일도 해야 하고 마리의 중국어 공부도 도와줘야 해서 계속 운동할 시간이 없었다.
★ 张明上个月忙着锻炼身体。　(×)	★ 장밍은 지난달에 운동하느라 바빴다.　(×)

단어 又 yòu 부 또한, 동시에 | 一直 yìzhí 부 계속 | 锻炼 duànliàn 동 단련하다

해설 '没有时间锻炼身体(운동할 시간이 없었다)'를 통해 운동할 시간이 없었던 것이지 운동하느라 바빴던 것이 아님을 알 수 있다. 따라서 제시된 문장과 녹음 내용은 일치하지 않는다.

Tip

~하면서 ~하다

형식	의미	예문
又…又…	몇 가지 상황이 동시에 존재함을 나타냄.	这道菜又辣又甜。이 음식은 맵고 달다.
一边…一边…	두 가지 동작이 동시에 진행됨을 나타냄.	他们一边喝咖啡，一边聊天。 그들은 커피를 마시며 이야기한다.

9 ★☆☆

同学们好，我叫王勇，来自首都北京，是你们这个学期的英语口语老师。	학생 여러분 안녕하세요, 제 이름은 왕용이고 수도 베이징에서 왔습니다. 여러분들의 이번 학기 영어 회화 선생님입니다.
★ 王勇是英语老师。　(√)	★ 왕용은 영어 선생님이다.　(√)

단어 来自 láizì 동 ~로부터 오다 | 首都 shǒudū 명 수도 | 北京 Běijīng 명 베이징 | 学期 xuéqī 명 학기 | 英语 Yīngyǔ 명 영어 | 口语 kǒuyǔ 명 회화

해설 자기소개를 하면서 '我叫王勇(제 이름은 왕용이다)'이라고 했고, '这个学期的英语口语老师(이번 학기 영어 회화 선생님이다)'라고 정확하게 언급했으므로 왕용은 영어 선생님임을 알 수 있다. 따라서 제시된 문장과 녹음 내용은 일치한다.

Tip 자주 출제되는 과목명

科学 kēxué 과학	数学 shùxué 수학	汉语 Hànyǔ 중국어	英语 Yīngyǔ 영어

※ 녹음 내용에서 제시된 문장과 다른 과목의 선생님이라고 소개한 후, 정답이 불일치(×)인 문제가 출제되기도 한다.

10 ★★☆

我很喜欢这件衣服，可是太贵了，而且也没有我穿的尺寸了。	난 이 옷이 너무 마음에 들지만 너무 비싸다. 게다가 내가 입는 사이즈도 없다.
★ 他没买那件衣服。 (√)	★ 그는 그 옷을 사지 못했다. (√)

단어 可是 kěshì 접 그러나 | 而且 érqiě 접 게다가 | 尺寸 chǐcun 명 사이즈

해설 '没有我穿的尺寸了(내가 입는 사이즈가 없다)'를 통해 그는 그 옷을 사지 못했음을 알 수 있다. 따라서 제시된 문장과 녹음 내용은 일치한다.

실전 연습 2 – 제1부분

》 전략서 31p

정답 1 ✓ 2 ✓ 3 × 4 ✓ 5 ✓ 6 × 7 × 8 ✓ 9 × 10 ×

1 ★★☆

我们绝不会忘记发生在四川的大地震，更不会忘记在地震中死去的人们。	우리는 쓰촨 대지진을 절대 잊지 않을 것이며, 더욱이 지진 중에 사망한 사람들을 잊지 않을 것이다.
★ 他们会永远记得四川大地震。 (√)	★ 그들은 쓰촨 대지진을 영원히 기억할 것이다. (√)

단어 绝 jué 부 절대로 | 忘记 wàngjì 동 (지난 일을) 잊어버리다 | 发生 fāshēng 동 발생하다 | 四川 Sìchuān 명 쓰촨성 | 地震 dìzhèn 명 지진 | 更 gèng 부 더욱 | 死去 sǐqù 동 죽다 | 永远 yǒngyuǎn 부 영원히 | 记得 jìde 동 기억하고 있다

해설 '不会忘记'는 '잊지 않을 것이다'라는 뜻으로 제시된 문장의 '永远记得(영원히 기억한다)'와 같은 의미이다. 따라서 제시된 문장과 녹음 내용은 일치한다.

Tip 会의 여러 가지 의미

의미	예문
~할 수 있다(능력)	我会骑自行车。 나는 자전거를 탈 수 있다.
~할 것이다(가능, 추측)	他肯定会来的。 그는 반드시 올 것이다.
~을 잘하다(능숙함)	她很会说话。 그녀는 말을 아주 잘한다.

2 ★☆☆	
张明的房间不怎么大，放下一张床就没什么地方站人了。	장밍의 방은 별로 크지 않아서 침대를 하나 놓으면 사람 한 명이 서 있을 공간도 없다.
★ 张明的房间很小。 (√)	★ 장밍의 방은 매우 작다. (√)

단어 不怎么 bùzěnme 부 그다지, 별로 | 放下 fàng xià (물건을) 내려놓다 | 张 zhāng 양 (침대나 책상을 세는) 개, 하나 | 床 chuáng 명 침대 | 地方 dìfang 명 장소 | 站 zhàn 동 서다

해설 '不怎么'는 '별로 ~않다'라는 뜻이고, '大'는 '크다'라는 뜻이므로 '不怎么大(별로 크지 않다)'는 제시된 문장의 '很小(매우 작다)'와 같은 의미이다. 따라서 제시된 문장과 녹음 내용은 일치한다.

Tip '不怎么(그다지 ~않다)' 뒤에 나오는 단어를 주의해서 듣고 그 단어의 반대 의미로 해석하면 쉽다.

3 ★★★	
上午那场球赛实在是太险了，我们差一点就输了。	오전의 그 시합은 정말 너무 위험해서 우리는 하마터면 질 뻔했어.
★ 他们输了。 (×)	★ 그들은 졌다. (×)

단어 场 chǎng 양 (체육 활동을 세는) 번, 회 | 球赛 qiúsài 명 구기 경기 | 实在 shízai 부 정말 | 险 xiǎn 형 위태롭다, 위험하다 | 差一点 chàyìdiǎn 부 하마터면 | 输 shū 동 패하다

해설 '差一点'은 '하마터면'의 뜻으로 뒤에 나온 단어의 상황이 일어나지 않았음을 나타낸다. '差一点' 뒤에 '输(지다)'가 나와서 '하마터면 질 뻔했다'라는 의미이므로 그들은 이겼다는 것을 알 수 있다. 따라서 제시된 문장과 녹음 내용은 일치하지 않는다. 만약 '差一点'을 놓치고 뒤에 나온 단어만 듣게 된다면 오답을 고르게 되니 주의하자.

Tip

差点儿의 용법

형식	결과	예문
差点儿 + 바라던 일	발생하지 않음	我差点儿就赢了。 나는 이길 뻔 했다. (결국 졌다)
差点儿 + 바라지 않던 일		我差点儿摔倒了。 나는 하마터면 넘어질 뻔 했다. (안 넘어졌다)

4 ★★☆	
今天的作业很简单，韩风没用多长时间就做完了。	오늘 숙제는 매우 간단해서 한펑은 시간을 얼마 들이지 않고 다 했다.
★ 韩风很快就做完了作业。 (√)	★ 한펑은 매우 빨리 숙제를 다 했다. (√)

단어 作业 zuòyè 명 숙제 | 简单 jiǎndān 형 간단하다 | 用 yòng 동 사용하다

해설 '没用多长时间'은 '시간을 얼마 들이지 않다'라는 뜻으로 제시된 문장의 '很快(매우 빨리)'와 같은 의미이다. 한펑은 매우 빨리 숙제를 다 했음을 알 수 있으므로 제시된 문장과 녹음 내용은 일치한다.

5 ★☆☆	
张明在家里是个子最高的，就连爸爸都比他矮不少。	장밍은 집에서 키가 제일 큰데 아버지조차도 장밍보다 많이 작다.
★ 张明比他的妈妈高。 (√)	★ 장밍은 그의 어머니보다 크다. (√)

단어 个子 gèzi 명 (사람의) 키 | 连 lián 개 ~조차도 | 矮 ǎi 형 (키가) 작다

해설 '张明在家里是个子最高的(장밍은 집에서 키가 제일 크다)'를 통해 장밍이 가족 구성원 중에서 가장 큼을 알 수 있으므로 장밍은 그의 어머니보다 크다. 따라서 제시된 문장과 녹음 내용은 일치한다.

Tip 比자 비교문

형식	A + 比 + B + (更/还) + 형용사 + 구체적인 비교의 내용
해석	A는 B보다 (얼마만큼) ~하다
예문	我比他大三岁。 나는 그보다 세 살 더 많다.
주의사항	형용사 앞쪽에 일반적으로 사용하는 정도부사 很과 非常은 比자 비교문에서는 사용할 수 없고, 대신 更 또는 还를 쓴다.

6 ★☆☆	
李强非常爱开玩笑，而王勇却不喜欢好开玩笑的人，所以他们成不了朋友。	리치앙은 농담하는 것을 아주 좋아하지만, 왕용은 농담하는 사람을 싫어해서 그들은 친구가 될 수 없다.
★ 王勇是李强的朋友。 (×)	★ 왕용은 리치앙의 친구이다. (×)

단어 开玩笑 kāi wánxiào 농담하다 | 而 ér 접 ~지만 | 却 què 부 오히려 | 成 chéng 동 ~가 되다 | 不了 bù liǎo ~할 수(가) 없다, 그렇게 될 수 없다

해설 '成不了'는 '될 수 없다'라는 뜻으로 '他们成不了朋友(그들은 친구가 될 수 없다)'를 통해 리치앙과 왕용은 친구가 아님을 알 수 있다. 따라서 제시된 문장과 녹음 내용은 일치하지 않는다.

7 ★★★	
李明的字写得不错，但比起朱秀，还差得远呢。	리밍은 글씨를 제법 잘 쓰지만 주씨우와 비교하면 아직 멀었다.
★ 李明的字比朱秀写得好。 (×)	★ 리밍은 주씨우보다 글씨를 잘 쓴다. (×)

단어 差 chà 동 부족하다

해설 '还差得远'은 '아직 멀었다'라는 뜻으로 리밍도 글씨를 잘 쓰지만 주씨우와 비교하면 아직 멀었다. 따라서 리밍보다 주씨우가 글씨를 더 잘 쓰는 것이므로 제시된 문장과 녹음 내용은 일치하지 않는다.

8 ★★★

有很多人为了减肥而每天运动，绝对不在睡觉前吃东西。还有一些人常常连午饭、晚饭也不吃，时间长了，就得了厌食症，结果身体也变差了。	많은 사람들은 다이어트를 위해 매일 운동하고 잠자기 전에 절대로 음식을 먹지 않는다. 또 몇몇 사람들은 자주 점심과 저녁밥 조차도 먹지 않는데, 시간이 오래되면 거식증에 걸리고 결국 몸도 나빠지게 된다.
★ 为了减肥不吃饭对身体不好。 (√)	★ 다이어트를 위해 밥을 먹지 않는 것은 몸에 좋지 않다. (√)

단어 为了 wèile 개 ~을 하기 위하여 | 减肥 jiǎnféi 동 살을 빼다, 다이어트하다 | 而 ér 접 그리고 | 绝对 juéduì 부 절대로 | 还有 háiyǒu 접 그리고 | 常常 chángcháng 부 자주 | 连 lián 개 ~조차도 | 午饭 wǔfàn 명 점심밥 | 晚饭 wǎnfàn 명 저녁밥 | 得 dé 동 얻다 | 厌食症 yànshízhèng 명 거식증 | 结果 jiéguǒ 명 결과 | 变差 biànchà 나빠지다

해설 '得了厌食症(거식증에 걸린다)'과 '身体也变差(몸도 나빠진다)'를 통해 다이어트를 위해 밥을 먹지 않는 것은 몸에 좋지 않다는 것을 알 수 있다. 따라서 제시된 문장과 녹음 내용은 일치한다.

Tip
连 A 都/也 B A조차도 B하다
예 我连睡觉的时间也没有。나는 잠을 잘 시간조차도 없다.

9 ★★☆

你又不是不知道，这几笔生意谈得都不顺，不过今天英国方面传来了好消息。	당신이 모르는 것도 아니지만, 이 몇 건의 사업이 모두 순조롭지 않았습니다. 그런데 오늘 영국 쪽에서 좋은 소식이 들려왔습니다.
★ 最近生意上没什么好消息。 (×)	★ 요즘 사업상 좋은 소식이 없다. (×)

단어 又 yòu 부 또 | 笔 bǐ 양 (돈을 세는) 건 | 生意 shēngyi 명 사업 | 谈 tán 동 말하다 | 不顺 búshùn 형 순조롭지 않다 | 不过 búguò 접 그런데 | 英国 Yīngguó 명 영국 | 方面 fāngmiàn 명 방면, 쪽 | 传来 chuánlái 동 들려오다 | 消息 xiāoxi 명 소식

해설 사업이 순조롭지는 않았다고 했지만 그 뒤에 '传来了好消息(좋은 소식이 들려왔다)'라고 했으니, 요즘 사업상 좋은 소식이 없는 것은 아니다. 따라서 제시된 문장과 녹음 내용은 일치하지 않는다.

10 ★☆☆

学了半年汉语，玛丽觉得汉语的语音很难，常常有发不准的音，语法倒不难。	중국어를 반년 동안 배웠는데, 마리는 중국어 발음이 매우 어렵다고 생각해서 자주 부정확한 발음을 하지만 어법은 오히려 어렵지 않다고 생각한다.
★ 玛丽觉得汉语语法比较难。 (×)	★ 마리는 중국어의 어법이 비교적 어렵다고 생각한다. (×)

단어 半 bàn 수 절반 | 语音 yǔyīn 명 억양 | 难 nán 형 어렵다 | 准 zhǔn 형 정확하다 | 音 yīn 명 발음 | 语法 yǔfǎ 명 어법 | 倒 dào 부 오히려 | 比较 bǐjiào 부 비교적

해설 '语法倒不难(어법은 오히려 어렵지 않다)'을 통해 마리는 중국어의 어법이 비교적 어렵다고 생각하지 않음을 알 수 있다. 따라서 제시된 문장과 녹음 내용은 일치하지 않는다.

제2 · 3부분

미리보기 해석

제2부분 MP3-21

》 전략서 34p

11.
女: 该加油了，去机场的路上有加油站吗?
男: 有，你放心吧。

问: 男的主要是什么意思?
A 去机场 B 快到了
C 油是满的 D 有加油站

11.
여: 주유해야 하는데 공항 가는 길에 주유소가 있나요?
남: 있어요. 걱정 마세요.

질문: 남자의 말은 주로 무슨 의미인가?
A 공항에 간다 B 곧 도착한다
C 기름이 가득 차 있다 D 주유소가 있다

제3부분 MP3-22

》 전략서 34p

26.
男: 把这个材料复印5份，一会儿拿到会议室发给大家。
女: 好的。会议是下午三点吗?
男: 改了。三点半，推迟了半个小时。
女: 好，602会议室没变吧?
男: 对，没变。

问: 会议几点开始?
A 两点 B 三点
C 15:30 D 18:00

26.
남: 이 서류를 5부 복사하고 조금 후 회의실로 가져가서 모두에게 나누어 주세요.
여: 알겠습니다. 회의는 오후 3시인가요?
남: 바뀌었어요. 3시 반으로 30분 미루어졌습니다.
여: 네. 602호 회의실은 안 바뀌었죠?
남: 네. 안 바뀌었어요.

질문: 회의는 몇 시에 시작하는가?
A 2시 B 3시
C 3시 30분 D 6시

01. 시간을 묻는 문제

유형 확인 문제 MP3-25

》 전략서 37p

정답 1 A 2 A

1 ★★☆

男: 调查结果还没出来吗? 估计还要多长时间?
女: 按原来的计划大概是两周，但是我们可以提前完成，周末保证可以出来。

问: 结果什么时候出来?
A 周末 B 下周
C 两周后 D 下个月

남: 조사 결과는 아직 안 나왔나요? 얼마나 더 걸릴까요?
여: 원래 계획대로는 약 2주인데 저희는 좀 앞당겨서 완성할 수 있어요. 주말에 틀림없이 나올 겁니다.

질문: 결과는 언제 나오는가?
A 주말 B 다음 주
C 2주 후 D 다음 달

단어 调查 diàochá 동 조사하다 | 结果 jiéguǒ 명 결과 | 估计 gūjì 동 추측하다 | 按 àn 개 ~에 따라서 | 原来 yuánlái 형 원래의 | 计划 jìhuà 명 계획 | 大概 dàgài 부 대략 | 周 zhōu 명 주 | 提前 tíqián 동 (예정된 시간을) 앞당기다 | 完成 wánchéng 동 완수하다 | 周末 zhōumò 명 주말 | 保证 bǎozhèng 동 확실히 책임지다 | 下周 xiàzhōu 명 다음 주 | 下个月 xiàgèyuè 명 다음 달

해설 서로 다른 두 가지 시간을 잘 들어야 하는 문제이다. 여자의 말에 두 가지 키워드가 있는데 하나는 '原来(원래)'로 '按原来的计划大概是两周(원래 계획대로는 약 2주이다)'라고 했기 때문에 상황에 변화가 생길 것임을 알 수 있다. 또 하나는 '周末保证可以出来(주말에 틀림없이 나올 것이다)'로 결과는 2주 후가 아닌 주말에 나온다는 것을 알 수 있으므로 정답은 A이다.

2 ★★☆	
男：他又迟到了。 女：是啊，现在已经十点了，会都开了一个小时了。	남: 그는 또 지각이네. 여: 맞아, 지금 벌써 10시야. 회의 시작한 지 한 시간이나 되었어.
问：从对话可以知道几点开会？	질문: 대화를 통해 회의는 몇 시에 시작했음을 알 수 있는가?
A 九点　　B 八点 C 十点　　D 八点半	A 9시　　B 8시 C 10시　　D 8시 반

단어 又 yòu 부 또 | 迟到 chídào 동 지각하다 | 对话 duìhuà 명 대화 | 开会 kāihuì 동 회의를 열다

해설 현재의 시간과 회의가 진행된 시간 두 가지가 나온다. '现在已经十点了，会都开了一个小时了(지금 벌써 10시다. 회의 시작한 지 한 시간이나 되었다)'를 통해 현재 시간은 10시이고 회의를 시작한 지 한 시간이 지났으므로, 회의는 10시에서 한 시간 전인 9시에 시작했음을 알 수 있다. 따라서 정답은 A이다.

02. 장소를 묻는 문제

유형 확인 문제 MP3-28

》 전략서 39p

정답 1 A 2 A

1 ★☆☆	
男：小姐，这电影票票价是不是算错了？ 女：没错，今天小孩儿打折，大人不打折。	남: 아가씨, 이 영화표 가격이 잘못 계산된 것 아닌가요? 여: 틀리지 않았습니다. 오늘 어린이는 할인되고, 어른은 할인이 되지 않습니다.
问：他们最有可能在哪儿？	질문: 그들은 어디에 있을 가능성이 가장 큰가?
A 电影院　　B 商店 C 火车站　　D 机场	A 영화관　　B 상점 C 기차역　　D 공항

단어 电影票 diànyǐngpiào 명 영화표 | 票价 piàojià 명 표값 | 算错 suàncuò 잘못 계산하다 | 小孩 xiǎohái 명 어린이 | 打折 dǎzhé 동 할인하다 | 大人 dàren 명 어른 | 电影院 diànyǐngyuàn 명 영화관

해설 '电影票(영화표)'를 통해 그들은 영화관에 있다는 것을 알 수 있으므로 정답은 A이다.

2 ★★☆

女: 把姓名、年龄、性别、联系电话，都写在这张表上。	여: 성명, 나이, 성별, 연락처를 모두 다 이 표에 써 주세요.
男: 好的，是在一楼打针吗?	남: 알겠습니다. 일층에서 주사를 맞나요?
女: 对，一楼，就在对面，一会儿请把这张表交给护士。	여: 네. 일층이요. 바로 맞은편에 있습니다. 잠시 후에 이 표를 간호사에게 제출하세요.
男: 好的，谢谢你。	남: 알겠습니다. 감사합니다.
问: 男的最可能在哪儿?	질문: 남자는 어디에 있을 가능성이 가장 큰가?
A 医院　B 宾馆 C 图书馆　D 体育场	A 병원　B 호텔 C 도서관　D 운동장

단어 把 bǎ 개 ~을, 를 | 姓名 xìngmíng 명 이름 | 年龄 niánlíng 명 나이 | 性别 xìngbié 명 성별 | 联系电话 liánxì diànhuà 명 연락처 | 张 zhāng 양 (종이를 세는) 장 | 表 biǎo 명 표, 양식 | 楼 lóu 명 층 | 打针 dǎzhēn 동 주사를 맞다 | 对面 duìmiàn 명 맞은편 | 一会儿 yíhuìr 수량 조금 후, 곧 | 交 jiāo 동 제출하다 | 护士 hùshi 명 간호사 | 图书馆 túshūguǎn 명 도서관 | 体育场 tǐyùchǎng 명 운동장

해설 보기를 통해 장소와 관련된 문제임을 알 수 있다. 대화 첫 부분을 들었을 때 우선 어느 곳에서 이렇게 개인 정보를 기입하라고 하는지 생각해 보아야 한다. '是在一楼打针吗?(일층에서 주사를 맞는가?)'를 통해 그들이 병원에 있다는 것을 추측할 수 있다. 게다가 그 다음 대화에서 '请把这张表交给护(이 표를 간호사에게 제출하세요)'라고 했으니 남자는 병원에 있다는 것을 확신할 수 있다. 따라서 정답은 A이다.

03. 인물에 대해 묻는 문제

유형 확인 문제 MP3-31

》 전략서 41p

정답 1 C 2 B

1 ★☆☆

女: 你好，我在这里买家具，你们负责送吗?	여: 안녕하세요. 여기서 가구를 사면 배송해 주나요?
男: 当然，我们免费在24小时内送到您要求的地方。	남: 당연하죠. 저희는 무료로 24시간 내에 손님께서 원하는 곳으로 배송해 드립니다.
问: 男的是做什么的?	질문: 남자는 무엇을 하는 사람인가?
A 医生　B 导游 C 卖家具的　D 开出租车的	A 의사　B 가이드 C 가구 판매원　D 택시 기사

단어 家具 jiājù 명 가구 | 负责 fùzé 동 책임지다 | 当然 dāngrán 형 당연하다 | 免费 miǎnfèi 동 무료로 하다 | 内 nèi 명 안, 안쪽 | 要求 yāoqiú 명 요구 | 地方 dìfang 명 장소 | 导游 dǎoyóu 명 가이드

해설 보기를 통해 직업과 관련된 문제임을 알 수 있다. 대화에서 남자가 무엇을 하는 사람인지 직접적으로 말하고 있지는 않지만 '在这里买家具(여기서 가구를 사다)'라는 여자의 말을 통해 남자가 가구 판매원임을 알 수 있다. 보기 중 의사와 가이드는 비교적 쉽게 배제할 수 있지만 택시 기사는 '送到您要求的地方(손님께서 원하는 곳으로 배송해 드립니다)'이라고 한 남자의 말로 인해 정답으로 오인할 수도 있다. 하지만 택시는 무료 서비스가 없기 때문에 '免费(무료로 하다)'를 들었다면 이 보기도 쉽게 배제할 수 있을 것이다. 따라서 정답은 C이다.

2 ★☆☆

女: 我刚才在学校里遇见李明了，跟他打招呼，他好像没看到我。
男: 不可能，他还在国外学习，没回来呢。你一定认错了，那是他哥哥吧。

问: 女的刚才遇见了谁?
A 李明　B 李明的哥哥
C 李明的弟弟　D 李明的同学

여: 나 방금 학교에서 리밍을 만났어. 그에게 인사를 했는데 아마 나를 못 본 것 같아.
남: 그럴 리 없어. 리밍은 아직 외국에서 공부하는 중이라 돌아오지 않았어. 너가 틀림없이 잘못 본 거야. 그건 리밍의 형이겠지.

질문: 여자는 방금 누구를 만났는가?
A 리밍　B 리밍의 형
C 리밍의 동생　D 리밍의 동창

단어 刚才 gāngcái 명 방금 | 遇见 yùjiàn 동 만나다 | 跟 gēn 개 ~와, ~과 | 打招呼 dǎzhāohu 동 인사하다 | 好像 hǎoxiàng 부 마치 ~과 같다 | 国外 guówài 명 외국 | 一定 yídìng 부 반드시 | 认错 rèncuò 동 잘못 인식하다

해설 대화에서 '李明(리밍)'과 '他哥哥(리밍의 형)'가 언급되었다. 여자가 리밍을 만났다고 했지만 남자는 리밍이 아닌 이유를 말하며 리밍의 형이라 확신하고 있다. 따라서 여자는 방금 리밍의 형을 만났다고 유추할 수 있으므로 정답은 B이다.

05. 행동 및 계획을 묻는 문제

유형 확인 문제 MP3-35 》 전략서 44p

정답 1 C 2 A 3 D

1 ★★★

男: 明天我们一起去打网球，好吗?
女: 我上午要去使馆办签证，我回来以后直接去找你。

问: 他们明天一起做什么?
A 办签证　B 去学校
C 打网球　D 打羽毛球

남: 내일 우리 같이 테니스 치러 가자. 어때?
여: 나는 오전에 대사관으로 비자 신청하러 가야 해. 돌아와서 너한테 바로 찾아 갈게.

질문: 그들은 내일 무엇을 같이 하는가?
A 비자 신청하기　B 학교 가기
C 테니스 치기　D 배드민턴 치기

단어 打 dǎ 동 (운동을) 하다 | 网球 wǎngqiú 명 테니스 | 使馆 shǐguǎn 명 대사관 | 办 bàn 동 처리하다 | 签证 qiānzhèng 명 비자 | 以后 yǐhòu 명 이후 | 直接 zhíjiē 형 직접적인 | 羽毛球 yǔmáoqiú 명 배드민턴

해설 '好吗(어때)'라는 말로 의견을 구하면 대답은 동의 아니면 거절이다. 여자의 대답인 '我回来以后直接去找你(돌아와서 너한테 바로 찾아 갈게)'를 통해 그들은 내일 테니스를 같이 칠 것임을 알 수 있다. 따라서 정답은 C이다.

2 ★☆☆

男: 请问这儿附近有加油站吗? 我汽车没油了。
女: 有，你再往前开50米就到了。

问: 男的要干什么?
A 给车加油　B 买食用油
C 上班　D 回家

남: 이 근처에 주유소가 있나요? 제 차에 기름이 없어요.
여: 있습니다. 앞쪽으로 50미터 더 가면 나옵니다.

질문: 남자는 무엇을 하려고 하는가?
A 차에 주유한다　B 식용유를 산다
C 출근한다　D 집에 돌아간다

단어 **附近** fùjìn 명 근처 | **加油站** jiāyóuzhàn 명 주유소 | **油** yóu 명 기름 | **米** mǐ 양 미터 | **加油** jiāyóu 동 기름을 넣다 | **食用油** shíyòngyóu 명 식용유

해설 '有加油站吗?(주유소가 있는가?)'라고 물으면서 차에 기름이 없다고 했으므로 남자는 차에 주유하려는 것임을 알 수 있다. 따라서 정답은 A이다.

3 ★☆☆

女: 你有李大夫的手机号吗?	여: 당신은 닥터 리 휴대 전화 번호가 있나요?
男: 他最近好像换了个号，我没有他的新号。	남: 그는 최근에 번호를 바꾼 거 같아요. 그의 새 번호는 없어요.
女: 那怎么办呢? 我有点儿事要找他。	여: 그럼 어떡하지요? 닥터 리 만나야 될 일이 좀 있는데.
男: 我有他家里的电话，你打他家里的电话吧。	남: 저 그의 집 전화(번호)가 있어요. 집 전화로 전화해 봐요.
问: 女的想做什么?	질문: 여자는 무엇을 하려고 하는가?
A 买手机 B 去亲戚家	A 휴대 전화를 산다 B 친척 집에 간다
C 交电话费 D 找李大夫	C 전화비를 낸다 D 닥터 리를 찾는다

단어 **大夫** dàifu 명 의사 | **最近** zuìjìn 명 최근 | **好像** hǎoxiàng 부 마치 ~과 같다 | **换** huàn 동 바꾸다 | **亲戚** qīnqi 명 친척 | **交** jiāo 동 내다 | **电话费** diànhuàfèi 명 전화비

해설 대화 시작부터 여자가 '你有李大夫的手机号吗?(당신은 닥터 리 휴대 전화 번호가 있는가?)'라고 물은 것으로 보아 여자가 닥터 리를 찾고 있다는 것을 알 수 있다. 두 번째 말에서는 보다 분명하게 '我有点儿事要找他(닥터 리 만나야 될 일이 좀 있다)'라고 했으므로 여자는 닥터 리를 찾는다는 것을 알 수 있다. 따라서 정답은 D이다.

06. 사건의 원인과 결과를 묻는 문제

유형 확인 문제 MP3-39

》 전략서 47p

정답 1 A 2 B

1 ★★☆

男: 我上午发的那份传真你收到了吧?	남: 제가 오전에 보낸 그 팩스 받으셨죠?
女: 没收到。等等，我看一下，抱歉，没纸了，麻烦您再发一遍吧。	여: 못 받았어요. 잠깐만요, 제가 좀 볼게요. 죄송합니다, 종이가 없었네요. 죄송하지만 다시 한 번 보내 주세요.
问: 女的为什么没收到传真?	질문: 여자는 왜 팩스를 받지 못했는가?
A 没纸了	A 종이가 없었다
B 男的没发	B 남자가 보내지 않았다
C 打印机坏了	C 프린터가 고장 났다
D 传真机坏了	D 팩스가 고장 났다

단어 发 fā 동 보내다 | 份 fèn 양 (문건을 세는) 부 | 传真(机) chuánzhēn(jī) 명 팩스 | 收到 shōudào 받다 | 抱歉 bàoqiàn 형 죄송합니다 | 纸 zhǐ 명 종이 | 麻烦 máfan 동 번거롭게 하다 | 遍 biàn 양 번, 회, 차례 | 打印机 dǎyìnjī 명 프린터 | 坏了 huài le 망가지다

해설 '没纸了(종이가 없다)'를 통해 팩스를 받지 못한 직접적인 원인을 알 수 있고, '麻烦您再发一遍吧(죄송하지만 다시 한 번 보내 주세요)'를 통해 팩스는 고장 나지 않았음을 알 수 있다. 따라서 정답은 A이다.

2 ★☆☆

男: 最近怎么一直没见你出来锻炼啊?
女: 工作太忙了，所以没有时间。

问: 女的为什么没有出来锻炼?

A 生病了　　B 太忙了
C 不喜欢　　D 忘了

남: 최근에 왜 계속 운동하러 오시는 걸 못 봤지요?
여: 일이 너무 바빠서 시간이 없었어요.

질문: 여자는 왜 운동을 하러 오지 않았는가?

A 아팠다　　B 너무 바빴다
C 좋아하지 않는다　　D 잊었다

단어 最近 zuìjìn 명 최근 | 一直 yìzhí 부 계속 | 锻炼 duànliàn 동 (몸을) 단련하다 | 忘 wàng 동 잊다

해설 '最近怎么一直没见你出来锻炼啊?(최근에 왜 계속 운동하러 오는 걸 못 봤는가?)'라고 한 남자의 말을 통해 질문은 여자가 운동하러 오지 않은 이유와 관련된 것임을 알 수 있다. 이어진 여자의 말 '工作太忙了(일이 너무 바빴다)'를 통해 여자는 너무 바빠서 운동을 하러 오지 못했음을 알 수 있으므로 정답은 B이다.

07. 행위나 활동의 방식을 묻는 문제

유형 확인 문제  MP3-41

》 전략서 48p

정답 1 D

1 ★★☆

男: 你平时怎么和朋友联系的?
女: 我以前喜欢打电话， 但是现在喜欢在网上聊天。

问: 女的现在喜欢怎么联系朋友?

A 打电话　　B 写信
C 见面　　D 上网聊天

남: 넌 평소 친구와 어떻게 연락하니?
여: 예전에는 전화하는 것을 좋아했지만 지금은 인터넷으로 채팅하는 것을 좋아해.

질문: 여자는 현재 친구와 어떻게 연락하는 것을 좋아하는가?

A 전화한다　　B 편지를 쓴다
C 만난다　　D 인터넷 채팅을 한다

단어 平时 píngshí 명 평소 | 联系 liánxì 동 연락하다 | 以前 yǐqián 명 예전 | 网上聊天 wǎngshàng liáotiān 명 인터넷 채팅 | 写信 xiě xìn 편지를 쓰다 | 上网 shàngwǎng 동 인터넷을 하다 | 聊天 liáotiān 동 수다 떨다

해설 여자는 과거와 현재 두 가지 상황에 대해 이야기하고 있다. 질문은 현재 상황을 물었기 때문에 '但是' 뒤의 '现在喜欢在网上聊天(지금은 인터넷으로 채팅하는 것을 좋아한다)'을 통해 여자는 현재 친구와 인터넷 채팅으로 연락하는 것을 좋아한다고 유추할 수 있다. 따라서 정답은 D이다.

08. 관점 및 태도를 묻는 문제

 MP3-44

》 전략서 50p

정답 1 C 2 C

1 ★★☆

男: 你觉得这个方案怎么样? 女: 还可以，没什么问题了。 问: 女的对这个方案态度怎么样? A 反对 B 不明确 C 支持 D 既不支持也不反对	남: 당신은 이 방안이 어떤 것 같나요? 여: 괜찮습니다. 별 문제 없습니다. 질문: 이 방안에 대한 여자의 태도는 어떠한가? A 반대한다 B 명확하지 않다 C 지지한다 D 지지하지도 않고 반대하지도 않는다

단어 **方案** fāng'àn 명 방안 | **态度** tàidu 명 태도 | **反对** fǎnduì 동 반대하다 | **明确** míngquè 형 명확하다 | **支持** zhīchí 동 지지하다 | **既** jì 접 ~할 뿐만 아니라

해설 남자가 여자에게 이 방안이 어떤지 물었는데, 이것이 곧 이 문제의 질문이므로 주의해서 들어야 한다. 여자의 대답 '还可以(괜찮다)'를 통해 반대하지 않음을 알 수 있고, '没什么问题了(별 문제 없다)'를 통해서도 이 방안을 지지한다는 것을 알 수 있다. 따라서 정답은 C이다.

2 ★☆☆

女: 你想出国， 应该去问问李明。 男: 可不是， 他可是非常有经验的。 问: 男的是什么意思? A 李明没有经验 B 李明不常出国 C 李明很有经验 D 李明很聪明	여: 당신 외국에 가고 싶으면 리밍한테 가서 좀 물어 봐야 해요. 남: 물론이지요. 그는 경험이 참 많아요. 질문: 남자의 말은 무슨 의미인가? A 리밍은 경험이 없다 B 리밍은 외국에 자주 가지 않는다 C 리밍은 경험이 매우 많다 D 리밍은 매우 똑똑하다

단어 **出国** chūguó 동 출국하다 | **应该** yīnggāi 조동 ~해야 한다 | **可不是** kě búshì 그렇고 말고요 | **可是** kěshì 부 대단히, 참으로 | **经验** jīngyàn 명 경험 | **常** cháng 부 자주 | **聪明** cōngming 형 똑똑하다

해설 이 문제에서 주의해야 할 것은 남자가 말한 '可不是(물론이다)'와 '他可是非常有经验(그는 경험이 참 많다)'의 '可是'이다. '可不是'는 부정이 아닌 긍정의 의미를 나타내고, '可是'도 전환 관계를 나타내는 '그러나'가 아닌 긍정을 강조하는 역할이다. 따라서 남자의 말은 리밍은 경험이 매우 많다는 의미이므로 정답은 C이다.

10. 대화를 통해 이해할 수 있는 상황을 묻는 문제

유형 확인 문제 MP3-48

》 전략서 53p

정답 1 B 2 D

1 ★★☆

女: 今天天气不是很冷，你怎么穿这么厚? 男: 就是因为昨天穿得太少，今天感冒了，不停地咳嗽。	여: 오늘 날씨가 아주 춥지도 않는데 왜 이렇게 두껍게 입었어요? 남: 어제 너무 적게 입었더니 오늘 감기에 걸려서 계속 기침이 나요.
问: 男的怎么了? A 肚子疼 B 感冒了 C 觉得热 D 穿得太少	질문: 남자는 어떠한가? A 배가 아프다 B 감기에 걸렸다 C 덥다고 느낀다 D 너무 적게 입었다

단어 厚 hòu 형 두껍다 | 感冒 gǎnmào 동 감기에 걸리다 | 不停 bùtíng 부 계속해서 | 咳嗽 késou 동 기침하다 | 肚子 dùzi 명 복부 | 疼 téng 형 아프다

해설 '昨天穿得太少(어제 너무 적게 입었다)'를 듣고 D를 정답으로 고를 수 있지만 적게 입은 것은 어제의 일이며 감기에 걸린 원인이므로 오답이다. '今天感冒了(오늘 감기에 걸렸다)'라고 직접적으로 언급했으므로 정답은 B이다.

2 ★★☆

女: 危险！你开得太快了。 男: 好吧，好吧。我开慢点儿。 女: 你现在把车停下，我来开，我真受不了你了。 男: 干什么呀? 你不是也刚学会几天吗? 女: 至少比你开得慢。	여: 위험해요! 당신 너무 빨리 달려요. 남: 알았어요, 알았어요. 천천히 운전할게요. 여: 지금 차 좀 세워요. 내가 운전할게요. 당신 정말 못 참겠어요. 남: 뭐 하는 거예요? 당신도 배운지 며칠 밖에 안 됐잖아요? 여: 적어도 당신보다는 천천히 몰아요.
问: 通过对话，可以知道什么? A 撞车了 B 车速太慢 C 他们是记者 D 女的很小心	질문: 대화를 통해서 알 수 있는 것은 무엇인가? A 차가 충돌했다 B 차 속도가 너무 느리다 C 그들은 기자이다 D 여자는 아주 조심스럽다

단어 危险 wēixiǎn 형 위험하다 | 把 bǎ 개 ~을, ~를 | 车 chē 명 자동차 | 停 tíng 동 세우다 | 受不了 shòubuliǎo 동 참을 수 없다 | 干 gàn 동 (일을) 하다 | 刚 gāng 부 막 | 几天 jǐtiān 명 며칠 | 至少 zhìshǎo 부 적어도 | 撞车 zhuàngchē 동 차량이 서로 충돌하다 | 车速 chēsù 명 차의 속력 | 记者 jìzhě 명 기자 | 小心 xiǎoxīn 형 조심스럽다

해설 여자는 남자가 운전하는 것을 보고 '你开得太快了(당신 너무 빨리 달린다)'라고 하였고, 자신이 운전하겠다고 한 후 '比你开得慢(당신보다는 천천히 몬다)'이라고 했다. 이를 통해 여자는 아주 조심스럽다는 것을 알 수 있으므로 정답은 D이다.

정답

제2부분	11 D	12 C	13 B	14 B	15 B
	16 D	17 A	18 C	19 B	20 C
	21 D	22 A	23 C	24 B	25 B
제3부분	26 A	27 C	28 A	29 C	30 B
	31 D	32 B	33 D	34 A	35 C

11 ★☆☆

男: 听说上个月你们去长城了，感觉怎么样？
女: 相当雄伟。我花了三个小时走完了八达岭长城，到了长城的最高点。

问: 女的用了多长时间走完八达岭长城？
A 五个小时　B 一个小时
C 两个小时　D 三个小时

남: 지난달 너희들 만리장성에 갔었다며, 어땠니?
여: 상당히 웅장했어. 나는 세 시간 동안 바다링 장성을 다 걸어 만리장성의 가장 높은 곳까지 올라갔어.

질문: 여자는 바다링 장성을 다 걷는데 얼마나 걸렸는가?
A 5시간　B 1시간
C 2시간　D 3시간

단어 长城 Chángchéng 명 '만리장성'의 줄임말 [万里长城 Wànlǐ chángchéng] | 感觉 gǎnjué 명 느낌 | 相当 xiāngdāng 부 상당히 | 雄伟 xióngwěi 형 웅장하다 | 花 huā 동 쓰다, 소비하다 | 八达岭 Bādálǐng 명 바다링 | 用 yòng 동 사용하다

해설 '花'는 '꽃'이 아닌 '(시간이나 돈을) 쓰다'라는 뜻으로 '我花了三个小时走完了八达岭长城(나는 세 시간 동안 바다링 장성을 다 걸었다)'을 통해 여자는 바다링 장성을 다 걷는데 3시간이 걸렸음을 알 수 있다. 따라서 정답은 D이다.

12 ★★☆

女: 你来北京三个月了，都去哪儿旅游了？
男: 我哪儿都没去，实在太忙了，每天要工作10个小时，还没抽出时间去旅游呢。

问: 男的到北京工作后过得怎么样？
A 经常去旅行
B 每天很轻松
C 没时间去旅行
D 游遍了北京

여: 베이징에 온지 3개월 됐는데 어디 여행 가 봤어요?
남: 아무데도 못 가 봤어요. 정말 너무 바빠서 매일 10시간씩 일해야 해요. 아직 여행갈 시간을 못 냈어요.

질문: 남자는 베이징에서 일한 후, 어떻게 지냈는가?
A 자주 여행을 간다
B 매일 굉장히 수월하다
C 여행갈 시간이 없었다
D 베이징을 여행했다

단어 北京 Běijīng 명 베이징 | 实在 shízài 부 정말 | 抽 chōu 동 빼내다 | 过 guò 동 (시간을) 보내다 | 经常 jīngcháng 부 자주 | 旅行 lǚxíng 동 여행하다 | 轻松 qīngsōng 형 수월하다 | 游 yóu 동 유람하다 | 遍 biàn 동 널리 ~하다

해설 '还没抽出时间去旅行呢(아직 여행갈 시간을 못 냈다)'를 통해 남자는 베이징에서 일한 후 여행갈 시간이 없을 만큼 바쁘게 지냈다는 것을 알 수 있다. 따라서 정답은 C이다.

Tip

过의 여러 가지 용법

발음	품사	의미	예문	
guo	동태조사	과거의 경험을 나타냄	吃过 먹어 봤다	去过 가 봤다
guò	동사	(시점을) 보내다, 지내다	过年 설을 쇠다	过生日 생일을 보내다
		(장소를) 지나다	过马路 길을 건너다	过红绿灯 신호등을 건너다

13 ★☆☆

男: 明天又到星期六了，你有什么打算?
女: 我想待在家里学习，下个星期就要考试了。

问: 明天女的会在哪儿?
A 学校　B 自己家里
C 同学家　D 教室

남: 내일 또 토요일이네. 너는 무슨 계획이 있니?
여: 나는 집에서 공부하려고, 다음 주면 곧 시험이야.

질문: 내일 여자는 어디에 있을 것인가?
A 학교　B 자기 집
C 친구 집　D 교실

단어 又 yòu 부 또 | 打算 dǎsuan 명 계획 | 待 dài 동 머물다 | 自己 zìjǐ 대 자신

해설 보기가 전부 장소이므로 장소와 관련된 말에 주의해서 들어야 한다. '在(~에서)' 뒤에는 보통 장소를 동반하기 때문에 '在'가 장소 문제의 핵심 키워드이다. '在家里学习(집에서 공부하다)'를 통해 내일 여자는 집에 있을 것임을 알 수 있다. 따라서 정답은 B이다.

14 ★★☆

女: 快点， 大家都在等你呢。
男: 急什么呀！火车下午五点才开，还有两个小时呢。

问: 现在几点?
A 下午两点　B 下午三点
C 下午五点　D 下午六点

여: 서둘러, 모두 널 기다리고 있어.
남: 뭐가 그리 급해! 기차는 오후 5시에나 출발해, 아직 2시간이나 남았어.

질문: 현재 몇 시인가?
A 오후 2시　B 오후 3시
C 오후 5시　D 오후 6시

단어 急 jí 동 초조해하다 | 才 cái 부 ~이 되어서야

해설 보기가 모두 시간으로 이런 문제는 보통 녹음 내용에 두 가지 이상의 시간과 행동이 등장한다. 따라서 어떤 행위를 어떤 시간에 했는지 메모하면서 들어야 한다. '火车下午五点才开， 还有两个小时呢(기차는 오후 5시에나 출발한다, 아직 2시간이나 남았다)'를 통해 기차 출발 시간이 오후 5시이고, 출발 시간으로부터 2시간 남았으니 현재는 오후 3시임을 알 수 있다. 따라서 정답은 B이다.

15 ★☆☆

男: 你最近在忙什么呀? 怎么总是见不到你? 女: 我儿子生病了，最近我每天都在家里照顾他，一步都离不开。 问: 女的为什么每天都在家里? A 在家照顾父母 B 儿子生病了 C 要做很多家务事 D 不想出去	남: 당신 요즘 뭐가 그리 바쁜 가요? 어떻게 항상 볼 수가 없나요? 여: 우리 아들이 아파서 요즘 매일 집에서 한 발자국도 안 나가고 아들을 돌보고 있어요. 질문: 여자는 왜 매일 집에 있는가? A 집에서 부모를 보살핀다 B 아들이 아프다 C 많은 집안일을 해야 한다 D 나가고 싶지 않다

단어 呀 ya 조 문장 끝에 쓰여 의문을 나타냄 | 总是 zǒngshì 부 줄곧 | 最近 zuìjìn 명 요즘 | 照顾 zhàogù 동 보살피다 | 离不开 lí bu kāi 떨어질 수 없다 | 家务事 jiāwùshì 명 집안일

해설 '儿子生病了(아들이 아프다)'를 통해 여자는 아들이 아프기 때문에 매일 집에 있다는 것을 알 수 있다. 따라서 정답은 B이다.

16 ★☆☆

女: 你明天能早点来学校吗? 我想请你帮我打扫一下教室。 男: 没问题，我早上六点到学校，上午有其他活动吗? 问: 明天早上六点他们去哪儿? A 朋友家　　B 家里 C 商店　　D 教室	여: 너 내일 좀 일찍 학교에 올 수 있어? 교실 청소하는 것 좀 도와 달라고 부탁하고 싶어. 남: 문제 없어, 나는 아침 6시에 학교에 도착해, 오전에 다른 활동 있니? 질문: 내일 아침 6시에 그들은 어디에 가는가? A 친구 집　　B 집 안 C 상점　　D 교실

단어 早点 zǎo diǎn 좀 일찍 | 打扫 dǎsǎo 동 청소하다 | 其他 qítā 대 (사람·사물에 쓰여) 기타 | 活动 huódòng 명 활동

해설 '我想请你帮我打扫一下教室(교실 청소하는 것 좀 도와 달라고 부탁하고 싶다)'를 통해 그들이 교실 청소를 할 것임을 알 수 있고, '我早上六点到学校(나는 아침 6시에 학교에 도착해)'를 통해 그들은 내일 아침 6시에 만날 것임을 유추할 수 있다. 이를 통해 내일 아침 6시에 그들은 교실에 청소하러 간다는 것을 알 수 있으므로 정답은 D이다.

17 ★★☆

男: 北京真棒，连飞机场都又漂亮又方便。 女: 早就听说首都机场非常大了，有机会我也去北京看看。 问: 男的是怎么去北京的? A 坐飞机　　B 坐火车 C 开汽车　　D 骑自行车	남: 베이징은 정말 대단하다, 공항조차도 예쁘고 편리해. 여: 진작부터 서우두 공항이 매우 크다고는 들었어, 기회가 되면 나도 베이징에 가서 봐야겠어. 질문: 남자는 베이징에 어떻게 간 것인가? A 비행기를 타고　　B 기차를 타고 C 차를 타고　　D 자전거를 타고

단어 棒 bàng 형 (수준이) 높다 | 连 lián 개 ~조차도 | 飞机场 fēijīchǎng 명 공항 | 方便 fāngbiàn 형 편리하다 | 早就 zǎojiù 진작 | 首都 shǒudū 명 수도 | 机会 jīhuì 명 기회 | 骑 qí 동 (자전거 등을) 타다 | 自行车 zìxíngchē 명 자전거

해설 '飞机场(공항)'과 '首都机场(서우두 공항)'을 통해 공항에 대해 이야기하고 있음을 알 수 있다. 공항 외에 다른 장소나 교통수단이 언급되지 않았으므로 남자는 베이징에 비행기를 타고 갔다는 것을 유추할 수 있다. 따라서 정답은 A이다.

Tip

新HSK 4급 듣기 영역에서 자주 출제되는 공항 관련 단어

机场 jīchǎng 공항	飞机 fēijī 비행기	护照 hùzhào 여권
签证 qiānzhèng 비자	登机 dēngjī 탑승하다	登机牌 dēngjīpái 탑승권
机票 jīpiào 비행기 표	安检 ānjiǎn 보안검사하다	空姐 kōngjiě 여 승무원
起飞 qǐfēi 이륙하다	降落 jiàngluò 착륙하다	航班 hángbān 항공편

18 ★★☆

女: 想参加这个比赛的话，必须填写申请表。
男: 请给我一张申请表。

问: 男的向女的要什么?
A 比赛的奖品　B 比赛的证书
C 申请表　D 比赛说明

여: 이 시합에 참가하고 싶으면 반드시 신청서를 작성하셔야 합니다.
남: 신청서 한 장 주세요.

질문: 남자는 여자에게 무엇을 요구했는가?
A 시합의 상품　B 시합의 증서
C 신청서　D 시합 설명

단어 参加 cānjiā 동 참가하다 | 比赛 bǐsài 명 시합 | 的话 dehuà 조 ~하다면 | 必须 bìxū 부 반드시 ~해야 한다 | 填写 tiánxiě 동 기입하다 | 申请表 shēnqǐngbiǎo 명 신청서 | 张 zhāng 양 (종이를 세는) 장 | 奖品 jiǎngpǐn 명 상품 | 证书 zhèngshū 명 증서 | 说明 shuōmíng 명 설명

해설 정답인 C를 제외하고 보기에 모두 '比赛(시합)'가 있고, 녹음 내용에서도 '比赛'를 언급했기 때문에 자세히 듣지 않으면 오답을 고르기 쉬운 문제이다. 하지만 남자의 말 '请给我一张申请表(신청서 한 장 주세요)'를 통해 남자는 여자에게 신청서를 요구했다는 것을 알 수 있다. 따라서 정답은 C이다.

19 ★★☆

男: 会议快开始了，李明怎么还没有来?
女: 他生病了，今天不来了。

问: 李明为什么不来参加会议?
A 他儿子生病了
B 他生病了
C 他快考试了
D 他在准备文件

남: 회의가 곧 시작하는데 리밍은 왜 아직 안 오나요?
여: 그는 병나서 오늘 오지 않아요.

질문: 리밍은 왜 회의에 참석하지 않은 것인가?
A 그의 아들이 병났다
B 그가 병났다
C 그는 곧 시험이다
D 그는 서류를 준비 중이다

단어 会议 huìyì 명 회의 | 参加 cānjiā 동 참가하다 | 文件 wénjiàn 명 문서

해설 보기 A와 B에 모두 '生病了(병이 나다)'가 있지만 여자가 '他生病了(그가 병났다)'라고 정확하게 리밍의 상황을 언급했으므로 정답은 B이다.

Tip 곧 ~할 것이다

要/快(要)/就(要)+동사/형용사+了

*快(要)…了는 구체적인 시간을 나타내는 말과 함께 쓰일 수 없다.

20 ★★★

女: 这次考试怎么样?	여: 이번 시험 어땠어?
男: 差点儿就没通过。	남: 하마터면 통과하지 못할 뻔 했어.
问: 男的考试怎么样?	질문: 남자의 시험은 어땠는가?
A 成绩很好	A 성적이 매우 좋다
B 差很多分通过	B 많은 점수 차이로 통과했다
C 刚好通过	C 간신히 통과했다
D 还差几分没通过	D 몇 점 차이로 통과하지 못했다

단어 差点儿 chàdiǎnr 부 하마터면 | 通过 tōngguò 동 통과되다 | 成绩 chéngjì 명 성적 | 差 chà 동 부족하다 | 分 fēn 양 점[성적 평가의 점수나 승부의 득점수] | 刚好 gānghǎo 형 꼭 알맞다

해설 '差点儿'의 용법을 알고 있는지 묻는 문제로 '差点儿' 뒤에 바라지 않던 일이 오면 그 일이 '발생할 뻔 했다'라고 해석하면 된다. '差点儿' 뒤에 '没通过(통과하지 못했다)'가 나왔으므로 간신히 통과했음을 알 수 있다. 따라서 정답은 C이다.

21 ★☆☆

男: 你都咳嗽好几天了还不见好，还是去医院看看吧。	남: 너 며칠 동안 기침하고 아직도 좋아지지 않은 것 같은데 병원에 가 보는 게 좋겠어.
女: 那你陪我一起去吧。	여: 그럼 나와 같이 가자.
问: 女的要去哪儿?	질문: 여자는 어디를 가려고 하는가?
A 商店　　B 学校	A 상점　　B 학교
C 药店　　D 医院	C 약국　　D 병원

단어 咳嗽 késou 동 기침하다 | 还是 háishi 부 ~하는 편이 더 좋다 | 陪 péi 동 동반하다 | 药店 yàodiàn 명 약국

해설 기침이 며칠째 나아지지 않는 여자에게 남자는 '还是去医院看看吧(병원에 가 보는 게 좋겠다)'라고 했고, 그 말에 여자는 같이 가자고 했으니 여자는 병원에 가려고 한다는 것을 알 수 있다. 따라서 정답은 D이다.

22 ★★★

女: 吃了药感觉好些了吗?	여: 약 먹고 좀 좋아진 거 같나요?
男: 还是老样子。	남: 여전히 그대로예요.

问: 男的是什么意思?
A 吃药没有用
B 病已经好了
C 病快好了
D 忘记吃药了

질문: 남자의 말은 무슨 의미인가?
A 약을 먹어도 소용이 없다
B 병이 이미 나았다
C 병이 거의 나았다
D 약 먹는 것을 잊었다

단어 感觉 gǎnjué 동 느끼다 | 老样子 lǎoyàngzi 명 옛 모습 | 用 yòng 명 효과 | 病 bìng 명 병 | 忘记 wàngjì 동 잊어버리다

해설 '老样子'의 의미를 알고 있는지 묻는 문제이다. '老样子'는 옛 모습이 그대로일 때 사용하므로, '还是老样子'는 '여전히 그대로이다'라는 의미이다. 약을 먹고 좋아졌냐는 여자의 질문에 남자는 여전히 그대로라고 했으므로 약을 먹어도 소용이 없음을 알 수 있다. 따라서 정답은 A이다.

23 ★★☆

男: 你一个人去上海吗? 我也一个人, 下了车可以陪你走, 帮你拿拿行李。
女: 不用了, 谢谢。下了火车, 我爸爸会开车来接我回家。

남: 당신 혼자 상하이에 가나요? 저도 혼자라 차에서 내려서 같이 가고 짐 드는 것도 도와줄 수 있어요.
여: 괜찮아요, 감사합니다. 기차에서 내리면 저희 아버지께서 차를 몰고 저를 마중 나오기로 하셨어요.

问: 根据对话可以知道什么?
A 他们是朋友
B 他们在上海
C 他们要去上海
D 他们在约会

질문: 대화에 근거하여 알 수 있는 것은 무엇인가?
A 그들은 친구이다
B 그들은 상하이에 있다
C 그들은 상하이에 가려고 한다
D 그들은 데이트 중이다

단어 上海 Shànghǎi 명 상하이 | 陪 péi 동 동반하다 | 拿 ná 동 (손으로) 잡다 | 行李 xíngli 명 짐 | 开车 kāichē 동 차를 운전하다 | 接 jiē 동 마중하다 | 根据 gēnjù 개 ~에 근거하여 | 对话 duìhuà 명 대화 | 约会 yuēhuì 동 만날 약속을 하다

해설 '你一个人去上海吗?(당신 혼자 상하이에 가는가?)'를 통해 그들은 아직 상하이가 아니고 상하이에 가려는 것임을 알 수 있다. 따라서 정답은 C이다.

24 ★★☆

女: 你晚饭后应该去散散步, 这样对身体有好处。
男: 我哪有时间, 晚上还有文件要整理。

여: 너는 저녁을 먹은 후에 산책을 가야 해. 이렇게 하면 건강에 좋아.
남: 내가 시간이 어디 있니, 저녁에 또 서류를 정리해야 해.

问: 男的晚上要做什么?
A 看电视　B 工作
C 学习　D 散步

질문: 남자는 저녁에 무엇을 해야 하는가?
A 텔레비전을 본다　B 일한다
C 공부한다　D 산책한다

단어 晚饭 wǎnfàn 명 저녁밥 | 应该 yīnggāi 조동 ~해야 한다 | 散步 sànbù 동 산책하다 | 好处 hǎochu 명 장점 | 文件 wénjiàn 명 서류 | 整理 zhěnglǐ 동 정리하다

해설 '晚上还有文件要整理(저녁에 또 서류를 정리해야 한다)'를 통해 남자는 저녁에 일해야 한다는 것을 알 수 있으므로 정답은 B이다.

25 ★★☆

男: 你匆匆忙忙的，去干什么?	남: 당신 바쁘게 뭐하러 가나요?
女: 我忘了一点钟要开会，中午睡过头了，现在时间快到了。	여: 1시에 회의하는 걸 깜빡하고 점심 때 늦잠을 자 버렸어요. 지금 회의 시간이 거의 다 됐어요.
问: 女的一点钟要干什么?	질문: 여자는 1시에 무엇을 하려고 하는가?
A 睡觉	A 잠자다
B 开会	B 회의하다
C 赶火车	C 기차 시간에 맞추다
D 约会	D 데이트하다

단어 匆匆忙忙 cōngcong mángmang 형 매우 바쁘다 | 干 gàn 동 (일을) 하다 | 忘 wàng 동 잊다 | 开会 kāihuì 동 회의를 하다 | 睡过头 shuìguòtóu 동 늦잠을 자다 | 赶 gǎn 동 (정해진 장소에) 가다 | 约会 yuēhuì 동 만날 약속을 하다

해설 '我忘了一点钟要开会(1시에 회의하는 걸 깜빡했다)'를 통해 여자는 1시에 회의한다는 것을 알 수 있다. 따라서 정답은 B이다.

26 ★★☆

女: 你怎么看上去没什么精神?	여: 당신 왜 기운이 없어 보이나요?
男: 身体不是很舒服。	남: 몸이 안 좋아서 그래요.
女: 是不是感冒了?	여: 감기 걸린 거 아닌가요?
男: 可能是，下午想去医院看看。	남: 아마도 그런 거 같아요, 오후에 병원 한번 가 보려고요.
女: 看完之后好好休息一下吧。	여: 다녀와서 푹 좀 쉬어요.
问: 男的怎么了?	질문: 남자는 어떠한가?
A 生病了	A 아프다
B 挨骂了	B 꾸중을 들었다
C 心情不好	C 기분이 안 좋다
D 丢东西	D 물건을 잃어버렸다

단어 看上去 kàn shàngqù 보아하니 | 精神 jīngshen 명 활력 | 舒服 shūfu 형 편안하다 | 感冒 gǎnmào 동 감기에 걸리다 | 之后 zhīhòu 명 ~후 | 挨骂 áimà 동 꾸중을 듣다 | 心情 xīnqíng 명 기분 | 丢 diū 동 잃어버리다

해설 감기에 걸린 것 아니냐는 여자의 질문에 남자가 '可能是(아마도 그런 것 같다)'라고 대답한 것을 통해 남자가 아프다는 것을 알 수 있다. 따라서 정답은 A이다.

27 ★★☆

男: 我借给你的那本书看完了吗?	남: 내가 너한테 빌려준 그 책 다 봤니?
女: 还没有，才看了一半。	여: 아직, 겨우 반 읽었어.
男: 不好看吗?	남: 재미없니?
女: 不是，最近忙着考试没有时间看。	여: 아니, 요즘 시험 때문에 바빠서 읽을 시간이 없었어.
男: 那你有空慢慢看吧。	남: 그럼 시간 날 때 천천히 봐.

问: 女的为什么没有看完男的借给她的书?	질문: 여자는 왜 남자가 빌려준 책을 다 보지 못했는가?
A 不好看	A 재미없다
B 忘了看	B 보는걸 깜빡했다
C 考试忙	C 시험 때문에 바쁘다
D 工作忙	D 일이 바쁘다

단어 借 jiè 동 빌리다 | 才 cái 부 겨우 | 一半 yíbàn 수 절반 | 最近 zuìjìn 명 최근 | 空 kòng 명 겨를, 짬 | 慢慢 mànman 형 천천히 | 忘 wàng 동 잊다

해설 보기 A의 '不好看'이 녹음 내용에 등장했지만 이어서 여자가 '不是'라고 부정했으므로 오답이다. '最近忙着考试没有时间看(요즘 시험 때문에 바빠서 읽을 시간이 없었다)'을 통해 여자는 시험 때문에 바빠서 남자가 빌려준 책을 다 보지 못했음을 알 수 있다. 따라서 정답은 C이다.

28 ★☆☆

女: 你喜欢放假吗?	여: 너 방학 좋아해?
男: 当然, 放了假就可以做我喜欢做的事情了。	남: 당연하지, 방학하면 내가 좋아하는 일을 할 수 있잖아.
女: 你暑假准备干什么?	여: 여름 방학 때 뭐 할 생각이야?
男: 我先去上个兴趣班, 然后去旅游。	남: 우선 취미 반을 듣고 나서 여행을 갈거야.
女: 挺有计划的。	여: 정말 계획적이구나.
问: 他们在谈什么?	질문: 그들은 무엇을 이야기하고 있는가?
A 暑假　　B 学习	A 여름 방학　　B 공부
C 工作　　D 衣服	C 일　　D 옷

단어 放假 fàngjià 동 방학하다 | 当然 dāngrán 부 당연히 | 暑假 shǔjià 명 여름 방학 | 干 gàn 동 (일을) 하다 | 先 xiān 부 먼저 | 兴趣 xìngqù 명 흥미 | 然后 ránhòu 접 그런 후에 | 挺 tǐng 부 상당히 | 计划 jìhuà 명 계획 | 谈 tán 동 말하다

해설 무엇에 대해 이야기하는지 묻는 문제이다. '放假(방학하다)', '放了假(방학했다)', '暑假(여름 방학)' 총 세 번에 걸친 힌트를 통해 그들은 여름 방학에 대해 이야기하고 있음을 알 수 있다. 따라서 정답은 A이다.

29 ★☆☆

男: 快点, 要迟到了!	남: 서둘러, 지각하겠어.
女: 别急, 还有二十分钟呢。	여: 조급해하지 마, 아직 20분 남았어.
男: 九点开会, 现在已经八点五十了。	남: 9시에 회의인데, 지금 이미 8시 50분이야.
女: 怎么可能? 我的手表是八点四十啊!	여: 그럴 리가? 내 손목시계는 8시 40분이야!
男: 你手表慢了, 快点。	남: 네 손목시계가 느려졌네, 서둘러.
问: 女的手表怎么了?	질문: 여자의 손목시계는 어떠한가?
A 坏了　　B 快了	A 망가졌다　　B 빨라졌다
C 慢了　　D 丢了	C 느려졌다　　D 잃어버렸다

단어 迟到 chídào 동 지각하다 | 开会 kāihuì 동 회의를 하다 | 坏了 huài le 망가지다 | 丢 diū 동 잃어버리다

해설 '你手表慢了(네 손목시계가 느려졌다)'를 통해 여자의 손목시계가 느려졌다는 것을 알 수 있다. 따라서 정답은 C이다.

30 ★★★

女: 起床了！
男: 再睡一会儿， 还早呢。
女: 你要迟到了， 已经七点半了。
男: 啊， 要迟到了。
女: 赶紧， 还有半个小时上课。

问: 几点上课?
A 九点　B 八点
C 七点　D 六点

여: 일어나!
남: 조금만 더 잘래, 아직 일러.
여: 너 지각하겠어, 벌써 7시 반이야.
남: 아, 지각하겠네.
여: 서둘러, 30분 있으면 수업이야.

질문: 수업은 몇 시인가?
A 9시　B 8시
C 7시　D 6시

단어 **一会儿** yíhuìr 수량 잠깐 동안 | **迟到** chídào 동 지각하다 | **赶紧** gǎnjǐn 부 서둘러

해설 녹음 내용에 나온 시간은 '七点半(7시 반)'과 '半个小时(30분)'로 약간의 계산이 필요한 문제이다. 지금은 7시 반이며 30분 뒤에 수업이므로 수업은 8시라는 것을 알 수 있다. 따라서 정답은 B이다.

31 ★☆☆

男: 我爷爷对我特别好，每年都记得我的生日，送我一份礼物。
女: 今年生日他送你什么了?
男: 两张去海南的机票，那是我一直向往的地方。
女: 真不错，你应该请你的爷爷一起去。

问: 男的收到了什么生日礼物?
A 书　B 自行车
C 玩具　D 机票

남: 우리 할아버지는 나한테 너무 잘해 주셔. 매년 내 생일을 기억하시고 선물을 주시지.
여: 올해 생일에는 할아버지가 너한테 무슨 선물을 주셨니?
남: 하이난 행 비행기 표 두 장, 그곳은 내가 줄곧 가고 싶었던 곳이야.
여: 진짜 좋겠다, 꼭 할아버지 모시고 가.

질문: 남자는 생일 선물로 무엇을 받았는가?
A 책　B 자전거
C 장난감　D 비행기 표

단어 **爷爷** yéye 명 할아버지 | **特别** tèbié 부 특히 | **每年** měinián 명 매년 | **记得** jìde 동 기억하고 있다 | **礼物** lǐwù 명 선물 | **今年** jīnnián 명 올해 | **张** zhāng 양 (종이나 가죽 등을 세는) 장 | **海南** Hǎinán 명 하이난성 | **机票** jīpiào 명 비행기 표 | **一直** yìzhí 부 줄곧 | **向往** xiàngwǎng 동 갈망하다 | **地方** dìfang 명 장소 | **不错** búcuò 형 좋다 | **应该** yīnggāi 조동 ~해야 하다 | **收到** shōudào 받다 | **自行车** zìxíngchē 명 자전거 | **玩具** wánjù 명 장난감

해설 '两张去海南的机票(하이난 행 비행기 표 두 장)'를 통해 남자는 생일 선물로 비행기 표를 받았다는 것을 알 수 있다. 따라서 정답은 D이다.

32 ★☆☆

女: 请登记一下。
男: 好的， 这里是填身份证号码吗?
女: 是的。
男: 人事科在几楼?
女: 在三楼。

여: 기입 부탁드립니다.
남: 알겠습니다, 여기에 신분증 번호를 쓰나요?
여: 맞습니다.
남: 인사과는 몇 층에 있나요?
여: 3층에 있습니다.

问: 人事科在第几层?		질문: 인사과는 몇 층에 있는가?	
A 第二层	B 第三层	A 2층	B 3층
C 第四层	D 第五层	C 4층	D 5층

단어 登记 dēngjì 동 기입하다 | 填 tián 동 채우다 | 身份证 shēnfènzhèng 명 신분증 | 号码 hàomǎ 명 번호 | 人事科 rénshìkē 명 인사과 | 楼 lóu 양 층 | 层 céng 명 층

해설 '楼'와 '层'은 모두 '층'이라는 의미이다. 인사과는 몇 층에 있냐는 남자의 질문에 여자는 '在三楼(3층에 있다)'라고 했으므로 인사과는 3층에 있음을 알 수 있다. 따라서 정답은 B이다.

33 ★★☆

男: 我把书落在宿舍了。 女: 不会吧，你来上课竟然忘记带书！ 男: 怎么办啊? 女: 别急， 赶紧打电话让你的室友帮你带过来。	남: 나 책을 기숙사에 두고 왔어. 여: 그럴 리가, 넌 수업하러 오는데 책 가져오는 걸 까먹니! 남: 어떻게 하지? 여: 조급해하지 마, 네 룸메이트한테 빨리 전화해서 가져와 달라고 해.
问: 男的最有可能在哪里? A 宿舍 B 图书馆 C 银行 D 教室	질문: 남자는 어디에 있을 가능성이 가장 큰가? A 기숙사 B 도서관 C 은행 D 교실

단어 把 bǎ 개 ~을, ~를 | 落 là 동 빠뜨리다 | 宿舍 sùshè 명 기숙사 | 竟然 jìngrán 부 뜻밖에도 | 忘记 wàngjì 동 잊어버리다 | 带 dài 동 지니다 | 急 jí 동 초조해하다 | 赶紧 gǎnjǐn 부 재빨리 | 室友 shìyǒu 명 룸메이트 | 图书馆 túshūguǎn 명 도서관 | 银行 yínháng 명 은행

해설 장소를 묻는 문제이지만 정답인 장소에 대한 직접적인 언급은 하지 않았다. '落在宿舍(기숙사에 두고 왔다)'를 통해 남자는 이미 기숙사를 떠났음을 알 수 있으므로 기숙사는 오답이다. '你来上课竟然忘记带书(넌 수업하러 오는데 책 가져오는 걸 까먹냐)'를 통해 남자는 현재 수업하러 교실에 왔음을 알 수 있으므로 정답은 D이다.

34 ★☆☆

女: 请问有没有明天到杭州的火车票? 男: 什么时候的? 女: 越早越好。 男: 最早的是早上六点的。 女: 可以， 买三张。	여: 말씀 좀 여쭙겠습니다, 내일 항저우로 가는 기차표가 있습니까? 남: 언제 걸로요? 여: 이르면 이를수록 좋습니다. 남: 가장 이른 건 아침 6시거예요. 여: 괜찮네요, 3장 살게요.
问: 女的最有可能在哪里? A 车站 B 商店 C 学校 D 公司	질문: 여자는 어디에 있을 가능성이 가장 큰가? A 역 B 상점 C 학교 D 회사

단어 杭州 Hángzhōu 명 항저우 | 火车票 huǒchēpiào 명 기차표 | 越 yuè 부 ~할수록 ~하다 ['越A越B'의 형식으로 쓰임] | 张 zhāng 양 (종이를 세는) 장 | 车站 chēzhàn 명 역

해설 '明天到杭州的火车票(내일 항저우로 가는 기차표)'를 통해 여자는 기차표를 사고 있다는 것을 알 수 있다. 기차표를 사는 곳은 역이므로 정답은 A이다.

35 ★☆☆

男: 门卫那边有你的包裹。
女: 谢谢，我等会儿去拿。你要去哪里?
男: 我去北门买点东西。
女: 那你可以帮我把东西拿回来吗?
男: 好的，顺路。

问: 男的要去哪里?
A 图书馆　B 宿舍
C 北门　D 教室

남: 경비원 쪽에 네 소포가 있어.
여: 고마워, 조금 후에 가지러 갈게. 너는 어디 가?
남: 나는 북문에 물건 좀 사러 가.
여: 그럼 물건 가져오는 걸 도와줄 수 있니?
남: 좋아, 오는 길에 할게.

질문: 남자는 어디에 가려고 하는가?
A 도서관　B 기숙사
C 북문　D 교실

단어 门卫 ménwèi 명 경비원 | 包裹 bāoguǒ 명 소포 | 会儿 huìr 명 잠시 | 拿 ná 동 가지다 | 北门 běimén 명 북문 | 顺路 shùnlù 부 오는 길에 | 图书馆 túshūguǎn 명 도서관 | 宿舍 sùshè 명 기숙사

해설 '我去北门买点东西(나는 북문에 물건 좀 사러 간다)'를 통해 남자는 북문에 간다는 것을 알 수 있으므로 정답은 C이다.

실전 연습 2 – 제2 · 3부분 MP3-50

» 전략서 57p

정답

제2부분	11 C	12 C	13 B	14 D	15 A
	16 A	17 B	18 B	19 D	20 C
	21 B	22 A	23 B	24 C	25 C
제3부분	26 D	27 A	28 A	29 C	30 B
	31 B	32 D	33 C	34 D	35 A

11 ★★☆

男: 你带着两个孩子生活肯定挺困难的，还是开家小商店吧，应该能赚些钱。
女: 哪儿这么容易！现在做生意难啊。

问: 女的是什么意思?
A 已经开店了
B 没有钱开店
C 生意不好做
D 非常想开店

남: 두 아이를 데리고 사는 건 정말 힘들 텐데, 차라리 작은 가게를 하나 열어 봐. 돈을 좀 벌 수 있을 거야.
여: 어디 그렇게 쉽겠니! 요즘 장사하는 건 어려워.

질문: 여자의 말은 무슨 의미인가?
A 이미 개업했다
B 개점할 돈이 없다
C 장사하기 쉽지 않다
D 매우 개업을 하고 싶다

단어 带 dài 동 데리다 | 生活 shēnghuó 명 생활 | 肯定 kěndìng 부 확실히 | 挺 tǐng 부 상당히 | 困难 kùnnan 형 어렵다 | 还是 háishi 부 ~하는 편이 더 좋다 | 应该 yīnggāi 조동 ~해야 한다 | 赚 zhuàn 동 돈을 벌다 | 容易 róngyì 형 쉽다 | 生意 shēngyi 명 장사 | 难 nán 형 힘들다 | 开店 kāidiàn 동 가게를 열다

해설 '哪儿这么容易(어디 그렇게 쉽겠는가)'의 '哪儿'은 장소를 묻는 의미가 아니라 반어구에 쓰여 부정을 나타낸다. '做生意难(장사하는 것은 어렵다)'의 '难'은 보기 C의 '不好做(하기 쉽지 않다)'와 같은 의미이므로 정답은 C이다.

Tip 还是의 여러 가지 의미

형식	의미	예문
A 还是 B	또는, 아니면	我们坐飞机去还是坐船去? 우리 비행기 타고 갈까 아니면 배 타고 갈까?
还是…吧	~하는 편이 낫다	还是坐飞机去吧。비행기 타고 가는 게 낫겠다.
≒仍然	여전히, 아직도	你还是喜欢开玩笑，一点儿都没变。 넌 아직도 농담하는 걸 좋아하는구나, 하나도 안 변했네.

12 ★★☆

女: 张洪，你来回答一下这个问题。
男: 老师，这题太难了，我想了半天也没想出来。

问: 男的是什么意思?
A 他不想做
B 他还没想
C 他不会做
D 他要再想想

여: 장훙, 네가 한번 이 문제에 대답해 봐.
남: 선생님, 이 문제는 너무 어려워요, 저는 한참을 생각해도 생각이 안 나요.

질문: 남자의 말은 무슨 의미인가?
A 그는 하고 싶지 않다
B 그는 아직 생각하지 않았다
C 그는 할 줄 모른다
D 그는 다시 생각해 봐야 한다

단어 回答 huídá 동 대답하다 | 难 nán 형 어렵다 | 半天 bàntiān 명 한참 | 想出来 xiǎng chūlái 생각해 내다

해설 녹음 내용의 핵심 문장인 '想了半天也没想出来(한참을 생각해도 생각이 안 나다)'의 '想'이 정답을 제외한 모든 보기에 언급되어 오답을 고르게끔 한 문제이다. 한참을 생각해도 생각이 안 난다는 것은 할 줄 모른다는 뜻이므로 정답은 C이다.

13 ★★☆

男: 我说了半天，杰克都没有理我，他听得懂汉语吗?
女: 他能听懂，只是你得说慢点。

问: 根据他们的对话，关于杰克可以知道什么?
A 他听不懂汉语
B 他汉语不太好
C 他故意不说话
D 他汉语很好

남: 한참 동안 이야기했는데 잭은 날 상대도 안 했어, 잭은 중국어를 알아들을 수 있니?
여: 알아들을 수 있어. 근데 네가 좀 천천히 말해야 해.

질문: 그들의 대화에 근거하여, 잭에 관하여 알 수 있는 것은 무엇인가?
A 그는 중국어를 못 알아듣는다
B 그는 중국어를 잘하지 못한다
C 그는 일부러 말을 안 한다
D 그는 중국어를 매우 잘한다

단어 半天 bàntiān 명 한참 | 理 lǐ 동 상대하다 | 听得懂 tīngdedǒng 알아들을 수 있다 | 听懂 tīngdǒng 알아듣다 | 只是 zhǐshì 접 그런데 | 得 děi 조동 ~해야 한다 | 根据 gēnjù 개 ~에 근거하여 | 对话 duìhuà 명 대화 | 关于 guānyú 개 ~에 관하여 | 故意 gùyì 부 일부러

해설 '你得说慢点'에서 '得'는 술어 앞에 쓰인 조동사로 'děi'라고 발음하며 '~해야 한다'라는 뜻이다. '你得说慢点(네가 좀 천천히 말해야 한다)'을 통해 잭은 중국어를 알아듣지만 그렇게 뛰어나지는 않음을 알 수 있다. 따라서 정답은 B이다.

Tip 得의 여러 가지 용법

품사	발음	뜻	예문
구조조사	de	술어와 정도보어 또는 가능보어를 연결	说得太快　말이 너무 빠르다(정도보어) 听得懂　알아들을 수 있다(가능보어)
조동사	děi	~해야 한다	你得说慢点儿。　너는 천천히 말해야 한다
동사	dé	얻다, 획득하다	得到同意　동의를 얻다

14 ★☆☆

女: 你去过这么多国家，肯定学会了不少语言吧?
男: 除了英语和汉语，我其他语言都没学过。

问: 男的会说什么语言?
A 意大利语　B 日语
C 法语　D 英语

여: 너 이렇게 많은 나라에 가 봤으니 할 줄 아는 언어도 많지?
남: 영어와 중국어 말고 다른 언어는 배워 본 적도 없어.

질문: 남자는 어떤 언어를 할 줄 아는가?
A 이태리어　B 일본어
C 프랑스어　D 영어

단어 国家 guójiā 명 국가 | 肯定 kěndìng 부 틀림없이 | 学会 xuéhuì 동 습득하다 | 语言 yǔyán 명 언어 | 除了 chúle 개 ~을 제외하고 | 英语 Yīngyǔ 명 영어 | 其他 qítā 대 (사람·사물에 쓰여) 기타 | 意大利语 Yìdàlìyǔ 명 이탈리어 | 日语 Rìyǔ 명 일본어 | 法语 Fǎyǔ 명 프랑스어

해설 '除了 A (以外)…都…'는 'A를 제외하고 나머지는 모두 ~하다'라는 뜻으로 A를 제외하는 것이고, '除了 A (以外)…也/还…'는 'A를 제외하고 나머지도 ~하다'라는 뜻으로 A를 포함하는 것이다. '英语'와 '汉语'를 제외하고 '都没学过(다 배워 본 적도 없다)'라는 것은 영어와 중국어는 할 줄 안다는 의미이고, 보기에 중국어는 없으므로 정답은 D이다.

15 ★★☆

男: 玛丽，我可以请你一起吃饭吗?
女: 昨天你请客，今天应该轮到我了，我们可以去试试日本菜。

问: 今天吃饭谁付钱?
A 女的付
B 男的付
C 两个人一起付
D 找其他人付

남: 마리, 내가 낼 테니 같이 밥 먹을래?
여: 어제 네가 한턱냈잖아, 오늘은 내 차례야. 우리 일본 음식 먹으러 가 보자.

질문: 오늘 식사는 누가 계산하는가?
A 여자가 낸다
B 남자가 낸다
C 두 사람이 같이 낸다
D 다른 사람을 찾아 내게 한다

단어 请客 qǐngkè 동 한턱내다 | 应该 yīnggāi 조동 ~해야 한다 | 轮到 lún dào 차례가 되다 | 试 shì 동 시험삼아 해 보다 | 付 fù 동 돈을 지불하다 | 其他 qítā 대 (사람·사물에 쓰여) 기타

해설 '轮到'는 '차례가 되다'라는 뜻으로 여자의 말 '今天应该轮到我了(오늘은 내 차례다)'를 통해 오늘 식사는 여자가 계산할 것임을 알 수 있다. 따라서 정답은 A이다.

16 ★☆☆

女: 张明怎么样了?
男: 不知道，好像有什么心事，我给他讲了好几个笑话他都开心不起来。

问: 根据对话可以知道什么?
A 张明很不开心
B 张明很开心
C 张明很忙
D 张明不在家

여: 장밍은 어떻게 되었어?
남: 모르겠어, 아마도 무슨 고민이 있는 것 같아, 내가 재미있는 이야기를 몇 개 해 줘도 그의 기분이 좋아지지 않아.

질문: 대화에 근거하여 알 수 있는 것은 무엇인가?
A 장밍은 기분이 좋지 않다
B 장밍은 매우 기분이 좋다
C 장밍은 매우 바쁘다
D 장밍은 집에 없다

단어 好像 hǎoxiàng 부 마치 ~과 같다 | 心事 xīnshì 명 고민거리 | 讲 jiǎng 동 이야기하다 | 笑话 xiàohua 명 우스갯소리 | 开心 형 기쁘다

해설 장밍에게 재미있는 이야기를 해 주었지만 '开心不起来(기분이 좋아지지 않는다)'를 통해 장밍은 기분이 좋지 않음을 알 수 있다. 따라서 정답은 A이다.

17 ★★★

男: 春节快到了，我想买份礼物送给我女朋友，你说买什么好呢?
女: 送只小花猫吧，女生都喜欢这个。

问: 女的想让男的买什么礼物?
A 花　　B 猫
C 书　　D 狗

남: 곧 춘절이네. 나는 여자 친구에게 줄 선물을 사려고 하는데 뭐가 좋을까?
여: 얼룩 고양이 한 마리 선물해 줘, 여자들은 다 이걸 좋아해.

질문: 여자는 남자에게 어떤 선물을 사라고 하는가?
A 꽃　　B 고양이
C 책　　D 개

단어 春节 Chūnjié 명 설, 춘절 | 份 fèn 양 세트 | 礼物 lǐwù 명 선물 | 只 zhī 양 마리 | 花猫 huāmāo 명 얼룩 고양이 | 女生 nǚshēng 명 여성 | 花 huā 명 꽃

해설 '얼룩 고양이'라는 뜻의 '花猫'는 시험에 자주 출제되는 단어가 아니고 보기 A와 B에 각각 '花'와 '猫'가 있기 때문에 정답을 찾기 어렵다. 어려운 단어의 직접적인 뜻을 묻는 문제가 자주 출제되지는 않지만 이런 문제가 출제되었을 경우 앞뒤 문맥을 통해 유추해야 한다. '花猫' 앞의 '只'는 동물을 세는 양사이므로 여자가 남자에게 사라고 한 선물은 고양이임을 유추할 수 있다. 따라서 정답은 B이다.

Tip 자주 출제되는 양사

종류	발음	의미	예			
件	jiàn	옷 또는 사건을 세는 단위	一件衣服	옷 한 벌	一件事情	사건 하나
份	fèn	직업 또는 문서를 세는 단위	一份工作	일자리 하나	一份材料	자료 한 부
家	jiā	영리 단체를 세는 단위	一家公司	회사 하나	一家超市	슈퍼마켓 하나
所	suǒ	비영리 단체를 세는 단위	一所医院	병원 하나	一所学校	학교 하나

18 ★★☆

女: 我刚刚做了些点心，你想吃点吗?
男: 不用了，我刚吃过饭。

问: 男的是什么意思?
A 不爱吃点心
B 现在不想吃点心
C 想要吃饭
D 刚刚吃完点心

여: 내가 방금 간식거리를 좀 만들었는데 먹어 볼래?
남: 괜찮아, 나 방금 밥 먹었어.

질문: 남자의 말은 무슨 의미인가?
A 간식 먹는 것을 좋아하지 않는다
B 지금 간식을 먹고 싶지 않다
C 밥을 먹고 싶다
D 방금 간식을 먹었다

단어 **刚(刚)** gāng (gāng) 부 방금 | **点心** diǎnxin 명 간식

해설 간식을 먹겠냐는 여자의 질문에 남자는 '不用了(괜찮다)'라고 거절했으니 남자는 현재 간식이 먹고 싶지 않다는 것을 알 수 있다. 따라서 정답은 B이다.

19 ★☆☆

男: 已经10点了，我一定要等王先生回来吗?
女: 不用，你可以留个电话。等王先生回来，我会转告他。

问: 女的向男的要什么?
A 名片 B 护照
C 手机 D 电话号码

남: 벌써 10신데, 제가 꼭 왕 선생님이 돌아오실 때까지 기다려야 하나요?
여: 그럴 필요 없어요, 전화(번호)를 남기시면 됩니다. 왕 선생님이 돌아오시면 제가 전달해 드릴게요.

질문: 여자는 남자에게 무엇을 요구하는가?
A 명함 B 여권
C 휴대 전화 D 전화번호

단어 **一定** yídìng 부 반드시 | **不用** búyòng 부 ~할 필요가 없다 | **留** liú 동 남기다 | **转告** zhuǎngào 동 말을 전하다 | **名片** míngpiàn 명 명함 | **护照** hùzhào 명 여권 | **号码** hàomǎ 명 번호

해설 '你可以留个电话(전화번호를 남기면 된다)'를 통해 여자는 남자에게 전화번호를 요구한다는 것을 알 수 있으므로 정답은 D이다. 녹음 내용의 '电话'는 '전화기'가 아닌 '电话号码(전화번호)' 또는 '手机号码(휴대 전화 번호)'를 가리키므로 보기 C는 오답이다.

20 ★★☆

女: 我们必须提前这么多天买火车票吗?
男: 是的，否则走的那天票就可能卖完了。

问: 男的是什么意思?
A 票已经卖完了
B 票的价格高
C 需要提前买票
D 不用提前买票

여: 우리 꼭 이렇게 며칠 전에 미리 기차표를 사야 하나요?
남: 네, 그렇지 않으면 가는 그날의 표는 아마 다 팔릴 거예요.

질문: 남자의 말은 무슨 의미인가?
A 표는 이미 다 팔렸다
B 표의 가격은 비싸다
C 표를 미리 사야 한다
D 표를 미리 살 필요 없다

단어 **必须** bìxū 부 반드시 ~해야 한다 | **提前** tíqián 동 앞당기다 | **否则** fǒuzé 접 만약 그렇지 않으면 | **价格** jiàgé 명 가격 | **需要** xūyào 동 필요하다 | **不用** búyòng 부 ~할 필요가 없다

해설 기차표를 꼭 며칠 전에 사야 하냐는 여자의 질문에 남자는 '是的(그렇다)'라고 긍정의 대답을 했으므로, 남자의 말은 표를 미리 사야 한다는 의미임을 알 수 있다. '可能卖完了(아마 다 팔릴 거다)'를 듣고 A를 정답으로 고를 수 있지만 '可能'은 '아마도 그럴 가능성이 있다'라는 뜻이고, 보기 A의 '票已经卖完了'는 '이미 다 팔렸다'는 의미이므로 A는 오답이며 정답은 C이다.

21 ★★☆	
男: 那辆汽车一定开得太快了。 女: 当然，否则就不会撞到前面的自行车了。	남: 저 차가 너무 빨리 운전한 게 틀림없어. 여: 그렇고 말고, 그렇지 않았으면 앞쪽 자전거랑 부딪히지 않았을 거야.
问: 女的是什么意思? A 汽车开得太慢 B 汽车开得太快 C 汽车没撞自行车 D 汽车没有动	질문: 여자의 말은 무슨 의미인가? A 차를 너무 느리게 운전한다 B 차를 너무 빠르게 운전한다 C 차는 자전거와 부딪히지 않았다 D 차는 움직이지 않았다

단어 辆 liàng 양 (차량을 세는) 대 | 一定 yídìng 부 반드시 | 当然 dāngrán 형 당연하다 | 否则 fǒuzé 접 만약 그렇지 않으면 | 撞 zhuàng 동 부딪치다 | 自行车 zìxíngchē 명 자전거 | 动 dòng 동 움직이다

해설 '那辆汽车一定开得太快了(저 차가 너무 빨리 운전한 게 틀림없다)'라는 남자의 말에 여자는 '当然(그렇고 말고)'이라며 동의했으므로 정답은 B이다.

22 ★★☆	
女: 你还在那所高中当老师吗? 男: 去年我就离开那儿了，我正在写一部小说。	여: 너 아직도 그 고등학교에서 선생님으로 있니? 남: 작년에 그곳을 떠났고 지금은 소설을 한 편 쓰고 있어.
问: 男的现在在做什么? A 写小说　　B 当老师 C 做买卖　　D 当记者	질문: 남자는 현재 무엇을 하고 있는가? A 소설을 쓴다　　B 선생님이 됐다 C 사업을 한다　　D 기자가 됐다

단어 所 suǒ 양 (학교·병원을 세는) 개 | 高中 gāozhōng 명 고등학교 | 当 dāng 동 ~이 되다 | 离开 líkāi 동 떠나다 | 部 bù 양 (서적을 세는) 부 | 小说 xiǎoshuō 명 소설 | 买卖 mǎimai 명 사업 | 记者 jìzhě 명 기자

해설 시점이 두 개 이상 나온 경우, 어떤 시점에 무슨 행위를 했는지 구분해서 메모해야 한다. '我正在写一部小说(지금은 소설을 한 편 쓰고 있다)'를 통해 남자는 현재 소설을 쓴다는 것을 알 수있으므로 정답은 A이다.

23 ★☆☆	
男: 这些天你有没有跟父母联系? 女: 当然，我昨天还给他们打了电话呢。	남: 요새 너 부모님과 연락한 적 있어? 여: 당연히 있지, 나는 어제도 전화 드렸는 걸.
问: 女的是什么时候给父母打的电话? A 刚才　　B 昨天 C 还没联系　　D 前几天	질문: 여자는 언제 부모님께 전화 드렸는가? A 방금　　B 어제 C 아직 연락하지 않았다　D 며칠 전

단어 跟 gēn 개 ~와, ~과 | 父母 fùmǔ 명 부모 | 联系 liánxì 동 연락하다 | 当然 dāngrán 형 당연하다 | 刚才 gāngcái 명 방금

해설 '我昨天还给她们打了电话呢(나는 어제도 전화 드렸다)'를 통해 여자는 어제 부모님께 전화 드렸음을 알 수 있다. 따라서 정답은 B이다.

24 ★★☆

女: 你怎么又玩儿电脑了！别忘了，你说过要做完作业才玩儿电脑的。	여: 너 왜 또 컴퓨터 게임을 하고 있니! 너가 숙제를 다 하고서 컴퓨터 게임 한다고 한 거 잊지 마.
男: 作业太多，今天做不完了，而且我要上网看新闻。	남: 숙제가 너무 많아서 오늘 다 못해요. 게다가 인터넷으로 신문 보려고 했어요.
问: 男的应该先做什么?	질문: 남자는 먼저 무엇을 해야 하는가?
A 看新闻　B 上网	A 뉴스를 본다　B 인터넷을 한다
C 做作业　D 看书	C 숙제를 한다　D 책을 본다

단어 又 yòu 부 또 | 忘 wàng 동 잊다 | 作业 zuòyè 명 숙제 | 才 cái 부 ~서야 비로소 | 而且 érqiě 접 게다가 | 上网 shàngwǎng 동 인터넷을 하다 | 新闻 xīnwén 명 뉴스 | 应该 yīnggāi 조동 ~해야 한다 | 先 xiān 부 먼저

해설 일의 선후 관계를 나타낼 때 주로 '先…然后…'나 '首先…其次…'를 사용하지만 이 문장에서는 직접적인 순서 언급이 없어서 정답을 찾기 어렵다. 하지만 '要做完作业才玩儿电脑(숙제를 다 하고서 컴퓨터 게임을 하겠다)'를 통해 남자는 먼저 숙제를 해야 한다는 것을 알 수 있다. 따라서 정답은 C이다.

25 ★★☆

男: 快点，汽车来了。	남: 서둘러요, 버스 왔어요.
女: 别那么着急，这条线路的车每隔两三分钟就有一班。	여: 그렇게 급할 필요 없어요, 이 노선의 버스는 2~3분 간격을 두고 한 대씩 있어요.
问: 从对话可以知道，这条线路的车怎么样?	질문: 대화를 통해 알 수 있는 이 노선의 차는 어떠한가?
A 开得很快	A 매우 빠르게 운전한다
B 停的时间很短	B 정차 시간이 매우 짧다
C 班次很多	C 운행 횟수가 매우 많다
D 车上人很多	D 차에 사람이 매우 많다

단어 着急 zháojí 동 조급해하다 | 条 tiáo 양 노선을 세는 양사 | 线路 xiànlù 명 노선 | 隔 gé 동 간격을 두다 | 班 bān 양 정시에 운행되는 교통 수단에 쓰임 | 停 tíng 동 정거하다 | 短 duǎn 형 짧다 | 班次 bāncì 명 운행 횟수

해설 '线路'는 버스의 운행 '노선', '每隔'는 '매 ~만큼 간격을 두다', '班'은 교통수단의 운행편을 세는 단위이다. '这条线路的车每隔两三分钟就有一班(이 노선의 버스는 매 2~3분 간격을 두고 한 대씩 있다)'이라고 했고, 급할 필요 없다고 한 것을 통해 이 노선의 차는 운행 횟수가 매우 많음을 알 수 있다. 따라서 정답은 C이다.

26 ★★★

女: 春节期间的火车票很紧张，很多人都买不到车票。	여: 춘절 기간에는 기차표가 부족해서 많은 사람들이 표를 사지 못 해.
男: 是啊，去年春节我就没买到车票，所以没回家。	남: 맞아, 작년 춘절에 나도 차표를 못 사서 집에 가지 못 했어.
女: 今年呢？你买到票了吗？	여: 올해는? 표 샀어?
男: 排了五个小时的队，总算是买到了除夕那天的票。	남: 5시간 동안 줄 서서 간신히 섣달 그믐날 표를 샀어.
问: 男的是什么意思？	질문: 남자의 말은 무슨 의미인가?
A 除夕的票很多	A 섣달 그믐날 표는 매우 많다
B 他买不到票	B 그는 표를 사지 못했다
C 票很容易买到	C 표는 쉽게 살 수 있다
D 他买到票了	D 그는 표를 샀다

단어 春节 Chūnjié 명 설, 춘절 | 期间 qījiān 명 기간 | 火车票 huǒchēpiào 명 기차표 | 紧张 jǐnzhāng 형 (물품이) 부족하다, 빠듯하다 | 买不到 mǎibúdào 살 수 없다 | 车票 chēpiào 명 승차권 | 今年 jīnnián 명 올해 | 排队 páiduì 동 줄을 서다 | 总算 zǒngsuàn 부 간신히 | 除夕 chúxī 명 섣달 그믐날 [음력 12월 마지막 날] | 容易 róngyì 형 쉽다

해설 '春节期间的火车票很紧张'에서 '紧张'은 '정신적으로 긴장하다'의 뜻이 아닌 '(물품이) 부족하다'는 뜻이다. '春节(춘절)'는 음력 1월 1일로 중국에서 가장 큰 명절 중에 하나이며, '除夕(섣달 그믐날)'는 음력 12월30일이다. '总算是买到了除夕那天的票'에서 '总算'은 '간신히'라는 뜻으로 남자는 매우 어렵게 표를 샀음을 알 수 있다. 따라서 정답은 D이다.

27 ★☆☆

男: 昨天晚上你去哪儿了？我到处找你都找不到。	남: 어제 저녁에 어디 갔었어? 여기저기서 너를 찾았는데 찾을 수 없었어.
女: 跟张老师一起吃饭来着。	여: 장 선생님이랑 같이 밥 먹고 있었어.
男: 真奇怪，你们平时都没什么联系，昨天怎么一起去吃饭了？	남: 정말 이상하다, 너희 평소에 아무 연락도 없다가 어제 어떻게 같이 밥을 먹으러 갔어?
女: 我们在超市买东西的时候遇上，就顺便一起吃了顿饭。	여: 우리는 슈퍼마켓에서 물건을 사다가 우연히 만나서, 만난 김에 같이 밥을 먹었어.
问: 女的昨天去过哪儿？	질문: 여자는 어제 어디에 갔었는가?
A 超市　　B 同事家	A 슈퍼마켓　　B 동료 집
C 商场　　D 学校	C 상점　　D 학교

단어 到处 dàochù 명 곳곳 | 找不到 zhǎobúdào 찾을 수 없다 | 跟 gēn 개 ~와, 과 | 来着 láizhe 조 ~을 하고 있었다 | 奇怪 qíguài 형 이상하다 | 平时 píngshí 명 평상시 | 联系 liánxì 동 연락하다 | 超市 chāoshì 명 슈퍼마켓 | 遇上 yùshàng 만나다 | 顺便 shùnbiàn 부 ~하는 김에 | 顿 dùn 양 번, 끼 | 同事 tóngshì 명 동료 | 商场 shāngchǎng 명 상점

해설 어제 어디 갔었냐는 질문에 대한 대답 '吃饭(밥을 먹다)'을 듣고 어제 간 곳은 식당이라고 생각할 수 있지만 보기에는 '식당'이 없고 '在超市买东西的时候遇上(슈퍼마켓에서 물건을 사다가 우연히 만났다)'을 통해 여자는 어제 슈퍼마켓에 갔었음을 알 수 있다. 따라서 정답은 A이다.

28 ★★☆

女：这个月22号是中秋节。 男：中秋节是中国的一个重要节日吗？ 女：对，这是中国传统节日之一。那一天，全家人都会尽量聚在一起，吃月饼、赏月。如果你不回美国，可以到我家过中秋。 男：太好了，我非常喜欢中国文化，很想多了解一下中国人是怎么过各种传统节日的。 问：男的会在中秋节做什么？ A 到女的家过节 B 在学校过中秋 C 跟朋友去旅游 D 回美国	여: 이번 달 22일이 중추절이네. 남: 중추절은 중국의 중요한 명절이지? 여: 맞아, 중국 전통 명절 중에 하나야. 그날은 온 가족이 되도록 같이 모여서 월병을 먹고 달구경을 해. 만약에 너 미국으로 돌아가지 않으면 우리 집에서 중추절을 보내도 돼. 남: 너무 좋다, 난 중국 문화가 너무 좋아, 중국인이 어떻게 각종 전통 명절을 보내는지 알고 싶어. 질문: 남자는 중추철에 무엇을 할 것인가? A 여자의 집에서 명절을 보낸다 B 학교에서 중추절을 보낸다 C 친구와 여행을 간다 D 미국으로 돌아간다

단어 **中秋节** Zhōngqiū Jié 명 추석, 중추절 | **重要** zhòngyào 형 중요하다 | **节日** jiérì 명 명절 | **传统** chuántǒng 명 전통 | **之一** zhīyī 명 ~중의 하나 | **全家人** quánjiārén 명 온 식구 | **尽量** jǐnliàng 부 가능한 한 | **聚** jù 동 모이다 | **月饼** yuèbing 명 월병[중국에서 중추절에 먹는 음식] | **赏月** shǎngyuè 동 달구경하다 | **如果** rúguǒ 접 만약 | **过** guò 동 보내다 | **文化** wénhuà 명 문화 | **了解** liǎojiě 동 자세하게 알다 | **各种** gèzhǒng 형 각종의 | **过节** guòjié 동 명절을 쇠다 | **跟** gēn 개 ~와, ~과

해설 우리 집에서 중추절을 보내도 된다는 여자의 말에 남자는 '太好了(너무 좋다)'라며 여자의 제안을 받아들였으므로 남자는 중추절에 여자의 집에서 명절을 보낼 것임을 알 수 있다. 따라서 정답은 A이다.

29 ★★★

男：你明天几点能到我这里？ 女：火车正点是凌晨2点58分到杭州，我还要看什么时间有到你那儿的车。 男：是到杭州站吗？ 女：不是，是杭州东站。 男：那就比较麻烦了。杭州东站到这里的火车很少，我查了一下，你能坐的最早的一趟车是六点半，要等三个多小时呢。 问：女的到杭州做什么？ A 回家　　B 旅游 C 转车　　D 开会	남: 너 내일 몇 시에 여기로 올 수 있어? 여: 기차가 새벽 2시58분에 항저우에 도착하고, 또 네가 있는 곳까지 가는 차가 몇 시에 있는지 봐야 해. 남: 항저우 역에 도착하는 거야? 여: 아니, 항저우동 역이야. 남: 그럼 좀 귀찮게 됐는데, 항저우동 역에서 여기로 오는 기차는 너무 드물거든. 내가 찾아봤는데 네가 탈 수 있는 제일 빠른 차가 6시 30분거야, 3시간 넘게 기다려야 해. 질문: 여자는 항저우에 도착해서 무엇을 하는가? A 집에 돌아간다　　B 여행한다 C 차를 갈아탄다　　D 회의를 연다

단어 **正点** zhèngdiǎn 명 정시 | **凌晨** língchén 명 새벽녘 | **杭州** Hángzhōu 명 항저우 | **站** zhàn 명 역 | **比较** bǐjiào 부 비교적 | **麻烦** máfan 형 귀찮다 | **查** chá 동 조사하다 | **趟** tàng 양 차례, 번 | **转车** zhuǎnchē 동 차를 갈아타다

해설 '我还要看什么时间有到你那儿的车(또 네가 있는 곳까지 가는 차가 몇 시에 있는지 봐야 한다)'를 통해 여자는 항저우에 도착해서 또 차를 갈아타야 한다는 것을 알 수 있다. 따라서 정답은 C이다.

30 ★★☆

女：我明天晚上10点才到北京。	여：나는 내일 저녁 10시나 되어야 베이징에 도착해.
男：这么晚，那你怎么来学校？	남：그렇게 늦게, 그럼 학교에 어떻게 와?
女：坐公共汽车。	여：버스 탈거야.
男：公共汽车8点半之后就没有了。	남：버스는 8시 반 이후면 없어.
女：那我就看看地铁，地铁最后一班好像是11点。剩下一段路我就走过去。	여：그럼 지하철을 좀 봐야겠다. 지하철 막차는 아마 11시 일 거야. 남은 길은 걸어가면 돼.
问：女的可能怎么去学校？	질문：여자는 아마도 어떻게 학교에 갈 것인가?
A 坐公共汽车　B 坐地铁	A 버스를 탄다　B 지하철을 탄다
C 打出租车　D 骑摩托车	C 택시를 탄다　D 오토바이를 탄다

단어 才 cái 부 ~서야 비로소 | 之后 zhīhòu 명 ~후 | 地铁 dìtiě 명 지하철 | 最后 zuìhòu 형 맨 마지막의 | 班 bān 양 정시에 운행되는 교통 수단에 쓰임 | 好像 hǎoxiàng 부 마치 ~과 같다 | 剩下 shèng xià 남다 | 过去 guòqù 동 지나가다 | 骑 qí 동 (자전거를) 타다 | 摩托车 mótuōchē 명 오토바이

해설 학교에 가는 방법으로 여자가 처음 생각한 것은 '坐公共汽车(버스를 타다)'였으나 8시 반 이후면 차가 끊긴다는 말에 '那我就看看地铁(그럼 지하철을 좀 봐야겠다)'라고 했다. 따라서 여자는 아마도 지하철을 타고 학교에 갈 것이므로 정답은 B이다.

31 ★★☆

男：办公室的生活真无聊。	남：사무실 생활은 정말 심심해.
女：可不是嘛，每天一直面对电脑，这样对我们的健康一点儿都不好。	여：그러게 말이야, 매일 계속 컴퓨터만 마주하고, 이렇게 하면 우리 건강에 조금도 좋지 않아.
男：明天是星期六，我们一起去爬山吧，放松一下。	남：내일 토요일인데 우리 같이 등산가서 긴장 좀 풀어 보자.
女：我倒是非常想去，可惜我要加班。	여：나도 정말 가고 싶은데, 아쉽지만 나 일해야 해.
问：女的明天要干什么？	질문：여자는 내일 무엇을 해야 하는가?
A 睡觉　B 工作	A 잠을 잔다　B 일을 한다
C 看书　D 爬山	C 책을 본다　D 등산을 한다

단어 办公室 bàngōngshì 명 사무실 | 生活 shēnghuó 명 생활 | 无聊 wúliáo 형 심심하다 | 每天 měitiān 명 매일 | 一直 yìzhí 부 계속 | 面对 miànduì 동 마주 보다 | 健康 jiànkāng 명 건강 | 爬山 páshān 동 등산하다 | 放松 fàngsōng 동 정신적 긴장을 풀다 | 倒是 dàoshì 부 오히려 | 可惜 kěxī 형 아쉽다 | 加班 jiābān 동 초과 근무를 하다 | 干 gàn 동 (일을) 하다

해설 내일 등산을 가자는 남자의 제안에 여자는 '可惜我要加班(아쉽지만 나는 일해야 한다)'이라며 애석함을 나타냈으므로 여자는 내일 일을 한다는 것을 알 수 있다. 따라서 정답은 B이다.

Tip
'可不是嘛'에 '不是'가 있다고 해서 부정의 표현은 아니다. '可'는 반문의 어기를 강하게 하고, '嘛'는 당연함을 나타낸다. 따라서 '可不是嘛'는 '누가 아니래니', '그러게 말이야' 정도로 해석해야 한다.

32 ★☆☆

女: 先生，我的车坏了，您能来帮我一下吗? 男: 好的，请问您在哪儿? 女: 中山路口。这儿车很多，我的车刚好停在路中间，会挡住其他车辆，所以麻烦您快点来。 男: 好的，我们五分钟之后到。	여: 선생님, 제 차가 고장 났는데, 와서 좀 도와주실 수 있나요? 남: 알겠습니다. 어디 계신가요? 여: 중산교차로요. 여기 차가 너무 많은데 제 차가 공교롭게도 길 중간에 멈춰서 다른 차들을 막을 것 같아요. 번거로우시겠지만 조금 빨리 와 주세요. 남: 알겠습니다. 5분 후에 도착합니다.
问: 女的怎么了? A 在等朋友 B 出车祸了 C 在练车 D 车坏了	질문: 여자는 어떠한가? A 친구를 기다리는 중이다 B 교통사고가 났다 C 운전 연습을 한다 D 차가 망가졌다

단어 **坏了** huài le 망가지다 | **路口** lùkǒu 명 교차로 | **刚好** gānghǎo 부 공교롭게 | **停** tíng 동 멈추다 | **中间** zhōngjiān 명 중간 | **挡住** dǎng zhù 저지하다 | **其他** qítā 대 기타 | **车辆** chēliàng 명 차량 | **麻烦** máfan 형 귀찮다 | **之后** zhīhòu 명 ~후 | **车祸** chēhuò 명 교통사고 | **练** liàn 동 연습하다

해설 '我的车坏了(내 차가 고장 났다)'를 통해 여자의 차가 고장났음을 알 수 있다. 따라서 정답은 D이다.

33 ★★☆

男: 玛丽还是一个人吗? 女: 看起来是，我没有听说她和任何人约会。 男: 她真是个怪人，我们都不喜欢跟她做朋友。 女: 我也这么觉得，但还是希望她能找到合适的朋友。	남: 마리는 아직도 혼자야? 여: 보아하니 그런 거 같아, 누구랑 데이트한다는 소리를 들어본 적이 없어. 남: 마리는 정말 별난 애야, 우리 모두 개랑 친구하기 싫어하잖아. 여: 나도 이렇게 생각하지만 그래도 걔한테 어울리는 친구를 찾을 수 있길 바라고 있어.
问: 根据对话，关于玛丽可以知道什么? A 大家都喜欢她 B 对人很热情 C 没有男朋友 D 朋友很多	질문: 대화에 근거하여 마리에 관해 알 수 있는 것은 무엇인가? A 모두 다 그녀를 좋아한다 B 사람들에게 매우 친절하다 C 남자 친구가 없다 D 친구가 매우 많다

단어 **看起来** kànqǐlái 동 보아하니 | **任何** rènhé 대 어떠한 | **约会** yuēhuì 동 만날 약속을 하다 | **怪人** guàirén 명 괴상한 사람 | **合适** héshì 형 알맞다 | **热情** rèqíng 형 친절하다

해설 '玛丽还是一个人吗?(마리는 아직도 혼자야?)'라는 질문에 여자는 '看起来是(보아하니 그렇다)'라고 했기 때문에 마리에게 남자 친구가 없음을 유추할 수 있다. 따라서 정답은 C이다.

34 ★★☆

女: 最近我总感觉很累，没有力气。
男: 你只吃水果和蔬菜，没有能量当然会有这种感觉。
女: 为了减肥，我只能吃这些。
男: 减肥也不能不顾健康啊， 多运动运动才对。

问: 女的为什么感觉累?
A 运动太久
B 工作太多
C 学习太忙
D 吃得太少

여: 요즘 항상 너무 피곤하고 힘이 없어.
남: 네가 과일이랑 채소만 먹어서 그래, 에너지가 없으니 당연히 이렇게 느끼지.
여: 다이어트를 위해서 나는 이런 것밖에 못 먹어.
남: 다이어트도 건강을 생각하지 않으면 안돼, 운동을 많이 하는 게 비로소 맞는 거지.

질문: 여자는 왜 피곤하다고 느끼는가?
A 운동을 너무 오래했다
B 일이 너무 많다
C 공부가 너무 바쁘다
D 너무 적게 먹었다

단어 最近 zuìjìn 명 최근 | 总 zǒng 부 늘 | 感觉 gǎnjué 동 느끼다 | 力气 lìqi 명 힘 | 只 zhǐ 부 오직 | 蔬菜 shūcài 명 채소 | 能量 néngliàng 명 에너지 | 当然 dāngrán 부 당연히 | 种 zhǒng 양 종류 | 为了 wèile 개 ~을 하기 위하여 | 减肥 jiǎnféi 동 살을 빼다 | 顾 gù 동 주의하다 | 健康 jiànkāng 명 건강 | 才 cái 부 비로소 | 久 jiǔ 형 오래다

해설 '你只吃水果和蔬菜(네가 과일이랑 채소만 먹어서 그렇다)'를 통해 여자는 너무 적게 먹어서 피곤하다는 것을 알 수 있다. 따라서 정답은 D이다.

35 ★☆☆

男: 太巧了，你也在这家公司工作吗?
女: 是啊，我也没想到能在这儿遇见你。
男: 从毕业到现在，我们有十多年没见了吧? 现在竟然成为同事了。
女: 值得庆祝一下，今晚一起吃饭吧。

问: 现在两个人是什么关系?
A 同事　　B 夫妻
C 亲戚　　D 同学

남: 정말 절묘하네, 너도 이 회사에서 일해?
여: 응, 나도 여기서 널 만날 거라고는 생각지도 못했어.
남: 졸업하고 지금까지 우리 십여 년간 못 본 거지? 지금은 뜻밖에도 동료가 됐네.
여: 축하할 만한 일이야, 오늘 저녁에 같이 밥 먹자.

질문: 현재 두 사람은 무슨 관계인가?
A 동료　　B 부부
C 친척　　D 동창

단어 巧 qiǎo 형 공교롭다 | 没想到 méi xiǎngdào 생각지 못하다 | 遇见 yùjiàn 동 우연히 만나다 | 毕业 bìyè 명 졸업 | 竟然 jìngrán 부 뜻밖에도 | 成为 chéngwéi 동 ~이 되다 | 同事 tóngshì 명 동료 | 值得 zhídé 동 ~할 만하다 | 祝贺 zhùhè 동 축하하다 | 关系 guānxi 명 관계 | 亲戚 qīnqi 명 친척

해설 남자와 여자는 동창이지만 '成为同事了(동료가 됐다)'를 통해 현재 두 사람은 동료 관계임을 알 수 있다. 따라서 정답은 A이다.

제3부분

미리보기 해석

제3부분 MP3-51 》 전략서 62p

36 – 37.

大家晚上好，我没有想到自己今天能得到这个奖。谢谢，谢谢大家！我，我还要感谢我的父母，还有我的妻子，没有他们的支持和帮助，我不可能站到这里拿这个奖。

36 – 37.

여러분 좋은 저녁입니다. 제가 오늘 이런 상을 받게 될 줄은 생각지도 못했습니다. 감사합니다. 여러분, 감사합니다! 또한 부모님과 아내에게 감사의 뜻을 전하고 싶습니다. 그들의 지지와 도움이 없었다면 제가 이 자리에 서서 상을 받을 수 없었을 것입니다.

36. 说话人现在心情怎么样?
A 失望　B 羡慕
C 后悔　D 激动

36. 화자의 현재 심정은 어떠한가?
A 실망했다　B 부러워한다
C 후회한다　D 감격했다

37. 关于说话人，可以知道什么?
A 是演员　B 结婚了
C 很年轻　D 没有得奖

37. 화자에 관해 알 수 있는 것은 무엇인가?
A 배우이다　B 결혼했다
C 매우 젊다　D 상을 받지 못했다

03. 화자와 관련된 문제

유형 확인 문제 MP3-56 》 전략서 69p

정답 1 D 2 A

1 – 2

[1, 2]我特别喜欢在这儿吃饭。虽然地方不大，但是很安静，菜也非常好吃。[2]我希望你能喜欢这里。

[1, 2]저는 이곳에서 식사하는 것을 매우 좋아합니다. 비록 장소는 크지 않지만, 매우 조용하고 음식도 아주 맛있습니다. [2]당신이 이곳을 좋아했으면 좋겠습니다.

단어 **特别** tèbié 부 아주 | **地方** dìfang 명 장소 | **安静** ānjìng 형 조용하다

1 ★☆☆

说话人最可能在哪儿?
A 商店　B 学校
C 车站　D 饭店

화자는 어디에 있을 가능성이 가장 큰가?
A 상점　B 학교
C 역　D 식당

단어 **车站** chēzhàn 명 역 | **饭店** fàndiàn 명 식당, 호텔

해설 '我特别喜欢在这儿吃饭(저는 이곳에서 식사하는 것을 매우 좋아합니다)'을 통해 이곳은 식사가 가능한 장소임을 알 수 있다. 보기 중 식사가 가능한 곳은 '饭店'으로 '饭店'은 식당뿐만 아니라 호텔의 의미도 가지고 있지만 식당과 호텔 모두 식사를 할 수 있으므로 정답은 D이다.

2 ★★☆			
他们在那儿做什么?		그들은 그곳에서 무엇을 하는가?	
A 吃饭	B 买东西	A 밥을 먹는다	B 물건을 산다
C 喝茶	D 开会	C 차를 마신다	D 회의를 한다

단어 开会 kāihuì 동 회의를 하다

해설 1번 문제와 '我希望你能喜欢这里(당신이 이곳을 좋아했으면 좋겠습니다)'를 통해 화자는 지금 누군가를 초대해서 자신이 좋아하는 곳에서 식사하려는 것임을 알 수 있다. 따라서 정답은 A이다.

실전 연습 1 – 제3부분

» 전략서 70p

정답 36 C 37 D 38 A 39 B 40 C 41 A 42 C 43 B 44 A 45 B

36 – 37

[36]一些家长把考试的分数看得过重，对自己的孩子非常严格。只要孩子没取得好成绩，就打骂孩子。其实分数的好坏不能决定孩子的未来。[37]我们应该注重孩子综合能力的发展。

[36]몇몇 학부모들은 시험 점수를 지나치게 중시해서 자신의 아이한테 굉장히 엄격하다. 아이가 좋은 성적을 받지 못하면 아이를 때리고 욕한다. 사실 점수의 좋고 나쁨이 아이의 미래를 결정할 수는 없다. [37]우리는 아이의 종합적인 능력 발전에 중점을 두어야 한다.

단어 家长 jiāzhǎng 명 가장 | 把 bǎ 개 ~을, ~를 | 分数 fēnshù 명 점수 | 过 guò 부 지나치게 | 重 zhòng 형 중요하다 | 自己 zìjǐ 대 자신 | 严格 yángé 형 엄격하다 | 只要 zhǐyào 접 ~하기만 하면 | 取得 qǔdé 동 취득하다 | 成绩 chéngjì 명 성적 | 打骂 dǎmà 동 때리고 욕하다 | 其实 qíshí 부 사실 | 好坏 hǎohuài 형 좋고 나쁘다 | 决定 juédìng 동 결정하다 | 未来 wèilái 명 미래 | 应该 yīnggāi 조동 ~해야 한다 | 注重 zhùzhòng 동 중점을 두다 | 综合 zōnghé 동 종합하다 | 能力 nénglì 명 능력 | 发展 fāzhǎn 동 발전하다

36 ★☆☆			
谁把分数看得很重?		누가 점수를 매우 중요하게 여기는가?	
A 老师	B 学生	A 선생님	B 학생
C 家长	D 教授	C 학부모	D 교수

단어 教授 jiàoshòu 명 교수

해설 '过重'에서 '过'는 '지나치게'라는 뜻으로 '过重'은 '지나치게 중요시하다'라는 의미이다. 따라서 '一些家长把考试的分数看得过重'은 '몇몇 학부모들은 시험 점수를 지나치게 중시한다'라는 뜻이므로 학부모가 점수를 매우 중요하게 여긴다는 것을 알 수 있다. 따라서 정답은 C이다.

37 ★★★

这段话主要谈论什么?	이 글은 주로 무엇을 이야기하는가?
A 打架　　B 成绩	A 싸움　　B 성적
C 住房　　D 教育	C 주택　　D 교육

단어 主要 zhǔyào 부 주로 | 谈论 tánlùn 동 논의하다 | 打架 dǎjià 동 싸우다 | 住房 zhùfáng 명 주택 | 教育 jiàoyù 명 교육

해설 '我们应该注重孩子综合能力的发展(우리는 아이의 종합적인 능력 발전에 중점을 두어야 한다)'을 통해 이 글은 주로 아이를 어떻게 교육해야 하는지에 대해 말하고 있음을 알 수 있다. 따라서 정답은 D이다.

38 – 39

弟弟有很多优点，活泼、善良、孝顺，[39]唯一的缺点就是挑食。每次吃饭，妈妈总要哄他很久，还要追着他喂饭。最糟的是，[38]他特别不爱吃蔬菜，妈妈一把蔬菜放到他嘴里，他就吐出来。

남동생은 장점이 매우 많다. 활발하고, 착하며, 부모님께 효도한다. [39]유일한 단점은 바로 편식하는 것이다. 매번 밥 먹을 때마다 엄마는 항상 남동생을 한참 어르고 달래야 하고 좇아다니면서 밥을 먹인다. 가장 큰 문제는 [38]남동생이 채소 먹는 것을 특히 싫어해서 엄마가 채소를 남동생 입에 넣으면 바로 토해 버린다는 것이다.

단어 优点 yōudiǎn 명 장점 | 活泼 huópo 형 활발하다 | 善良 shànliáng 형 착하다 | 孝顺 xiàoshùn 동 어버이를 잘 봉양하다 | 唯一 wéiyī 형 유일한 | 缺点 quēdiǎn 명 단점 | 挑食 tiāoshí 동 편식하다 | 每次 měi cì 매번 | 总 zǒng 부 늘 | 哄 hǒng 동 (어린아이를) 어르다 | 久 jiǔ 형 오래다 | 追 zhuī 동 쫓아가다 | 喂饭 wèifàn 밥을 먹이다 | 糟 zāo 형 좋지 않다, 잘못되다 | 特别 tèbié 부 특히 | 蔬菜 shūcài 명 채소 | 把 bǎ 개 ~을, ~를 | 放 fàng 동 놓아두다 | 嘴 zuǐ 명 입 | 吐 tù 동 토하다

38 ★★★

这段话主要讨论什么?	이 글은 주로 무엇을 이야기하는가?
A 弟弟的缺点　　B 弟弟的优点	A 남동생의 단점　　B 남동생의 장점
C 饮食　　D 蔬菜	C 음식　　D 채소

단어 主要 zhǔyào 부 주로 | 讨论 tǎolùn 동 토론하다 | 饮食 yǐnshí 명 음식

해설 맨 처음에 남동생의 장점에 대해 이야기했지만 '唯一的缺点就是挑食(유일한 단점은 바로 편식하는 것이다)'라고 한 후에는 단점에 대해 구체적으로 이야기하고 있으므로 이 글의 주제는 남동생의 단점임을 알 수 있다. 따라서 정답은 A이다.

39 ★★☆

弟弟最不喜欢吃什么?	남동생이 가장 먹기 싫어하는 것은 무엇인가?
A 水果　　B 蔬菜	A 과일　　B 채소
C 肉　　D 小吃	C 고기　　D 간식

단어 肉 ròu 명 고기 | 小吃 xiǎochī 명 간식

해설 '他特别不爱吃蔬菜(남동생은 채소 먹는 것을 특히 싫어한다)'를 통해 남동생은 채소 먹는 것을 가장 싫어한다는 것을 알 수 있다. 따라서 정답은 B이다.

Tip
一…就… ~하자마자 ~한다, ~하기만 하면 ~하다
예 他一喝酒就脸红。그는 술을 마시기만 하면 얼굴이 빨개진다.

40 – 41

我非常爱我的家人。我有一位和蔼可亲的奶奶，她经常会给我做好吃的东西。[40]我爸爸是开车的，今年已经40岁了，但看起来只有三十来岁，非常幽默，他在家的时候，[41]我们家总是笑声不断，我妈妈则是一名老师，她虽然有些严肃，但是对待学生就像对自己的孩子一样。

나는 우리 가족을 매우 사랑한다. 나에겐 상냥하고 온화하신 할머니가 있는데 자주 내게 맛있는 걸 만들어 주신다. [40]우리 아버지는 운전하는 일을 하시고 올해 이미 40세이지만 30대 정도로 보이며 매우 유머러스하셔서 아버지가 집에 계실 때 [41]우리 집은 항상 웃음소리가 끊이지 않는다. 우리 어머니는 선생님이시고 비록 조금 엄격하시지만 학생을 자신의 아이 다루듯 하신다.

단어 家人 jiārén 명 가족 | 位 wèi 양 (사람을 세는) 분 | 和蔼可亲 hé'ǎi kěqīn 성 상냥하고 친절하다 | 经常 jīngcháng 부 항상 | 开车 kāichē 동 운전하다 | 岁 suì 양 살 | 看起来 kàn qǐlái 보기에 | 只有 zhǐyǒu 동 ~밖에 없다 | 幽默 yōumò 형 유머러스한 | 总是 zǒngshì 부 늘 | 笑声 xiàoshēng 명 웃음소리 | 不断 búduàn 부 끊임없이 | 则 zé 부 곧 ~이다 | 严肃 yánsù 형 엄숙하다 | 对待 duìdài 동 다루다 | 像 xiàng 동 같다 | 自己 zìjǐ 대 자신 | 一样 yíyàng 형 같다

40 ★★☆

根据这段话，可以知道爸爸是做什么的？

A 老师　　B 汽车修理工
C 司机　　D 演员

이 글에 근거하여 알 수 있는 아버지의 직업은 무엇인가?

A 선생님　　B 자동차 수리공
C 운전기사　　D 배우

단어 汽车 qìchē 명 자동차 | 修理工 xiūlǐgōng 명 수리공 | 司机 sījī 명 기사 | 演员 yǎnyuán 명 배우

해설 '爸爸是开车的(아버지는 운전하는 일을 하신다)'를 통해 아버지의 직업은 운전기사임을 알 수 있다. 따라서 정답은 C이다.

Tip

직업 관련 동사 + 的

예 我是买卖的。나는 상인(=사고파는 사람)이다.
我是教汉语的。나는 중국어 선생님(=중국어를 가르치는 사람)이다.

41 ★★★

关于说话人，我们可以知道什么？

A 很幸福　　B 很幽默
C 很伤心　　D 很失望

화자에 관해 우리가 알 수 있는 것은 무엇인가?

A 매우 행복하다　　B 매우 웃기다
C 매우 슬프다　　D 매우 실망스럽다

단어 幸福 xìngfú 형 행복하다 | 伤心 shāngxīn 동 상심하다 | 失望 shīwàng 동 실망하다

해설 '我们家总是笑声不断(우리 집은 항상 웃음소리가 끊이지 않는다)'을 통해 화자가 매우 행복함을 알 수 있다. 따라서 정답은 A이다.

42 – 43

[42]我家有个小花园。我在里面种上了各种各样的植物，有玫瑰花、水仙、桂花、茶花，[42]还种了一棵桃树。这棵桃树可是[43]我的心肝宝贝，我可小心了，总是怕种不好，养不活。于是，我上网查了很多养花的方法。

[42]우리 집에는 작은 화원이 있다. 나는 화원에 여러 종류의 식물을 심었는데, 장미꽃, 수선화, 계화꽃, 동백꽃이 있고 [42]복숭아 나무도 한 그루 심었다. 이 복숭아 나무는 [43]내가 가장 애지중지하는 것으로, 항상 잘못 심었거나 잘 자라지 못 할까봐 겁이 나서 정말 조심한다. 그래서 나는 인터넷으로 꽃을 키우는 방법을 많이 찾아봤다.

단어 花园 huāyuán 명 화원 | 种 zhòng 동 심다 | 各种各样 gèzhǒng gèyàng 성 여러 종류 | 植物 zhíwù 명 식물 | 玫瑰花 méiguī huā 명 장미 | 水仙 shuǐxiān 명 수선화 | 桂花 guìhuā 명 계화꽃 | 茶花 cháhuā 명 동백꽃 | 棵 kē 양 (나무를 세는) 그루 | 桃树 táoshù 명 복숭아나무 | 心肝 xīngān 명 가장 사랑하는 사람 | 宝贝 bǎobèi 명 귀염둥이 | 小心 xiǎoxīn 형 조심스럽다 | 总是 zǒngshì 부 늘 | 怕 pà 동 걱정하다 | 养 yǎng 동 키우다 | 活 huó 동 살다 | 于是 yúshì 접 그래서 | 上网 shàngwǎng 동 인터넷을 하다 | 查 chá 동 조사하다 | 养花 yǎnghuā 꽃을 가꾸다 | 方法 fāngfǎ 명 방법

42 ★☆☆

说话人在哪里种了桃树?		화자는 어디에 복숭아 나무를 심었는가?	
A 公园	B 菜园	A 공원	B 채소밭
C 花园	D 网上	C 화원	D 인터넷상

단어 公园 gōngyuán 명 공원 | 菜园 càiyuán 명 채소밭 | 网上 wǎngshàng 명 인터넷

해설 '我家有个小花园(우리 집에는 작은 화원이 있다)'이라고 했고, '还种了一棵桃树(복숭아 나무도 한 그루 심었다)'라고 한 것을 통해 화자는 화원에 복숭아 나무를 심었음을 알 수 있다. 따라서 정답은 C이다.

43 ★★★

说话人对桃树的态度怎样?		화자의 복숭아 나무에 대한 태도는 어떠한가?	
A 讨厌	B 珍惜	A 싫어하다	B 소중히 여기다
C 小心	D 害怕	C 조심하다	D 무서워하다

단어 态度 tàidu 명 태도 | 怎样 zěnyàng 대 어떻다 | 讨厌 tǎoyàn 동 싫어하다 | 珍惜 zhēnxī 동 소중히 여기다 | 害怕 hàipà 동 겁내다

해설 '这棵桃树可是我的心肝宝贝'에서 '心肝宝贝'는 '애지중지하는 자식'이라는 뜻으로 '소중히 여기다'라는 뜻을 가진 '珍惜'와 비슷한 의미이다. 따라서 화자는 복숭아 나무를 소중히 여긴다는 것을 알 수 있으므로 정답은 B이다.

44 – 45

[44]他工作非常认真。每天早上第一个到，每天晚上最后一个离开。大家都觉得他是一个认真负责、乐于助人的人，[45]老板也称他是公司里最好的业务经理。大家都以为这次总经理的位子非他莫属。谁知，新任总经理竟是他的助手。

[44]그는 일을 매우 열심히 한다. 매일 아침 첫 번째로 출근해서 매일 저녁 마지막으로 퇴근한다. 모두들 그를 책임감 있고 다른 사람을 도와주는 것을 즐거워하는 사람이라고 생각한다. [45]사장님도 그를 회사에서 가장 훌륭한 업무 관리자라고 부른다. 모두들 이번 최고 책임자 자리는 그가 적임자라고 생각했다. 하지만 누가 알았겠는가, 새로 임명된 최고 책임자가 그의 부하 직원일 줄이야.

단어 认真 rènzhēn 형 착실하다 | 每天 měitiān 명 매일 | 最后 zuìhòu 형 맨 마지막의 | 离开 líkāi 동 떠나다 | 负责 fùzé 동 책임지다 | 乐于 lèyú 동 기꺼이 (어떤 일을) 하다 | 老板 lǎobǎn 명 사장 | 称 chēng 동 ~라고 부르다 | 业务经理 yèwù jīnglǐ 명 업무관리자 | 以为 yǐwéi 동 생각하다 | 总经理 zǒngjīnglǐ 명 최고 책임자 | 位子 wèizi 명 자리 | 新任 xīnrèn 형 새로 임명된 | 竟是 jìngshì 동 뜻밖에도 ~이다 | 助手 zhùshǒu 명 조수

44 ★☆☆

根据这段话可以知道他是个怎样的人?

A 认真 B 马虎
C 幽默 D 虚伪

이 글에 근거하여 그가 어떤 사람이라는 것을 알 수 있는가?

A 착실하다 B 세심하지 못하다
C 유머러스하다 D 위선적이다

단어 马虎 mǎhu 형 세심하지 못하다 | 幽默 yōumò 형 유머러스한 | 虚伪 xūwěi 형 허위의

해설 '他工作非常认真(그는 일을 매우 열심히 한다)'을 통해 그는 착실한 사람임을 알 수 있으므로 정답은 A이다.

45 ★★★

他现在是什么职务?

A 业务员 B 业务经理
C 老板 D 总经理

그의 현재 직무는 무엇인가?

A 외교원 B 업무 관리자
C 사장 D 최고 책임자

단어 职务 zhíwù 명 직무 | 业务员 yèwùyuán 외교원

해설 '老板也称他是公司里最好的业务经理(사장님도 그를 회사에서 가장 훌륭한 업무 관리자라고 부른다)'를 통해 그는 현재 업무 관리자임을 알 수 있다. '大家都以为这次总经理的位子非他莫属(모두들 이번 최고 책임자 자리는 그가 적임자라고 생각했다)'라는 녹음 내용을 듣고 그는 현재 '总经理'라고 생각할 수도 있으나, '以为(~라고 여겼는데 아니다)'가 쓰여 '최고 책임자라고 생각했는데 아니었다'라는 뜻이므로 D는 오답이고, 정답은 B이다.

Tip '非他莫属'는 성어 '非君莫属(당신 말고는 달리 사람이 없다)'에서 비롯된 말로 '그가 적임자'라는 뜻이다.

실전 연습 2 – 제3부분 MP3-58

》 전략서 71p

정답 36 D 37 C 38 A 39 D 40 B 41 D 42 C 43 A 44 D 45 C

36 – 37

随着人民生活水平的提高，[36]网络已经成为人们生活中不可缺少的一部分。越来越多的人喜欢在网上购物、聊天、看电影、玩游戏等。但是，沉迷于网络不利于心理健康。近年来，[37]因迷恋网络而引发的青少年犯罪呈上升趋势。

국민들의 생활 수준이 높아짐에 따라 [36]인터넷은 이미 사람들의 생활에서 빠질 수 없는 부분이 되었다. 갈수록 많은 사람이 인터넷으로 물건을 구매하고, 이야기하고, 영화보고, 게임 하는 것을 좋아한다. 그러나 인터넷에 깊이 빠지게 되면 심리 건강에 이롭지 않다. 최근 몇 년 [37]인터넷 중독으로 인해 발생한 청소년 범죄가 상승세를 보이고 있다.

단어 随着 suízhe 동 ~에 따라 | 人民 rénmín 명 인민, 국민 | 生活 shēnghuó 명 생활 | 水平 shuǐpíng 명 수준 | 提高 tígāo 동 향상시키다 | 网络 wǎngluò 명 네트워크 | 成为 chéngwéi 동 ~이 되다 | 不可 bùkě 조동 ~해서는 안 된다 | 缺少 quēshǎo 동 부족하다 | 一部分 yíbùfen 명 일부분 | 越来越 yuèláiyuè 점점 | 网上 wǎngshàng 명 온라인 | 购物 gòuwù 동 물건을 사다 | 聊天 liáotiān 동 수다 떨다 | 游戏 yóuxì 명 게임 | 等 děng 조 등, 따위 | 沉迷 chénmí 동 깊이 빠지다 | 于 yú 개 ~에 | 利于 lìyú 동 ~에 도움이 되다 | 心理 xīnlǐ 명 심리 | 健康 jiànkāng 명 건강 | 近年来 jìnnián 최근 몇 년간 | 因 yīn 접 ~때문에 | 迷恋

mílián 동 미련을 두다 | 而 ér 접 그리고 | 引发 yǐnfā 동 일으키다 | 青少年 qīngshàonián 명 청소년 | 犯罪 fànzuì 동 죄를 저지르다 | 呈 chéng 동 (어떤 상태를) 나타내다 | 上升 shàngshēng 동 상승하다 | 趋势 qūshì 명 추세

36 ★☆☆

这段话谈的是什么?	이 글이 이야기하는 것은 무엇인가?
A 聊天　B 购物	A 채팅　B 쇼핑
C 看电影　D 网络	C 영화 관람　D 인터넷

해설 '网络已经成为人们生活中不可缺少的一部分(인터넷은 이미 사람들의 생활에서 빠질 수 없는 부분이 되었다)'이라고 했고, 그 뒤에는 인터넷으로 할 수 있는 여러 가지 행위와 단점에 대해 말하고 있으므로 이 글이 이야기하는 것은 인터넷임을 알 수 있다.

37 ★★★

根据这段话，可以知道网络有什么害处?	이 글에 근거하여 알 수 있는 인터넷의 해로운 점은 무엇인가?
A 什么都能知道	A 뭐든지 다 알 수 있다
B 人们都迷恋网络	B 사람들은 모두 인터넷에 빠진다
C 容易引发犯罪	C 쉽게 범죄를 유발한다
D 对身体不好	D 몸에 좋지 않다

단어 害处 hàichu 명 나쁜 점 | 容易 róngyì 형 쉽다

해설 '因…而…'은 '~때문에, 그래서 ~하다'의 뜻으로 '因迷恋网络而引发的青少年犯罪呈上升趋势(인터넷 중독으로 인해 발생한 청소년 범죄가 상승세를 보이고 있다)'를 통해 인터넷의 해로운 점은 쉽게 범죄를 유발한다는 것임을 알 수 있다. 따라서 정답은 C이다.

38 – 39

大家好，我实在不知道该说什么好了。我从来没想过会拿到这个奖。真的非常感谢大家对我的关爱。在这里，[39]我尤其要感谢我的老师，没有他，我就不可能有今天的成绩。谢谢您，老师。	여러분, 안녕십니까, 저는 정말 무슨 말을 해야 좋을지 모르겠습니다. 저는 여태껏 이런 상을 받을 거라고는 생각지도 못했습니다. 저에 대한 관심과 사랑에 정말로 감사드립니다. 여기에서 [39]저는 특히 저의 선생님께 감사를 드리고 싶습니다. 그분이 계시지 않았더라면, 오늘의 성과도 있을 수 없었을 것입니다. 선생님, 감사합니다.

단어 实在 shízài 부 정말 | 该 gāi 조동 ~해야 한다 | 从来 cónglái 부 지금까지 | 拿 ná 동 획득하다 | 奖 jiǎng 명 상 | 感谢 gǎnxiè 동 감사하다 | 关爱 guān'ài 동 관심을 갖고 돌보다 | 尤其 yóuqí 부 특히 | 成绩 chéngjì 명 성적

38 ★★☆

说话人的心情怎样?	화자의 심정은 어떠한가?
A 激动　B 失望	A 감격했다　B 실망했다
C 伤心　D 羡慕	C 슬퍼했다　D 부러워했다

단어 激动 jīdòng 동 감격하다 | 失望 shīwàng 동 실망하다 | 伤心 shāngxīn 동 상심하다 | 羡慕 xiànmù 동 부러워하다

해설 화자는 반복해서 감사하다고 말하고 있으므로 이 지문이 수상 소감이라고 유추할 수 있다. 보기 중 상을 받은 화자의 심정으로 가장 적합한 것은 '감격했다'이므로 정답은 A이다.

39 ★☆☆

他最想感谢的是谁?	그가 가장 감사드리고 싶은 사람은 누구인가?
A 父母　B 朋友	A 부모님　B 친구
C 妻子　D 老师	C 아내　D 선생님

해설 '我尤其要感谢我的老师(저는 특히 저의 선생님께 감사를 드리고 싶습니다)'를 통해 그가 가장 감사드리고 싶은 사람은 선생님이라는 것을 알 수 있으므로 정답은 D이다.

40 – 41

[40]最近在中国兴起一种新的购物方式叫作"团购"。一些想要买东西的人，可能是朋友，也可能是通过互联网认识的陌生人，以某种方式组成一个团体，再以较低的价格向商家购买产品。这样[41]可以省下不少钱。比如，一对刚结婚的年轻人团购家具，就足足省了5000元人民币。

[40]최근 중국에서 일어난 새로운 구매 방식은 '공동구매'라고 한다. 물건을 사고 싶은 친구나 인터넷을 통해 알게 된 몇몇 사람들과 일종의 방식으로 단체를 구성해 비교적 낮은 가격으로 상인에게 상품을 구매한다. 이렇게 하면 [41]적지 않은 돈을 아낄 수 있다. 예를 들면, 막 결혼한 젊은 부부가 공동구매로 가구를 사면 족히 5000위안은 아낄 수 있다.

단어 最近 zuìjìn 명 최근 | 兴起 xīngqǐ 동 발전하기 시작하다 | 种 zhǒng 양 종류 | 购物 gòuwù 동 물건을 사다 | 方式 fāngshì 명 방식 | 叫作 jiàozuò 동 ~라고 부르다 | 团购 tuángòu 동 공동 구매를 하다 | 通过 tōngguò 개 ~를 통해 | 互联网 hùliánwǎng 명 인터넷 | 陌生 mòshēng 형 낯설다 | 以 yǐ 개 ~으로써 | 某种 mǒuzhǒng 대 어떤 종류의 | 组成 zǔchéng 동 구성하다 | 团体 tuántǐ 명 단체 | 较 jiào 부 비교적 | 低 dī 형 낮다 | 价格 jiàgé 명 가격 | 向 xiàng 개 ~을 향해 | 商家 shāngjiā 명 상점 | 购买 gòumǎi 동 사다 | 产品 chǎnpǐn 명 제품 | 省下 shěngxia 절약해 남기다 | 比如 bǐrú 접 예를 들어 | 对 duì 양 쌍 | 刚 gāng 부 방금 | 结婚 jiéhūn 동 결혼하다 | 年轻人 niánqīngrén 명 젊은이 | 家具 jiājù 명 가구 | 足足 zúzú 부 족히

40 ★★☆

最近兴起的购物方式叫作什么?	최근 일어난 구매 방식은 무엇이라고 하는가?
A 网购　B 团购	A 인터넷 쇼핑　B 공동 구매
C 电视购物　D 逛街购物	C TV 홈쇼핑　D 길거리 쇼핑

단어 网购 wǎnggòu 동 인터넷 쇼핑을 하다

해설 '最近在中国兴起一种新的购物方式叫作"团购"(최근 중국에서 일어난 새로운 구매 방식은 '공동 구매'라고 한다)'를 통해 최근 일어난 구매 방식은 공동 구매임을 알 수 있다. 따라서 정답은 B이다.

41 ★★☆

这种购物方式的优点是什么?	이 구매 방식의 장점은 무엇인가?
A 能认识很多人	A 많은 사람을 알 수 있다
B 能买到好商品	B 좋은 제품을 살 수 있다
C 不用自己出门	C 집 밖으로 나갈 필요 없다
D 能省钱	D 돈을 아낄 수 있다

단어 优点 yōudiǎn 명 장점 | 商品 shāngpǐn 명 제품 | 自己 zìjǐ 대 자신 | 出门 chūmén 동 외출하다 | 省钱 shěngqián 동 돈을 아끼다

해설 '可以省下不少钱(적지 않은 돈을 아낄 수 있다)'을 통해 이 구매 방식의 장점은 돈을 아낄 수 있다는 것임을 알 수 있다. 따라서 정답은 D이다.

42 – 43

[42]10月1日是上海世博会中国馆日。[43]中国馆日官方仪式将于10月1日10点30分在世博中心中央大厅举行，中外贵宾共[43]约700人参加。自5月1日正式开馆以来，中国馆运行良好。到目前为止，接待了各类参观者一共2114.9万人次。中国馆可能在世博会结束后做一个月整修，12月1日起重新开馆。

[42]10월 1일은 상하이 엑스포 중국관의 날이다. [43]중국관의 날 공식 행사는 10월 1일 10시 30분 엑스포 중앙홀에서 진행하며 국내외 인사 [43]약 700명이 참가한다. 5월 1일 정식 개관한 이래 중국관은 잘 운영되어 왔다. 현재까지 맞이한 각종 참관객 연인원은 2114만 9000명이다. 중국관은 엑스포가 끝난 후 한 달간의 정비 기간을 거칠 것이고, 12월 1일 다시 개관한다.

단어 世博会 shìbóhuì 명 엑스포 | 官方 guānfāng 명 정부 당국 | 仪式 yíshì 명 의식 | 将 jiāng 부 ~일 것이다 | 中心 zhōngxīn 명 센터 | 中央 zhōngyāng 명 중앙 | 大厅 dàtīng 명 로비 | 举行 jǔxíng 동 거행하다 | 中外 zhōngwài 명 중국과 외국 | 贵宾 guìbīn 명 귀빈 | 共 gòng 부 모두 | 约 yuē 부 대략 | 参加 cānjiā 동 참가하다 | 自 zì 개 ~에서 시작하여 | 正式 zhèngshì 형 정식의 | 开馆 kāiguǎn 동 개관하다 | 以来 yǐlái 명 이래 | 运行 yùnxíng 동 운행하다 | 良好 liánghǎo 형 양호하다 | 目前 mùqián 명 지금 | 为止 wéizhǐ 동 ~까지 하고 끝내다 | 接待 jiēdài 동 접대하다 | 各类 gèlèi 형 여러 종류의 | 参观 cānguān 동 견학하다 | 者 zhě 대 자, 것[어떤 동작을 하는 사람을 나타냄] | 一共 yígòng 부 합계 | 万 wàn 수 만, 10000 | 人次 réncì 양 연인원 | 结束 jiéshù 동 마치다 | 整修 zhěngxiū 동 보수하다 | 起 qǐ 동 시작하다 | 重新 chóngxīn 부 다시

42 ★★★

中国馆日是哪一天?

A 5月1日 B 9月1日
C 10月1日 D 12月1日

중국관의 날은 언제인가?

A 5월 1일 B 9월 1일
C 10월 1일 D 12월 1일

해설 '10月1日是上海世博会中国馆日(10월 1일은 상하이 엑스포 중국관의 날이다)'를 통해 중국관의 날이 10월 1일임을 알 수 있으므로 정답은 C이다. 5월 1일은 정식 개관일, 12월 1일은 다시 개관하는 날, 9월 1일은 언급되지 않았으므로 A, B, D 모두 오답이다.

43 ★★★

参加中国馆日官方仪式的有多少人?

A 约700人 B 700万人
C 2万多人 D 2000多万人

중국관의 날 공식 행사에 참관한 사람은 몇 명인가?

A 약 700명 B 700만 명
C 2만여 명 D 2000여만 명

해설 '约700人参加(약 700명이 참가한다)'를 통해 중국관의 날 공식 행사에 참관하는 사람은 약 700명임을 알 수 있으므로 정답은 A이다.

44 – 45

每年国庆节都是人们[44]出游或购物的好机会。今年国庆假期的前三天，北京旅游进入狂欢状态，北京市民出城郊游大幅增多。除了旅游，王府井步行街、西单购物中心、三里屯等[45]休闲购物胜地尤为火爆，挤满了前来休闲的市民，成为今年北京十一黄金周旅游的一大亮点。

매해 국경절은 사람들이 [44]놀러 가거나 쇼핑을 하기 좋은 기회이다. 올해 국경절 휴일 3일 전, 베이징 관광은 호황 상태를 맞이했고 베이징 시민의 교외 외출이 크게 증가했다. 여행 외에 왕푸징 거리와 시단 쇼핑센터, 싼리툰 등 [45]휴식을 즐기며 쇼핑할 수 있는 곳이 특히 인기가 많아 휴식하러 온 시민들로 가득 찼으며, 올해 베이징 10월1일 황금 주간 여행의 큰 하이라이트가 되었다.

단어 每年 měinián 명 매년 | 国庆节 Guóqìng Jié 명 국경절 | 出游 chūyóu 동 놀러 나가다 | 或 huò 접 혹은 | 购物 gòuwù 동 쇼핑하다 | 机会 jīhuì 명 기회 | 假期 jiàqī 명 휴가기간 | 进入 jìnrù 동 진입하다 | 狂欢 kuánghuān 동 마음껏 즐기다 | 状态 zhuàngtài 명 상태 | 市民 shìmín 명 시민 | 郊游 jiāoyóu 동 교외로 소풍 가다 | 大幅 dàfú 형 대폭적인 | 增多 zēngduō 동 많아지다 | 除了 chúle 개 ~을 제외하고 | 王府井 Wángfǔjǐng 명 왕푸징 | 步行街 bùxíngjiē 명 보행자 전용 도로 | 西单 Xīdān 명 시단 | 购物中心 gòuwù zhōngxīn 명 대형 쇼핑센터 | 三里屯 Sānlǐtún 명 싼리툰 | 等 děng 조 등, 따위 | 休闲 xiūxián 동 한가롭게 보내다 | 胜地 shèngdì 명 명승지 | 尤为 yóuwéi 부 특히 | 火爆 huǒbào 형 열기가 넘친다 | 挤满 jǐmǎn 가득 차다 | 前来 qiánlái 동 이쪽으로 오다 | 成为 chéngwéi 동 ~이 되다 | 十一 ShíYī 명 10월 1일[중화 인민 공화국의 건국일] | 黄金周 huángjīnzhōu 명 황금 주간 | 亮点 liàngdiǎn 포인트, 하이라이트

44 ★★★

根据这段话，人们在国庆节可能不会做什么?

A 去故宫游览
B 去王府井购物
C 跟朋友吃饭
D 待在家里

이 글에 근거하여, 사람들이 국경절에 아마도 하지 않을 것은 무엇인가?

A 고궁을 관람하러 간다
B 왕푸징에 쇼핑하러 간다
C 친구와 밥을 먹는다
D 집에 머무른다

단어 故宫 Gùgōng 명 고궁 | 游览 yóulǎn 동 유람하다 | 跟 gēn 개 ~와, ~과 | 待 dài 동 머물다

해설 '出游或购物的好机会(놀러 가거나 쇼핑을 하기 좋은 기회이다)'를 통해 사람들이 국경절에 아마도 집에 머무르지 않을 것임을 유추할 수 있다. A와 C는 '出游(놀러 가다)'에 해당하고, B는 '购物(쇼핑하다)'에 해당하므로 정답은 D이다.

45 ★★★

根据这段话，今年北京黄金周旅游的一大亮点是什么?

A 出郊游受欢迎
B 人们举行狂欢活动
C 购物中心挤满了人
D 饭店爆满

이 글에 근거하여, 올해 베이징 황금 주간 여행의 하이라이트는 무엇인가?

A 교외로 나가 여행하는 것이 인기이다
B 사람들이 마음껏 즐길만한 행사를 진행한다
C 쇼핑센터가 사람들로 가득 찼다
D 식당이 붐빈다

단어 受欢迎 shòu huānyíng 인기를 끌고 있다 | 举行 jǔxíng 동 거행하다 | 活动 huódòng 명 행사 | 中心 zhōngxīn 명 센터 | 爆满 bàomǎn 동 꽉 차다

해설 '休闲购物胜地尤为火爆，挤满了前来休闲的市民，成为今年北京十一黄金周旅游的一大亮点(휴식을 즐기며 쇼핑할 수 있는 곳이 특히 인기가 많아 휴식하러 온 시민들로 가득 찼으며, 올해 베이징 10월 1일 황금 주간 여행의 큰 하이라이트가 되었다)'을 통해 올해 베이징 황금 주간 여행의 하이라이트는 쇼핑센터가 사람들로 가득 찬 것임을 알 수 있다. 따라서 정답은 C이다.

실전 테스트 MP3-59

》 전략서 78p

정답

제1부분	1 ✓	2 ×	3 ✓	4 ×	5 ✓
	6 ×	7 ×	8 ✓	9 ✓	10 ×
제2부분	11 B	12 A	13 D	14 A	15 D
	16 B	17 A	18 B	19 D	20 A
	21 C	22 B	23 A	24 D	25 A
제3부분	26 B	27 B	28 D	29 A	30 B
	31 A	32 D	33 C	34 B	35 D
	36 A	37 D	38 D	39 C	40 B
	41 A	42 B	43 B	44 C	45 D

제1부분

1 ★★☆

现在招聘广告很多，想要找到一份好的工作却很难，有时候还会受骗。	현재 채용 광고는 매우 많지만, 좋은 일자리 하나 찾는 것은 너무 어렵고 어떤 때는 사기를 당하기도 한다.
★ 现在不容易找到好工作。 (✓)	★ 현재 좋은 일자리를 찾는 것은 쉽지 않다. (✓)

단어 **招聘** zhāopìn 동 채용하다 | **广告** guǎnggào 명 광고 | **想要** xiǎngyào 조동 ~하려고 하다 | **却** què 부 오히려 | **难** nán 형 어렵다 | **受骗** shòupiàn 동 사기를 당하다 | **容易** róngyì 형 쉽다

해설 '找到一份好的工作却很难(좋은 일자리 하나 찾는 것은 너무 어렵다)'의 '难(어렵다)'과 제시된 문장의 '不容易(쉽지 않다)'는 같은 의미이므로 제시된 문장과 녹음 내용은 일치한다.

2 ★☆☆

这两件衣服样子和质量都差不多，而价格却差这么多，我当然买便宜的那件。	이 두 벌의 옷은 스타일과 품질에 별 차이가 없지만 가격은 오히려 이렇게 많이 차이 난다. 나는 당연히 싼 그 옷을 살 것이다.
★ 这两件衣服，一件质量好一件质量不好。 (×)	★ 이 두 벌의 옷은 한 벌은 품질이 좋고, 한 벌은 품질이 나쁘다. (×)

단어 样子 yàngzi 명 모양 | 质量 zhìliàng 명 품질 | 差不多 chàbuduō 형 비슷하다 | 而 ér 접 그러나 | 价格 jiàgé 명 가격 | 却 què 부 오히려 | 差 chà 형 차이가 나다 | 当然 dāngrán 부 당연히

해설 '这两件衣服样子和质量都差不多(이 두 벌의 옷은 스타일과 품질에 별 차이가 없다)'를 통해 한 벌은 품질이 좋고, 한 벌은 품질이 나쁜 것이 아님을 알 수 있다. 따라서 제시된 문장과 녹음 내용은 일치하지 않는다.

3 ★☆☆

今年9月我就要读研究生了，所以我打算这个暑假开始学习法语，为以后的学习做准备。	올해 9월이면 나는 대학원에 진학할 것이다. 그래서 이번 여름 방학에 프랑스어를 배워서 앞으로의 공부를 위해 준비할 것이다.
★ 今年暑假他要学习法语。 (√)	★ 올해 여름 방학에 그는 프랑스어를 배우려고 한다. (√)

단어 今年 jīnnián 명 올해 | 研究生 yánjiūshēng 명 대학원생 | 打算 dǎsuan 동 ~하려고 하다 | 暑假 shǔjià 명 여름 방학 | 法语 Fǎyǔ 명 프랑스어 | 为 wèi 개 ~하기 위하여 | 以后 yǐhòu 명 이후

해설 '暑假开始学习法语(여름 방학에 프랑스어를 배우기 시작한다)'를 통해 올해 여름 방학에 그는 프랑스어를 배우려고 한다는 것을 알 수 있다. 따라서 제시된 문장과 녹음 내용은 일치한다.

4 ★☆☆

上大学的时候，我很少回家，一般都是通过电话跟爸爸妈妈聊聊学校的生活。	대학 다닐 때, 나는 집에 잘 가지 않고 보통 전화를 통해 아버지, 어머니와 학교 생활에 대해 이야기했다.
★ 上大学时，他经常回家。 (×)	★ 대학 다닐 때, 그는 자주 집에 갔다. (×)

단어 上 shàng 동 (정한 시간이 되어) 어떤 일을 하다 | 大学 dàxué 명 대학 | 一般 yìbān 형 보통이다 | 通过 tōngguò 개 ~를 통해 | 跟 gēn 개 ~와, ~과 | 聊 liáo 동 수다 떨다 | 生活 shēnghuó 명 생활 | 经常 jīngcháng 부 자주

해설 '我很少回家(나는 집에 잘 가지 않다)'를 통해 대학 다닐 때 그는 자주 집에 가지 않았음을 알 수 있다. 따라서 제시된 문장과 녹음 내용은 일치하지 않는다.

Tip

빈도부사

자주	常 cháng 平常 píngcháng	常常 chángcháng 平时 píngshí	经常 jīngcháng 一般 yìbān
가끔	偶尔 ǒu'ěr		

5 ★★☆

我这次开会要带很多书和资料，这个箱子可能装不下。	저는 이번 회의에 책과 자료를 많이 가져가야 하는데, 이 트렁크는 다 담을 수 없을 것 같아요.
★ 这个箱子不够大。 (√)	★ 이 트렁크는 충분하게 크지 않다. (√)

단어 开会 kāihuì 동 회의를 하다 | 带 dài 동 휴대하다 | 资料 zīliào 명 자료 | 箱子 xiāngzi 명 트렁크 | 装 zhuāng 동 싣다 | 不够 búgòu 동 모자라다, 불충분하다

해설 '装'은 '담다', '下'는 수용할 수 있음을 나타내므로 '装不下'는 '담는 공간이 부족하다'라는 뜻이며 제시된 문장의 '不够(부족하다)'와 같은 의미이다. 따라서 제시된 문장과 녹음 내용은 일치한다.

6 ★★★

乘客们，我们非常抱歉地通知您，由上海开往武昌的K121次列车晚点20分钟，到达本站时间为19:25，开车时间待定。	승객 여러분, 매우 유감스럽게도 알려드립니다. 상하이에서 우창으로 가는 열차 K121번이 20분 지연되었습니다. 우리 역에 도착하는 시간은 19시 25분이며, 출발 시간은 미정입니다.
★ 火车20分钟后发车。 (×)	★ 기차는 20분 뒤에 출발한다. (×)

단어 **乘客** chéngkè 명 승객 | **抱歉** bàoqiàn 형 미안하게 생각하다 | **通知** tōngzhī 동 알리다 | **由** yóu 개 ~으로부터 | **上海** Shànghǎi 명 상하이 | **开往** kāiwǎng 동 (기차가) ~을 향하여 출발하다 | **武昌** Wǔchāng 명 우창[후베이(湖北) 성의 성도] | **列车** lièchē 명 열차 | **点** diǎn 양 (~儿) 약간 | **到达** dàodá 동 도착하다 | **本** běn 대 이번 | **站** zhàn 명 정류장, 역 | **为** wéi 동 ~이다 | **开车** kāichē 동 발차하다 | **待定** dàidìng 동 결정을 기다리다 | **发车** fāchē 동 발차하다

해설 '晚点20分钟(20분 지연되었다)'의 '20분'만 듣고 제시된 문장과 일치한다고 생각할 수 있지만 '开车时间待定(출발 시간은 미정이다)'을 통해 기차는 20분 뒤에 출발하지 않는다는 것을 알 수 있다. 따라서 제시된 문장과 녹음 내용은 일치하지 않는다.

Tip
由(=自) A 开往 B A에서 B를 향하여 출발하다
예 由北京开往上海 베이징발 상하이행

7 ★☆☆

各位同事，因为董事长有急事，今天下午的会议取消了。下次会议时间另行通知。	동료 여러분, 회장님께서 급한 일이 생기셔서 오늘 오후 회의는 취소되었습니다. 다음 회의 시간은 따로 통지하겠습니다.
★ 今天下午开会。 (×)	★ 오늘 오후 회의를 한다. (×)

단어 **各位** gèwèi 대 여러분 | **同事** tóngshì 명 동료 | **董事长** dǒngshìzhǎng 명 대표이사, 회장, 이사장 | **急事** jíshì 명 급한 일 | **会议** huìyì 명 회의 | **取消** qǔxiāo 동 취소하다 | **下次** xiàcì 명 다음 번 | **另行** lìngxíng 동 따로 ~하다 | **通知** tōngzhī 동 통지하다

해설 제시된 문장에 시간이 나온 경우 그 시간을 녹음 내용에서 그대로 언급하며 오답을 유도하는 문제가 많이 출제된다. '今天下午' 뒤에 '会议取消了(회의는 취소되었다)'가 있으므로 제시된 문장과 녹음 내용은 일치하지 않는다.

8 ★☆☆

我闻到一股烧焦的味道，好像是从厨房里传出来的，赶紧进去一看，原来妈妈忘记了炉子上还在烧水。	탄 냄새를 맡고 주방에서 나는 것 같아 재빨리 들어가 살펴보았다. 알고 보니 엄마가 난로에 아직 물이 끓고 있다는 것을 잊은 거였다.
★ 妈妈忘了在烧水。 (√)	★ 엄마는 물이 끓고 있다는 것을 잊었다. (√)

단어 闻 wén 동 냄새를 맡다 | 股 gǔ 양 줄기 [맛·기체·냄새 따위를 세는 단위] | 烧焦 shāojiāo 동 까맣게 타다 | 味道 wèidao 명 냄새 | 好像 hǎoxiàng 부 마치 ~과 같다 | 厨房 chúfáng 명 주방 | 传 chuán 동 퍼지다 | 赶紧 gǎnjǐn 부 황급히 | 进去 jìnqù 동 들어가다 | 原来 yuánlái 부 알고 보니 | 忘记 wàngjì 동 잊어버리다 | 炉子 lúzi 명 난로 | 烧水 shāoshuǐ 동 물을 끓이다

해설 '原来妈妈忘记了炉子上还在烧水(알고 보니 엄마가 난로에 아직 물이 끓고 있다는 것을 잊는 거였다)'를 통해 엄마가 물이 끓고 있다는 것을 잊었다는 것을 알 수 있다. 따라서 제시된 문장과 녹음 내용은 일치한다.

Tip

在의 여러 가지 용법

품사	의미	예문
동사	~에 있다	我在家。나는 집에 있다.
개사	~에(서)	我在家看书。나는 집에서 책을 본다.
부사	지금 ~하는 중이다(=正在)	我在看书。나는 책을 보는 중이다.

9 ★☆☆

我本来打算明天去上海，但公司临时有事，麻烦您帮我把机票改签到后天吧。	저는 원래 내일 상하이에 가려고 했는데 회사에 잠시 일이 생겼습니다. 번거로우시겠지만 비행기 표를 모레로 변경해 주세요.
★ 他要把明天的机票改签到后天。 (✓)	★ 그는 내일 비행기 표를 모레로 바꾸려고 한다. (✓)

단어 本来 běnlái 부 원래 | 打算 dǎsuan 동 ~하려고 하다 | 上海 Shànghǎi 명 상하이 | 临时 línshí 형 잠시의 | 麻烦 máfan 동 귀찮게 하다 | 把 bǎ 개 ~을, ~를 | 机票 jīpiào 명 비행기 표 | 改签 gǎiqiān 비행기 표를 변경하다

해설 '원래'라는 뜻을 가진 '本来'는 처음 상황과 현재 상황이 바뀌었을 때 사용하는 단어로 바뀐 상황에 대해 주의 깊게 듣지 않으면 오답을 고를 확률이 높다. '把机票改签到后天吧(비행기 표를 모레로 변경해 주세요)'를 통해 그는 내일 출발하는 비행기 표를 모레로 바꾸려고 한다는 것을 알 수 있다. 따라서 제시된 문장과 녹음 내용은 일치한다.

10 ★☆☆

经理，会议日程表和材料我已经准备好了，但有些活动的时间我还不太确定，请您看一下这样安排行不行。	사장님, 회의 스케줄과 자료는 이미 다 준비되었습니다. 그런데 몇몇 행사의 시간이 아직 확정적이지 않습니다. 이렇게 일정을 잡아도 될지 좀 봐 주시겠습니까?
★ 会议日程他还没有安排。 (×)	★ 회의 스케줄을 그는 아직 안배하지 못했다. (×)

단어 经理 jīnglǐ 명 경영 관리 책임자, 사장 | 会议 huìyì 명 회의 | 日程表 rìchéngbiǎo 명 스케줄 | 材料 cáiliào 명 자료 | 活动 huódòng 명 행사 | 确定 quèdìng 형 확정적이다 | 安排 ānpái 동 안배하다 | 行 xíng 동 ~해도 좋다

해설 '会议日程表和材料我已经准备好了(회의 스케줄과 자료는 이미 다 준비되었습니다)'를 통해 그가 회의 스케줄을 이미 안배했음을 알 수 있다. 따라서 제시된 문장과 녹음 내용은 일치하지 않는다.

듣기 听力 제2부분

11 ★☆☆

女: 我今天晚上没法睡觉了，这个星期的作业到现在都没做完。
男: 你不应该到最后一天才开始做。

问: 今天晚上女的要做什么?
A 睡觉　　B 做作业
C 看电视　　D 玩电脑

여: 오늘 저녁에는 잠을 잘 수가 없겠다, 이번 주 숙제를 지금까지도 못 끝냈어.
남: 너는 마지막 날에서야 시작해서는 안돼.

질문: 오늘 저녁 여자는 무엇을 해야 하는가?
A 잠을 잔다　　B 숙제를 한다
C 텔레비전을 본다　　D 컴퓨터를 한다

단어 没法 méi fǎ 방법이 없다 | 作业 zuòyè 명 숙제 | 应该 yīnggāi 조동 ~해야 한다 | 最后 zuìhòu 형 맨 마지막의 | 才 cái 부 이제서야

해설 여자는 잠을 잘 수 없는 이유를 '这个星期的作业到现在都没做完(이번 주 숙제를 지금까지도 못 끝냈다)'이라고 했으므로 오늘 저녁 여자는 숙제를 해야 한다는 것을 알 수 있다. 따라서 정답은 B이다.

12 ★★☆

男: 你好，是玛丽吗? 我在路上堵车了，要8点以后才能到学校。
女: 没关系，我会等你。

问: 从对话中，我们可以知道什么?
A 男的会晚点到
B 男的不来了
C 女的不来了
D 女的不等男的

남: 안녕, 마리니? 나 지금 길이 막혀서 8시 넘어서야 비로소 학교에 도착할 것 같아.
여: 괜찮아, 기다릴게.

질문: 대화를 통해, 우리가 알 수 있는 것은 무엇인가?
A 남자는 늦게 도착할 것이다
B 남자는 오지 않는다
C 여자는 오지 않는다
D 여자는 남자를 기다리지 않는다

단어 路上 lùshang 명 길 가는 중 | 堵车 dǔchē 동 차가 막히다 | 以后 yǐhòu 명 이후 | 才 cái 부 ~서야 비로소

해설 시간사 뒤에 쓰인 '才'는 늦음을 나타내는 말로 '~에야 비로소'라고 해석을 하고, 시간사 앞에 쓰인 '才'는 '(시간상) 이르다'를 나타내는 말로 '겨우'라고 해석한다. 여기서는 시간사인 '8点(8시)' 뒤쪽에 '才'가 쓰였으므로 남자는 늦게 도착할 것임을 알 수 있다. 따라서 정답은 A이다.

Tip

才의 용법

형식	의미	예문
시간사/수량사 + 才	시간이 늦음 수량이 많음	她三十八岁才结婚。 그녀는 38살에야 비로소 결혼했다.
才 + 시간사/수량사	시간이 이름 수량이 적음	她今年才七岁上小学。 그녀는 올해 겨우 7살인데 초등학교에 입학했다.

13 ★☆☆

女: 看来你很喜欢书法课? 男: 没错，我在课上认识了许多喜爱书法的朋友。 问: 男的是什么意思? A 上课的人太少 B 上课的人太多 C 不喜欢书法课 D 很喜欢书法课	여: 당신은 서예 수업을 매우 좋아하나 봐요? 남: 맞아요, 저는 수업에서 서예를 좋아하는 친구를 많이 알게 됐어요. 질문: 남자의 말은 무슨 의미인가? A 수업하는 사람이 매우 적다 B 수업하는 사람이 매우 많다 C 서예 수업을 좋아하지 않는다 D 서예 수업을 좋아한다

단어 看来 kànlái 보아하니 | 书法 shūfǎ 명 서예 | 没错 méicuò 형 맞다 | 许多 xǔduō 수 매우 많다 | 喜爱 xǐ'ài 동 좋아하다 | 上课 shàngkè 동 수업을 듣다

해설 여자의 질문 '看来你很喜欢书法课(당신은 서예 수업을 좋아하나 보다)'에 남자는 '没错(맞다)'라고 긍정의 대답을 했으므로 남자는 서예 수업을 좋아한다는 것을 알 수 있다. 따라서 정답은 D이다.

14 ★★★

男: 在台上表演的是谁? 舞跳得真好。 女: 太远了，我看不清，可能是李哲，听他说今天要去表演节目，但我不知道是不是在这儿。 问: 从对话中可以知道，在台上表演的是谁? A 不确定是谁 B 张明 C 李哲 D 不认识的人	남: 무대 위에서 연기하는 사람 누구야? 춤 정말 잘 춘다. 여: 너무 멀어서 나는 잘 안 보여. 아마도 리저일 거야. 오늘 공연하러 간다고 들었는데 이곳인지는 모르겠어. 질문: 대화를 통해 알 수 있는 무대 위에서 춤추는 사람은 누구인가? A 누구인지 확신할 수 없다 B 장밍 C 리저 D 모르는 사람

단어 台 tái 명 무대 | 表演 biǎoyǎn 동 공연하다 | 舞 tiào 명 춤 | 跳 wǔ 동 추다 | 看不清 kànbuqīng 잘 보이지 않다 | 节目 jiémù 명 프로그램 | 确定 quèdìng 형 확정적이다

해설 '可能是李哲(아마도 리저일 것이다)'를 통해 무대 위에서 춤추는 사람을 리저라고 유추할 뿐이지 반드시 리저인 것은 아니므로 정답은 A이다.

15 ★☆☆

女: 我是王小明，很高兴见到你。 男: 你好，我是李正。 问: 他们在做什么? A 吃饭　　B 学习 C 工作　　D 相互介绍	여: 저는 왕샤오밍입니다, 만나서 반갑습니다. 남: 안녕하세요, 저는 리정입니다. 질문: 그들은 무엇을 하고 있는가? A 밥을 먹는다　　B 공부를 한다 C 일을 한다　　D 서로 소개한다

단어 见到 jiàndào 동 만나다 | 相互 xiānghù 부 서로

해설 '很高兴见到你(만나서 반갑습니다)'는 처음 만나는 사람에게 쓰는 말로 서로 통성명을 하고 만나서 반갑다고 인사하는 상황으로 미루어 보아 그들은 서로 소개하고 있음을 알 수 있다. 따라서 정답은 D이다.

16 ★★★

男: 你是法国人吗?
女: 我妈妈是。我爸爸是中国人，我随我爸爸。

问: 女的是哪国人?
A 英国人　　B 中国人
C 法国人　　D 德国人

남: 너는 프랑스 사람이니?
여: 우리 어머니가 프랑스 사람이야. 우리 아버지는 중국인이고, 나는 아버지를 따라.

질문: 여자는 어느 나라 사람인가?
A 영국인　　B 중국인
C 프랑스인　　D 독일인

단어 法国 Fǎguó 명 프랑스 | 随 suí 동 ~에 따르다 | 英国 Yīngguó 명 영국 | 德国 Déguó 명 독일

해설 '随(따르다)'를 사용하여 '아버지는 중국인이고, 나는 아버지를 따른다'라고 했으므로 여자는 중국인임을 알 수 있다. '随'를 모를 경우 앞뒤 문맥을 통해 유추해야 한다. 어머니는 프랑스인이고 아버지는 중국인인데 '我随我爸爸'에서 '随'를 빼고 해석을 해 보면 '나는 우리 아버지를 ~한다'이고 부정부사 '不'나 '没'가 없으므로 여자는 중국인임을 유추할 수 있다. 따라서 정답은 B이다.

17 ★☆☆

女: 今天你送我回家，真是太感谢了。
男: 不客气，这是应该的。

问: 女的为什么感谢男的?
A 男的送她回家
B 男的请她吃饭
C 男的送了她礼物
D 男的帮了她

여: 오늘 집에 바래다줘서 너무 고마워요.
남: 아니에요, 마땅히 해야 하는 거죠.

질문: 여자는 왜 남자에게 고마워하는가?
A 남자가 여자를 집까지 바래다줘서
B 남자가 여자에게 식사를 대접해서
C 남자가 여자에게 선물을 줘서
D 남자가 여자를 도와줘서

단어 感谢 gǎnxiè 동 고맙다 | 应该 yīnggāi 조동 ~해야 한다 | 礼物 lǐwù 명 선물

해설 감사 인사를 하기 전에 '今天你送我回家(오늘 집에 바래다줬다)'라고 이유를 말했으므로 정답은 A이다.

18 ★☆☆

男: 我刚才打你办公室电话，怎么没人接?
女: 哦，我刚好出去开会了。

问: 女的刚才干什么去了?
A 吃饭　　B 开会
C 上厕所　　D 买东西

남: 내가 방금 네 사무실로 전화했는데, 왜 아무도 안 받아?
여: 아, 나 마침 회의하러 갔었어.

질문: 여자는 방금 무엇을 하러 갔었는가?
A 밥을 먹으러　　B 회의를 하러
C 화장실에 가러　　D 물건을 사러

단어 刚才 gāngcái 명 방금 | 办公室 bàngōngshì 명 사무실 | 接 jiē 동 받다 | 刚好 gānghǎo 부 공교롭게 | 开会 kāihuì 동 회의를 하다 | 干 gàn 동 (일을) 하다 | 上厕所 shàng cèsuǒ 화장실에 가다

해설 '我刚好出去开会了(나 마침 회의하러 갔었다)'를 통해 여자는 방금 회의를 하러 갔었음을 알 수 있다. 따라서 정답은 B이다.

19 ★☆☆

女：杰克，这件衣服是你的吗？ 男：是的，我忘记带回家了。	여: 잭, 이 옷 당신 거예요? 남: 네, 집에 가져가는 걸 깜빡했어요.
问：杰克的衣服怎么了？ A 脏了 B 丢了 C 破了 D 杰克忘拿了	질문: 잭의 옷은 어떻게 된 것인가? A 더러워졌다 B 잃어버렸다 C 찢어졌다 D 잭이 가져가는 것을 깜빡했다

단어 忘记 wàngjì 동 잊다 | 带 dài 동 지니다 | 脏 zāng 형 더럽다 | 丢 diū 동 잃어버리다 | 破 pò 동 파손되다 | 忘 wàng 동 잊다 | 拿 ná 동 가지다

해설 녹음 내용과 보기에서 각각 '忘记带', '忘拿'라고 했고 '带'와 '拿' 모두 '지니다'라는 같은 의미이다. 따라서 잭은 옷을 깜빡하고 안 챙겼다는 뜻이므로 정답은 D이다.

20 ★★☆

男：姐姐，我的钱花完了，能借我200块钱吗？ 女：你怎么花钱这么快？我现在没那么多，先借你100吧。	남: 누나, 내 돈을 다 썼는데 200위안 빌려줄 수 있어? 여: 너는 돈을 왜 이렇게 빨리 쓰니? 지금 그렇게 많이는 없고, 일단 100위안 빌려줄게.
问：女的给男的多少钱？ A 100　　B 200 C 300　　D 没给	질문: 여자는 남자에게 얼마를 주었는가? A 100　　B 200 C 300　　D 안 줬다

단어 花 huā 동 소비하다 | 借 jiè 동 빌려주다 | 先 xiān 부 먼저

해설 '先借你100吧(일단 100위안 빌려줄게)'를 통해 여자는 남자에게 100위안을 주었음을 알 수 있다. 보기 B의 200은 남자가 원하는 금액이므로 정답은 A이다.

21 ★★☆

女：你明天可以送我去火车站吗？ 男：我明天要先去医院看一个朋友，看完送你去来得及吧。	여: 너 내일 나 기차역에 데려다 줄 수 있어? 남: 나 내일 우선 병원에 친구 한 명을 보러 가야 하는데, 보고 나서 데려다 줘도 늦지 않지?
问：明天男的会先做什么？ A 送女的去火车站 B 去学校请假 C 看朋友 D 去医院看病	질문: 내일 남자는 먼저 무엇을 할 것인가? A 여자를 기차역에 바래다준다 B 학교에 가서 조퇴를 신청한다 C 친구를 본다 D 병원에 가서 진료를 받는다

단어 来得及 láidejí 동 늦지 않다 | 先 xiān 부 우선 | 请假 qǐngjià 동 (휴가, 조퇴를) 신청하다 | 看病 kànbìng 동 진찰을 받다

해설 '去医院看一个朋友(병원에 친구 한 명을 보러 간다)'의 '去医院'만 듣고 보기 D를 고를 수 있고, 나중에 하는 일인 보기 A를 고를 수

도 있다. 하지만 남자는 친구를 먼저 보고 나서 데려다 줘도 괜찮겠냐고 했으므로 내일 남자는 먼저 병원에 가서 친구를 볼 것임을 알 수 있다. 따라서 정답은 C이다.

22 ★★☆	
男: 你认识这个字吗? 女: 我学汉语才一个月，还没见过这个字。	남: 너 이 글자 아니? 여: 나는 중국어를 배운지 한 달 밖에 안 돼서 이 글자는 아직 본 적이 없어.
问: 女的是什么意思? A 她认识这个字 B 她汉语不好 C 她学过这个字 D 她见过这个字	질문: 여자의 말은 무슨 의미인가? A 그녀는 이 글자를 안다 B 그녀의 중국어 수준은 좋지 않다 C 그녀는 이 글자를 배운 적이 있다 D 그녀는 이 글자를 본 적이 있다

단어 才 cái 副 겨우

해설 '才'뒤에 수량사가 쓰이면 '수량이 적음'을 나타내므로 '才一个月'는 '겨우 한달 되었다'라는 뜻으로 시간이 얼마 되지 않았음을 나타낸다. 중국어를 배운지 한 달 밖에 되지 않았으니 그녀의 중국어 수준은 좋지 않다는 것을 유추할 수 있으므로 정답은 B이다.

23 ★★☆	
女: 我听说小明生病住院了? 男: 你听谁说的，我刚才还看见他在图书馆呢。	여: 샤오밍 아파서 병원에 입원했다며? 남: 너 누구한테 들은거야? 내가 방금 걔 도서관에 있는 거 봤어.
问: 男的是什么意思? A 小明没生病 B 小明病了 C 小明在家里 D 小明在上学	질문: 남자의 말은 무슨 의미인가? A 샤오밍은 아프지 않다 B 샤오밍은 아프다 C 샤오밍은 집에 있다 D 샤오밍은 등교하고 있다

단어 住院 zhùyuàn 동 입원하다 | 刚才 gāngcái 명 방금 | 图书馆 túshūguǎn 명 도서관 | 上学 shàngxué 동 등교하다

해설 샤오밍이 병원에 입원했다는 소식을 들었다는 여자의 말에 남자는 '你听谁说的(너 누구한테 들은거야)'라며 방금 도서관에서 샤오밍을 봤다고 했으므로 샤오밍은 아프지 않다는 것을 유추할 수 있다. 따라서 정답은 A이다.

24 ★☆☆	
男: 服务员，这钱是不是算错了? 女: 没错，裙子打折，衣服不打折。	남: 종업원, 이거 돈 계산이 틀린 거 아닌가요? 여: 맞습니다, 치마는 할인하고 옷은 할인하지 않아요.
问: 他们最有可能在哪儿? A 饭店　　B 在家 C 公司　　D 商店	질문: 그들은 어디에 있을 가능성이 가장 큰가? A 호텔　　B 집 C 회사　　D 상점

단어 **算错** suàncuò 계산 오류 | **裙子** qúnzi 명 치마 | **打折** dǎzhé 동 할인하다

해설 '服务员(종업원)'은 다양한 장소에서 쓰이는 호칭이지만 이어서 '裙子(치마)'와 '衣服(옷)'가 등장하므로 그들은 옷을 파는 상점에 있음을 알 수 있다. 따라서 정답은 D이다.

25 ★☆☆

女: 请问这儿附近有饭馆吗? 男: 前面不到100米就有一家。 问: 女的想干什么? A 吃饭　B 买衣服 C 加油　D 逛街	여: 말씀 좀 여쭙겠습니다. 여기 근처에 식당이 있나요? 남: 앞쪽으로 100m 못 가서 한 군데 있어요. 질문: 여자는 무엇을 하고 싶은가? A 밥을 먹는다　B 옷을 산다 C 주유한다　D 쇼핑한다

단어 **附近** fùjìn 명 근처 | **饭馆** fànguǎn 명 식당 | **米** mǐ 양 미터 | **干** gàn 동 (일을) 하다 | **加油** jiāyóu 동 기름을 넣다 | **逛街** guàngjiē 동 쇼핑하다

해설 '这儿附近有饭馆吗?(여기 근처에 식당이 있나요?)'를 통해 여자는 밥을 먹고 싶어 한다는 것을 알 수 있다. 따라서 정답은 A이다.

듣기 听力 제3부분

26 ★★☆

女: 卫生间的水龙头坏了，水不停地流。 男: 我昨天就给工人打过电话了，他们到现在还没来。 女: 再打一遍吧，可能他们忘了。 男: 我待会就去打。 问: 根据对话，可以知道什么? A 水龙头修好了 B 水龙头坏了 C 男的没打电话 D 女的生气了	여: 화장실 수도꼭지가 망가져서 물이 계속 흘러요. 남: 내가 어제 수리공한테 연락했는데, 아직까지 안 오네요. 여: 다시 한번 해 봐요. 아마 깜빡했을 거예요. 남: 조금 후에 다시 해 볼게요. 질문: 대화에 근거하여 알 수 있는 것은 무엇인가? A 수도꼭지를 다 고쳤다 B 수도꼭지가 망가졌다 C 남자는 전화를 안 했다 D 여자는 화가 났다

단어 **卫生间** wèishēngjiān 명 화장실 | **水龙头** shuǐlóngtóu 명 수도꼭지 | **坏了** huàile 동 망가지다 | **不停** bùtíng 계속해서 | **流** liú 동 흐르다 | **工人** gōngrén 명 노동자 | **遍** biàn 양 번 | **忘** wàng 동 잊다 | **待** dài 동 머물다 | **修** xiū 동 수리하다 | **生气** shēngqì 동 화내다

해설 '水龙头坏了(수도꼭지가 망가졌다)'를 통해 수도꼭지가 망가졌음을 알 수 있으므로 정답은 B이다. 남자의 첫 번째 대화에서 동사 '打' 뒤에 쓰인 '过'는 동태조사로써 '과거의 경험'을 나타내므로 '打过电话(전화를 걸었었다)'를 통해 C는 정답이 아님을 알 수 있다.

27 ★★☆

男：请问这个位子有人坐吗？ 女：没有，请坐。 男：今天看电影的人真多，找个空座真不容易。 女：听说这部电影是伍德斯托克的最后一部电影，宣传了很久了，所以这么多人来看。	남：말씀 좀 여쭙겠습니다, 이 자리에 누가 있나요? 여：아뇨, 앉으세요. 남：오늘 영화 보는 사람이 정말 많네요, 빈자리 찾는 게 정말 쉽지 않아요. 여：이 영화는 우드스톡의 마지막 영화라고 하더라고요. 홍보를 오래해서 이렇게 많은 사람들이 보러 왔네요.
问：他们可能在哪儿？ A 餐馆里　　B 电影院里 C 商场里　　D 火车上	질문：그들은 어디에 있을 가능성이 있는가? A 식당 안　　B 영화관 안 C 상점 안　　D 기차 안

단어 位子 wèizi 명 좌석 | 空 kōng 형 비다 | 座 zuò 명 좌석 | 容易 róngyì 형 쉽다 | 部 bù 양 (영화를 세는) 부 | 伍德斯托克 wǔdésītuōkè 명 우드스톡 | 最后 zuìhòu 형 맨 마지막의 | 宣传 xuānchuán 동 홍보하다 | 久 jiǔ 형 오래다 | 餐馆 cānguǎn 명 음식점 | 电影院 diànyǐngyuàn 명 영화관 | 商场 shāngchǎng 명 쇼핑 센터

해설 '今天看电影的人真多(오늘 영화보는 사람이 정말 많다)'를 통해 그들은 영화관에 있음을 알 수 있다. 따라서 정답은 B이다.

28 ★★★

女：太热了，我都喘不过气来了。 男：杭州在8月份是最热的。 女：要是能放一个月的假，天天待在家里吹空调就好了。 男：想得美，能有一个星期的假期我就谢天谢地了。	여：너무 덥다, 숨도 못 쉬겠어. 남：항저우는 8월이 제일 더워. 여：만약에 한 달 동안 휴가 낼 수 있다면, 매일 집에서 에어컨 바람 쐬면 좋겠다. 남：꿈 깨, 일주일이라도 쉴 수 있으면 천지신명께 감사드리겠다.
问：男的是什么意思？ A 工作不太累 B 天气不热 C 希望在家工作 D 不可能放一个月的假	질문：남자의 말은 무슨 의미인가? A 일이 그다지 힘들지 않다 B 날씨가 덥지 않다 C 집에서 일하길 바란다 D 한 달이나 휴가 낼 수 없다

단어 喘不过气来 chuǎnqì lái 숨을 쉴 수가 없다 | 杭州 Hángzhōu 명 항저우 | 要是 yàoshi 접 만약 | 放假 fàngjià 동 (학교나 직장이) 쉬다 | 待 dài 동 머물다 | 吹 chuī 동 바람이 불다 | 空调 kōngtiáo 명 에어컨 | 想得美 xiǎngdeměi 생각은 좋네, 꿈 깨 | 假期 jiàqī 명 휴가기간 | 谢天谢地 xiètiān xièdì 성 천지신명께 감사하다

해설 '要是'는 '如果'와 마찬가지로 뒤에 '就'나 '那么'와 호응하여 '만약에 ~하다면, ~하다'의 뜻으로 쓰인다. '要是能放一个月的假,⋯就好了(만약에 한 달 동안 휴가 낼 수 있다면, ~좋겠다)'라는 여자의 말에 남자는 '想得美'라고 대답했는데, '想得美'는 비꼬는 어투의 '생각은 좋네, 꿈 깨!'라는 뜻이다. 따라서 남자의 말은 한 달이나 휴가를 낼 수 없다는 것이므로 정답은 D이다.

29 ★★☆

男: 我们今天去孔庙。	남: 우리 오늘 공자묘에 가네.
女: 我想跟孔子像照张相。	여: 나는 공자상과 사진 찍고 싶어.
男: 我也是。	남: 나도 그래.
女: 我们可以站在孔子像的两边一起拍。	여: 우리는 공자상 양쪽에 서서 같이 찍을 수 있어.
问: 他们今天要去干什么?	질문: 그들은 오늘 무엇을 하러 가는가?
A 参观　B 购物	A 견학하러　B 물건을 사러
C 上课　D 照相	C 수업을 하러　D 사진을 찍으러

단어 孔庙 Kǒngmiào 인명 공자묘 | 孔子 Kǒngzǐ 명 공자 | 像 xiàng 명 인물을 본뜬 그림이나 소상 | 照相 zhàoxiàng 동 사진을 찍다 | 站 zhàn 동 서다 | 拍 pāi 동 (사진을) 찍다 | 干 gàn 동 (일을) 하다 | 参观 cānguān 동 참관하다 | 购物 gòuwù 동 쇼핑하다 | 上课 shàngkè 동 수업하다

해설 공자상과 사진 찍고 싶다는 말만 듣고 보기 D '照相'을 고를 확률이 높은 문제이다. 하지만 근본적인 목적은 사진을 찍는 것이 아닌, 공자묘에 견학을 가는 것이므로 정답은 A이다.

30 ★★☆

女: 我的背包太重了，实在爬不动了。	여: 내 배낭이 너무 무거워서 도저히 못 올라가겠어.
男: 你为什么不把这些东西都放在宾馆里呢?	남: 넌 왜 물건들을 호텔에 안 두고 왔어?
女: 我不放心，里面有我的电脑，被偷了怎么办?	여: 안심이 안 돼서, 안에 내 컴퓨터도 있는데 도둑맞으면 어떡해.
男: 宾馆服务台可以寄存的呀。现在只能拿着了，我帮你拿一点儿吧。	남: 호텔 데스크에 맡길 수 있어. 지금은 가지고 있을 수 밖에 없으니까 내가 좀 들어줄게.
问: 女的为什么爬不动了?	질문: 여자는 왜 올라갈 수 없는가?
A 走了太多路	A 너무 많은 길을 걸었다
B 背了太多东西	B 무거운 짐을 짊어졌다
C 没有睡好觉	C 잠을 잘 못 잤다
D 站得太久	D 너무 오래 서 있었다

단어 背包 bèibāo 명 배낭 | 重 zhòng 형 무겁다 | 实在 shízài 부 정말 | 爬不动 pábúdòng 올라 갈 수가 없다 | 把 bǎ 개 ~을, ~를 | 放 fàng 동 맡겨 두다 | 放心 fàngxīn 동 안심하다 | 被 bèi 개 ~에게 ~를 당하다 | 偷 tōu 동 훔치다 | 服务台 fúwùtái 명 안내 데스크 | 寄存 jìcún 동 맡겨 두다 | 只能 zhǐnéng ~할 수밖에 없다 | 拿 ná 동 가지다 | 背 bēi 동 (등에) 짊어지다 | 站 zhàn 동 서다 | 久 jiǔ 형 오래다

해설 올라갈 수 없는 이유로 '我的背包太重了(내 배낭이 너무 무겁다)'라고 했으므로 여자는 무거운 짐을 짊어져서 산에 오를 수 없음을 알 수 있다. 따라서 정답은 B이다.

31 ★★☆

男：现在才9点，我们来得太早了，10点才开门。 女：你看，排队的人这么多，如果我们不早来，都买不到。 男：真奇怪，每天都有这么人。 女：这是南京最有名的小吃，来旅游的人都想尝尝，买的人自然就多了。 问：他们在排队干什么？ A 买南京小吃 B 买书 C 买衣服 D 买花	남: 지금 겨우 9시야, 우리 너무 일찍 왔다, 10시에나 문을 열어. 여: 봐, 줄 서있는 사람이 이렇게 많잖아. 일찍 안 왔으면 살 수 없을 거야. 남: 정말 이상하네, 매일 이렇게 사람이 있다니. 여: 이것이 난징에서 제일 유명한 먹거리잖아. 관광 오는 사람들이 다 먹어 보고 싶어하니, 사러 오는 사람이 당연히 많아지지. 질문: 그들은 무엇을 하려고 줄을 서 있는가? A 난징 간식을 사려고 B 책을 사려고 C 옷을 사려고 D 꽃을 사려고

단어 才 cái 부 겨우 | 开门 kāimén 동 문을 열다 | 排队 páiduì 동 줄을 서다 | 如果 rúguǒ 접 만약 | 买不到 mǎibúdào 살 수 없다 | 奇怪 qíguài 형 이상하다 | 每天 měitiān 명 매일 | 南京 Nánjīng 명 난징 | 有名 yǒumíng 형 유명하다 | 小吃 xiǎochī 명 간단한 먹을 거리 | 尝 cháng 동 맛보다 | 自然 zìrán 형 당연하다 | 干 gàn 동 (일을) 하다 | 花 huā 명 꽃

해설 남자와 여자는 난징의 유명한 먹거리를 사기 위해서 줄을 서 있으므로 정답은 A이다.

32 ★★☆

女：张明，玛丽好像在生你的气。 男：随她去吧，都是她的错。 女：你们都有错，但你可以先跟她道歉，毕竟你是男生。 男：再说吧。过几天她的气就消了。 问：根据对话，可以知道什么？ A 玛丽气消了 B 张明要去道歉 C 张明没有错 D 玛丽生气了	여: 장밍, 마리가 너한테 화난 거 같아. 남: 마리 마음대로 하게 내버려 둬! 다 마리 잘못이야. 여: 너네 둘 다 잘못이 있어, 근데 네가 먼저 그녀에게 사과할 수 있잖아, 넌 남자니까. 남: 나중에 얘기하자. 며칠 지나면 마리도 화가 좀 누그러들거야. 질문: 대화에 근거하여 알 수 있는 것은 무엇인가? A 마리는 화가 누그러졌다 B 장밍은 사과하러 가려고 한다 C 장밍은 잘못이 없다 D 마리는 화가 났다

단어 好像 hǎoxiàng 부 마치 ~과 같다 | 生气 shēngqì 동 화내다 | 随 suí 동 마음대로 하게 하다 | 先 xiān 부 먼저 | 道歉 dàoqiàn 동 사과하다 | 毕竟 bìjìng 부 결국 | 男生 nánshēng 명 남학생 | 过 guò 동 (시간을) 보내다 | 消 xiāo 동 사라지다 | 错 cuò 동 틀리다

해설 마리가 화난 것 같다는 여자의 말에 남자는 '随她去吧(마리 마음대로 하게 내버려 두다)'라고 했으므로 마리는 화가 났음을 유추할 수 있다. '过几天她的气就消了(며칠 지나면 마리도 화가 좀 누그러들거다)'를 통해 마리는 아직도 화가 난 상태임을 알 수 있으므로 보기 A는 오답이고, 정답은 D이다.

33 ★★☆

男：我们的英语老师太严肃了。
女：是啊，他上课从来不笑。
男：缺少幽默感，所以我们都不喜欢上英语课。
女：没办法，学校就他一个英语老师，我们只能选他的课。

问：英语老师是个什么样的人？
A 粗心　B 活泼
C 严肃　D 幽默

남: 우리 영어 선생님은 너무 엄격해.
여: 맞아, 수업할 때 한 번도 웃은 적이 없어.
남: 유머 감각이 부족해. 그래서 우리 모두 영어 수업을 듣기 싫어해.
여: 할 수 없지, 학교에 영어 선생님이 그 하나뿐이니 우리는 그의 수업을 선택할 수밖에 없어.

질문: 영어 선생님은 어떤 사람인가?
A 덜렁대다　B 활발하다
C 엄격하다　D 유머러스하다

단어 英语 Yīngyǔ 명 영어 | 严肃 yánsù 형 엄숙하다 | 从来 cónglái 부 지금까지 | 缺少 quēshǎo 동 부족하다 | 幽默感 yōumògǎn 명 유머 감각 | 办法 bànfǎ 명 방법 | 只能 zhǐnéng ~할 수밖에 없다 | 选 xuǎn 동 선택하다 | 粗心 cūxīn 형 세심하지 못하다 | 活泼 huópo 형 활발하다 | 幽默 yōumò 형 유머러스 하다

해설 '英语老师太严肃了(영어 선생님은 너무 엄격하다)'를 통해 영어 선생님이 엄격하다는 것을 알 수 있으므로 정답은 C이다. '从来不'는 '여태껏 ~한 적 없다'라는 뜻으로 영어 선생님이 수업시간에 한 번도 웃은 적이 없다는 것을 통해 정답이 C임을 다시 확인할 수 있다.

Tip

从来

형식	의미	예문
从来不＋동사	지금까지 ~않다	我从来不抽烟。 나는 지금까지 담배를 피우지 않는다.
从来没＋동사＋过	지금까지 ~한 적 없다	我从来没去过中国。 나는 중국에 가 본 적이 없다.

34 ★☆☆

女：八点差十分了，快起来。
男：别烦我，今天是星期六。
女：你忘了吗？昨天晚上我们约好去打球的。
男：我记得，但我真的很累，不想起床。

问：他们约好早上去干什么？
A 爬山
B 打球
C 跑步
D 吃早饭

여: 8시 10분전이야, 빨리 일어나.
남: 귀찮게 하지 마, 오늘은 토요일이야.
여: 너 잊은 거야? 어제 저녁에 우리 공놀이하러 가기로 약속했잖아.
남: 기억해, 근데 너무 피곤해서 일어나고 싶지 않아.

질문: 그들은 아침에 무엇을 하러 가기로 약속했는가?
A 등산을 가다
B 공놀이하다
C 달리기하다
D 아침을 먹다

단어 差 chà 동 부족하다 | 起来 qǐlái 동 일어나다 | 烦 fán 형 귀찮다 | 忘 wàng 동 잊다 | 约 yuē 동 약속하다 | 打球 dǎqiú 동 공놀이하다 | 记得 jìde 동 기억하고 있다 | 干 gàn 동 (일을) 하다 | 爬山 páshān 동 등산하다 | 早饭 zǎofàn 명 아침밥

해설 '我们约好去打球的(우리 공놀이하러 가기로 약속했다)'를 통해 그들은 아침에 공놀이하러 가기로 약속했음을 알 수 있다. 따라서 정답은 B이다.

35 ★★★

男：您好，我想买一辆婴儿用的推车。多少钱？
女：不算快递费258元。
男：到上海，快递要多少钱？
女：1千克以内10元，超过1千克的，每千克3块钱，推车2千克，快递费一共是13块。请问您用什么方式付款？
男：我用信用卡。

问：男的要付多少钱？

A 258　B 268
C 261　D 271

남: 안녕하세요. 유모차 하나 사려고 하는데 얼마인가요?
여: 배송료 빼고 258위안입니다.
남: 상하이까지 배송료는 얼마인가요?
여: 1kg 이내는 10위안이고, 1kg 초과시 매 1kg마다 3위안입니다. 유모차가 2kg이니까 배송료는 총 13위안입니다. 어떤 방식으로 지불하실 건가요?
남: 신용카드로 할게요.

질문: 남자는 얼마를 지불해야 하는가?

A 258　B 268
C 261　D 271

단어 辆 liàng 양 (차량을 세는) 대 | 婴儿 yīng'ér 명 갓난아기 | 推车 tuīchē 명 유모차 | 不算 búsuàn 동 계산하지 않다 | 快递 kuàidì 명 특급 우편 | 费 fèi 명 요금 | 元 yuán 양 위안 | 千克 qiānkè 양 킬로그램 | 以内 yǐnèi 명 이내 | 超过 chāoguò 동 초과하다 | 一共 yígòng 부 합계 | 方式 fāngshì 명 방식 | 付款 fùkuǎn 동 돈을 지불하다 | 信用卡 xìnyòngkǎ 명 신용카드

해설 숫자가 여러 개 등장하고 등장하는 숫자들 끼리 연산한 값이 보기에 있으므로 여러 숫자들을 정확하게 구분해서 듣고, 계산을 해야 하는 어려운 문제이다. 배송료를 제외한 유모차의 가격이 258위안, 유모차의 배송료는 13위안이므로 남자는 총 271위안을 지불해야 한다는 것을 알 수 있다. 따라서 정답은 D이다.

36 – 37

这个广告可以在广播里做，也可以在电视上做，关键要看我们的顾客是谁。孩子的妈妈是我们最主要的顾客，因此我认为应该选择电视，[36, 37]下面我听听大家的意见。

이 광고는 라디오 방송에서 할 수 있고, TV에서도 할 수 있습니다. 중요한 것은 우리 고객이 누구인지를 봐야 한다는 것입니다. 아이 엄마는 우리의 가장 주된 고객이므로 저는 TV를 선택해야 한다고 생각합니다. [36, 37]이제 여러분들의 의견을 들어 보겠습니다.

단어 广告 guǎnggào 명 광고 | 关键 guānjiàn 명 관건 | 顾客 gùkè 명 고객 | 主要 zhǔyào 형 주요한 | 因此 yīncǐ 접 이로 인하여 | 认为 rènwéi 동 여기다 | 应该 yīnggāi 조동 ~해야 한다 | 选择 xuǎnzé 동 선택하다 | 下面 xiàmian 명 다음 | 意见 yìjiàn 명 의견

36 ★☆☆

他们正在做什么？

A 开会　B 参观
C 听广播　D 看电视

그들은 무엇을 하고 있는가?

A 회의　B 견학
C 라디오 청취　D TV 시청

단어 开会 kāihuì 동 회의를 열다 | 参观 cānguān 동 견학하다 | 广播 guǎngbō 명 라디오 방송

해설 그들은 광고와 고객에 대해서 이야기하고 있고, '下面我听听大家的意见(이제 여러분들의 의견을 들어 보겠습니다)'을 통해 그들은 광고에 대해 회의하고 있다는 것을 알 수 있다. 따라서 정답은 A이다.

37 ★☆☆

说话人最可能在哪儿？	화자는 어디에 있을 가능성이 가장 큰가?
A 家里　　B 厨房	A 집　　B 주방
C 教室　　D 会议室	C 교실　　D 회의실

해설 '下面我听听大家的意见(이제 여러분들의 의견을 들어 보겠습니다)'을 통해 그들이 회의하고 있다는 것을 알 수 있고, 회의하는 장소는 회의실이므로 정답은 D이다.

38 – 39

现代人的户外运动越来越少，所以应该少坐电梯、多走楼梯。[39]爬楼梯是一种对身体非常有好处的运动，[38]不管年轻人还是老年人，不管胖人还是瘦人，不管大人还是小孩儿，都可以通过爬楼梯使全身得到锻炼，变得更有活力。	현대인의 야외 운동이 점점 줄어들고 있기 때문에 엘리베이터를 적게 타고 계단을 많이 올라야 한다. [39]계단을 오르는 것은 몸에 굉장히 좋은 운동으로 [38]젊은이나 노인, 뚱뚱한 사람이나 마른 사람, 성인이나 아이 모두 계단 오르기를 통해 전신을 단련할 수 있으며 더 활력있어 진다.

단어 现代人 xiàndàirén 명 현대인 | 户外 hùwài 명 야외 | 越来越 yuèláiyuè 점점 | 应该 yīnggāi 조동 ~해야 한다 | 电梯 diàntī 명 엘리베이터 | 楼梯 lóutī 명 계단 | 爬 pá 동 오르다 | 种 zhǒng 양 종류 | 好处 hǎochu 명 장점 | 不管 bùguǎn 접 ~을 막론하고 | 年轻人 niánqīngrén 명 젊은이 | 还是 háishi 접 아니면 | 老年人 lǎoniánrén 명 노인 | 胖 pàng 형 뚱뚱하다 | 瘦 shòu 형 마르다 | 大人 dàren 명 성인 | 小孩儿 xiǎoháir 명 아이 | 通过 tōngguò 개 ~을 통해 | 使 shǐ 동 ~에게 ~하게 하다 | 全身 quánshēn 명 전신 | 得到 dédào 동 얻다 | 锻炼 duànliàn 동 (몸을) 단련하다 | 变 biàn 동 변화하다 | 更 gèng 부 더욱 | 活力 huólì 명 활력

38 ★★☆

哪些人需要爬楼梯？	어떤 사람들이 계단 오르기가 필요한가?
A 老年人　　B 小孩儿	A 노인　　B 아이
C 胖人　　D 所有人	C 뚱뚱한 사람　　D 모든 사람

단어 需要 xūyào 동 필요하다 | 所有 suǒyǒu 형 모든

해설 '不管'은 '~을 막론하고', '还是'는 '또는', '아니면'의 뜻으로 젊은이, 노인, 뚱뚱한 사람, 마른 사람, 성인, 아이 모두 계단 오르기를 해야 한다고 했다. 따라서 정답은 '모든 사람'이라는 뜻의 '所有人'이다.

39 ★★☆

根据这段话，说话人觉得爬楼梯怎么样？	이 글에 근거하여 화자는 계단 오르기가 어떻다고 생각하는가?
A 很累	A 매우 힘들다
B 不应该经常爬	B 자주 오르면 안 된다
C 对身体有好处	C 신체에 좋다
D 不如坐电梯好	D 엘리베이터를 타는 것보다 좋지 않다

단어 经常 jīngcháng 부 항상 | 不如 bùrú 동 ~만 못하다

해설 '爬楼梯是一种对身体非常有好处的运动(계단을 오르는 것은 몸에 굉장히 좋은 운동이다)'을 통해 화자는 계단 오르기가 신체에 좋다고 생각한다는 것을 알 수 있으므로 정답은 C이다.

40 - 41

[40]婴儿发高烧而身体发烫时，一般人会觉得要给婴儿多穿衣服或多盖被子，让婴儿出汗，就可以退烧。其实这种做法会让婴儿烧得更加厉害。正确做法应该是衣服或被子比平时少点，自然散热。[41]只是当婴儿觉得冷、手脚凉的时候，可以多穿一件衣服。

[40]갓난아기가 고열이 나고 몸이 뜨거울 때 보통 사람은 옷을 많이 입히거나 이불을 많이 덮어 줘 아이에게 땀이 나게 해야 열을 내릴 수 있다고 생각한다. 사실 이 방법은 갓난아이의 열을 더 심해지게 할 수 있다. 정확한 방법은 옷과 이불을 평소보다 적게 하고 자연스럽게 열을 분산시키는 것이다. [41]다만 갓난아이가 추워하거나 손발이 차가울 때는 옷 한 벌 정도를 더 입혀 주면 된다.

단어 婴儿 yīng'ér 명 갓난아이 | 发 fā 동 생기다 | 高烧 gāoshāo 명 고열 | 而 ér 접 그리고 | 发烫 fātàng 동 뜨거워지다 | 一般人 yìbānrén 명 일반인 | 或 huò 접 혹은 | 盖 gài 동 덮다 | 被子 bèizi 명 이불 | 出汗 chūhàn 동 땀이 나다 | 退烧 tuìshāo 동 열이 내리다 | 其实 qíshí 부 사실 | 种 zhǒng 양 종류 | 做法 zuòfǎ 명 방법 | 烧 shāo 동 열이 나다 | 更加 gèngjiā 부 더욱 | 厉害 lìhai 형 심각하다 | 正确 zhèngquè 형 정확하다 | 应该 yīnggāi 조동 ~해야 한다 | 被子 bèizi 명 이불 | 平时 píngshí 명 평상시 | 自然 zìrán 형 자연스럽다 | 散热 sànrè 동 산열하다 | 只是 zhǐshì 부 다만 | 当 dāng 개 바로 그 시간이나 그 장소를 가리킬 때 쓰임 | 手脚 shǒujiǎo 명 손발 | 凉 liáng 형 차갑다

40 ★★★

这段话主要讲了什么?
A 发烧要加衣服
B 婴儿发烧怎么办
C 天凉要加衣服
D 发烧的表现

이 글은 주로 무엇을 말했는가?
A 열이 날 때 옷을 더 입혀야 한다
B 갓난아기가 열이 날 때 어떻게 해야 하는가
C 날씨가 추울 때 옷을 더 입혀야 한다
D 열이 날 때의 증상

단어 主要 zhǔyào 부 주로 | 讲 jiǎng 동 말하다 | 加 jiā 동 더하다 | 表现 biǎoxiàn 명 표현

해설 주제는 보통 녹음 내용 앞쪽에 나온다. '婴儿发高烧而身体发烫时(갓난아이가 고열이 나고 몸이 뜨거울 때)'라고 했고, 이어서 열이 날 때 어떻게 해야 하는지에 대해 이야기하고 있으므로 정답은 B이다.

41 ★★★

什么时候要给婴儿多加衣服?
A 婴儿觉得冷
B 手脚很热
C 发烧的时候
D 身体有点儿热

언제 갓난아기에게 옷을 더 입혀야 하는가?
A 갓난아기가 춥다고 느낄 때
B 손발이 매우 뜨거울 때
C 열이 날 때
D 몸이 조금 뜨거울 때

단어 多加 duōjiā 많이 | 有点儿 yǒudiǎnr 부 조금

해설 갓난아이가 열이 날 때 옷을 더 입히는 것은 잘못된 방법이고, 옷을 더 입혀야 할 때는 '当婴儿觉得冷、手脚凉的时候(갓난아이가 추워하거나 손발이 차가울 때)'라고 했으므로 정답은 A이다.

42 – 43

随着强冷空气的到来，中国大部分地区已经出现了降温、降水天气。[42]未来两天，新疆北部、内蒙古中东部、[43]东北地区等地有雨夹雪；西南地区大部、江南大部、福建、广西等地有小到中雨或阵雨。全国各地都将有10度左右的降温。

매우 차가운 바람이 불어옴에 따라 중국의 대부분 지역은 이미 기온이 떨어지고 비가 내리는 날씨가 나타났습니다. [42]앞으로 이틀간 신장 북부와 네이멍구 중동부, [43]동북 지역 등에 진눈깨비가 내리고 서남 지역과 강남 대부분 지역, 푸지엔, 광시 등에 작은 비에서 중간 비나 소나기가 내리겠습니다. 전국 각지는 10도 안팎으로 기온이 내려갈 것입니다.

단어 随着 suízhe 동 ~에 따라 | 强 qiǎng 형 강하다 | 空气 kōngqì 명 공기 | 到来 dàolái 동 도래하다 | 大部分 dàbùfen 명 대부분 | 地区 dìqū 명 지역 | 出现 chūxiàn 동 출현하다 | 降温 jiàngwēn 동 기온이 떨어지다 | 降水 jiàngshuǐ 명 강수 | 未来 wèilái 형 앞으로 | 新疆 Xīnjiāng 명 신장 | 北部 běibù 명 북부 | 内蒙古 Nèiměnggǔ 명 네이멍구 | 东部 dōngbù 명 동부 | 东北 dōngběi 명 동북쪽 | 等 děng 조 등, 따위 | 地 dì 명 장소 | 雨夹雪 yǔjiāxuě 명 진눈깨비 | 西南 xīnán 명 서남쪽 | 大部 dàbù 명 대부분 | 江南 Jiāngnán 명 강남 | 福建 Fújiàn 명 푸젠성 | 广西 Guǎngxī 명 광시 | 或 huò 접 혹은 | 阵雨 zhènyǔ 명 소나기 | 全国 quánguó 명 전국 | 各地 gèdì 명 각지 | 将 jiāng 부 ~하게 될 것이다 | 度 dù 양 도 | 左右 zuǒyòu 명 가량

42 ★★★

这段话主要讲了什么？

A 现在的天气
B 最近的天气
C 什么时候下雪
D 哪里在下雨

이 글은 주로 무엇을 말했는가?

A 현재 날씨
B 최근 날씨
C 언제 눈이 내리는가
D 어디에서 비가 내리고 있는가

단어 主要 zhǔyào 부 주로 | 讲 jiǎng 동 이야기하다 | 最近 zuìjìn 명 최근 | 下雪 xiàxuě 동 눈이 내리다

해설 '未来两天'은 '앞으로 이틀간'의 뜻이며, 이어서 어떤 지역에서 어떤 날씨 상태를 보이는지에 대해 설명하고 있으므로 '최근 날씨'에 대해 이야기하고 있음을 알 수 있다. 따라서 정답은 B이다.

43 ★★★

根据这段话，明天东北地区的天气怎么样？

A 下大雨
B 下雨的同时下雪
C 下大雪
D 有阵雨

이 글에 근거하여, 내일 동북 지역의 날씨는 어떠한가?

A 비가 많이 내린다
B 비가 오는 동시에 눈이 내린다
C 눈이 많이 내린다
D 소나기가 내린다

단어 同时 tóngshí 부 동시에

해설 '东北地区等地有雨夹雪(동북 지역 등에 진눈깨비가 내린다)'를 통해 내일 동북 지역의 날씨는 비가 오는 동시에 눈이 내린다는 것을 알 수 있다. 따라서 정답은 B이다.

44 – 45

奥巴马11月26日在华盛顿一个军事基地[44]打篮球。球赛中，[45]一名球员的胳膊不小心撞到奥巴马嘴唇，造成他受伤。白宫医疗小组为他细致地缝了12针。	오바마는 11월 26일 워싱턴의 한 군사 기지에서 [44]농구를 했다. 시합 중 [45]한 선수의 팔이 실수로 오바마의 입술과 부딪혀 오바마를 다치게 했다. 백악관 의료팀은 오바마를 위해 꼼꼼하게 12바늘을 꿰매 주었다.

단어 **奥巴马** Àobāmǎ 인명 오바마 | **华盛顿** Huáshèngdùn 워싱턴 | **军事** jūnshì 명 군사 | **基地** jīdì 명 근거지 | **打** dǎ 동 (운동을) 하다 | **篮球** lánqiú 명 농구 | **球赛** qiúsài 명 구기 시합 | **球员** qiúyuán 명 선수 | **胳膊** gēbo 명 팔 | **小心** xiǎoxīn 동 조심하다 | **撞** zhuàng 동 부딪치다 | **嘴唇** zuǐchún 명 입술 | **造成** àochéng 동 초래하다 | **受伤** shòushāng 동 부상당하다 | **白宫** BáiGōng 명 백악관 | **医疗** yīliáo 명 의료 | **小组** xiǎozǔ 명 팀 | **为** wèi 개 ~을 위하여 | **细致** xìzhì 형 정교하다 | **缝** féng 동 꿰매다 | **针** zhēn 명 바늘

44 ★★☆

奥巴马是怎么受的伤?	오바마은 어떻게 다친 것인가?
A 被人打伤的	A 사람한테 맞아서 다쳤다
B 自己碰伤的	B 스스로 상처를 입었다
C 打篮球碰伤的	C 농구하다 부딪혀서 다쳤다
D 在战争中受伤的	D 전쟁 중 다쳤다

단어 **打伤** dǎshāng 동 때려서 상처를 입히다 | **自己** zìjǐ 대 자신 | **碰伤** pèngshāng 동 타박상을 입다 | **战争** zhànzhēng 명 전쟁

해설 오바마가 다쳤다고 한 바로 앞 문장에서 오바마는 농구를 했다고 했으므로 오바마는 농구하다 다친 것임을 알 수있다. 따라서 정답은 C이다.

45 ★★★

奥巴马哪儿受伤了?	오바마는 어디를 다쳤는가?
A 手　　B 胳膊	A 손　　B 팔
C 腿　　D 嘴唇	C 다리　　D 입술

단어 **手** shǒu 명 손 | **腿** tuǐ 명 다리

해설 '一名球员的胳膊不小心撞到奥巴马嘴唇(한 선수의 팔이 실수로 오바마의 입술과 부딪혔다)'을 통해 오바마는 입술을 다쳤음을 알 수 있다. 따라서 정답은 D이다.

독해 阅读 제1부분

미리보기 해석

제1부분 유형 1

》 전략서 90p

46 – 50. A 没 B 阴天 C 几乎 D 坚持 E 挺 F 这 46. 你要的不就是（F 这）个吗？赶快拿去吧。	46 – 50. A ~않다 B 흐린 날씨 C 거의 D 꾸준히 하다 E 매우 F 이 46. 당신이 원한 것이 (F 이)것 아닌가요? 어서 가져가세요.

제2부분 유형 2

》 전략서 90p

51 – 55. A 推迟 B 提前 C 温度 D 马虎 E 恐怕 F 几乎 51. A: 你能帮我翻译一下这段英语吗？ B: 就我这样的英语水平（E 恐怕）不行。	51 – 55. A 뒤로 미루다 B 앞당기다 C 온도 D 세심하지 못하다 E 아마 F 거의 51. A: 이 영어 단락 번역하는 것을 좀 도와줄 수 있나요? B: 저의 이런 영어 수준으로는 (E 아마) 안 될 것 같습니다.

01. 빈칸에 들어갈 품사를 파악하고 문맥상 가장 자연스러운 어휘를 선택하자!

유형 확인 문제

》 전략서 95p

정답 1 A 2 E 3 D 4 A

1 – 2	
A 没 B 阴天 C 几乎 D 坚持 E 挺 F 这	A ~않다 B 흐린 날씨 C 거의 D 꾸준히 하다 E 매우 F 이

단어 阴天 yīntiān 명 흐린 날씨 | 几乎 jīhū 부 거의 | 坚持 jiānchí 동 꾸준히 하다 | 挺 tǐng 부 매우

1 ★★☆	
他真不够意思，根本（A 没）把我的事儿放在心上。	그 사람 정말 의리가 없다. 아예 내 일을 신경도 쓰지 (A 않는다).

단어 不够意思 búgòu yìsi (친구 간에) 의리가 없다 | 根本 gēnběn 부 전혀 | 把 bǎ 개 ~을, ~를 | 放 fàng 동 놓아 두다

해설 빈칸 앞 부사 '根本(아예)'은 주로 부정형으로 쓰이므로 빈칸 자리에는 부정부사 '没(~않다)'가 올 수 있다. 따라서 정답은 A이다.

2 ★★☆	
她长得（E 挺）漂亮的，就是眼睛小了点儿。	그녀는 (E 아주) 예쁘지만 눈이 좀 작다.

단어 挺 tǐng 부 매우

해설 빈칸 뒤가 '형용사 + 的' 형식이므로 빈칸 자리에는 형용사를 수식하는 정도부사 '挺(아주)'이 올 수 있다. 따라서 정답은 E이다.

3 – 4			
A 推迟	B 提前	A 뒤로 미루다	B 앞당기다
C 温度	D 马虎	C 온도	D 세심하지 못하다
E 恐怕	F 几乎	E 아마	F 거의

단어 推迟 tuīchí 동 뒤로 미루다 | 提前 tíqián 동 앞당기다, 사전에 | 温度 wēndù 명 온도 | 马虎 mǎhu 형 세심하지 못하다 | 几乎 jīhū 부 거의

3 ★★☆	
A: 马上就要考试了，我不知道把准考证放在哪儿了，怎么办啊? B: 你怎么总是这么（D 马虎）。	A: 곧 시험인데 저는 수험표를 어디에다 두었는지 모르겠어요. 어떡하죠? B: 넌 어떻게 늘 이렇게 (D 세심하지 못하니).

단어 马上 mǎshàng 부 곧 | 就要 jiùyào 부 곧 | 把 bǎ 개 ~을, ~를 | 准考证 zhǔnkǎozhèng 명 수험표 | 总是 zǒngshì 부 언제나

해설 빈칸 앞에 지시대사 '这么(이렇게)'가 있으므로 빈칸에는 형용사가 올 수 있다. A가 수험표를 어디에 두었는지 찾지 못하는 상황이니 문맥상 '세심하지 못하다'라는 뜻의 형용사 '马虎'가 가장 적합하다. 따라서 정답은 D이다.

4 ★★☆	
A: 不是六点集合吗? 怎么别人都还没来? B: 你没有收到通知吗? （A 推迟） 到七点了。	A: 6시에 집합하는 거 아닌가요? 어째서 다른 사람들은 다 아직 안 왔죠? B: 통지 못 받으셨어요? 7시로 (A 미뤄졌어요).

단어 集合 jíhé 동 집합하다 | 别人 biéren 대 다른 사람 | 收到 shōudào 동 받다 | 通知 tōngzhī 명 통지 | 推迟 tuīchí 동 미루다

해설 A가 알고 있었던 집합 시간은 6시였지만 B가 7시로 시간이 바뀌었다고 했으므로 문맥상 '뒤로 미루다'라는 뜻의 동사 '推迟'가 가장 적합하다. 따라서 정답은 A이다.

실전 연습 1 – 제1부분

》 전략서 96p

정답	46 D	47 F	48 B	49 E	50 C	51 F	52 A	53 B	54 D	55 E

46 – 50

A 暗	B 准时	A 어둡다	B 정시에
C 保护	D 往	C 보호하다	D ~쪽으로
E 软	F 成绩	E 부드럽다	F 성적

단어 **暗** àn 형 어둡다 | **准时** zhǔnshí 부 정시에 | **保护** bǎohù 동 보호하다 | **往** wǎng 개 ~쪽으로 | **软** ruǎn 형 부드럽다 | **成绩** chéngjì 명 성적

46 ★☆☆

从这儿（D 往）前再走20米就到学校了。	여기서 앞(D 쪽으로) 20m 더 가면 바로 학교에 도착합니다.

단어 **米** mǐ 양 미터

해설 '여기서 앞 (　　) 20m 더 가면'이라고 했으므로 빈칸에는 방향을 나타내는 '~쪽으로'라는 뜻인 '往'이 올 수 있다. 따라서 정답은 D이다. '~쪽으로'라는 뜻을 가진 단어는 '往' 이외에도 '朝'와 '向'이 있다.

47 ★☆☆

他能取得今天的（F 成绩），全靠老师和同学的帮助。	그가 오늘의 (F 성적)을 얻을 수 있었던 것은, 전적으로 선생님과 친구들의 도움 덕분이다.

단어 **取得** qǔdé 동 얻다 | **全靠** quánkào 동 완전히 의지하다

해설 빈칸 앞에 구조조사 '的(~의)'가 있으므로 빈칸에는 명사가 올 수 있다. 술어 '取得(얻다)'와 어울리는 목적어는 명사 '成绩(성적)'이므로 정답은 F이다.

Tip

구조조사 的/地/得 앞뒤에 올 수 있는 문장성분

관형어 + 的 + 주어/목적어

부사어 + 地 + 술어

술어 + 得 + 정도보어/가능보어

48 ★★☆

明天的会议非常重要，请大家（B 准时）参加。	내일 회의는 매우 중요하니 모두들 (B 정시에) 참석해 주시기 바랍니다.

단어 **会议** huìyì 명 회의 | **重要** zhòngyào 형 중요하다 | **参加** cānjiā 동 참석하다

해설 빈칸 뒤에 동사 '参加(참석하다)'가 있으므로 빈칸에는 동사를 수식하는 부사가 올 수 있다. 보기 중 부사는 '准时(정시에)'밖에 없으므로 정답은 B이다.

49 ★☆☆

宾馆里的床很（E 软），躺上去非常舒服。	호텔의 침대가 매우 (E 부드러워서) 누우면 매우 편안하다.

단어 宾馆 bīnguǎn 명 호텔 | 床 chuáng 명 침대 | 躺 tǎng 동 눕다 | 舒服 shūfu 형 편안하다

해설 빈칸 앞에 정도부사 '很(매우)'이 있으므로 빈칸에는 형용사가 올 수 있다. 보기 중 형용사는 '暗(어둡다)'과 '软(부드럽다)'이 있지만 주어 '床(침대)'과 어울리는 형용사는 '软'이므로 정답은 E이다.

Tip

정도부사의 종류

정도부사 + 형용사 : 매우 ~하다

很 + 형용사	非常 + 형용사	真 + 형용사
挺 + 형용사 + 的	挺 + 형용사 + 啊	太 + 형용사 + 了

50 ★☆☆

动物是人类的朋友，所以应该受到（C 保护）。	동물은 인류의 친구이므로 (C 보호)받아야 한다.

단어 动物 dòngwù 명 동물 | 人类 rénlèi 명 인류 | 所以 suǒyǐ 접 그래서 | 应该 yīnggāi 조동 ~해야 한다 | 受到 shòudào 동 받다

해설 '동물은 인류의 친구이므로 (　　)받아야 한다'라고 했으므로 문맥상 빈칸에는 '보호하다'라는 뜻의 '保护'가 올 수 있다. 따라서 정답은 C이다. '保护'는 '动物(동물)' 이외에 '环境(환경)'과도 자주 쓰인다.

51 – 55

A 已经	B 挺	A 이미	B 매우
C 温度	D 祝贺	C 온도	D 축하하다
E 受不了	F 印象	E 견딜 수 없다	F 인상

단어 已经 yǐjing 부 이미 | 挺 tǐng 부 매우 | 温度 wēndù 명 온도 | 祝贺 zhùhè 동 축하하다 | 受不了 shòubuliǎo 견딜 수 없다 | 印象 yìnxiàng 명 인상

51 ★☆☆

A: 明天我要去见一个客户，你说我穿哪件衣服好? B: 这件吧，可以给人家留下一个好（F 印象）。	A: 내일 고객 한 명을 만나러 가는데 어떤 옷을 입는 게 좋을까? B: 이거 입어, 다른 사람에게 좋은 (F 인상)을 줄 수 있어.

단어 客户 kèhù 명 고객, 바이어 | 人家 rénjiā 대 다른 사람, 어떤 사람 | 留下 liúxià 동 남기다

해설 빈칸 앞에 '남기다'라는 뜻의 '留下'가 있으므로 빈칸에는 명사가 올 수 있다. '留下'와 어울리는 명사는 '印象(인상)' 또는 '回忆(추억)'이므로 정답은 F이다.

52 ★★☆

A: 明天冷空气就要来了。 B: 是的，但是今天（A 已经）开始降温了。	A: 내일 찬 공기가 온대. B: 맞아, 근데 오늘 (A 이미) 기온이 떨어지기 시작했어.

단어 空气 kōngqì 명 공기 | 就要 jiùyào 부 곧 | 降温 jiàngwēn 동 기온이 떨어지다

해설 빈칸 뒤에 동사 '开始(시작하다)'가 있으므로 빈칸에는 동사를 수식하는 부사가 올 수 있다. 문장에서 힌트를 찾아보면 문장 끝에 '了'가 있고 보기 중 부사 '已经(이미)'이 있으므로 '已经…了'의 형식을 떠올릴 수 있다. 따라서 정답은 A이다.

53 ★☆☆

A: 你工作怎么样了？ B: 找了一家，工资还（B 挺）高的。	A: 당신 일자리는 어떻게 되었나요? B: 한 곳을 찾았어요. 급여도 (B 매우) 높아요.

단어 工资 gōngzī 명 월급

해설 빈칸 앞에는 주어 '工资(월급)'가 있고 빈칸 뒤에는 형용사 '高(높다)'가 있으므로 빈칸에는 부사가 올 수 있다. 게다가 문장 맨 끝에 '的'가 있고 보기 중 부사 '挺(매우)'이 있으므로 '매우 ~하다'라는 뜻의 형용사를 강조하는 '挺…的' 형식을 떠올릴 수 있다. 따라서 정답은 B이다.

54 ★☆☆

A: 听说你比赛得了第一名，（D 祝贺）你。 B: 谢谢，这多亏老师的帮助。	A: 너 시합에서 1등 했다며, (D 축하해). B: 감사합니다. 선생님의 도움 덕분입니다.

단어 比赛 bǐsài 명 경기 | 得 dé 동 획득하다 | 多亏 duōkuī 동 덕택이다

해설 빈칸 뒤에 목적어 '你(당신)'가 있으므로 빈칸에는 동사가 올 수 있다. '시합에서 1등을 했다'라고 했으니 문맥상 '축하하다'라는 뜻의 동사 '祝贺'가 가장 적합하다. 따라서 정답은 D이다.

55 ★☆☆

A: 这天气太热了，我实在是（E 受不了）了。 B: 电视里说明天会下雨，可能会凉快一些。	A: 날씨가 너무 덥다, 정말 (E 견딜 수 없어). B: 텔레비전에서 내일 비가 올 거라고 하니 아마 조금 시원해질 거야.

단어 实在 shízài 부 정말 | 凉快 liángkuai 형 시원하다, 서늘하다

해설 '날씨가 너무 덥다, 정말 (　　).'라고 했으므로 문맥상 '견딜 수 없다'라는 뜻인 '受不了'가 적합하다. 따라서 정답은 E이다.

》 전략서 98p

정답	46 C	47 A	48 E	49 B	50 F	51 E	52 B	53 F	54 C	55 A

46 – 50

A 有点儿	B 翻译	A 조금	B 번역하다
C 让	D 安全	C ~에게 ~당하다	D 안전하다
E 新的	F 适合	E 새로운	F 적합하다

단어 **有点儿** yǒudiǎnr 副 조금 | **翻译** fānyì 动 번역하다 | **安全** ānquán 形 안전하다 | **适合** shìhé 动 적합하다

46 ★★☆

今天我又（C 让）老师批评了一顿。 | 오늘 나는 또 선생님(C 에게) 꾸중을 들었다.

단어 **又** yòu 副 또 | **批评** pīpíng 动 꾸짖다 | **顿** dùn 量 차례

해설 빈칸 앞에 부사 '又(또)'가 있고, 빈칸 뒤에 명사 '老师(선생님)'와 술어 '批评(꾸짖다)'이 있으므로, 빈칸은 부사어 자리로 명사를 부사어로 만들어 줄 개사가 쓰여야 한다. '让'은 동사로 '~로 하여금 ~하게 하다'라는 뜻도 있지만, 이 문제에서는 개사로 '~에게 ~당하다'라는 피동의 의미로 사용되었다. 따라서 정답은 C이다.

47 ★☆☆

今天的天气可能会（A 有点儿）冷。 | 오늘 날씨는 아마도(A 조금) 추울 것이다.

단어 **可能** kěnéng 副 아마도 | **冷** lěng 形 춥다

해설 빈칸 앞에는 주어 '天气(날씨)'가 있고 빈칸 뒤에는 형용사 '冷(춥다)'이 있으므로 빈칸에는 형용사를 꾸며 주는 부사가 올 수 있다. 보기 중 부사는 '有点儿(조금)' 밖에 없으므로 정답은 A이다.

Tip

有点儿

형식	의미	예문
有点儿 + 형용사/동사	정도가 약함을 나타냄	有点儿快。 조금 빠르다.

48 ★★☆

我昨天买的那本（E 新的）语法书不见了。 | 내가 어제 산(E 새) 문법 책이 안 보인다.

단어 **语法** yǔfǎ 名 어법

해설 빈칸 뒤에 명사 '语法书(문법 책)'가 있고, 보기 중 구조조사 '的'가 있는 '新的(새로운)'가 있으므로 '관형어 + 的 + 명사' 형식을 떠올릴 수 있다. 따라서 정답은 E이다.

49 ★★☆

这是英文的，我看不懂，你能帮我把它（B 翻译）成中文吗？

이건 영어로 되어 있어서 내가 알아볼 수 없네. 네가 나를 도와 이것을 중국어로 (B 번역해) 줄 수 있니?

단어 英文 Yīngwén 명 영어 | 不懂 bùdǒng 동 이해하지 못하다 | 把 bǎ 개 ~을, ~를 | 成 chéng 동 ~이 되다 | 中文 Zhōngwén 명 중국어

해설 빈칸 앞의 '把'를 보고 '把자문'의 기본 공식 '주어 + 把 + 명사 + 동사 + 기타성분'을 떠올리면 문제 풀이가 수월하다. '把' 뒤에 명사를 대신하는 '它'가 있으므로 빈칸에는 동사가 올 수 있다. 보기 중 남은 동사는 '翻译(번역하다)'와 '适合(적합하다)'로 '영어를 알아볼 수 없네, 중국어로 (　) 줄 수 있니?'라고 했으므로 빈칸에는 '번역하다'라는 뜻의 '翻译'가 가장 적합하다. 따라서 정답은 B이다.

50 ★★★

据说，女人能从男人吃饭的样子看出对方是否(F 适合) 做恋人。

듣자 하니 여자는 남자의 밥 먹는 모습을 통해 상대방이 연인으로 (F 적합)한지 아닌지 알아낼 수 있다고 한다.

단어 据说 jùshuō 동 말하는 바에 의하면 ~라 한다 | 样子 yàngzi 명 모습 | 看出 kànchū 동 알아차리다 | 对方 duìfāng 명 상대방 | 是否 shìfǒu 부 ~인지 아닌지 | 恋人 liànrén 명 연인, 애인

해설 '从…看出'는 '~부터 알아차리다'라는 뜻이다. '여자는 남자의 밥 먹는 모습을 통해 상대방이 연인으로 (　)한지 아닌지 알아낼 수 있다고 한다'라고 했으므로 빈칸에는 '적합하다'라는 의미가 올 수 있다. 따라서 정답은 F이다.

Tip 适合 vs 合适

단어	품사	목적어	예문
适合	동사	○	这件衣服很适合我。 이 옷은 나에게 잘 어울린다.
合适	형용사	×	这件衣服对我很合适。 이 옷은 나에게 잘 어울린다. A 对 B 很合适。 A는 B에게 적합하다.

51 – 55

A 吃惊　B 联系
C 完成　D 大概
E 参观　F 机会

A 놀라다　B 연락하다
C 완성하다　D 대략
E 참관하다　F 기회

단어 吃惊 chījīng 동 놀라다 | 联系 liánxì 동 연락하다 | 完成 wánchéng 동 완성하다 | 大概 dàgài 부 대략 | 参观 cānguān 동 참관하다 | 机会 jīhuì 명 기회

51 ★★☆

A: 明天学校组织我们去（E 参观）孔庙。
B: 太棒了，我一定要好好看看。

A: 내일 학교에서 조를 구성해서 공자묘에 (E 참관하러) 가.
B: 굉장하네, 나는 꼭 제대로 볼 거야.

단어 组织 zǔzhī 동 구성하다 | 孔庙 Kǒngmiào 명 공자묘 [공자를 추모하는 사당] | 棒 bàng 형 좋다 | 一定 yídìng 부 반드시

해설 빈칸 뒤에 장소 목적어인 '孔庙(공자묘)'가 있으므로 빈칸에는 동사가 올 수 있다. '孔庙(공자묘)', '故宫(고궁)', '长城(만리장성)'과 같은 장소들은 '参加(참가하다)'가 아닌 '参观(참관하다)'이라는 표현을 쓴다. 따라서 정답은 E이다.

52 ★☆☆

A: 听说你要出国了，什么时候走? B: 再过一两个星期就走了。记得要经常跟我（ B 联系 ）啊。	A: 너 곧 출국한다며, 언제 가? B: 한두 주만 지나면 바로 가. 나와 자주 (B 연락하는) 거 기억해야 해.

단어 **出国** chūguó 동 출국하다 | **走** zǒu 동 떠나다 | **过** guò 동 (시점을) 보내다 | **记得** jìde 동 잊지 않고 있다 | **经常** jīngcháng 부 항상 | **跟** gēn 개 ~와, ~과

해설 빈칸 앞에 개사구 '跟我'가 있으므로 빈칸은 술어 자리로 동사가 올 수 있다. '나와 자주 ( ) 거 기억해야 한다'고 했으므로 문맥상 '연락하다'라는 뜻인 '联系'가 가장 적합하다. 따라서 정답은 B이다.

53 ★★★

A: （ F 机会 ）难得，你千万不要错过了。 B: 我一定会好好准备的。	A: (F 기회)는 얻기 어려워, 너 절대로 놓치면 안 돼. B: 나는 반드시 잘 준비할 거야.

단어 **难得** nándé 형 얻기 어렵다 | **千万** qiānwàn 부 절대로 | **不要** bú yào ~해서는 안 된다 | **错过** cuòguò 동 놓치다 | **一定** yídìng 부 반드시 | **准备** zhǔnbèi 동 준비하다

해설 '错过机会'는 '기회를 놓치다'라는 뜻으로 자주 쓰이는 조합이다. '机会'는 '趁(~을 틈다)' 또는 '抓紧(꽉 쥐다)'과 함께 쓰여 '기회를 틈타다', '기회를 꽉 잡다'라는 뜻으로도 자주 쓰인다. '( )는 얻기 어려워, 너 절대로 놓치면 안 돼'라고 했으므로 문맥상으로도 '机会'가 가장 적합하다. 따라서 정답은 F이다.

54 ★☆☆

A: 今天晚上去看电影吗? B: 恐怕不行，我作业还没做，今天晚上必须（ C 完成 ）。	A: 오늘 저녁에 영화 보러 가니? B: 아마 안 될 것 같아, 나는 숙제를 아직 못했어. 오늘 밤에 반드시 (C 완성)해야 해.

단어 **恐怕** kǒngpà 부 아마 ~일 것이다 | **不行** bùxíng 동 안 된다 | **必须** bìxū 부 반드시 ~해야 한다

해설 빈칸 앞에 부사 '必须(반드시)'가 있으므로 빈칸에는 동사가 올 수 있다. 숙제를 다 하지 못해서 '오늘 밤에는 반드시 ( ) 해야 한다'라고 했으므로 문맥상 '완성하다'라는 뜻의 동사 '完成'이 가장 적합하다. 따라서 정답은 C이다.

55 ★☆☆

A: 我真没想到哥哥会向我道歉。 B: 是啊，我当时也有点儿（ A 吃惊 ）。	A: 나는 정말 형이 나한테 사과할 줄 몰랐어. B: 그러게, 나도 그때 조금 (A 놀랐어).

단어 **没想到** méi xiǎngdào 생각지 못하다 | **向** xiàng 개 ~에게 | **道歉** dàoqiàn 동 사과하다 | **当时** dāngshí 명 그 때 | **有点儿** yǒudiǎnr 부 조금

해설 빈칸 앞에 부사 '有点儿(조금)'이 있으므로 빈칸에는 동사 또는 형용사가 올 수 있다. '나도 그때 조금 ( )'라고 했으므로 보기 중 '놀라다'라는 심리동사 '吃惊'이 가장 적합하다. 따라서 정답은 A이다.

제2부분

미리보기 해석

》 전략서 102p

56. A 可是今天起床晚了 B 平时我都是骑自行车上下班 C 只好打车来公司 B - A - C	56. A 하지만 오늘은 늦게 일어나서 B 평상시 나는 자전거를 타고 출퇴근을 한다 C 할 수 없이 택시를 타고 회사에 왔다 B - A - C

01. 맨 앞부분 찾기

유형 확인 문제

》 전략서 105p

정답 1 A - C - B 2 B - A - C

1 ★★☆

A 这种鱼生活在深海中 B 看起来像一个个会游泳的小电灯 C 它们的身体能发出美丽的亮光 A - C - B	A 이런 물고기는 깊은 바다에서 생활하는데 B 보기에 마치 모두 수영할 줄 아는 작은 전등 같다 C 그들의 몸은 아름다운 빛을 낼 수 있어서 A - C - B

단어 **种** zhǒng 양 종류 | **生活** shēnghuó 동 살다 | **深海** shēnhǎi 명 깊은 바다 | **看起来** kàn qǐlái 보기에 ~하다 | **像** xiàng 동 ~와 같다 | **电灯** diàndēng 명 전등 | **发出** fāchū 동 내다, 발산하다 | **美丽** měilì 형 아름답다 | **亮光** liàngguāng 명 어둠 속의 빛

해설 **1단계 : A → ? → ?**

A, B, C는 각각 '这种鱼(이런 물고기)', '看起来(보기에)', '它们的身体(그들의 몸)'로 시작된다. 그중 C의 '它们(그들)'은 A의 '鱼(물고기)'를 가리키는 말이므로 대상을 직접적으로 지칭하는 명사 '这种鱼'를 문두로 하는 A가 문장 맨 앞에 와야 한다.

2단계 : A → C → B

B는 앞의 내용을 받아 주어가 생략되었다. B '수영할 줄 아는 작은 전등'처럼 보이는 이유를 C에서 '그들의 몸은 아름다운 빛을 낼 수 있어서'라고 설명했으므로 C-B 순서로 연결한다. 따라서 정답은 A-C-B이다.

2 ★★☆

A 还是从材料的质量上看 B 无论从价格方面看 C 这种盒子都是值得考虑的 B - A - C	A 아니면 재료의 질적인 면에서 보든 B 가격적인 면에서 보든 C 이러한 상자는 모두 고려할 만한 가치가 있다. B - A - C

단어 还是 háishi 접 또는 | 材料 cáiliào 명 재료 | 质量 zhìliàng 명 품질 | 无论 wúlùn 접 ~을 막론하고 | 价格 jiàgé 명 가격 | 方面 fāngmiàn 명 방면 | 种 zhǒng 양 종류 | 盒子 hézi 명 작은 상자 | 值得 zhídé 동 ~할 만한 가치가 있다 | 考虑 kǎolǜ 동 고려하다

해설 **1단계: B → A → C**
B의 '无论', A의 '还是', C의 '都'는 '无论…还是…都…' 형식으로 쓰여 '~든지 아니면 ~든지 모두 ~하다'라는 의미의 고정격식이다. 따라서 정답은 B-A-C이다.

02. 연결 부분 찾기

유형 확인 문제

》 전략서 108p

정답 1 B - A - C　　2 B - A - C　　3 A - C - B

1 ★★☆	
A 不管离家多远都会回家过年过节 B 中国人很重视家庭 C 尤其是过年的时候 B - A - C	A 집이 아무리 멀어도 모두 집에 가서 설이나 명절을 지낸다 B 중국인은 가정을 매우 중시한다 C 특히 설을 쇨 때 그렇다 B - A - C

단어 不管 bùguǎn 접 ~을 막론하고 | 过年 guònián 동 설을 쇠다 | 过节 guòjié 동 명절을 쇠다 | 重视 zhòngshì 동 중시하다 | 家庭 jiātíng 명 가정 | 尤其 yóuqí 부 특히

해설 **1단계 : ? → A**
A는 주어가 없으므로 맨 앞에 올 수 없다.

2단계 : ? → C
C도 주어가 없고 문장 맨 앞의 '尤其(특히)'를 통해 C 앞에 어떤 문구가 와야 한다는 것을 알 수 있다.

3단계 : B → ? → ?
B의 '中国人(중국인)'이 문장 전체의 주어이므로 문장 맨 앞에 와야 한다.

4단계 : B → A → C
A와 C에서 특정 단어가 반복된다. A에서 '过年过节(설이나 명절을 지낸다)'라고 했고, C에서 '尤其是过年(특히 설을 쇨 때)'이라며 A에서 말한 내용의 일부를 다시 언급했으므로 A-C 순서로 연결한다. 따라서 정답은 B-A-C이다.

2 ★★☆	
A 是父母的鼓励给了她信心 B 其实她小时候很普通 C 让她后来终于成为一位优秀的演员 B - A - C	A 부모님의 격려가 그녀에게 자신감을 주었고 B 사실 그녀는 어렸을 때 매우 평범했다 C 그녀가 후에 마침내 훌륭한 배우가 되게 했다 B - A - C

단어 父母 fùmǔ 명 부모 | 鼓励 gǔlì 동 격려하다 | 信心 xìnxīn 명 자신감 | 其实 qíshí 부 사실 | 小时候 xiǎoshíhou 명 어렸을 때 | 普通 pǔtōng 형 평범하다 | 后来 hòulái 명 그 후 | 终于 zhōngyú 부 마침내 | 成为 chéngwéi 동 ~이 되다 | 位 wèi 양 (사람을 세는) 분 | 优秀 yōuxiù 형 우수하다 | 演员 yǎnyuán 명 배우

해설 **1단계 : A → C**

A는 '부모님의 격려가 그녀에게 자신감을 주었다'로 A 뒤에는 부모님의 격려로 인한 결과가 와야 한다. C에서 '훌륭한 배우가 되었다'라는 결과가 나왔으므로 A-C 순서로 연결한다.

2단계 : B → A → C

B는 그녀가 부모님께 격려 받아 훌륭한 배우가 되기 전의 상황이므로 문장 맨 앞에 와야 한다. 따라서 정답은 B-A-C이다.

3 ★★☆

A 昨天的那场演出刚一结束	A 어제의 그 공연은 끝나자마자
B 人们都在询问那位男演员是谁	B 사람들 모두 그 남자 배우가 누구인지 물어보고 있다
C 就引起了轰动	C 바로 파장을 일으켰다
A - C - B	A - C - B

단어 **场** chǎng 양 번, 회 | **演出** yǎnchū 명 공연 | **刚** gāng 부 막 | **结束** jiéshù 동 끝나다 | **询问** xúnwèn 동 물어보다 | **演员** yǎnyuán 명 배우 | **引起** yǐnqǐ 동 불러일으키다 | **轰动** hōngdòng 동 뒤흔들다, 파문을 일으키다

해설 **1단계 : A → C**

A의 '刚'과 C의 '就'는 '刚…就…'의 형식으로 쓰여 연속 관계를 나타낸다. A의 '刚一结束'를 보면 뒤에 '就'가 올 것이라 생각할 수 있으므로 A-C 순서로 연결한다.

2단계 : A → C → B

B에서 '사람들 모두 그 남자 배우가 누구인지 물어보고 있다'라고 한 것이 C의 '파장'으로 인해 일어난 구체적인 일이므로 C-B 순서로 연결한다. 따라서 정답은 A-C-B이다.

03. 핵심어 찾기

유형 확인 문제

》 전략서 109p

정답 1 C - A - B

1 ★★☆

A 她就给我留下了极深的印象	A 그녀는 나에게 아주 깊은 인상을 남겼다
B 那就是她特别热情、特别友好	B 그것은 바로 그녀가 아주 열정적이고 우호적이라는 것이다
C 第一次和王小姐见面	C 처음 미스 왕과 처음 만났고
C - A - B	C - A - B

단어 **留下** liúxià 동 남기다 | **极** jí 부 극히 | **深** shēn 형 깊다 | **印象** yìnxiàng 명 인상 | **特别** tèbié 부 아주 | **热情** rèqíng 형 친절하다 | **友好** yǒuhǎo 형 우호적이다 | **第一次** dìyīcì 명 맨 처음 | **见面** jiànmiàn 동 만나다

해설 **1단계 : ? → A**

A의 주어는 '她(그녀)'이며, '就(바로)'가 있다. '就'는 아주 짧은 시간 내에 이루어짐을 나타내므로 A 앞에는 이와 관련된 사건이 와야 한다.

2단계 : ? → B

B의 '那就是(그것은 바로)'를 통해 B 앞에 그것이 무엇인지가 와야 함을 알 수 있다. 따라서 B는 문장 맨 앞에 올 수 없다.

3단계 : A → B

A에서 '아주 깊은 인상을 남겼다'라고 했는데 B의 '那就是'가 바로 그 '깊은 인상'에 대한 구체적인 내용이므로 A-B 순서로 연결한다.

4단계 : C → A → B

C는 시작 부분에 '第一次(처음)'라는 구체적인 시간과 '王小姐(미스 왕)'라는 구체적인 인물이 있으므로 문장 맨 앞에 오기에 가장 적합하다. 따라서 정답은 C-A-B이다.

실전 연습 1 – 제2부분

〉〉 전략서 110p

정답				
56 C - B - A	57 B - A - C	58 C - B - A	59 B - A - C	60 A - C - B
61 B - A - C	62 B - C - A	63 C - A - B	64 C - A - B	65 C - B - A

56 ★★☆

A 各地还会举行灯会，人们可以逛花灯，猜灯谜	A 각 지역에서 연등회도 열어 사람들은 꽃등 구경과 등의 수수께끼를 맞춰 볼 수 있다
B 在这一天，家家吃元宵，希望新的一年能事事圆满	B 이날은 집집마다 위안샤오를 먹고 새해 모든 일이 원만하기를 바라며
C 农历正月十五是中国传统的元宵节	C 음력 정월 15일은 중국 전통의 정월 대보름이다
C - B - A	C - B - A

단어 举行 jǔxíng 동 거행하다 | 灯会 dēnghuì 명 연등회[정월 대보름날 밤에 구경하는 등롱] | 逛 guàng 동 구경하다 | 花灯 huādēng 명 정월대보름의 관상용 꽃등 | 猜 cāi 동 알아맞히다 | 灯谜 dēngmí 명 등롱 수수께끼[등롱에 문제를 쓰거나 붙이고 맞히는 놀이] | 元宵 yuánxiāo 명 위안샤오 | 事事 shìshì 명 모든 일 | 圆满 yuánmǎn 형 원만하다 | 农历 nónglì 명 음력 | 传统 chuántǒng 명 전통 | 元宵节 Yuánxiāo Jié 명 정월 대보름

해설 **1단계 : C → B**

B의 '这一天(이날)'은 C의 '农历正月十五(음력 정월 15일)'를 가리키므로 C-B 순서로 연결한다.

2단계 : C → B → A

A의 '还' 뒤에 음력 정월 대보름에 하는 일들이 나와있고, '还'는 '또'의 뜻으로 앞에 나온 내용 외에 더 보충됨을 나타낸다. B에도 정월 대보름에 하는 일을 언급했으므로 B-A 순서로 연결한다. 따라서 정답은 C-B-A이다.

57 ★★★

A 今天早上天放晴了	A 오늘 아침에는 날씨가 개었고
B 大雪整整下了一夜	B 폭설이 밤새도록 내렸다
C 太阳出来了	C 해가 떴다
B - A - C	B - A - C

단어 放晴 fàngqíng 동 날씨가 개다 | 整整 zhěngzhěng 부 꼬박 | 夜 yè 명 밤 | 太阳 tàiyáng 명 태양

해설 **1단계 : B → A → C**

날씨와 시간의 변화에 따라 연결하면 '밤새 눈이 내렸고 → 아침에 날씨가 개어 → 해가 떴다'이므로 정답은 B-A-C이다.

58 ★★★

A 就失去了联系	A 곧 연락이 끊겼다
B 但后来两个人都转学了	B 그러나 그 후 둘 다 전학을 가서
C 他们曾经是初中同学	C 그들은 중학교 친구였다
C - B - A	C - B - A

단어 失去 shīqù 동 잃어버리다 | 联系 liánxì 동 연락하다 | 后来 hòulái 명 그 후 | 转学 zhuǎnxué 동 전학하다 | 曾经 céngjīng 부 일찍이 | 初中 chūzhōng 명 중학교

해설 **1단계 : ? → A**

A의 '就'는 '곧', '바로'라는 뜻의 부사로, 부사는 일반적으로 문장 맨 앞에 올 수 없다.

2단계 : ? → B

B의 '但(그러나)'은 전환 관계 접속사로 문장 맨 앞에 올 수 없다.

3단계 : C → ? → ?

C에 주어로 보이는 인칭대사 '他们(그들)'이 있으므로 문장 맨 앞에 와야 한다.

4단계 : C → B → A

A에서 '연락이 끊겼다'라고 했고 B에서 '전학을 갔다'라고 연락이 끊긴 것에 대한 이유를 말했으므로, 정답은 C-B-A이다.

59 ★★☆

A 你今晚就把要用的东西准备好吧	A 너는 오늘 저녁에 사용해야 할 물건들을 잘 준비해
B 明天就要考试了	B 내일이 곧 시험이니
C 还有千万别忘了再买几支铅笔	C 그리고 연필 몇 자루 더 사는 것을 절대 잊지 마
B - A - C	B - A - C

단어 把 bǎ 개 ~을, ~를 | 就要…了 jiùyào…le 곧 ~하려고 하다 | 还有 háiyǒu 접 그리고 | 千万 qiānwàn 부 제발 | 忘 wàng 동 잊다 | 支 zhī 양 자루

해설 **1단계 : ? → C**

C의 '还有(그리고)'는 앞뒤 문장을 연결하는 접속사로 문장 맨 앞에 올 수 없다.

2단계 : A → C

A에서 준비하라는 물건들이 무엇에 필요한 물건인지 언급되지 않았으므로 의미상 문장 맨 앞에 올 수 없다. C에서 추가적으로 준비해야 할 물건에 대해 언급했으므로 A-C 순서로 연결한다.

3단계 : B → A → C

A와 C가 문장 맨 앞에 쓰일 수 없으므로 B가 문장 맨 앞에 위치한다. 따라서 정답은 B-A-C이다.

60 ★★☆

A 我们都知道	A 우리는 모두 안다
B 许多动物组织的含水量在百分之八十以上	B 많은 동물을 구성하는 함수량은 80% 이상이다
C 水是生物的重要组成部分	C 물이 생물의 중요한 구성 성분이고
A - C - B	A - C - B

단어 许多 xǔduō 형 매우 많다 | 动物 dòngwù 명 동물 | 组织 zǔzhī 동 구성하다 | 含水量 hánshuǐliàng 함수량 | 百分之 bǎifēnzhī 퍼센트 | 以上 yǐshàng 명 이상 | 生物 shēngwù 명 생물 | 重要 zhòngyào 형 중요하다 | 组成 zǔchéng 명 구성 | 部分 bùfen 명 부분

해설 **1단계 : A → ? → ?**
A의 '我们(우리)'은 문장의 주어이므로 문장 맨 앞에 와야 한다. '우리는 모두 안다'라고 했으니 무엇을 아는지에 대한 내용이 뒤에 와야 한다.

2단계 : A → C → B
C는 '물은 생물의 중요 구성 성분이다'라고 주제를 말했고, B에서 함수량 80%이상이라는 구체적인 내용을 이야기 하므로 C 뒤에 B가 와야 한다. 따라서 정답은 A-C-B이다.

61 ★★★

A 我们有机会看清它的真面目，是棵大树 B 我们的船渐渐逼近榕树了 C 有数不清的丫枝 B - A - C	A 우리는 그것의 진면목을 확실히 볼 수 있는 기회가 있었다. 거목이면서 B 우리 배가 점점 용수나무에 가까워 지면서 C 셀 수도 없을 정도의 많은 가지들이 있었다 B - A - C

단어 **机会** jīhuì 명 기회 | **看清** kànqīng 동 똑똑히 보다 | **真面目** zhēnmiànmù 명 진면목 | **棵** kē 양 그루 | **大树** dàshù 명 거목, 큰 나무 | **船** chuán 명 배 | **渐渐** jiànjiàn 부 점점 | **逼近** bījìn 동 접근하다 | **榕树** róngshù 명 용수나무 | **数不清** shǔbuqīng 정확하게 셀 수 없다 | **丫枝** yāzhī 명 가지

해설 **1단계 : B → A**
B와 A에 모두 주어로 추정되는 '我们(우리)'이 있다. 하지만 A의 '它(그것)'는 사물을 가리키는 지시대사로 문장 맨 앞에 올 수 없으며, A의 '它'는 B의 '榕树'를 가리키므로 B-A 순서로 연결한다.

2단계 : B → A → C
C는 A에서 말한 '机会(기회)'를 통해 본 모습을 묘사하는 내용이므로 A-C 순서로 연결한다. 따라서 정답은 B-A-C이다.

62 ★★☆

A 有人甚至睡在火车站前的广场上 B 节日期间火车票很紧张 C 每天可以看到车站外排着长队 B - C - A	A 어떤 사람은 심지어 기차역 앞 광장에서 잠을 잔다 B 명절 기간에 기차표가 매우 부족해서 C 매일 기차역 바깥에 긴 줄이 이어진 것을 볼 수 있다 B - C - A

단어 **甚至** shènzhì 부 심지어 | **广场** guǎngchǎng 명 광장 | **节日** jiérì 명 명절 | **期间** qījiān 명 기간 | **紧张** jǐnzhāng 형 부족하다 | **车站** chēzhàn 명 역 | **排队** páiduì 동 줄을 서다

해설 **1단계 : ? → A**
A의 '甚至(심지어)'는 앞쪽에 상황 하나가 더 필요하므로 문장 맨 앞에 올 수 없다.

2단계 : C → A
C에 '排着长队(긴 줄이 이어진다)'라는 상황이 먼저 나오고 그것에 대한 추가적인 설명을 하는 부사 '甚至(심지어)'가 뒤에 와야 자연스럽다. 그리고 무엇 때문에 이런 행동을 하는 것인지 원인을 찾아 C-A 앞에 연결한다.

3단계 : B → C → A
B에서 '节日期间火车票很紧张(명절 기간에 기차표가 매우 부족하다)'이라고 했고, 이로 인해 벌어지는 행위가 C-A이므로 B가 C-A 앞에 와야 한다. 따라서 정답은 B-C-A이다.

63 ★☆☆

A 常常都是一个人吃饭	A 항상 혼자 밥을 먹고
B 生病的时候也没有人照顾我	B 아플 때에도 나를 돌봐 줄 사람이 없다
C 我在国外的生活非常孤单	C 나의 해외 생활은 매우 외롭다
C - A - B	C - A - B

단어 照顾 zhàogù 동 돌보다 | 国外 guówài 명 외국 | 生活 shēnghuó 명 생활 | 孤单 gūdān 형 외롭다

해설 **1단계 : C → ? → ?**

C의 '我(나)'는 문장의 주어이므로 맨 앞에 와야 한다.

2단계 : C → A → B

A와 B 모두 외국 생활이 고독하다고 느낀 이유이고, 같은 맥락의 문장이 있으면 병렬을 나타내는 부사 '也(~도)'가 속한 문장이 뒤쪽에 와야 하므로 A-B 순서로 연결해야 한다. 따라서 정답은 C-A-B이다.

64 ★☆☆

A 于是申请了一所中国的学校	A 그래서 중국의 한 학교에 신청했고
B 并且已经办好了去中国的签证	B 게다가 이미 중국에 갈 비자를 받았다
C 弟弟喜欢中国文化，打算学习汉语	C 동생은 중국 문화를 좋아해서 중국어를 공부할 계획이다
C - A - B	C - A - B

단어 于是 yúshì 접 그래서 | 申请 shēnqǐng 동 신청하다 | 并且 bìngqiě 접 게다가 | 办好 bànhǎo 잘 처리하다 | 签证 qiānzhèng 명 비자 | 文化 wénhuà 명 문화 | 打算 dǎsuan 동 ~하려고 하다

해설 **1단계 : ? → A**

A의 '于是(그래서)'는 문장의 앞뒤를 이어주는 접속사로 문장 맨 앞에 올 수 없으며 '于是' 앞에 원인이 와야 한다.

2단계 : ? → B

B의 '并且(게다가)'는 점층 관계 접속사로 문장 맨 앞에 올 수 없다. B '이미 중국에 갈 비자를 받았다'는 A의 원인이 아니므로 B는 A 앞에 올 수 없다.

3단계 : C → A → B

C에 주어 '弟弟(동생)'가 나오므로 문장 맨 앞에 온다. 동생은 중국어 공부를 할 계획이라 중국의 한 학교에 신청한 것이므로 C-A 순서로 연결한다. 따라서 정답은 C-A-B이다.

65 ★★★

A 因此请了一天的假	A 그래서 하루 휴가를 신청했고
B 想去医院检查一下	B 병원에 가서 검사를 좀 받고 싶다
C 他说他身体不太舒服	C 그는 그의 몸이 그다지 좋지 않다고 했다
C - B - A	C - B - A

단어 因此 yīncǐ 접 그래서 | 请假 qǐngjià 동 (휴가 허락을) 신청하다 | 检查 jiǎnchá 동 검사하다 | 舒服 shūfu 형 편안하다

해설 **1단계 : ? → A**

A의 '因此(그래서)'는 결과를 나타내는 접속사로 문장 맨 앞에 올 수 없으며 '因此' 앞에 원인이 와야 한다. A에서 '请了一天的假(하루 휴가를 신청했다)'라고 했으므로 휴가를 신청한 이유가 A 앞에 와야 한다.

2단계 : C → B → A

A에 대한 이유는 B의 '병원에 가서 검사를 받고 싶다'이고, 병원에 가려는 이유가 C '몸이 좋지 않다'라고 나와 있으므로 이유와 결과에 맞게 C-B-A 순서로 연결한다.

실전 연습 2 – 제2부분

》 전략서 112p

정답
56 B - C - A 57 C - A - B 58 C - B - A 59 B - A - C 60 C - A - B
61 C - A - B 62 B - C - A 63 C - B - A 64 B - A - C 65 A - C - B

56 ★☆☆

A 他的妻子和女儿都非常生气	A 그의 아내와 딸은 모두 매우 화가 났다
B 因为忙着写小说	B 소설을 쓰느라 바빴기 때문에
C 他已经半个月没有回家了	C 그는 이미 보름 동안 집에 돌아가지 않았다
B - C - A	B - C - A

단어 **生气** shēngqì 동 화내다

해설 **1단계 : ? → A**

A의 '아내와 딸이 화가 났다'는 어떤 일에 대한 결과이므로, A 앞에 아내와 딸이 화가 난 원인이 와야 한다.

2단계 : B → C → A

B '소설 쓰느라 바빴다'는 C '보름 동안 집에 돌아가지 않았다'의 원인이 되므로 B-C 순서로 연결하고, C는 A '아내와 딸이 화가 났다'의 원인이므로 C-A 순서로 연결한다. 따라서 정답은 B-C-A이다.

57 ★☆☆

A 一方面是表示对他人的尊敬	A 한편으로는 다른 사람에 대한 존경을 나타내는 것이고
B 另一方面是表示热情	B 다른 한편으로는 친절을 나타내는 것이다
C 中国人常常在吃饭的时候互相敬酒	C 중국인은 밥 먹을 때 항상 서로 술을 권한다
C - A - B	C - A - B

단어 **表示** biǎoshì 동 의미하다 | **尊敬** zūnjìng 동 존경하다 | **热情** rèqíng 형 친절하다 | **互相** hùxiāng 부 서로 | **敬酒** jìngjiǔ 동 술을 권하다

해설 **1단계 : C → ? → ?**

C의 '中国人(중국인)'은 문장의 주어이므로 맨 앞에 와야 한다.

2단계 : A → B

A의 '**一方面**'과 B의 '**另一方面**'은 '**一方面…另一方面…**(한편으로는 ~하고, 다른 한편으로는 ~하다)' 형식으로 쓰이므로 A-B 순서로 연결한다. 따라서 정답은 C-A-B이다.

58 ★★☆

A 这两项活动让更多国家的人民对中国有了更加深入的了解	A 이 두 행사는 더 많은 나라의 사람들이 중국에 대해 더욱 깊이 이해하게 했다
B 而后，2010年上海世博会又吸引了众多外国人来参观	B 이후 2010년 상하이 엑스포는 다시 수많은 외국인의 방문을 이끌었다
C 2008年，北京成功举办了奥运会	C 2008년 베이징은 성공적으로 올림픽을 개최했으며
C-B-A	C-B-A

단어 项 xiàng 양 가지 | 活动 huódòng 명 행사 | 更 gèng 부 더욱 | 国家 guójiā 명 국가 | 人民 rénmín 명 국민 | 更加 gèngjiā 부 더욱 | 深入 shēnrù 형 깊다 | 了解 liǎojiě 동 자세하게 알다 | 而后 érhòu 접 이후 | 世博会 shìbóhuì 명 엑스포 | 吸引 xīyǐn 동 끌어당기다 | 众多 zhòngduō 형 아주 많다 | 参观 cānguān 동 참관하다 | 成功 chénggōng 형 성공하다 | 举办 jǔbàn 동 개최하다 | 奥运会 àoyùnhuì 명 올림픽

해설 **1단계 : ? → A**

A의 '这两项活动(이 두 행사)'이 어떤 두 개의 행사를 가리키는지 알 수 없으므로 A는 문장 맨 앞에 올 수 없다.

2단계 : ? → B

B의 '而后(이후에)'는 앞에 어떠한 사건 또는 시간적 배경이 필요하므로 문장 맨 앞에 쓸 수 없다.

3단계 : C → B → A

1, 2단계를 통해 C가 문장 맨 앞인 것을 알 수 있다. C의 '奥运会(올림픽)'와 B의 '上海世博会(상하이 엑스포)'가 A에서 말한 '这两项活动(이 두 행사)'이므로 A가 문장 맨 뒤에 와야 한다. 따라서 정답은 C-B-A이다.

59 ★★☆

A 保护环境就是保护我们自己	A 환경 보호는 바로 우리 자신을 보호하는 것이다
B 地球是我们共同的家园	B 지구는 우리 공동의 집으로
C 因此我们应该养成节约用水、用电的习惯	C 그래서 우리는 물과 전기를 절약하는 습관을 길러야 한다
B-A-C	B-A-C

단어 保护 bǎohù 동 보호하다 | 环境 huánjìng 명 환경 | 地球 dìqiú 명 지구 | 共同 gòngtóng 형 공동의 | 家园 jiāyuán 명 가정 | 因此 yīncǐ 접 그래서 | 应该 yīnggāi 조동 ~해야 한다 | 养成 yǎngchéng 동 습관이 되다 | 节约 jiéyuē 동 절약하다 | 习惯 xíguàn 명 습관

해설 **1단계 : ? → C**

C의 '因此(그래서)'는 결과를 나타내는 접속사로 문장 맨 앞에 올 수 없으며 '因此' 앞에 원인이 와야 한다.

2단계 : A → C

A '保护环境(환경 보호)'에 대한 구체적인 예가 C의 '节约用水、用电(물과 전기를 절약하다)'이므로 A-C 순서로 연결한다.

3단계 : B → A → C

B의 '地球是我们共同的家园(지구는 우리 공동의 집이다)'이 A와 C하는 궁극적인 원인이므로 문장 맨 앞에 와야 한다. 따라서 정답은 B-A-C이다.

60 ★★☆

A 它由西向东，流经十几个省市 B 最后由上海市流入东海 C 长江全长约6300千米 C - A - B	A 그것은 서쪽에서 동쪽으로 열 몇 개의 성과 시를 거쳐 흐른다 B 제일 마지막에는 상하이시에서 동해로 흘러 들어간다 C 장강은 전체 길이가 약 6300km로 C - A - B

단어 由 yóu 개 ~에서부터 | 向 xiàng 개 ~을 향하여 | 流经 liújīng 동 (물줄기 등이 고정된 경로를) 지나다 | 省市 shěngshì 명 성(省)과 시(市) | 最后 zuìhòu 명 제일 마지막 | 流入 liúrù 유입하다 | 长江 Chángjiāng 명 장강, 양쯔강 | 全长 quáncháng 명 전체 길이 | 千米 qiānmǐ 양 킬로미터

해설 **1단계 : ? → ? → B**

B의 '最后'는 '제일 마지막'이라는 뜻으로 보통 맨 뒤에 위치한다.

2단계 : ? → A → B

A의 '它(그것)'는 사물을 가리키는 지시대사이므로 문장 맨 앞에 올 수 없으며, 이 문제에서 B가 의미상 문장 맨 뒤에 올 수 있으므로 A는 두 번째에 올 수 있다.

3단계 : C → A → B

A에서 말하는 '它'와 B에서 말하는 '흘러 들어가는' 것이 모두 C에서 말하는 '长江'이므로 C가 문장 맨 앞에 온다. 따라서 정답은 C-A-B이다.

61 ★★☆

A 它不仅缩短了各地之间的距离 B 还扩大了人们活动的范围 C 交通工具是日常生活中不可缺少的工具 C - A - B	A 그것은 각 지역 간의 거리를 줄였을 뿐만 아니라 B 사람들의 활동 범위도 넓혔다 C 교통수단은 일상생활에서 없어서는 안 되는 도구로 C - A - B

단어 不仅 bùjǐn 접 ~뿐만 아니라 | 缩短 suōduǎn 동 줄이다 | 各地 gèdì 명 각지 | 之间 zhījiān ~의 사이 | 距离 jùlí 명 거리 | 扩大 kuòdà 동 확대하다 | 活动 huódòng 동 활동하다 | 范围 fànwéi 명 범위 | 交通工具 jiāotōng gōngjù 명 교통수단 | 日常生活 rìcháng shēnghuó 명 일상생활 | 不可 bùkě 조동 ~해서는 안 된다 | 缺少 quēshǎo 동 부족하다 | 工具 gōngjù 명 공구

해설 **1단계 : ? → A → B**

A의 '不仅'과 B의 '还'는 '不仅…还…(~일 뿐만 아니라 ~하기도 ~하다)'의 형식으로 쓰여 A-B는 '그것은 각 지역 간의 거리를 줄였을 뿐만 아니라 사람들의 활동 범위도 넓혔다'라고 해석된다.

2단계 : C → A → B

A의 '它'는 C에서 말하는 '交通工具(교통수단)'를 가리키므로 정답은 C-A-B이다.

62 ★★☆	
A 但确实是一个值得一来的好地方	A 그러나 확실히 한번 와 볼만한 좋은 곳이다
B 这里的环境优美，空气新鲜	B 이곳의 환경은 우아하고 공기는 신선하다
C 虽然门票贵了一点	C 비록 입장권은 조금 비싸지만
B - C - A	B - C - A

단어 确实 quèshí 부 확실히 | 值得 zhídé 동 ~할 만한 가치가 있다 | 地方 dìfang 명 장소 | 环境 huánjìng 명 환경 | 优美 yōuměi 형 우아하고 아름답다 | 空气 kōngqì 명 공기 | 新鲜 xīnxiān 형 신선하다 | 门票 ménpiào 명 입장권

해설 **1단계 : C → A**

C의 '虽然'과 A의 '但'은 '虽然…但…(비록 ~하지만 ~하다)'의 형식으로 쓰여 C-A는 '비록 입장권은 조금 비싸지만 확실히 한번 와 볼만한 좋은 곳이다'라고 해석된다.

2단계 : B → C → A

B의 '这里(이곳)'가 C-A에서 말하는 장소를 가리키므로 문장 맨 앞에 온다. 따라서 정답은 B-C-A이다.

Tip

인칭대사와 지시대사

종류	의미	용법
他	그(남자 또는 사람을 가리킴)	사람이나 장소 등을 나타내는 말이 없을 경우: 문장 맨 앞에 쓰일 수 있음 사람이나 장소 등을 나타내는 말이 있을 경우: 문장 맨 앞에 쓰일 수 없음
她	그녀(여자를 가리킴)	
这(里)	이(곳)(가까운 것(곳)을 가리킴)	
那(里)	저(곳)(먼 것(곳)을 가리킴)	
它	그것(동물, 식물, 물건 등을 가리킴)	지칭하는 범위가 넓기 때문에 일반적으로 문장의 맨 앞에 쓰이지 않는다.

63 ★★★	
A 但是太忙了，没有时间去	A 그러나 너무 바빠서 갈 시간이 없다
B 本来打算去西湖看看	B 원래 시후를 가 볼 계획이었다
C 我是昨天到杭州的	C 나는 어제 항저우에 도착했고
C - B - A	C - B - A

단어 本来 běnlái 부 원래 | 打算 dǎsuan 동 ~하려고 하다 | 西湖 Xīhú 명 시후 | 杭州 Hángzhōu 명 항저우

해설 **1단계 : ? → A**

A의 '但是(그러나)'는 전환 관계를 나타내는 접속사로 문장 맨 앞에 쓰일 수 없으며, 원래와 반대되는 상황이 A 앞에 나와야 한다.

2단계 : B → A

B의 '本来打算…'은 '원래 ~할 계획이다'라는 뜻으로 일반적으로 뒤에 원래 계획과 다른 상황이 나온다. 따라서 전환 관계 접속사 '但是(그러나)'가 있는 A가 B 뒤에 올 수 있다.

3단계 : C → B → A

C의 '我(나)'가 문장의 주어가 될 수 있으므로 문장 맨 앞에 온다. 따라서 정답은 C-B-A이다.

64 ★★☆

A 但动物和人就不能叫"东西" B 中国人把物品称为"东西"，比如椅子、电视 C 如果说一个人"不是东西"，那是在骂这个人很坏 B - A - C	A 그러나 동물과 사람은 '똥시'라고 부를 수 없다 B 중국인은 물건을 '똥시'라고 부른다. 예를 들면 의자나 텔레비전이다 C 만약 한 사람을 "똥시가 아니다"라고 말한다면, 그것은 이 사람이 매우 나쁘다고 욕하는 것이다 B - A - C

단어 动物 dòngwù 명 동물 | 把 bǎ 개 ~을, ~를 | 物品 wùpǐn 명 물품 | 称为 chēngwéi 동 ~라고 부르다 | 比如 bǐrú 접 예를 들어 | 如果 rúguǒ 접 만약 | 骂 mà 동 욕하다 | 坏 huài 형 나쁘다

해설 **1단계 : ? → A**

A의 '但(그러나)'은 전환 관계를 나타내는 접속사로 문장 맨 앞에 쓰일 수 없다.

2단계 : B → A

B의 '中国人(중국인)'은 명사로 문장의 주어가 될 수 있으므로 문장 맨 앞에 온다. B에서는 '똥시'라고 부를 수 있는 것에 대해 말했고, A에서는 '똥시'라고 부를 수 없는 것에 대해 말했으므로 B 뒤에 A가 위치한다.

3단계 : B → A → C

C는 B-A에서 말한 내용에 대한 구체적인 예를 든 것이므로 문장 맨 뒤에 온다. 따라서 정답은 B-A-C이다.

65 ★★☆

A 尽管他一直在不停地努力 B 不得不放弃原先的计划 C 但最终还是失败了 A - C - B	A 비록 그는 끊임없이 노력했지만 B 어쩔 수 없이 원래의 계획을 포기했다 C 그러나 결국에는 실패했다 A - C - B

단어 尽管 jǐnguǎn 접 비록 ~라 하더라도 | 一直 yìzhí 부 계속 | 不停 bùtíng 부 계속해서 | 努力 nǔlì 동 노력하다 | 不得不 bùdébù 부 어쩔 수 없이 | 放弃 fàngqì 동 포기하다 | 原先 yuánxiān 명 본래 | 计划 jìhuà 명 계획 | 最终 zuìzhōng 형 최종의 | 还是 háishi 부 끝내 | 失败 shībài 동 실패하다

해설 **1단계 : A → C**

A에 '尽管'과 C의 '但'은 '尽管…但…(비록 ~일지라도 그러나 ~하다)'의 형식으로 쓰여 A-C는 '비록 그는 끊임없이 노력했지만 그러나 결국에 실패했다'라고 해석된다.

2단계 : A → C → B

B는 A-C의 결과이므로 문잔 맨 뒤에 오며, A의 '他(그)'가 문장의 주어가 되므로 정답은 A-C-B이다.

제3부분

미리보기 해석

제3부분 유형 1

›› 전략서 116p

66. 她很活泼，说话很有趣，总能给我们带来快乐，我们都很喜欢和她在一起。

★ 她是个什么样的人？
A 幽默 B 马虎
C 骄傲 D 害羞

66. 그녀는 매우 활발하고 말을 무척 재미있게 해서 항상 우리에게 즐거움을 가져다준다. 우리 모두 그녀와 함께 있는 것을 매우 좋아한다.

★ 그녀는 어떤 사람인가?
A 유머러스하다 B 세심하지 못하다
C 거만하다 D 부끄러워한다

제3부분 유형 2

›› 전략서 116p

80 – 81.

通过旅游，人们不仅可以亲眼观察到美丽的自然和人文景观，还可以了解到各地不同的气候、动植物和特产，亲身体验到各地不同的民风民俗、饮食习惯和宗教信仰，还可听到各种不同的传说、典故和奇闻轶事，让人开阔眼界，增长知识和见闻。每一次旅游，能给人带来新的感受。

★ 这段话主要介绍的是：
A 旅游 B 饮食
C 建筑 D 宗教

★ 根据这段话，旅游可以让人：
A 放松压力
B 广交朋友
C 获得幸福
D 增长知识

80 – 81.

여행을 통해 사람들은 아름다운 자연과 인문 경관을 직접 관찰할 수 있을 뿐만 아니라 각지의 서로 다른 기후, 동식물과 특산물을 알 수 있고, 각지의 서로 다른 민풍민속, 음식 습관과 종교 신앙을 직접 체험할 수 있다. 게다가 여러 가지 전설, 고사와 기이한 이야기도 들을 수 있어서 시야를 넓히고 지식과 견문을 쌓을 수 있다. 여행은 갈 때마다 사람들에게 새로운 느낌을 가져다줄 수 있다.

★ 이 글이 주로 소개하는 것은:
A 여행 B 음식
C 건축 D 종교

★ 이 글에 근거하여, 여행은 사람으로 하여금:
A 스트레스를 해소시킨다
B 친구를 폭 넓게 사귀게 한다
C 행복을 얻게 한다
D 지식을 쌓게 한다

02. 활동 및 장소를 묻는 문제

유형 확인 문제

>> 전략서 120p

정답 1 A

1 ★★★

我本来订的是昨天下午杭州到北京的机票。可是，昨天北京下大雨，所有航班都取消了，我被安排在航空宾馆住了一晚。现在正等着登机呢。

★ 我现在最有可能在：

A 杭州机场　　B 北京机场
C 航空宾馆　　D 飞机上

내가 원래 예약했던 것은 어제 오후 항저우에서 베이징으로 가는 비행기 표였다. 하지만 어제 베이징에 큰비가 내려 모든 항공편이 다 취소되었고, 나는 공항 호텔에 배정되어 하룻밤을 묵었다. 지금은 비행기 탑승을 기다리고 있는 중이다.

★ 내가 현재 있을 가능성이 가장 큰 곳은:

A 항저우 공항　　B 베이징 공항
C 공항 호텔　　D 기내

단어 本来 běnlái 副 원래 | 订 dìng 동 예약하다 | 杭州 Hángzhōu 명 항저우 | 机票 jīpiào 명 비행기 표 | 可是 kěshì 접 그러나 | 大雨 dàyǔ 명 큰비 | 所有 suǒyǒu 형 모든 | 航班 hángbān 명 항공편 | 取消 qǔxiāo 동 취소하다 | 被 bèi 개 ~에게 ~를 당하다 | 安排 ānpái 동 안배하다 | 航空 hángkōng 형 항공의 | 正 zhèng 부 마침 | 登机 dēngjī 동 비행기에 탑승하다 | 机场 jīchǎng 명 공항

해설 화자가 있을 것으로 예상되는 장소를 묻는 문제이다. '杭州到北京的机票(항저우에서 베이징으로 가는 비행기 표)'를 통해 나는 비행기를 타고 항저우에서 베이징을 가려고 했음을 알 수 있다. 하지만 '所有航班都取消了(모든 항공편이 다 취소되었다)'를 통해 베이징에 가지 못했음을 알 수 있고, 게다가 공항 호텔에서 하룻밤을 묵었다는 것은 아직 공항에 있다는 것을 의미한다. 지문 마지막 부분에서 '等着登机(비행기 탑승을 기다리고 있다)'라고 한 것으로 보아, 나는 현재 공항에 있는 것이므로 정답은 A이다.

03. 원인, 목적, 결과를 묻는 문제

유형 확인 문제

>> 전략서 122p

정답 1 C　　2 A

1 ★★☆

兴趣是最好的老师，如果孩子对一件事情感兴趣，那他一定会主动、努力地去学习，效果也会更好。

★ 为了提高学习效果，应该让孩子：

A 积累经验
B 努力学习
C 产生兴趣
D 相信自己

흥미는 가장 좋은 스승이다. 만약 아이가 어떤 일에 흥미를 갖게 되면 틀림없이 자발적으로 열심히 공부를 할 것이고 효과도 더욱 좋을 것이다.

★ 학습 효과를 높이기 위해서 마땅히 아이로 하여금:

A 경험을 쌓게 한다
B 열심히 공부하게 한다
C 흥미가 생기게 한다
D 자신을 믿게 한다

단어 兴趣 xìngqù 명 흥미 | 如果 rúguǒ 접 만약 | 感兴趣 gǎn xìngqù 흥미가 있다 | 一定 yídìng 부 반드시 | 主动 zhǔdòng 형 자발적인 | 努力 nǔlì 동 노력하다 | 效果 xiàoguǒ 명 효과 | 更 gèng 부 더욱 | 为了 wèile 개 ~을 하기 위하여 | 提高 tígāo 동 향상시키다 | 应该 yīnggāi 조동 ~해야 한다 | 积累 jīlěi 동 쌓이다 | 经验 jīngyàn 명 경험 | 产生 chǎnshēng 동 생기다 | 相信 xiāngxìn 동 믿다 | 自己 zìjǐ 대 자신

해설 아이들의 학습 효과를 높일 수 있는 방법을 묻는 문제이다. 처음부터 '兴趣是最好的老师(흥미는 가장 좋은 스승이다)'라고 흥미에 대해 말했고, 지문에서 계속 '흥미'를 강조하면서 아이가 어떤 일에 흥미를 갖게 되면 효과도 더 좋을 것이라고 말했으므로 정답은 C이다.

2 ★☆☆

怎样才能说一口流利的外语呢？如果你有一定的语言基础和经济条件，那么出国是最好的选择。因为语言环境对学习语言有重要的作用。	어떻게 해야만 외국어를 유창하게 할 수 있을까? 만약 당신이 어느 정도의 언어적 기초와 경제적 조건을 갖추었다면 외국에 가는 것이 가장 좋은 선택이다. 왜냐하면 언어 환경은 언어를 배우는 데 매우 중요한 작용을 하기 때문이다.
★ 去国外学习外语是因为： A 语言环境好 B 经济条件好 C 有语言基础 D 学习更认真	★ 외국에 가서 외국어를 배우는 이유는: A 언어적 환경이 좋아서 B 경제적 조건이 좋아서 C 언어적 기초가 있어서 D 공부를 더 열심히 해서

단어 怎样 zěnyàng 대 어떻게 | 才 cái 부 비로소 | 口 kǒu 양 마디 | 流利 liúlì 형 유창하다 | 外语 wàiyǔ 명 외국어 | 如果 rúguǒ 접 만약 | 一定 yídìng 형 어느 정도의 | 语言 yǔyán 명 언어 | 基础 jīchǔ 명 기초 | 经济 jīngjì 명 경제 | 条件 tiáojiàn 명 조건 | 出国 chūguó 동 출국하다 | 选择 xuǎnzé 명 선택 | 环境 huánjìng 명 환경 | 重要 zhòngyào 형 중요하다 | 作用 zuòyòng 명 작용 | 更 gèng 부 더욱 | 认真 rènzhēn 형 진지하다

해설 외국에 가서 외국어를 배우는 이유를 묻는 문제이다. 지문 가장 마지막 부분의 '因为' 이후에 답이 있다. '语言环境对学习语言有重要的作用(언어 환경은 언어를 배우는 데 매우 중요한 작용을 한다)'을 통해 외국에 가서 외국어를 배우는 이유가 언어 환경이 좋기 때문임을 알 수 있다. 따라서 정답은 A이다.

04. 대비되는 상황에서 한쪽의 상황을 묻는 문제

유형 확인 문제

〉〉 전략서 124p

정답 1 D 2 A

1 ★★☆

以前，日记是写给自己看的，然而现在更多的年轻人喜欢把自己的日记放到网站上，希望和更多的人交流。

★ 现在许多年轻人写日记：

A 写得很短
B 代替交流
C 只在网上写
D 允许别人看

예전에 일기는 자신이 보기 위해 쓰는 것이었다. 하지만 지금은 더 많은 젊은이들이 자신의 일기를 인터넷에 올리기 좋아하고 더 많은 사람들과 소통하기를 바란다.

★ 현재 많은 젊은이들은 일기를:

A 매우 짧게 쓴다
B 소통을 대신한다
C 인터넷에만 쓴다
D 다른 사람이 보는 것을 허락한다

단어 以前 yǐqián 명 예전 | 日记 rìjì 명 일기 | 自己 zìjǐ 대 자신 | 然而 rán'ér 접 그러나 | 更 gèng 부 더욱 | 年轻 niánqīng 형 젊다 | 把 bǎ 개 ~을, ~를 | 放 fàng 동 놓다 | 网站 wǎngzhàn 명 웹 사이트 | 交流 jiāoliú 동 서로 소통하다 | 许多 xǔduō 형 매우 많다 | 短 duǎn 형 짧다 | 代替 dàitì 동 대체하다 | 只 zhǐ 부 오직 | 允许 yǔnxǔ 동 허락하다

해설 과거와 현재를 비교하는 지문으로, '现在更多的年轻人喜欢把自己的日记放到网站上(지금은 더 많은 젊은이들이 자신의 일기를 인터넷에 올리기 좋아한다)'을 통해 현재 젊은이들은 자신의 일기를 다른 사람이 보도록 허락한다는 것을 알 수 있다. 따라서 정답은 D이다. 인터넷에 올리는 것을 좋아한다고 했지만 인터넷에서만 일기를 쓰는 것은 아니고 일기의 길이에 대해서는 언급하지 않았다. 또한 '希望和更多的人交流(더 많은 사람들과 소통하기를 바란다)'라고 했지만 이것이 다른 소통을 대신한다는 말은 아니므로 A, B, C는 모두 오답이다.

2 ★★☆

毕业的时候，亲戚帮他找了一份工作。很多人都说这份工作不适合他，他肯定干不长。没想到这一年多里，他一直非常努力，已经成为部门经理了。

★ 根据这段话，可以知道他现在：

A 工作得很好
B 工作得不开心
C 结婚了
D 不喜欢这份工作

졸업할 때 친척이 그에게 일자리 하나를 찾아 주었다. 매우 많은 사람들은 모두 이 일이 그에게 적합하지는 않아 분명히 오래 하지는 못할 것이라고 말했다. 하지만 뜻밖에도 일 년여의 시간 동안 그는 계속해서 굉장히 노력했고 벌써 팀장이 되었다.

★ 이 글에 근거하여 알 수 있는 것은, 그는 현재:

A 일을 아주 잘 한다
B 일을 즐겁게 하지 못한다
C 결혼했다
D 이 일을 좋아하지 않는다

단어 毕业 bìyè 동 졸업하다 | 亲戚 qīnqi 명 친척 | 适合 shìhé 동 적합하다 | 肯定 kěndìng 부 틀림없이 | 干 gàn 동 일을 하다 | 没想到 méixiǎngdào 생각지 못하다 | 一直 yìzhí 부 계속 | 努力 nǔlì 동 노력하다 | 成为 chéngwéi 동 ~이 되다 | 部门经理 bùmén jīnglǐ 명 팀장 | 开心 kāixīn 형 기쁘다 | 结婚 jiéhūn 동 결혼하다

해설 그에 대해 사람들이 예측했던 것과 현재의 실제 상황을 비교하는 지문이다. '他一直非常努力，已经成为部门经理了(그는 계속해서 굉장히 노력했고 벌써 팀장이 되었다)'를 통해 그가 일을 잘 한다고 유추할 수 있다. 따라서 정답은 A이다. 그는 일이 즐겁지 않다거나 좋아하지 않는다고 한 적은 없고 그가 결혼했는지에 대해서는 언급하지 않았으므로 B, C, D는 오답이다.

05. 특징 및 상황을 묻는 문제

유형 확인 문제

》 전략서 126p

정답 1 B 2 D

1 ★★☆

我对现在的这份工作还比较满意。首先，我学的就是这个专业：其次，同事们都很喜欢我：另外，工资也还算可以，还有奖金，收入不错。

★ 根据这段话，可以知道我：

A 工作累　　B 受欢迎
C 奖金很少　　D 收入很低

나는 현재의 이 일에 비교적 만족한다. 우선은 내가 전공한 것이 바로 이 분야이고, 그다음으로는 동료들이 모두 나를 굉장히 좋아하고, 그 밖에 급여도 그럭저럭 괜찮은 편이고 보너스도 있어서 수입이 괜찮다.

★ 이 글에 근거하여 알 수 있는 것은, 나는:

A 일이 피곤하다　　B 환영을 받는다
C 보너스가 매우 적다　　D 수입이 매우 낮다

단어 比较 bǐjiào 부 비교적 | 满意 mǎnyì 형 만족하다 | 首先 shǒuxiān 대 먼저 | 专业 zhuānyè 명 전공 | 其次 qícì 대 그다음 | 同事 tóngshì 명 동료 | 另外 lìngwài 접 이 밖에 | 工资 gōngzī 명 월급 | 算 suàn 동 ~인 셈이다 | 奖金 jiǎngjīn 명 상여금 | 收入 shōurù 명 소득 | 不错 búcuò 형 좋다 | 受 shòu 동 받다 | 欢迎 huānyíng 동 환영하다 | 低 dī 형 낮다

해설 지문의 화자가 일에 대해 만족하는 이유는 세 가지로 첫째는 자신의 전공 분야이고, 둘째는 동료들이 나를 좋아하며, 셋째는 수입이 괜찮다는 것이다. '受欢迎'은 '환영을 받는다'는 뜻으로 지문의 '同事们都很喜欢我(동료들이 모두 나를 굉장히 좋아한다)'라는 내용과 일치하므로 정답은 B이다.

2 ★★★

有一天早上，敬老院的人工湖里突然出现了很多鱼。人们都在猜测鱼是从哪儿来的: 是从别处游来的? 是有人买来偷偷放进去的? 还是从天上掉下来的? 后来经过调查发现，原来是前一天夜里刮龙卷风，从附近鱼塘卷过来的。

★ 敬老院人工湖里的鱼是从哪儿来的?

A 从别处游来的
B 有人放进去的
C 天上掉下来的
D 龙卷风刮来的

어느 날 아침, 경로당의 인공 호수 안에 갑자기 많은 물고기가 나타났다. 사람들은 모두 물고기가 어디서부터 온 것인지 추측했다. 다른 곳에서 헤엄쳐 온 것인가? 누군가가 사 와서 몰래 집어넣은 것인가? 아니면 하늘에서 떨어진 것인가? 나중에 조사를 통해서 발견하길, 알고 보니 전날 밤 회오리바람이 불어서 근처의 양어장에서 휩쓸려 온 것이었다.

★ 경로당 인공 호수 안의 물고기는 어디에서 온 것인가?

A 다른 곳에서 헤엄쳐 온 것이다
B 누군가가 집어넣은 것이다
C 하늘에서 떨어진 것이다
D 회오리바람이 불어서 온 것이다

단어 有一天 yǒuyìtiān 명 어느 날 | 敬老院 jìnglǎoyuàn 명 경로당 | 人工湖 réngōnghú 명 인공 호수 | 突然 tūrán 부 갑자기 | 出现 chūxiàn 동 나타나다 | 猜测 cāicè 동 추측하다 | 别处 biéchù 명 다른 곳 | 游 yóu 동 헤엄치다 | 偷偷 tōutōu 부 남몰래 | 放 fàng 동 넣다 | 还是 háishi 접 아니면 | 掉 diào 동 떨어지다 | 后来 hòulái 명 그 후 | 经过 jīngguò 동 거치다 | 调查 diàochá 동 조사하다 | 发现 fāxiàn 동 발견하다 | 原来 yuánlái 부 알고 보니 | 前一天 qiányìtiān 명 전날 | 夜 yè 명 밤 | 刮 guā 동 (바람이) 불다 | 龙卷风 lóngjuǎnfēng 명 회오리바람 | 附近 fùjìn 명 근처 | 鱼塘 yútáng 명 양어장 | 卷 juǎn 동 휩쓸다

해설 '경로당 인공 호수 안의 물고기는 어디에서 온 것인가?'라는 질문을 먼저 보았다면, 지문을 읽을 때 물고기가 어디서 왔는지를 찾는 데 주의를 기울일 수 있다. 정답은 '原来(알고 보니)' 이후의 내용으로 경로당 인공 호수 안의 물고기는 회오리바람이 불어서 온 것이었다. 따라서 정답은 D이다.

06. 서술, 논설, 설명문 형태의 글

유형 확인 문제

〉〉 전략서 131p

정답 1 A 2 A

1 – 2

[1, 2]南半球和北半球的季节正好相反。当北半球到处春暖花开的时候，南半球已经进入凉快的秋天，树叶也开始慢慢地变黄了；当北半球的气温逐渐降低的时候，南半球的天气却开始热起来，人们已经脱掉了厚厚的大衣。	[1, 2]남반구와 북반구의 계절은 정반대이다. 북반구 곳곳에서 꽃이 피고 따뜻한 봄이 왔을 때 남반구는 이미 서늘한 가을로 접어들어, 나뭇잎도 서서히 노랗게 변해 간다. 북반구의 기온이 점점 내려갈 때 남반구의 날씨는 오히려 더워지기 시작하고, 사람들은 두꺼운 겉옷을 벗어 버린다.

단어 南半球 nánbànqiú 명 남반구 | 北半球 běibànqiú 명 북반구 | 季节 jìjié 명 계절 | 正好 zhènghǎo 부 마침 | 相反 xiāngfǎn 동 상반되다 | 当 dāng 개 바로 그 시간을 가리킴 | 到处 dàochù 명 곳곳 | 春暖花开 cūnnuǎn huākāi 성 봄은 따뜻하고 꽃이 핀다 | 进入 jìnrù 동 (어떤 시기에) 들다 | 凉快 liángkuai 형 시원하다 | 秋天 qiūtiān 명 가을 | 树叶 shùyè 명 나뭇잎 | 慢慢 mànman 형 느리다 | 变黄 biànhuáng 동 노랗게 되다 | 气温 qìwēn 명 기온 | 逐渐 zhújiàn 부 점점 | 降低 jiàngdī 동 내려가다 | 却 què 부 오히려 | 起来 qǐlai 동 동사 또는 형용사 뒤에 쓰여, 어떤 동작이 시작되어 계속됨을 나타냄 | 脱掉 tuōdiào 벗어 버리다 | 厚 hòu 형 두껍다 | 大衣 dàyī 명 외투

1 ★★☆

★ 南半球是秋天的时候，北半球是： A 春天 B 夏天 C 秋天 D 冬天	★ 남반구가 가을일 때, 북반구는: A 봄 B 여름 C 가을 D 겨울

단어 春天 chūntiān 명 봄 | 夏天 xiàtiān 명 여름 | 秋天 qiūtiān 명 가을 | 冬天 dōngtiān 명 겨울

해설 '南半球和北半球的季节正好相反(남반구와 북반구의 계절은 정반대이다)'을 통해 남반구가 가을이면 북반구는 봄이 된다는 것을 알 수 있으므로 정답은 A이다.

2 ★★☆

★ 关于南北半球，可以知道：
A 季节不同
B 南半球更热
C 北半球植物多
D 秋天都很干燥

★ 남반구와 북반구에 관해 알 수 있는 것은:
A 계절이 다르다
B 남반구가 더욱 덥다
C 북반구에 식물이 많다
D 가을에는 모두 매우 건조하다

단어 不同 bùtóng 형 같지 않다 | 更 gèng 부 더욱 | 植物 zhíwù 명 식물 | 干燥 gānzào 형 건조하다

해설 지문은 주로 남반구와 북반구의 계절 차이에 대해 말하고 있다. 어느 쪽이 더 덥고 식물이 많은지에 대해서는 이야기하지 않았으며, 가을에 건조하다는 언급도 없었으므로 정답은 A이다.

실전 연습 1 – 제3부분

》 전략서 132p

정답

66 B	67 A	68 B	69 C	70 D	71 A	72 D	73 B	74 A	75 D
76 D	77 A	78 B	79 C	80 D	81 B	82 B	83 C	84 C	85 A

66 ★☆☆

我刚回到家就接到公司的电话，让我马上再回公司开会。我不得不开车回去了。

★ 根据这段话，可以知道我回家前在：
A 机场 B 公司
C 外地 D 商店

나는 막 집에 돌아와서 바로 회사의 전화를 받았는데, 즉시 회사로 다시 돌아와 회의를 하라고 했다. 나는 어쩔 수 없이 운전해서 돌아갔다.

★ 이 글에 근거하여 알 수 있는, 내가 집에 돌아가기 전에 있던 곳은:
A 공항 B 회사
C 외지 D 상점

단어 刚 gāng 부 방금 | 接到 jiēdào 받다 | 马上 mǎshàng 부 즉시 | 开会 kāihuì 동 회의를 하다 | 不得不 bùdébù 어쩔 수 없이 | 开车 kāichē 동 운전하다 | 外地 wàidì 명 외지

해설 '再回'는 '다시 (원래의 곳으로) 돌아가다'라는 의미로 '马上再回公司(즉시 회사로 다시 돌아오다)'를 통해 나는 집에 돌아가기 전에 회사에 있었음을 알 수 있다. 따라서 정답은 B이다.

67 ★★☆

他人很好，很亲切，和他在一起让我们感到很舒服。

★ 他这个人很：
A 随和 B 马虎
C 害羞 D 骄傲

그는 사람이 너무 좋고, 매우 친절해서 그와 같이 있으면 우린 매우 편안함을 느낀다.

★ 그는 매우:
A 상냥하다 B 세심하지 못하다
C 부끄러워한다 D 거만하다

단어 亲切 qīnqiè 형 친절하다 | 感到 gǎndào 동 느끼다 | 舒服 shūfu 형 편안하다 | 随和 suíhe 형 상냥하다 | 马虎 mǎhu 형 세심하지 못하다 | 害羞 hàixiū 동 부끄러워하다 | 骄傲 jiāo'ào 형 거만하다

해설 지문의 '亲切'와 보기의 '随和'는 모두 '사람의 태도나 성격 등이 상냥하고 부드럽다'라는 뜻이다. 따라서 정답은 A이다. 지문에 나온 단어의 동의어를 보기로 제시하는 경우가 많으므로, 평상시 동의어를 많이 외워두면 문제를 풀기 수월하다.

68 ★★★

我中学毕业的时候就已经有55千克重了，到大学毕业时还和原来一样。这几年因为锻炼得少，体重已经大大超过从前，所以现在我正努力减肥。

나는 고등학교를 졸업할 때 이미 55kg이 되어, 대학교를 졸업할 때도 원래와 똑같았다. 최근 몇 년간은 운동을 적게 했기 때문에 체중이 이미 예전보다 크게 늘어서 지금 나는 열심히 다이어트를 하고 있다.

★ 根据这句话，可以知道现在我：

A 变瘦了　B 变胖了
C 胃口不好　D 长高了

★ 이 글에 근거하여 알 수 있는 것은, 현재 나는:

A 살이 빠졌다　B 뚱뚱해졌다
C 입맛이 없다　D 키가 컸다

단어 中学 zhōngxué 명 중·고등학교 | 毕业 bìyè 동 졸업하다 | 千克 qiānkè 양 킬로그램(kg) | 重 zhòng 형 무겁다 | 原来 yuánlái 부 원래 | 一样 yíyàng 형 같다 | 锻炼 duànliàn 동 단련하다 | 体重 tǐzhòng 명 몸무게 | 超过 chāoguò 동 초과하다 | 从前 cóngqián 명 이전 | 正 zhèng 부 한창 | 努力 nǔlì 동 노력하다 | 减肥 jiǎnféi 동 살을 빼다 | 变瘦 biànshòu 동 살이 빠지다 | 变胖 biànpàng 동 살이 찌다 | 胃口 wèikǒu 명 식욕 | 长 zhǎng 동 자라다

해설 현재의 상황을 묻는 문제이므로 '현재'라는 시점의 단어가 나올 때까지 빠르게 훑으며 읽어야 한다. '这几年'은 '최근 몇 년간'이라는 뜻으로 '현재'의 시점을 나타낸다. 최근 몇 년간 운동을 적게 했기 때문에 '体重已经大大超过从前(체중이 이미 예전보다 크게 늘었다)'이라고 했으므로 현재 나는 뚱뚱해졌다는 것을 알 수 있다. 따라서 정답은 B이다.

69 ★★☆

老板好不容易才同意帮这个忙，见了他你不要乱说话，把报名表交给他就行了。

사장님께서 정말 어렵게 이 일을 도와주신다고 동의하셨으니 당신은 사장님을 뵈면 함부로 말하지 말고, 신청서를 제출하기만 하면 됩니다.

★ 我希望他：

A 请老板帮忙
B 和老板聊天
C 交报名表
D 同意帮忙

★ 내가 그에게 바라는 것은:

A 사장님에게 도와달라고 부탁한다
B 사장님과 이야기한다
C 신청서를 낸다
D 도와준다고 동의한다

단어 老板 lǎobǎn 명 사장 | 好不容易 hǎo bu róngyì 간신히 | 才 cái 부 겨우 | 同意 tóngyì 동 허락하다 | 帮忙 bāngmáng 동 도움을 주다 | 乱 luàn 부 함부로 | 把 bǎ 개 ~을, ~를 | 报名 bàomíng 동 신청하다 | 表 biǎo 명 표 | 交 jiāo 동 제출하다 | 聊天 liáotiān 동 수다 떨다, 이야기하다

해설 '把报名表交给他就行了(신청서를 제출하기만 하면 된다)'를 통해 그는 신청서만 내면 됨을 알 수 있으므로 정답은 C이다.

70 ★☆☆

我家离火车站只有两站路，走着去只要20分钟。等会儿我妈送我去，提前半个小时就可以了，完全来得及。

★ 妈妈要送我：
A 去汽车站　B 去公司
C 回家　D 去火车站

우리 집에서 기차역까지는 두 정거장밖에 안 돼서 걸어가도 20분이면 된다. 조금 기다리면 엄마가 바래다준다고 했으니 30분 전이면 되고, 절대 늦지 않는다.

★ 엄마가 나를 바래다주고자:
A 버스 정류장에 간다　B 회사에 간다
C 집에 돌아간다　D 기차역에 간다

단어 只有 zhǐyǒu 동 ~만 있다 | 站 zhàn 명 정류장 | 只要 zhǐyào 접 ~하기만 하면 | 等会儿 děng huìr 좀 기다리다 | 提前 tíqián 동 앞당기다 | 完全 wánquán 부 완전히 | 来得及 láidejí 동 늦지 않다 | 汽车站 qìchēzhàn 명 버스 정류장

해설 엄마가 바래다주는 곳에 대한 직접적인 언급은 없으나 '我家离火车站只有两站路(우리 집에서 기차역까지는 두 정거장밖에 안 된다)'라고 했다. 앞에서 언급한 내용은 뒤에서 지시대사를 이용해 가리키거나 생략할 수 있으므로, 엄마가 나를 바래다주는 곳이 기차역임을 유추할 수 있다. 따라서 정답은 D이다.

71 ★★☆

这个房间正好对着车站，人来人往非常热闹，每天都像市场一样，像你这样喜欢安静的人肯定住不惯。

★ 他喜欢：
A 安静　B 热闹
C 人多　D 市场

이 방은 마침 역 맞은편이라 오고 가는 사람이 많아서 매우 시끄럽다. 매일 시장 같아서 당신처럼 조용한 걸 좋아하는 사람은 틀림없이 익숙해지지 않을 것이다.

★ 그가 좋아하는 것은:
A 조용함　B 시끄러움
C 사람이 많은 것　D 시장

단어 正好 zhènghǎo 부 마침 | 车站 chēzhàn 명 역 | 人来人往 rénlái rénwǎng 성 내왕이 잦다, 오가는 사람이 끊이지 않다 | 热闹 rènao 형 시끌벅적하다 | 像…一样 xiàng…yíyàng ~과 같이 | 市场 shìchǎng 명 시장 | 安静 ānjìng 형 조용하다 | 肯定 kěndìng 부 틀림없이 | 惯 guàn 형 익숙해지다

해설 '像你这样喜欢安静的人(당신처럼 조용한 걸 좋아하는 사람)'을 통해 그가 조용한 것을 좋아한다는 사실을 알 수 있다. 따라서 정답은 A이다.

72 ★☆☆

他在学校时成绩很好，毕业后却只找到一份不太适合他的工作。但他没有放弃，凭自己的努力和坚持，终于成为同学中最成功的一个。

★ 毕业后，他的工作：
A 让人羡慕
B 他很满足
C 非常好
D 不太好

그는 학창 시절에 성적이 매우 좋았지만 졸업 후 오히려 그에게 적합하지 않은 일을 구했다. 그러나 그는 포기하지 않고 자신의 노력과 인내로 마침내 친구들 중 가장 성공한 한 사람이 됐다.

★ 졸업 후 그의 직업은:
A 사람들이 부러워했다
B 그는 매우 만족했다
C 매우 좋다
D 그다지 좋지 않다

독해 | 阅读

단어 成绩 chéngjì 명 성적 | 毕业 bìyè 동 졸업하다 | 却 què 부 오히려 | 只 zhǐ 부 겨우 | 适合 shìhé 동 적합하다 | 放弃 fàngqì 동 포기하다 | 凭 píng 개 ~에 근거하여 | 努力 nǔlì 동 노력하다 | 坚持 jiānchí 동 견지하다 | 终于 zhōngyú 부 마침내 | 成为 chéngwéi 동 ~이 되다 | 成功 chénggōng 동 성공하다 | 羡慕 xiànmù 동 부러워하다 | 满足 mǎnzú 동 만족하다

해설 '毕业后却只找到一份不太适合他的工作(졸업 후 오히려 그에게 적합하지 않은 일을 구했다)'를 통해 졸업 후 그의 직업이 그다지 좋지 않았음을 알 수 있다. 따라서 정답은 D이다.

73 ★☆☆

中国是世界上人口最多的国家，位于亚洲东部，太平洋西岸，陆地面积约960万平方千米，气候复杂。

★ 中国:
A 面积最大
B 人口最多
C 气候很好
D 在太平洋东岸

중국은 세계에서 인구가 가장 많은 국가로 아시아 동부, 태평양 서안에 위치해 있으며 육지 면적은 약 960만 km^2로 기후가 복잡하다.

★ 중국은:
A 면적이 가장 크다
B 인구가 가장 많다
C 날씨가 매우 좋다
D 태평양 동안에 있다

단어 世界 shìjiè 명 세계 | 人口 rénkǒu 명 인구 | 位于 wèiyú 동 ~에 위치하다 | 亚洲 Yàzhōu 명 아시아주 | 东部 dōngbù 명 동부 | 太平洋 Tàipíngyáng 명 태평양 | 西岸 xī'àn 명 서안 | 陆地 lùdì 명 땅 | 面积 miànjī 명 면적 | 约 yuē 부 대략 | 万 wàn 수 만, 10000 | 平方千米 píngfāng qiānmǐ 제곱킬로미터 | 气候 qìhòu 명 기후 | 复杂 fùzá 형 복잡하다 | 东岸 dōng'àn 동해안

해설 중국의 인구, 위치, 면적, 기후에 대해 이야기하고 있다. '中国是世界上人口最多的国家(중국은 세계에서 인구가 가장 많은 국가이다)'를 통해 중국은 인구가 가장 많음을 알 수 있으므로 정답은 B이다.

74 ★☆☆

在人生的某些时候，我们要学会忘记。忘记悲伤的事情，才能更加快乐。否则将永远不会开心。

★ 这段话主要是说人们应该:
A 学会忘记
B 更加快乐
C 学会放弃
D 喜欢悲伤

인생에서 어떤 때 우리는 잊어버리는 것을 배워야 한다. 슬픈 일을 잊어야만 더 기쁠 수 있다. 그렇지 않으면 영원히 기쁠 수 없을 것이다.

★ 이 글이 주로 말하는 것은, 사람은 마땅히:
A 잊어버리는 것을 배워야 한다
B 더욱 행복해야 한다
C 포기를 배워야 한다
D 슬픔을 좋아해야 한다

단어 人生 rénshēng 명 인생 | 某些 mǒuxiē 몇몇, 일부 | 忘记 wàngjì 동 잊어버리다 | 悲伤 bēishāng 형 마음이 아프다 | 才 cái 부 ~서야 비로소 | 更加 gèngjiā 부 더욱 | 否则 fǒuzé 접 만약 그렇지 않으면 | 将 jiāng 부 ~일 것이다 | 永远 yǒngyuǎn 부 영원히 | 开心 kāixīn 형 기쁘다 | 应该 yīnggāi 조동 ~해야 한다 | 放弃 fàngqì 동 포기하다

해설 지문의 주제는 보통 앞부분에 나온다. '我们要学会忘记(우리는 잊어버리는 것을 배워야 한다)'라고 했으므로 정답은 A이다.

75 ★☆☆

上海市不仅是中国第一大城市，也是国际大都市，位于中国东部沿海，更是2010年世博会的举办地。

상하이시는 중국 제일의 대도시일 뿐만 아니라 국제적인 대도시이며, 중국 동부 연해에 위치해 있으며 2010년 엑스포 개최지이기도 하다.

★ 根据这段话，可以知道上海是：
A 政治中心
B 西部城市
C 奥运会举办地
D 世博会举办地

★ 이 글에 근거하여 알 수 있는 것은, 상하이는:
A 정치의 중심이다
B 서쪽 도시다
C 올림픽 개최지다
D 엑스포 개최지다

단어 不仅 bùjǐn 접 ~뿐만 아니라 | 城市 chéngshì 명 도시 | 国际 guójì 명 국제 | 大都市 dàdūshì 명 대도시 | 位于 wèiyú 동 ~에 위치하다 | 沿海 yánhǎi 명 연해 | 更 gèng 부 또한 | 世博会 shìbóhuì 명 엑스포 | 举办地 jǔbàndì 명 개최지 | 政治 zhèngzhì 명 정치 | 中心 zhōngxīn 명 중심 | 奥运会 àoyùnhuì 명 올림픽

해설 상하이에 대해 이야기하고 있고, '世博会的举办地(엑스포 개최지)'라고 직접적으로 언급하였으므로 정답은 D이다.

76 ★★☆

一些酒店谢绝顾客自带酒水，顾客不得不在酒店购买。很多顾客认为酒店中的酒水比超市要贵很多，这种做法很不合理。

몇몇 호텔에서는 고객들이 직접 마실 것을 가지고 오는 것을 금지해서 고객들은 어쩔 수 없이 호텔에서 구매한다. 많은 고객들은 호텔의 음료가 슈퍼마켓보다 훨씬 비싸며 이런 방법은 매우 불합리하다고 생각한다.

★ 顾客对什么不满？
A 订座难
B 菜的种类少
C 服务差
D 酒水贵

★ 고객은 무엇에 대해 불만인가?
A 자리 예약이 어렵다
B 음식의 종류가 적다
C 서비스가 나쁘다
D 음료가 비싸다

단어 酒店 jiǔdiàn 명 호텔 | 谢绝 xièjué 동 사절하다 | 顾客 gùkè 명 고객 | 自带 zì dài 스스로 가져오다 | 酒水 jiǔshuǐ 명 음료 | 不得不 bùdébù 어쩔 수 없이 | 购买 gòumǎi 동 사다 | 认为 rènwéi 동 생각하다 | 超市 chāoshì 명 슈퍼마켓 | 做法 zuòfǎ 명 방법 | 合理 hélǐ 형 합리적이다 | 不满 bùmǎn 동 만족하지 않다 | 订座 dìngzuò 자리를 예약하다 | 种类 zhǒnglèi 명 종류 | 服务 fúwù 동 서비스하다 | 差 chà 형 나쁘다

해설 호텔에서 일방적으로 정한 규칙 때문에 고객들이 불만을 가지고 있다는 내용으로, '酒店中的酒水比超市要贵很多(호텔의 음료가 슈퍼마켓보다 훨씬 비싸다)'를 통해 고객들은 호텔 내 음료가 비싼 것에 불만을 가지고 있음을 알 수 있다. 따라서 정답은 D이다.

77 ★☆☆

互联网已经是现代生活的一部分。在网上聊天，购物，看电影，听歌等，不仅扩大了人们的交际范围，也使人与人之间的联系更为密切。

★ 这段话主要谈：

A 互联网　B 生活经历
C 相互关系　D 交通工具

인터넷은 이미 현대 생활의 일부분이다. 온라인 상에서 이야기하고, 쇼핑하고, 영화를 보고, 음악을 듣는 등 사람들의 교제 범위를 넓혔을 뿐만 아니라 사람과 사람 사이의 관계도 더욱 가깝게 했다.

★ 이 글이 주로 말하는 것은:

A 인터넷　B 생활 경험
C 상호 관계　D 교통수단

단어 互联网 hùliánwǎng 명 인터넷 | 现代 xiàndài 명 현대 | 生活 shēnghuó 명 생활 | 网上 wǎngshàng 명 온라인 | 聊天 liáotiān 동 수다 떨다, 이야기하다 | 购物 gòuwù 동 물건을 사다 | 不仅 bùjǐn 접 ~뿐만 아니라 | 扩大 kuòdà 동 넓히다 | 交际 jiāojì 동 교제하다 | 范围 fànwéi 명 범위 | 使 shǐ 동 ~에게 ~하게 하다 | 与 yǔ 개 ~와, ~과 | 联系 liánxì 동 연락하다 | 更为 gèngwéi 부 더욱 | 密切 mìqiè 형 가깝다 | 经历 jīnglì 명 경험 | 相互 xiānghù 부 서로 | 交通工具 jiāotōng gōngjù 명 교통수단

해설 지문의 주제는 보통 앞부분에 나온다. 처음부터 '互联网(인터넷)'이라며 중심어를 말했고, 이어서 인터넷에 관해 이야기하고 있으므로 이 글이 주로 말하는 것은 인터넷임을 알 수 있다. 따라서 정답은 A이다.

78 ★☆☆

他喜欢踢足球、跑步、打乒乓球，而且跑步很厉害，所以从小到大身体都很好。

★ 他身体好是因为：

A 跑步很差
B 爱运动
C 喜欢游泳
D 吃得好

그는 축구, 달리기, 탁구 치는 것을 좋아하며 게다가 달리기는 매우 잘 한다. 그래서 어려서부터 지금까지 매우 건강하다.

★ 그가 건강한 이유는:

A 달리기를 매우 못해서
B 운동을 좋아해서
C 수영을 좋아해서
D 잘 먹어서

단어 踢 tī 동 (발로) 차다 | 足球 zúqiú 명 축구 | 跑步 pǎobù 동 달리다 | 打 dǎ 동 (운동을) 하다 | 乒乓球 pīngpāngqiú 명 탁구 | 而且 érqiě 접 게다가 | 厉害 lìhai 형 대단하다 | 差 chà 형 나쁘다

해설 '所以(그래서)'는 결과를 나타내는 접속사로 일반적으로 원인은 그 앞에 위치한다. '爱'는 '사랑하다'의 뜻이 아닌, '~하기를 좋아하다'의 뜻으로 '他喜欢踢足球、跑步、打乒乓球'는 '그는 축구, 달리기, 탁구 치는 것을 좋아한다'는 의미이다. 이를 통해 그가 건강한 이유는 운동을 좋아하기 때문임을 알 수 있으므로 정답은 B이다.

79 ★★★

世界杯开赛以来，法国队已经连输两场，如果下一场还不能赢的话，就要提早回家了。法国队的球迷都为他们捏一把汗。

월드컵이 시작하고 프랑스 팀은 이미 연속으로 두 경기를 졌다. 만약 다음 경기도 이기지 못하면 먼저 집에 돌아가야 한다. 프랑스 팀의 축구팬은 모두 손에 땀을 쥐고 있다.

★ 如果再输一场，法国队可能：
A 继续比赛
B 回家休息几天
C 退出比赛
D 赢一场

★ 만약 또 한 경기를 지면 프랑스 팀은 아마도:
A 계속 시합한다
B 집에 돌아가 며칠 쉰다
C 시합에서 퇴장한다
D 한 번 이긴다

단어 世界杯 shìjièbēi 명 월드컵 | 开赛 kāisài 동 경기를 시작하다 | 以来 yǐlái 명 이래 | 法国 Fǎguó 명 프랑스 | 队 duì 명 팀 | 连 lián 부 연이어 | 输 shū 동 패하다 | 如果 rúguǒ 접 만약 | 赢 yíng 동 승리하다 | 的话 dehuà 조 ~하다면 | 就要 jiùyào 부 곧 | 提早 tízǎo 동 앞당기다 | 球迷 qiúmí 명 축구팬 | 为 wèi 개 ~을 위하여 | 捏一把汗 niē yìbǎ hàn (걱정이 되어) 손에 땀을 쥐다 | 继续 jìxù 동 계속하다 | 比赛 bǐsài 명 경기 | 退出 tuìchū 동 퇴장하다

해설 '如果下一场还不能赢的话，就要提早回家了(만약 다음 경기도 이기지 못하면 먼저 집에 돌아가야 한다)'에서 '回家'는 '退出比赛(시합에서 퇴장하다)'의 의미로 쓰였으므로 정답은 C이다.

80 – 81

"蓝牙"由英文单词"blue tooth"意译而来。[80]公元前10世纪，征服了丹麦和挪威的德哈洛德国王爱吃蓝莓，牙齿被染成蓝色，"蓝牙"的绰号因此而得。为了纪念他，SIG公司为自己的[81]无线技术取名为"蓝牙"。利用"蓝牙"技术，人们还发明了蓝牙耳机、蓝牙鼠标、蓝牙键盘等等。

'블루투스'는 영어 단어 'blue tooth'의 의역에서 온 것이다. [80]기원전 10세기, 덴마크와 노르웨이를 정복한 왕 헤럴드곰슨은 블루베리를 즐겨 먹어서 치아가 파란색으로 물들어 '파란 이'라는 별명을 얻었다. 그를 기념하기 위해 SIG 회사는 자신의 [81]무선 기술의 이름을 '블루투스'로 지었다. '블루투스' 기술을 이용해 사람들은 블루투스 이어폰과 블루투스 마우스, 블루투스 키보드 등도 발명했다.

단어 蓝牙 lányá 명 블루투스 | 由 yóu 개 ~로부터 | 英文 Yīngwén 명 영어 | 单词 dāncí 명 단어 | 意译 yìyì 동 의역하다 | 公元前 gōngyuán qián 기원전 | 世纪 shìjì 명 세기 | 征服 zhēngfú 동 정복하다 | 丹麦 Dānmài 명 덴마크 | 挪威 Nuówēi 명 노르웨이 | 国王 guówáng 명 국왕 | 蓝莓 lánméi 명 블루베리 | 牙齿 yáchǐ 명 치아 | 被 bèi 개 ~에게 ~를 당하다 | 染 rǎn 동 물들다 | 成 chéng 동 ~이 되다 | 绰号 chuòhào 명 별명 | 因此 yīncǐ 접 그래서 | 为了 wèile 개 ~을 하기 위하여 | 纪念 jìniàn 동 기념하다 | 为 wéi 개 ~에게 | 无线 wúxiàn 형 무선의 | 技术 jìshù 명 기술 | 取名 qǔmíng 동 이름을 짓다 | 利用 lìyòng 동 이용하다 | 发明 fāmíng 동 발명하다 | 耳机 ěrjī 명 이어폰 | 鼠标 shǔbiāo 마우스 | 键盘 jiànpán 명 키보드

80 ★★☆

★ "蓝牙"这个名称是根据什么取的？
A SIG公司创造的
B 现代人创造的
C 神话
D 历史故事

★ '블루투스'란 이 명칭은 무엇에 근거하여 지은 것인가?
A SIG 회사가 만든 것
B 현대인이 만든 것
C 신화
D 역사 이야기

단어 名称 míngchēng 명 명칭 | 取 qǔ 동 (이름을) 짓다 | 创造 chuàngzào 동 만들다 | 现代 xiàndài 명 현대 | 神话 shénhuà 명 신화 | 历史 lìshǐ 명 역사 | 故事 gùshi 명 이야기

해설 '公元前10世纪(기원전 10세기)'라며 덴마크와 노르웨이를 정복한 왕의 별명과 관련된 역사 이야기임을 말했으므로 정답은 D이다.

81 ★★☆

★ "蓝牙"的特点是:	★ '블루투스'의 특징은:
A 像牙齿的形状	A 치아 같은 모양
B 无线	B 무선
C 蓝色	C 파란색
D 很小	D 매우 작다

단어 特点 tèdiǎn 명 특징 | 像 xiàng 동 비슷하다 | 形状 xíngzhuàng 명 형상

해설 '无线技术取名为"蓝牙"(무선 기술의 이름을 '블루투스'로 지었다)'를 통해 블루투스는 무선 기술임을 알 수 있으므로 정답은 B이다.

82 – 83

从前，有个放羊娃，每天都去山上放羊。一天，他觉得十分无聊，就大声喊："狼来了！狼来了！救命啊！"农夫们听到喊声急忙跑来帮助他，但没有看见狼。放羊娃哈哈大笑："真有意思，你们上当了！"农夫们生气地走了。后来，放羊娃又重复玩了几次，农夫们再也不相信他的话了。过了几天，狼真的来了，放羊娃大声喊叫，但大家都不理睬他了。

옛날 어떤 한 목동이 매일 산에 가서 양을 방목했다. 하루는 그가 매우 심심함을 느껴 "이리가 나타났다! 이리가 나타났다! 사람 살려!"라고 크게 소리쳤다. 농부들은 소리치는 것을 듣고 급히 그를 도우러 뛰어왔지만 이리는 보지 못했다. 목동은 크게 웃으면서 "정말 재미있다. 당신들은 속은 거야!"라고 했고 농부들은 화를 내며 돌아갔다. 후에도 목동은 또 몇 번 반복해서 장난을 쳤고 농부들은 다시는 그의 말을 믿지 않았다. 며칠이 지나고 이리가 정말 나타나 목동은 큰 소리로 소리쳤지만 모두들 그를 무시했다.

단어 从前 cóngqián 명 옛날 | 放羊娃 fàngyángwá 몰이꾼, 목동 | 十分 shífēn 부 매우 | 无聊 wúliáo 형 지루하다 | 大声 dàshēng 명 큰 소리 | 喊 hǎn 동 소리치다 | 狼 láng 명 이리 | 救命 jiùmìng 동 목숨을 구하다 | 农夫 nóngfū 명 농부 | 急忙 jímáng 부 황급히 | 跑 pǎo 동 달리다 | 哈哈大笑 hāhā dàxiào 하하거리며 크게 웃다 | 上当 shàngdàng 동 속다 | 生气 shēngqì 동 화내다 | 后来 hòulái 명 그 후 | 重复 chóngfù 동 반복하다 | 相信 xiāngxìn 동 믿다 | 不理睬 bù lǐcǎi 무시하다 | 提醒 tíxǐng 동 깨우치다

82 ★★☆

★ 这段话是提醒人们要:		★ 이 글이 일깨우는 것으로 사람은:	
A 聪明	B 诚实	A 똑똑해야 한다	B 진실해야 한다
C 勇敢	D 坚强	C 용감해야 한다	D 굳세야 한다

단어 聪明 cōngming 형 똑똑하다 | 诚实 chéngshí 형 진실하다 | 勇敢 yǒnggǎn 형 용감하다 | 坚强 jiānqiáng 형 굳세다

해설 양치기 소년에 대한 이야기이다. 이 이야기가 우리에게 주는 교훈은 거짓말을 하지 말고 진실해야 한다는 내용이므로 정답은 B이다.

83 ★★★

★ 这是一则:		★ 이 글은 한 편의:	
A 谚语	B 笑话	A 속담	B 농담
C 寓言	D 小说	C 우화	D 소설

단어 谚语 yànyǔ 명 속담 | 笑话 xiàohua 명 농담 | 寓言 yùyán 명 우화 | 小说 xiǎoshuō 명 소설

해설 인격화한 동식물이나 기타 사물을 주인공으로 하여 그들의 행동 속에 풍자나 교훈의 뜻을 나타내는 이야기를 '우화'라고 한다. 따라서 정답은 C이다.

84 – 85

面包按用途可以分为"主食面包"和"点心面包"两类；按质感可以分为"软质面包""脆皮面包""松质面包"和"硬质面包"四类；[84] 按原料可以分为白面包、全麦面包和杂粮面包三类。

빵은 용도에 따라 '주식으로 먹는 빵'과 '간식으로 먹는 빵' 두 가지로 나눌 수 있다. 질감에 따라서는 '부드러운 빵', '바삭바삭한 빵', '무른 빵'과 '딱딱한 빵' 네 가지로 나눌 수 있고, [84]원료에 따라 흰 빵과 통밀빵 그리고 잡곡빵 세 가지로 나눌 수 있다.

단어 面包 miànbāo 명 빵 | 按 àn 개 ~에 따라서 | 用途 yòngtú 명 용도 | 分为 fēnwéi 동 ~으로 나누다 | 主食 zhǔshí 명 주식 | 点心 diǎnxin 명 간식 | 类 lèi 명 부류 | 质感 zhìgǎn 명 질감 | 软 ruǎn 형 부드럽다 | 脆 cuì 형 바삭바삭하다 | 松 sōng 형 무르다 | 硬 yìng 형 딱딱하다 | 原料 yuánliào 명 원료 | 白面包 bái miànbāo 명 흰 빵 | 全麦面包 quánmài miànbāo 통밀빵 | 杂粮 záliáng 명 잡곡

84 ★★☆

★ 一个面包被称为"全麦面包"，是按照什么分类的?		★ 한 빵이 '통밀빵'으로 불린다면 무엇에 따라 분류한 것인가?	
A 用途	B 质感	A 용도	B 질감
C 原料	D 做法	C 원료	D 만드는 법

단어 做法 zuòfǎ 명 방법

해설 질문에 큰따옴표로 표기된 단어나 문장이 나오면, 지문에서 그것과 같은 것을 찾아서 앞뒤의 내용을 살펴보면 쉽게 정답을 찾을 수 있다. '全麦面包(통밀빵)' 앞의 '按原料(원료에 따라)'를 통해 원료에 따라 분류한 것임을 알 수 있으므로 정답은 C이다.

85 ★★☆

★ 这段话主要是介绍面包的:		★ 이 글이 주로 소개하는 것은 빵의:	
A 分类	B 原料	A 분류	B 원료
C 吃法	D 做法	C 먹는 법	D 만드는 법

단어 分类 fēnlèi 동 분류하다 | 吃法 chīfǎ 먹는 법

해설 지문에서 빵을 용도, 질감, 원료에 따라 나누어 설명했으므로 이 글이 주로 소개하는 것은 빵의 분류임을 알 수 있다. 따라서 정답은 A이다.

실전 테스트

》 전략서 140p

정답

제1부분	46 B	47 E	48 C	49 A	50 F
	51 A	52 D	53 F	54 B	55 E
제2부분	56 CBA	57 BCA	58 ABC	59 ACB	60 CAB
	61 BAC	62 BAC	63 BAC	64 BCA	65 CBA
제3부분	66 D	67 A	68 B	69 D	70 B
	71 D	72 C	73 A	74 A	75 C
	76 C	77 B	78 D	79 B	80 D
	81 C	82 B	83 C	84 D	85 B

독해 阅读 제1부분

46 – 50

A 选择	B 多	A 선택	B 많다
C 研究生	D 坚持	C 대학원생	D 꾸준히 하다
E 连	F 提醒	E ~조차도	F 상기시키다

단어 选择 xuǎnzé 명 선택 | 研究生 yánjiūshēng 명 대학원생 | 坚持 jiānchí 동 꾸준히 하다 | 连 lián 개 ~조차도 | 提醒 tíxǐng 동 상기시키다

46 ★★★

这次我要在北京（B 多）住上几天。	이번에 나는 베이징에서 며칠 (B 더) 머물려고 한다.

단어 次 cì 양 번 | 住 zhù 동 숙박하다

해설 '住上几天'은 '며칠 머무르다'라는 뜻이다. '이번에 나는 베이징에서 며칠 ( ) 머물려고 한다'라고 했으므로 문맥상 '많다'라는 뜻의 형용사가 가장 적합하므로 정답은 B이다.

47 ★★☆

他这些天非常忙，（E 连）说一句话的时间都没有。	그는 요 며칠간 매우 바빠서 말 한마디 할 시간 (E 조차도) 없다.

단어 **一句话** yījù huà 말 한마디

해설 '~조차도 ~하다'라는 뜻의 고정격식 '**连**…**都**/**也**…'를 알면 쉽게 풀 수 있는 문제이다. 보기에 '**连**'이 있다면 문제에서 '**都**'나 '**也**'를 찾아 빠르게 정답을 고를 수 있다. 따라서 정답은 E이다.

48 ★☆☆	
经过一番努力，我终于考上了（C 研究生）。	노력을 거쳐 나는 마침내 (C 대학원)에 합격했다.

단어 **经过** jīngguò 동 거치다 | **一番** yì fān 한바탕 | **努力** nǔlì 동 노력하다 | **终于** zhōngyú 부 마침내 | **考上** kǎoshàng 동 시험에 합격하다

해설 빈칸 앞에 술어 '**考上**(합격하다)'이 있으므로 빈칸에는 이와 어울리는 목적어가 필요하다. '**考上**'과 어울리는 목적어로는 '**大学**(대학교)', '**研究生**(대학원생)', '**博士**(박사)' 등이 있으므로 정답은 C이다.

49 ★☆☆	
一个人的（A 选择）很重要，有时会影响人的一生。	한 사람의 (A 선택)은 매우 중요하다. 때로는 사람의 일생에 영향을 줄 수 있다.

단어 **重要** zhòngyào 형 중요하다 | **有时** yǒushí 부 어떤 때 | **影响** yǐngxiǎng 동 영향을 주다 | **一生** yìshēng 명 일생

해설 빈칸 앞에 구조조사 '**的**'가 있으므로 빈칸에는 명사 또는 대사가 올 수 있다. 보기 중 명사는 '**选择**(선택)'와 '**研究生**(대학원생)'으로 '한 사람의 (　　)은 매우 중요하다'라고 했으므로 문맥상 빈칸에는 '선택'이라는 뜻의 '**选择**'가 가장 적합하다. 따라서 정답은 A이다.

50 ★★☆	
你要的书我后天给你带来，你到时候（F 提醒）我一下。	당신이 필요로 하는 책을 내가 모레 가져다줄게요. 당신은 그때 나에게 좀 (F 상기시켜) 주세요.

단어 **后天** hòutiān 명 모레 | **带来** dàilái 동 가져다주다

해설 빈칸 뒤에 목적어 '**我**(나)'가 있으므로 빈칸은 술어 자리로 동사가 올 수 있다. '당신은 그때 나에게 좀 (　　) 주세요'라고 했으므로 문맥상 '상기시키다'라는 뜻의 동사 '**提醒**'이 가장 적합하다. 따라서 정답은 F이다.

51 – 55			
A 同情	B 也许	A 동정하다	B 어쩌면
C 温度	D 打算	C 온도	D 계획
E 轻松	F 不得不	E 수월하다	F 어쩔 수 없이

단어 **同情** tóngqíng 동 동정하다 | **也许** yěxǔ 부 어쩌면 | **温度** wēndù 명 온도 | **打算** dǎsuan 명 계획 | **轻松** qīngsōng 형 수월하다 | **不得不** bùdébù 부 어쩔 수 없이

51 ★★★	
A: 昨天一场大火，他什么都没有了。 B: 真值得（A 同情），我们应该帮帮他。	A: 어제 큰 불이 나서 그는 모든 걸 잃었어요. B: 정말 (A 동정할)만 하네요. 우리가 그를 좀 도와줘야겠어요.

독해 | 阅读

단어 **场** chǎng 양 번 | **大火** dàhuǒ 큰 불 | **值得** zhídé 동 ~할 만하다 | **应该** yīnggāi 조동 ~해야 한다

해설 빈칸 앞의 '值得(~할 만하다)'는 동사를 목적어로 취할 수 있는 동사로 보통 '值得 + (주어) + 동사'의 형식으로 쓰인다. 어제 큰 불이 나서 그는 모든 걸 잃었다는 말에 여자가 '정말 (　　) 만 하네요'라고 했으므로 빈칸에는 문맥상 '동정하다'라는 뜻의 동사 '同情'이 가장 적합하다. 따라서 정답은 A이다.

52 ★☆☆

A: 学期马上结束了，你有什么（D 打算）吗？ B: 我可能会去学钢琴。	A: 학기가 곧 끝나는데 당신은 어떤 (D 계획)이 있나요? B: 저는 아마도 피아노를 배울 것 같아요.

단어 **学期** xuéqī 명 학기 | **马上** mǎshàng 부 곧 | **结束** jiéshù 동 끝나다 | **可能** kěnéng 부 아마도 | **钢琴** gāngqín 명 피아노

해설 A가 '어떤 (　　)이 있나요?'라고 물었고, B는 자신의 계획을 이야기했으므로 문맥상 A가 물어본 것은 '계획'임을 알 수 있다. 따라서 정답은 D이다.

53 ★★★

A: 比赛马上开始了，他人在哪里？ B: 他的脚摔断了，（F 不得不）退出了比赛。	A: 시합이 곧 시작하는데 그는 어디에 있니? B: 그는 다리가 부러져서 (F 어쩔 수 없이) 경기에서 퇴장했어.

단어 **比赛** bǐsài 명 경기 | **马上** mǎshàng 부 곧 | **脚** jiǎo 명 발 | **摔** shuāi 동 넘어지다 | **断** duàn 동 끊다 | **退出** tuìchū 동 퇴장하다

해설 다리가 부러져 퇴장한 것은 어쩔 수 없는 상황이므로 문맥상 '어쩔 수 없이', '부득이하게'라는 뜻의 부사 '不得不'가 가장 적합하다. 따라서 정답은 F이다. '不得不'와 같은 의미인 '只好'도 자주 출제되므로 함께 외워 두자.

54 ★★★

A: 我找不到我的戒指了。 B: 你再仔细找找，（B 也许）在哪个角落里你没注意到。	A: 저는 제 반지를 못 찾겠어요. B: 다시 자세히 잘 찾아보세요. (B 어쩌면) 어디 구석에 있어서 당신이 알아채지 못했을 거예요.

단어 **戒指** jièzhi 명 반지 | **仔细** zǐxì 형 꼼꼼하다 | **角落** jiǎoluò 명 구석 | **注意** zhùyì 동 주의하다

해설 빈칸이 쉼표 뒤에 있으므로 부사나 접속사가 올 수 있다. '자세히 잘 찾아보세요, (　　) 어디 구석에 있어서 당신이 알아채지 못했을 거예요'라고 했으므로 문맥상 확정적이지 않은 상황에서 쓸 수 있는 부사 '어쩌면'이 가장 적합하다. 따라서 정답은 B이다.

55 ★★☆

A: 你真厉害，这道数学题你那么（E 轻松）就做出来了。 B: 其实我在别的书上看过这道题。	A: 너 정말 대단하다, 이 수학 문제를 너는 그렇게 (E 수월하게) 풀어 버리다니. B: 사실 나는 다른 책에서 이 문제를 본 적이 있어.

단어 **厉害** lìhai 형 대단하다 | **数学** shùxué 명 수학 | **题** tí 명 문제 | **其实** qíshí 부 사실

해설 빈칸 앞에 형용사를 강조하는 '那么(그렇게)'가 있으므로 빈칸에는 형용사가 올 수 있다. 보기 중 형용사는 '轻松(수월하다)'밖에 없으므로 정답은 E이다.

56 ★☆☆	
A 可还是没有用	A 그러나 아직도 소용이 없다
B 吃了很多药	B 매우 많은 약을 먹었다
C 他说自己病得很厉害	C 그는 자신의 병이 매우 심각하다고 말하고
C - B - A	C - B - A

단어 可 kě 접 이어진 단문에서 사건의 전환을 나타냄 | 还是 háishi 부 여전히 | 用 yòng 명 쓸모 | 厉害 lìhai 형 심각하다

해설 **1단계 : ? → A**

A의 '可(그러나)'는 전환을 나타내는 접속사로 문장의 맨 앞에 쓸 수 없다. '可还是没有用(그러나 아직도 소용이 없다)'이라고 한 것은 어떤 행동에 대한 결과이므로 어떤 행동을 했는지가 B 앞에 와야 한다.

2단계 : B → A

B '매우 많은 약을 먹었다'의 결과가 A '그러나 아직도 소용이 없다'이므로 B-A 순서로 연결한다.

3단계 : C → B → A

C의 '他(그)'가 문장의 주어이고, '病得很厉害(병이 매우 심각하다)'가 약을 먹은 이유이므로 B 앞에 와야 한다. 따라서 정답은 C-B-A이다.

57 ★★★	
A 不仅住得舒服，而且离公司也近了	A 살기 편할 뿐만 아니라 회사와도 가까워졌다
B 到日本两个星期后	B 일본에 도착하고 2주 후
C 他从宾馆搬进了属于自己的新家	C 그는 호텔에서 자신의 새집으로 이사했다
B - C - A	B - C - A

단어 不仅 bùjǐn 접 ~뿐만 아니라 | 舒服 shūfu 형 편안하다 | 而且 érqiě 접 게다가 | 搬进 bānjìn 이사 오다 | 属于 shǔyú 동 ~의 소유이다

해설 **1단계 : B → ?**

B의 '到日本两个星期后'의 '后'는 '~ 후에'라는 뜻으로 뒤쪽에 그 이후의 상황이 와야 하므로 문장의 마지막에 쓸 수 없다. 이와 같은 시점이나 시간에 대한 언급은 보통 문장 맨 앞에 온다.

2단계 : B → C → A

A의 '不仅…而且…也…'는 '~뿐만 아니라 ~도 ~하다'라는 뜻으로 '살기 편할 뿐만 아니라 회사와도 가까워졌다'라고 해석된다. A의 내용은 C의 '新家(새집)'에 해당하는 내용이므로 C 뒤에 A가 와야 한다. 따라서 정답은 B-C-A이다.

58 ★☆☆	
A 只要坚持努力	A 계속 꾸준히 노력하기만 하면
B 无论你做什么事情	B 당신이 무슨 일을 하든
C 都有成功的可能	C 모두 성공할 가능성이 있다
A - B - C	A - B - C

단어 只要 zhǐyào 접 ~하기만 하면 | 坚持 jiānchí 동 견지하다 | 努力 nǔlì 동 노력하다 | 无论 wúlùn 접 ~을 막론하고 | 成功 chénggōng 동 성공하다

해설 **1단계 : B → C**

B의 '无论'과 C의 '都'는 '无论…都…(~을 막론하고 모두 ~하다)'의 형식으로 쓰여 B-C는 '당신이 무슨 일을 하든 모두 성공할 가능성이 있다'라고 해석된다. 따라서 B-C 순서로 연결해야 한다.

2단계 : A → B → C

'只要'는 '~하기만 하면'이라는 뜻의 조건 관계 접속사로, 어떤 조건을 갖추었을 때 이어서 어떤 일이 벌어지는지 나와야 하므로 문장의 맨 뒤에 쓰일 수 없다. 따라서 정답은 A-B-C이다.

59 ★★☆

A 这次语文考试题目并不难	A 이번 어문 시험 문제는 결코 어렵지 않았다
B 所以成绩才不太好	B 그래서 성적이 그다지 좋지 않다
C 但由于她马虎、粗心	C 그러나 그녀는 세심하지 못하고 부주의하기 때문에
A - C - B	A - C - B

단어 语文 yǔwén 명 언어와 문자 | 题目 tímù 명 문제 | 并不 bìngbù 부 결코 ~지 않다 | 成绩 chéngjì 명 성적 | 由于 yóuyú 개 ~ 때문에 | 马虎 mǎhu 형 세심하지 못하다 | 粗心 cūxīn 형 부주의하다

해설 **1단계 : C → B**

C의 '由于'와 B의 '所以'는 '由于…所以…(~때문에 그래서 ~하다)' 형식으로 쓰여 원인과 결과를 나타낸다. 따라서 C-B 순서로 연결한다.

2단계 : A → C → B

C의 '但(그러나)'은 전환을 나타내는 접속사로 맨 앞에 올 수 없으므로 남은 A가 문장 맨 앞에 온다. 따라서 정답은 A-C-B이다.

60 ★★☆

A 看起来和别的植物没什么区别	A 보기에 다른 식물과 차이가 없지만
B 实际上是一种食人草	B 사실은 식인초의 한 종류다
C 这种植物长在热带雨林中	C 이 식물은 열대 우림에서 자란다
C - A - B	C - A - B

단어 看起来 kàn qǐlái 보기에 ~하다 | 植物 zhíwù 명 식물 | 区别 qūbié 명 차이 | 实际上 shíjìshang 부 실제로 | 食人草 shíréncǎo 명 식인초 | 长 zhǎng 동 자라다 | 热带 rèdài 명 열대 | 雨林 yǔlín 명 우림

해설 **1단계 : C → ? → ?**

A와 B에서 설명하는 대상이 C의 '这种植物(이 식물)'이므로 C는 A와 B 앞에 와야 한다.

2단계 : C → A → B

B의 '实际上(사실은)'은 알고 있는 사실과 실제 상황이 다를 때 쓰인다. '보기에 다른 식물과 차이가 없지만 사실은 식인초의 한 종류다'라고 했으므로 문맥상 A 뒤에 B가 위치한다. 따라서 정답은 C-A-B이다.

61 ★★☆

A 如果不想看到那么多的人 B 周末去上海世博会的人太多 C 我们最好选择周末以外的时间去 B - A - C	A 만약 그렇게 많은 사람을 보기 싫다면 B 주말에는 상하이 엑스포에 가는 사람이 굉장히 많다 C 우리는 주말 외의 시간을 선택해서 가는 것이 가장 좋다. B - A - C

단어 如果 rúguǒ 접 만약 | 周末 zhōumò 명 주말 | 世博会 shìbóhuì 명 엑스포 | 选择 xuǎnzé 동 선택하다 | 以外 yǐwài 명 이외

해설 **1단계 : A → C**

A의 '如果(만약)'는 가정을 나타내는 접속사로 이어서 A에서 가정한 상황에 대한 결과나 방법이 와야 한다. A '만약 그렇게 많은 사람을 보기 싫다면'에 대한 대안으로 C에서 '우리는 주말 이외의 시간을 선택해서 가는 것이 가장 좋다'라고 했으므로 A-C 순서로 연결한다.

2단계 : B → A → C

B의 '世博会(엑스포)'가 A, C에서 말하는 대상이므로 B가 문장 맨 앞에 와야 한다. 따라서 정답은 B-A-C이다.

62 ★☆☆

A 还是从价格方面 B 无论从交通上 C 这套房子都是不错的选择 B - A - C	A 아니면 가격 방면이든 B 교통상이든 C 이 집은 모두 좋은 선택이다 B - A - C

단어 还是 háishi 접 아니면 | 价格 jiàgé 명 가격 | 方面 fāngmiàn 명 방면 | 无论 wúlùn 접 ~을 막론하고 | 交通 jiāotōng 명 교통 | 房子 fángzi 명 집 | 不错 búcuò 형 좋다 | 选择 xuǎnzé 명 선택

해설 **1단계 : B → A → C**

B의 '无论', A의 '还是', C의 '都'는 '无论…还是…都…(~든지 아니면 ~든지 모두 ~하다)' 형식으로 쓰여 B-A-C는 '교통상이든 아니면 가격 방면이든 이 집은 모두 좋은 선택이다'라고 해석된다. 따라서 정답은 B-A-C이다.

63 ★★☆

A 这是一个没有标准答案的问题 B 幸福是什么 C 关键在于你的生活态度 B - A - C	A 이것은 정답이 없는 문제이다 B 행복은 무엇인가 C 관건은 당신의 생활 태도에 있다 B - A - C

단어 标准 biāozhǔn 명 표준 | 答案 dá'àn 명 답안 | 幸福 xìngfú 명 행복 | 关键 guānjiàn 명 관건 | 在于 zàiyú 동 ~에 있다 | 生活 shēnghuó 명 생활 | 态度 tàidu 명 태도

해설 **1단계 : B → ? → ?**

B에서 '幸福是什么(행복은 무엇인가)'라고 의문을 제기했다. 이런 문장은 보통 문장 맨 앞에 온다.

2단계 : B → A

A가 '这是(이것은 ~이다)'라고 문장을 시작하는 것으로 보아 B의 질문에 대한 대답임을 알 수 있으므로 질문과 대답 순서인 B-A로 연결한다. A에서 '이것은 정답이 없는 문제이다'라며 질문에 대한 확실한 대답을 하지 않았다.

3단계 : B → A → C

C에서 '관건은 당신의 생활 태도에 있다'라며 A에서 대답하지 않은 부분에 대해 확실한 대답을 했으므로 C가 A 뒤에 와야 한다. 따라서 정답은 B-A-C이다.

64 ★★☆	
A 而且晚上他们就把家具送到了她家	A 게다가 저녁에 그들은 가구를 그녀의 집으로 보냈다
B 张敏昨天在商店里转了一下午	B 장민은 어제 오후 내내 상점을 돌아다녔고
C 终于买到了喜欢的家具	C 마침내 좋아하는 가구를 샀다
B - C - A	B - C - A

단어 **而且** érqiě 접 게다가 | **家具** jiājù 명 가구 | **把** bǎ 개 ~을, ~를 | **转** zhuàn 동 한가하게 돌아다니다 | **一** yī 형 온, 온통 | **终于** zhōngyú 부 마침내

해설 **1단계 : ? → A or ? → C**

A의 '而且(게다가)'는 점층 관계를 나타내는 접속사로 문장 맨 앞에 쓰일 수 없고, C의 '终于(마침내)'는 앞서 사건이 여러 번 거듭되어 바라던 일이 어렵게 실현되었을 때 쓰이는 부사이므로 문장 맨 앞에 올 수 없다.

2단계 : B → ? → ?

1단계를 통해 B가 문장 맨 앞이라는 것을 알 수 있다. 또한, 이 문장의 주어가 되는 인명 '张敏(장민)'이나 시간사 '下午(오후)'와 A의 시간사 '晚上(저녁)'을 비교해도 B가 문장 맨 앞에 온다는 것을 알 수 있다.

3단계 : B → C → A

A와 C를 일이 일어난 순서에 따라 연결하면 C '마침내 좋아하는 가구를 샀다', A '게다가 저녁에 그들은 가구를 그녀의 집으로 보냈다'가 되므로 정답은 B-C-A이다.

65 ★☆☆	
A 所以我们决定坐飞机	A 그래서 우리는 비행기를 타기로 결정했다
B 坐火车要好几天	B 기차를 타면 며칠이 걸린다
C 从上海到昆明大约有三千多千米	C 상하이에서 쿤밍까지 대략 3000km 정도로
C - B - A	C - B - A

단어 **决定** juédìng 동 결정하다 | **昆明** Kūnmíng 명 쿤밍 | **大约** dàyuē 부 대략 | **千米** qiānmǐ 양 킬로미터

해설 **1단계 : ? → A**

A의 '所以(그래서)'는 결과를 나타내는 접속사로 문장 맨 앞에 쓰일 수 없다.

2단계 : C → ? → ?

A는 비행기를 타기로 결정했다는 내용이고, B는 기차를 타면 며칠이 걸린다는 내용이지만 A와 B 모두 어디에 가는지 장소가 빠졌다. C의 '从上海到昆明(상하이에서 쿤밍까지)'이 A와 B에서 말한 장소이므로 C가 문장 맨 앞에 와야 한다.

3단계 : C → B → A

'상하이에서 쿤밍까지 기차는 너무 오래 걸려서 비행기를 타기로 결정했다'는 내용이므로 정답은 C-B-A이다.

66 ★★☆

他小时候读书很用功，成绩也不错，可是小学毕业后他就没再继续上学。听他的邻居说是因为他是家中的老大，为了照顾弟弟妹妹，不得不放弃了学业。

★ 他没有继续读书是因为：
A 他很聪明
B 他不努力
C 他成绩不好
D 他要挣钱

그는 어려서부터 공부를 열심히 해서 성적도 좋았지만 초등학교 졸업 후 학교를 더 다니지 않았다. 그의 이웃에게 들으니 그는 집안의 맏이라서 남동생과 여동생을 돌보기 위해 어쩔 수 없이 학업을 포기했다고 한다.

★ 그가 공부를 계속하지 않은 이유는:
A 그는 매우 똑똑해서
B 그가 노력하지 않아서
C 그는 성적이 안 좋아서
D 그는 돈을 벌어야 해서

단어 读书 dúshū 동 공부하다 | 用功 yònggōng 동 노력하다 | 成绩 chéngjì 명 성적 | 不错 búcuò 형 좋다 | 毕业 bìyè 동 졸업하다 | 继续 jìxù 동 계속하다 | 上学 shàngxué 동 진학하다 | 邻居 línjū 명 이웃집 | 老大 lǎodà 명 맏이 | 为了 wèile 개 ~을 하기 위하여 | 照顾 zhàogù 동 보살피다 | 不得不 bùdébù 어쩔 수 없이 | 放弃 fàngqì 동 포기하다 | 学业 xuéyè 명 학업 | 聪明 cōngming 형 똑똑하다 | 努力 nǔlì 동 노력하다 | 挣钱 zhèngqián 동 돈을 벌다

해설 그가 학업을 포기한 이유를 묻는 문제이다. 지문 초반에는 성적이 좋았다고 했지만, 마지막에 '为了照顾弟弟妹妹(남동생과 여동생을 돌보기 위해)'라고 공부를 계속하지 않은 이유를 언급했다. 보기 중 '照顾(돌보다)'는 없지만 맏이로서 학업을 중단하고 동생들을 돌본다는 것은 돈을 벌어야 한다는 것임을 유추할 수 있다. 따라서 정답은 D이다.

67 ★★☆

我每个月的工资只有800元，连吃饭都不够，所以另找了一份业余时间做的工作，多赚点钱。谁知业余工作没做两天，我就因为犯了大错而被老板赶出来了。

★ 我现在做几份工作？
A 一份　B 两份
C 三份　D 四份

나는 매달 월급이 겨우 800위안이라 밥을 먹는 것 조차도 부족하다. 그래서 돈을 더 벌고자 남는 여가 시간에 할 일을 별도로 찾았다. 누가 알았겠는가, 여가 시간에 하는 일이 이틀도 안 돼서 내가 큰 실수를 저질러 사장님에게 쫓겨났다.

★ 나는 현재 몇 개의 일을 하고 있는가?
A 한 개　B 두 개
C 세 개　D 네 개

단어 工资 gōngzī 명 월급 | 只有 zhǐyǒu 동 ~만 있다 | 连…都… lián…dōu… ~조차도 ~하다 | 不够 búgòu 형 부족하다 | 另 lìng 부 별도로 | 业余 yèyú 명 여가 | 赚钱 zhuànqián 동 돈을 벌다 | 犯 fàn 동 저지르다 | 大错 dàcuò 명 큰 잘못 | 而 ér 접 그리고 | 被 bèi 개 ~에게 ~를 당하다 | 老板 lǎobǎn 명 사장 | 赶出来 gǎnchūlái 몰아내다

해설 여가 시간에 할 일을 찾아서 두 개의 일을 하고 있었으나, 이틀도 안 돼서 '被老板赶出来了(사장님에게 쫓겨났다)'라고 했으므로 나는 현재 일을 한 개만 하고 있다는 것을 알 수 있다. 따라서 정답은 A이다.

68 ★★☆

我从英国回来的第二天就去找李明了。六年没见，但我们还是无话不谈，就像六年前我们在教室里聊天一样。

나는 영국에서 돌아온 이튿날 리밍을 찾아갔다. 6년간 못 봤지만 우리는 무슨 말이든지 다 해서 6년 전 교실에서 이야기를 나누는 것 같았다.

★ 我和李明是什么关系?

A 朋友　　B 同学

C 老板与职员　　D 夫妻

★ 나와 리밍은 무슨 관계인가?

A 친구　　B 학교 친구

C 사장과 직원　　D 부부

단어 英国 Yīngguó 명 영국[나라] | 还是 háishi 부 변함없이 | 无话不谈 wúhuà bùtán 사정이나 심정을 솔직하게 말하다 | 像…一样 xiàng…yíyàng ~와 같다 | 聊天 liáotiān 동 수다 떨다, 이야기하다 | 老板 lǎobǎn 명 사장 | 与 yǔ 개 ~와, ~과 | 职员 zhíyuán 명 직원 | 夫妻 fūqī 명 부부

해설 '就像六年前我们在教室里聊天一样(6년 전 교실에서 이야기를 나누는 것 같았다)'을 통해 교실에서 대화를 나누는 사이는 같은 학교 친구이므로 나와 리밍은 학교 친구 관계임을 알 수 있다. 따라서 정답은 B이다.

69 ★★☆

如果衣服上不小心沾上了果汁，得赶快用清水冲洗。要是时间长了，就很难洗干净了，只能送到洗衣店花钱洗了。

만약 옷에 조심하지 않아 과일 주스를 묻혔다면 빨리 맑은 물로 씻어내야 한다. 만약 시간이 오래되면 깨끗하게 빨기가 어려워져 세탁소로 보내 돈을 들여 빨 수밖에 없다.

★ 衣服沾上果汁很长时间后会怎么样?

A 可以用清水洗掉

B 很容易洗掉

C 没法洗干净

D 需要送到洗衣店洗

★ 옷에 과일 주스를 묻히고 시간이 오래되면 어떻게 되는가?

A 맑은 물로 빨 수 있다

B 매우 쉽게 빨 수 있다

C 깨끗하게 빨 수 없다

D 세탁소에 보내 빨아야 한다

단어 如果 rúguǒ 접 만약 | 小心 xiǎoxīn 형 조심스럽다 | 沾 zhān 동 묻히다 | 果汁 guǒzhī 명 과일 주스 | 得 děi 조동 ~해야 한다 | 赶快 gǎnkuài 부 재빨리 | 清水 qīngshuǐ 명 맑은 물 | 冲洗 chōngxǐ 동 (물로) 씻어 내다 | 要是 yàoshi 접 만약 | 干净 gānjìng 형 깨끗하다 | 只能 zhǐnéng 동 ~할 수밖에 없다 | 洗衣店 xǐyīdiàn 명 세탁소 | 花钱 huāqián 동 돈을 쓰다 | 掉 diào 동 ~해 버리다 | 容易 róngyì 형 쉽다 | 没法 méi fǎ 방법이 없다 | 需要 xūyào 동 필요하다

해설 '要是时间长了，就很难洗干净了(만약 시간이 오래되면 깨끗하게 빨기가 어렵다)'만 보고 옷에 과일 주스를 묻히고 시간이 오래되면 깨끗하게 빨 수 없다고 생각해 C를 정답으로 고를 수 있다. 하지만 '只能送到洗衣店花钱洗了(세탁소로 보내 돈을 들여 빨 수밖에 없다)'를 통해 세탁소에 보내면 빨 수 있다는 것을 알 수 있으므로 C는 오답이고 정답은 D이다.

70 ★★★

刚开始为火箭队打球时，姚明接受记者采访，对记者的问题只能理解百分之二十，更多情况下他还是通过翻译来回答问题，以免自己说错了话。

로켓츠팀에서 막 농구를 시작했을 때 야오밍은 기자와의 인터뷰에서 기자의 질문을 20% 밖에 이해하지 못했다. 더 많은 상황에서 그는 자신이 말실수하는 것을 피하기 위해 여전히 통역을 통해 질문에 대답한다.

★ 姚明回答记者问题时需要翻译，因为他：

A 不想回答
B 担心自己说错话
C 不理解记者的问题
D 不会回答

★ 야오밍이 기자의 질문에 대답할 때 통역이 필요한 이유는 그는:

A 대답하기 싫어서
B 자신이 말실수할까 봐 걱정해서
C 기자의 질문을 이해하지 못해서
D 대답할 수 없어서

단어 刚 gāng 부 막 | 为 wèi 개 ~을 위하여 ~을 하다 | 火箭队 Huǒjiànduì 명 미국프로농구(NBA)의 '휴스턴 로켓츠 | 打球 dǎqiú 동 (구기) 운동을 하다 | 接受 jiēshòu 동 수락하다 | 记者 jìzhě 명 기자 | 采访 cǎifǎng 동 인터뷰하다 | 理解 lǐjiě 동 이해하다 | 百分之 bǎifēnzhī 퍼센트 | 更 gèng 부 더욱 | 情况 qíngkuàng 명 상황 | 还是 háishi 부 여전히 | 通过 tōngguò 개 ~을 거쳐 | 翻译 fānyì 동 통역하다 | 回答 huídá 동 대답하다 | 以免 yǐmiǎn 접 ~않기 위해서 | 说错 shuōcuò 동 잘못 말하다 | 担心 dānxīn 동 걱정하다

해설 '以免自己说错了话(자신이 말실수하는 것을 피하기 위해)'를 통해 야오밍은 말실수할까 봐 걱정해서 통역을 필요로 한다는 것을 알 수 있다. 따라서 정답은 B이다.

71 ★★★

我做这些事情是因为它们是我工作的一部分，并不是因为这些事情能给我带来什么好处。但还是有很多人不能理解我，认为我做这些都是为了钱。

내가 이런 일들을 하는 것은 그것들이 내 업무의 일부분이기 때문이지, 결코 이런 일들이 내게 어떤 이익을 가져다주기 때문이 아니다. 그러나 여전히 많은 사람들은 나를 이해하지 못하고, 내가 이런 일들을 하는 것은 돈을 위한 것이라고 생각한다.

★ 我做这些事情是为了：

A 获得很大的好处
B 升职
C 得到钱
D 完成工作

★ 내가 이런 일들을 하는 것은:

A 큰 이익을 얻기 위해
B 승진하기 위해
C 돈을 벌기 위해
D 업무를 완수하기 위해

단어 并不 bìng bù 결코 ~하지 않다 | 带来 dài lái 가져다 주다 | 好处 hǎochu 명 장점 | 还是 háishi 부 여전히 | 理解 lǐjiě 동 이해하다 | 认为 rènwéi 동 생각하다 | 为了 wèile 개 ~을 하기 위하여 | 获得 huòdé 동 얻다 | 升职 shēngzhí 명 승진 | 得到 dédào 동 얻다 | 完成 wánchéng 동 완수하다

해설 내가 이런 일을 하는 것은 어떤 이익을 가져다주기 때문이 아니라고 했으니 A와 B는 오답이고, 돈을 위한 것도 아니므로 C도 오답이다. '它们是我工作的一部分(그것들이 내 업무의 일부분이다)'을 통해 내가 이런 일들을 하는 것은 업무를 완수하기 위함임을 알 수 있다. 따라서 정답은 D이다.

72 ★★★

他做事总是犹豫不决，生怕做不好。给别人写信，总是写完后又撕掉，常常拿起笔又放下。连每次吃饭吃什么他都要考虑很久。

★ 他写完信又撕掉是因为他：
A 忘记了要写什么
B 不知道怎么写
C 生怕写不好
D 不想继续写

그는 일을 할 때 항상 망설이며 결정하지 못하고, 잘하지 못할까 봐 매우 걱정한다. 다른 사람에게 편지 쓸 때는 항상 다 쓴 후 또 찢어 버리고 펜을 들었다 놨다 한다. 매번 밥 먹는 것도 무엇을 먹을지 그는 오랫동안 고민해야 한다.

★ 그가 편지를 다 쓴 후 찢어 버리는 이유는 그가:
A 무엇을 써야 하는지 잊어버려서
B 어떻게 써야 할지 몰라서
C 잘 쓰지 못할까 봐 매우 걱정해서
D 계속 쓰기 싫어서

단어 **总是** zǒngshì 부 늘 | **犹豫不决** yóuyù bùjué 성 결단을 내리지 못하고 망설이다 | **生怕** shēngpà 동 매우 걱정하다 | **别人** biéren 대 다른 사람 | **写信** xiěxìn 편지를 쓰다 | **又** yòu 부 또 | **撕掉** sī diào 찢어 버리다 | **常常** chángcháng 부 항상 | **拿** ná 동 쥐다 | **笔** bǐ 명 펜 | **放下** fàng xià (물건을) 내려놓다 | **连…都…** lián…dōu… ~조차도 ~하다 | **考虑** kǎolǜ 동 생각하다 | **久** jiǔ 형 오래다 | **忘记** wàngjì 동 잊어버리다 | **继续** jìxù 동 계속하다

해설 '生怕做不好(잘하지 못할까 봐 매우 걱정한다)'를 통해 그가 편지를 다 쓴 후 찢어 버리는 이유가 편지를 잘 쓰지 못할까 봐 매우 걱정하기 때문임을 알 수 있다. 따라서 정답은 C이다.

73 ★★☆

李明昨天刚从英国回来，时差还没有倒过来，早上起不来，晚上睡不着，白天上班也是昏昏沉沉的。

★ 李明早上起不来，晚上睡不着，是因为：
A 时差没有倒过来
B 出差太累了
C 白天事情太多
D 生病了

리밍은 어제 막 영국에서 돌아와 시차가 아직 돌아오지 않았다. 아침에는 일어나지 못하고 밤에는 잠들지 못하며 낮에 출근해서도 흐리멍덩하다.

★ 리밍이 아침에 일어나지 못하고 밤에 잠들지 못하는 이유는:
A 시차가 돌아오지 않아서
B 출장이 너무 힘들어서
C 낮에 일이 너무 많아서
D 병이 나서

단어 **刚** gāng 부 방금 | **英国** Yīngguó 명 영국 | **时差** shíchā 명 시차 | **倒** dào 동 거꾸로 되다 | **起不来** qǐbulái 일어날 수 없다 | **睡不着** shuìbuzháo 잠들지 못하다 | **白天** báitiān 명 낮 | **昏昏沉沉** hūnhun chénchén 몽롱하다, 흐리멍덩하다 | **出差** chūchāi 동 출장 가다

해설 '时差还没有倒过来(시차가 아직 돌아오지 않았다)'를 통해 리밍이 일어나지 못하고 잠들지 못하는 이유가 시차가 돌아오지 않았기 때문임을 알 수 있다. 따라서 정답은 A이다.

74 ★★☆

大学毕业时，我决定考法学的研究生。爸爸非常支持我。他认为，只有多读书，才能找到好工作。在读书的同时，寻找好的学习方法也是十分关键的。	대학교를 졸업할 때, 나는 법학 석사 시험을 보기로 결정했고, 아버지는 나를 매우 지지해 주셨다. 아버지는 공부를 많이 해야만 좋은 직장을 얻을 수 있다고 생각하셨다. 공부하면서 동시에 좋은 학습 방법을 찾는 것도 매우 중요하다.
★ 对于我考研究生的决定，爸爸认为: A 读书很重要 B 我不适合读书 C 工作比读书重要 D 读书的同时工作	★ 내가 석사 시험을 보는 결정에 대해, 아버지의 생각은: A 공부는 매우 중요하다 B 나는 공부와 어울리지 않는다 C 일이 공부보다 중요하다 D 공부하면서 동시에 일한다

단어 毕业 bìyè 동 졸업하다 | 决定 juédìng 동 결정하다 | 考 kǎo 동 시험을 보다 | 法学 fǎxué 명 법학 | 研究生 yánjiūshēng 명 대학원생 | 支持 zhīchí 동 지지하다 | 认为 rènwéi 동 생각하다 | 只有…才… zhǐyǒu… cái… ~해야만 ~하다 | 读书 dúshū 동 공부하다 | 同时 tóngshí 부 동시에 | 寻找 xúnzhǎo 동 찾다 | 方法 fāngfǎ 명 방법 | 十分 shífēn 부 매우 | 关键 guānjiàn 형 매우 중요한 | 对于 duìyú 개 ~에 대해 | 重要 zhòngyào 형 중요하다 | 适合 shìhé 동 적합하다

해설 아버지의 생각을 나타내는 문장인 '只有多读书，才能找到好工作'에서 '只有…才…'는 '~해야만 ~하다'라는 조건 관계를 나타내 주는 접속사로 '공부를 많이 해야만 좋은 직장을 얻을 수 있다'라는 뜻이다. 따라서 아버지는 공부를 매우 중요하게 생각한다는 것을 알 수 있으므로 정답은 A이다.

75 ★★☆

没有了伤心的事就会开心。忘掉昨天不愉快的事，忘掉昨天不开心的人，就会开心起来。有些人表面开心，其实内心并不开心。	슬픈 일이 없어지면 즐거워질 수 있다. 어제의 유쾌하지 않던 일을 잊어버리고 어제의 즐겁지 않던 사람을 잊어버리면 즐거워진다. 어떤 사람들은 겉으로는 즐거워하지만 사실 마음속으로는 결코 즐겁지 않다.
★ 什么样的人会开心? A 忘记欢乐的人 B 忘记愉快的人 C 忘记伤心的人 D 表面开心的人	★ 어떤 사람이 즐거워질 수 있는가? A 즐거움을 잊은 사람 B 유쾌함을 잊은 사람 C 슬픔을 잊은 사람 D 겉으로 기쁜 사람

단어 伤心 shāngxīn 동 상심하다 | 开心 kāixīn 형 즐겁다 | 忘掉 wàngdiào 동 잊어버리다 | 愉快 yúkuài 형 유쾌하다 | 表面 biǎomiàn 명 겉 | 其实 qíshí 부 사실 | 内心 nèixīn 명 마음속 | 并不 bìngbù 부 결코 ~하지 않다 | 忘记 wàngjì 동 잊어버리다 | 欢乐 huānlè 형 즐겁다

해설 지문에 등장했던 단어들이 보기에 어지럽게 섞여 있어 주의해야 하는 문제지만, 정답은 지문의 첫 번째 문장에서 찾을 수 있다. '没有了伤心的事就会开心(슬픈 일이 없어지면 즐거워질 수 있다)'을 통해 슬픔을 잊은 사람이 즐거워질 수 있음을 알 수 있다. 따라서 정답은 C이다.

76 ★★☆

小王认为人生最大的快乐不在挣钱，而是在吃喝玩乐上，所以下班之后，他从来不回家休息，几乎天天跟朋友一起大吃大喝，逍遥快活。	샤오왕은 인생의 가장 큰 즐거움은 돈을 버는 것에 있지 않고, 먹고 마시고 놀며 즐기는 것에 있다고 생각한다. 그래서 퇴근 후, 그는 한번도 집에 돌아가 쉰 적이 없고, 거의 매일 친구와 함께 진탕 먹고 마시며 한가롭게 즐긴다.
★ 小王认为快乐就是: A 休息 B 赚钱 C 吃喝玩乐 D 交很多朋友	★ 샤오왕이 생각하는 즐거움은: A 휴식하는 것 B 돈을 버는 것 C 먹고 마시고 놀며 즐기는 것 D 친구를 많이 사귀는 것

단어 认为 rènwéi 동 생각하다 | 人生 rénshēng 명 인생 | 最大 zuìdà 형 제일 크다 | 快乐 kuàilè 형 즐겁다 | 不在 búzài 동 ~에 있지 않다 | 挣钱 zhèngqián 동 돈을 벌다 | 而是 érshì 접 그러나 | 吃喝玩乐 chīhēwánlè 성 먹고 마시고 놀며 즐기다 | 之后 zhīhòu 명 그 후 | 从来 cónglái 부 여태껏 | 休息 xiūxi 동 휴식하다 | 几乎 jīhū 부 거의 | 跟 gēn 개 ~와, ~과 | 大吃大喝 dàchīdàhē 성 진탕 먹고 마시다 | 逍遥快活 xiāoyáo kuàihuó 한가롭게 거닐고 화락하다 | 赚钱 zhuànqián 동 돈을 벌다 | 交 jiāo 동 사귀다

해설 '人生最大的快乐不在挣钱，而是在吃喝玩乐上(인생의 가장 큰 즐거움은 돈을 버는 것에 있지 않고, 먹고 마시고 놀며 즐기는 것에 있다)'을 통해 샤오왕이 생각하는 즐거움은 먹고 마시고 놀며 즐기는 것임을 알 수 있다. 따라서 정답은 C이다.

77 ★★☆

那年他才15岁，可在画家圈里却已经小有名气了。可以说，在他那个年龄段的孩子当中，他是画得最好的，甚至超过了一部分成年人。	그해 그는 겨우 15살이었지만, 화가계에서는 이미 조금 유명했다. 그는 그 연령대의 아이들 중 그림을 가장 잘 그린다. 심지어 일부 성인들을 넘어섰다고 말할 수 있다.
★ 他画画: A 很一般 B 超过同年龄段的孩子 C 超过所有孩子 D 超过所有人	★ 그가 그리는 그림은: A 매우 일반적이다 B 동년배의 아이들을 넘어섰다 C 모든 아이들을 넘어섰다 D 모든 사람들을 넘어섰다

단어 才 cái 부 겨우 | 岁 suì 명 살 | 画家 huàjiā 명 화가 | 圈 quān 명 범위 | 却 què 부 오히려 | 小有名气 xiǎoyǒu míngqì 조금 유명하다 | 年龄段 niánlíngduàn 명 연령대 | 当中 dāngzhōng 명 그 가운데 | 甚至 shènzhì 부 심지어 | 超过 chāoguò 동 초과하다 | 成年人 chéngniánrén 명 성인

해설 '在他那个年龄段的孩子当中，他是画得最好的(그는 그 연령대의 아이들 중 그림을 가장 잘 그린다)'를 통해 그의 그림이 일반적이지 않고 동년배의 아이들을 넘어섰다는 것을 알 수 있으므로 정답은 B이다. 하지만 모든 아이들을 능가하는 것이 아니므로 C는 오답이며, '超过了一部分成年人(일부 성인들을 넘어섰다)'을 통해 모든 사람을 능가한 것이 아님을 알 수 있으므로 D도 오답이다.

78 ★★☆

"绿色学校"注重让学生关注环境问题，让青少年受教育的同时热爱大自然，保护地球，同时掌握基本的环境科学知识，积极参与保护环境的行动。	'녹색 학교'는 학생들이 환경 문제에 관심을 갖게 하는 것에 중점을 둔다. 청소년들이 교육을 받음과 동시에 자연을 사랑하고 지구를 보호하게 한다. 동시에 기본적인 환경 과학 지식을 쌓고 적극적으로 환경 보호 활동에 참여하게 한다.
★ "绿色学校"的教学目的在于让学生： A 了解大自然 B 寻找工作 C 提高学习成绩 D 学会保护环境	★ '녹색 학교'의 교육 목적은 학생들에게: A 대자연을 이해하게 하는 데 있다 B 직업을 찾게 하는 데 있다 C 학습 성적을 향상시키게 하는 데 있다 D 환경 보호를 배울 수 있게 하는 데 있다

단어 绿色 lǜsè 명 녹색 | 注重 zhùzhòng 동 중점을 두다 | 关注 guānzhù 동 관심을 가지다 | 环境 huánjìng 명 환경 | 青少年 qīngshàonián 명 청소년 | 受 shòu 동 받다 | 教育 jiàoyù 명 교육 | 同时 tóngshí 부 동시에 | 热爱 rè'ài 동 뜨겁게 사랑하다 | 大自然 dàzìrán 명 대자연 | 保护 bǎohù 동 보호하다 | 地球 dìqiú 명 지구 | 掌握 zhǎngwò 동 숙달하다 | 基本 jīběn 형 기본적인 | 科学 kēxué 명 과학 | 知识 zhīshi 명 지식 | 积极 jījí 형 적극적이다 | 参与 cānyù 동 참여하다 | 行动 xíngdòng 명 행동 | 教学 jiàoxué 명 수업, 교육 | 目的 mùdì 명 목적 | 在于 zàiyú 동 ~에 있다 | 了解 liǎojiě 동 자세하게 알다 | 寻找 xúnzhǎo 동 찾다 | 提高 tígāo 동 향상시키다 | 成绩 chéngjì 명 성적

해설 첫 문장에 '녹색 학교'가 중점을 두는 내용인 '让学生关注环境问题(학생들이 환경 문제에 관심을 갖게 하다)'를 언급했고, 본문 전체가 환경 보호에 대한 내용이므로 정답은 D이다.

79 ★★☆

随着中国经济的发展，我们的生活条件越来越好，出国留学逐渐成为很多中国学生的选择。	중국 경제 발전에 따라 우리의 생활 조건도 점점 좋아져서, 외국으로 유학을 가는 것이 점점 많은 중국 학생들의 선택이 되어가고 있다.
★ 根据这段话，很多中国学生选择出国： A 旅游 B 学习 C 做生意 D 享受生活	★ 이 글에 근거하여 많은 중국 학생들이 외국에 나가는 것을 선택해서: A 여행한다 B 공부한다 C 장사한다 D 생활을 즐긴다

단어 随着 suízhe 동 ~에 따라 | 经济 jīngjì 명 경제 | 发展 fāzhǎn 동 발전하다 | 生活 shēnghuó 명 생활 | 条件 tiáojiàn 명 조건 | 越…越… yuè…yuè… ~할수록 ~하다 | 出国 chūguó 동 출국하다 | 留学 liúxué 동 유학하다 | 逐渐 zhújiàn 부 점점 | 成为 chéngwéi 동 ~이(가) 되다 | 选择 xuǎnzé 명 선택 | 生意 shēngyi 명 장사 | 享受 xiǎngshòu 동 즐기다

해설 '出国留学'는 '외국으로 유학을 가다'라는 뜻으로 많은 중국 학생들이 공부를 하러 외국에 간다는 것을 알 수 있다. 따라서 정답은 B이다.

80 – 81

有一天，动物园管理员发现袋鼠从笼子里跑了出来，于是他们将笼子的高度由原来的10米加高到20米。结果第二天他们发现袋鼠还是跑到外面来，所以他们又将高度加高到30米。没想到隔天居然又看到袋鼠全跑到外面，于是管理员们着急起来，[80]将笼子的高度加高到100米。一天，长颈鹿和几只袋鼠在闲聊，"你们看，这些人会不会再继续加高你们的笼子？"长颈鹿问。"很难说，"袋鼠说，"[81]如果他们再继续忘记关门的话!"

하루는 동물원 관리인이 캥거루가 우리에서 뛰쳐나온 것을 발견하곤 그들은 우리의 높이를 원래의 10m에서 20m로 높였다. 이튿날 그들은 캥거루가 여전히 바깥으로 뛰쳐나온 것을 발견했다. 그래서 그들은 또 높이를 30m로 높였다. 생각지도 못하게 다음 날 또 캥거루가 바깥으로 뛰쳐나온 것을 봤다. 관리인들은 조급해져서 [80]우리의 높이를 100m로 높였다. 하루는 기린과 캥거루 몇 마리가 이야기하면서 "너네 봐 봐, 이 사람들 또 계속해서 너희 우리를 높일까?"라고 기린이 물었고, 캥거루는 "말하기 어렵네."라고 말하고 "[81]그들이 또 문 닫는 것을 계속 잊어버린다면 그럴 것 같아!"라고 했다.

단어 动物园 dòngwùyuán 명 동물원 | 管理员 guǎnlǐyuán 명 관리인 | 发现 fāxiàn 동 발견하다 | 袋鼠 dàishǔ 명 캥거루 | 笼子 lóngzi 명 (동물이 사는) 우리 | 于是 yúshì 접 그래서 | 将 jiāng 개 ~을, ~를 | 高度 gāodù 명 고도 | 由 yóu 개 ~로부터 | 原来 yuánlái 부 원래 | 米 mǐ 양 미터(m) | 加高 jiāgāo 동 (높이를) 높이다 | 结果 jiéguǒ 명 결과 | 还是 háishi 부 여전히 | 没想到 méi xiǎngdào 생각지 못하다 | 隔天 gé tiān 다음 날 | 居然 jūrán 부 놀랍게도 | 着急 zháojí 동 조급해하다 | 起来 qǐlai 동 ~하기 시작하다 | 长颈鹿 chángjǐnglù 명 기린 | 闲聊 xiánliáo 동 잡담하다 | 继续 jìxù 동 계속하다 | 如果 rúguǒ 접 만약 | 忘记 wàngjì 동 잊어버리다 | 关门 guānmén 동 문을 닫다 | 的话 dehuà ~하다면

80 ★★☆

★ 笼子最后加高到了：

A 10米　B 20米
C 30米　D 100米

★ 마지막에 높인 우리의 높이는:

A 10m　B 20m
C 30m　D 100m

해설 '将笼子的高度加到100米(우리의 높이를 100m로 높였다)'를 통해 여러 차례 우리를 높였지만 마지막에는 100m까지 높였다는 것을 알 수 있으므로 정답은 D이다.

81 ★★★

★ 袋鼠逃出笼子的原因是：

A 笼子太低
B 袋鼠力量大
C 管理员马虎
D 长颈鹿帮忙

★ 캥거루가 우리에서 달아난 이유는:

A 우리가 너무 낮아서
B 캥거루 힘이 세서
C 관리인이 덜렁대서
D 기린이 도와줘서

단어 逃出 táo chū 달아나다 | 原因 yuányīn 명 원인 | 低 dī 형 낮다 | 力量 lìliang 명 능력 | 马虎 mǎhu 형 덜렁대다 | 帮忙 bāngmáng 동 일을 돕다

해설 '如果他们再继续忘记关门的话(그들이 또 문 닫는 것을 계속 잊어버린다면 그럴 것 같아)'를 통해 관리인들이 우리의 문을 닫는 것을 잊어버려서 캥거루가 달아났으므로, 관리인이 덜렁댄다는 것을 알 수 있다. 따라서 정답은 C이다.

82 – 83

王明每天大部分时间都待在公司，生活很不规律。渐渐地，[82]他发现自己的健康亮起了红灯，所以他决心改变自己的饮食习惯和日程安排。王明每个星期都会抽空去健身房锻炼身体，每个月都要和朋友去城市周围的公园里爬山，呼吸一下新鲜空气。几个月下来，他发现[83]以前的头晕、乏力症状都消失了，而且身体比以前强壮了许多。

왕밍은 매일 대부분 회사에 있고 생활이 매우 불규칙적이다. [82]그는 점점 자신의 건강에 빨간불이 켜지는 것을 발견하고 자신의 음식 습관과 일정을 바꾸기로 결심했다. 왕밍은 매주 짬을 내 헬스클럽에 가서 운동하고, 매달 친구와 도시 주변의 공원에 가서 등산하며 신선한 공기를 좀 마셨다. 몇 개월이 지나고 그는 [83]예전의 어지러움과 무기력증이 모두 없어지고 몸이 이전보다 훨씬 건장해진 것을 발견했다.

단어 待 dāi 동 머물다 | 生活 shēnghuó 명 생활 | 规律 guīlǜ 명 규율 | 渐渐 jiànjiàn 부 점점 | 发现 fāxiàn 동 발견하다 | 健康 jiànkāng 형 건강하다 | 亮 liàng 형 빛나다 | 红灯 hóngdēng 명 적신호 | 决心 juéxīn 동 결심하다 | 改变 gǎibiàn 동 변하다 | 饮食 yǐnshí 명 음식 | 习惯 xíguàn 명 습관 | 日程 rìchéng 명 일정 | 安排 ānpái 동 안배하다 | 抽空 chōukòng 동 짬을 내다 | 健身房 jiànshēnfáng 명 헬스클럽 | 锻炼 duànliàn 동 (몸을) 단련하다 | 城市 chéngshì 명 도시 | 周围 zhōuwéi 명 주위 | 爬山 páshān 동 등산하다 | 呼吸 hūxī 동 호흡하다 | 新鲜 xīnxiān 형 신선하다 | 空气 kōngqì 명 공기 | 头晕 tóuyūn 동 머리가 어지럽다 | 乏力 fálì 동 기력이 없다 | 症状 zhèngzhuàng 명 증상 | 消失 xiāoshī 동 사라지다 | 而且 érqiě 접 게다가 | 强壮 qiángzhuàng 형 건장하다 | 许多 xǔduō 형 매우 많다

82 ★★★

★ 王明要改变以前的生活方式是因为：

A 换了工作
B 身体状况变差
C 喜欢运动
D 不喜欢以前的生活方式

★ 왕밍이 이전의 생활 방식을 바꾸려 한 이유는:

A 직장을 바꿔서
B 몸 상태가 많이 안 좋아져서
C 운동을 좋아해서
D 이전의 생활 방식을 좋아하지 않아서

단어 方式 fāngshì 명 방식 | 换 huàn 동 바꾸다 | 状况 zhuàngkuàng 명 상황 | 变差 biàn chà 나빠지다

해설 '他发现自己的健康亮起了红灯'에서 '亮起红灯'은 '빨간불이 켜지다'라는 뜻으로, 건강에 이상 신호가 왔다는 비유적인 표현이다. 왕밍은 몸 상태가 안 좋아져서 생활 방식을 바꾸려고 한 것이므로 정답은 B이다.

83 ★★☆

★ 以前的生活方式给王明带来的是：

A 快乐　B 爱情
C 生病　D 金钱

★ 이전의 생활 방식이 왕밍에게 가져다준 것은:

A 즐거움　B 사랑
C 병　D 돈

단어 带来 dàilái 동 가져오다 | 爱情 àiqíng 명 사랑 | 金钱 jīnqián 명 금전

해설 '以前的头晕、乏力症状都消失了(예전의 어지러움과 무기력증이 모두 없어졌다)'라고 했으므로, 이전의 생활 방식이 어지러움이나 무기력증 등의 병을 가져다주었다는 것을 알 수 있다. 따라서 정답은 C이다.

84 – 85

最初，种花种草只不过是他的私人爱好。作为商人的他也从未想过把这作为一生的事业。通过四年的学习，他取得了日本著名花艺学校的结业证书，[84]由一个“门外汉”成为了专业人士。于是，他放弃了原来的工作，改了行，开起了花艺课堂。他的工作节奏因为这个课堂而变得缓慢，[85]生活也变得有规律。他很开心。

원래 꽃과 풀을 심는 것은 단지 그의 개인적인 취미였다. 상인인 그 역시 이 일을 평생의 업으로 생각해 본 적이 없었다. 4년간의 공부를 통해 그는 일본의 유명한 화예 학교의 수료증을 얻어 [84]'문외한'에서 전문가가 되었다. 그래서 그는 원래의 직업을 포기하고 직업을 바꿔 화예 수업을 열었다. 그의 사업 흐름은 이 수업 때문에 완만하게 변했고 [85]생활도 규칙적으로 변했다. 그는 매우 기뻤다.

단어 最初 zuìchū 명 처음 | 种 zhòng 동 심다 | 花 huā 명 꽃 | 草 cǎo 명 풀 | 只不过 zhǐbúguò 부 단지 ~일 뿐이다 | 私人 sīrén 형 개인의 | 爱好 àihào 명 취미 | 作为 zòwéi 동 ~로 여기다 | 商人 shāngrén 명 상인 | 从未 cóng wèi 지금까지 ~한 적이 없다 | 把 bǎ 개 ~을, ~를 | 一生 yìshēng 명 일생 | 事业 shìyè 명 사업 | 通过 tōngguò 동 통과하다 | 取得 qǔdé 동 취득하다 | 著名 zhùmíng 형 유명하다 | 花艺 huāyì 화예 | 结业 jiéyè 동 졸업하다 | 证书 zhèngshū 명 증명서 | 由 yóu 동 따르다 | 门外汉 ménwàihàn 명 문외한 | 成为 chéngwéi 동 ~이 되다 | 专业人士 zhuānyè rénshì 명 전문 인사 | 于是 yúshì 접 그래서 | 放弃 fàngqì 동 포기하다 | 原来 yuánlái 부 원래 | 改行 gǎixíng 동 직업을 바꾸다 | 课堂 kètáng 명 교실 | 节奏 jiézòu 명 리듬 | 而 ér 접 그리고 | 变 biàn 동 변하다 | 缓慢 huǎnmàn 형 완만하다 | 生活 shēnghuó 명 생활 | 规律 guīlǜ 명 규칙 | 开心 kāixīn 형 기쁘다

84 ★★★

★ 从这段话中可以知道“门外汉”的意思是:
A 他站在门外
B 他不想种花
C 他不喜欢种花
D 他不太理解种花

★ 이 글을 통해 알 수 있는 '문외한'의 의미는:
A 그가 문밖에 서 있다
B 그는 꽃을 심고 싶지 않다
C 그는 꽃 심는 것을 좋아하지 않는다
D 그는 꽃 심는 것을 잘 모른다

단어 站 zhàn 동 서다

해설 개인적인 취미에서 시작해서 4년간의 공부를 통해 학교에서 수료증을 받은 것을 '由一个“门外汉”成为了专业人士('문외한'에서 전문가가 되었다)'라고 표현했다. 개인적인 취미라고 반드시 꽃 심는 것에 대해 잘 아는 것은 아니므로, 이 글을 통해 알 수 있는 '문외한'의 의미는 '그는 꽃 심는 것을 잘 모른다'는 것이다. 따라서 정답은 D이다.

85 ★★★

★ 改了行后，他的生活怎么样?
A 很辛苦
B 有规律
C 很难受
D 没变

★ 직업을 바꾼 후, 그의 생활은 어떠한가?
A 매우 수고스럽다
B 규칙적이다
C 매우 힘들다
D 안 변했다

단어 辛苦 xīnkǔ 형 수고스럽다 | 难受 nánshòu 형 힘들다

해설 '生活也变得有规律(생활도 규칙적으로 변했다)'를 통해 직업을 바꾼 후, 그의 생활이 규칙적으로 변했다는 것을 알 수 있으므로 정답은 B이다.

제1부분

미리보기 해석

제1부분

》 전략서 160p

86. 那座桥有800年的历史了。	86. 그 다리는 800년의 역사를 가지고 있다.

01. 주어의 위치

유형 확인 문제

》 전략서 161p

정답 1 这种药对头疼很有效。

1 ★★☆

有效	这种药	对	头疼	很

정답 这种药对头疼很有效。	이 약은 두통에 매우 효과가 있다.

단어 药 yào 명 약 | 对 duì 개 ~에게 | 头疼 tóuténg 명 두통 | 有效 yǒuxiào 형 효과가 있다

해설 1. 제시된 어휘 중 주어 자리에 올 수 있는 것은 명사 '这种药(이 약)'와 '头疼(두통)'뿐이다.

2. 술어 자리에는 동사와 형용사가 와야 하므로 형용사 '有效(효과가 있다)'가 문장의 술어이다.

3. 술어는 '有效(효과가 있다)'이므로 이와 어울리는 명사 '这种药(이 약)'가 문장의 주어이다.

4. '有效(효과가 있다)'는 목적어를 가질 수 없으므로 개사 '对(~에)'와 '头疼(두통)'을 연결해 개사구를 만든다. 정도부사 '很(매우)'은 술어 앞에서 부사어 역할을 한다.

这种药	对 头疼 很	有效。
관형어+주어	부사어	술어

02. 수식어 + 的 + 명사

유형 확인 문제

》 전략서 163p

정답 1 每个人都有自己的优点和缺点。

1 ★★☆

自己的	每个人	优点和缺点	都	有

정답 每个人都有自己的优点和缺点。	사람마다 모두 자신의 장점과 단점을 가지고 있다.

단어 自己 zìjǐ 대 자신 | 优点 yōudiǎn 명 장점 | 缺点 quēdiǎn 명 단점

해설 1. 구조조사 '的(~의)' 뒤에는 명사나 대사가 와야 하므로 '自己的(자신의)' 뒤에 '优点和缺点(장점과 단점)'이 위치한다.

2. 술어 자리에는 동사나 형용사가 와야 하므로 동사 '有(있다)'가 문장의 술어이다.

3. 제시된 어휘 중 주어 자리에 올 수 있는 것은 '优点和缺点(장점과 단점)'과 '每个人(사람마다)'이다. 술어가 '有(있다)'이므로 '每个人(사람마다)'이 문장의 주어이다.

4. 범위부사 '都(모두)'는 술어 앞 부사어 자리에 위치한다.

每个人	都	有	自己的	优点和缺点。
주어	부사어	술어	관형어	목적어

03. 형용사의 위치

유형 확인 문제

>> 전략서 164p

정답 1 王老师跑步的时候很帅。

1 ★★☆

跑步　的　王老师　时候　很帅

정답 王老师跑步的时候很帅。	왕 선생님은 달릴 때 매우 멋있다.

단어 跑步 pǎobù 동 달리다 | 时候 shíhou 명 때, 시각

해설 1. 주어는 '王老师(왕 선생님)'이다.

2. 구조조사 '的(~의)' 뒤에는 명사나 대사가 와야 하므로 명사 '的' 뒤에 '时候(때)'가 위치한다.

3. 술어 자리에는 동사나 형용사가 와야 한다. 제시된 어휘 중 형용사구인 '很帅(매우 멋있다)'와 동사인 '跑步(달리다)'가 술어 자리에 올 수 있지만, 문맥상 '跑步(달리다)'는 2번에서 연결한 '的时候' 앞에 와야 하므로 문장의 술어는 '帅(멋있다)'이다.

王老师	跑步 的 时候 很	帅。
주어	부사어	술어

04. 부사의 위치와 부사 간의 순서

유형 확인 문제

>> 전략서 165p

정답 1 相识的人不都是朋友。

1 ★★★

人　相识　的　不　朋友　都　是

정답 相识的人不都是朋友。	서로 아는 사람이라고 다 친구는 아니다.

단어 相识 xiāngshí 동 서로 알다

해설 1. '人(사람)', '相识(서로 알다)', '的'를 조합한 '相识的人(서로 아는 사람)'이 관형어를 포함한 문장의 주어이다.

2. 나머지 어휘 '不(아니다)', '朋友(친구)', '是(~이다)'를 조합해서 '不是朋友(친구는 아니다)'를 만들 수 있다.

3. 제시된 단어의 의미 분석을 통해 전체부정인지 부분부정인지 판단해야 한다. 현실에서 '相识的人(서로 아는 사람)'은 친구일 수도 있고 친구가 아닐 수도 있다. 따라서 이 문장에서 말하고자 하는 것은 '서로 아는 사람이라고 다 친구는 아니다'라는 부분부정이므로, 부정부사 '不(아니다)'가 범위부사 '都(모두)' 앞에 와서 '不都是朋友(다 친구는 아니다)'처럼 연결한다.

相识 的	人	不 都	是	朋友。
관형어	주어	부사어	술어	목적어

05. 어기조사와 의문대사의 위치

유형 확인 문제

〉〉 전략서 166p

정답 1 这个菜的味道怎么样?

1 ★☆☆

菜　的　怎么样　这个　味道

정답 这个菜的味道怎么样? | 이 요리의 맛은 어때요?

단어 味道 wèidao 명 맛

해설 1. 의문대사 '怎么样(어때요)'은 문장 끝에 쓰여 다른 사람의 느낌이나 생각 등을 묻는 것으로 이 문장의 술어이다.

2. 구조조사 '的(~의)' 뒤에는 명사나 대사가 와야 하므로 '菜(요리)'와 '味道(맛)' 모두 '的' 뒤에 올 수 있지만 의미상 '菜的味道(요리의 맛)'로 연결한다. '지시대사 + 양사'의 형태인 '这个(이)'는 주어나 목적어를 꾸며주는 관형어로 쓰이므로 '菜(요리)' 앞에 위치한다.

3. 의문대사가 있으므로 의문문이니 물음표를 넣어 완성한다.

这个 菜 的	味道	怎么样?
관형어	주어	술어

실전 연습 1 – 제1부분

〉〉 전략서 168p

정답
86 保护地球是我们共同的责任。
87 这篇报道没有反映社会现实。
88 你要找的地方就在学校附近。
89 李明早就订好去上海的飞机票了。
90 今天的气温比昨天高点儿。
91 他的同屋习惯于早睡早起。
92 我喜欢在日记本上记下每天发生的事情。
93 经过努力他完成了所有工作。
94 从衣着可以看出他是个朴素的人。
95 这到底是怎么回事?

86 ★★☆

保护	我们共同的	责任	地球	是

정답 保护地球是我们共同的责任。 | 지구를 보호하는 것은 우리 공동의 책임이다.

단어 **保护** bǎohù 동 보호하다 | **地球** dìqiú 명 지구 | **共同** gòngtóng 형 공동의 | **责任** zérèn 명 책임

해설 1. 구조조사 '的(~의)' 뒤에는 명사나 대사가 와야 한다. 제시된 어휘 중 명사인 '责任(책임)'과 '地球(지구)'가 '我们共同的(우리 공동의)' 뒤에 올 수 있다.

2. 술어 자리에는 동사나 형용사가 와야 한다. 제시된 어휘 중 동사는 '保护(보호하다)'와 '是(~이다)'가 있지만 '保护(보호하다)'는 '保护环境(환경을 보호하다)'처럼 '保护地球(지구를 보호하다)'로 자주 쓰이므로 '保护地球'가 문장의 주어이고, 문장 전체의 술어는 '是'이다.

3. '责任(책임)'은 '我们共同的(우리 공동의)' 뒤 목적어 자리에 위치한다.

保护 地球	是	我们共同的	责任。
주어 (술어 + 목적어)	술어	관형어	목적어

87 ★★☆

报道	这篇	没有	反映	社会现实

정답 这篇报道没有反映社会现实。 | 이 보도는 사회 현실을 반영하지 않았다.

단어 **篇** piān 양 (문장을 세는) 편, 장 | **报道** bàodào 명 (뉴스 등의) 보도 | **反映** fǎnyìng 동 반영하다 | **社会** shèhuì 명 사회 | **现实** xiànshí 명 현실

해설 1. '篇(편)'과 같은 양사 뒤에는 명사가 와야 한다. '篇'은 '报道(보도)'나 '文章(글)'을 세는 양사이므로 '这篇报道(이 보도)'로 연결한다.

2. 술어 자리에는 동사나 형용사가 와야 하므로 동사 '反映(반영하다)'이 문장의 술어이다.

3. 중국어의 기본 어순 '주어 + 부사어(부사/조동사/개사구) + 술어 + 목적어'에 따라 부정부사 '没有'는 술어 앞에 위치한다.

4. 명사 '社会现实(사회 현실)'는 술어 '反映(반영하다)' 뒤 목적어 자리에 위치한다.

这篇	报道	没有	反映	社会现实。
관형어	주어	부사어	술어	목적어

88 ★★★

就	你要找的	在	地方	学校附近

정답 你要找的地方就在学校附近。 | 당신이 찾는 곳은 바로 학교 근처에 있다.

단어 **地方** dìfang 명 장소 | **附近** fùjìn 명 근처

해설 1. 구조조사 '的' 뒤에는 명사나 대사가 와야 한다. 제시된 어휘 중 명사는 '地方(곳)'과 '学校附近(학교 근처)'이 있지만 '的' 앞에 '你要找(당신이 찾는)'가 있으므로 '你要找的地方(당신이 찾는 곳)'으로 연결한다.

2. 술어 자리에는 동사나 형용사가 와야 한다. 제시된 어휘 중 동사는 '找(찾다)', '在(~에 있다)'가 있지만, '找'는 뒤에 '的'와 함께 쓰였기 때문에 술어가 아닌 관형어로 쓰였다는 것을 알 수 있다. 따라서 문장의 술어는 '在'이다.

3. 술어 '在(~에 있다)' 뒤에는 장소 목적어가 와야 하므로 '学校附近(학교 근처)'이 '在' 뒤 목적어 자리에 위치한다.

4. 부사 '就(바로)'는 술어 앞 부사어 자리에 위치한다.

你要找的	地方	就	在	学校附近。
관형어	주어	부사어	술어	목적어

89 ★★☆				
早就	飞机票了	订好	去上海的	李明
정답 李明早就订好去上海的飞机票了。			리밍은 일찍이 상하이에 가는 비행기 표를 예약했다.	

단어 **早就** zǎojiù 일찍이 | **订好** dìnghǎo 예약하다

해설 1. 주어는 '李明(리밍)'이다.

2. 술어 자리에는 동사나 형용사가 와야 한다. 제시된 어휘 중 동사는 '订(예약하다)'과 '去(가다)'가 있지만 '去上海(상하이에 가다)'는 뒤에 '的'와 함께 제시되었으므로 술어가 아닌 관형어로 쓰였다는 것을 알 수 있다. 따라서 문장의 술어는 '订好(예약했다)'이다.

3. 부사 '早就(일찍이)'는 술어 앞 부사어 자리에 위치한다.

4. 구조조사 '的' 뒤에는 명사나 대사가 와야 하므로 '去上海的(상하이에 가는)' 뒤에 '飞机票(비행기 표)'가 위치한다.

李明	早就	订好	去上海的	飞机票了。
주어	부사어	술어	관형어	목적어

90 ★★☆				
比	气温	高点儿	昨天	今天的
정답 今天的气温比昨天高点儿。			오늘의 기온은 어제보다 좀 높다.	

단어 **气温** qìwēn 명 기온

해설 1. '比(~보다)'가 보이면 '比자 비교문'의 공식 'A + 比 + B + 술어(A는 B보다 ~하다)'를 떠올려야 한다.

2. 구조조사 '的(~의)' 뒤에는 명사나 대사가 와야 한다. 제시된 어휘 중 명사는 '气温(기온)'과 '昨天(어제)'이 있지만 '的' 앞에 '今天(오늘)'이 있으므로 '今天的气温(오늘의 기온)'으로 연결한다.

3. '比(~보다)'는 개사이므로 뒤에 목적어가 와야 한다. 목적어가 될 수 있는 남은 명사는 '昨天(어제)'으로 '比' 뒤에 '昨天(어제)'이 와서 '今天的气温比昨天(오늘의 기온은 어제보다)'으로 연결한다.

4. 형용사 '高(높다)'는 술어 자리에 위치한다.

今天的	气温	比 昨天	高点儿。
관형어	주어	부사어 (개사 + 목적어)	술어

91 ★★★

同屋	他的	早睡早起	习惯于

정답 他的同屋习惯于早睡早起。 | 그의 룸메이트는 일찍 자고 일찍 일어나는 습관이 있다.

단어 **同屋** tóngwū 명 룸메이트 | **习惯** xíguàn 동 습관이 되다 | **于** yú 개 ~에 | **早睡早起** zǎo shuì zǎo qǐ 일찍 자고 일찍 일어나다

해설 1. 구조조사 '的(~의)' 뒤에는 명사나 대사가 와야 하므로 명사 '同屋(룸메이트)'가 '他的(그의)' 뒤에 위치하며 문장의 주어이다.

2. '习惯于(~에 습관이 되다)'의 '于'는 '~에'의 뜻이므로 '于'로 문장을 끝낼 수 없다. 따라서 '习惯于' 뒤에 어떤 습관이 있는지가 와야 한다.

3. 술어 자리에는 동사나 형용사가 와야 하므로 동사 '习惯(습관이 되다)'이 문장의 술어이다. 남은 어휘 '早睡早起(일찍 자고 일찍 일어나다)'가 술어 뒤에 위치한다.

他的	同屋	习惯	于 早睡早起。
관형어	주어	술어	보어

92 ★★☆

事情	在日记本上	我	喜欢	记下	每天发生的

정답 我喜欢在日记本上记下每天发生的事情。 | 나는 일기장에 매일 일어난 일을 적는 것을 좋아한다.

단어 **日记本** rìjìběn 명 일기장 | **记下** jì xià 적어 두다 | **发生** fāshēng 동 일어나다

해설 1. 술어 자리에는 동사나 형용사가 와야 한다. 제시된 어휘 중 동사 '喜欢(좋아하다)'이 쓰기 제1부분에서 출제될 경우, 문장 전체의 술어로 쓰여 술어와 목적어로 이루어진 긴 목적어를 받는 것이 특징이다. 주어 자리에 올 수 있는 대사나 명사는 '我(나)'와 '事情(일)'이 있지만 술어가 '喜欢'이므로 주어는 '我'이다.

2. 구조조사 '的' 뒤에는 명사나 대사가 와야 하므로 명사 '每天发生的(매일 일어난)' 뒤에 '事情(일)'이 위치한다.

3. 개사 '在(~에서)'는 술어 앞 부사어 자리에 위치하며, 일기장에 할 수 있는 행위는 기록하는 것이므로 술어는 '记下(적어 두다)'이다. '记下'에 대한 목적어는 2번에서 연결한 '每天发生的事情(매일 일어난 일)'이 적합하다.

4. 3번에서 연결한 '在日记本上记下每天发生的事情(일기장에 매일 일어난 일을 적는 것)'이 문장 전체의 목적어이다.

我	喜欢	在日记本上 记下 每天发生的 事情。
주어	술어	목적어 (부사어 + 술어 + 관형어 + 목적어)

93 ★★★

完成了	努力	他	经过	所有工作

정답 经过努力他完成了所有工作。 | 노력을 통하여 그는 모든 업무를 완수했다.

단어 **经过** jīngguò 동 통과하다, 거치다 | **努力** nǔlì 동 노력하다 | **完成** wánchéng 동 완수하다 | **所有** suǒyǒu 형 모든

해설 1. 주어 자리에는 명사나 대사가 와야 하므로 인칭대사 '他(그)'가 주어이다.

2. 술어 자리에는 동사나 형용사가 와야 한다. 제시된 어휘 중 동사가 여러 개지만 '完成(완수하다)' 뒤에는 동사 뒤에 쓰여 동작의 완료나 완성을 나타내는 동태조사 '了'가 있으므로 '完成了(완수했다)'가 술어이다.

3. 술어가 동사 '完成(완수하다)'이므로 의미상 '所有工作(모든 업무)'가 술어 뒤 목적어 자리에 위치한다.

4. 나머지 '经过(통과하다)'와 '努力(노력하다)'는 '经过努力(노력을 통하여)'로 연결해서 주어 앞 부사어 자리에 위치한다.

经过 努力 他 完成了 所有工作。
부사어 주어 술어 목적어

94 ★★☆

他 从衣着 可以看出 朴素的人 是个

정답 从衣着可以看出他是个朴素的人。	옷차림으로 그는 소박한 사람이라는 것을 알 수 있다.

단어 衣着 yīzhuó 명 옷차림 | 朴素 pǔsù 형 소박하다

해설 1. '从衣着(옷차림으로)'의 개사 '从'은 부사어의 어순(부사/조동사/개사구)에 따라 조동사 '可以(~할 수 있다)' 앞에 위치하며, 문장 전체의 술어는 '可以'와 연결되어있는 '看出(알아차리다)'이다.

2. '是个(이다)'의 '个'는 양사로써 뒤에 명사를 받아야 하므로 관형어와 명사로 이루어진 '朴素的人(소박한 사람)'을 연결한다.

3. 따라서 '他是个朴素的人(그는 소박한 사람이다)'으로 연결하며, 이것이 문장 전체의 목적어이다.

从衣着 可以 看出 他 是个 朴素的人。
부사어 술어 목적어
(주어 + 술어 + 관형어 + 목적어)

95 ★☆☆

这 怎么回事 是 到底

정답 这到底是怎么回事?	이게 도대체 어떻게 된 일이야?

단어 到底 dàodǐ 부 도대체

해설 1. 주어 자리에는 명사나 대사가 와야 하므로 지시대사 '这(이)'가 주어이다.

2. 술어 자리에는 동사나 형용사가 와야 하므로 동사 '是(~이다)'가 술어이다.

3. 부사 '到底(도대체)'는 술어 앞 부사어 자리에 위치한다.

4. '怎么回事(어떻게 된 일)'가 목적어 자리에 위치하고, 의문대사 '怎么(어떻게)'가 사용된 의문문이니 문장 끝에 물음표를 넣어 완성한다.

这 到底 是 怎么回事?
주어 부사어 술어 목적어

 〉〉 전략서 169p

정답	
86 他只能向大家道歉。	87 请告诉我现在的准确时间。
88 妈妈不会生气了吧?	89 只要打开这个开关，灯就亮了。
90 爷爷最喜欢看京剧。	91 我应该怎么安排时间呢?
92 他的到来让我非常吃惊。	93 这是一个很复杂的过程。
94 教室墙上挂满了画。	95 请把桌子擦干净。

86 ★★☆

只能　　他　　道歉　　向大家

정답 他只能向大家道歉。	그는 모두에게 사과할 수밖에 없었다.

단어 只 zhǐ 부 단지, 다만 | 能 néng 조동 ~할 수 있다 | 向 xiàng 개 ~에게 | 道歉 dàoqiàn 동 사과하다

해설 1. 주어 자리에는 명사나 대사가 와야 하므로 인칭대사 '他(그)'가 주어이다.

2. 술어 자리에는 동사나 형용사가 와야 하므로 동사 '道歉(사과하다)'이 술어이다.

3. '只能'의 '只(단지)'는 부사, '能(~할 수 있다)'은 조동사이며, '向大家(모두에게)'는 개사구이므로 '只/能/向大家' 모두 술어 앞 부사어 자리에 두어야 하며, 부사어의 어순(부사/조동사/개사구)에 따라 '只能向大家'로 연결한다.

他 只能 向大家 道歉。
주어 부사어 술어

87 ★★☆

请　　时间　　告诉我　　准确　　现在的

정답 请告诉我现在的准确时间。	현재의 정확한 시간을 저에게 알려 주세요.

단어 告诉 gàosu 동 알리다 | 准确 zhǔnquè 형 정확하다

해설 1. '请'은 부탁을 할 때 쓰는 표현으로 보통 문장의 맨 앞에 위치한다.

2. '告诉(알리다)'는 목적어 두 개를 잇달아 받을 수 있는 동사로 '我(나)'와 '时间(시간)'이 목적어이며, '告诉 + 사람목적어 + 사물목적어'의 순서로 쓴다.

3. 구조조사 '的(~의)' 뒤에는 명사나 대사가 와야 하므로 '现在的(현재의)' 뒤에 '时间(시간)'이 위치한다.

4. 나머지 어휘 '准确(정확하다)'는 '时间(시간)'을 꾸며주는 말이므로 그 앞의 관형어 자리에 위치한다.

请 告诉我 现在的 准确 时间。
술어 + 목적어1 관형어 목적어2

88 ★☆☆

妈妈	生气	不会	吧	了

정답 妈妈不会生气了吧? | 어머니는 화나지 않으셨겠죠?

단어 **生气** shēngqì 동 화내다

해설 1. 주어는 '**妈妈**(어머니)'이다.

2. '**不会**(~일 리 없다)'의 '**不**'는 부사, '**会**'는 조동사이므로 술어 앞 부사어 자리에 위치한다.

3. 술어 자리에는 동사나 형용사가 와야 하므로 동사 '**生气**(화내다)'가 술어이다. 동사 뒤에 쓰여 동작의 완료나 완성을 나타내는 동태조사 '**了**'가 있으므로 '**生气了**(화냈다)'로 연결한다.

4. 어기조사 '**吧**'는 물음표와 함께 문장 끝에 위치한다.

妈妈	不会	生气	了	吧?
주어	부사어	술어		

89 ★★☆

灯	打开	这个开关	只要	就亮了

정답 只要打开这个开关，灯就亮了。 | 이 스위치를 켜기만 하면 등이 켜진다.

단어 **只要** zhǐyào 접 ~하기만 하면 | **打开** dǎkāi 동 켜다 | **开关** kāiguān 명 스위치 | **灯** dēng 명 등 | **亮** liàng 형 밝히다

해설 1. '**只要…就…**'는 '~하기만 하면 ~하다'의 뜻으로 큰 구조를 먼저 파악하고 나머지를 연결해야 한다.

2. '**打开**(켜다)'라는 동사와 어울리는 목적어는 '**开关**(스위치)'이며, '**灯**(등)'과 어울리는 동사는 '**亮**(밝다)'이다.

3. '이 스위치를 켜기만 하면 등이 켜진다'이므로 '**只要**(~하기만 하면)' 뒤에 '**打开这个开关**(이 스위치를 켜다)'이 위치하고, 이어서 '**灯就亮了**(등이 켜진다)'가 와야 한다.

只要	打开	这个开关，	灯	就亮了。
	술어	관형어 + 목적어	주어	부사어 + 술어

90 ★☆☆

最	爷爷	喜欢	京剧	看

정답 爷爷最喜欢看京剧。 | 할아버지는 경극 보는 것을 가장 좋아하신다.

단어 **京剧** jīngjù 명 경극

해설 1. 술어 자리에는 동사나 형용사가 와야 한다. 제시된 어휘 중 동사 '**喜欢**(좋아하다)'이 쓰기 제1부분에서 출제될 경우, 문장 전체의 술어로 쓰여 술어와 목적어로 이루어진 긴 목적어를 받는 것이 특징이다. 주어 자리에 올 수 있는 명사는 '**爷爷**(할아버지)'와 '**京剧**(경극)'가 있지만 술어가 '**喜欢**'이므로 주어는 '**爷爷**'이다.

2. 정도부사 '**最**(가장)'는 술어 앞 부사어 자리에 위치한다.

3. '**看京剧**(경극을 보다)'가 술어 '**看**(보다)'과 목적어 '**京剧**(경극)'로 이루어진 긴 목적어이다.

爷爷	最	喜欢	看 京剧。
주어	부사어	술어	목적어 (술어 + 목적어)

쓰기 | 书写

91 ★★☆

应该	我	怎么安排	时间	呢

정답 我应该怎么安排时间呢? | 내가 어떻게 시간을 안배해야 하나요?

단어 **应该** yīnggāi 조동 ~해야 한다 | **安排** ānpái 동 안배하다

해설 1. 주어는 인칭대사 '我(나)'이다.

2. 술어 자리에는 동사나 형용사가 와야 하므로 동사 '安排(안배하다)'가 술어이다.

3. 조동사 '应该(~해야 한다)'는 술어 앞 부사어 자리에 위치해야 하므로 '怎么安排(어떻게 안배하는가)' 앞에 와야 한다.

4. '时间(시간)'은 술어 '安排(안배하다)'의 목적어이다.

5. 어기조사 '呢'는 물음표와 함께 문장 끝에 위치한다.

我	应该 怎么	安排	时间	呢?
주어	부사어	술어	목적어	

92 ★★☆

让	非常	他的到来	我	吃惊

정답 他的到来让我非常吃惊。 | 그가 와서 나는 매우 놀랐다.

단어 **到来** dàolái 동 오다 | **吃惊** chījīng 동 놀라다

해설 1. 제시된 어휘 중 '邀请(초청하다)', '让(~로 하여금 ~하게 하다)', '使(~로 하여금 ~하게 하다)'와 같은 동사가 있다면 겸어문일 가능성이 높다. 겸어문이란 술어1의 목적어가 술어2의 주어를 겸하는 문장을 말한다.

2. '让'은 'A + 让 + B + 술어' 형식으로 쓰여 'A는 B로 하여금 ~하게 하다'라는 뜻이다. 그가 온 것이 나를 놀라게 한 것이므로 '他的到来让我吃惊'으로 연결한다.

3. 정도부사 '非常(매우)'은 형용사나 감정을 나타내는 동사 앞에 쓰이므로 '吃惊(놀라다)' 앞에 위치한다.

他的到来	让	我	非常	吃惊。
관형어 + 주어	술어1	술어1의 목적어/술어2의 주어	부사어	술어2

93 ★☆☆

的	这是	很复杂	一个	过程

정답 这是一个很复杂的过程。 | 이것은 매우 복잡한 과정이다.

단어 **复杂** fùzá 형 복잡하다 | **过程** guòchéng 명 과정

해설 1. '这是'의 지시대사 '这(이것)'가 주어이고, 동사 '是(~이다)'가 술어이다.

2. 구조조사 '的' 뒤에는 명사나 대사가 와야 하므로 '的' 뒤에 명사 '过程(과정)'이 위치한다.

3. 관형어 자리에 복잡한 수식 성분이 쓰인 경우 '수사 + 양사 + 묘사성 수식어 + 的'의 순서인 '一个很复杂的'로 연결한다.

这是	一个 很复杂 的	过程。
주어 + 술어	관형어	목적어

94 ★★★

上	画	挂满	墙	了	教室

정답 教室墙上挂满了画。 | 교실 벽에는 그림이 가득 걸려 있다.

단어 **教室** jiàoshì 명 교실 | **墙** qiáng 명 벽 | **挂** guà 동 걸다 | **满** mǎn 형 가득하다 | **画** huà 명 그림

해설 1. 술어 자리에는 동사나 형용사가 와야 한다. '画'는 동사뿐만 아니라 명사로도 쓰여 동사 '挂(걸다)'의 목적어가 될 수 있으므로 술어 자리에는 '挂'가 위치한다.

2. '挂满'의 '满'은 결과보어로 결과보어가 있을 경우 동태조사는 그 뒤에 위치하므로 '挂满了(가득 걸려 있다)'로 연결한다.

3. 그림이 걸려 있는 곳인 '教室墙上(교실 벽에)'은 술어 앞에 위치힌다.

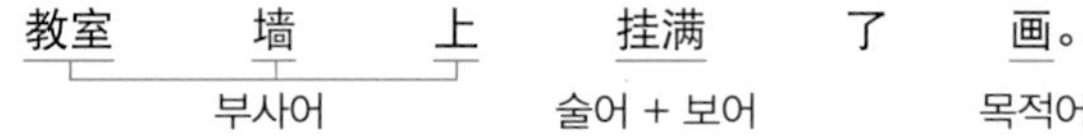

95 ★★☆

干净	把	请	擦	桌子

정답 请把桌子擦干净。 | 탁자를 깨끗하게 닦아 주세요.

단어 **把** bǎ 개 ~을, ~를 | **桌子** zhuōzi 명 탁자 | **擦** cā 동 닦다 | **干净** gānjìng 형 깨끗하다

해설 1. '请'은 부탁을 할 때 쓰는 표현으로 보통 문장의 맨 앞에 위치한다.

2. '把'가 보이면 '把자문'의 공식 '주어 + 把 + 목적어 + 동사 + 기타성분'을 떠올려야 한다. 주어는 생략되었고, 목적어는 '桌子(탁자)', 동사는 '擦(닦다)', 기타성분은 결과보어 '干净(깨끗해지다)'이다.

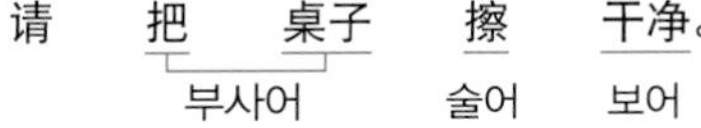

쓰기 | 书写

제2부분

미리보기 해석

제1부분

》 전략서 172p

96. 她很喜欢打乒乓球。	96. 그녀는 탁구 치는 것을 매우 좋아한다.

01. 동사

유형 확인 문제

》 전략서 174p

모범 답안 1 她想试试这件衣服。/ 我想买这件衣服，我可以试试吗?

1 ★★☆

试

모범 답안

她想试试这件衣服。
我想买这件衣服，我可以试试吗?

그녀는 이 옷을 좀 입어 보고 싶어 한다.
나는 이 옷을 사고 싶은데, 입어 봐도 되나요?

단어 试 shì 동 시험 삼아 해 보다 | 可以 kěyǐ 조동 ~해도 좋다, ~할 수 있다

해설 사진 속 여자가 옷을 들고 자신의 몸에 대 보고 있다. '~하고 싶다'라는 의미의 조동사 '想(~하고 싶다)'과 옷을 세는 양사인 '件'을 써서 '이 옷을 입어 보고 싶다'라는 내용으로 작문할 수 있다. 다른 표현으로는 상대방의 허락을 구할 때 쓰는 조동사 '可以(~해도 좋다)'를 써서 '입어봐도 되나요?'로도 작문할 수 있다. 동사 '试'는 중첩하여 '좀 ~하다'라는 표현으로도 활용하면 좋다.

02. 명사

유형 확인 문제

》 전략서 175p

모범 답안 1 他还没有想出答案。/ 他不知道答案是什么。

1 ★★☆

答案

모범 답안

他还没有想出答案。
他不知道答案是什么。

그는 아직 답이 생각나지 않았다.
그는 답이 무엇인지 모른다.

단어 答案 dá'àn 명 답안

해설 사진 속 남자 아이가 고개를 숙인 채 두 손을 이마 위에 대고 생각하고 있다. 제시된 어휘 '答案(답안)'과 어울리는 동사 '想出(생각나다)'나 '知道(알다)'를 부정부사 '没'나 '不'를 써서 '답이 생각나지 않다'나 '답을 모른다'는 내용으로 작문할 수 있다.

03. 형용사

유형 확인 문제

》 전략서 176p

모범 답안 | 这个房间很脏。/ 这个房间又脏又乱。

1 ★★☆

脏

모범 답안

这个房间很脏。
这个房间又脏又乱。

이 방은 매우 더럽다.
이 방은 더럽고 어지럽다.

단어 脏 zāng 형 더럽다 | 乱 luàn 형 어지럽다

해설 사진 속의 방은 어지럽혀진 상태이다. 제시된 어휘는 형용사로 '很', '非常', '真', '特别'와 같은 정도부사를 써서 '이 방은 매우 더럽다'라고 작문하거나, 형용사 '乱(어지럽다)'과 '~하고 ~하다'라는 뜻의 '又…又…'를 써서 작문할 수 있다.

04. 양사

유형 확인 문제

》 전략서 177p

모범 답안 | 这篇小说的作者竟然是大学生。/ 我非常喜欢这篇小说。

1 ★★☆

篇

모범 답안

这篇小说的作者竟然是大学生。
我非常喜欢这篇小说。

이 소설의 작가는 뜻밖에도 대학생이다.
나는 이 소설을 매우 좋아한다.

단어 篇 piān 양 (문장을 세는) 편 | 小说 xiǎoshuō 명 소설 | 作者 zuòzhě 명 작가 | 竟然 jìngrán 부 뜻밖에도

해설 사진 속에는 책 한 권이 있고, 제시된 어휘 '篇(편)'은 문장을 세는 양사로 '文章(글)'이나 '小说(소설)'와 자주 쓰인다. '지시대사 + 양사 + 명사' 형식으로 '这篇小说(이 소설)'라고 표현하고, '作者(작가)'라는 어휘를 넣어 '이 소설의 작가는 ~이다'라고 작문할 수 있다. 여기에 '뜻밖에도'라는 뜻의 부사 '竟然'을 동사 앞에 쓸 수도 있으며, 간단하게 심리동사 '喜欢(좋아하다)'이나 경험을 나타내는 동태조사 '过(~한 적이 있다)'를 써서 '소설을 매우 좋아한다'나 '소설을 본 적이 있다'로 작문할 수도 있다.

실전 연습 1 – 제2부분

》전략서 178p

모범 답안
96 不能在公共场所抽烟。
97 她在复印今天下午开会的资料。
98 她在查汉语词典。
99 她在办公室打扫。
100 春节期间各大商场都在打折。

96 ★★☆

抽烟

모범 답안
不能在公共场所抽烟。

참고 답안
抽烟对身体不好，所以我决定为我的健康戒烟。

공공장소에서는 담배를 피우면 안 된다.
담배를 피우는 것은 몸에 안 좋아서, 나는 나의 건강을 위하여 금연하기로 결심했다.

단어 公共场所 gōnggòng chǎngsuǒ 명 공공장소 | 抽烟 chōuyān 동 담배를 피우다 | 决定 juédìng 동 결심하다 | 健康 jiànkāng 명 건강 | 戒烟 jièyān 금연하다

해설 제시된 어휘는 동사 '抽烟(담배를 피우다)'이고, 사진 속에는 흡연 금지 표시가 있다. '~하면 안 된다'라는 뜻의 '不能'을 써서 작문할 수 있다.

97 ★☆☆

复印

모범 답안
她在复印今天下午开会的资料。

참고 답안
老板让我把这个材料复印5份。

그녀는 오늘 오후 회의 자료를 복사하고 있다.
사장님은 나에게 이 자료를 5부 복사하게 하셨다.

단어 复印 fùyìn 동 복사하다 | 开会 kāihuì 동 회의를 열다 | 资料 zīliào 명 자료 | 老板 lǎobǎn 명 사장 | 把 bǎ 개 ~을, ~를 | 份 fèn 양 (문건을 세는) 부

해설 제시된 어휘는 동사 '复印(복사하다)'이고, 사진 속 여자는 복사하는 중이다. 진행을 나타내는 부사 '在(~하는 중이다)'를 써서 작문할 수 있다.

98 ★☆☆

词典

모범 답안
她在查汉语词典。

참고 답안
遇到不懂的词，可以去查词典。

그녀는 중국어 사전을 찾고 있다.
모르는 단어를 보면, 사전을 찾아보면 된다.

단어 查 chá 동 찾아보다 | 词典 cídiǎn 명 사전 | 遇到 yùdào 동 만나다, 봉착하다

해설 제시된 어휘는 명사 '词典(사전)'이고 사진 속 여자는 사전을 찾고 있다. 진행을 나타내는 부사 '在(~하는 중이다)'와 동사 '查(찾아보다)'를 써서 작문할 수 있다. '汉语(중국어)', '英语(영어)' 등의 언어를 써서 어떤 사전인지 꾸며 주면 문장을 더욱 풍성하게 만들 수 있다.

99 ★★☆

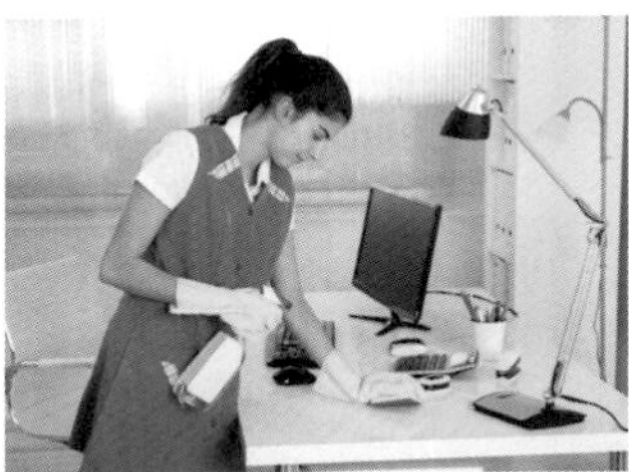

打扫

모범 답안
她在办公室打扫。

참고 답안
她每天上班后，打扫自己的办公室。

그녀는 사무실에서 청소하고 있다.
그녀는 매일 출근 후 자신의 사무실을 청소한다.

단어 办公室 bàngōngshì 명 사무실 | 打扫 dǎsǎo 동 청소하다 | 自己 zìjǐ 대 자신

해설 제시된 어휘는 동사 '打扫(청소하다)'이고, 사진 속 여자는 청소를 하고 있다. 장소를 나타내는 어휘와 함께 쓰이는 개사 '在(~에서)'와 장소 명사 '办公室(사무실)'나 '房间(방)'을 써서 작문할 수 있다.

100 ★★☆

打折

모범 답안
春节期间各大商场都在打折。

참고 답안
各大商场都会举办一些打折活动来吸引顾客。

춘절 기간에 각 대형 상점들은 세일을 한다.
각 대형 상점들은 모두 할인 행사를 열어 고객을 유인한다.

단어 春节 Chūnjié 명 춘절 | 期间 qījiān 명 기간 | 各 gè 대 각 | 商场 shāngchǎng 명 상점 | 打折 dǎzhé 동 할인하다 | 举办 jǔbàn 동 거행하다 | 活动 huódòng 명 행사 | 吸引 xīyǐn 동 끌어당기다 | 顾客 gùkè 명 고객

해설 제시된 어휘는 동사 '打折(할인하다)'이고, 사진 속에는 '할인하다'는 의미의 '减价'가 써 있으므로 할인 행사 중임을 알 수 있다. 진행을 나타내는 부사 '在(~하는 중이다)'와 '春节期间(춘절 기간)'이나 '圣诞节期间(크리스마스 기간)'과 같은 어휘를 써서 작문할 수 있다.

›› 전략서 179p

모범 답안

96 别人遇到问题请她帮忙时，她总是很友好。

97 她看起来很幸福。

98 孩子感冒很严重，所以妈妈很担心。

99 很多学生的爱好是打羽毛球。

100 每天上下班的时间，这里都会堵车。

96 ★★★

友好

모범 답안
别人遇到问题请她帮忙时，她总是很友好。

참고 답안
我的同学对我很友好。

다른 사람이 문제에 직면해서 그녀에게 도움을 청할 때, 그녀는 항상 우호적이다.
내 친구는 내게 매우 우호적이다.

단어 **遇到** yùdào 동 부닥치다, 직면하다 | **问题** wèntí 명 문제 | **帮忙** bāngmáng 동 도와주다 | **总是** zǒngshì 부 항상 | **友好** yǒuhǎo 형 우호적이다

해설 제시된 어휘는 '友好'로 형용사일 경우 '우호적이다', 명사일 경우 '절친한 친구'라는 뜻이다. 사진 속 한 여자는 친구로 보이는 다른 여자에게 무엇인가를 알려 주고 있으므로 '遇到问题(문제에 직면하다)', '请 + 대상 + 帮忙(~에게 도움을 청하다)'과 같은 표현을 쓰고 마지막에 '그녀는 우호적이다'라고 제시된 어휘를 넣어 작문할 수 있다.

97 ★★☆

幸福

모범 답안
她看起来很幸福。

참고 답안
你的人生中最幸福的事是什么?

그녀는 매우 행복해 보인다.
당신의 인생에서 가장 행복한 일은 무엇인가요?

단어 **看起来** kàn qǐlái 보기에 ~하다 | **幸福** xìngfú 형 행복하다 | **人生** rénshēng 명 인생

해설 제시된 어휘는 명사나 형용사로 쓰이는 '幸福(행복하다)'이고 사진 속의 여자는 활짝 웃고 있다. '보기에 ~하다'라는 '**看起来**'를 써서 여자가 어때 보이는지 작문할 수 있다.

98 ★★★

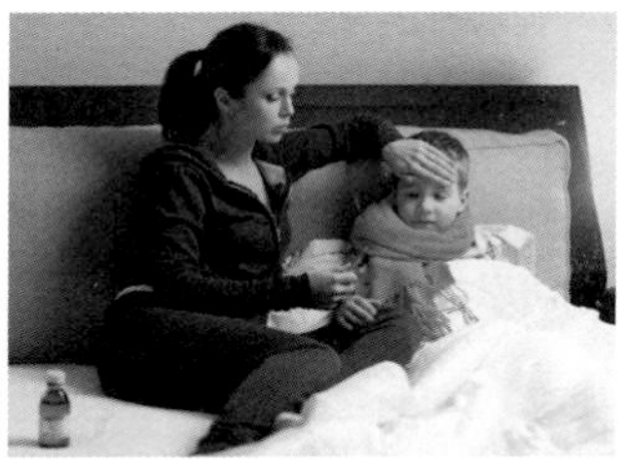

严重

모범 답안

孩子感冒很严重，所以妈妈很担心。

참고 답안

孩子从昨天开始发烧，现在咳嗽得很严重。

아이의 감기가 굉장히 심해서, 엄마가 매우 걱정한다.
아이는 어제부터 열이 나더니, 지금은 기침이 매우 심하다.

단어 严重 yánzhòng 형 심각하다 | 担心 dānxīn 동 걱정하다 | 发烧 fāshāo 동 열이 나다 | 咳嗽 késou 동 기침하다

해설 제시된 어휘는 형용사 '严重(심각하다)'이고 사진 속의 아이가 아파서 엄마가 걱정하는 모습이다. 제시된 어휘와 '感冒(감기에 걸리다)'를 써서 아이의 상태를 묘사하고, 아이가 아프면 엄마는 걱정스럽기 때문에 동사 '担心(걱정하다)'을 써서 작문할 수 있다.

99 ★★☆

羽毛球

모범 답안

很多学生的爱好是打羽毛球。

참고 답안

我们很喜欢打羽毛球，所以常常去附近的公园打球。

많은 학생들의 취미는 배드민턴을 치는 것이다.
우리는 배드민턴 치는 것을 매우 좋아해서, 자주 근처 공원에 가서 배드민턴을 친다.

단어 爱好 àihào 명 취미 | 打 dǎ 동 치다 | 羽毛球 yǔmáoqiú 명 배드민턴 | 附近 fùjìn 명 근처

해설 제시된 어휘는 명사 '羽毛球(배드민턴)'이고 사진 속 두 인물은 배드민턴을 치고 있다. 배드민턴과 함께 쓰이는 동사 '打(치다)'를 제시된 어휘와 함께 써서 '打羽毛球(배드민턴을 치다)'라고 표현하고, 명사 '爱好(취미)'와 동사 '是(~이다)'를 써서 '~의 취미는 배드민턴을 치는 것이다'라고 작문할 수 있다.

100 ★★★

堵车

모범 답안

每天上下班的时间，这里都会堵车。

참고 답안

我怕堵车，一般骑自行车上下班。

매일 출퇴근 시간에 이곳은 항상 차가 막힌다.
나는 차가 막히는 게 걱정돼서 보통 자전거를 타고 출퇴근한다.

단어 堵车 dǔchē 동 차가 막히다 | 怕 pà 동 걱정하다 | 一般 yìbān 형 일반적이다 | 骑 qí 동 타다

해설 제시된 어휘는 동사 '堵车(차가 막히다)'이고 사진 속 길은 교통 체증이 심한 모습이다. 차가 주로 막히는 시간대인 '春节的时候(춘절 때)'나 '上下班的时间(출퇴근 시간)' 등을 써서 작문할 수 있다.

쓰기 书写 실전 테스트

〉〉 전략서 182p

정답 및 모범 답안

제1부분

86 他们经常在一起打篮球。
87 她总是认真地完成任务。
88 每个人都会保护自己的家人。
89 果园里的果实已经成熟了。
90 任何事情我们都不应该放弃。
91 听到这个消息后孩子们心情十分激动。
92 我们大约讨论了一个小时。
93 为了健康应该多吃水果。
94 我们知道他没去上班的原因。
95 他可能把爸爸的生日忘了。

제2부분

96 这次比赛上，他获得了第一名。
97 她站在门口欢迎朋友的到来。
98 今天工作很累，所以她坐在沙发上休息。
99 妈妈给女儿买了一顶新帽子。
100 北方的冬天特别冷。

쓰기 书写 제1부분

86 ★★★

他们　　经常　　打篮球　　在一起

정답 他们经常在一起打篮球。 | 그들은 자주 함께 농구를 한다.

단어 **经常** jīngcháng 부 자주 | **打** dǎ 동 (어떤 운동을) 하다 | **篮球** lánqiú 명 농구

해설 1. 주어는 인칭대사 '他们(그들)'이다.

2. '经常(자주)'은 부사이므로 술어 앞에 위치한다.

3. 술어인 '打(하다)'와 어울리는 목적어는 '篮球(농구)'이다.

4. '一起(함께)'는 일반적으로 부사 중 가장 마지막에 오므로 '经常(자주)' 뒤에 위치한다.

他们 (주어) 经常 在一起 (부사어) 打篮球。 (술어 + 목적어)

87 ★★★					
任务	认真	她	完成	地	总是

정답 她总是认真地完成任务。	그녀는 항상 착실하게 임무를 완수한다.

단어 总是 zǒngshì 부 항상 | 认真 rènzhēn 형 착실하다 | 完成 wánchéng 동 완수하다 | 任务 rènwu 명 임무

해설 1. 주어는 인칭대사 '她(그녀)'이다.

2. '总是(항상)'는 부사이므로 술어 앞에 위치한다.

3. 술어 자리에는 동사나 형용사가 와야 한다. 제시된 어휘 중 형용사 '认真(착실하다)'과 동사 '完成(완수하다)'이 있지만, 부사어 자리에 형용사가 쓰여 술어를 꾸며줄 때 쓰이는 구조조사 '地'가 있으므로 형용사 '认真'은 부사어로 쓰였음을 알 수 있다. 따라서 문장의 술어는 '完成'이고 목적어는 '任务(임무)'이다.

她	总是 认真 地	完成	任务。
주어	부사어	술어	목적어

88 ★★☆			
自己的家人	保护	每个人	都会

정답 每个人都会保护自己的家人。	모든 사람은 전부 자신의 가족을 보호할 것이다.

단어 保护 bǎohù 동 보호하다 | 家人 jiārén 명 가족

해설 1. 술어 자리에는 동사나 형용사가 와야 한다. 제시된 어휘 중 동사 '保护(보호하다)'가 있으므로 문장의 술어가 된다.

2. 술어가 '保护(보호하다)'이므로 의미상 '每个人(모든 사람)'이 주어, '自己的家人(자신의 가족)'이 목적어가 된다.

3. 부사 '都(전부)'와 조동사 '会(~할 것이다)'의 조합인 '都会'는 부사어 자리에 와야 한다.

每个人	都会	保护	自己的家人。
주어	부사어	술어	관형어 + 목적어

89 ★★☆				
果实	成熟	已经	了	果园里的

정답 果园里的果实已经成熟了。	과수원 안의 과일은 이미 익었다.

단어 果园 guǒyuán 명 과수원 | 果实 guǒshí 명 과실, 과일 | 已经 yǐjing 부 이미 | 成熟 chéngshú 동 익다

해설 1. '已经…了'는 '이미 ~이다'라는 뜻으로 가운데에 술어가 위치한다.

2. 구조조사 '的(~의)' 뒤에는 명사가 와야 하므로 '果园里的(과수원 안의)' 뒤에는 명사 '果实(과일)'가 위치한다.

3. 술어 자리에는 동사나 형용사가 와야 하므로 동사 '成熟(익다)'가 문장의 술어이다.

果园里的	果实	已经	成熟	了。
관형어	주어	부사어	술어	

90 ★★★

我们	任何事情	不应该	放弃	都

정답 任何事情我们都不应该放弃。 | 어떤 일이든 우리는 포기하면 안 된다.

단어 **任何** rènhé 대 어떠한 | **应该** yīnggāi 조동 ~해야 한다 | **放弃** fàngqì 동 포기하다

해설 1. 주어는 인칭대사 '我们(우리)'이다.

2. '不应该(~해서는 안 된다)'의 '不'는 부사, '应该'는 조동사이므로 부사어 자리에 위치한다.

3. 일반부사와 부정부사가 함께 쓰였을 경우, 일반부사를 먼저 쓰므로 '都' 뒤에 '不'가 위치한다.

4. 동사 '放弃(포기하다)'가 술어이며, 이와 어울리는 명사 '事情(일)'이 목적어이다. 범위를 나타내는 부사 '都'가 있으므로 이것이 가리키는 범위인 '任何事情(어떤 일)'이 '都' 앞에 와야 한다. '任何…都'라는 구문을 알면 쉽게 풀 수 있다.

任何事情	我们	都 不应该	放弃。
관형어 + 목적어	주어	부사어	술어

91 ★☆☆

十分	激动	心情	孩子们	听到这个消息后

정답 听到这个消息后孩子们心情十分激动。 | 이 소식을 듣고 난 후 아이들의 기분이 매우 흥분되었다.

단어 **消息** xiāoxi 명 소식 | **心情** xīnqíng 명 기분, 심정 | **十分** shífēn 부 매우 | **激动** jīdòng 동 흥분하다

해설 1. '听到这个消息后(이 소식을 듣고 난 후)'에서 '后'는 '~한 후에'의 뜻으로 문장 마지막에 올 수 없다.

2. 주어는 '명사 + 명사'의 조합인 '孩子们心情(아이들의 기분)'이다.

3. '激动'은 '흥분하다'라는 뜻의 감정을 나타내는 동사로 술어 역할을 하며, 앞에 정도부사 '十分(매우)'이 온다.

听到这个消息后	孩子们 心情	十分	激动。
부사어	주어	부사어	술어

92 ★☆☆

我们	一个小时	大约	讨论	了

정답 我们大约讨论了一个小时。 | 우리는 대략 한 시간 동안 토론했다.

단어 **大约** dàyuē 부 대략 | **讨论** tǎolùn 동 토론하다

해설 1. 주어는 인칭대사 '我们(우리)'이다.

2. 부사 '大约(대략)'는 술어 앞 부사어 자리에 위치한다.

3. 술어 자리에는 동사나 형용사가 와야 하므로 동사 '讨论(토론하다)'이 문장의 술어이다. 동태조사 '了'는 동사 뒤에서 동작의 완료나 완성을 나타내므로 '讨论' 뒤에 위치한다.

4. '一个小时(한 시간)'는 술어 뒤 보어 자리에 위치한다.

我们	大约	讨论	了	一个小时。
주어	부사어	술어		보어

93 ★☆☆

健康　　水果　　多吃　　为了　　应该

정답 为了健康应该多吃水果。	건강을 위해 과일을 많이 먹어야 한다.

단어 为了 wèile 개 ~을 하기 위하여 | 健康 jiànkāng 명 건강 | 应该 yīnggāi 조동 ~해야 한다

해설 1. '为了'는 '为了 + 목적 + 행위'의 형식으로 쓰여 '(목적)을 위하여 (행위)하다'라는 뜻이다. 여기서 목적은 '健康(건강)'이며, 행위는 '多吃水果(과일을 많이 먹는 것)'이다.

2. 조동사 '应该(~해야 한다)'는 술어 앞 부사어 자리에 위치한다.

为了 健康 应该 (부사어) 多吃 (술어) 水果。(목적어)

94 ★☆☆

我们知道　　他　　原因　　没去　　上班的

정답 我们知道他没去上班的原因。	우리는 그가 출근하지 않은 이유를 안다.

단어 原因 yuányīn 명 원인, 이유

해설 1. 주어는 인칭대사인 '他(그)' 또는 '我们(우리)'이 될 수 있지만 의미상 '我们(우리)'이 문장 전체의 주어이다.

2. 술어 자리에는 동사나 형용사가 와야 하므로 술어는 동사 '知道(알다)'이다.

3. '没去'의 '没'는 부사, '去'는 동사이므로 뒤쪽에 목적어가 필요하다.

4. 구조조사 '的' 뒤에는 명사가 와야 하므로 '上班的(출근하는)' 뒤에는 명사 '原因(이유)'이 위치한다.

我们知道 (주어+술어) 他 没去 上班的 (관형어) 原因。(목적어)

95 ★☆☆

他　　把　　忘了　　可能　　爸爸的生日

정답 他可能把爸爸的生日忘了。	그는 아마도 아버지의 생일은 잊은 것 같다.

단어 可能 kěnéng 조동 아마도 | 把 bǎ 개 ~을, ~를 | 忘 wàng 동 잊다

해설 1. '把'가 보이면 '把자문'의 기본 공식 '주어 + 把 + 목적어 + 동사 + 기타성분'을 떠올려야 한다. 주어는 '他(그)'이며 '把' 뒤에 쓰일 목적어는 '爸爸的生日(아버지의 생일)'이다.

2. 술어 자리에는 동사나 형용사가 와야 하므로 동사 '忘(잊다)'이 문장의 술어이다.

3. 조동사 '可能(아마도)'은 '把' 앞에 위치한다.

他 (주어) 可能 把 爸爸的生日 (부사어) 忘了。(술어)

96 ★★☆

获得

모범 답안
这次比赛上，他获得了第一名。

참고 답안
没想到我这次能获得第一名。

이번 시합에서 그는 1등을 했다.
나는 이번에 1등 할 줄은 생각지도 못했다.

단어 **比赛** bǐsài 명 시합 | **获得** huòdé 동 얻다, 획득하다

해설 제시된 어휘는 동사 '获得(획득하다)'이고, 사진 속 남자는 트로피를 들고 기뻐하고 있으므로 시합에서 우승했다고 볼 수 있다. 따라서 '获得第一名(1등을 하다)'이라는 표현과 명사 '比赛(시합)'를 써서 어떤 상황인지 표현하면 문장이 더욱 풍성해진다.

97 ★★★

欢迎

모범 답안
她站在门口欢迎朋友的到来。

참고 답안
这种房子很受人们的欢迎。

그녀는 현관에 서서 친구가 온 것을 환영한다.
이런 집은 사람들에게 매우 인기가 많다.

단어 **站** zhàn 동 서다 | **门口** ménkǒu 명 입구, 현관 | **欢迎** huānyíng 동 환영하다 | **到来** dàolái 동 오다

해설 제시된 어휘는 동사 '欢迎(환영하다)'이고 사진 속 여자는 문 앞에서 누군가를 맞이하고 있다. 여자가 서 있는 장소 '门口(현관)'와 환영하는 대상인 '朋友(친구)'를 써서 작문할 수 있다. 동사 '站(서다)'은 뒤에 '在 + 장소명사'가 오는 것을 기억하자.

98 ★☆☆

沙发

모범 답안
今天工作很累，所以她坐在沙发上休息。

참고 답안
我喜欢坐在沙发上看电影。

오늘 일이 너무 피곤해서, 그녀는 소파에 앉아서 휴식을 취한다.
나는 소파에 앉아 영화 보는 것을 좋아한다.

단어 **沙发** shāfā 명 소파

해설 제시된 어휘는 명사 '沙发(소파)'이고, 사진 속 여자는 소파에 앉아서 휴식을 취하고 있다. 원인과 결과를 나타내는 접속사 '因为… 所以…'를 써서 작문할 수 있다. 주의할 점은 일반적으로 '在 + 장소명사'는 동사 앞에 오지만, '坐(앉다)'나 '站(서다)'과 같은 동사와 함께 쓰일 때는 '在 + 장소명사'가 동사 뒤에 위치하므로 '坐 + 在 + 장소명사' 형태로 쓰인다.

99 ★☆☆

帽子

모범 답안
妈妈给女儿买了一顶新帽子。

참고 답안
这顶帽子对孩子很合适。

엄마는 딸에게 새 모자를 하나 사 주었다.
이 모자는 아이에게 잘 어울린다.

단어 顶 dǐng 양 모자를 셀 때 쓰는 양사 | 帽子 màozi 명 모자

해설 제시된 어휘는 명사 '帽子(모자)'이고 사진 속 아이는 모자를 쓰고 있다. 모자를 셀 때 쓰는 양사인 '顶'을 '수사 + 양사 + 명사' 형식으로 '一顶新帽子'로 표현하고 동사 '买(사다)'를 써서 작문할 수 있다.

100 ★☆☆

北方

모범 답안
北方的冬天特别冷。

참고 답안
他来自南方，所以还不习惯北方的冬天。

북방의 겨울은 특히 춥다.
그는 남방에서 와서 아직 북방의 겨울에 익숙하지 않다.

단어 北方 běifāng 명 북방 | 特别 tèbié 부 특히

해설 제시된 어휘는 명사 '北方(북방)'이고, 사진 속 인물이 옷을 많이 입고 있는 것으로 보아 날씨가 매우 춥다는 것을 알 수 있다. 형용사 '冷(춥다)'과 그 앞에 정도부사 '特别(특히)'를 써서 작문할 수 있다.

新HSK 4급

실전 모의고사 1, 2, 3회

정답 및 해설

실전 모의고사 1

》 모의고사 6p

듣기 听力

제1부분

1 ✓	2 ×	3 ×	4 ✓	5 ×
6 ✓	7 ×	8 ✓	9 ✓	10 ×

제2부분

11 C	12 B	13 C	14 C	15 D
16 A	17 A	18 D	19 B	20 C
21 D	22 A	23 B	24 D	25 B

제3부분

26 B	27 D	28 B	29 C	30 C
31 A	32 C	33 D	34 A	35 D
36 D	37 A	38 C	39 D	40 B
41 A	42 A	43 D	44 C	45 B

독해 阅读

제1부분

46 A	47 E	48 F	49 B	50 C
51 B	52 A	53 E	54 F	55 D

제2부분

56 C - A - B	57 B - C - A	58 C - A - B	59 A - C - B	60 B - C - A
61 B - C - A	62 C - A - B	63 C - A - B	64 B - C - A	65 B - A - C

제3부분

66 D	67 C	68 B	69 C	70 D
71 C	72 D	73 B	74 B	75 D
76 B	77 C	78 C	79 B	80 C
81 C	82 D	83 B	84 D	85 C

쓰기 书写

제1부분

86 他们将要参观这个美丽的城市。
87 你知道她什么时候去吗?
88 导游带我们去了很多地方。
89 他的办公室已经换到二楼了。
90 对于昨天发生的事情我感到非常抱歉。
91 她从来不关心别人的事情。
92 这种天气真难受。
93 他们没有办法完成这项任务。
94 我忘记他的电话号码了。
95 他邀请我来参加他的生日会。

제2부분

96 她喜欢看京剧，但是听不懂。
97 小孩子多爬一爬对身体有好处。
98 她从小就对弹钢琴感兴趣。
99 毕业以后，我打算考研究生。
100 她正坐在电脑前查资料。

제1부분

1 ★★☆

几年不见，他从完全不会弹钢琴到现在能开钢琴演奏会了，真要对他刮目相看了。	몇 년 보지 못한 사이에, 그는 전혀 피아노를 칠 수 없던 것에서 지금은 피아노 연주회를 열 수 있게 되었다. 그가 정말 새롭게 보였다.
★ 他现在钢琴弹得很好。 (✓)	★ 그는 현재 피아노를 매우 잘 친다. (✓)

단어 完全 wánquán 부 전혀 | 弹 tán 동 (악기를) 연주하다 | 钢琴 gāngqín 명 피아노 | 演奏 yǎnzòu 동 연주하다 | 刮目相看 guāmù xiāngkàn 성 눈을 비비고 상대편을 보다, 괄목상대하다

해설 '从…到…'는 '~에서 ~까지'라는 뜻이고 '开演奏会'는 '연주회를 열다'라는 뜻이다. '现在能开钢琴演奏会了(지금은 피아노 연주회를 열 수 있게 되었다)'를 통해 그는 현재 피아노를 잘 친다는 것을 알 수 있으므로 제시된 문장과 녹음 내용은 일치한다.

2 ★★☆

他找了一份自己喜欢的工作，尽管每天很忙，但他一点儿也不觉得辛苦。	그는 자신이 좋아하는 일을 찾아서, 비록 매일 바쁘지만 조금도 힘들다고 생각하지 않는다.
★ 他的工作很轻松。 (×)	★ 그의 일은 매우 수월하다. (×)

단어 自己 zìjǐ 대 자신 | 尽管 jǐnguǎn 접 비록 ~라 하더라도 | 每天 měitiān 명 매일 | 辛苦 xīnkǔ 형 고생스럽다

해설 '尽管…但(是)…'은 '비록 ~하더라도 ~하다', '一点儿也不'는 '조금도 ~하지 않다'라는 뜻으로 '尽管每天很忙，但他一点儿也不觉得辛苦(비록 매일 바쁘지만 조금도 힘들다고 생각하지 않는다)'를 통해 자신이 좋아하는 일이기 때문에 힘들지 않다고 느끼는 것이지 일이 수월한 것은 아님을 알 수 있다. 따라서 제시된 문장과 녹음 내용은 일치하지 않는다.

3 ★★☆

她现在在市里的一家公司上班，每天丈夫都会接送她上下班，所以她感到非常幸福。	그녀는 현재 시내에 있는 한 회사에 다닌다. 매일 남편이 그녀가 출퇴근할 때 데려다주고 데리러 와서 그녀는 매우 행복하다.
★ 她每天自己上班。 (×)	★ 그녀는 매일 스스로 출근한다. (×)

단어 市 shì 명 (행정 구역 단위의) 시 | 每天 měitiān 명 매일 | 接送 jiē sòng 맞이하고 보내다 | 上下班 shàngxiàbān 출퇴근하다 | 感到 gǎndào 동 느끼다 | 幸福 xìngfú 형 행복하다 | 自己 zìjǐ 대 스스로

해설 '每天丈夫都会接送她上下班(매일 남편이 그녀가 출퇴근할 때 데려다주고 데리러 온다)'을 통해 그녀는 매일 스스로 출근하지 않는다는 것을 알 수 있다. 따라서 제시된 문장과 녹음 내용은 일치하지 않는다.

Tip

양사 家

'家'는 '집'이라는 명사로 쓰이기도 하고 영리단체를 세는 양사로도 쓰인다.
新HSK 4급에서는 주로 '公司(회사)', '超市(슈퍼마켓)' 등을 세는 양사로 쓰인다.

4 ★☆☆

他每天回到家都只有一个人，只能看电视、上网，感到很孤独。	그는 매일 집으로 돌아오면 늘 혼자라 텔레비전을 보거나 인터넷만 할 수밖에 없어서 매우 외로움을 느낀다.
★ 他感到很孤独。 (√)	★ 그는 매우 외로움을 느낀다. (√)

단어 回到 huídào 동 되돌아가다 | 只 zhǐ 부 오직, 단지 | 上网 shàngwǎng 동 인터넷을 하다 | 感到 gǎndào 동 느끼다 | 孤独 gūdú 형 고독하다

해설 녹음 내용과 제시된 문장에서 모두 '感到很孤独(매우 외로움을 느낀다)'라고 했으므로 쉽게 정답을 판단할 수 있다. 따라서 제시된 문장과 녹음 내용은 일치한다.

Tip

都의 여러 가지 의미

의미	형식	예문
모두	복수 주어 + 都	我们都很喜欢看书。우리는 모두 책 보는 것을 좋아한다.
이미(= 已经)	都…了	我都三十岁了。나는 이미 30살이다.
항상, 늘	每天/每年/每次…都…	我每天都吃苹果。나는 매일 사과를 먹는다.
~도(= 也)	连…都…	我最近很忙，连吃饭的时间都没有。나는 요즘 너무 바빠서 밥 먹을 시간도 없다.

* 녹음 내용 중 '每天(매일)' 뒤의 '都'는 '모두'가 아닌 '늘', '항상'이라고 해석한다.

5 ★★☆

你先把这件事情做好，其他事情暂时放一放。	당신은 우선 이 일을 처리하고, 다른 일은 잠시 미루어 두세요.
★ 这件事情不重要。 (×)	★ 이 일은 중요하지 않다. (×)

단어 先 xiān 부 우선 | 把 bǎ 개 ~을, 를 | 其他 qítā 대 (사람·사물에 쓰여) 기타 | 暂时 zànshí 명 잠깐 | 放 fàng 동 제쳐놓다, 미루어 두다 | 重要 zhòngyào 형 중요하다

해설 '先(우선)'을 이용해서 일의 우선순위를 나타낸 '你先把这件事情做好(당신은 우선 이 일을 처리하고)'를 통해 이 일이 중요하다는 것을 알 수 있다. 따라서 제시된 문장과 녹음 내용은 일치하지 않는다.

6 ★★☆

大卫，你太让我吃惊了，才来中国一个月，而且没有参加任何学习班，你就能把汉语说得那么地道，真是不简单。	데이비드, 너 정말 놀랍다. 중국에 온지 한 달밖에 안 됐고 어떤 학원도 안 다녔는데, 중국어를 그렇게 중국인처럼 할 수 있다니 정말 대단해.
★ 大卫汉语说得很好。 (√)	★ 데이비드는 중국어를 매우 잘한다. (√)

단어 吃惊 chījīng 동 놀라다 | 才 cái 부 겨우 | 而且 érqiě 접 게다가 | 参加 cānjiā 동 참가하다 | 任何 rènhé 대 어떠한 | 学习班 xuéxíbān 명 학원 | 把 bǎ 개 ~을, 를 | 地道 dìdao 형 정통의 | 真 zhēn 부 정말 | 不简单 bù jiǎndān 대단하다

해설 '地道'는 '정통의'라는 뜻으로 외국어를 현지인처럼 매우 잘 구사할 때 '说得很地道'라고 한다. '能把汉语说得那么地道(중국어를 그렇게 중국인처럼 할 수 있다)'를 통해 데이비드가 중국어를 매우 잘한다는 것을 알 수 있으므로 제시된 문장과 녹음 내용은 일치한다.

7 ★★☆	
高中毕业后我没有考上大学，爸爸希望我再考一次，可我自己觉得没什么希望，就找了一份工作。	고등학교를 졸업하고 나는 대학교에 합격하지 못했다. 아버지는 내가 다시 한번 시험을 보길 바라셨지만 나는 가망이 없다고 생각해 바로 직업을 찾았다.
★ 他又参加了一次高考。 (×)	★ 그는 다시 한번 대학 입시에 참가했다. (×)

단어 高中 gāozhōng 명 고등학교 | 毕业 bìyè 동 졸업하다 | 考上 kǎoshàng 동 시험에 합격하다 | 大学 dàxué 명 대학 | 考 kǎo 동 시험을 보다 | 可 kě 접 전환을 나타냄['可是(그러나)'에 상당함] | 自己 zìjǐ 대 자신 | 参加 cānjiā 동 참가하다 | 高考 gāokǎo 명 대학 입시[高等学校招生考试 (중국의 대학 입학 시험)]

해설 '再考一次(다시 한번 시험을 보다)'는 아버지의 바람일 뿐 그는 '就找了一份工作(바로 직업을 찾았다)'라고 했으므로 다시 한번 대학 입시에 참가하지 않았다는 것을 알 수 있다. 따라서 제시된 문장과 녹음 내용은 일치하지 않는다.

8 ★☆☆	
我今天要去书店买一本书，这本书我已经等了很久了。	나는 오늘 서점에 가서 책을 한 권 살 것이다. 이 책을 나는 이미 한참 기다렸다.
★ 他今天为了买一本书要专门去一趟书店。 (✓)	★ 그는 오늘 책을 한 권 사기 위해 일부러 서점에 갈 것이다. (✓)

단어 书店 shūdiàn 명 서점 | 久 jiǔ 형 오래다 | 为了 wèile 개 ~을 하기 위하여 | 专门 zhuānmén 부 특별히, 일부러 | 趟 tàng 양 (횟수 세는) 번

해설 제시된 문장의 '为了'는 목적을 나타내는 말로 '为了 + 목적 + 행위'의 형식으로 '(목적)을 위하여 (행위)하다'로 해석한다. 따라서 목적은 '买一本书(책을 한 권 사다)', 행위는 '要专门去一趟书店(일부러 서점에 갈 것이다)'으로, 제시된 문장과 녹음 내용은 일치한다.

9 ★☆☆	
我经常跑步，一来是我的爱好，二来对身体有好处。	내가 자주 달리기를 하는것은, 첫째는 나의 취미이고, 둘째는 건강에 좋기 때문이다.
★ 跑步是他的爱好。 (✓)	★ 달리기는 그의 취미이다. (✓)

단어 经常 jīngcháng 부 자주 | 一来 yī lái 첫째로는 ['一来…，二来…'의 형식으로 쓰임] | 爱好 àihào 명 취미 | 好处 hǎochu 명 장점

해설 달리기를 하는 첫 번째 이유로 '是我的爱好(나의 취미이다)'라고 했으니 달리기는 그의 취미임을 알 수 있다. 따라서 제시된 문장과 녹음 내용은 일치한다.

Tip

형식	의미	예문
对 A 有好处	A에 좋다	每天跑步对身体有好处。 매일 달리면 건강에 좋다.
对 A 有坏处	A에 나쁘다	抽烟对身体有坏处。 담배를 피는 것은 몸에 해롭다.

10 ★★★

按原计划，调查报告大概要两周才能写好，但我们加了一下班，这周末就可以提前完成了。

★ 调查报告需要两周才能完成。 (×)

원래 계획에 따르면 조사 보고서는 대략 2주 정도는 걸려야 작성할 수 있지만, 우리가 초과 근무를 좀 해서 이번 주말에 앞당겨 완성할 수 있다.

★ 조사 보고서는 2주가 걸려서야 비로소 완성할 수 있다. (×)

단어 按 àn 개 ~에 의거하여 | 原 yuán 형 원래의 | 计划 jìhuà 명 계획 | 调查 diàochá 동 조사하다 | 报告 bàogào 명 보고서 | 大概 dàgài 부 대략, 아마도 | 周 zhōu 명 주 | 才 cái 부 ~서야 비로소 | 加班 jiābān 동 초과 근무를 하다 | 周末 zhōumò 명 주말 | 提前 tíqián 동 (예정된 시간을) 앞당기다 | 完成 wánchéng 동 끝내다 | 需要 xūyào 동 필요하다

해설 전환 관계 접속사 '但(그러나)'에 주의해야 한다. 앞쪽 녹음 내용은 제시된 문장과 일치하지만 뒤쪽에 '但'이 등장하면서 앞쪽 내용과 다른 내용이 등장한다. '我们加了一下班，这周末就可以提前完成了(우리가 초과 근무를 좀 해서 이번 주말에 앞당겨 완성할 수 있다)'를 통해 원래 계획인 2주보다 적게 걸린다는 것을 알 수 있다. 따라서 제시된 문장과 녹음 내용은 일치하지 않는다.

듣기 听力 제2부분

11 ★★☆

男：昨天你上街买了什么？
女：本来是去买衣服、买生活用品的，结果钱包忘带了，空手回来的。

问：女的买了什么？
A 衣服　B 生活用品
C 什么也没买　D 吃的

남: 어제 거리로 나가서 무엇을 샀니?
여: 원래 옷이랑 생활용품을 사러 간 건데, 지갑을 잊어버리고 안 가져가서 빈손으로 돌아왔어.

질문: 여자는 무엇을 샀는가?
A 옷　B 생활용품
C 아무것도 안 샀다　D 먹을 것

단어 上街 shàngjiē 동 (물건을 사거나 관광 등을 위해) 거리로 나가다 | 本来 běnlái 부 원래 | 生活用品 shēnghuó yòngpǐn 명 생활 용품 | 结果 jiéguǒ 명 결과 | 钱包 qiánbāo 명 지갑 | 忘 wàng 동 잊다 | 带 dài 동 지니다 | 空手 kōngshǒu 동 빈손이다

해설 보기 A와 B가 녹음 내용에 언급되었으나, 그것은 원래 사려고 했던 물건일 뿐 사실은 '空手回来的(빈손으로 돌아왔다)'라고 했으므로 여자는 아무것도 안 샀음을 알 수 있다. 따라서 정답은 C이다.

12 ★★☆

女：你下午能陪我去一趟书店吗？
男：不好意思，我已经和朋友约好去逛街了。

问：男的准备做什么？
A 去书店　B 逛街
C 休息　D 看书

여: 오후에 나랑 서점에 가 줄 수 있니?
남: 미안해, 나는 이미 친구랑 쇼핑을 가기로 약속했어.

질문: 남자는 무엇을 하려고 하는가?
A 서점에 간다　B 쇼핑한다
C 휴식한다　D 책을 본다

단어 陪 péi 동 동반하다 | 趟 tàng 양 (횟수 세는) 번 | 书店 shūdiàn 명 서점 | 不好意思 bù hǎoyìsi 미안합니다 | 约 yuē 동 약속하다 | 逛街 guàngjiē 동 쇼핑하다

해설 '我已经和朋友约好去逛街了(나는 이미 친구랑 쇼핑을 가기로 약속했다)'를 통해 남자는 쇼핑을 갈 것임을 알 수 있다. 보기 A '去书店(서점에 가다)'은 여자의 요구이지 남자가 하려고 하는 것은 아니므로 정답은 B이다.

13 ★☆☆

男：明天我们怎么去海边？	남: 내일 우리 해변에 어떻게 가?
女：坐地铁吧，便宜。	여: 지하철 타자, 저렴해.
问：他们怎么去海边？	질문: 그들은 어떻게 해변에 가는가?
A 打的　B 坐公交车	A 택시를 타고　B 버스를 타고
C 坐地铁　D 开车	C 지하철을 타고　D 운전을 해서

단어 海边 hǎibiān 명 해변 | 地铁 dìtiě 명 지하철 | 打的 dǎdī 동 택시를 타다 | 公交车 gōngjiāochē 명 버스 | 开车 kāichē 동 운전하다

해설 해변에 어떻게 가냐는 남자의 질문에 여자는 '坐地铁吧(지하철 타자)'라고 했으므로 그들은 지하철을 타고 해변에 갈 것임을 알 수 있다. 따라서 정답은 C이다.

Tip

교통수단

교통수단			
버스	公共汽车(= 公交车)	gōnggòng qìchē	坐公共汽车 버스를 타다
기차	火车	huǒchē	坐火车 기차를 타다
지하철	地铁	dìtiě	坐地铁 지하철을 타다
택시	出租(汽)车	chūzū (qì)chē	坐出租(汽)车 택시를 타다 *打的 dǎdī 택시를 타다
자전거	自行车	zìxíngchē	骑(自行)车 자전거를 타다

14 ★★☆

女：我要去超市买些水果和面包，你去不去？	여: 나 슈퍼마켓에 과일이랑 빵을 좀 사러 가려고 하는데, 너 갈래?
男：我懒得换衣服。你顺便帮我买支牙刷吧。	남: 옷 갈아입기 귀찮아. 너 가는 김에 칫솔 좀 사다 줘.
问：男的要买什么？	질문: 남자는 무엇을 사려고 하는가?
A 水果　B 面包	A 과일　B 빵
C 牙刷　D 衣服	C 칫솔　D 옷

단어 超市 chāoshì 명 슈퍼마켓 | 面包 miànbāo 명 빵 | 懒 lǎn 형 게으르다 | 换 huàn 동 바꾸다 | 顺便 shùnbiàn 부 ~하는 김에 | 支 zhī 양 자루 | 牙刷 yáshuā 명 칫솔

해설 보기가 녹음 내용에 모두 언급되었으나 여자가 사려고 하는 것은 '水果(과일)'와 '面包(빵)', 남자가 사려고 하는 것은 '牙刷(칫솔)'이다. 질문은 남자가 사려고 하는 것을 묻고 있으므로 정답은 C이다.

15 ★★☆

男：你今天下午有空吗？ 女：两点到四点我要上课，之后有空。 问：女的下午什么时候有空？ A 两点　B 三点 C 四点　D 四点以后	남: 너 오늘 오후에 시간 있어? 여: 두 시부터 네 시까지 수업이 있어서, 그 이후에 시간이 있어. 질문: 여자는 오후 언제 시간이 있는가? A 두 시　B 세 시 C 네 시　D 네 시 이후

단어 有空 yǒukòng 틈이 나다 | 之后 zhīhòu 명 ~뒤

해설 '两点到四点我要上课，之后有空(두 시부터 네 시까지 수업이 있어서, 그 이후에 시간이 있다)'이라고 했으므로 여자는 수업이 끝나는 네 시 이후에 시간이 있음을 알 수 있다. 따라서 정답은 D이다.

16 ★★☆

女：我们一起去学校吧。 男：好的，但是我要先去一趟商店，你在这等我一下。 问：他们要去哪儿？ A 学校　B 商店 C 回家　D 车站	여: 우리 같이 학교에 가자. 남: 좋아, 근데 나 우선 상점에 한 번 다녀와야 해. 너는 여기서 조금만 기다려줘. 질문: 그들은 어디에 가려고 하는가? A 학교　B 상점 C 집에 돌아간다　D 역

단어 趟 tàng 양 (횟수를 세는) 번 | 车站 chēzhàn 명 역

해설 보기 A와 B가 모두 언급되었으나, '我们一起去学校吧(우리 같이 학교에 가자)'를 통해 같이 가려는 곳이 '学校(학교)'이고, 이어지는 남자의 말을 통해 남자 혼자 가려는 곳이 '商店(상점)'이라는 것을 알 수 있다. 질문은 그들이 가려는 곳을 묻고 있으므로 정답은 A이다.

17 ★★☆

男：你们这种蛋糕卖得怎么样？ 女：顾客很喜欢吃，每天都有不少人排队，刚做出来就都卖完了。 问：根据对话，蛋糕卖得怎么样？ A 很好　B 不好 C 不清楚　D 不太好	남: 이 케이크의 판매는 어떻습니까? 여: 고객들이 매우 좋아합니다. 매일 많은 사람들이 줄을 서고, 만들자마자 바로 다 팔려요. 질문: 대화에 근거하여, 케이크 판매는 어떠한가? A 매우 좋다　B 좋지 않다 C 잘 모른다　D 그다지 좋지 않다

단어 种 zhǒng 양 종류 | 蛋糕 dàngāo 명 케이크 | 顾客 gùkè 명 고객 | 排队 páiduì 동 줄을 서다 | 刚 gāng 부 방금 | 清楚 qīngchu 형 명백하다

해설 '顾客很喜欢吃(고객들이 매우 좋아한다)', '不少人排队(많은 사람들이 줄을 선다)', '刚做出来就都卖完了(만들자마자 바로 다 팔린다)' 중 하나만 들어도 케이크가 매우 잘 팔리고 있음을 알 수 있다. 따라서 정답은 A이다.

18 ★★☆

女：这件衣服多少钱？	여: 이 옷 얼마예요?
男：原价500元，现在打七折。	남: 원래 가격은 500위안인데, 지금 30% 할인합니다.
问：这件衣服多少钱？	질문: 이 옷은 얼마인가?
A 500元　B 800元	A 500위안　B 800위안
C 600元　D 350元	C 600위안　D 350위안

단어 原价 yuánjià 명 원가 | 打折 dǎzhé 동 할인하다

해설 숫자를 듣고 간단한 계산까지 해야 하는 문제이다. 원래 가격은 500위안인데 30% 할인한다고 했으므로 500위안에서 할인 금액인 150위안을 뺀 350위안이 현재 이 옷의 가격이다. 따라서 정답은 D이다.

Tip

할인율 표현

'할인하다'를 '打折'라고 하는데, '할인율'은 '打'와 '折' 사이에 숫자를 써서 표현한다. 30% 세일이면 '打七折'라고 표기하는데, '折'는 '꺾다'라는 뜻으로 가격을 10중에서 7(70%)만 꺾어 받겠다는 뜻이다.

예 打六折 40% 할인　打四折 60% 할인

19 ★★☆

男：你能帮我把这段汉语翻译成英语吗？	남: 이 중국어를 영어로 번역하는 것 좀 도와줄 수 있어?
女：就我这英语水平，恐怕不行。翻译成法语我倒还可以。	여: 내 영어 수준으로는 아마 안 될 것 같아. 프랑스어로 번역하는 건 괜찮을 것 같아.
问：女的是什么意思？	질문: 여자의 말은 무슨 의미인가?
A 她不想翻译	A 그녀는 번역하고 싶지 않다
B 她翻译不了	B 그녀는 번역할 수 없다
C 她英语很好	C 그녀는 영어를 매우 잘 한다
D 她没空翻译	D 그녀는 번역할 시간이 없다

단어 把 bǎ 개 ~을, 를 | 段 duàn 양 단락 | 翻译 fānyì 동 번역하다 | 成 chéng 동 ~이 되다 | 英语 Yīngyǔ 명 영어 | 水平 shuǐpíng 명 수준 | 恐怕 kǒngpà 부 아마 ~일 것이다 | 法语 Fǎyǔ 명 프랑스어 | 倒 dào 부 오히려 | 不了 bùliǎo 동 ~할 수 없다 | 空 kòng 형 비어 있는

해설 '恐怕'는 '아마 ~일 것이다'라는 뜻으로 중국어를 영어로 번역해 줄 수 있겠냐는 요청에 '恐怕不行(아마 안 될 것 같다)'이라고 했으므로 번역할 수 없다는 의미이다. 보기 B의 '不了'는 동사 뒤에 쓰여 '(동사)할 수 없다'라는 뜻으로 '翻译不了'는 '번역할 수 없다'로 해석된다. 따라서 정답은 B이다.

20 ★☆☆

女：你毕业后有什么打算？
男：现在工作太难找了，我打算考研究生。

问：男的打算干什么？
A 找工作
B 出国
C 考研究生
D 考博士

여: 넌 졸업 후에 무엇을 할 계획이니?
남: 요즘 직장 구하기가 너무 어려워서, 나는 대학원 시험을 볼 계획이야.

질문: 남자는 무엇을 할 계획인가?
A 일을 찾는다
B 출국한다
C 대학원 시험을 본다
D 박사 시험을 본다

단어 **毕业** bìyè 동 졸업하다 | **打算** dǎsuan 명 계획 동 ~할 생각이다 | **难找** nánzhǎo 동 찾기 어렵다 | **考** kǎo 동 시험을 보다 | **研究生** yánjiūshēng 명 대학원생 | **出国** chūguó 동 출국하다 | **博士** bóshì 명 박사

해설 졸업 후의 계획을 묻는 질문에 '我打算考研究生(나는 대학원 시험을 볼 계획이다)'이라고 했으므로 정답은 C이다.

21 ★☆☆

男：你来点菜吧。
女：我没吃过四川菜，还是你来点吧。

问：他们最有可能在哪里？
A 公司 B 学校
C 车站 D 饭店

남: 네가 요리를 주문해.
여: 난 쓰촨요리를 먹어 본 적이 없어서 네가 주문하는 게 더 좋을 것 같아.

질문: 그들은 어디에 있을 가능성이 가장 큰가?
A 회사 B 학교
C 역 D 식당

단어 **点菜** diǎn cài 요리를 주문하다 | **四川菜** Sìchuān cài 명 쓰촨요리 | **还是** háishi 부 ~하는 편이 더 좋다

해설 장소를 묻는 문제의 경우 행위를 듣고 장소를 유추하는 문제가 나오기도 한다. 여기서는 '点菜(요리를 주문하다)'가 결정적인 힌트였으며, 설사 못 들었다 할지라도 '四川菜(쓰촨요리)'를 통해 다시 한번 정답의 힌트를 얻을 수 있다. 따라서 정답은 D이다.

Tip

点의 여러 가지 의미

품사	의미	예문
양사	시	三点 3시
동사	주문하다	点菜 요리를 주문하다
	불을 붙이다	点蜡烛 촛불을 붙이다
명사	(소수)점	一点六 1.6

22 ★☆☆

女：你会做饭吗？
男：会，不过很少做，因为工作太忙了。

问：男的为什么很少做饭？
A 太忙 B 不好吃
C 不会做 D 不想做

여: 너 밥할 줄 알아?
남: 할 줄 알지만 일이 너무 바빠서 잘 하지 않아.

질문: 남자는 왜 밥을 잘 하지 않는가?
A 너무 바빠서 B 맛이 없어서
C 할 줄 몰라서 D 하고 싶지 않아서

단어 做饭 zuòfàn 밥을 하다 | 不过 búguò 접 그러나

해설 밥을 잘 하지 않는 이유로 '因为工作太忙了(왜냐하면 일이 너무 바쁘다)'라고 했으므로 남자는 바빠서 밥을 잘 하지 않음을 알 수 있다. 따라서 정답은 A이다.

23 ★☆☆	
男：你听李明说了吗？他快出国了，签证都已经拿到了。 女：真的吗？	남: 너 리밍 얘기 들었어? 그가 곧 출국하고, 비자도 이미 받았대. 여: 정말이야?
问：根据对话，可以知道李明要做什么？	질문: 대화에 근거하여, 리밍은 무엇을 하려고 한다는 걸 알 수 있는가?
A 考上研究生 B 出国 C 找到工作 D 考博士	A 대학원에 합격했다 B 출국한다 C 일을 찾았다 D 박사 시험을 본다

단어 出国 chūguó 동 출국하다 | 签证 qiānzhèng 명 비자 | 拿到 nádào 받다 | 考上 kǎoshàng 동 시험에 합격하다 | 研究生 yánjiūshēng 명 대학원생 | 找到 zhǎodào 찾아내다 | 博士 bóshì 명 박사

해설 '快…了'는 '곧 ~하려고 하다'의 뜻으로, '他快出国了(그가 곧 출국한다)'를 통해 리밍은 출국한다는 것을 알 수 있다. 따라서 정답은 B이다.

24 ★★☆	
女：你喜欢打篮球吗？ 男：喜欢，几乎每天都打。上个星期打了五场球赛，这个星期打了三场。	여: 너 농구하는 거 좋아해? 남: 좋아해, 거의 매일 해. 지난주에는 다섯 게임을 했고, 이번 주에는 세 게임을 했어.
问：男的上周打了几场篮球赛？	질문: 남자는 지난주에 몇 번의 농구 시합을 했는가?
A 两场　B 三场 C 四场　D 五场	A 2번　B 3번 C 4번　D 5번

단어 打 dǎ 동 (운동을) 하다 | 篮球 lánqiú 명 농구 | 几乎 jīhū 부 거의 | 每天 měitiān 명 매일 | 场 chǎng 양 (횟수 세는) 번 | 球赛 qiúsài 명 구기 경기 | 上周 shàng zhōu 명 지난주

해설 '上个星期打了五场球赛，这个星期打了三场(지난주에는 다섯 게임을 했고 이번 주에는 세 게임을 했다)'을 통해 지난주에 농구 시합을 5번 했다는 것을 알 수 있으므로 정답은 D이며, 보기 B의 3번은 이번 주에 농구를 한 횟수이므로 오답이다.

Tip
녹음 내용과 질문에 나온 '星期'와 '周'는 둘 다 '주'라는 뜻이며, 또 다른 동의어로는 '礼拜 lǐbài'가 있다. 또한 '上个星期'는 '지난주', '这个星期'는 '이번 주', '下个星期'는 '다음 주'라는 뜻이다.

25 ★☆☆

男：你在这次钢琴比赛中又得了第一名。
女：我自己都没想到能再次取得第一名的成绩。

问：女的心情怎样？
A 伤心 B 高兴
C 痛苦 D 失望

남: 네가 이번 피아노 대회에서 또 1등을 했구나.
여: 나도 또 1등의 성과를 낼 거라곤 생각 못 했어.

질문: 여자의 기분은 어떠한가?
A 상심하다 B 기쁘다
C 고통스럽다 D 실망하다

단어 钢琴 gāngqín 명 피아노 | 比赛 bǐsài 명 시합 | 又 yòu 부 또 | 得 dé 동 얻다 | 第一名 dìyī míng 일등 | 自己 zìjǐ 대 자신 | 没想到 méi xiǎngdào 생각지 못하다 | 再次 zàicì 부 재차 | 取得 qǔdé 동 얻다 | 成绩 chéngjì 명 성적 | 心情 xīnqíng 명 기분 | 伤心 shāngxīn 동 상심하다 | 痛苦 tòngkǔ 형 고통스럽다 | 失望 shīwàng 동 실망하다

해설 여자의 기분에 대한 직접적인 언급은 없었지만, 보기 A, C, D는 부정적이고 보기 B만 긍정적인 단어인 것에서 힌트를 얻을 수 있다. '又得了第一名(또 1등을 했다)'을 통해 여자가 또 1등을 해서 기쁘다는 것을 유추할 수 있으므로 정답은 B이다.

듣기 제3부분

26 ★★★

女：今天又热又干燥。
男：这儿的天气就是这样，你要多喝水。下个月可能更热。
女：都快到40度了，还要更热，怎么受得了啊！
男：所以很多人选择去北方避暑。

问：为什么很多人夏天去北方？
A 这里人太多
B 北方凉快
C 这里没意思
D 这里缺水

여: 오늘 덥고 건조하다.
남: 여기 날씨가 이래서 물을 많이 마셔야 해. 다음 달은 아마 더 더울 거야.
여: 거의 40도가 다 돼 가네, 더 더워지면 어떻게 견디냐!
남: 그래서 많은 사람들이 북방으로 피서를 가.

질문: 왜 많은 사람들이 여름에 북방에 가는가?
A 이곳엔 사람이 너무 많다
B 북방은 시원하다
C 이곳은 재미가 없다
D 이곳은 물이 부족하다

단어 又 yòu 부 또한 | 燥 zào 형 건조하다 | 更 gèng 부 더욱 | 度 dù 양 도[온도의 단위] | 受得了 shòudeliǎo 견딜 수 있다 | 选择 xuǎnzé 동 선택하다 | 北方 běifāng 명 북방 | 避暑 bìshǔ 동 더위를 피하다 | 夏天 xiàtiān 명 여름 | 凉快 liángkuai 형 시원하다 | 缺水 quēshuǐ 동 물이 부족하다

해설 '避暑'는 '더위를 피하다'라는 뜻으로 '去北方避暑(북방으로 피서를 간다)'를 통해 북방은 여름에 시원하다는 것을 알 수 있으므로 정답은 B이다.

27 ★★☆

男：车太多了，看来9点到不了公司了。给公司打个电话说一声吧。
女：这条路看着很宽，但一到这个时间就堵车。没关系，我们换条路走，应该能赶到。
男：往哪儿走？
女：左拐，走后面的小路，我知道那儿不会堵车。

问：他们会做什么？
A 把车开快些
B 在大路上等
C 打电话给公司
D 换走小路

남: 차가 너무 많아서 9시에 회사에 도착하지 못할 거 같아. 회사에 전화해서 말하자.
여: 이 길은 보기엔 매우 넓은데 이 시간만 되면 차가 막혀. 괜찮아, 길을 바꿔서 가면 시간 내에 도착할 수 있을 거야.
남: 어디로 가?
여: 좌회전해서 뒤쪽 작은 길로 가자. 내가 알기로는 그곳은 막히지 않아.

질문: 그들은 무엇을 할 것인가?
A 차를 좀 빠르게 몰다
B 대로 위에서 기다린다
C 회사에 전화한다
D 작은 길로 바꿔 간다

단어 看来 kànlái 동 보아하니 | 到不了 dàobuliǎo 도달할 수 없다 | 宽 kuān 형 (폭이) 넓다 | 堵车 dǔchē 동 차가 막히다 | 换 huàn 동 바꾸다 | 条 tiáo 양 가늘고 긴 것을 세는 양사 | 应该 yīnggāi 조동 ~해야 한다 | 赶到 gǎndào 서둘러 도착하다 | 拐 guǎi 동 방향을 바꾸다 | 把 bǎ 개 ~을, ~를 | 大路 dàlù 명 대로 | 小路 xiǎolù 명 좁은 길

해설 여자의 마지막 말인 '走后面的小路(뒤쪽 작은 길로 가자)'를 통해 그들은 작은 길로 바꿔 갈 것임을 알 수 있으므로 정답은 D이다.

Tip

一 A 就 B A하자마자 B하다

예 一到这个时间就堵车。이 시간만 되면 차가 막힌다.

28 ★☆☆

女：那个外国学生叫什么名字来着？我又想不起来了。
男：她叫丽莎，来自俄罗斯。
女：看我这记性，你都告诉过我好几次了。年纪越大，越记不住事情。
男：没关系，你下次记不起来的话我再告诉你。

问：女的怎么了？
A 不喜欢丽莎
B 记性越来越差
C 记不得认识的人
D 常常生病

여: 그 외국 학생 이름이 뭐였지? 나 또 생각이 안 나.
남: 그녀는 리사이고 러시아에서 왔어.
여: 내 기억력 좀 봐. 네가 나한테 몇 번이나 알려 줬는데. 나이가 들수록 기억을 못하네.
남: 괜찮아, 다음에도 생각나지 않으면 다시 알려 줄게.

질문: 그녀는 어떠한가?
A 리사를 좋아하지 않는다
B 기억력이 점점 안 좋아진다
C 아는 사람을 기억하지 못한다
D 자주 아프다

단어 来着 láizhe 조 ~이었다 | 又 yòu 부 또 | 想不起来 xiǎng bu qǐlái 생각이 나지 않다 | 来自 láizì 동 ~로부터 오다 | 俄罗斯 Éluósī 명 러시아 | 记性 jìxing 명 기억력 | 年纪 niánjì 명 나이 | 越 yuè 부 ~하면 할수록 ~하다 | 记不住 jìbúzhù 잘 기억하고 있지 않다 | 记不起来 jì bu qǐlái 생각나지 않다 | 的话 dehuà ~하다면 | 越来越 yuèláiyuè 점점 | 差 chà 형 좋지 않다 | 记不得 jìbude 기억하지 못하다

해설 '看我这记性(내 기억력 좀 봐)'이라는 말은 정말로 나의 기억력을 보라는 표현이 아닌 자책의 표현이고, '越…越…'는 '~할수록 ~하다'라는 뜻이다. '年纪越大，越记不住事情(나이가 들수록 기억을 못한다)'을 통해 그녀는 기억력이 점점 안 좋아지고 있음을 알 수 있으므로 정답은 B이다.

29 ★☆☆

男：那边广场上怎么那么热闹？	남: 그쪽 광장은 왜 그렇게 시끌벅적한거야?
女：今年是法国的中国年，所以在举办一些活动。	여: 올해가 프랑스의 '중국의 해'라 행사 중이야.
男：你没参加什么活动吗？	남: 너는 행사에 참여 안 해?
女：没有，参加的人实在太多了，我的申请没有得到批准。	여: 안 해, 참여하는 사람들이 너무 많아서 내 신청은 허가를 못 받았어.
问：根据对话，关于活动可以知道什么？	질문: 대화에 근거하여 행사에 관해 알 수 있는 것은 무엇인가?
A 参加的人很少	A 참가하는 사람이 매우 적다
B 女的参加了	B 여자는 참가했다
C 在广场上举行	C 광장에서 거행한다
D 男的不喜欢	D 남자는 좋아하지 않는다

단어 广场 guǎngchǎng 명 광장 | 热闹 rènao 형 시끌벅적하다 | 法国 Fǎguó 명 프랑스 | 举办 jǔbàn 동 개최하다 | 活动 huódòng 명 행사 | 参加 cānjiā 동 참가하다 | 实在 shízai 부 정말 | 申请 shēnqǐng 동 신청하다 | 得到 dédào 동 얻다 | 批准 pīzhǔn 동 허가하다 | 举行 jǔxíng 동 거행하다

해설 남자가 광장이 시끄러운 이유를 물었고, 여자의 대답 '在举办一些活动(행사 중이다)'을 통해 행사는 광장에서 거행한다는 것을 알 수 있으므로 정답은 C이다.

30 ★★☆

女：你家住在10层吧。楼里有电梯吗？	여: 너희 집은 10층이지. 건물에 엘리베이터 있니?
男：有，不过我从来不坐，我都是爬楼梯。	남: 있지만 여태껏 타지 않아. 나는 항상 계단으로 올라가.
女：这样很费时间。	여: 그럼 시간이 많이 걸리잖아.
男：虽然要花很多时间，但这是最好的运动。平时上班没有时间锻炼，正好爬爬楼梯。	남: 비록 시간은 많이 걸려도 이게 가장 좋은 운동이야. 평소에는 출근하느라 운동할 시간이 없을 때 계단을 올라.
问：男的为什么总是走楼梯？	질문: 남자는 왜 항상 계단을 오르는가?
A 可以打发时间	A 시간을 때울 수 있어서
B 电梯要等很久	B 엘리베이터는 오래 기다려야 해서
C 对身体有好处	C 건강에 좋아서
D 电梯坏了	D 엘리베이터가 고장 나서

단어 层 céng 양 층 | 楼 lóu 명 건물 | 电梯 diàntī 명 엘리베이터 | 不过 búguò 접 그러나 | 从来 cónglái 부 여태껏 | 爬 pá 동 오르다 | 楼梯 lóutī 명 계단 | 费 fèi 동 소비하다 | 花 huā 동 소비하다 | 最好 zuìhǎo 형 가장 좋다 | 平时 píngshí 명 평상시 | 锻炼 duànliàn 동 (몸을) 단련하다 | 总是 zǒngshì 부 늘 | 打发 dǎfa 동 시간을 보내다 | 久 jiǔ 형 오래다 | 好处 hǎochu 명 장점

해설 남자는 '虽然要花很多时间，但这是最好的运动(비록 시간은 많이 걸려도 이게 가장 좋은 운동이다)'이라고 했으므로 건강에 좋아서 계단을 오른다는 것을 알 수 있다. 따라서 정답은 C이다.

31 ★★☆

男：老师让我们暑假做一个专业调查。
女：是关于什么的调查？你做得怎么样了？
男：调查商务用语，我都不知道从哪儿下手。
女：别担心，我可以帮你。

问：调查的内容是哪个方面的？
A 语言 B 文化
C 经济 D 通讯

남: 선생님이 여름 방학 때 전공 조사를 하라고 하셨어.
여: 무엇에 관한 조사야? 넌 잘돼가?
남: 비즈니스 용어를 조사해. 어디서부터 시작해야 할지 모르겠어.
여: 걱정하지 마, 내가 도와줄 수 있어.

질문: 조사 내용은 어떤 분야인가?
A 언어 B 문화
C 경제 D 통신

단어 暑假 shǔjià 명 여름 방학 | 专业 zhuānyè 명 전공 | 调查 diàochá 동 조사하다 | 关于 guānyú 개 ~에 관하여 | 商务 shāngwù 명 상무, 비즈니스 | 用语 yòngyǔ 명 용어 | 下手 xiàshǒu 동 착수하다 | 担心 dānxīn 동 걱정하다 | 内容 nèiróng 명 내용 | 方面 fāngmiàn 명 방면 | 语言 yǔyán 명 언어 | 文化 wénhuà 명 문화 | 经济 jīngjì 명 경제 | 通讯 tōngxùn 명 통신

해설 조사 분야를 묻는 여자의 질문에 남자는 '调查商务用语(비즈니스 용어를 조사한다)'라고 했다. '用语(용어)'는 곧 '语言(언어)'이므로 정답은 A이다.

32 ★★☆

女：请问李明在吗？我是他同学。
男：你来得不巧，他刚出去了，可能要等晚上才能回来。
女：您是他父亲吧？是这样，我前几天向他借了一本词典，今天来还给他。
男：那你交给我吧。
女：好的。麻烦您了，叔叔。请您代我谢谢李明。

问：女的把词典交给了谁？
A 李明 B 李明的同学
C 李明的爸爸 D 李明的叔叔

여: 실례지만 리밍 있나요? 저는 리밍의 친구입니다.
남: 때를 못 맞췄네, 리밍은 방금 나갔어. 저녁에나 돌아올 거 같은데.
여: 리밍의 아버님이신가요? 제가 며칠 전에 사전을 한 권 빌렸는데 오늘 돌려주러 왔어요.
남: 그럼 나한테 주렴.
여: 알겠습니다. 번거롭게 됐네요, 아저씨. 저 대신 리밍한테 고맙다고 전해 주세요.

질문: 여자는 사전을 누구에게 건네주었는가?
A 리밍 B 리밍의 친구
C 리밍의 아버지 D 리밍의 삼촌

단어 不巧 bùqiǎo 형 (때가) 좋지 않다 | 刚 gāng 부 방금 | 才 cái 부 ~서야 비로소 | 父亲 fùqīn 명 아버지 | 向 xiàng 개 ~을 향하여 | 借 jiè 동 빌려주다 | 词典 cídiǎn 명 사전 | 还 huán 동 돌려주다 | 交 jiāo 동 건네주다 | 麻烦 máfan 형 귀찮다 | 叔叔 shūshu 명 아저씨 | 代 dài 동 대신하다 | 把 bǎ 개 ~을, ~를

해설 리밍의 아버지인 남자가 '那你交给我吧(그럼 나한테 줘)'라고 했으므로 정답은 C이다. '父亲(아버지)'과 '叔叔(아저씨)'가 동시에 언급되어 헷갈릴 수 있으나, 뒤에 쓰인 '叔叔'는 리밍의 친구가 리밍의 아버지를 부르는 표현이다. 녹음 내용에서 '还'은 '돌려주다'의 뜻으로 쓰여 'huán'으로 발음하고, '그리고'의 뜻으로 쓰일 때는 'hái'로 발음한다.

33 ★★☆

男：玛丽怎么样了，听说她想辞职。 女：我一直劝她，因为这是一份很好的工作。 男：结果呢？ 女：我说服不了她，明天她就会离开公司。 问：玛丽怎么了？ A 被辞退了 B 心情不好 C 决定出国 D 决定辞职	남: 마리는 어떻게 된 거야, 직장을 그만두고 싶어한다고 들었어. 여: 내가 계속 그녀를 타일렀어. 이건 너무 좋은 직장이잖아. 남: 결과는? 여: 설득시키지 못했어, 내일 그녀는 회사를 떠난대. 질문: 마리는 어떠한가? A 해고당했다 B 기분이 안 좋다 C 출국하기로 결정했다 D 사직하기로 결정했다

단어 **辞职** cízhí 동 직장을 그만두다 | **一直** yìzhí 부 계속 | **劝** quàn 동 타이르다 | **结果** jiéguǒ 명 결과 | **说服** shuōfú 동 설득하다 | **不了** bùliǎo 동 ~할 수 없다 | **离开** líkāi 동 떠나다 | **被** bèi 개 ~에게 ~를 당하다 | **辞退** cítuì 동 해고하다 | **心情** xīnqíng 명 기분 | **决定** juédìng 동 결정하다 | **出国** chūguó 동 출국하다

해설 '明天她就会离开公司(내일 그녀는 회사를 떠난다)'를 통해 마리는 사직하기로 결정했다는 것을 알 수 있으므로 정답은 D이다.

34 ★☆☆

女：你听说了吗？好多商场都在打折，而且折扣挺多的。 男：是嘛，打几折？ 女：好像是一到三折。 男：那还等什么？咱们赶紧走啊。 问：他们要去哪儿？ A 商场　　B 市场 C 超市　　D 机场	여: 너 들었어? 많은 상점들이 세일 중이고, 게다가 할인도 많이 해 준대. 남: 그래? 몇 퍼센트 세일이야? 여: 70~90%일거야. 남: 그럼 뭘 기다려? 우리 빨리 가자. 질문: 그들은 어디에 가려고 하는가? A 상점　　B 시장 C 슈퍼마켓　　D 공항

단어 **商场** shāngchǎng 명 백화점, 쇼핑센터 | **打折** dǎzhé 동 할인하다 | **而且** érqiě 접 게다가 | **折扣** zhékòu 명 할인 | **好像** hǎoxiàng 부 마치 ~과 같다 | **咱们** zánmen 대 우리 | **赶紧** gǎnjǐn 부 얼른 | **市场** shìchǎng 명 시장 | **超市** chāoshì 명 슈퍼마켓

해설 '好多商场都在打折(많은 상점들이 세일 중이다)'라는 여자의 말에 남자는 '咱们赶紧走啊(우리 빨리 가자)'라고 했으므로 그들은 상점에 간다는 것을 알 수 있다. 따라서 정답은 A이다.

35 ★★☆

男：我又找不到玛丽了，她的电话也打不通。 女：别担心，我刚刚和她通过电话，她在回学校的路上。 男：要找到她真不容易。 女：下次如果你找不到她可以问我，我经常和她联系。 问：女的跟玛丽的关系怎么样？ A 她们不熟 B 女的要找玛丽 C 女的不认识玛丽 D 经常联系	남: 마리를 찾을 수가 없네, 걔 전화도 연결이 안 돼. 여: 걱정 마, 내가 방금 걔랑 통화했었어, 학교로 돌아오는 길이래. 남: 마리를 찾는 건 정말 어려워. 여: 만약에 다음에도 못 찾겠으면 나한테 물어봐, 나는 마리와 자주 연락해. 질문: 여자와 마리의 관계는 어떠한가? A 그녀들은 잘 알지 못한다 B 여자는 마리를 찾으려고 한다 C 여자는 마리를 모른다 D 자주 연락한다

단어 又 yòu 부 또 | 找不到 zhǎobúdào 찾을 수 없다 | 打不通 dǎbutōng 전화가 안 된다 | 担心 dānxīn 동 걱정하다 | 刚刚 gānggāng 부 방금 | 通电话 tōng diànhuà 전화를 하다 | 路上 lùshang 명 길 가는 중 | 找到 zhǎodào 찾아내다 | 容易 róngyì 형 쉽다 | 下次 xiàcì 명 다음 번 | 如果 rúguǒ 접 만약 | 经常 jīngcháng 부 항상 | 联系 liánxì 동 연락하다 | 跟 gēn 개 ~와, 과 | 关系 guānxi 명 관계 | 不熟 bùshú 형 익숙하지 않다

해설 '我经常和她联系(나는 마리와 자주 연락한다)'를 통해 여자와 마리는 자주 연락한다는 것을 알 수 있으므로 정답은 D이다.

36 – 37

现在播送一个通知。张杰小朋友，[36]你妈妈王女士正在找你，请你听到广播后速到一楼肯德基餐厅。其他顾客朋友如看到一个10岁左右、身高大约1米3，穿蓝色短袖T恤、白色长裤，戴一顶黑色棒球帽的男孩，[37]请告诉他到一楼肯德基餐厅找他妈妈。	통지 하나 하겠습니다. 장지에 어린이는 [36]어머니 왕 여사가 찾고 있으니 방송을 들으면 신속히 1층 KFC로 와주기 바랍니다. 다른 고객들께서도 10살 정도로 키가 약 1m 30cm미터에 파란색 반팔 티셔츠와 흰색 긴 바지를 입고 검은색 야구 모자를 쓴 남자아이를 보시면 [37]아이에게 1층 KFC로 어머니를 찾으러 오라고 알려 주시기 바랍니다.

단어 播送 bōsòng 동 방송하다 | 通知 tōngzhī 명 통지 | 女士 nǚshì 명 여사 | 正在 zhèngzài 부 지금 ~하고 있다 | 广播 guǎngbō 동 방송하다 | 速 sù 형 신속하다 | 楼 lóu 양 층 | 肯德基 Kěndéjī 명 KFC | 餐厅 cāntīng 명 식당 | 其他 qítā 대 (사람·사물에 쓰여) 기타 | 顾客 gùkè 명 고객 | 如 rú 접 만약 | 左右 zuǒyòu 명 가량 | 身高 shēngāo 명 키 | 大约 dàyuē 부 대략 | 米 mǐ 양 미터 | 蓝色 lánsè 명 파랑 | 短袖 duǎnxiù 명 반소매 | T恤 Txù 명 티셔츠 | 白色 báisè 명 흰색 | 长裤 chángkù 명 긴 바지 | 戴 dài 동 착용하다 | 顶 dǐng 양 (모자를 세는) 개 | 棒球帽 bàngqiúmào 명 야구 모자

36 ★★★

王女士和她的儿子怎么了？ A 在购物 B 在吃肯德基 C 在玩捉迷藏 D 走散了	왕 여사와 그녀의 아들은 어떠한가? A 쇼핑하는 중이다 B 치킨을 먹는 중이다 C 숨바꼭질을 하는 중이다 D 흩어졌다

단어 购物 gòuwù 동 쇼핑하다 | 捉迷藏 zhuōmícáng 명 숨바꼭질 | 走散 zǒusàn 동 헤어지다, 잃어버리다

해설 잃어버린 아들을 찾는 방송으로 아이의 인상착의에 대해 언급했다. '你妈妈王女士正在找你(어머니 왕 여사가 찾고 있다)'를 통해 엄마와 아들이 서로 흩어졌음을 알 수 있으므로 정답은 D이다.

37 ★★☆			
王女士在哪里等儿子?		왕 여사는 어디에서 아들을 기다리는가?	
A 肯德基餐厅	B 播音室	A KFC	B 방송실
C 一楼大厅	D 收银台	C 1층 로비	D 계산대

단어 **播音室** bōyīnshì 방송실 | **收银台** shōuyíntái 명 계산대

해설 장소를 묻는 문제로 장소는 일반적으로 개사 '在'나 '到' 뒤에 나온다. '请告诉他到一楼肯德基餐厅找他妈妈(아이에게 1층 KFC로 어머니를 찾으러 오라고 알려 주시기 바랍니다)'를 통해 왕 여사는 '肯德基(KFC)'에서 아들을 기다리고 있다는 것을 알 수 있으므로 정답은 A이다.

38 – 39

亲爱的顾客朋友，晚上好！感谢您光临上海百货公司，我们的营业时间冬季为早上8:30至晚上7:00，[38]夏季为早上8:00至晚上7:30。[39]现在距离营业结束时间还有15分钟，请您抓紧时间挑选商品，同时不要遗忘随身携带的物品。祝各位顾客朋友购物愉快，欢迎您的再次光临。

친애하는 고객 여러분 안녕하십니까! 상하이 백화점에 방문해 주셔서 감사합니다. 저희의 영업시간은 겨울철은 아침 8시 30분부터 저녁 7시까지이며, [38]여름철은 아침 8시부터 저녁 7시 30분까지입니다. [39]현재 영업 마감 시간까지 15분 남았으니 서둘러서 상품을 고르시길 바라며 잊으신 물건이 없으신지 확인해 주시기 바랍니다. 즐거운 쇼핑하시길 바라며 또 오십시오.

단어 **亲爱** qīn'ai 형 친애하다 | **顾客** gùkè 명 고객 | **感谢** gǎnxiè 동 고맙다 | **光临** guānglín 동 왕림하시다 | **百货公司** bǎihuò gōngsī 명 백화점 | **营业** yíngyè 동 영업하다 | **冬季** dōngjì 명 동계 | **至** zhì 동 ~까지 | **夏季** xiàjì 명 하계 | **距离** jùlí 명 거리 | **结束** jiéshù 동 끝나다 | **抓紧** zhuājǐn 동 서둘러 하다 | **挑选** tiāoxuǎn 동 고르다 | **商品** shāngpǐn 명 제품 | **同时** tóngshí 부 동시에 | **遗忘** yíwàng 동 잊어버리다 | **随身** suíshēn 동 몸에 지니다 | **携带** xiédài 동 휴대하다 | **物品** wùpǐn 명 물품 | **祝** zhù 동 기원하다 | **各位** gèwèi 대 여러분 | **购物** gòuwù 동 쇼핑하다 | **愉快** yúkuài 형 기쁘다 | **欢迎** huānyíng 동 환영하다

38 ★★☆			
这个商场夏天几点开始营业?		이 상점은 여름철에 몇 시부터 영업을 시작하는가?	
A 早上8:30	B 早上7:00	A 아침 8시 30분	B 아침 7시
C 早上8:00	D 早上7:30	C 아침 8시	D 아침 7시 30분

단어 **商场** shāngchǎng 명 백화점

해설 보기의 시간들이 녹음 내용에 모두 언급되었으므로 헷갈리지 않도록 주의해야 한다. '夏季为早上8:00至晚上7:30(여름철은 아침 8시부터 저녁 7시 30분까지이다)'을 통해 이 상점은 여름철에 아침 8시부터 영업을 시작한다는 것을 알 수 있으므로 정답은 C이다.

39 ★★★

听到这段话的时候，最有可能是在什么时间？
A 早上8:15　　B 早上7:45
C 晚上7:00　　D 晚上7:15

이 방송을 들었을 때는 언제일 가능성이 가장 큰가?
A 아침 8:15　　B 아침 7:45
C 저녁 7:00　　D 저녁 7:15

해설 '现在距离营业结束时间还有15分钟(현재 영업 마감 시간까지 15분 남았다)'이라고 했지만 영업시간이 겨울철은 저녁 7시까지, 여름철은 저녁 7시 30분까지이므로 두 개의 경우의 수가 있다. 만약 겨울철이라면 현재는 저녁 6시 45분, 여름철이라면 저녁 7시 15분일 것이다. 보기 중 저녁 6시 45분은 없으므로 정답은 D이다.

40 – 41

游览世博园，[40]一种很好的纪念方式就是拥有一本"世博护照"。游客可以以30元的价格买到一本"世博护照"，每参观完一个国家馆，就可以获得该国印章，享受"环游世界"的乐趣。此次上海世博会推出的"世博护照"[41]共有5种风格，每种风格都体现了中国特色和文化。

엑스포를 관람할 때 [40]한 가지 좋은 기념 방식은 '엑스포 여권' 한 권을 갖는 것이다. 여행객은 30위안의 가격에 '엑스포 여권' 한 권을 살 수 있고, 국가관 하나를 참관할 때마다 그 국가의 도장을 얻을 수 있어서 '세계를 둘러보는 재미를 느낄 수 있다. 이번 상하이 엑스포가 출시한 '엑스포 여권'은 [41]총 5가지 스타일로 각각 중국의 특색과 문화를 보여 준다.

단어 游览 yóulǎn 동 유람하다 | 世博园 shìbóyuán 명 엑스포 | 种 zhǒng 양 종류 | 纪念 jìniàn 명 기념 | 方式 fāngshì 명 방식 | 拥有 yōngyǒu 동 소유하다 | 护照 hùzhào 명 여권 | 游客 yóukè 명 관광객 | 以 yǐ 개 ~으로 | 价格 jiàgé 명 가격 | 参观 cānguān 동 참관하다 | 国家 guójiā 명 국가 | 获得 huòdé 동 얻다 | 该 gāi 대 이, 저 | 印章 yìnzhāng 명 도장 | 享受 xiǎngshòu 동 즐기다 | 环游 huányóu 동 돌아다니며 구경하다 | 乐趣 lèqù 명 즐거움 | 此次 cǐcì 명 이번 | 推出 tuīchū 동 출시하다 | 共 gòng 부 모두 | 风格 fēnggé 명 스타일 | 体现 tǐxiàn 동 구현하다 | 特色 tèsè 명 특색 | 文化 wénhuà 명 문화

40 ★★☆

文中介绍的游览世博会的纪念方式是什么？
A 参观各国家馆
B 办"世博护照"
C 买世博纪念品
D 买各国印章

글에서 소개한 엑스포 관람 기념 방식은 무엇인가?
A 각 국가관을 참관한다
B '엑스포 여권'을 만든다
C 엑스포 기념품을 산다
D 각국의 도장을 산다

해설 녹음 내용에서 '一种很好的纪念方式就是拥有一本"世博护照"(한 가지 좋은 기념 방식은 '엑스포 여권' 한 권을 갖는 것이다)'를 통해 글에서 소개한 엑스포 관람 기념 방식은 엑스포 여권 만들기임을 알 수 있다. 따라서 정답은 B이다.

41 ★★☆

"世博护照"有几种风格？
A 5种　　B 10种
C 20种　　D 30种

'엑스포 여권'은 몇 가지 스타일이 있는가?
A 5종　　B 10종
C 20종　　D 30종

해설 '共有5种风格(총 5가지 스타일이 있다)'를 통해 엑스포 여권은 총 5종임을 알 수 있으므로 정답은 A이다.

42 – 43

[42]2010年8月5日，智利一个铜矿发生事故，33名矿工被困在地下700米处。他们都挤在一个不足50平米的房间里，有吃有喝，[43]能看足球比赛，能和家人通话。经过努力，矿工们终于在10月13日被救出矿井，被困长达69天。除一人比较虚弱外，其他矿工的身体状况都很好。

[42]2010년 8월 5일 칠레의 한 동광에서 사고가 발생해 광부 33명이 지하 700m에 갇혔다. 그들은 $50m^2$가 채 되지도 않은 방에 모여 먹고 마시며 [43]축구 경기를 볼 수 있었고 가족들과 통화도 할 수 있었다. 갖은 노력을 거쳐, 광부들은 10월 13일 마침내 갱도로 구출되었으며 갇혀 있던 시간이 69일에 다다랐다. 한 사람이 기력을 잃은 것 외에 다른 광부들의 건강 상태는 모두 좋았다.

단어 **智利** Zhìlì 명 칠레 | **铜矿** tóngkuàng 명 동광 | **发生** fāshēng 동 발생하다 | **事故** shìgù 명 사고 | **矿工** kuànggōng 명 광부 | **被** bèi 개 ~에게 ~를 당하다 | **困** kùn 동 가두어 놓다 | **地下** dìxia 명 지하 | **米** mǐ 양 미터 | **处** chù 명 곳 | **挤** jǐ 동 빽빽이 들어차다 | **不足** bùzú 형 부족하다 | **平米** píngmǐ 제곱미터 | **足球** zúqiú 명 축구 | **比赛** bǐsài 명 경기 | **家人** jiārén 명 가족 | **通话** tōnghuà 동 통화하다 | **经过** jīngguò 동 거치다 | **努力** nǔlì 동 노력하다 | **终于** zhōngyú 부 마침내 | **救出** jiùchū 동 구출하다 | **矿井** kuàngjǐng 명 갱도 | **除** chú 개 ~을 제외하고 | **比较** bǐjiào 부 비교적 | **虚弱** xūruò 형 기력이 없다 | **其他** qítā 대 기타 | **状况** zhuàngkuàng 명 상태

42 ★★★

事故发生在什么时候？

A 8月5日　B 11月17日
C 8月13日　D 10月13日

사고는 언제 발생했는가?

A 8월 5일　B 11월 17일
C 8월 13일　D 10월13일

해설 '2010年8月5日，智利一个铜矿发生事故(2010년 8월 5일 칠레의 한 동광에서 사고가 발생했다)'를 통해 사고는 8월 5일에 발생했음을 알 수 있으므로 정답은 A이다. 10월 13일은 광부들이 구출된 날이므로 오답이다.

43 ★★☆

矿工们被困在地下时可以做什么？

A 看报纸
B 上网聊天
C 跟家人见面
D 看足球比赛

광부들은 지하에 갇혔을 때 무엇을 할 수 있었는가?

A 신문을 본다
B 인터넷으로 채팅을 한다
C 가족과 만난다
D 축구 경기를 본다

단어 **上网** shàngwǎng 동 인터넷을 하다 | **聊天** liáotiān 동 수다 떨다 | **跟** gēn 개 ~와, ~과

해설 '能看足球比赛，能和家人通话(축구 경기를 볼 수 있었고 가족들과 통화도 할 수 있었다)'라고 했으므로 보기 중 광부들이 지하에 갇혔을 때 할 수 있었던 것은 D이다.

44 – 45

从前有个农民，他的田里有棵树。一天，一只兔子跑过来，因为跑得太急，一头撞到树上撞死了。农民很轻松地捡到了这只兔子。从这天起，[44]他连活儿也不干了，天天守在树下，希望还能捡到死兔子。可是再也没有兔子撞死，农民的田里却长满了草。

옛날에 어떤 농부가 있었는데 그의 밭에는 나무 한 그루가 있었다. 하루는 토끼 한 마리가 뛰어오다가 너무 빨리 달린 나머지 나무에 부딪혀 죽었다. 농부는 매우 손쉽게 이 토끼를 주웠다. 이날부터 [44]그는 일도 하지 않고 매일 나무 아래를 지키면서 죽은 토끼를 주울 수 있기를 바랐다. 그러나 더 이상 토끼가 부딪혀 죽는 일은 없었고 농부의 밭은 풀로 가득찼다.

단어 从前 cóngqián 명 옛날 | 农民 nóngmín 명 농부 | 田 tián 명 밭 | 棵 kē 양 (식물을 세는) 그루 | 树 shù 명 나무 | 只 zhī 양 마리 | 兔子 tùzi 명 토끼 | 急 jí 형 급하다 | 撞 zhuàng 동 부딪치다 | 死 sǐ 동 죽다 | 轻松 qīngsōng 형 수월하다 | 捡 jiǎn 동 줍다 | 连 lián 개 ~조차도 | 活儿 huór 명 일 | 干 gàn 동 (일을) 하다 | 守 shǒu 동 지키다 | 却 què 부 오히려 | 长满 zhǎng mǎn 온통 생기다 | 草 cǎo 명 풀

44 ★★★

这个人为什么不干农活了？
A 天气不好
B 他得到很多钱
C 他等兔子撞树
D 他想种树

이 사람은 왜 농사일을 하지 않았는가?
A 날씨가 좋지 않아서
B 그는 많은 돈이 생겨서
C 그는 토끼가 나무에 부딪히길 기다리느라
D 그는 나무를 심고 싶어해서

단어 农活 nónghuó 명 농사일 | 得到 dédào 동 얻다 | 种 zhòng 동 심다

해설 '希望还能捡到死兔子(죽은 토끼를 주울 수 있기를 바랐다)'를 통해 이 사람은 또 다시 요행을 바라며 농사일을 하지 않았다는 것을 알 수 있으므로 정답은 C이다.

45 ★★★

这个故事说明什么？
A 做事要坚持
B 人不能只靠运气
C 人常会有好运
D 人比兔子聪明

이 이야기가 설명하는 것은 무엇인가?
A 일을 할 때는 꾸준히해야 한다
B 사람은 운에만 의지해서는 안 된다
C 사람은 항상 좋은 운이 따른다
D 사람은 토끼보다 똑똑하다

단어 故事 gùshi 명 이야기 | 说明 shuōmíng 동 설명하다 | 坚持 jiānchí 동 견지하다 | 只 zhǐ 부 단지 | 靠 kào 동 의지하다 | 运气 yùnqi 명 운 | 常 cháng 부 항상 | 好运 hǎoyùn 명 행운 | 聪明 cōngming 형 똑똑하다

해설 요행만 바라던 농민은 다시는 죽은 토끼를 줍지 못하고 농사일까지 그르치게 되었다는 내용으로 미루어 보아, 사람은 운에만 의지해서는 안 된다는 것을 설명하므로 정답은 B이다.

46 – 50

A 能	B 意见	A ~할 수 있다	B 의견
C 了解	D 坚持	C 이해하다	D 꾸준히 하다
E 原来	F 优秀	E 알고 보니	F 우수하다

단어 意见 yìjiàn 명 의견 | 了解 liǎojiě 동 이해하다 | 坚持 jiānchí 동 꾸준히 하다 | 原来 yuánlái 부 알고 보니 | 优秀 yōuxiù 형 우수하다

46 ★★☆

不出意外的话，今天晚上我就（A 能）把报告写完了。	뜻밖의 일이 없다면 오늘 저녁 나는 보고서 작성을 끝낼 (A 수 있다).

단어 不出 bù chū 벗어나지 않다 | 意外 yìwài 명 의외의 사고 | 的话 dehuà ~하다면 | 把 bǎ 개 ~을, ~를 | 报告 bàogào 명 보고서

해설 빈칸 앞에 부사 '就', 빈칸 뒤에 개사 '把', 명사 '报告', 술어 '写'가 쓰였다. 부사어의 어순은 '부사 + 조동사 + 개사구' 순서이므로 '就'와 '把'사이에는 조동사가 올 수 있다. 보기에 조동사는 '能'뿐이므로 정답은 A이다.

Tip

시험에 자주 출제되는 부사어의 어순을 기억하자!

주어 + 부사어(부사/조동사/개사구) + 술어 + 목적어

47 ★★☆

我说我怎么找不到自行车了，（E 原来）是你骑走了。	내가 왜 자전거를 못 찾나 했더니, (E 알고 보니) 네가 타고 갔었구나.

단어 自行车 zìxíngchē 명 자전거 | 骑 qí 동 타다

해설 빈칸 뒤에 동사 '是(~이다)'가 있으므로 빈칸에는 부사가 올 수 있다. '내가 왜 내 자전거를 못 찾나 했더니, (　　) 네가 타고 갔었구나'라며 몰랐던 사실을 알게 되었으므로 '알고 보니'의 뜻을 가진 E가 정답이다.

48 ★☆☆

听说她是这一届最（F 优秀）的学生。	그녀는 이번 회의 가장 (F 우수한) 학생이라고 한다.

단어 届 jiè 양 (졸업생 세는) 회

해설 빈칸 앞에 부사 '最(가장)'가 있으므로 빈칸에는 형용사가 올 수 있다. '学生(학생)'과 어울리는 형용사는 '优秀(우수하다)'이므로 정답은 F이다.

49 ★★☆

不管你对我有什么（B 意见），都可以直接向我提出来。	당신이 나에 대해 무슨 (B 의견)이 있든 모두 나에게 직접 말해도 됩니다.

단어 不管 bùguǎn 접 ~을 막론하고 | 直接 zhíjiē 형 직접적인 | 向 xiàng 개 ~에게 | 提 tí 동 제기하다

해설 빈칸 앞에 의문대사 '什么(무엇)'가 있으므로 빈칸에는 명사가 올 수 있다. '제시하다'의 뜻을 가진 '提出'와 잘 어울리는 명사는 '意见(의견)' 또는 '问题(문제)'이므로 정답은 B이다.

50 ★★★	
北京奥运会和上海世博会都是让世界人民进一步（C 了解）中国的好机会。	베이징 올림픽과 상하이 엑스포는 모두 세계의 사람들이 중국을 더욱 잘 (C 이해하게) 한 좋은 기회였다.

단어 奥运会 àoyùnhuì 명 올림픽 | 上海 Shànghǎi 명 상하이 | 世博会 shìbóhuì 명 엑스포 | 世界 shìjiè 명 세계 | 人民 rénmín 명 국민 | 进一步 jìnyíbù 부 나아가 | 机会 jīhuì 명 기회

해설 빈칸 앞에 부사 '进一步(더욱 잘)', 빈칸 뒤에 명사 '中国(중국)'가 있으므로 빈칸에는 동사가 올 수 있다. 문맥상 '이해하다'라는 동사가 가장 적절하므로 정답은 C이다.

51 – 55			
A 安静	B 来不及	A 조용하다	B 시간이 촉박하다
C 温度	D 报纸	C 온도	D 신문
E 鼓励	F 还	E 격려하다	F 여전히

단어 安静 ānjìng 형 조용하다 | 来不及 láibují 동 (시간이 부족하여) 손쓸 틈이 없다 | 温度 wēndù 명 온도 | 报纸 bàozhǐ 명 신문 | 鼓励 gǔlì 동 격려하다

51 ★★☆	
A: 巴西对阿根廷的比赛马上就要开始了，你再不快点就（B 来不及）了。 B: 就来就来，这两支强队比赛，一定特别精彩。	A: 브라질 대 아르헨티나 경기가 곧 시작해. 너 서두르지 않으면 (B 시간 안에 못 맞춰). B: 곧 가. 이 두 강팀 경기는 틀림없이 대단할 거야.

단어 巴西 Bāxī 명 브라질 | 阿根廷 Āgēntíng 명 아르헨티나 | 比赛 bǐsài 명 경기 | 马上 mǎshàng 부 곧 | 就要 jiùyào 부 곧 | 再不 zàibu 접 그렇지 않으면 | 强队 qiángduì 명 강팀 | 一定 yídìng 부 반드시 | 特别 tèbié 부 특히 | 精彩 jīngcǎi 형 훌륭하다

해설 '就要…了'는 '곧 ~하려고 한다'라는 뜻으로 '시합이 곧 시작한다'고 하면서, '서두르지 않으면 ( )'이라고 했으므로 빈칸에는 '늦는다'라는 의미가 올 수 있다. 따라서 정답은 B이다. '来不及'는 시간이 부족해서 무언가를 할 수 없다는 어감으로 '늦었다', '겨를이 없다'정도로 해석하며, 반대말로는 '来得及'가 있다.

52 ★☆☆	
A: 太吵了，能不能（A 安静）一点，孩子在睡觉！ B: 对不起，我们马上出去。	A: 너무 시끄러워요, 좀 (A 조용히) 해 주세요, 아이가 자고 있어요! B: 죄송합니다, 저희는 곧 나가요.

단어 吵 chǎo 형 시끄럽다 | 一点 yīdiǎn 양 약간 | 睡觉 shuìjiào 동 잠을 자다 | 马上 mǎshàng 부 곧 | 出去 chūqu 동 나가다

해설 '너무 시끄러워요, 좀 ( )해 주세요'라고 했으므로 문맥상 '吵(시끄럽다)'의 반대말인 '安静(조용하다)'이 가장 적합하다. 따라서 정답은 A이다.

53 ★☆☆	
A: 过几天他就要去上海比赛了。 B: 我们应该（ E 鼓励 ）他，并且祝他取得好成绩。	A: 며칠 지나고 그는 상하이에 시합하러 갈 거야. B: 우리는 그를 (E 격려해 줘)야 해. 그리고 그가 좋은 성적을 얻길 기원하자.

단어 就要 jiùyào 부 곧 | 上海 Shànghǎi 명 상하이 | 比赛 bǐsài 동 시합하다 | 应该 yīnggāi 조동 ~해야 한다 | 并且 bìngqiě 접 그리고 | 祝 zhù 동 기원하다 | 取得 qǔdé 동 얻다 | 成绩 chéngjì 명 성적

해설 빈칸 앞에 조동사 '应该(~해야 한다)'가 있으므로 빈칸에는 동사가 올 수 있다. 곧 시합이 있는 사람에게 우리가 해 줄 수 있는 것은 '鼓励(격려)'이므로 정답은 E이다.

54 ★★★	
A: 已经连续下了好几天的雨了，潮乎乎的真难受。 B: 天气预报说这种天气（ F 还 ）要持续一段时间呢。	A: 이미 며칠 간 연속해서 비가 내려 축축하니 정말 견디기 힘들다. B: 일기 예보에서 이런 날씨가 당분간 (F 여전히) 지속된다는데.

단어 已经 yǐjing 부 이미 | 连续 liánxù 동 연속하다 | 潮乎乎 cháohūhū 형 축축하다 | 难受 nánshòu 형 괴롭다 | 预报 yùbào 동 예보하다 | 种 zhǒng 양 종류 | 持续 chíxù 동 지속하다

해설 빈칸 뒤에 조동사 '要(~할 것이다)'와 동사 '持续(지속되다)'가 있으므로 빈칸에는 부사가 올 수 있다. 보기 중 부사는 '还(여전히)' 밖에 없으므로 정답은 F이다.

55 ★☆☆	
A: 你平时吃完晚饭后会干什么? B: 我会看（ D 报纸 ）。	A: 당신은 평소에 저녁을 먹고 무엇을 하나요? B: 저는 (D 신문)을 봅니다.

단어 平时 píngshí 명 평소 | 干 gàn 동 (일을) 하다

해설 빈칸 앞에 동사 '看(보다)'이 있으므로, 이것의 목적어로 빈칸에는 명사가 올 수 있다. 동사 '看(보다)'과 어울리는 명사는 '报纸(신문)'이므로 정답은 D이다.

56 ★☆☆

A 说家里有急事，让我马上回家 B 所以我不得不请假了 C 我刚接到家里的电话 C - A - B	A 집에 급한 일이 있다며 나한테 바로 집으로 돌아오라고 했다 B 그래서 나는 어쩔 수 없이 휴가를 신청했다 C 나는 방금 집에서 걸려온 전화를 받았는데 C - A - B

단어 急事 jíshì 명 급한 일 | 马上 mǎshàng 부 곧 | 不得不 bùdébù 부 어쩔 수 없이 | 请假 qǐngjià 동 신청하다 | 刚 gāng 부 방금 | 接到 jiēdào 동 받다

해설 **1단계 : ? → B**

B의 '所以(그래서)'는 결과를 나타내는 접속사로 문장 맨 앞에 올 수 없으며 '所以' 앞에 원인이 와야 한다. '不得不请假了(어쩔 수 없이 휴가를 신청했다)'라고 했으므로 휴가를 신청한 이유가 B 앞에 와야 한다.

2단계 : A → B

A는 '집에 급한 일이 있는 것'이므로 B에 대한 원인은 A이다. 따라서 A-B 순서로 연결한다.

3단계 : C → A → B

집에 급한 일이 있다는 것을 전화를 통해 알게 된 것이므로 일이 일어난 순서에 따라 C가 맨 앞에 와야 한다. 따라서 정답은 C-A-B이다.

57 ★★☆

A 他们会给你提供一些意见 B 你要出国留学的话 C 可以向出国留学服务中心咨询 B - C - A	A 그들은 너에게 몇 가지 의견을 줄 것이다 B 당신이 해외로 유학을 가고자 한다면 C 해외 유학 서비스 센터에 자문을 구할 수 있다 B - C - A

단어 提供 tígōng 동 제공하다 | 意见 yìjiàn 명 의견 | 出国 chūguó 동 출국하다 | 留学 liúxué 동 유학하다 | 的话 dehuà ~하다면 | 向 xiàng 개 ~에게 | 服务中心 fúwù zhōngxīn 명 서비스 센터 | 咨询 zīxún 동 자문하다

해설 **1단계 : C → A**

A의 '他们'은 C의 '出国留学服务中心(해외 유학 서비스 센터)'을 가리키는 말이므로 C는 A앞에 와야 한다. C '해외 유학 서비스 센터에 자문을 구할 수 있다', A '그들은 너에게 몇 가지 의견을 줄 것이다'로 문맥상 자연스럽게 연결된다.

2단계 : B → C → A

B의 '你(당신)'는 문맥상 주어 역할을 할 수 있으므로 맨 앞에 와야 한다. 따라서 정답은 B-C-A이다.

58 ★☆☆

A 即使不让人讨厌 B 也得不到别人的喜欢 C 这种经常迟到的人 C - A - B	A 설령 남에게 미움을 받진 않더라도 B 사람들의 호감도 얻을 수 없다 C 이렇게 자주 지각하는 사람은 C - A - B

단어 即使 jíshǐ 접 설령 ~하더라도 | 讨厌 tǎoyàn 동 싫어하다 | 得不到 débúdào 받지 못하다 | 喜爱 xǐ'ài 동 좋아하다 | 迟到 chídào 동 지각하다

해설 **1단계 : A → B**

A의 '即使'와 B의 '也'는 '即使…也…(설령 ~라 하더라도, 그래도 ~하다)'의 형식으로 쓰여 A-B는 '설령 남에게 미움을 받진 않더라도, 사람들의 호감도 얻을 수 없다'라고 해석된다.

2단계 : C → A → B

C의 '经常迟到的人(자주 지각하는 사람)'이 A, B에서 말하는 대상이므로 C가 문장 맨 앞에 와야 한다. 따라서 정답은 C-A-B이다.

59 ★☆☆	
A 答应别人的事情就应该做到	A 다른 사람과 약속한 일은 마땅히 해야 하고
B 这是一种礼貌	B 이것은 예의이다
C 如果做不到就应该及时说明原因	C 만약 할 수 없다면 즉시 원인을 설명해야 한다
A - C - B	A - C - B

단어 **答应** dāying 동 승낙하다 | **应该** yīnggāi 조동 ~해야 한다 | **礼貌** lǐmào 명 예의 | **如果** rúguǒ 접 만약 | **及时** jíshí 부 즉시 | **说明** shuōmíng 동 설명하다 | **原因** yuányīn 명 원인

해설 **1단계 : ? → B**

B의 '这是一种礼貌(이것은 예의이다)'의 '这(이것)'에 대한 설명이 B 앞에 와야 하므로 B는 문장 맨 앞에 올 수 없다.

2단계 : ? → C

C는 '만약 할 수 없다면 즉시 원인을 설명해야 한다'라고 했는데 무엇을 할 수 없는지 그 대상이 C 앞에 와야 하므로 문장 맨 앞에 올 수 없다.

3단계 : A → C → B

A의 '答应别人的事情(다른 사람과 약속한 일)'이 C에서 말하는 대상이므로 A가 문장 맨 앞에 와야 한다. A '다른 사람과 약속한 일은 마땅히 해야 하고, C '만약 할 수 없다면 즉시 원인을 설명해야 한다', B '이것은 예의이다'의 순서로 연결하면 자연스럽다. 따라서 정답은 A-C-B이다.

60 ★☆☆	
A 而且可以减少污染	A 게다가 오염도 줄일 수 있다
B 节假日我常常骑自行车去旅游	B 명절과 휴일에 나는 자주 자전거를 타고 여행을 간다
C 不仅可以锻炼身体	C 몸을 단련할 수 있을 뿐만 아니라
B - C - A	B - C - A

단어 **而且** érqiě 접 게다가 | **减少** jiǎnshǎo 동 감소하다 | **污染** wūrǎn 동 오염시키다 | **节假日** jiéjiàrì 명 명절과 휴일 | **骑** qí 동 타다 | **自行车** zìxíngchē 명 자전거 | **不仅** bùjǐn 접 ~뿐만 아니라 | **锻炼** duànliàn 동 단련하다

해설 **1단계 : C → A**

C의 '不仅'과 A의 '而且'는 '不仅…而且…(~뿐만 아니라, 게다가 ~하다)'의 형식으로 쓰여 C-A는 '몸을 단련할 수 있을 뿐만 아니라, 게다가 오염도 줄일 수 있다'라고 해석된다.

2단계 : B → C → A

B의 '骑自行车去旅游(자전거를 타고 여행을 간다)'가 C, A에서 말하는 몸을 단련하고 오염을 줄일 수 있는 행위이므로 B가 문장 맨 앞에 와야 한다. 따라서 정답은 B-C-A이다.

61 ★★☆

A 谁的耳朵都受不了 B 飞机起飞时声音太大 C 面对面讲话都听不到 B - C - A	A 누구의 귀도 견딜 수 없다 B 비행기가 이륙할 때 소리가 너무 커서 C 서로 마주 보고 이야기하는 것조차 들리지 않는다 B - C - A

단어 耳朵 ěrduo 명 귀 | 受不了 shòubuliǎo 동 견딜 수 없다 | 起飞 qǐfēi 동 이륙하다 | 声音 shēngyīn 명 소리 | 面对面 miànduìmiàn 동 얼굴을 맞대다 | 讲话 jiǎnghuà 동 말하다

해설 **1단계 : B → ? → ?**

B의 '飞机起飞时(비행기가 이륙할 때)'는 특정 시점을 나타내므로 문장 맨 앞에 올 수 있다.

2단계 : B → C → A

B '비행기가 이륙할 때 소리가 너무 커서', C '서로 마주 보고 이야기하는 것조차 들리지 않는다' A '누구의 귀도 견딜 수 없다'의 순서로 연결하면 자연스럽다. 따라서 정답은 B-C-A이다.

62 ★★☆

A 同学们都从家里带来了自己做的菜 B 大家一起在教室里过了一个特别的节日 C 今天是六一儿童节 C - A - B	A 친구들은 모두 집에서 자신이 만든 음식을 가지고 와서 B 모두 같이 교실에서 특별한 기념일을 보냈다 C 오늘은 6월 1일 어린이날이라 C - A - B

단어 带来 dàilái 동 가져오다 | 过 guò 동 (시점을) 지내다 | 特别 tèbié 형 특별하다 | 节日 jiérì 명 기념일 | 儿童节 Értóng Jié 명 어린이날

해설 **1단계 : A → B**

집에서 자신이 만든 요리를 가져왔고 그 결과 특별한 기념일을 보낸 것이므로 A-B 순서로 연결한다.

2단계 : C → A → B

C의 '儿童节(어린이날)'는 B에서 말한 특별한 기념일이므로 C가 문장 맨 앞에 와야 한다. 따라서 정답은 C-A-B이다.

63 ★★★

A 最让我讨厌的是电视广告 B 不仅浪费时间，还影响剧情 C 和绝大多数观众一样 C - A - B	A 내가 가장 싫어하는 것은 텔레비전 광고다 B 시간을 낭비할 뿐만 아니라 드라마 줄거리에도 영향을 미친다 C 대다수의 시청자들처럼 C - A - B

단어 讨厌 tǎoyàn 동 싫어하다 | 广告 guǎnggào 명 광고 | 不仅 bùjǐn 접 ~뿐만 아니라 | 浪费 làngfèi 동 낭비하다 | 影响 yǐngxiǎng 동 영향을 주다 | 剧情 jùqíng 명 연극 줄거리 | 绝大多数 juédà duōshù 절대 다수 | 观众 guānzhòng 명 시청자

해설 **1단계 : A → B**

A '내가 가장 싫어하는 것은 텔레비전 광고다', B '시간을 낭비할 뿐만 아니라 드라마 줄거리에도 영향을 미친다'로 싫어하는 이유가 뒤에 와야 하므로 A-B 순서로 연결한다.

2단계 : C → A → B

A의 '最(가장)'는 비교의 대상이 있을 때 뒤쪽에 쓰이므로 문장 맨 앞에 올 수 없고, 비교의 대상들인 C의 '绝大多数观众(대다수의 시청자들)'이 A 앞에 와야 한다. 따라서 정답은 C-A-B이다.

64 ★★☆	
A 听说那里很热闹 B 明天导游安排我们去东城看电影 C 看完之后可以去附近逛逛 B - C - A	A 그곳은 굉장히 시끌벅적하다고 한다 B 내일 가이드는 동청에 가서 영화 보는 것으로 스케줄을 잡았고 C 다 본 후 근처를 구경하러 갈 수 있다 B - C - A

단어 听说 tīngshuō 동 듣자 하니 | 热闹 rènao 형 시끌벅적하다 | 导游 dǎoyóu 명 가이드 | 安排 ānpái 동 안배하다 | 之后 zhīhòu 명 ~후 | 附近 fùjìn 명 근처 | 逛 guàng 동 구경하다

해설 **1단계 : ? → A**

A의 '那里(그곳)'는 앞에서 말한 장소를 가리키므로 A는 구체적인 장소 뒤에 와야 한다.

2단계 : B → C → A

C의 '看完之后(다 본 후)' 앞에 무엇을 보았는지가 와야 한다. B의 '电影(영화)'이 C에서 본 대상이므로 B-C 순서로 연결하고, C의 '附近(근처)'이 A의 '那里(그곳)'가 가리키는 장소이므로 C-A순서로 연결한다. 따라서 정답은 B-C-A이다.

65 ★★☆	
A 所以有很多人的姓听起来差不多 B 汉语中有很多字读音相同或者相近 C 比如"刘老师"和"柳老师"就常常让人分不清 B - A - C	A 그래서 매우 많은 사람들의 성은 듣기에 비슷하다 B 중국어에서 많은 글자들의 음이 서로 같거나 비슷하다 C 예를 들면 '리우(liú)선생님'과 '리우(liǔ)선생님'은 사람들이 구분하기 어렵다 B - A - C

단어 听起来 tīng qǐlai ~하게 들리다 | 差不多 chàbuduō 형 비슷하다 | 读音 dúyīn 명 글자의 발음 | 相同 xiāngtóng 형 서로 같다 | 或者 huòzhě 접 ~이던가 아니면 ~이다 | 相近 xiāngjìn 형 비슷하다 | 比如 bǐrú 접 예를 들어 | 分不清 fēnbuqīng 확실히 분간할 수 없다

해설 **1단계 : B → ? → ?**

A의 '所以(그래서)'는 결과를 나타내는 접속사고, C의 '比如(예를 들어)'는 구체적인 예를 나타내므로 A와 C 모두 문장 맨 앞에 올 수 없다. 따라서 B가 문장 맨 앞에 와야 한다.

2단계 : B → A → C

A에서 '有很多人的姓听起来差不多(매우 많은 사람들의 성은 듣기에 비슷하다)'라고 했고 이에 대한 구체적인 예시가 C에 있으므로 A-C 순서로 연결한다. 따라서 정답은 B-A-C이다.

66 ★★★

词典已经成为人们生活和学习中不可缺少的工具。随着词典的发展，出现了形状各异，内容丰富多样的不同种类的词典，从内容上看有外语词典，成语词典，谚语词典等，从形式上看有纸质词典，电子词典等。

★ 词典：
A 都是纸质的
B 内容都一样
C 是不太重要的工具
D 有很多种类

사전은 이미 사람들의 생활과 학습에 절대로 없어서는 안 되는 도구가 되었다. 사전의 발전에 따라, 각기 다른 생김새의 내용이 풍부하고 다양한 여러 종류의 사전이 생겼다. 내용상으로 보면 외국어 사전, 성어 사전, 속담 사전 등이 있고, 형식상으로 보면 종이 사전, 전자 사전 등이 있다.

★ 사전은:
A 모두 종이이다
B 내용이 다 똑같다
C 그다지 중요하지 않은 도구이다
D 많은 종류가 있다

단어 词典 zìdiǎn 명 사전 | 成为 chéngwéi 동 ~이 되다 | 生活 shēnghuó 명 생활 | 不可缺少 bùkě quēshǎo 없어서는 안 된다 | 工具 gōngjù 명 도구 | 随着 suízhe 동 ~에 따라 | 发展 fāzhǎn 동 발전하다 | 出现 chūxiàn 동 출현하다 | 形状 xíngzhuàng 명 생김새 | 各异 gèyì 형 제각기 다르다 | 内容 nèiróng 명 내용 | 丰富 fēngfù 형 풍부하다 | 多样 duōyàng 형 다양하다 | 种类 zhǒnglèi 명 종류 | 成语 chéngyǔ 명 성어 | 谚语 yànyǔ 명 속담 | 形式 xíngshì 명 형태 | 纸质 zhǐzhì 명 종이 | 电子 diànzǐ 명 전자 | 重要 zhòngyào 형 중요하다

해설 '出现了形状各异，内容丰富多样的不同种类的词典(각기 다른 생김새의 내용이 풍부하고 다양한 여러 종류의 사전이 생겼다)'을 통해 사전은 많은 종류가 있다는 것을 알 수 있으므로 정답은 D이다.

67 ★★☆

前年从杭州回到北京的老陈住到了小儿子家，并在北京的海淀区投资开了一家厂做生意。谁知越做越好，他和小儿子两个人都忙不过来，所以把远在杭州的大儿子叫过来帮忙。

★ 老陈叫他大儿子来帮忙是因为：
A 老陈老了
B 小儿子不想工作了
C 生意越做越好
D 工人不认真工作

재작년에 항저우에서 베이징으로 돌아온 라오천은 작은 아들 집에 들어가 살았고, 베이징 하이뎬구에 투자하여 공장 하나를 열어 사업을 했다. 예상외로 점점 잘되었고, 그와 아들 두 사람은 쉴 틈도 없어서 멀리 항저우에 있는 큰아들을 불러 돕게 했다.

★ 라오천이 그의 큰아들을 불러 돕게 한 이유는:
A 라오천이 늙어서
B 작은 아들이 일을 하기 싫어해서
C 사업이 점점 잘돼서
D 일하는 사람이 열심히 하지 않아서

단어 前年 qiánnián 명 재작년 | 杭州 Hángzhōu 명 항저우 | 海淀区 Hǎidiànqū 명 하이뎬구 | 投资 tóuzī 동 투자하다 | 厂 chǎng 명 공장 | 生意 shēngyi 명 사업 | 越…越… yuè…yuè… ~할수록 ~하다 | 忙不过来 máng bú guòlái 손 쉴 틈도 없다 | 把 bǎ 개 ~을, ~를 | 帮忙 bāngmáng 동 일을 돕다 | 工人 gōngrén 명 노동자 | 认真 rènzhēn 형 착실하다

해설 '谁知越做越好(예상외로 점점 잘되었다)'를 통해 사업이 점점 잘돼서 큰 아들을 불러 돕게 한 것임을 알 수 있으므로 정답은 C이다.

68 ★★☆

经过店员的精彩介绍，这辆车给我留下了深刻印象。虽然有些贵，我还是咬牙买了下来。

점원의 멋진 소개를 통해 이 자동차는 나에게 깊은 인상을 남겼다. 비록 조금 비싸지만 나는 눈 딱 감고 구매했다.

★ 我买这辆车的原因是：
A 价格低
B 店员的介绍很好
C 车的性能好
D 广告做得好

★ 내가 이 자동차를 사게 된 원인은:
A 가격이 낮아서
B 점원의 소개가 매우 좋아서
C 자동차 성능이 좋아서
D 광고를 잘해서

단어 **经过** jīngguò 동 거치다 | **店员** diànyuán 명 점원 | **精彩** jīngcǎi 형 멋지다 | **辆** liàng 양 (차량 세는) 대 | **留下** liúxià 동 남기다 | **深刻** shēnkè 형 (인상이) 깊다 | **印象** yìnxiàng 명 인상 | **还是** háishi 부 그래도 | **咬牙** yǎoyá 동 이를 악물다 | **原因** yuányīn 명 원인 | **价格** jiàgé 명 가격 | **低** dī 형 낮다 | **性能** xìngnéng 명 성능 | **广告** guǎnggào 명 광고

해설 '经过店员的精彩介绍(점원의 멋진 소개를 통해)'를 통해 점원의 소개가 좋아서 자동차를 사게 된 것임을 알 수 있으므로 정답은 B이다.

69 ★★★

那年的期末考试，张明再次八门功课不及格。之前因为功课不好已留过一级的他决定退学找工作，最终在一家商店开始了他的销售员生涯。

그해 기말고사에서 장밍은 또다시 여덟 과목에 불합격했다. 이전에도 공부를 못해서 이미 한 학년 유급한 그는 퇴학하고 일을 찾기로 결정했고, 결국 한 상점에서 그의 판매원 생활을 시작했다.

★ 张明决定退学是因为：
A 找到了工作
B 不喜欢读书
C 学习不好
D 学习太累

★ 장밍이 퇴학을 결정한 이유는:
A 일을 찾아서
B 책 읽기를 싫어해서
C 공부를 못해서
D 공부가 너무 힘들어서

단어 **期末考试** qīmò kǎoshì 기말 고사 | **再次** zàicì 부 거듭 | **门** mén 양 과목 | **功课** gōngkè 명 과목 | **不及格** bùjígé 동 (시험에) 불합격하다 | **之前** zhīqián 명 ~이전 | **留** liú 동 머무르다 | **决定** juédìng 동 결정하다 | **退学** tuìxué 동 학교를 그만두다 | **最终** zuìzhōng 형 최종의 | **销售员** xiāoshòuyuán 명 판매원 | **生涯** shēngyá 명 일생 | **读书** dúshū 동 책을 읽다

해설 '是因为'로 질문하고 있으므로 지문에서 원인을 나타내는 접속사 '因为'를 찾으면 정답을 쉽게 찾을 수 있다. '因为功课不好(공부를 못해서)'를 통해 장밍이 공부를 못해서 퇴학을 결정했다는 것을 알 수 있으므로 정답은 C이다.

70 ★★☆

公司有一段时间费用支出特别大，不知道是什么原因。经理为了降低费用支出开了好多次会议，制订了一些计划，却没有起多大作用。

회사는 한동안 비용 지출이 매우 컸는데 무슨 이유인지는 모른다. 사장님은 비용 지출을 낮추기 위해 여러 번 회의를 하고, 몇몇 계획을 세웠지만 큰 효과는 없었다.

★ 根据这段话，可以知道公司：
A 提到了费用支出
B 费用计划很有效
C 换了经理
D 想办法降低支出

★ 이 글에 근거하여, 회사에 대해 알 수 있는 것은:
A 비용 지출을 언급했다
B 비용 계획이 매우 효과가 있다
C 사장을 바꿨다
D 지출을 낮출 방법을 생각했다

단어 费用 fèiyòng 명 비용 | 支出 zhīchū 명 지출 | 特别 tèbié 부 특히 | 原因 yuányīn 명 원인 | 经理 jīnglǐ 명 사장 | 为了 wèile 개 ~을 하기 위하여 | 降低 jiàngdī 동 낮추다 | 会议 huìyì 명 회의 | 制订 zhìdìng 동 제정하다 | 计划 jìhuà 명 계획 | 却 què 부 오히려 | 作用 zuòyòng 명 작용 | 提到 tídào 동 언급하다 | 有效 yǒuxiào 형 효과가 있다 | 换 huàn 동 바꾸다 | 办法 bànfǎ 명 방법

해설 '为了降低费用支出开了好多次会议，制订了一些计划(비용 지출을 낮추기 위해 여러 번 회의를 하고, 몇몇 계획을 세웠다)'를 통해 회사가 지출을 낮출 방법을 생각했다는 것을 알 수 있으므로 정답은 D이다.

71 ★★☆

在最后的投票中，德国以一票优势战胜了南非，获得了2006年世界杯的举办权。这是德国第二次举办世界杯决赛阶段的比赛，上次举办世界杯是1974年。

마지막 투표에서 독일은 한 표 우세로 남아프리카 공화국을 이겨 2006년 월드컵 개최권을 획득했다. 이것은 독일이 두 번째로 월드컵 본선 경기를 개최한 것이며, 지난 번 월드컵 개최는 1974년이었다.

★ 德国举办了几次世界杯？
A 零次　　B 三次
C 两次　　D 一次

★ 독일은 월드컵을 몇 번 개최했는가?
A 0번　　B 3번
C 2번　　D 1번

단어 投票 tóupiào 동 투표하다 | 德国 Déguó 명 독일 | 以 yǐ 개 ~에 의해 | 优势 yōushì 명 우세 | 战胜 zhànshèng 동 승리하다 | 南非 Nánfēi 명 남아프리카 공화국 | 获得 huòdé 동 획득하다 | 世界杯 shìjièbēi 명 월드컵 축구 대회 | 举办 jǔbàn 동 개최하다 | 权 quán 명 권력 | 决赛阶段 juésài jiēduàn 명 본선 | 比赛 bǐsài 명 경기 | 零 líng 수 0, 영

해설 '这是德国第二次举办世界杯决赛阶段的比赛(이것은 독일이 두 번째로 월드컵 본선 경기를 개최한 것이다)'를 통해 독일은 월드컵을 두 번 개최했다는 것을 알 수 있다. 따라서 정답은 C이다.

72 ★★☆

经过4年的训练，战士们都身经百战，积累了丰富的经验，同时，战士们之间也结下了深厚的友谊。大家约定在分开之后都要保持联系。	4년간의 훈련을 통해 병사들 모두 많은 전투를 겪어 풍부한 경험을 축적함과 동시에 병사들 사이에는 깊은 우정도 맺어졌다. 모두들 헤어진 후에도 연락을 계속하기로 약속했다.
★ 4年中战士们主要在： A 结交朋友　　B 读书 C 积累工作经验　　D 训练	★ 4년간 병사들은 주로： A 친구를 사귀었다　　B 책을 읽었다 C 업무 경험을 쌓았다　　D 훈련을 했다

단어 **经过** jīngguò 동 거치다 | **训练** xùnliàn 동 훈련하다 | **战士** zhànshì 명 전사 | **身经百战** shēnjīng bǎizhàn 성 몸소 많은 전투를 겪다 | **积累** jīlěi 동 축적되다 | **丰富** fēngfù 형 풍부하다 | **经验** jīngyàn 명 경험 | **同时** tóngshí 부 동시에 | **之间** zhījiān 명 사이 | **结下** jiéxià 맺다 | **深厚** shēnhòu 형 두텁다 | **友谊** yǒuyì 명 우정 | **约定** yuēdìng 동 약속하다 | **分开** fēnkāi 동 헤어지다 | **之后** zhīhòu 명 그 후 | **保持** bǎochí 동 유지하다 | **联系** liánxì 동 연락하다 | **结交** jiéjiāo 동 교제하다 | **读书** dúshū 동 책을 읽다

해설 '**经过4年的训练**(4년간의 훈련을 통해)'을 통해 4년간 병사들은 주로 훈련했다는 것을 알 수 있으므로 정답은 D이다. 병사들 사이에 우정이 깊어지긴 했으나 전쟁 중에 주로 한 일은 아니기 때문에 A는 오답이다.

73 ★★☆

我们一起出去旅游的时候，他的爸爸总是默默地帮我们拎东西，还早早起来给我们准备早饭。	우리가 함께 여행 갔을 때, 그의 아버지는 항상 묵묵히 우리를 도와 물건을 들어 주셨고, 게다가 일찍 일어나서 우리에게 아침을 해 주셨다.
★ 他的爸爸是个什么样的人？ A 幽默　　B 细心 C 麻烦　　D 冷漠	★ 그의 아버지는 어떤 사람인가? A 유머러스하다　　B 세심하다 C 귀찮다　　D 무관심하다

단어 **总是** zǒngshì 부 늘 | **默默** mòmò 부 묵묵히 | **拎** līn 동 (물건을) 손으로 들다 | **幽默** yōumò 형 유머러스하다 | **细心** xìxīn 형 세심하다 | **麻烦** máfan 형 귀찮다 | **冷漠** lěngmò 형 무관심하다

해설 '**总是默默地帮我们拎东西**(항상 묵묵히 우리를 도와 물건을 들어 주셨다)'를 통해 아버지는 세심한 사람임을 알 수 있지만 '**默默地**(묵묵히)'만 보고 무관심하다고 생각해서 D를 정답으로 고를 수 있다. 하지만 이어서 '**早早起来给我们准备早饭**(일찍 일어나서 우리에게 아침을 해 주셨다)'이라고 했으므로, D는 오답이고 정답은 B이다.

74 ★★☆

现在很多人工作时都用电脑处理文件。电脑能保存大量的信息，而且查阅起来很方便。可是一旦停电或是系统受损，就会面临无法工作或者丢失很多信息的大麻烦。

현재 많은 사람들은 일을 할 때, 모두 컴퓨터를 이용해서 서류를 처리한다. 컴퓨터는 대량의 정보를 저장할 수 있고 열람하기에 매우 편리하다. 그러나 만약 정전이 되거나 시스템이 손상을 입으면, 일을 할 수 없거나 많은 정보가 손실되는 엄청 귀찮은 일에 마주할 수 있다.

★ 在电脑上工作有什么缺点?
A 查阅不方便
B 容易丢失信息
C 处理速度慢
D 工作时间长

★ 컴퓨터로 일하는 것은 어떤 단점이 있는가?
A 열람하기 불편하다
B 정보를 쉽게 잃는다
C 처리 속도가 느리다
D 일하는 시간이 길다

단어 处理 chǔlǐ 동 처리하다 | 文件 wénjiàn 명 서류 | 保存 bǎocún 동 보존하다 | 大量 dàliàng 형 대량의 | 信息 xìnxī 명 정보 | 而且 érqiě 접 게다가 | 查阅 cháyuè 동 열람하다 | 方便 fāngbiàn 형 편리하다 | 一旦 yídàn 부 일단 ~한다면 | 停电 tíngdiàn 동 정전되다 | 或是 huòshì 접 ~이거나 혹은 ~이다 | 系统 xìtǒng 명 시스템 | 受损 shòusǔn 동 손실을 입다 | 面临 miànlín 동 직면하다 | 或者 huòzhě 접 ~이던가 아니면 ~이다 | 失去 shīqù 동 잃다 | 麻烦 máfan 형 귀찮다 | 缺点 quēdiǎn 명 결점 | 容易 róngyì 형 쉽다 | 速度 sùdù 명 속도

해설 '就会面临无法工作或者丢失很多信息的大麻烦(일을 할 수 없거나 많은 정보가 손실되는 엄청 귀찮은 일에 마주할 수 있다)'을 통해 컴퓨터로 일하는 것은 정보를 쉽게 잃는다는 단점이 있다는 것을 알 수 있다. 따라서 정답은 B이다.

75 ★☆☆

因为现在是暑假，最近去上海世博会的人越来越多了，每天都有四五十万人。虽然门票价格一直在涨，但还是卖出了很多票。

지금은 여름 방학이라 요즘 상하이 엑스포에 가는 사람이 점점 많아져서 매일 4~50만 명에 달한다. 비록 입장권의 가격은 계속 오르고 있지만 그래도 표가 많이 팔렸다.

★ 根据这段话，可以知道世博会的门票:
A 很难买到
B 价格便宜
C 在打折
D 卖出很多

★ 이 글에 근거하여 상하이 엑스포의 입장권에 대해 알 수 있는 것은:
A 사기 매우 어렵다
B 가격이 싸다
C 할인하고 있다
D 많이 팔렸다

단어 暑假 shǔjià 명 여름 방학 | 世博会 shìbóhuì 명 엑스포 | 越来越 yuèláiyuè 부 더욱더 | 万 wàn 수 만, 10000 | 门票 ménpiào 명 입장권 | 价格 jiàgé 명 가격 | 一直 yìzhí 부 계속 | 涨 zhǎng 동 (물가가) 오르다 | 还是 háishi 부 여전히 | 便宜 piányi 형 싸다 | 打折 dǎzhé 동 할인하다

해설 '卖出了很多票(표가 많이 팔렸다)'를 통해 상하이 엑스포의 입장권이 많이 팔렸다는 것을 알 수 있으므로 정답은 D이다.

76 ★★★

接到成绩之前，李兰把自己一个人关在办公室里，呆呆地望着墙壁坐了一个下午。一听说成绩出来了，她马上冲了过来。	성적을 받기 전에 리란은 자신을 혼자 사무실 안에 가두어 놓고 멍하니 벽만 바라보며 오후 내내 앉아 있었다. 성적이 나왔다는 이야기를 듣자마자 바로 달려왔다.
★ 根据这段话，可以知道接到成绩之前李兰的心情是： A 高兴 B 担心 C 生气 D 难过	★ 이 글에 근거하여 알 수 있는 성적을 받기 전 리란의 심정은: A 기쁘다 B 걱정하다 C 화가 났다 D 괴롭다

단어 接到 jiēdào 동 받다 | 成绩 chéngjì 명 성적 | 之前 zhīqián 명 ~이전 | 把 bǎ 개 ~을, ~를 | 关 guān 동 가두다 | 办公室 bàngōngshì 명 사무실 | 呆呆 dāidāi 형 멍하다 | 望着 wàngzhe 바라보다 | 墙壁 qiángbì 명 벽 | 听说 tīngshuō 동 듣고 말하다 | 马上 mǎshàng 부 곧 | 冲 chōng 동 돌진하다 | 心情 xīnqíng 명 기분 | 担心 dānxīn 동 걱정하다 | 生气 shēngqì 동 화내다 | 难过 nánguò 형 괴롭다

해설 리란의 심정에 대해 직접적으로 언급하지 않았기 때문에 지문을 읽고 유추해야 하는 문제이다. 사무실 안에서 혼자 벽만 바라보고 오후를 보냈다는 것은 즐겁지 않은 상황이며 이어서 성적에 대해 언급한 것으로 보아, 리란이 성적 때문에 걱정한다는 것을 유추할 수 있다. 따라서 정답은 B이다.

77 ★★☆

世界杯比赛期间，很多人都在预测哪个国家的球队会赢得比赛。那段时间，人们都在议论一只名叫保罗的章鱼，据说它预测过的几场比赛结果都是正确的。	월드컵 기간에 사람들은 어느 나라의 팀이 시합에서 이길지 예측한다. 그때 사람들은 폴이라는 문어 한 마리에 대해 이야기했는데, 그 문어가 예측했던 몇 번의 시합 결과는 모두 정확했다고 한다.
★ 根据这段对话，保罗是： A 预言家 B 一名球员 C 一个动物 D 人们编出来的	★ 이 글에 근거하여 폴은: A 예언가 B 선수 C 동물 D 사람들이 만들어 낸 것

단어 世界杯 shìjièbēi 명 월드컵 | 比赛 bǐsài 명 경기 | 期间 qījiān 명 기간 | 预测 yùcè 동 예측하다 | 球队 qiúduì 명 팀 | 赢得 yíngdé 동 얻다 | 议论 yìlùn 동 논의하다 | 章鱼 zhāngyú 명 문어 | 据说 jùshuō 동 말하는 바에 의하면 ~라 한다 | 结果 jiéguǒ 명 결과 | 正确 zhèngquè 형 정확하다 | 预言家 yùyánjiā 명 예언가 | 球员 qiúyuán 명 선수 | 动物 dòngwù 명 동물 | 编 biān 동 날조하다, 꾸미다

해설 '章鱼(문어)'의 뜻을 알면 쉽게 풀 수 있지만 모를 땐 '鱼'를 보고 어류라고 유추할 수 있고, 동물을 세는 양사인 '只'를 통해서도 동물임을 유추할 수 있다. 따라서 정답은 C이다.

78 ★★★

竹类大都在温暖湿润的气候下生长。竹子对水分的要求，高于对气温和土壤的要求，既要有充足的水分，又要排水良好。

★ 根据这段话，竹子生长最重要的因素是：

A 阳光　B 气温

C 水分　D 土壤

대나무류는 대부분 온난하고 습윤한 기후에서 성장한다. 대나무의 수분에 대한 요구는 기온과 토양에 대한 요구보다 높으며, 수분도 충분해야 하고 배수도 양호해야 한다.

★ 이 글에 근거하여 대나무의 성장에 가장 중요한 요소는:

A 햇빛　B 기온

C 수분　D 토양

단어 竹 zhú 명 대나무 | 类 lèi 명 종류 | 大都 dàdōu 부 대부분 | 温暖 wēnnuǎn 형 따뜻하다 | 湿润 shīrùn 형 축축하다 | 气候 qìhòu 명 기후 | 生长 shēngzhǎng 동 자라다 | 水分 shuǐfèn 명 수분 | 要求 yāoqiú 명 요구 | 高于 gāoyú 형 ~보다 높다 | 气温 qìwēn 명 기온 | 土壤 tǔrǎng 명 토양 | 既…又… jì…yòu… ~하고 ~하다 | 充足 chōngzú 형 충분하다 | 排水 páishuǐ 동 배수하다 | 良好 liánghǎo 형 좋다 | 重要 zhòngyào 형 중요하다 | 因素 yīnsù 명 요소 | 阳光 yángguāng 명 햇빛

해설 'A高于B'는 'A가 B보다 높다'라는 뜻으로 '对水分的要求，高于对气温和土壤的要求(수분에 대한 요구는 기온과 토양에 대한 요구보다 높다)'를 통해 대나무의 성장에 가장 중요한 요소는 수분임을 알 수 있다. 따라서 정답은 C이다.

79 ★★☆

世界环境日是全世界环保工作者宣传环境保护重要性的宣传日，更是联合社会各种力量一起保护地球的重要节日。

★ 设置世界环境日最主要的目的是：

A 节约水电

B 保护环境

C 宣传环保

D 团结环保工作者

세계 환경의 날은 전세계 환경 보호 종사자들이 환경 보호의 중요성을 널리 알리는 홍보의 날이며, 더욱이 사회의 각종 힘을 모아 함께 지구를 보호하는 중요한 기념일이다.

★ 세계 환경의 날을 설립한 가장 중요한 목적은:

A 물과 전기를 절약하려고

B 환경을 보호하려고

C 환경 보호를 널리 알리려고

D 환경 보호 종사자들이 단결하려고

단어 世界 shìjiè 명 세계 | 环境 huánjìng 명 환경 | 全 quán 형 전체의 | 环保 huánbǎo 환경보호[环境保护의 약칭] | 宣传 xuānchuán 동 홍보하다 | 保护 bǎohù 동 보호하다 | 重要性 zhòngyàoxìng 중요성 | 更 gèng 부 더욱 | 联合 liánhé 동 연합하다 | 社会 shèhuì 명 사회 | 力量 lìliang 명 능력 | 地球 dìqiú 명 지구 | 节日 jiérì 명 기념일 | 设置 shèzhì 동 설립하다 | 主要 zhǔyào 형 주요한 | 目的 mùdì 명 목적 | 节约 jiéyuē 동 절약하다 | 团结 tuánjié 동 단합하다

해설 '宣传环境保护重要性的宣传日(환경 보호의 중요성을 널리 알리는 홍보의 날이다)'를 통해 C를 정답으로 고를 수 있지만, 세계 환경의 날을 설립한 가장 중요한 목적은 '更是(더욱이)' 뒤에 나온다. '保护地球的重要节日(지구를 보호하는 중요한 기념일)'를 통해 세계 환경의 날을 설립한 목적은 환경을 보호하기 위한 것임을 알 수 있으므로, C는 오답이고 정답은 B이다.

80 – 81

中国人在结婚的时候讲究喜庆吉利，就连婚宴上的菜肴也不例外。通常，酒桌上的菜肴一定要是双数，意思是成双成对。比如冷菜喜欢点八小碟，八代表发；[80]来十道或八道热菜，象征了十全十美或发上加发的意思。不少婚宴用鱼作为最后一道菜，因为“鱼”和“余”同音，所以这道菜有年年有余的意思。

중국인은 결혼할 때 경사스럽고 길한 것을 중요하게 생각하며 결혼 피로연 음식도 예외는 아니다. 일반적으로 술상의 음식은 반드시 짝수여야 하는데, 둘씩 짝을 이룬다는 의미이다. 예를 들어 차가운 음식은 작은 접시로 8개 주문하는 것을 좋아하는데, 8은 부유해진다는 것을 나타낸다. [80]10가지나 8가지의 익힌 요리를 주문하는 것은 결점이 없어 나무랄 데가 없다거나 돈을 더 번다는 뜻을 상징한다. 많은 결혼 피로연에서 마지막 요리로 물고기를 사용하는 데 '물고기'가 '남다'와 발음이 같기 때문에 이 음식은 해마다 풍요롭길 바란다는 뜻을 가지고 있다.

단어 结婚 jiéhūn 동 결혼하다 | 讲究 jiǎngjiu 동 중요시하다 | 喜庆 xǐqìng 형 즐겁고 경사스럽다 | 吉利 jílì 형 길하다 | 连…也… lián…yě… ~조차도 ~하다 | 婚宴 hūnyàn 명 결혼 피로연 | 菜肴 càiyáo 명 요리 | 不例外 búlìwài 예외가 아닌 | 通常 tōngcháng 명 평상시 | 酒桌 jiǔzhuō 명 술상 | 双数 shuāngshù 명 짝수 | 成双成对 chéngshuāng chéngduì 성 둘씩 짝을 이루다 | 比如 bǐrú 접 예를 들어 | 碟 dié 명 접시 | 代表 dàibiǎo 동 대표하다 | 或 huò 접 혹은 | 热菜 rècài 명 익힌 요리 | 象征 xiàngzhēng 동 상징하다 | 十全十美 shíquán shíměi 성 모든 방면에 완전무결하여 나무랄 데가 없다 | 作为 zuòwéi 동 ~로 여기다 | 余 yú 동 남다 | 同音 tóngyīn 형 소리가 같다 | 年年有余 niánnián yǒuyú 해마다 풍요롭길 바랍니다

80 ★★★

★ 中国人在婚宴上会放几道热菜？

A 三道　B 五道
C 十道　D 十一道

★ 중국인은 결혼 피로연에서 몇 가지 익힌 요리를 놓는가?

A 3가지　B 5가지
C 10가지　D 11가지

해설 '来十道或八道热菜(10가지나 8가지의 익힌 요리를 주문한다)'를 통해 중국인은 결혼 피로연에서 10가지 또는 8가지 익힌 요리를 놓는다는 것을 알 수 있는데, 보기에는 8가지가 없으므로 정답은 C이다.

81 ★★★

★ 中国人注重菜的数量是因为：

A 个人喜好
B 不喜欢其他数字
C 有特殊的含义
D 酒店规定的

★ 중국인이 음식의 가지 수를 중요시하는 이유는:

A 개인의 선호여서
B 다른 숫자를 싫어해서
C 특별한 의미를 가지고 있어서
D 호텔이 규정한 것이어서

단어 注重 zhùzhòng 동 중시하다, 중점을 두다 | 数量 shùliàng 명 수량, 양 | 喜好 xǐhào 동 좋아하다 | 其他 qítā 대 기타 | 数字 shùzì 명 숫자 | 特殊 tèshū 형 특수하다, 특별하다 | 含义 hányì 명 함의, 내포된 뜻 | 酒店 jiǔdiàn 명 술집, 식당 | 规定 guīdìng 명 규정, 규칙

해설 '8'은 부유해진다는 것을 나타내며, '10가지나 8가지의 익힌 요리'는 결점이 없어 나무랄 데가 없다는 뜻이다. 이를 통해 숫자가 특별한 의미를 가지고 있기 때문에 중국인들이 음식의 가지 수를 중요시한다는 것을 알 수 있다. 따라서 정답은 C이다.

82 – 83

英国某调查公司针对说谎问题调查了3000名成年人。结果显示，男性平均一年说谎1092次，女性平均一年说谎次数为728次。[83]82%接受调查的女性表示说谎时良心不安，只有70%男性有同样感受。调查结果还显示，[82]母亲是人们最爱说谎的对象，只有10%的人表示欺骗过自己的伴侣。

영국의 한 리서치 회사는 거짓말 문제에 대해 초점을 맞춰 3000명의 성인을 조사했다. 결과에 따르면 남성은 평균적으로 1년에 1092회 거짓말을 하고 여성은 평균적으로 1년에 728회 거짓말을 한다고 나타났다. [83]조사를 받은 82%의 여성은 거짓말할 때 양심의 가책을 느낀다고 했으며 70%의 남성만이 이와 같이 느낀다고 했다. 조사 결과에 따르면 [82]어머니는 사람들이 가장 거짓말하기 좋아하는 대상이고, 10%의 사람들만이 자신의 반려자를 속여 봤다고 했다.

단어 英国 Yīngguó 명 영국 | 某 mǒu 대 어느 | 调查 diàochá 동 조사하다 | 针对 zhēnduì 동 초점을 맞추다 | 说谎 shuōhuǎng 동 거짓말하다 | 成年人 chéngniánrén 명 성년 | 结果 jiéguǒ 명 결과 | 显示 xiǎnshì 동 나타내다 | 平均 píngjūn 동 평균을 내다 | 次数 cìshù 명 횟수 | 为 wéi 동 ~이다 | 接受 jiēshòu 동 받아들이다 | 女性 nǚxìng 명 여성 | 表示 biǎoshì 동 나타내다 | 良心 liángxīn 명 양심 | 不安 bù'ān 형 불안하다 | 只有 zhǐyǒu 동 ~밖에 없다 | 男性 nánxìng 명 남성 | 同样 tóngyàng 형 마찬가지로 | 感受 gǎnshòu 명 느낌 | 母亲 mǔqīn 명 어머니 | 对象 duìxiàng 명 대상 | 欺骗 qīpiàn 동 속이다 | 伴侣 bànlǚ 명 배우자

82 ★★☆

★ 人们经常会对谁撒谎?

A 朋友　B 伴侣
C 父亲　D 母亲

★ 사람들은 누구에게 자주 거짓말을 하는가?

A 친구　B 반려자
C 아버지　D 어머니

단어 经常 jīngcháng 부 자주 | 撒谎 sāhuǎng 동 거짓말을 하다

해설 '母亲是人们最爱说谎的对象(어머니는 사람들이 가장 거짓말하기 좋아하는 대상이다)'을 통해 사람들은 어머니에게 자주 거짓말을 한다는 것을 알 수 있으므로 정답은 D이다.

83 ★★★

★ 与男性比较，女性:

A 更常说谎
B 说谎时会更不安
C 更喜欢对母亲说谎
D 不会说谎

★ 남성과 비교해 여성이:

A 더 자주 거짓말을 한다
B 거짓말할 때 더 불안해 한다
C 어머니에게 거짓말하기를 더 좋아한다
D 거짓말을 할 줄 모른다

단어 与 yǔ 개 ~와, ~과 | 比较 bǐjiào 동 비교하다 | 更 gèng 부 더욱

해설 '82%接受调查的女性表示说谎时良心不安，只有70%男性有同样感受(조사를 받은 82%의 여성은 거짓말할 때 양심의 가책을 느낀다고 했으며 70%의 남성만이 이와 같이 느낀다고 했다)'를 통해 남성과 비교해 여성이 거짓말할 때 더 불안해 한다는 것을 알 수 있으므로 정답은 B이다.

84 – 85

长假过后，许多重回工作岗位的人会感觉上班的工作效率很低，很难进入工作状态，精力难集中、精神不足、没有力气，或者感到头疼、很累、胃口不好、失眠等，有的甚至还伴有一些不良情绪。这种"长假综合征"[84]是因为人们在长假中娱乐过度，没有得到充分休息。

긴 휴가를 보낸 후, 직장으로 다시 돌아온 많은 사람들은 업무 효율이 굉장히 낮고 업무 상태에 들어가기가 매우 힘들다. 정신을 집중하기 힘들고, 활력이 부족하고, 힘이 없거나 두통을 느끼고, 매우 피곤하며, 입맛이 없고, 잠을 잘 못 자는 등, 어떤 사람은 심지어 불안정한 정서도 같이 나타난다. 이런 '장기 휴가 증후군'은 [84]사람들이 장기간 휴가 중 과도하게 놀고, 충분한 휴식을 취하지 않았기 때문이다.

단어 长假 chángjià 명 장기 휴가 | 许多 xǔduō 형 매우 많다 | 重回 chóng huí 되돌아가다 | 岗位 gǎngwèi 명 직장 | 感觉 gǎnjué 동 느끼다 | 效率 xiàolǜ 명 능률 | 低 dī 형 낮다 | 进入 jìnrù 동 진입하다 | 状态 zhuàngtài 명 상태 | 精力 jīnglì 명 정신과 체력 | 集中 jízhōng 동 집중하다 | 精神 jīngshén 명 활력 | 不足 bùzú 형 부족하다 | 力气 lìqi 명 힘 | 或者 huòzhě 접 ~이던가 아니면 ~이다 | 感到 gǎndào 동 느끼다 | 头疼 tóuténg 명 두통 | 胃口 wèikǒu 명 식욕 | 失眠 shīmián 동 잠을 이루지 못하다 | 等 děng 조 등, 따위 | 甚至 shènzhì 부 심지어 | 伴有 bàn yǒu 함께 나타나다 | 不良 bùliáng 형 좋지 않다 | 情绪 qíngxù 명 기분 | 综合征 zōnghézhēng 증후군 | 娱乐 yúlè 동 오락하다 | 过度 guòdù 형 과도하다 | 得到 dédào 동 얻다 | 充分 chōngfèn 부 충분한

84 ★★★

★ 人们得"长假综合征"是因为：

A 工作太累

B 工作太久

C 运动时间太长

D 玩乐时间太长

★ 사람들이 '장기 휴가 증후군'에 걸리는 이유는:

A 일이 너무 힘들어서

B 일을 너무 오래해서

C 운동 시간이 너무 길어서

D 노는 시간이 너무 길어서

단어 久 jiǔ 형 오래다

해설 질문의 핵심어인 '长假综合征(장기 휴가 증후군)'이 지문에 그대로 나와 있고, 그 뒤쪽인 '是因为人们在长假中娱乐过度，没有得到充分休息(사람들이 장기간 휴가 중 과도하게 놀고, 충분한 휴식을 취하지 않았기 때문이다)'를 통해 사람들이 '장기 휴가 증후군'에 걸리는 이유는 오랜 시간 동안 놀아서임을 알 수 있다. 따라서 정답은 D이다.

85 ★★☆

★ 人们什么时候可能产生"长假综合征"？

A 工作中

B 星期一

C 春节假期以后

D 充分休息以后

★ 사람들은 언제 '장기 휴가 증후군'이 생기는가?

A 일하는 중에

B 월요일

C 춘절 연휴 이후

D 충분히 쉬고 난 후

단어 产生 chǎnshēng 동 발생하다 | 春节 Chūn jié 명 춘절 | 假期 jiàqī 명 휴가기간 | 以后 yǐhòu 명 이후

해설 중국의 '长假(장기 연휴)'는 '春节(춘절), 中秋节(중추절), 劳动节(노동절), 国庆节(국경절)' 등이 있다. 따라서 정답은 C이다.

제1부분

86 ★☆☆

将要　　他们　　美丽的城市　　参观　　这个

정답 他们将要参观这个美丽的城市。 | 그들은 이 아름다운 도시를 견학할 것이다.

단어 **将要** jiāngyào 부 곧 ~하려 하다 | **参观** cānguān 동 견학하다 | **美丽** měilì 형 아름답다 | **城市** chéngshì 명 도시

해설 1. 술어는 동사 '参观(견학하다)'이다.

2. 주어와 목적어 자리에 올 수 있는 대사와 명사로 '他们(그들)'과 '城市(도시)'가 있지만 술어가 '参观(견학하다)'이므로 인칭대사 '他们'이 주어, '城市'가 목적어이다.

3. '个(개)'는 양사이므로 뒤에 명사가 필요하고 '个(개)'로 셀 수 있는 명사는 '城市(도시)'이다.

4. '将要(곧 ~하려 하다)'는 부사로써 술어 앞 부사어 자리에 위치한다.

他们	将要	参观	这个	美丽的城市。
주어	부사어	술어	관형어	목적어

87 ★★☆

你知道　　什么时候　　她　　去　　吗

정답 你知道她什么时候去吗? | 당신은 그녀가 언제 가는지 아나요?

해설 1. 주어는 인칭대사 '你(당신)'이다.

2. 술어 자리에 올 수 있는 동사는 '知道(알다)'와 '去(가다)'가 있지만 문장 전체의 술어는 '知道'이며, '去'는 '她什么时候(그녀가 언제)'와 함께 목적어 자리에 위치한다.

3. 어기조사 '吗'는 물음표와 함께 문장 끝에 위치한다.

你知道	她 什么时候 去	吗?
주어 + 술어	목적어 (주어 + 술어)	

88 ★☆☆

我们　　带　　很多地方　　导游　　去了

정답 导游带我们去了很多地方。 | 가이드는 우리를 데리고 매우 많은 곳에 갔다.

단어 **导游** dǎoyóu 명 가이드 | **带** dài 동 인솔하다 | **地方** dìfang 명 장소

해설 1. 술어 자리에는 동사나 형용사가 와야 한다. 제시된 어휘 중 동사는 '带(인솔하다)'와 '去(가다)' 두 개이므로 이 문장은 한 문장에 동사가 여러 개 쓰여 술어 역할을 하는 연동문임을 알 수 있다.

2. 술어 '带(인솔하다)'에 대한 목적어는 '我们(우리)'이며, 술어 '去(가다)'에 대한 목적어는 '很多地方(많은 곳)'이다.

3. 제시된 두 동사는 모두 '导游(가이드)'가 하는 행위이므로 문장의 주어는 '导游'이다.

导游	带	我们	去了	很多地方。
주어	술어1	목적어1	술어2	관형어 + 목적어2

89 ★☆☆

办公室　他的　换到　已经　二楼了

정답 他的办公室已经换到二楼了。	그의 사무실은 이미 2층으로 바뀌었다.

단어 **办公室** bàngōngshì 명 사무실 | **换** huàn 동 바꾸다 | **楼** lóu 양 층

해설 1. 구조조사 '的(~의)' 뒤에는 명사가 와야 하므로 '他的(그의)' 뒤에 명사 '办公室(사무실)'가 위치한다.

2. 술어는 동사 '换(바꾸다)'이며 '到'은 술어 뒤에서 보어로 쓰였다.

3. '二楼(2층)'는 보어 '到'에 대한 목적어이다.

他的	办公室	已经	换到	二楼了。
관형어	주어	부사어	술어 + 보어	목적어

90 ★★★

事情我　对于　抱歉　感到　昨天发生的　非常

정답 对于昨天发生的事情我感到非常抱歉。	어제 발생한 일에 대해 나는 매우 미안하게 생각한다.

단어 **对于** duìyú 개 ~에 대해 | **发生** fāshēng 동 발생하다 | **感到** gǎndào 동 느끼다 | **抱歉** bàoqiàn 형 미안해하다

해설 1. '的' 뒤에는 명사가 와야 하므로 '昨天发生的(어제 발생한)' 뒤에는 명사 '事情(일)'이 위치한다.

2. 개사 '对于(~에 대해)' 뒤에 명사가 와야 하므로 '昨天发生的事情(어제 발생한 일)'과 연결해 부사어 자리에 위치한다.

3. 문장 전체의 주어는 '我(나)'이다.

4. 술어자리에는 동사나 형용사가 와야 한다. 제시된 어휘 중 '感到(느끼다)'와 '抱歉(미안해하다)'이 있지만 '抱歉'은 '感到'의 목적어로 쓰였으므로 문장의 술어는 '感到'이다. '非常(매우)'은 형용사 또는 심리동사 앞에서 정도를 나타내므로 '抱歉' 앞 부사어 자리에 위치한다.

对于	昨天发生的	事情我	感到	非常	抱歉。
부사어 (개사 + 관형어 + 목적어)		주어	술어	부사어	목적어

91 ★★★

别人的　关心　事情　从来　她　不

정답 她从来不关心别人的事情。	그녀는 여태껏 다른 사람의 일에 관심을 가지지 않는다.

단어 **从来** cónglái 부 여태껏, 이제까지 | **关心** guānxīn 동 관심을 갖다 | **别人** biéren 대 다른 사람

해설 1. '从来(여태껏)'와 '不(아니다)'는 모두 부사로써 부사가 두 개이상 연달아 나올 경우 종류에 따라 순서를 정해서 연결해야 한다. 일반부사와 부정부사가 함께 쓰인 경우 '일반부사 + 부정부사' 순서로 연결해야 한다. '从来'는 일반부사, '不'는 부정부사이므로 '从来不(여태껏 ~하지 않는다)'로 연결한다.

2. 주어는 '她(그녀)'이며, 술어는 동사 '关心(관심을 갖다)'이다.

3. 구조조사 '的'뒤에는 명사가 와야 하므로 명사 '事情(일)'이 '的' 뒤에 위치한다.

她	从来	不	关心	别人的	事情。
주어	부사어		술어	관형어	목적어

92 ★☆☆

天气　　这种　　真　　难受

정답 这种天气真难受。 | 이런 날씨는 정말 견딜 수 없다.

단어 难受 nánshòu 형 견딜 수 없다

해설 1. '这种(이런 종류)'의 '种'은 양사이므로 뒤에는 명사 '天气(날씨)'가 위치한다.

2. 술어는 형용사 '难受(견딜 수 없다)'이며, 정도부사 '真(정말)'이 형용사 술어 '难受' 앞에 위치한다.

这种	天气	真	难受。
관형어	주어	부사어	술어

93 ★★☆

没有办法　　这项　　完成　　他们　　任务

정답 他们没有办法完成这项任务。 | 그들은 이 임무를 완수할 방법이 없다.

단어 办法 bànfǎ 명 방법 | 完成 wánchéng 동 완수하다 | 项 xiàng 양 가지, 항목, 조목 | 任务 rènwu 명 임무

해설 1. '这项'의 '项'은 양사이므로 뒤에는 명사 '任务(임무)'가 위치한다.

2. 술어는 '完成(완수하다)'이며, 이와 어울리는 목적어는 '任务(임무)'이다.

3. '没有(없다)'는 부사로 술어 앞 부사어 자리에 위치한다.

4. 주어는 '他们(그들)'이며, 목적어는 '任务(임무)'이다.

他们	没有办法	完成	这项	任务。
주어	부사어	술어	관형어	목적어

94 ★☆☆

我　　他的　　忘记　　号码了　　电话

정답 我忘记他的电话号码了。 | 나는 그의 전화번호를 잊어버렸다.

단어 忘记 wàngjì 동 잊어버리다 | 号码 hàomǎ 명 번호

해설 1. 술어는 동사 '忘记(잊어버리다)'이다.

2. 주어는 '我(나)'이다.

3. '的(~의)' 뒤에는 명사가 와야 하므로 '他的(그의)' 뒤에 '电话(전화)'와 '号码(번호)'를 연결한 '电话号码(전화번호)'가 위치해 목적어가 된다.

我	忘记	他的	电话	号码了。
주어	술어	관형어	목적어	

95 ★★☆

他	我	来参加	邀请	他的	生日会

정답 他邀请我来参加他的生日会。 | 그는 나를 그의 생일 파티에 오라고 초청했다.

단어 **邀请** yāoqǐng 동 초청하다 | **参加** cānjiā 동 참여하다

해설 1. 제시된 어휘 중 '邀请(초청하다)', '让(~로 하여금 ~하게 하다)', '使(~로 하여금 ~하게 하다)'와 같은 동사가 있다면 겸어문일 가능성이 높다. 겸어문이란 술어1의 목적어가 술어2의 주어를 겸하는 문장을 말하며, 기본 형식은 '주어 + 술어1 + 겸어(술어1의 목적어이자 술어2의 주어) + 술어2 + 목적어'이다.

2. '的(~의)' 뒤에는 명사가 와야 하므로 '他的(그의)' 뒤에 '生日会(생일 파티)'가 위치한다.

3. '他的生日会(그의 생일 파티)'이므로 초청한 사람은 '他(그)'이며, 초청을 받은 사람은 '我(나)'이다. 따라서 주어 '他(그)'에 대한 술어는 '邀请(초청하다)', 목적어는 '我(나)'이다. '我(나)'는 다시 술어2인 '来参加(와서 참여하다)'의 주어가 된다.

他	邀请	我	来参加	他的	生日会。
주어1	술어 1	(술어1의 목적어/술어2의 주어)	술어2	관형어	목적어2

쓰기 书写 제2부분

96 ★☆☆

京剧

모범 답안
她喜欢看京剧，但是听不懂。

참고 답안
她不仅喜欢看京剧，还会唱几句。

그녀는 경극 보는 것을 좋아하지만 못 알아듣는다.
그녀는 경극 보는 것을 좋아할 뿐만 아니라, 게다가 몇 소절을 부를 줄도 안다.

단어 **京剧** jīngjù 명 경극 | **听不懂** tīngbudǒng 알아들을 수 없다

해설 제시된 어휘는 명사 '京剧(경극)'이고 사진 속 여자는 경극을 보고 있다. 심리동사 '喜欢(좋아하다)'과 동사 '看(보다)'을 쓰고 여자가 졸고 있으므로 '听不懂(알아들을 수 없다)'도 덧붙여 작문할 수 있다.

97 ★★☆

爬

모범 답안
小孩子多爬一爬对身体有好处。

참고 답안
孩子在床上爬。

아이가 많이 기는 것은 신체에 좋다.
아이는 침대 위에서 기고 있다.

단어 **爬** pá 동 기다 | **好处** hǎochu 명 좋은 점

해설 제시된 어휘는 동사 '爬(기다)'이고 사진 속 아이는 기고 있다. '~에 대해 좋다'라는 뜻의 '对…有好处' 구문을 써서 작문할 수 있다.

98 ★★☆

弹

모범 답안
她从小就对弹钢琴感兴趣。

참고 답안
她很喜欢弹钢琴。

그녀는 어릴 때부터 피아노 치는 것에 관심이 있었다.
그녀는 피아노 치는 것을 매우 좋아한다.

단어 从小 cóngxiǎo 부 어릴 때부터 | 弹钢琴 tán gāngqín 피아노를 치다 | 感兴趣 gǎn xìngqù 관심이 있다

해설 제시된 어휘는 동사 '弹(치다)'이고 사진 속 아이는 피아노를 치고 있다. 제시된 동사와 어울리는 명사인 '钢琴(피아노)'과 '어릴 때부터'라는 표현인 '从小'를 써서 작문할 수 있다.

99 ★★☆

毕业

모범 답안
毕业以后，我打算考研究生。

참고 답안
我很期待毕业以后到来的新的生活。

졸업하고 난 뒤, 나는 대학원 시험을 볼 계획이다.
나는 졸업 후 다가올 새로운 생활이 매우 기대된다.

단어 毕业 bìyè 동 졸업하다 | 以后 yǐhòu 명 이후 | 研究生 yánjiūshēng 명 대학원생

해설 제시된 어휘는 동사 '毕业(졸업하다)'이고 사진 속 남자의 옷차림으로 보아 졸업식에 참가 중임을 알 수 있다. '이후'라는 뜻의 '以后', '~할 계획이다'라는 뜻의 '打算', 그리고 자신이 알고 있는 어휘를 써서 졸업 이후의 계획에 대해 작문할 수 있다.

100 ★☆☆

电脑

모범 답안
她正坐在电脑前查资料。

참고 답안
电脑已经成为我们的生活中不可缺少的一部分。

그녀는 지금 컴퓨터 앞에 앉아서 자료를 검색하고 있다.
컴퓨터는 이미 우리 생활에 없어서는 안 될 일부분이 되었다.

단어 查 chá 동 찾아보다 | 资料 zīliào 명 자료

해설 제시된 어휘는 명사 '电脑(컴퓨터)'이고 사진 속 여자는 자료를 찾거나 일을 하는 것처럼 보인다. '查资料(자료를 검색하다)'를 현재 진행을 나타내는 부사 '正'이나 개사 '在'와 함께 써서 작문할 수 있다.

실전 모의고사 2

》 모의고사 24p

듣기 听力

제1부분

1 ×	2 ×	3 ×	4 ✓	5 ×
6 ×	7 ✓	8 ×	9 ✓	10 ×

제2부분

11 B	12 C	13 C	14 B	15 D
16 A	17 D	18 B	19 A	20 D
21 D	22 C	23 A	24 D	25 C

제3부분

26 D	27 C	28 A	29 D	30 A
31 C	32 B	33 C	34 B	35 A
36 A	37 B	38 D	39 B	40 C
41 B	42 D	43 A	44 A	45 B

독해 阅读

제1부분

46 A	47 B	48 F	49 C	50 E
51 A	52 E	53 B	54 D	55 F

제2부분

56 C - B - A	57 B - C - A	58 C - A - B	59 C - B - A	60 C - A - B
61 B - C - A	62 B - A - C	63 A - C - B	64 C - A - B	65 B - C - A

제3부분

66 A	67 B	68 D	69 C	70 C
71 A	72 D	73 A	74 B	75 D
76 A	77 B	78 C	79 B	80 C
81 D	82 A	83 D	84 C	85 C

쓰기 书写

제1부분

86 你有写日记的习惯吗?

87 这儿的风景真漂亮。

88 弟弟轻轻地把门打开。

89 为了大家的健康，公共场所禁止吸烟。

90 换个环境对身体有好处。

91 我今天被经理批评了。

92 他的幽默给大家留下了深刻的印象。

93 观众都站起来为我鼓掌。

94 我要提前一个星期回国。

95 我的努力没起多大作用。

제2부분

96 她从冰箱里拿了几个鸡蛋。

97 他们都在工作，办公室里很安静。

98 握手是一种礼貌。

99 这是他从来没见过的词。

100 我给他新买了一条裤子。

듣기 听力 제1부분

1 ★★☆	
朋友们都说我的孩子看起来有两岁，其实她才九个多月。	친구들은 모두 내 아이가 2살은 되어 보인다고 하지만 사실 겨우 9달이 조금 넘었다.
★ 他的孩子现在两岁。 (×)	★ 그의 아이는 현재 두 살이다. (×)

단어 看起来 kàn qǐlái 보기에 ~하다 | 其实 qíshí 부 사실 | 才 cái 부 겨우

해설 '才九个多月(겨우 9달이 조금 넘었다)'를 통해 그의 아이는 9달이 조금 넘었음을 알 수 있다. 녹음 내용에 2살이 등장하긴 했지만 친구들의 의견이므로 제시된 문장과 녹음 내용은 일치하지 않는다.

2 ★☆☆	
我虽然在国外生活了三十年，但还是中国人。	나는 비록 외국에서 생활한지 30년이 되었지만, 그러나 여전히 중국인이다.
★ 他不是中国人。 (×)	★ 그는 중국인이 아니다. (×)

단어 国外 guówài 명 외국 | 生活 shēnghuó 동 살다 | 还是 háishi 부 여전히

해설 '还是'는 '여전히'의 뜻으로 '还是中国人(여전히 중국인이다)'을 통해 그는 중국인임을 알 수 있다. 따라서 제시된 문장과 녹음 내용은 일치하지 않는다.

3 ★★★	
我不太确定这本书是不是小刘要找的。	나는 이 책이 샤오리우가 찾던 것인지 확신할 수 없다.
★ 他知道小刘要找哪本书。 (×)	★ 그는 샤오리우가 어떤 책을 찾는지 안다. (×)

단어 确定 quèdìng 형 확정적이다

해설 '不太确定'은 '확신할 수 없다'라는 뜻으로 그녀는 샤오리우가 어떤 책을 찾는지 확신할 수 없다고 했기 때문에 제시된 문장과 녹음 내용은 일치하지 않는다.

4 ★★★	
这部电梯一、四、五、六层可以上下，二、三层不停。	이 엘리베이터는 1, 4, 5, 6층만 가고, 2, 3층은 서지 않는다.
★ 这部电梯不是所有的楼层都停。 (√)	★ 이 엘리베이터는 모든 층에 서는 것은 아니다. (√)

단어 电梯 diàntī 명 엘리베이터 | 层 céng 명 층 | 停 tíng 동 서다

해설 '二、三层不停(2, 3층은 서지 않는다)'을 통해 이 엘리베이터는 모든 층에 서는 것은 아님을 알 수 있으므로 제시된 문장과 녹음 내용은 일치한다.

5 ★★★	
上大学时我离家不远，每隔一周回一次家。	대학에 다닐 때, 우리 집은 멀지 않아서 1주일 간격을 두고 한 번씩 집에 갔다.
★ 他上大学时每周都回家。 (×)	★ 그는 대학에 다닐 때, 매주 집에 갔다. (×)

단어 隔 gé 동 간격을 두다 | 周 zhōu 명 주, 주일

해설 '每隔一周回一次家(1주일 간격을 두고 한 번씩 집에 갔다)'를 통해 매주 집에 가지 않았다는 것을 알 수 있으므로 제시된 문장은 녹음 내용과 일치하지 않는다.

6 ★★☆	
现在已经8点55分了，请大家安静，五分钟后开始考试。	지금 이미 8시 55분입니다. 모두 조용히 해 주세요. 5분 뒤 시험을 시작합니다.
★ 考试现在开始。 (×)	★ 시험은 지금 시작한다. (×)

단어 安静 ānjìng 형 조용하다

해설 '五分钟后开始考试(5분 뒤 시험을 시작한다)'를 통해 시험은 지금 시작하지 않는다는 것을 알 수 있으므로 제시된 문장과 녹음 내용은 일치하지 않는다.

7 ★★★	
最近这几年不知怎么了，世界各地总是发生各种各样的自然灾害，在中国就发生了好几次大地震。	최근 몇 년 동안 왜인지 모르게, 세계 각지에서 각양각색의 자연 재해가 계속 발생한다. 중국에서도 여러 번의 대지진이 발생했다.
★ 最近几年自然环境状况不好。 (√)	★ 최근 몇 년 동안 자연 환경 상황이 좋지 않다. (√)

단어 最近 zuìjìn 명 최근 | 世界各地 shìjiè gèdì 세계 각지 | 总是 zǒngshì 부 늘 | 发生 fāshēng 동 발생하다 | 各种各样 gèzhǒng gèyàng 성 각양각색 | 自然 zìrán 명 자연 | 灾害 zāihài 명 재해 | 地震 dìzhèn 명 지진 | 环境 huánjìng 명 환경 | 状况 zhuàngkuàng 명 상황

해설 '世界各地总是发生各种各样的自然灾害(세계 각지에서 각양각색의 자연 재해가 계속 발생한다)'를 통해 최근 몇 년 동안 자연 환경 상황이 좋지 않다는 것을 알 수 있다. 이 부분을 이해하지 못했더라도 녹음 내용 마지막의 '大地震(대지진)'을 통해 자연 환경 상황이 좋지 않다는 것을 유추할 수 있으므로 제시된 문장과 녹음 내용은 일치한다.

8 ★★★	
王先生会在明天下午两点到达我们学校，所以我们要提前30分钟到学校。	왕 선생님은 내일 오후 2시에 우리 학교에 도착할 것이니, 우리는 30분 미리 학교에 도착해야 한다.
★ 他们要在两点半到学校。 (×)	★ 그들은 2시 반에 학교에 도착해야 한다. (×)

단어 到达 dàodá 동 도착하다 | 提前 tíqián 동 (예정된 시간을) 앞당기다

해설 '王先生会在明天下午两点到达我们学校(왕 선생님은 내일 오후 2시에 우리 학교에 도착할 것이다)'를 통해 왕 선생님의 도착 시간은 2시임을 알 수 있고, 이어서 '我们要提前30分钟到学校(우리는 30분 미리 학교에 도착해야 한다)'라고 했으므로 그들은 왕 선생님의 도착 시간 30분 전인 1시 반에 도착해야 한다는 것을 알 수 있다. 따라서 제시된 문장과 녹음 내용은 일치하지 않는다.

9 ★☆☆	
他的表演太精彩了，观众都站起来为他鼓掌，可是结果却出乎意料，他没有获得第一名。	그의 연기가 너무 훌륭해서 관중들이 모두 일어나 그를 위해 박수를 쳤다. 그러나 결과는 예상 밖으로 그가 1등을 하지 못했다.
★ 他表演得很好，却没有得第一名。 (√)	★ 그의 연기는 좋았으나 1등을 하지 못했다. (√)

단어 表演 biǎoyǎn 통 연기하다 | 精彩 jīngcǎi 형 훌륭하다 | 观众 guānzhòng 명 관중 | 站起来 zhàn qǐlái 일어서다 | 为 wèi 개 ~을 위하여 | 鼓掌 gǔzhǎng 통 박수치다 | 可是 kěshì 접 그러나 | 结果 jiéguǒ 명 결과 | 却 què 부 오히려 | 出乎意料 chūhū yìliào 성 예상을 벗어나다 | 获得 huòdé 통 얻다

해설 '精彩'는 '훌륭하다'의 뜻으로 제시된 문장의 '很好'와 같은 의미이고, '他没有获得第一名(그가 1등을 하지 못했다)'이라고 했으므로 그의 연기는 좋았으나 1등을 하지 못했음을 알 수 있다. 따라서 제시된 문장과 녹음 내용은 일치한다.

10 ★★★	
我是前天到北京的，本来想借出差的机会看看故宫，可是事情很多，实在是没有机会，计划又落空了。	나는 그저께 베이징에 도착했다. 원래 이번 출장을 기회로 고궁을 가 보고 싶었지만, 일이 너무 많아 정말 기회가 없어서 계획은 또 무산되었다.
★ 他去故宫了。 (×)	★ 그는 고궁에 갔다. (×)

단어 前天 qiántiān 명 그저께 | 本来 běnlái 부 원래 | 借 jiè 통 구실로 삼다 | 出差 chūchāi 통 출장가다 | 机会 jīhuì 명 기회 | 故宫 Gùgōng 명 고궁 | 可是 kěshì 접 그러나 | 实在 shízài 부 정말 | 计划 jìhuà 명 계획 | 又 yòu 부 또 | 落空 luòkōng 통 허사가 되다

해설 고궁에 가는 것은 원래의 계획이고 정답은 전환을 나타내는 접속사 '可是(그러나)' 뒤에 있다. '计划又落空了(계획은 또 무산되었다)'를 통해 그는 고궁에 가지 못했음을 알 수 있으므로 제시된 문장과 녹음 내용은 일치하지 않는다.

11 ★★☆

男: 今天下午开会吗? 女: 领导都不在，怎么开呀? 问: 今天下午开不开会? A 开 B 不开 C 领导还没决定 D 等领导回来才能确定	남: 오늘 오후에 회의하나요? 여: 대표님이 안 계시는데, 어떻게 하겠어요? 질문: 오늘 오후에 회의를 하는가? A 한다 B 하지 않는다 C 대표가 아직 결정하지 않았다 D 대표가 돌아와야 확정할 수 있다

단어 **开会** kāihuì 동 회의를 열다 | **领导** lǐngdǎo 명 대표 | **决定** juédìng 동 결정하다 | **才** cái 부 ~서야 비로소 | **确定** quèdìng 동 확정하다

해설 '领导都不在，怎么开呀(대표님이 안 계시는데, 어떻게 하겠어요)'를 통해 대표의 부재로 회의를 하지 않는다는 것을 알 수 있다. 따라서 정답은 B이다.

12 ★★★

女: 你汉语说得真不错。 男: 哪里哪里，比起中国人来差远了。 问: 男的是什么意思? A 不知道自己汉语有多好 B 想知道自己汉语好在哪里 C 觉得自己汉语说得不那么好 D 觉得自己和中国人说得差不多	여: 너 중국어 진짜 잘한다. 남: 아니야, 중국인에 비하면 아직 멀었어. 질문: 남자의 말은 무슨 의미인가? A 자기가 중국어를 얼마나 잘하는지 모른다 B 자신이 중국어의 어느 부분을 잘하는지 알고 싶다 C 자신이 중국어를 그렇게 잘하지 않는다고 생각한다 D 자신이 중국인과 비슷하게 말한다고 생각한다

단어 **不错** búcuò 형 잘하다 | **比起** bǐqǐ ~와 비교하다 | **差** chà 동 다르다, 차이가 난다 | **差不多** chàbuduō 형 비슷하다

해설 '比起中国人来差远了'의 '差'는 '차이가 나다', '远'은 '(차이가) 크다, 심하다'라는 뜻으로 '중국인에 비하면 아직 멀었다'라는 것은 남자는 자신이 중국어를 그렇게 잘하지 않는다고 생각하는 것이다. 따라서 정답은 C이다.

13 ★★☆

男: 你明天休息吗? 跟我一起去爬山怎么样? 女: 我倒是想去，可是我要打扫卫生，还要带孩子去学钢琴。 问: 女的是什么意思? A 她要加班 B 不想去爬山 C 没时间爬山 D 带孩子去爬山	남: 너 내일 쉬니? 나와 같이 등산 가는 거 어때? 여: 나는 가고 싶긴 한데, 청소도 해야 하고 아이를 데리고 피아노도 배우러 가야 해. 질문: 여자의 말은 무슨 의미인가? A 그녀는 야근을 해야 한다 B 등산을 가고 싶지 않다 C 등산을 갈 시간이 없다 D 아이를 데리고 등산을 간다

단어 跟 gēn 개 ~와, ~과 | 爬 pá 동 오르다 | 倒是 dàoshi 부 ~이지만 | 可是 kěshì 접 그러나 | 打扫 dǎsǎo 동 청소하다 | 卫生 wèishēng 명 위생 | 带 dài 동 데리다 | 钢琴 gāngqín 명 피아노 | 加班 jiābān 동 야근하다

해설 등산을 가자는 남자의 제안에 여자는 '我要打扫卫生，还要带孩子去学钢琴(청소도 해야 하고 아이를 데리고 피아노도 배우러 가야 한다)'이라며 등산을 갈 시간이 없다는 뜻을 내비쳤으므로 정답은 C이다.

14 ★★☆

女：中央电视台有个戏曲频道，是十套吧？ 男：十套是科技频道，十一套才是戏曲频道。 问：戏曲频道是几套？ A 十套　　B 十一套 C 十二套　　D 一套	여：중앙방송 희곡 채널이 10번이지? 남：10번은 과학 기술 채널이고, 11번이 희곡 채널이지. 질문：희곡 채널은 몇 번인가? A 10번　　B 11번 C 12번　　D 1번

단어 中央电视台 zhōngyāng diànshìtái 명 중국공영채널 중앙방송(CCTV) | 戏曲 xìqǔ 명 희곡 | 频道 píndào 명 채널 | 科技 kējì 명 과학 기술 | 才 cái 부 ~에야 비로소

해설 10번은 과학 기술 채널, 11번이 희곡 채널이다. 질문은 희곡 채널을 묻는 것이므로 정답은 B이다.

15 ★★★

男：快点儿吧，都三点了，再不走就赶不上火车了。 女：着什么急呢？四点十分的火车，走过去也就是十五分钟的路，开车五分钟就到了。 问：火车几点开？ A 三点　　B 三点十五分 C 三点过五分　　D 四点十分	남：서둘러, 벌써 3시야. 지금 가지 않으면 기차를 탈 수 없어. 여：뭐가 그리 급해? 4시 10분 기차잖아. 걸어가도 15분이면 되고, 차 타면 5분이면 도착해. 질문：기차는 몇 시에 출발하는가? A 3시　　B 3시 15분 C 3시 5분　　D 4시 10분

단어 赶不上 gǎnbúshàng 동 (정해진 시간에) 대지 못하다, 늦다 | 着急 zháojí 동 조급해하다 | 开车 kāichē 동 운전하다 | 过 guò 동 지나가다

해설 '四点十分的火车(4시 10분 기차)'를 통해 기차의 출발 시간이 4시 10분임을 알 수 있으므로 정답은 D이다. '都三点了(벌써 3시다)'에서 보기 A '3시'가 언급되었지만 이는 기차의 출발 시간이 아닌 현재 시간이므로 오답이다.

16 ★☆☆

女：你最喜欢哪个季节？ 男：冬天太冷了，夏天又太热了，春天最好，不太冷也不太热。 问：男的最喜欢什么季节？ A 春天　　B 夏天 C 秋天　　D 冬天	여：너는 어떤 계절이 제일 좋아? 남：겨울은 너무 춥고, 여름은 또 너무 더워. 봄이 제일 좋아, 그다지 춥지도 않고 덥지도 않잖아. 질문：남자는 어떤 계절을 가장 좋아하는가? A 봄　　B 여름 C 가을　　D 겨울

단어 季节 jìjié 명 계절 | 冬天 dōngtiān 명 겨울 | 夏天 xiàtiān 명 여름 | 春天 chūntiān 명 봄 | 秋天 qiūtiān 명 가을

해설 '春天最好(봄이 제일 좋다)'를 통해 남자는 봄을 가장 좋아한다는 것을 알 수 있으므로 정답은 A이다.

17 ★☆☆

男: 你一整天都拿着照相机，怎么一直没有拍照呢? 女: 我不是不想拍，是照相机没电了。 问: 女的为什么不拍照? A 她不想拍 B 她不会拍 C 相机坏了 D 相机没电了	남: 넌 하루 종일 카메라를 들고 있으면서, 왜 계속 사진은 안 찍어? 여: 찍기 싫은 게 아니라, 카메라 배터리가 없어. 질문: 여자는 왜 사진을 찍지 않는가? A 그녀는 찍고 싶지 않다 B 그녀는 찍을 줄 모른다 C 카메라가 망가졌다 D 카메라 배터리가 없다

단어 **一整天** yìzhěngtiān 하루종일 | **拿** ná 동 잡다 | **照相机** zhàoxiàngjī 명 카메라 | **一直** yìzhí 부 계속 | **拍照** pāizhào 동 사진을 찍다 | **拍** pāi 동 (사진을) 찍다 | **坏了** huài le 망가지다

해설 '是照相机没电了(카메라 배터리가 없다)'를 통해 여자가 사진을 찍지 않는 이유는 카메라 배터리가 없어서임을 알 수 있으므로 정답은 D이다.

18 ★☆☆

女: 今天上午我给你打电话，可是没人接，你没在家吗? 男: 我在邻居家，没有听见电话响。 问: 女的打电话的时候，男的在哪儿? A 自己家里　　B 邻居家 C 街上　　D 超市	여: 오늘 오전에 너한테 전화했었는데, 아무도 안 받더라, 너 집에 없었어? 남: 나는 이웃집에 있어서 전화벨 소리를 못 들었어. 질문: 여자가 전화했을 때, 남자는 어디에 있었는가? A 자신의 집　　B 이웃집 C 거리　　D 슈퍼마켓

단어 **可是** kěshì 접 그러나 | **接** jiē 동 받다 | **邻居** línjū 명 이웃집 | **街上** jiēshang 명 거리 | **超市** chāoshì 명 슈퍼마켓

해설 '我在邻居家(나는 이웃집에 있었다)'를 통해 여자가 전화했을 때, 남자는 이웃집에 있었음을 알 수 있다. 따라서 정답은 B이다.

19 ★★★

男: 既然下雨了，我们就别出去了。 女: 不行，家里的米都吃光了，不出去买的话今天晚上吃什么? 问: 他们在讨论什么问题? A 出不出去 B 吃不吃米饭 C 晚饭吃什么 D 外面下没下雨	남: 비가 오니까 우리 나가지 말자. 여: 안 돼. 집에 쌀이 다 떨어졌어. 나가서 안 사면 오늘 저녁엔 뭘 먹니? 질문: 그들은 지금 무슨 문제에 대해 이야기하고 있는가? A 나갈지 말지 B 밥을 먹을지 말지 C 저녁은 뭘 먹을지 D 밖에 비가 오는지 안 오는지

단어 **既然…就…** jìrán…jiù… 기왕~했으니 ~하겠다 | **米** mǐ 명 쌀 | **光** guāng 형 하나도 남아 있지 않다 | **的话** dehuà ~하다면 | **讨论** tǎolùn 동 토론하다 | **外面** wàimian 명 바깥

해설 '我们就别出去了(우리 나가지 말자)'라는 남자의 말에 여자가 '不行(안 돼)'이라고 반대하며 이어서 나가야 하는 이유를 말했으므로 그들은 지금 나갈지 말지에 대해 이야기하고 있다는 것을 알 수 있다. 따라서 정답은 A이다.

20 ★☆☆

女：你结婚的家具买好了吗？
男：不用买了。我家有一套我爷爷自己做的家具，颜色、式样都很适合放在我的新房里。

问：男的结婚的家具是从哪儿来的？
A 买的
B 他自己做的
C 他请朋友做的
D 他爷爷做的

여: 너 결혼 가구 다 샀니?
남: 살 필요 없어. 우리 집에 할아버지가 직접 만드신 가구 세트가 있어. 색깔과 스타일 모두 우리 새집에 잘 어울려.

질문: 남자의 결혼 가구는 어디서 난 것인가?
A 산 것
B 그가 스스로 만든 것
C 그가 친구한테 부탁해서 만든 것
D 그의 할아버지가 만든 것

단어 **结婚** jiéhūn 동 결혼하다 | **家具** jiājù 명 가구 | **套** tào 양 세트 | **自己** zìjǐ 대 자신 | **式样** shìyàng 명 디자인 | **适合** shìhé 동 적합하다 | **放** fàng 동 놓다 | **新房** xīnfáng 명 새 집

해설 '爷爷自己做的家具(할아버지가 직접 만드신 가구 세트)'를 통해 남자의 결혼 가구는 그의 할아버지가 만든 것임을 알 수 있으므로 정답은 D이다.

21 ★★☆

男：这几年张兰变化可真大，现在这么活泼，大家都愿意和她做朋友。
女：是啊，上大学的时候，我都很少听到她说话。

问：张兰的性格怎么样？
A 一直很活泼
B 一直不活泼
C 以前很活泼
D 以前不活泼

남: 요 몇 년 동안 장란의 변화가 정말 커. 지금은 이렇게 활발해서 모두들 그녀와 친구가 되길 원하잖아.
여: 맞아. 대학교 다닐 땐, 나는 걔가 말하는 것도 별로 못 들어 봤어.

질문: 장란의 성격은 어떠한가?
A 줄곧 매우 활발했다
B 줄곧 활발하지 않았다
C 예전에는 매우 활발했다
D 예전에는 활발하지 않았다

단어 **变化** biànhuà 동 변화하다 | **可** kě 부 강조의 표현 | **活泼** huópo 형 활발하다 | **愿意** yuànyì 동 바라다 | **性格** xìnggé 명 성격 | **一直** yìzhí 부 줄곧 | **以前** yǐqián 명 이전

해설 남자의 말 '现在这么活泼，大家都愿意和她做朋友(지금은 이렇게 활발해서 모두들 그녀와 친구가 되길 원한다)'를 통해 지금 장란이 매우 활발하다는 것을 알 수 있고, 여자의 말 '上大学的时候，我都很少听到她说话(대학교 다닐 땐, 나는 걔가 말하는 것도 별로 못 들어 봤다)'를 통해 예전에는 활발하지 않았다는 것을 알 수 있으므로 정답은 D이다.

22 ★★★

女：你们不是订的昨天下午的机票吗？怎么现在才回来？
男：别提了，都怪我，把航班号1327看成了起飞时间，到机场时，飞机都飞走35分钟了。

问：男的为什么没有坐昨天下午的飞机回来？

A 飞机取消了
B 路上堵车去晚了
C 看错时间了
D 飞机提前起飞了

여: 너네 어제 오후 비행기 표를 예약한 거 아니었어? 왜 지금에서야 와?
남: 말도 마. 다 내 탓이야. 항공편 번호 1327을 이륙 시간으로 봐서, 공항에 도착했을 땐 비행기가 떠난 지 이미 35분이 지났었어.

질문: 남자는 왜 어제 오후 비행기를 타고 돌아오지 않았는가?
A 비행기가 취소됐다
B 길에 차가 막혀서 늦었다
C 시간을 잘못 봤다
D 비행기가 미리 출발했다

단어 订 dìng 동 예약하다 | 机票 jīpiào 명 비행기 표 | 才 cái 부 ~에야 비로소 | 别提了 bié tí le 말도 마라 | 怪 guài 동 책망하다 | 把 bǎ 개 ~을, ~를 | 航班 hángbān 명 항공편 | 起飞 qǐfēi 동 이륙하다 | 取消 qǔxiāo 동 취소하다 | 路上 lùshang 명 길 위 | 堵车 dǔchē 동 차가 막히다 | 看错 kàncuò 잘못 보다 | 提前 tíqián 동 (예정된 시간을) 앞당기다

해설 '把航班号1327看成了起飞时间(항공편 번호 1327을 이륙 시간으로 봤다)'을 통해 남자가 돌아오지 않은 이유가 시간을 잘못 봐서 비행기를 놓쳤기 때문임을 알 수 있다. 따라서 정답은 C이다.

23 ★☆☆

男：这本小说讲的是一个英雄故事，看了让人很感动。
女：你们男孩子就是喜欢看这种故事。

问：他们在讨论什么？
A 一个故事　　B 一部电影
C 一件衣服　　D 一个人

남: 이 소설은 한 영웅 이야기로 정말 감동적이야.
여: 너희 남자들은 이런 이야기를 좋아하더라.

질문: 그들은 무엇에 대해 토론하는 중인가?
A 이야기 하나　　B 영화 한 편
C 옷 한 벌　　D 한 사람

단어 小说 xiǎoshuō 명 소설 | 讲 jiǎng 동 이야기하다 | 英雄 yīngxióng 명 영웅 | 故事 gùshi 명 옛날 이야기 | 感动 gǎndòng 동 감동시키다 | 讨论 tǎolùn 동 토론하다 | 部 bù 양 (서적이나 영화를 세는) 부, 편

해설 남자는 '英雄故事(영웅 이야기)' 여자는 '这种故事(이런 이야기)'라며 남자와 여자 모두 '故事(이야기)'에 대해 언급했으므로 그들은 이야기에 대해 토론하는 중임을 알 수 있다. 따라서 정답은 A이다.

24 ★★★

女: 李强，你把书拿回去了怎么也没告诉我一声？害我找了半天。 男: 哎呀，张兰，真不好意思，我看书放在桌上，以为你用完了，就拿回来了。 问: 从对话中可以知道什么？ A 书是张兰的 B 书张兰看完了 C 李强找书找了很久 D 张兰把书放桌子上了	여: 리치앙, 너는 책을 가져가고 왜 나에게 말 한마디 안 해 줘? 내가 한참 찾았잖아. 남: 아이고, 장란, 정말 미안해. 책이 책상 위에 놓여 있는 걸 보고 네가 다 쓴 줄 알고 가져온 거야. 질문: 대화를 통해 무엇을 알 수 있는가? A 책은 장란의 것이다 B 장란은 책을 다 봤다 C 리치앙은 책을 한참 동안 찾았다 D 장란이 책을 책상 위에 놓아두었다

단어 把 bǎ 개 ~을, 를 | 拿 ná 동 가지다 | 害 hài 동 해를 끼치다 | 半天 bàntiān 명 한참 | 哎呀 āiyā 감 아이고 | 不好意思 bù hǎoyìsi 미안해하다 | 放 fàng 동 놓다 | 以为 yǐwéi 동 생각하다 | 用 yòng 동 사용하다 | 对话 duìhuà 동 대화하다 | 久 jiǔ 형 오래다

해설 '我看书放在桌上(책이 책상 위에 놓여 있는 것을 보다)'을 통해 장란이 리치앙에게 빌린 책을 보다가 책상 위에 놓아두었음을 알 수 있으므로 정답은 D이다.

25 ★★☆

男: 好久不见，你在北京过得好吗？ 女: 还行，刚来的时候不怎么习惯，但很快就适应了，而且我还在那时认识了我丈夫。 问: 女的什么时候认识的她丈夫？ A 上学的时候 B 到北京很久以后 C 到北京后不久 D 去北京以前	남: 오랜만이다. 베이징에서 잘 지내? 여: 그런대로 괜찮아. 막 왔을 땐 그다지 적응이 안 됐는데, 금세 적응했어. 게다가 나는 그때 내 남편을 알게 됐어. 질문: 여자는 언제 그녀의 남편을 알게 되었는가? A 학교 다닐 때 B 베이징에 도착하고 한참 후에 C 베이징에 도착한지 얼마 안 됐을 때 D 베이징에 가기 전에

단어 还行 háixíng 그런대로 괜찮아 | 习惯 xíguàn 동 적응하다 | 适应 shìyìng 동 적응하다 | 而且 érqiě 접 게다가 | 久 jiǔ 형 오래다 | 以前 yǐqián 명 이전

해설 '我还在那时认识了我丈夫(나는 그때 내 남편을 알게 되었다)'에서 '那时'는 앞쪽의 '刚来的时候(막 왔을 때)'를 가리키므로 여자는 베이징에 도착한지 얼마 안 됐을 때 그녀의 남편을 알게 되었다는 것을 알 수 있다. 따라서 정답은 C이다.

26 ★★★

女: 听说你们去云南旅游了。都去哪儿玩了?	여: 너네 윈난으로 여행 갔었다며. 어디 가서 놀았어?
男: 去了昆明、丽江、大理，还有香格里拉。	남: 쿤밍, 리장, 따리 그리고 샹그리라에 갔었어.
女: 没去西双版纳吗?	여: 시솽반나에는 안 갔어?
男: 跟着旅游团只有七天的时间，根本来不及去。	남: 여행 단체를 따라서 겨우 7일 동안 간 거라, 전혀 갈 시간이 없었어.
女: 我建议你下次自己去看一下，那里更有特色。	여: 다음번에 혼자 가 보는 것을 제안할게. 거긴 더욱 특색 있어.
问: 男的没有去哪儿?	질문: 남자가 가지 않은 곳은 어디인가?
A 昆明　B 大理　C 丽江　D 西双版纳	A 쿤밍　B 따리　C 리장　D 시솽반나

단어 云南 Yúnnán 명 윈난성 | 昆明 Kūnmíng 명 쿤밍 | 丽江 Lìjiāng 명 리장 | 大理 Dàlǐ 명 따리 | 还有 háiyǒu 접 그리고 | 香格里拉 Xiānggélǐlā 명 샹그리라 | 西双版纳 Xīshuāngbǎnnà 명 시솽반나 | 跟着 gēnzhe 동 따라가다 | 旅游团 lǚyóutuán 명 여행단 | 根本 gēnběn 부 전혀 | 来不及 láibují 동 (시간이 부족하여) 미처 ~하지 못하다 | 建议 jiànyì 동 제안하다 | 自己 zìjǐ 대 자신 | 更 gèng 부 더욱 | 特色 tèsè 형 특별하다

해설 '去了昆明、丽江、大理，还有香格里拉(쿤밍, 리장, 따리 그리고 샹그리라에 갔었다)'를 통해 시솽반나는 가지 않았다는 것을 알 수 있다. 또한 '没去西双版纳?(시솽반나에는 안 갔어?)'라는 여자의 질문에 남자는 '根本来不及去(전혀 갈 시간이 없었다)'라고 대답했으므로 정답은 D이다.

27 ★★☆

男: 听说周末你去上海看世博会了?	남: 너 주말에 상하이에 엑스포 보러 갔었다며?
女: 是呀。人还真是不少。	여: 맞아. 사람 정말 많더라.
男: 参观中国馆了吗?	남: 중국관은 참관했어?
女: 带着孩子，而且排队的人很多，我只在外面照了张相。	여: 아이를 데리고 갔는데, 줄 선 사람도 너무 많아서 밖에서 사진만 찍었어.
男: 那太可惜了。	남: 그거 참 아쉽다.
问: 女的周末做了什么?	질문: 여자는 주말에 무엇을 했는가?
A 在家带孩子	A 아이와 집에 있었다
B 参观了中国馆	B 중국관에 참관했다
C 去了上海	C 상하이에 갔다
D 排队买东西	D 줄 서서 물건을 샀다

단어 周末 zhōumò 명 주말 | 上海 Shànghǎi 명 상하이 | 世博会 shìbóhuì 명 엑스포 | 参观 cānguān 동 참관하다 | 带 dài 동 데리다 | 而且 érqiě 접 게다가 | 排队 páiduì 동 줄을 서다 | 只 zhǐ 부 오직 | 外面 wàimian 명 바깥 | 照相 zhàoxiàng 동 사진을 찍다 | 可惜 kěxī 형 아쉽다

해설 '听说周末你去上海看世博会了? (너 주말에 상하이에 엑스포 보러 갔었다며?)'라는 남자의 질문에 여자는 '是呀(맞다)'라고 긍정의 대답을 했으므로 여자는 주말에 상하이에 갔다는 것을 알 수 있다. 따라서 정답은 C이다.

28 ★★★

女：请问有什么需要吗？
男：我想买一件衬衫。
女：这件怎么样？
男：挺好的，多少钱？
女：原价400元，现在打八折。

问：衬衫现在多少钱？
A 320元　　B 400元
C 500元　　D 600元

여: 무엇이 필요하신가요?
남: 셔츠 한 벌을 사고 싶어요.
여: 이건 어떠세요?
남: 정말 좋네요, 얼만가요?
여: 정가는 400위안인데, 지금 20% 할인하고 있어요.

질문: 셔츠는 현재 얼마인가?
A 320위안　　B 400위안
C 500위안　　D 600위안

단어 需要 xūyào 동 필요하다 | 件 jiàn 양 (옷을 세는) 벌 | 衬衫 chènshān 명 셔츠 | 挺…的 tǐng… de 매우 | 原价 yuánjià 명 원가 | 元 yuán 양 (화폐 단위) 위안 | 打折 dǎzhé 동 가격을 깎다

해설 '原价400元，现在打八折(정가는 400위안인데, 지금 20% 할인하고 있다)'를 통해 셔츠의 정가는 400위안이고 20% 할인 중이라는 것을 알 수 있다. 400위안의 20%는 80위안이고, 400위안에서 80위안을 뺀 320위안이 현재 셔츠의 가격이므로 정답은 A이다.

29 ★★☆

男：你的理想是什么？
女：我在不同的年龄有不同的理想。
男：什么意思？
女：我小时候想当老师，长大后想当警察，现在又想成为一名医生。

问：女的现在的理想是什么？
A 当老师　　B 当警察
C 当护士　　D 当医生

남: 네 꿈은 뭐야?
여: 나는 연령대마다 꿈이 달랐어.
남: 무슨 뜻이야?
여: 어렸을 땐 선생님이 되고 싶었고, 자란 후에는 경찰이 되고 싶었어. 지금은 또 의사가 되고 싶어.

질문: 여자의 현재 꿈은 무엇인가?
A 선생님이 되는 것　　B 경찰이 되는 것
C 간호사가 되는 것　　D 의사가 되는 것

단어 理想 lǐxiǎng 명 이상 | 年龄 niánlíng 명 연령 | 小时候 xiǎoshíhou 명 어렸을 때 | 当 dāng 동 ~이 되다 | 长大 zhǎngdà 동 자라다 | 警察 jǐngchá 명 경찰 | 又 yòu 부 또 | 成为 chéngwéi 동 ~이 되다 | 护士 hùshi 명 간호사

해설 '现在又想成为一名医生(지금은 또 의사가 되고 싶다)'을 통해 여자의 현재 꿈은 의사가 되는 것임을 알 수 있으므로 정답은 D이다. 보기 A는 어렸을 때의 꿈이고 보기 B는 자란 후의 꿈이지만 모두 현재의 꿈은 아니므로 오답이다.

30 ★☆☆

女：你会做饭吗？
男：会，而且经常做。
女：是吗！现在会做饭的男生越来越少了。
男：你什么时候有空可以到我家吃饭。
女：一定。

问：他们在聊什么？
A 做饭　　B 工作
C 学习　　D 性别

여: 너 밥할 줄 알아?
남: 할 줄 알아. 게다가 자주 해.
여: 정말? 요즘 밥할 줄 아는 남자가 점점 줄어들고 있는데.
남: 너 언제 시간 있을 때 우리 집에 와서 밥 먹어.
여: 꼭 갈게.

질문: 그들은 지금 무슨 이야기를 하고 있는가?
A 밥하기　　B 일
C 공부　　D 성별

단어 做饭 zuòfàn 밥을 하다 | 而且 érqiě 접 게다가 | 经常 jīngcháng 부 항상 | 越来越 yuèláiyuè 갈수록 | 空 kòng 명 짬, 틈 | 一定 yídìng 부 반드시 | 聊 liáo 동 이야기하다 | 性别 xìngbié 명 성별

해설 '你会做饭吗? (너 밥할 줄 알아?)'라는 여자의 질문에 남자는 할 줄 안다며 집에 와서 밥 먹으라고 초대까지 했으므로 그들은 지금 밥하는 것에 대해 이야기하고 있다는 것을 알 수 있다. 따라서 정답은 A이다.

31 ★★☆

男: 明天我要去杭州西湖玩。
女: 杭州西湖? 听说那里非常漂亮。
男: 是的，和我一起去吧。
女: 我也想去，但是我明天还要上课。
男: 那我就等着你，周末去。

问: 他们最有可能什么时候去西湖?
A 今天　B 明天
C 周末　D 下个星期

남: 나 내일 항저우 시후에 가서 놀거야.
여: 항저우 시후? 거기 엄청 예쁘다던데.
남: 맞아. 나와 같이 가자.
여: 나도 가고 싶은데, 나 내일 수업 가야 해.
남: 그럼 내가 널 기다릴게. 주말에 가자.

질문: 그들은 언제 시후에 갈 가능성이 가장 높은가?
A 오늘　B 내일
C 주말　D 다음 주

단어 杭州 Hángzhōu 명 항저우 | 西湖 Xīhú 명 시후 | 周末 zhōumò 명 주말

해설 '周末去(주말에 가자)'를 통해 그들은 주말에 시후에 갈 가능성이 가장 높음을 알 수 있으므로 정답은 C이다.

32 ★★☆

女: 你的胡子该刮了吧。
男: 这段时间太忙了，根本没有时间。
女: 不是已经忙完了吗?
男: 今天刚忙完，我一会儿就好好理理。

问: 男的为什么没有刮胡子?
A 忘了
B 太忙了
C 没到时间
D 不想刮

여: 너 수염 깎아야겠다.
남: 요즘 너무 바빠서 도무지 시간이 없었어.
여: 바쁜 거 이미 끝난 거 아니었어?
남: 오늘 막 끝났어. 좀 이따가 내가 잘 좀 정리할게.

질문: 남자는 왜 수염을 깎지 않았는가?
A 깜박해서
B 너무 바빠서
C 아직 때가 아니어서
D 깎고 싶지 않아서

단어 胡子 húzi 명 수염 | 该 gāi 조동 ~해야 한다 | 刮 guā 동 (칼날로) 깎다 | 根本 gēnběn 부 전혀 | 刚 gāng 부 방금 | 一会儿 yíhuìr 수량 잠시 | 理 lǐ 동 정리하다 | 忘 wàng 동 잊다

해설 '这段时间太忙了, 根本没有时间(요즘 너무 바빠서 도무지 시간이 없었다)'을 통해 남자는 너무 바빠서 수염을 깎지 못했다는 것을 알 수 있으므로 정답은 B이다.

33 ★★★

男: 您想买点什么?
女: 这把伞多少钱?
男: 60元。
女: 太贵了，能不能便宜一点?
男: 您看这伞的质量，已经不算贵了。

问: 男的什么意思?
A 伞的质量很好
B 伞很便宜
C 价钱不能减少
D 伞不卖了

남: 뭐 사시게요?
여: 이 우산 얼마예요?
남: 60위안이요.
여: 너무 비싸네요, 조금 깎아 주실 수 있나요?
남: 이 우산의 품질을 보세요. 비싼 편이 아니에요.

질문: 남자의 말은 무슨 의미인가?
A 우산의 품질이 매우 좋다
B 우산이 매우 싸다
C 가격은 깎아 줄 수 없다
D 우산은 안 판다

단어 把 bǎ 개 ~을, ~를 | 伞 sǎn 명 우산 | 质量 zhìliàng 명 품질 | 不算 búsuàn 동 ~한 편은 아니다 | 价钱 jiàqian 명 가격 | 减少 jiǎnshǎo 동 줄이다

해설 '您看这伞的质量，已经不算贵了(이 우산의 품질을 보세요. 비싼 편이 아니에요)'를 통해 우산의 품질에 비해 가격이 비싼 편이 아니니 가격을 깎아 줄 의사가 없다는 것을 알 수 있다. 따라서 정답은 C이다.

34 ★★☆

女: 你是从哪儿来的?
男: 法国，最近刚到中国的。
女: 我还以为你是英国人呢。
男: 亚洲人都觉得我们和英国人、德国人长得很像。
女: 确实挺像的，我就常常分不清楚。

问: 男的是哪国人?
A 英国人 B 法国人
C 德国人 D 中国人

여: 너는 어디에서 왔어?
남: 프랑스. 최근에 막 중국에 온 거야.
여: 나는 네가 영국인인 줄 알았어.
남: 아시아 사람들은 모두 우리랑 영국, 독일 사람들이 닮았다고 생각하더라.
여: 정말 닮긴 했어. 나도 구분 못하곤 해.

질문: 남자는 어느 나라 사람인가?
A 영국인 B 프랑스인
C 독일인 D 중국인

단어 法国 Fǎguó 명 프랑스 | 最近 zuìjìn 명 최근 | 刚 gāng 부 방금 | 以为 yǐwéi 동 생각하다 | 英国 Yīngguó 명 영국 | 亚洲 Yàzhōu 명 아시아주 | 德国人 Déguó 명 독일 | 长 zhǎng 동 생기다 | 像 xiàng 동 비슷하다 | 确实 quèshí 부 확실히 | 挺 tǐng 부 매우 | 常常 chángcháng 부 자주 | 分 fēn 동 구분하다 | 清楚 qīngchu 형 분명하다

해설 '你是从哪儿来的？(너는 어디에서 왔어?)'라는 출신을 묻는 말에 남자는 '法国(프랑스)'라고 대답했으므로 남자는 프랑스인임을 알 수 있다. 따라서 정답은 B이다.

35 ★★☆

男：明天我们怎么去北京？
女：我想坐火车去。
男：坐火车？要20多个小时，还是坐飞机快些。
女：火车安全，而且我们可以看一下沿途的风景。
男：听起来也不错。

问：他们最有可能怎么去北京？
A 坐火车　　B 坐飞机
C 骑自行车　　D 开汽车

남: 내일 우리 베이징에 어떻게 가?
여: 나는 기차를 타고 가고 싶어.
남: 기차를 타자고? 20시간도 넘게 걸려. 차라리 비행기를 타는 게 빨라.
여: 기차가 안전하고 길가의 풍경도 볼 수 있어.
남: 듣자하니 괜찮은 것 같네.

질문: 그들은 베이징에 어떻게 갈 가능성이 가장 높은가?
A 기차를 타고　　B 비행기를 타고
C 자전거를 타고　　D 차를 몰고

단어 **还是** háishi 부 ~하는 편이 더 좋다 | **安全** ānquán 형 안전하다 | **而且** érqiě 접 게다가 | **沿途** yántú 명 길가 | **风景** fēngjǐng 명 풍경 | **听起来** tīngqǐlai 듣자 하니 ~인 것 같다 | **不错** búcuò 형 괜찮다

해설 '火车安全，而且我们可以看一下沿途的风景(기차가 안전하고 길가의 풍경도 볼 수 있다)'이라는 여자의 말에 남자는 '听起来也不错(듣자하니 괜찮은 것 같다)'라고 긍정의 대답을 했으므로 그들은 베이징에 기차를 타고 갈 가능성이 가장 높다. 따라서 정답은 A이다.

36 – 37

[36]在人的生命中，朋友是不可缺少的。朋友比世界上所有的金钱都要贵重。金钱能给你一时的快乐，但是[37]给不了你一生的幸福。朋友能够在你困难的时候给你鼓励，在你喜悦的时候和你一起分享快乐。有了朋友，你会幸福一生。

[36]사람의 인생에서 친구는 없어서는 안 되는 것이다. 친구는 세상의 모든 돈보다도 중요하다. 돈은 당신에게 잠깐의 즐거움을 줄 수 있지만, [37]평생의 행복은 줄 수 없다. 친구는 당신이 어려울 때 격려해 줄 수 있고, 당신이 기쁠 때 함께 기쁨을 나눌 수 있다. 친구가 있다면 당신은 평생 행복할 것이다.

단어 **生命** shēngmìng 명 생명 | **不可缺少** bùkě quēshǎo 없어서는 안 된다 | **世界** shìjiè 명 세상 | **所有** suǒyǒu 형 모든 | **金钱** jīnqián 명 돈 | **贵重** guìzhòng 형 중요하다 | **给不了** gěibuliǎo (아무것도) 주지 못하다 | **一生** yìshēng 명 일생 | **幸福** xìngfú 명 행복 | **能够** nénggòu 동 ~할 수 있다 | **困难** kùnnan 형 어렵다 | **鼓励** gǔlì 동 격려하다 | **喜悦** xǐyuè 형 기쁘다 | **分享** fēnxiǎng 동 함께 나누다

36 ★☆☆

这段话讲的是什么？
A 朋友　　B 信任
C 快乐　　D 网络

이 글이 말하는 것은 무엇인가?
A 친구　　B 믿음
C 즐거움　　D 인터넷

단어 **信任** xìnrèn 동 신임하다 | **网络** wǎngluò 명 인터넷

해설 주제는 보통 맨 앞에 나온다. '在人的生命中，朋友是不可缺少的(사람의 인생에서 친구는 없어서는 안 되는 것이다)'를 통해 이 글이 친구에 대해 말하는 것임을 알 수 있으므로 정답은 A이다.

37 ★★☆

根据这段话，可以知道金钱不能带来什么？	이 글에 근거하여 돈이 가져다줄 수 없는 것은 무엇인가?
A 一时的快乐　B 一辈子的幸福	A 잠깐의 즐거움　B 평생의 행복
C 汽车　D 房子	C 자동차　D 집

단어 一时 yìshí 명 잠시 | 一辈子 yíbèizi 명 한평생 | 房子 fángzi 명 집

해설 '给不了你一生的幸福(평생의 행복은 줄 수 없다)'를 통해 돈이 가져다 줄 수 없는 것은 평생의 행복임을 알 수 있으므로 정답은 B이다.

38 – 39

[38]广州亚运会开幕式于11月20日晚8时举行。本次亚运会上，来自亚洲45个国家和地区的9704名运动员，将在[39]42个比赛项目中争夺476枚金牌。	[38]광저우 아시안게임 개막식은 11월 20일 저녁 8시에 열린다. 이번 아시안게임에는 아시아 45개 국가와 지역에서 온 9704명의 운동 선수가 [39]42개 경기 종목에서 476개의 금메달을 놓고 겨루게 된다.

단어 广州 Guǎngzhōu 명 광저우 | 亚运会 yàyùnhuì 명 아시안 게임 | 开幕式 kāimùshì 명 개막식 | 于 yú 개 ~에 | 举行 jǔxíng 동 거행하다 | 本次 běncì 이번 | 来自 láizì 동 ~로부터 오다 | 亚洲 Yàzhōu 명 아시아 | 国家 guójiā 명 국가 | 地区 dìqū 명 지역 | 运动员 yùndòngyuán 명 운동 선수 | 将 jiāng 부 ~하게 될 것이다 | 比赛 bǐsài 명 경기 | 项目 xiàngmù 명 종목 | 争夺 zhēngduó 동 쟁탈하다 | 枚 méi 양 개 | 金牌 jīnpái 명 금메달

38 ★☆☆

这次亚运会在哪儿召开？	이번 아시안게임은 어디에서 개최하는가?
A 广西　B 杭州	A 광시　B 항저우
C 苏州　D 广州	C 쑤저우　D 광저우

단어 召开 zhàokāi 동 개최하다 | 广西 Guǎngxī 명 광시좡족자치구 | 杭州 Hángzhōu 명 항저우 | 苏州 Sūzhōu 고유 쑤저우

해설 '广州亚运会(광저우 아시안게임)'를 통해 이번 아시안게임은 광저우에서 개최한다는 것을 알 수 있으므로 정답은 D이다.

39 ★★★

这次亚运会上有多少个比赛项目？	이번 아시안게임에는 몇 개의 경기 종목이 있는가?
A 20个　B 42个	A 20개　B 42개
C 45个　D 476个	C 45개　D 476개

해설 '42个比赛项目(42개 경기 종목)'를 통해 이번 아시안게임에는 42개의 경기 종목이 있다는 것을 알 수 있으므로 정답은 B이다. 보기의 숫자가 모두 지문에 등장했지만 경기 종목이 아닌 다른 항목을 나타내는 숫자로 A, C, D는 오답이다.

40 – 41

有调查表明，[40]每天在电脑前工作3小时以上的人中，90%的人都患有干眼症。在未来5年中，干眼症患者人数还将以每年10%以上的速度上升。预防干眼症，[41]应避免长时间操作电脑，注意休息，每操作1小时，休息5至10分钟。

조사에 따르면, [40]매일 컴퓨터 앞에서 3시간 이상 일하는 사람 중, 90%는 모두 안구 건조증을 앓고 있다고 한다. 향후 5년 동안, 안구 건조증 환자 수는 매년 10%가 넘는 속도로 증가할 것이다. 안구 건조증을 예방하기 위해서, [41]오랜 시간 동안 컴퓨터로 일하는 것을 피하고, 휴식에 주의해야 하며, 1시간 일을 할 때마다 5분에서 10분 동안 휴식을 취해야 한다.

단어 调查 diàochá 동 조사하다 | 表明 biǎomíng 동 표명하다 | 以上 yǐshàng 명 이상 | 患有 huànyǒu 앓고 있다 | 干眼症 gānyǎnzhèng 명 안구 건조증 | 未来 wèilái 명 조만간 | 患者 huànzhě 명 환자 | 人数 rénshù 명 사람 수 | 将 jiāng 부 ~하게 될 것이다 | 速度 sùdù 명 속도 | 上升 shàngshēng 동 상승하다 | 预防 yùfáng 동 예방하다 | 应 yīng 조동 ~해야 한다 | 避免 bìmiǎn 동 피하다 | 操作 cāozuò 동 일하다 | 注意 zhùyì 동 주의하다 | 至 zhì 동 ~까지

40 ★★★

根据这段话，患干眼症的人越来越多主要原因是什么?

A 睡不好觉
B 空气不好
C 用电脑太久
D 互相传染

이 글에 근거하여, 안구 건조증을 앓고 있는 환자가 점점 더 많아지는 주요 원인은 무엇인가?

A 잠을 잘 자지 못해서
B 공기가 안 좋아서
C 컴퓨터를 너무 오래 사용해서
D 서로 전염되어서

단어 越来越 yuèláiyuè 점점 | 主要 zhǔyào 형 주요한 | 原因 yuányīn 명 원인 | 空气 kōngqì 명 공기 | 用 yòng 동 사용하다 | 互相 hùxiāng 부 서로 | 传染 chuánrǎn 동 전염시키다

해설 '每天在电脑前工作3小时以上的人中，90%的人都患有干眼症(매일 컴퓨터 앞에서 3시간 이상 일하는 사람 중, 90%는 모두 안구 건조증을 앓고 있다)'을 통해 컴퓨터를 너무 오래 사용하는 사람이 많아져서 안구 건조증 환자도 점점 더 많아진다는 것을 알 수 있으므로 정답은 C이다.

41 ★★★

怎样预防干眼症?

A 远离患者
B 减少用电脑时间
C 让电脑休息
D 减少休息时间

안구 건조증은 어떻게 예방하는가?

A 환자를 멀리한다
B 컴퓨터 사용 시간을 줄인다
C 컴퓨터를 쉬게 한다
D 휴식 시간을 줄인다

단어 远离 yuǎnlí 동 멀리하다 | 减少 jiǎnshǎo 동 감소하다

해설 '应避免长时间操作电脑，注意休息(오랜 시간 동안 컴퓨터로 일하는 것을 피하고, 휴식에 주의해야 한다)'를 통해 컴퓨터 사용 시간을 줄이는 것으로 안구 건조증을 예방한다는 것을 알 수 있다. 따라서 정답은 B이다.

42 – 43

中国国际航空公司对外宣布，国航航班提前40分钟停止办理乘机手续。[42, 43]萧山机场所有出港航班的截止办理乘机手续的时间均由原来的30分钟提前到了40分钟以上。

중국국제항공은 국제항공 항공편의 비행기 탑승 수속을 40분전에 중지하겠다고 대외적으로 선포했다. [42, 43]샤오산 공항 모든 출발 항공편의 탑승 수속 마감 시간이 모두 원래의 30분 전에서 40분 전으로 앞당겨졌다.

단어 中国国际航空公司 Zhōngguó Guójì Hángkōnggōngsī 명 중국국제항공, 에어차이나 | 对外 duìwài 명 대외 | 宣布 xuānbù 동 선포하다 | 航班 hángbān 명 항공편 | 提前 tíqián 동 (예정된 시간을) 앞당기다 | 停止 tíngzhǐ 동 중지하다 | 办理 bànlǐ 동 (수속을) 밟다 | 乘机 chéngjī 동 비행기를 타다 | 手续 shǒuxù 명 수속 | 萧山 Xiāoshān 명 샤오산 | 所有 suǒyǒu 형 모든 | 出港 chūgǎng 동 공항을 출발하다 | 截止 jiézhǐ 동 마감하다 | 均 jūn 부 모두 | 由 yóu 개 ~으로부터 | 原来 yuánlái 형 원래의 | 以上 yǐshàng 명 이상

42 ★★★

萧山机场停止办理乘机手续的时间提前了多长时间?

A 40分钟　　B 30分钟
C 20分钟　　D 10分钟

샤오산 공항의 탑승 수속 중지 시간은 얼마나 앞당겨졌는가?

A 40분　　B 30분
C 20분　　D 10분

해설 '萧山机场所有出港航班的截止办理乘机手续的时间均由原来的30分钟提前到了40分钟以上(샤오산 공항 모든 출발 항공편의 탑승 수속 마감 시간이 모두 원래의 30분 전에서 40분 전으로 앞당겨졌다)'을 통해 샤오산 공항의 탑승 수속 중지 시간은 기존 30분 전에서 40분 전으로 10분 앞당겨졌다는 것을 알 수 있으므로 정답은 D이다.

43 ★★★

根据这段话，要乘坐12:00的国航航班，最晚什么时间办理乘机手续?

A 11:20　　B 11:30
C 11:40　　D 12:00

이 글에 근거하여, 12시에 탑승해야 하는 중국국제항공의 항공편은 늦어도 언제 탑승 수속을 해야 하는가?

A 11:20　　B 11:30
C 11:40　　D 12:00

해설 샤오산 공항의 탑승 수속 마감이 40분 전으로 앞당겨졌으므로 12:00 항공편은 늦어도 40분 전인 11:20에 탑승 수속을 해야 한다. 따라서 정답은 A이다.

44 – 45

一般情况下，健康成年人每天吃1-2个鸡蛋；[44]老年人每天吃一个比较好；脑力劳动者每天吃两个鸡蛋比较合适；孕妇、产妇及身体虚弱者每天可吃2-3个鸡蛋，不宜再多。煮鸡蛋是最好的吃法。	일반적인 상황에서, 건강한 성인은 매일 한 두 개의 계란을 먹고, [44]노인은 매일 한 개를 먹는 것이 비교적 좋다. 사무직 근로자는 매일 두 개의 계란을 섭취하는 것이 비교적 적합하며, 임부와 산모 및 신체가 허약한 사람은 매일 두 세 개의 계란을 먹어야 하며, 더 많이 먹는 것은 좋지 않다. 계란을 삶아 먹는 것이 가장 좋은 섭취 방법이다.

단어 一般 yìbān 형 일반적이다 | 情况 qíngkuàng 명 상황 | 健康 jiànkāng 형 건강하다 | 成年人 chéngniánrén 명 성년 | 老年人 lǎoniánrén 명 노인 | 比较 bǐjiào 부 비교적 | 脑力劳动者 nǎolì láodòngzhě 명 사무직 근로자 | 合适 héshì 형 적당하다 | 孕妇 yùnfù 명 임부 | 产妇 chǎnfù 명 산모 | 及 jí 접 및 | 虚弱者 xūruòzhě 노약자 | 不宜 bùyí 동 ~하는 것은 좋지 않다 | 煮 zhǔ 동 삶다 | 吃法 chīfǎ 먹는 법

44 ★★☆

老年人每天吃几个鸡蛋比较好？	노인은 매일 몇 개의 계란을 먹는 것이 비교적 좋은가?
A 1个　　B 1-2个	A 한 개　　B 한 두 개
C 2-3个　　D 3个以上	C 두 세 개　　D 세 개 이상

해설 '老年人每天吃一个比较好(노인은 매일 한 개를 먹는 것이 비교적 좋다)'를 통해 노인은 매일 한 개의 계란을 먹는 것이 좋다는 것을 알 수 있으므로 정답은 A이다.

45 ★★☆

这段话主要讲了什么？	이 글에서 주로 말한 것은 무엇인가?
A 要多吃鸡蛋	A 계란을 많이 먹어야 한다
B 吃鸡蛋的数量	B 계란의 섭취량
C 鸡蛋不要多吃	C 계란을 많이 먹으면 안 된다
D 鸡蛋的吃法	D 계란의 섭취 방법

단어 主要 zhǔyào 형 주요한 | 讲 jiǎng 동 설명하다 | 数量 shùliàng 명 수량

해설 성인, 노인, 사무직 근로자, 임산부, 신체가 허약한 사람의 계란 섭취량을 말하고 있다. 마지막에 섭취 방법에 대해 이야기했지만 녹음 내용에서 주로 말한 것은 계란의 섭취량이므로 정답은 B이다.

독해 阅读 제1부분

46 – 50

A 调查　　B 出名	A 조사　　B 유명해지다
C 至少　　D 坚持	C 적어도　　D 꾸준히 하다
E 直接　　F 原则	E 직접적인　　F 원칙

단어 调查 diàochá 명 조사 | 出名 chūmíng 동 유명해지다 | 至少 zhìshǎo 부 적어도 | 坚持 jiānchí 동 꾸준히 하다 | 直接 zhíjiē 형 직접적인 | 原则 yuánzé 명 원칙

46 ★☆☆

对于这种情况，我们还需要作进一步的（A 调查）。	이 상황에 대해, 우리는 더 많은 (A 조사)가 필요하다.

단어 对于 duìyú 개 ~에 대해서 | 情况 qíngkuàng 명 상황 | 需要 xūyào 동 필요하다 | 进一步 jìnyíbù 부 더 나아가

해설 빈칸 앞에 구조조사 '的(~의)'가 있으므로 빈칸에는 명사 또는 대사가 올 수 있다. 보기 중 명사로 쓰이는 것은 A와 F로 '우리는 더 많은 (　　)가 필요하다'라고 했으므로 문맥상 '调查(조사)'가 가장 적절하다. 따라서 정답은 A이다.

47 ★★☆

人一旦（B 出名）了，烦恼也随之越来越多。	사람은 일단 (B 유명해지면), 걱정도 따라서 점점 많아진다.

단어 一旦 yídàn 부 어느 날 갑자기 | 烦恼 fánnǎo 명 고민 | 随之 suízhī 따라서 | 越来越 yuèláiyuè 점점

해설 빈칸 뒤에는 동사 뒤에 쓰여 동작의 상태를 나타내는 동태조사 '了'가 있으므로 빈칸에는 동사가 올 수 있다. 보기 중 동사는 B와 D로 '사람은 일단 (　　), 걱정도 따라서 점점 많아진다'라고 했으므로 문맥상 '出名(유명해지다)'이 가장 적절하다. 따라서 정답은 B이다.

48 ★★★

（F 原则）上，你是不能放下手中的工作去旅游的。	(F 원칙)상 당신은 수중의 일을 놓고 여행을 가서는 안 되는 것이다.

단어 放 fàng 동 놓다 | 手中 shǒuzhōng 명 수중

해설 빈칸 뒤에는 명사 뒤에 쓰여 어떤 방면을 가리키는 '上'이 있으므로 빈칸에는 명사가 올 수 있다. '(　　)상 당신은 수중의 일을 놓고 여행을 가서는 안 되는 것이다'라고 했으므로 문맥상 '原则(원칙)'가 가장 적절하다. 따라서 정답은 F이다.

49 ★★☆

这次考试你（C 至少）要达到85分。	이번 시험에서 당신은 (C 적어도) 85점은 돼야 한다.

단어 达到 dádào 동 달성하다

해설 빈칸은 주어인 '你(당신)'와 조동사 '要(~해야 한다)' 사이에 있으므로 부사어 자리이다. 부사어 자리에는 부사, 조동사, 개사구가 순서대로 쓰이므로 빈칸에는 부사가 올 수 있다. 보기 중 부사는 '至少(적어도)'밖에 없으므로 정답은 C이다.

50 ★☆☆

如果你不想（E 直接）跟我说，可以写信给我。	만약 당신이 나에게 (E 직접) 말하고 싶지 않다면, 나에게 편지를 써도 좋다.

단어 如果 rúguǒ 접 만약 | 跟 gēn 개 ~와, ~과

해설 빈칸 앞에 부사 '不'와 조동사 '想(~하고 싶다)'이 있고, 빈칸 뒤에는 '跟我(나에게)'라는 개사구가 있다. 부사어 자리에 부사, 조동사, 개사구뿐만 아니라, 형용사가 쓰여 술어를 꾸며 줄 수 있으므로 빈칸에는 형용사가 필요하다. 보기 중 형용사는 '直接(직접적인)'밖에 없으므로 정답은 E이다.

51 – 55

A 超过	B 复习	A 초과하다	B 복습하다
C 温度	D 即使	C 온도	D 설령 ~하더라도
E 粗心	F 所以	E 세심하지 못하다	F 그래서

단어 **超过** chāoguò 통 초과하다 | **复习** fùxí 통 복습하다 | **温度** wēndù 명 온도 | **即使** jíshǐ 접 설령 ~라 하더라도 | **粗心** cūxīn 형 세심하지 못하다, 덜렁대다

51 ★☆☆

A: 明明，你长得可真够快的。才上初二，就已经到你爸爸耳朵那里了。 B: 再过几年，我就会（A 超过）爸爸的。	A: 밍밍, 너 정말 빨리 컸다. 겨우 중학교 2학년인데, 이미 너희 아버지 귀까지 오네. B: 몇 년이 더 지나면, 저는 아버지를 (A 넘어설) 것 같아요.

단어 **长** zhǎng 통 자라다 | **真够** zhēn gòu 정말 | **才** cái 부 겨우 | **耳朵** ěrduo 명 귀 | **过** guò 통 (시점을) 지내다

해설 빈칸 앞에는 조동사 '会(~할 것이다)' 뒤에는 목적어 '爸爸(아버지)'가 있으므로 빈칸은 술어 자리로 동사가 와야 한다. 보기 중 동사는 A와 B로 문맥상 '초과하다'가 가장 적절하다. 따라서 정답은 A이다.

52 ★★☆

A: 你实在太（E 粗心）了，今天都打破好几个碗了。 B: 唉，我也不知道怎么了，今天总是觉得好像有什么事。	A: 너 정말 (E 덜렁댄다). 오늘 벌써 몇 개째 그릇을 깨 먹은 거야. B: 아이참, 나도 어떻게 된 일인지 모르겠어. 오늘 계속 무슨 일이 있는 것 같아.

단어 **实在** shízài 부 정말 | **打破** dǎpò 통 깨다 | **碗** wǎn 명 그릇 | **总是** zǒngshì 부 늘 | **好像** hǎoxiàng 통 비슷하다

해설 빈칸 앞뒤의 '太…了'는 '너무 ~하다'라는 뜻으로 '太'와 '了'사이에는 형용사가 와야 한다. 그릇을 깬 행위를 묘사하는 형용사는 '粗心(덜렁대다)'이 가장 적절하므로 정답은 E이다.

53 ★☆☆

A: 晚上我请你去看电影吧，《变形金刚4》，据说非常好看。 B: 真想去，可是明天要考试了，今天晚上我要好好（B 复习）一下。	A: 밤에 내가 영화 보여 줄게. <트랜스포머4>가 엄청 재미있대. B: 정말 가고 싶다. 근데 내일 시험이라, 오늘 밤에 (B 복습)을 좀 열심히 해야 해.

단어 **变形金刚** biànxíngjīngāng 트랜스포머 | **据说** jùshuō 통 말하는 바에 의하면 ~라 한다 | **好看** hǎokàn 형 재미있다 | **可是** kěshì 접 그러나

해설 빈칸 뒤에는 동사 뒤에 쓰여 '좀 ~해 보다'라는 뜻의 '一下'가 있으므로 빈칸에는 동사가 올 수 있다. 보기 중 동사는 A와 B로 시험과 어울리는 동사는 '복습하다'이므로 정답은 B이다.

54 ★★★

A: 听说我们单位组织周末去上海参观世博会？万一下雨怎么办？
B: （ D 即使 ）下雨也还是要去，因为我们已经跟旅行社签了合同了。

A: 우리 회사에서 주말에 상하이 엑스포에 가기로 했다며? 만약에 비가 오면 어떡해?
B: 비가 (D 오더라도) 가야 해. 왜냐하면 우리는 이미 여행사와 계약을 다 했기 때문이야.

단어 单位 dānwèi 명 회사 | 组织 zǔzhī 명 조직 | 周末 zhōumò 명 주말 | 参观 cānguān 동 참관하다 | 世博会 shìbóhuì 명 엑스포 | 万一 wànyī 접 만약 | 还是 háishi 부 그래도 | 跟 gēn 개 ~와, ~과 | 旅行社 lǚxíngshè 명 여행사 | 签合同 qiān hétong 계약하다

해설 빈칸 뒤에 '也'가 있으므로 빈칸에는 '也'와 어울리는 접속사가 올 수 있다. 보기 중에 '即使'는 '설령 ~하더라도'라는 의미로 뒤에 '也'나 '还'와 함께 쓰여 가설이나 양보를 나타내므로 정답은 D이다.

55 ★★☆

A: 你怎么学起太极拳来了？
B: 这是工作需要。很多外国人喜欢中国功夫，（ F 所以 ）我们在教汉语的时候也教他们打太极拳。

A: 너 왜 태극권을 배우기 시작했어?
B: 업무상 필요해서 배웠어. 많은 외국인들이 중국 무술을 좋아해. (F 그래서) 우리가 중국어를 가르칠 때 태극권도 가르치고 있어.

단어 太极拳 tàijíquán 명 태극권 | 需要 xūyào 동 필요하다 | 外国人 wàiguórén 명 외국인 | 功夫 gōngfu 명 무술 | 教 jiāo 동 가르치다 | 打 dǎ 동 (운동을) 하다

해설 빈칸 앞에는 앞 구절이 끝나는 쉼표가 있는 것으로 보아, 빈칸은 뒤 구절의 맨 앞이 되므로 접속사가 올 수 있다. 보기 중 접속사는 '所以(그래서)' 밖에 없으므로 정답은 F이다.

독해 阅读 제2부분

56 ★★★

A 被农夫的妻子赶出了家门
B 可它却因为被孩子们吓到而打翻了碗
C 不久，一个农夫把丑小鸭带回了家

C - B - A

A 농부의 아내에게 집 밖으로 쫓겨났다
B 그러나 미운 오리 새끼는 오히려 아이들 때문에 놀라서 그릇을 엎었고
C 얼마 지나지 않아, 한 농부는 미운 오리 새끼를 데리고 집으로 돌아왔다

C - B - A

단어 赶出 gǎnchū 동 내쫓다 | 家门 jiāmén 명 자기 집 대문 | 可 kě 접 그러나 | 却 què 부 오히려 | 被 bèi 개 ~에게 ~를 당하다 | 吓 xià 동 놀라다 | 而 ér 접 그리고 | 打翻 dǎ fān 동 뒤집어엎다 | 碗 wǎn 명 그릇 | 不久 bùjiǔ 형 오래 되지 않다 | 农夫 nóngfū 명 농부 | 把 bǎ 개 ~을, ~를 | 丑小鸭 chǒuxiǎoyā 명 미운 오리 새끼 | 带 dài 동 가지다

해설 **1단계 : ? → B**

B의 '可(그러나)'는 전환을 나타내는 접속사로 문장의 맨 앞에 올 수 없다.

2단계 : ? → A

A에서 농부의 아내에게 집 밖으로 쫓겨났다고 했으므로, 쫓겨난 대상과 이유가 A 앞에 와야 한다.

3단계 : C → B → A

C '농부가 미운 오리 새끼를 데리고 집으로 돌아왔다' B '그러나 미운 오리 새끼는 아이들 때문에 놀라서 그릇을 엎었고', A '농부의 아내에게 쫓겨났다'이므로 일이 일어난 순서에 따라 연결하면 정답은 C-B-A이다.

57 ★★☆	
A 他发现五岁的儿子正靠在门旁等着他 B 一天，爸爸回到家已经很晚了 C 他很累，也有点儿烦	A 그는 다섯 살짜리 아들이 문 옆에 기대서 기다리고 있는 것을 발견했다 B 어느 날 아버지는 집에 돌아오니 이미 매우 늦었었다 C 그는 매우 피곤했고, 짜증도 조금 났다
B - C - A	B - C - A

단어 **发现** fāxiàn 동 발견하다 | **靠** kào 동 기대다 | **门旁** ménpáng 문 옆 | **有点儿** yǒudiǎnr 부 조금 | **烦** fán 형 짜증스럽다

해설 **1단계 : B → ? → ?**

A와 C의 '他(그)'는 B의 '爸爸(아버지)'를 가리키는 말이므로 B가 문장 맨 앞에 와야 한다.

2단계 : B → C → A

늦은 시간 귀가로 인해 피곤한 것이므로 B-C 순서로 연결하고, 집에 들어간 후 아들을 발견한 것이므로 일이 일어난 순서에 따라 A가 맨 마지막에 와야 한다. 따라서 정답은 B-C-A이다.

58 ★☆☆	
A 其中有些是讨论怎么学习语言的 B 可以借给你看看 C 我家里有很多书	A 그중 일부는 어떻게 언어 공부를 해야 하는지를 토론하는 것이다 B 너에게 빌려줄 수 있다 C 우리 집에는 책이 많은데
C - A - B	C - A - B

단어 **其中** qízhōng 대 그중에 | **讨论** tǎolùn 동 토론하다 | **语言** yǔyán 명 언어 | **借** jiè 동 빌려주다

해설 **1단계 : C → A**

A '其中(그중)'의 범위는 C의 '很多书(많은 책)'이므로 C-A 순서로 연결한다.

2단계 : C → A → B

B에서 너에게 빌려줄 수 있다는 것은 C와 A에서 말한 '책'이므로 B는 C-A 뒤에 와야 한다. 따라서 정답은 C-A-B이다.

59 ★☆☆	
A 所以上班迟到了 B 早上睡过头了 C 昨天晚上他工作得太晚了	A 그래서 출근을 늦게했다 B 아침에 늦잠을 잤다 C 어제 저녁 그는 일을 굉장히 늦게까지 해서
C - B - A	C - B - A

단어 **迟到** chídào 동 지각하다 | **睡过头** shuìguòtóu 동 늦잠을 자다

해설 **1단계 : ? → A**

A의 '所以(그래서)'는 결과를 나타내는 접속사로 문장 맨 앞에 쓰일 수 없으며 '所以' 앞에 원인이 와야 한다. '上班迟到了(출근을 늦게했다)'라고 했으므로 지각한 이유가 A 앞에 와야 한다.

2단계 : C → B → A

C는 B에 대한 원인이고, B는 A에 대한 원인이므로 인과 관계에 의해 C-B-A로 연결할 수 있다. 또한 C의 '昨天晚上(어제 저녁)'과 B의 '早上(아침)'을 시간의 흐름대로 C-B순서로 연결하고 마지막에 결과인 A를 연결하는 방식으로도 풀 수 있다. 따라서 정답은 C-B-A이다.

60 ★★☆

A 就应该全心全意地把工作做好	A 전심전력을 다해 일을 잘 해야 하고
B 不要总是到处抱怨	B 가는 곳마다 불평해서는 안 된다
C 既然选择了这个职业	C 기왕 이 직업을 선택한 이상
C - A - B	C - A - B

단어 **应该** yīnggāi 조동 ~해야 한다 | **全心全意** quánxīn quányì 성 전심전력 | **把** bǎ 개 ~을, ~를 | **总是** zǒngshì 부 늘 | **到处** dàochù 명 가는 곳 | **抱怨** bàoyuàn 동 원망하다 | **既然…就…** jìrán…jiù… 기왕 ~했으니 ~하겠다 | **选择** xuǎnzé 동 선택하다 | **职业** zhíyè 명 직업

해설 **1단계 : C → A**

C의 '既然'과 A의 '就'는 '既然…就…(기왕 ~했으니 ~하다)' 형식으로 쓰여 C-A는 '기왕 이 직업을 선택한 이상 전심전력을 다해 일을 잘 해야 한다'라고 해석된다.

2단계 : C → A → B

B도 A와 같이 기왕 이 직업을 선택한 이상 하면 안 되는 것에 대해 말하고 있으므로 A 뒤에 와야 한다. 따라서 정답은 C-A-B이다.

61 ★★☆

A 这些都会严重影响到生活质量	A 이러한 것들은 모두 생활의 질에 심각하게 영향을 줄 수 있다
B 繁忙的工作和学习常常使人感觉疲劳	B 바쁜 업무와 학업은 종종 사람들에게 피로감을 느끼게 하고
C 并且情绪总是时好时坏	C 게다가 기분도 좋았다 나빴다 하게 한다
B - C - A	B - C - A

단어 **严重** yánzhòng 형 심각하다 | **影响** yǐngxiǎng 동 영향을 주다 | **生活** shēnghuó 명 생활 | **质量** zhìliàng 명 품질 | **繁忙** fánmáng 형 일이 많고 바쁘다 | **使** shǐ 동 ~에게 ~하게 하다 | **感觉** gǎnjué 동 느끼다 | **疲劳** píláo 형 피로하다 | **并且** bìngqiě 접 게다가 | **情绪** qíngxù 명 기분 | **总是** zǒngshì 부 늘 | **时好时坏** shíhǎo shíhuài 좋았다 나빴다 하다

해설 **1단계 : ? → A**

A의 '这些(이러한 것들)'는 앞에 나온 내용을 가리키므로 문장 맨 앞에 올 수 없다.

2단계 : ? → C

C의 '并且(게다가)'는 점층 관계를 나타내는 접속사로 문장 맨 앞에 올 수 없다.

3단계 : B → C → A

1, 2단계를 통해 B가 문장 맨 앞에 온다는 것을 알 수 있다. B '바쁜 업무와 학습은 종종 사람들에게 피로감을 느끼게 한다'라는 내용을 C에서 '게다가 기분도 좋았다 나빴다 하게 한다'라며 보충 설명하고 있고, A의 '这些(이러한 것들)'는 바로 B와 C의 내용을 가리키는 것이므로 정답은 B-C-A이다.

62 ★☆☆

A 不仅减不了肥 B 乱吃减肥药 C 更会影响身体健康 B - A - C	A 살을 못 뺄 뿐만 아니라 B 다이어트 약을 함부로 먹으면 C 신체 건강에 더욱 영향을 끼칠 수 있다 B - A - C

단어 不仅 bùjǐn 접 ~뿐만 아니라 | 不了 bùliǎo 동 ~할 수 없다 | 乱 luàn 부 함부로 | 减肥 jiǎnféi 동 살을 빼다 | 更 gèng 부 더욱 | 影响 yǐngxiǎng 동 영향을 주다 | 健康 jiànkāng 명 건강

해설 **1단계 : A → C**

A의 '不仅'과 C의 '更'은 '不仅…更…(~일 뿐만 아니라, 더 ~하다)'의 형식으로 쓰여 A-C는 '살을 못 뺄 뿐만 아니라 신체 건강에 더욱 영향을 끼칠 수 있다'라고 해석된다.

2단계 : B → A → C

A-C는 B '다이어트 약을 함부로 먹으면'에 대한 결과이므로 B 뒤에 와야 한다. 따라서 정답은 B-A-C이다.

63 ★★☆

A 在蔚蓝的大海深处 B 里面住着海王、他的老母亲和他的六个女儿 C 有一座美丽的王宫 A - C - B	A 짙푸른 바다 깊은 곳에 B 안에는 바다의 왕과 그의 노모와 6명의 딸이 살고 있다 C 아름다운 왕궁 하나가 있다 A - C - B

단어 蔚蓝 wèilán 형 짙푸른 | 大海 dàhǎi 명 바다 | 深处 shēnchù 명 깊숙한 곳 | 海王 hǎiwáng 바다의 왕 | 老母 lǎomǔ 명 노모, 어머니 | 座 zuò 양 (부피가 크거나 고정된 물체를 세는) 채 | 美丽 měilì 형 아름답다 | 王宫 wánggōng 명 왕궁

해설 **1단계 : A → C**

A는 개사 '在'를 이용한 개사구이며 C는 동사 '有'가 있다. 개사구는 동사 앞에 와야 하므로 A-C 순서로 연결한다.

2단계 : A → C → B

B의 '里面(안에)'은 C의 '王宫(왕궁)'을 가리키므로 B는 C보다 뒤에 와야 한다. 따라서 정답은 A-C-B이다.

64 ★☆☆

A 他的钱多得可以买下一座城市 B 但是他知道钱应该花在有用的地方 C 从前有一个商人 C - A - B	A 그의 돈은 도시 하나를 살 수 있을 만큼 많았다 B 그러나 그는 돈을 유용한 곳에 써야 한다는 것을 알고 있었다 C 예전에 한 상인이 있었다 C - A - B

단어 座 zuò 양 (부피가 크거나 고정된 물체를 세는) 채 | 城市 chéngshì 명 도시 | 应该 yīnggāi 조동 ~해야 한다 | 花 huā 동 사용하다 | 有用 yǒuyòng 동 유용하다 | 地方 dìfang 명 장소 | 从前 cóngqián 명 이전 | 商人 shāngrén 명 상인

해설 **1단계 : C → ? → ?**

A와 B의 '他(그)'는 모두 C의 '商人(상인)'을 가리키므로 A와 B 모두 C뒤에 와야 한다.

2단계 : C → A → B

A '그의 돈은 도시 하나를 살 수 있을 만큼 많았다', B '그러나 그는 돈을 유용한 곳에 써야 한다는 것을 알고 있었다'로 연결하면 문맥상 자연스럽다. 따라서 정답은 C-A-B이다.

65 ★★☆

A 吃着各自带来的拿手菜，聊着各家的事 B 我们几家人关系很好 C 每到周末，我们都聚在一起 B-C-A	A 각자 가져온 가장 자신 있는 요리를 먹으며 집집마다 있었던 일에 대해 수다를 떤다 B 우리 몇 집은 사이가 좋다 C 주말이면 우리는 모두 모여서 B-C-A

단어 各自 gèzì 대 각자 | 带来 dàilái 동 가져오다 | 拿手菜 náshǒucài 가장 자신 있는 요리 | 聊 liáo 동 잡담하다 | 关系 guānxi 명 관계 | 周末 zhōumò 명 주말 | 聚 jù 동 모이다

해설 **1단계 : ? → A**

A는 주어가 없으므로 문장 맨 앞에 올 수 없다.

2단계 : B → C → A

'우리 몇 집은 사이가 좋아서 주말이면 모두 모인다'라고 연결하면 문맥상 자연스러우므로 B-C 순서로 연결하고, 문장 맨 앞에 올 수 없었던 A를 마지막에 연결하면 정답은 B-C-A이다.

독해 阅读 제3부분

66 ★★☆

这地方离市区太远了，坐车要两个小时。你喜欢热闹，肯定不会考虑买这里的房子。 ★ 根据上面这句话，这地方： A 离市区远 B 热闹 C 环境很好 D 环境不好	이곳은 시내로부터 너무 멀어서 차 타고 두 시간이 걸린다. 당신은 시끌벅적한 것을 좋아하니 분명 이곳의 집을 사는 것은 고려하지 않을 것이다. ★ 위 글에 근거하여, 이곳은: A 시내로부터 멀다 B 시끌벅적하다 C 환경이 매우 좋다 D 환경이 나쁘다

단어 地方 dìfang 명 장소 | 市区 shìqū 명 시내 지역 | 热闹 rènao 형 시끌벅적하다 | 肯定 kěndìng 부 확실히 | 考虑 kǎolǜ 동 고려하다 | 房子 fángzi 명 집

해설 '这地方离市区太远了(이곳은 시내로부터 너무 멀다)'를 통해 이곳은 시내로부터 멀다는 것을 알 수 있으므로 정답은 A이다. 지문에서 나온 '热闹(시끌벅적하다)'는 이곳에 대한 설명이 아닌 상대방이 좋아하는 것이므로 B는 오답이다.

67 ★★☆

毕业的时候，他考上了公务员，让人非常羡慕。但由于他不够努力，至今仍然是一个普通职员，而其他同学都已经超过了他。

★ 毕业时他的工作：
A 并不好
B 十分理想
C 工资很低
D 不太满意

졸업할 때, 그는 공무원 시험에 합격해서 사람들의 부러움을 샀다. 그러나 그는 충분히 노력하지 않아서 지금까지 여전히 보통 직원이지만 다른 친구들은 모두 이미 그를 넘어섰다.

★ 졸업할 때 그의 직업은:
A 결코 좋지 않다
B 매우 이상적이다
C 월급이 낮다
D 그다지 만족스럽지 않다

단어 毕业 bìyè 동 졸업하다 | 考上 kǎoshàng 동 시험에 합격하다 | 公务员 gōngwùyuán 명 공무원 | 羡慕 xiànmù 동 부러워하다 | 由于 yóuyú 개 ~때문에 | 不够 búgòu 형 부족하다 | 努力 nǔlì 동 노력하다 | 至今 zhìjīn 부 지금까지 | 仍然 réngrán 부 여전히 | 普通 pǔtōng 형 보통이다 | 职员 zhíyuán 명 직원 | 而 ér 접 그러나 | 其他 qítā 대 다른 사람 | 超过 chāoguò 동 초과하다 | 并不 bìngbù 부 결코 ~지 않다 | 十分 shífēn 부 매우 | 理想 lǐxiǎng 형 이상적이다 | 工资 gōngzī 명 월급 | 低 dī 형 낮다 | 满意 mǎnyì 형 만족스럽다

해설 '让人非常羡慕(사람들의 부러움을 샀다)'를 통해 졸업할 때 그의 직업은 매우 이상적이었음을 알 수 있으므로 정답은 B이다.

68 ★☆☆

她激动地讲完事情的经过，终于平静下来。我们却有点难过，想着她丢了工作以后该怎么生活。

★ 她为什么激动？
A 取得了好成绩
B 找到了新的工作
C 很高兴
D 丢了工作

그녀는 흥분하며 사건의 경위를 설명했고, 마침내 평온해졌다. 하지만 우리는 그녀가 직장을 잃은 이후에 어떻게 생활을 해야 할지 생각하니 오히려 좀 슬펐다.

★ 그녀는 왜 흥분했는가?
A 좋은 성적을 거두어서
B 새로운 직장을 찾아서
C 매우 기뻐서
D 직장을 잃어서

단어 激动 jīdòng 동 흥분하다 | 讲 jiǎng 동 설명하다 | 事情 shìqing 명 사건 | 经过 jīngguò 명 경위 | 终于 zhōngyú 부 마침내 | 平静 píngjìng 형 평온하다 | 却 què 부 오히려 | 难过 nánguò 형 슬프다 | 丢 diū 동 잃다 | 该 gāi 조동 ~해야 한다 | 生活 shēnghuó 명 생활 | 取得 qǔdé 동 얻다 | 成绩 chéngjì 명 성적

해설 '丢了工作以后该怎么生活(직장을 잃은 이후에 어떻게 생활을 해야 하는가)'를 통해 그녀는 직장을 잃어서 흥분한 것임을 알 수 있으므로 정답은 D이다.

69 ★☆☆

小燕是我们这里的领导，什么事情都要经过她的同意才能执行。同时，她也是这里最年轻的工人，却是工作最久的工人，经验非常丰富。

샤오옌은 우리 이곳의 책임자로 무슨 일이든 모두 그녀의 동의를 거쳐야만 집행할 수 있다. 또한, 그녀는 이곳에서 가장 젊은 직원이지만 가장 오래 일한 직원으로 경험이 매우 풍부하다.

★ 根据这段话，可以知道小燕：
A 年龄比较大
B 新来的工人
C 工作了很久
D 是普通工人

★ 이 글에 근거하여, 알 수 있는 샤오옌은:
A 나이가 비교적 많다
B 새로 온 직원이다
C 일한 지 매우 오래되었다
D 보통 직원이다

단어 领导 lǐngdǎo 명 책임자 | 经过 jīngguò 동 거치다 | 同意 tóngyì 동 동의하다 | 才 cái 부 ~서야 비로소 | 执行 zhíxíng 동 집행하다 | 同时 tóngshí 접 또한, 게다가 | 年轻 niánqīng 형 젊다 | 工人 gōngrén 명 노동자 | 却 què 부 오히려 | 久 jiǔ 형 오래다 | 经验 jīngyàn 명 경험 | 丰富 fēngfù 형 풍부하다 | 年龄 niánlíng 명 나이 | 比较 bǐjiào 부 비교적 | 普通 pǔtōng 형 보통이다

해설 '工作最久的工人(가장 오래 일한 직원)'을 통해 샤오옌이 일한 지 오래되었음을 알 수 있으므로 정답은 C이다. 샤오옌에 대한 설명으로 '最年轻的工人(가장 젊은 직원)', '经验非常丰富(경험이 매우 풍부하다)', '这里的领导(이곳의 책임자)'라고 했으니 A, B, D는 오답이다.

70 ★☆☆

我们在这儿住了才一个多月，就遇上了两次停电，都是因为小区施工，碰断了电线，整个小区停电一个多小时。

우리가 여기서 산지 겨우 한달이 조금 넘었는데 두 번이나 정전을 겪었다. 모두 단지 공사 때문에 전선이 끊어졌는데, 모든 단지가 1시간 넘게 정전되었다.

★ 停电的原因是：
A 没交电费
B 住得不久
C 小区施工
D 电线老化

★ 정전의 원인은:
A 전기세를 내지 않아서
B 오래 살지 않아서
C 단지 공사 때문에
D 전선이 낙후되어서

단어 才 cái 부 겨우 | 遇上 yùshàng 만나다 | 停电 tíngdiàn 동 정전되다 | 小区 xiǎoqū 명 단지 | 施工 shīgōng 동 공사하다 | 碰断 pèngduàn 동 건드리다 | 电线 diànxiàn 명 전선 | 整个 zhěnggè 형 모든 | 原因 yuányīn 명 원인 | 交 jiāo 동 내다 | 电费 diànfèi 명 전기세 | 久 jiǔ 형 오래다 | 老化 lǎohuà 동 낙후되다

해설 '原因(원인)'을 묻는 질문은 보통 지문에서 '因为(왜냐하면)'로 시작하는 부분에서 정답을 찾을 수 있다. 지문에서 '因为小区施工(단지 공사 때문에)'을 통해 정전의 원인은 아파트 단지 공사 때문임을 알 수 있으므로 정답은 C이다.

71 ★★★

在美国纽约，有一个叫迪亚的年轻人，离开微软公司后开起了自己的公司，经过几年的努力，终于挣了一些钱。他准备用这些钱来购置一套舒适的房子。

★ 迪亚在有了钱后准备干什么？

A 买房子　　B 买车

C 旅游　　D 开公司

미국 뉴욕에 '디야'라고 불리는 한 젊은이는 마이크로소프트사를 떠나 자신의 회사를 열었고, 몇 년의 노력을 거쳐 마침내 돈을 좀 벌었다. 그는 이 돈으로 편안한 집 한 채를 사들일 계획이다.

★ 디야는 돈이 생긴 후 무엇을 할 계획인가?

A 집을 산다　　B 차를 산다

C 여행을 간다　　D 회사를 연다

단어 纽约 Niǔyuē 명 뉴욕 | 年轻人 niánqīngrén 명 젊은이 | 离开 líkāi 동 떠나다 | 微软 Wēiruǎn 명 마이크로소프트 | 自己 zìjǐ 대 자신 | 经过 jīngguò 동 경과하다 | 努力 nǔlì 동 노력하다 | 终于 zhōngyú 부 마침내 | 挣钱 zhèngqián 동 돈을 벌다 | 购置 gòuzhì 동 사들이다 | 舒适 shūshì 형 편안하다 | 房子 fángzi 명 집 | 干 gàn 동 (일을) 하다

해설 '准备用这些钱来购置一套舒适的房子(이 돈으로 편안한 집 한 채를 사들일 계획이다)'를 통해 디야는 돈이 생긴 후 집을 살 계획임을 알 수 있으므로 정답은 A이다.

72 ★★★

当我们的枪对准小熊时，母熊在树后发出低吼，并向我们冲过来。我们赶紧放下枪，开着车走了，才躲过了母熊的攻击。

★ 母熊向我们冲过来是因为我们：

A 打死了小熊

B 开了车

C 抓了小熊

D 用枪对着小熊

우리의 총이 새끼 곰을 겨누었을 때, 어미 곰은 나무 뒤에서 으르렁거리는 소리를 내며 우리를 향해 달려들었다. 우리는 재빨리 총을 내려놓고 차를 몰고 달아나 비로소 어미 곰의 공격에서 피했다.

★ 어미 곰이 우리에게 달려든 이유는 우리가:

A 새끼 곰을 죽여서

B 차를 몰아서

C 새끼 곰을 잡아서

D 총으로 새끼 곰을 겨누어서

단어 当…时 dāng…shí ~할 때 | 枪 qiāng 명 총 | 对准 duìzhǔn 동 겨누다 | 小熊 xiǎoxióng 명 아기 곰 | 母熊 mǔxióng 명 어미 곰 | 树 shù 명 나무 | 发出 fāchū 동 (소리 등을) 내다 | 低吼 dīhǒu 으르렁거리듯 말하다 | 并 bìng 부 동시에 | 向 xiàng 개 ~을 향하여 | 冲 chòng 동 향하다 | 赶紧 gǎnjǐn 부 재빨리 | 放下 fàngxià 내려놓다 | 开车 kāichē 동 운전하다 | 才 cái 부 비로소 | 躲 duǒ 동 피하다 | 攻击 gōngjī 동 공격하다 | 打死 dǎsǐ 동 타살하다 | 抓 zhuā 동 붙잡다

해설 '当我们的枪对准小熊时(우리 총이 새끼 곰을 겨누었을 때)'를 통해 우리가 총으로 새끼 곰을 겨누어서 어미 곰이 우리에게 달려들었다는 것을 알 수 있다. 따라서 정답은 D이다.

73 ★★★	
世博会昨日迎来了开园以来接待人数的最高峰，有超过35万人进入世博园区参观。可以明显地看到，在一些比较热门的国家馆前面排着长长的队。 ★ 世博会： A 很受欢迎 B 参观不用排队 C 人数逐渐减少 D 看国家馆都要排队	엑스포는 어제 개장 이후 접대한 사람 수가 절정을 맞이해, 35만 명이 넘는 사람이 엑스포 단지에 들어와 참관했다. 비교적 인기 있는 국가관 앞에는 기다랗게 줄을 선 것을 명확하게 볼 수 있었다. ★ 엑스포는: A 매우 인기가 많다 B 줄을 서서 참관할 필요가 없다 C 인원수가 점점 줄었다 D 국가관을 보려면 모두 줄을 서야 한다

단어 世博会 shìbóhuì 명 엑스포 | 昨日 zuórì 명 어제 | 迎来 yínglái 맞이하다 | 开园 kāiyuán 동 개장하다 | 以来 yǐlái 명 동안 | 接待 jiēdài 동 접대하다 | 人数 rénshù 명 사람 수 | 高峰 gāofēng 명 절정 | 超过 chāoguò 동 초과하다 | 万 wàn 수 만, 10000 | 进入 jìnrù 동 진입하다 | 参观 cānguān 동 참관하다 | 明显 míngxiǎn 형 분명하다 | 比较 bǐjiào 부 비교적 | 热门 rèmén 명 인기 있는 것 | 排队 páiduì 동 줄을 서다 | 受欢迎 shòu huānyíng 환영을 받다 | 逐渐 zhújiàn 부 점점 | 减少 jiǎnshǎo 동 감소하다

해설 '接待人数的最高峰(접대한 사람 수가 절정을 맞이했다)'을 통해 엑스포는 매우 인기가 많다는 것을 알 수 있으므로 정답은 A이다.

74 ★★★	
现在，大学毕业生找工作十分困难，而且社会上出现了只工作不拿钱的"零工资"现象，严重损害了毕业生的利益，并且也是不合法的。 ★ "零工资"是什么意思? A 没有工作 B 工作但得不到工资 C 工资很少 D 工资很高	현재 대학 졸업생들은 일자리를 찾는 것이 매우 힘들다. 게다가 사회에 일만 하고 돈은 받지 못하는 '무급여' 현상이 출현해 졸업자들의 이익을 심각하게 침해하고 있는 데다가 불법이기도 하다. ★ '무급여'는 무슨 뜻인가? A 일이 없다 B 일을 하지만 월급은 받을 수 없다 C 월급이 적다 D 월급이 매우 높다

단어 毕业生 bìyèshēng 명 졸업생 | 十分 shífēn 부 매우 | 困难 kùnnan 형 힘들다 | 而且 érqiě 접 게다가 | 社会 shèhuì 명 사회 | 出现 chūxiàn 동 출현하다 | 只 zhǐ 부 단지 | 拿 ná 동 받다 | 工资 gōngzī 명 월급 | 现象 xiànxiàng 명 현상 | 严重 yánzhòng 형 심각하다 | 损害 sǔnhài 동 침해하다 | 利益 lìyì 명 이익 | 并且 bìngqiě 접 게다가 | 不合法 bùhéfǎ 불법이다 | 得不到 débúdào 받지 못하다

해설 '只工作不拿钱的"零工资"现象(일만 하고 돈은 받지 못하는 '무급여' 현상)'을 통해 '무급여'는 일을 하지만 월급은 받을 수 없다는 뜻임을 알 수 있다. 따라서 정답은 B이다.

75 ★★☆

我们一天天长大，都走出山村上了大学，而父亲却一点一点变老，还是守着他的土地一天天地辛苦耕作，供我们上学。

★ 父亲是:

A 医生　　B 老板

C 工人　　D 农民

우리는 하루하루 성장해서 모두 산골을 벗어나 대학교에 입학했지만 아버지는 오히려 조금씩 늙어 가셨고 여전히 그의 땅을 지키며 하루하루 수고스럽게 농사를 지어 우리가 학교를 다닐 수 있게 해 주신다.

★ 아버지는:

A 의사이다　　B 사장이다

C 노동자이다　　D 농민이다

단어 长大 zhǎngdà 동 성장하다 | 山村 shāncūn 명 산골 | 而 ér 접 그러나 | 父亲 fùqīn 명 아버지 | 变老 biàn lǎo 늙어지다 | 还是 háishi 부 변함없이 | 守着 shǒuzhe 동 지키다 | 土地 tǔdì 명 땅 | 辛苦 xīnkǔ 형 수고롭다 | 耕作 gēngzuò 동 농사짓다 | 供 gōng 동 제공하다 | 老板 lǎobǎn 명 사장 | 工人 gōngrén 명 노동자 | 农民 nóngmín 명 농민

해설 '辛苦耕作(수고스럽게 농사를 짓다)'를 통해 아버지의 직업은 농민임을 알 수 있으므로 정답은 D이다.

76 ★★☆

老王心眼儿很好，收养了三个孤儿。可就因为这三个孩子，他都40岁了还没结婚。上次一个姑娘看见老王的三个孩子就吓跑了。

★ 老王没有结婚是因为:

A 收养了三个孩子

B 人不好

C 年纪太大

D 不想结婚

라오왕은 마음씨가 착해서 세 명의 고아를 입양했다. 그러나 바로 이 세 명의 아이들 때문에 그는 40세가 되도록 아직 결혼을 못했다. 지난번 한 아가씨는 라오왕의 아이 셋을 보고는 놀라서 도망을 갔었다.

★ 라오왕이 결혼하지 못한 이유는:

A 세 명의 아이를 입양해서

B 사람이 못돼서

C 나이가 너무 많아서

D 결혼을 하고 싶지 않아서

단어 心眼儿 xīnyǎnr 명 마음씨 | 收养 shōuyǎng 동 입양하다 | 孤儿 gū'ér 명 고아 | 结婚 jiéhūn 동 결혼하다 | 上次 shàngcì 명 지난번 | 姑娘 gūniang 명 아가씨 | 吓跑 xiàpǎo 동 놀라 달아나다 | 年纪 niánjì 명 나이

해설 '因为(이유)'로 질문하고 있으므로 지문에서 '因为(왜냐하면)'로 시작하는 부분에서 정답을 찾을 수 있다. '因为这三个孩子(이 세 명의 아이들 때문에)'를 통해 라오왕이 결혼하지 못한 이유는 입양한 아이 때문임을 알 수 있으므로 정답은 A이다.

77 ★★★

现在人们总是把"代沟"挂在嘴边，动不动就说与别人有"代沟"。其实年龄差异较大的人之间只要能够冷静地坐下来沟通，"代沟"的问题是可以解决的。

★ 这段话主要是说:

A 代沟无法消除

B 代沟可以消除

C 代沟不存在

D 人们喜欢代沟

요즘 사람들은 항상 '세대 차이'를 입에 달고 살며 툭하면 다른 사람과 '세대 차이'가 있다고 한다. 사실 나이 차이가 비교적 많이 나는 사람들 간에도 침착하게 앉아서 소통할 수 있다면, '세대 차이' 문제는 해결할 수 있다.

★ 이 글에서 주로 말하는 것은:

A 세대 차이는 없앨 수 없다

B 세대 차이는 없앨 수 있다

C 세대 차이는 존재하지 않는다

D 사람들은 세대 차이를 좋아한다

단어 总是 zǒngshì 부 항상 | 把 bǎ 개 ~을, ~를 | 代沟 dàigōu 명 세대차이 | 嘴边 zuǐbiān 명 입가 | 动不动 dòngbúdòng 부 툭하면 | 与 yǔ 개 ~와, ~과 | 别人 biéren 대 다른 사람 | 其实 qíshí 부 사실 | 年龄 niánlíng 명 나이 | 差异 chāyì 명 차이 | 之间 zhījiān 명 ~의 사이 | 只要 zhǐyào 접 ~하기만 하면 | 能够 nénggòu 동 ~할 수 있다 | 冷静 lěngjìng 형 침착하다 | 沟通 gōutōng 동 소통하다 | 解决 jiějué 동 해결하다 | 主要 zhǔyào 부 주로 | 无法 wúfǎ 동 할 수 없다 | 消除 xiāochú 동 없애다 | 存在 cúnzài 동 존재하다

해설 지문에서 주로 말하고자 하는 것을 묻는 문제로 지문 맨 마지막 부분에서 정답을 찾을 수 있다. '"代沟"的问题是可以解决的('세대 차이' 문제는 해결할 수 있다)'를 통해 이 글에서 주로 말하는 것은 세대 차이는 없앨 수 있다는 것임을 알 수 있다. 따라서 정답은 B이다.

78 ★☆☆

像一般画家那样，我经过数十年如一日的努力，在这个陌生的城市里终于有了自己的画廊，生活相对比较稳定。	일반적인 화가들처럼 나는 수십 년을 하루와 같이 노력한 끝에 마침내 이 생소한 도시에서 자신만의 화랑을 갖게 되었고, 생활도 비교적 안정되었다.
★ 我的职业是： A 医生　B 老师 C 画家　D 司机	★ 나의 직업은: A 의사　B 선생님 C 화가　D 운전기사

단어 像 xiàng 부 마치 | 一般 yìbān 형 일반적이다 | 画家 huàjiā 명 화가 | 经过 jīngguò 동 거치다 | 如 rú 동 ~와 같다 | 一日 yírì 명 하루 | 努力 nǔlì 동 노력하다 | 陌生 mòshēng 형 생소하다 | 城市 chéngshì 명 도시 | 终于 zhōngyú 부 마침내 | 自己 zìjǐ 대 자기 | 画廊 huàláng 명 화랑 | 生活 shēnghuó 명 생활 | 相对 xiāngduì 부 상대적으로 | 比较 bǐjiào 부 비교적 | 稳定 wěndìng 형 안정적이다 | 职业 zhíyè 명 직업 | 司机 sījī 명 운전기사

해설 '像一般画家那样(일반적인 화가들처럼)'과 '有了自己的画廊(자신만의 화랑을 갖게 되었다)'을 통해 화자가 다른 화가들처럼 화랑을 갖게 되었다는 것을 알 수 있으므로 화자의 직업은 화가임을 유추할 수 있다. 따라서 정답은 C이다.

79 ★☆☆

"时间马上到了，你再不进去，飞机就要起飞了。"妈妈着急地说。可是我的男朋友还没有来，我还舍不得走。	"시간이 곧 다 되었어, 너 들어가지 않으면 비행기는 곧 이륙해."라고 어머니는 다급하게 말했다. 그러나 내 남자 친구가 아직 오지 않아서 나는 아직 떠나지 못한다.
★ 她们最有可能在： A 车站　B 机场 C 家里　D 公司	★ 그녀들이 있을 가능성이 가장 큰 곳은: A 역　B 공항 C 집 안　D 회사

단어 马上 mǎshàng 부 곧 | 再不 zàibu 접 그렇지 않으면 | 起飞 qǐfēi 동 이륙하다 | 着急 zháojí 동 조급해하다 | 可是 kěshì 접 그러나 | 舍不得 shěbude 동 ~하지 못하다 | 车站 chēzhàn 명 정류장

해설 '飞机就要起飞了(비행기는 곧 이륙한다)'를 통해 그녀들은 공항에 있다고 유추할 수 있으므로 정답은 B이다.

80 – 81

有一门选修课的最后一次课上，老师布置了一个作业，还留了一个电子邮箱[80]让学生把作业传进去。只见老师很快写下密码：cptbtptpbcptdtptp。大家都很吃惊。一个同学问："老师，这么长的密码你怎么记得啊？"老师说道："吃葡萄不吐葡萄皮，不吃葡萄倒吐葡萄皮。"

한 선택 과목의 마지막 수업 날, 선생님은 숙제를 하나 내주면서 이메일도 하나 남겨 [80]학생들에게 숙제를 보내라고 했다. 선생님이 비밀번호 cptbtptpbcptdtptp를 빠르게 쓰는 것을 보고 모두들 매우 놀랐다. 한 학생이 "선생님, 이렇게 긴 비밀번호를 어떻게 외우시나요?"라고 물었다. 선생님은 "포도를 먹고 포도 껍질을 뱉지 않고, 포도를 먹지 않았는데 포도 껍질을 뱉는다."라고 말했다.

단어 **选修课** xuǎnxiūkè 명 선택 과목 | **布置** bùzhì 안배하다, 할당하다 | **作业** zuòyè 명 숙제 | **留** liú 동 남기다 | **电子邮箱** diànzi yóuxiāng 명 이메일 | **把** bǎ 개 ~을, ~를 | **只见** zhǐjiàn 동 다만 ~만 보다 | **吃惊** chījīng 동 놀라다 | **记得** jìde 동 기억하고 있다 | **说道** shuōdào 동 말하다[다른 사람의 말을 인용할 때] | **葡萄** pútáo 명 포도 | **吐** tǔ 동 뱉다 | **皮** pí 명 껍질 | **倒** dào 부 오히려

80 ★★★

★ 老师为什么要写密码：

A 让学生背下来
B 让学生解释
C 让学生交作业
D 给学生讲绕口令

★ 선생님은 왜 비밀번호를 써야 했는가:

A 학생에게 외우게 하려고
B 학생에게 설명하려고
C 학생에게 숙제를 제출하게 하려고
D 학생에게 잰말놀이를 설명하려고

단어 **背** bèi 동 외우다 | **解释** jiěshì 동 설명하다 | **交** jiāo 동 제출하다 | **讲** jiǎng 동 설명하다 | **绕口令** ràokǒulìng 명 잰말놀이[발음하기 어려운 말을 빨리 외우는 놀이]

해설 '**让学生把作业传进去**(학생들에게 숙제를 보내라고 했다)'를 통해 선생님은 학생들에게 숙제를 제출하게 하려고 비밀번호를 써야 했음을 알 수 있다. 따라서 정답은 C이다.

81 ★★★

★ 老师为什么用这个密码？

A 随便编的
B 有纪念意义
C 让学生背不下来
D 长但容易记

★ 선생님은 왜 이 비밀번호를 사용하는가?

A 마음대로 지어낸 것이다
B 기념적인 의미가 있어서
C 학생들이 못 외우게 하려고
D 길지만 쉽게 기억할 수 있어서

단어 **随便** suíbiàn 부 마음대로 | **编** biān 동 짓다 | **纪念** jìniàn 형 기념하는 | **意义** yìyì 명 의의 | **容易** róngyì 형 쉽다

해설 선생님의 비밀번호는 '**绕口令**(잰말놀이)'을 이용한 것으로 길어도 잘 외울 수 있어서 사용한 것임을 알 수 있다. 따라서 정답은 D이다.

82 – 83

晚上没事也要[82]拖到半夜才去睡觉，这是一种强迫症的表现，对健康害处很多。人们[83]应该在下班后安排一些运动来释放压力，让身体和心理都渴望睡眠，逐渐养成早睡的习惯。	밤에 아무 일이 없는데도 [82]한밤중에서야 잠을 자는 것은 일종의 강박증 증상이며, 건강에 나쁜 점이 매우 많다. 사람들은 [83]퇴근 후 운동을 좀 해서 스트레스를 풀고, 몸과 마음이 잠을 원하도록 해서, 점점 일찍 자는 습관을 길러야 한다.

단어 拖 tuō 동 미루다 | 半夜 bànyè 명 한밤중 | 才 cái 부 ~서야 비로소 | 强迫症 jiàngpàzhēng 명 강박증 | 表现 biǎoxiàn 명 증상 | 健康 jiànkāng 명 건강 | 害处 hàichu 명 나쁜 점 | 应该 yīnggāi 조동 ~해야 한다 | 下班 xiàbān 동 퇴근하다 | 安排 ānpái 동 안배하다 | 释放 shìfàng 동 방출하다 | 压力 yālì 명 스트레스 | 心理 xīnlǐ 명 심리 | 渴望 kěwàng 동 간절히 바라다 | 睡眠 shuìmián 명 수면 | 逐渐 zhújiàn 부 점점 | 养成 yǎngchéng 동 습관이 되다 | 习惯 xíguàn 명 습관

82 ★★★

★ 这段话主要讲了什么?	★ 이 글에서 주로 말한 것은 무엇인가?
A 半夜睡觉不健康	A 한밤중에 자는 것은 건강에 안 좋다
B 早睡觉是一种病	B 일찍 자는 것은 일종의 병이다
C 人们没时间睡觉	C 사람들은 잠 잘 시간이 없다
D 人们压力很大	D 사람들의 스트레스가 매우 크다

단어 主要 zhǔyào 부 주로 | 讲 jiǎng 동 말하다

해설 주제를 묻는 문제로 주제는 보통 첫 문장에서 찾을 수 있다. '拖到半夜才去睡觉，这是一种强迫症的表现，对健康害处很多(한밤중에서야 잠을 자는 것은 일종의 강박증 증상이며, 건강에 나쁜 점이 매우 많다)'를 통해 이 글은 한밤중에 자는 것에 대한 위험성을 알려 주는 내용임을 알 수 있으므로 정답은 A이다.

83 ★★☆

★ 根据这段话，人们可以怎样养成早睡的习惯?	★ 이 글에 근거하여, 사람들은 어떻게 해야 일찍 자는 습관을 기를 수 있는가?
A 晚上早点躺下	A 밤에 일찍 눕는다
B 多给自己压力	B 스스로에게 스트레스를 많이 준다
C 让自己忙得很困	C 자신을 바빠서 매우 피곤해지게 한다
D 下班后运动一下	D 퇴근 후 운동을 좀 한다

단어 躺 tǎng 동 눕다 | 自己 zìjǐ 대 자신 | 困 kùn 형 고생하다

해설 '应该(마땅히 ~해야 한다)'를 이용해서 어떻게 해야 하는지를 알려 주고 있다. '应该在下班后安排一些运动(퇴근 후 운동을 좀 해야 한다)'을 통해 퇴근 후 운동을 좀 하는 것으로 일찍 자는 습관을 기를 수 있다는 것을 알 수 있다. 따라서 정답은 D이다.

84 – 85

西湖龙井茶是中国的名茶之一，味道甘美，香气幽雅。因其产于杭州西湖山区的龙井而得名。习惯上称为西湖龙井，简称为“龙井”。[84]龙井，既是地名，又是泉名和茶名。	시후 용정차는 중국의 명차 중에 하나로 맛이 감미롭고 향기가 우아하다. 시후 용정차는 항저우 시후 산간 지역의 용정에서 생산되는 것에서 이름을 얻었다. 관습상 시후 용정이라고 부르며, 간단하게 '용정'이라고 부른다. [84]용정은 지명이기도 하고, 샘물의 이름과 차의 이름이기도 하다.

단어 西湖 Xīhú 명 시후 | 龙井茶 lóngjǐngchá 명 용정차 | 名茶 míngchá 명 명차 | 之一 zhīyī 명 ~중의 하나 | 味道 wèidao 명 맛 | 甘美 gānměi 형 감미롭다 | 香气 xiāngqì 명 향기 | 幽雅 yōuyǎ 형 그윽하고 품위가 있다 | 产 chǎn 동 생산하다 | 于 yú 개 ~에서 | 杭州 Hángzhōu 명 항저우 | 山区 shānqū 명 산간 지역 | 而 ér 접 그래서 | 得名 démíng 동 명칭을 얻다 | 习惯 xíguàn 명 관습 | 称为 chēngwéi 동 ~라고 부르다 | 简称 jiǎnchēng 명 약칭 | 既…又… jì…yòu… ~이며 ~이다 | 地名 dìmíng 명 지명 | 泉 quán 명 샘물

84 ★★☆

★ 根据这段话，可以知道“龙井”不是： A 地方名称　　B 泉水名称 C 城市名称　　D 茶叶名称	★ 이 글에 근거하여 알 수 있는 '용정'이 아닌 것은: A 지역의 이름　　B 샘물의 이름 C 도시의 이름　　D 찻잎의 이름

단어 地方 dìfang 명 장소 | 泉水 quánshuǐ 명 샘물 | 城市 chéngshì 명 도시 | 茶叶 cháyè 명 찻잎

해설 '既是'는 '又是'와 함께 쓰여 '~이면서 ~이다'라는 의미이므로 '龙井，既是地名，又是泉名和茶名(용정은 지명이기도 하고, 샘물의 이름과 차의 이름이기도 하다)'을 통해 용정이 지역, 샘물, 찻잎의 이름이라는 것을 알 수 있다. 용정은 시후 산간 지역이라고 했으므로 도시가 아니기 때문에 C가 정답이다.

85 ★☆☆

★ 这段话主要谈什么？ A 西湖　　B 杭州 C 龙井茶　　D 名茶	★ 이 글에서 주로 말하는 것은 무엇인가? A 시후　　B 항저우 C 용정차　　D 명차

해설 보기가 모두 지문에 등장하지만 '西湖(시후)'와 '杭州(항저우)'는 '용정차'의 생산지이며 '名茶(명차)'는 '용정차'를 설명하는 말이므로 이 글에서 주로 말하는 것은 용정차이다. 따라서 정답은 C이다.

쓰기 书写 제1부분

86 ★☆☆

你　　写日记的　　有　　吗　　习惯

정답 你有写日记的习惯吗？	당신은 일기 쓰는 습관이 있나요?

단어 日记 rìjì 명 일기 | 习惯 xíguàn 명 습관

해설 1. 인칭대사와 명사가 있을 경우 대부분 인칭대사가 주어로 쓰이므로, 주어는 '你(당신)'이다.

2. 술어 자리에 올 수 있는 동사는 '写(쓰다)'와 '有(있다)'가 있지만, '写(쓰다)'는 뒤에 구조조사 '的'를 동반하였으므로 술어가 아닌 관형어로 쓰였다는 것을 알 수 있다. 따라서 술어는 '有'이다.

3. 술어 '有(있다)'의 목적어로 쓰일 수 있는 명사는 '习惯(습관)'이며, '习惯'은 관형어의 수식을 받아 '写日记的习惯(일기 쓰는 습관)' 순서로 연결된다.

4. 어기조사 '吗'는 물음표와 함께 문장 끝에 위치한다.

你	有	写日记的	习惯	吗?
주어	술어	관형어	목적어	

87 ★☆☆

漂亮　　真　　风景　　的　　这儿

정답 这儿的风景真漂亮。 | 이곳의 풍경은 정말 아름답다.

단어 风景 fēngjǐng 명 풍경

해설 1. 구조조사 '的'뒤에는 명사가 와야 하므로 '的' 뒤에 '风景(풍경)'이 위치한다.

2. 대사 '这儿(여기)'은 구조조사 '的' 앞 관형어 자리에 위치하여 '风景(풍경)'을 수식함으로써 '风景'이 주어가 될 수 있다.

3. 술어 자리에는 동사 또는 형용사가 와야 한다. 제시된 어휘 중 형용사 '漂亮(아름답다)'이 술어가 되며 술어를 꾸며주는 정도부사 '真(정말)'이 술어 앞에 쓰여 '真漂亮(정말 아름답다)'으로 연결된다.

这儿	的	风景	真	漂亮。
관형어		주어	부사어	술어

88 ★★☆

弟弟　　打　　轻轻地　　开　　把门

정답 弟弟轻轻地把门打开。 | 남동생은 살살 문을 열었다.

단어 轻轻 qīngqīng 형 조용하다 | 把 bǎ 개 ~을, ~를 | 门 mén 명 문 | 打开 dǎkāi 동 열다

해설 1. '把'가 보이면 '把자문'의 기본 공식 '주어 + 把 + 목적어 + 동사 + 기타성분'을 떠올려야 한다. 주어는 명사 '弟弟(남동생)'이며 목적어는 '把门(문을)'의 '门(문)'이다.

2. '轻轻地(살살)'의 '地'는 부사어와 술어를 연결시켜 줄 때 쓰이는 구조조사로 술어와 개사구 앞에 쓰인다.

3. '打'와 '开'가 모두 동사이지만 술어는 '打'이며 '开'는 동사 뒤에서 보어로 쓰여 닫혀 있던 것이 열림을 나타낸다.

弟弟	轻轻地	把门	打	开。
주어	부사어		술어	보어

89 ★★★

为了　　公共场所　　大家的健康　　吸烟　　禁止

정답 为了大家的健康，公共场所禁止吸烟。 | 모두의 건강을 위하여, 공공장소에서는 흡연을 금지한다.

단어 为了 wèile 개 ~을 하기 위하여 | 健康 jiànkāng 명 건강 | 公共场所 gōnggòng chǎngsuǒ 명 공공장소 | 禁止 jìnzhǐ 동 금지하다 | 吸烟 xīyān 동 흡연하다

해설 1. '为了(~을 위하여)'는 '为了+ 목적 + 행위'의 형식으로 쓰여 '~을 위하여 ~하다'라는 뜻이다. 문장의 목적은 '大家的健康(모두의 건강)'이며, 행위는 '公共场所禁止吸烟(공공장소에서는 흡연을 금지한다)'이다.

为了 大家的健康，	公共场所	禁止	吸烟。
부사어	부사어	술어	목적어

90 ★☆☆				
身体	好处	换个环境	对	有

정답 换个环境对身体有好处。 환경을 바꾸는 것은 건강에 도움이 된다.

단어 换 huàn 동 바꾸다 | 环境 huánjìng 명 환경 | 对 duì 개 ~에 대해 | 好处 hǎochu 명 장점

해설 1. 자주 쓰이는 고정격식 '对…有好处(~에 도움이 된다)'를 알면 쉽게 풀 수 있다. 또한 개사 '对(~에 대해)' 뒤에는 명사나 대사가 와야 하므로 '对' 뒤에 '身体(건강)'가 위치한다.

2. 술어 자리에는 동사나 형용사가 와야 하므로 동사 '有(있다)'가 술어이다.

3. '换个环境(환경을 바꾸는 것)'은 술어와 목적어로 이루어진 주어이다.

换个环境	对 身体	有	好处。
주어 (술어 + 목적어)	부사어	술어	목적어

91 ★★☆			
经理	批评了	被	我今天

정답 我今天被经理批评了。 나는 오늘 사장님께 꾸중을 들었다.

단어 被 bèi 개 ~에게 ~를 당하다 | 经理 jīnglǐ 명 사장 | 批评 pīpíng 동 꾸짖다

해설 1. 개사 '被'가 보이면 '被자문'의 기본 공식 '주어 + 被 + 목적어 + 동사 + 기타성분'을 떠올려야 한다. 주어 자리에 행위를 당한 사람이 와야 하며 목적어 자리에는 행위의 주체가 와야 한다. 따라서 술어의 의미를 먼저 파악해서 주어와 목적어를 정해야 한다.

2. 술어는 동사 '批评(비평하다)'이므로 '批评'을 한 사람은 '经理(사장)', 당한 사람은 '我(나)'이다. 따라서 '我(나)'가 주어이다.

3. 시간사 '今天(오늘)'은 부사어 자리에 위치하므로 '被' 앞에 온다 .

我今天	被 经理	批评了。
주어	부사어	술어

92 ★★☆				
留下了	他的幽默	给大家	印象	深刻的

정답 他的幽默给大家留下了深刻的印象。 그의 유머는 모두에게 깊은 인상을 남겼다.

단어 幽默 yōumò 형 유머러스한 | 留下 liúxià 동 남기다 | 深刻 shēnkè 형 (인상이) 깊다 | 印象 yìnxiàng 명 인상

해설 1. 일반적으로 '동작의 완료'를 나타내는 동태조사 '了' 는 동사 뒤에 쓰이므로 술어는 '留下(남기다)'인 것을 알 수 있다.

2. '给大家(모두에게)'는 개사구로 술어 앞 부사어 자리에 위치한다.

3. 구조조사 '的' 뒤에는 명사가 와야 하므로 '深刻的(깊은)' 뒤에 '印象(인상)'이 위치하며, '印象'은 술어 '留下(남기다)'에 대한 목적어가 된다. 자주 쓰이는 고정격식 'A给B留下了印象(A는 B에게 인상을 남겼다)'을 알면 쉽게 풀 수 있다.

4. 술어와 목적어를 확인하면, '他的幽默(그의 유머)'는 주어가 된다.

他的幽默	给大家	留下了	深刻的	印象。
관형어 + 주어	부사어 (개사 + 목적어)	술어	관형어	목적어

93 ★★★

都　　观众　　为我鼓掌　　站起来

정답 观众都站起来为我鼓掌。 | 관중들은 모두 일어나서 나를 위해 박수를 쳤다.

단어 观众 guānzhòng 명 관중 | 为 wèi 개 ~을 위하여 | 鼓掌 gǔzhǎng 동 박수치다

해설 1. 주어 자리에는 명사나 대사가 와야하므로 '观众(관중)'이 주어이며, 범위부사 '都'는 복수주어 '观众'뒤에 위치한다.

2. 술어 자리에는 동사나 형용사가 와야한다. 제시된 어휘 중 '站起来(일어나다)'와 '鼓掌(박수치다)'이 모두 술어로 쓰일 수 있지만, 문맥상 '일어나서 박수를 치다'가 자연스럽다. 따라서 문장의 술어는 '鼓掌'이며, '站起来'는 술어 앞에서 술어를 꾸며주는 부사어 자리에 위치한다.

观众	都 站起来 为我	鼓掌。
주어	부사어	술어

94 ★★☆

回国　　一个星期　　我　　提前　　要

정답 我要提前一个星期回国。 | 나는 일주일 앞당겨서 귀국해야 한다.

단어 提前 tíqián 동 앞당기다

해설 1. 주어는 인칭대사 '我(나)'이다.

2. 술어 자리에 올 수 있는 동사는 '提前(앞당기다)'과 '回国(귀국하다)'가 있다. '提前(앞당기다)'은 주로 시간사와 함께 술어 앞에 쓰여 부사어 역할을 하므로 제시된 '一个星期(일주일)'와 함께 술어 앞에 온다. '回国(귀국하다)'는 문장 전체의 술어가 된다.

3. '要(~해야 한다)'는 조동사이므로 동사 '提前' 앞에 위치한다.

我	要 提前 一个星期	回国。
주어	부사어	술어

95 ★★☆

多大　　没　　作用　　我的努力　　起

정답 我的努力没起多大作用。 | 나의 노력은 큰 역할을 하지 못했다.

단어 努力 nǔlì 동 노력하다 | 作用 zuòyòng 명 작용

해설 1. '起作用'은 '역할을 하다', '작용을 하다'라는 뜻으로 동사 '起'는 술어, 명사 '作用'은 목적어로 쓰였다.

2. '努力(노력)'가 문장의 주어이며 '我的(나의)'는 주어를 수식하는 관형어이다.

3. '没(~않다)'는 부사로써 술어 앞 부사어 자리에 와야 한다.

4. '多大'는 목적어 '作用(역할)' 앞 관형어 자리에 위치한다.

我的努力	没	起	多大	作用。
관형어+주어	부사어	술어	관형어	목적어

쓰기 书写 제2부분

96 ★★☆

冰箱

모범 답안

她从冰箱里拿了几个鸡蛋。

참고 답안

鸡蛋、鱼、肉等新鲜食品应该放在冰箱里。

그녀는 냉장고 안에서 달걀 몇 개를 꺼냈다.
달걀, 생선, 고기 등 신선 식품은 냉장고 안에 넣어야 한다.

단어 冰箱 bīngxiāng 명 냉장고 | 拿 ná 동 (손으로) 쥐다, 잡다

해설 제시된 어휘는 '冰箱(냉장고)'이고 사진 속 여자는 냉장고 안에서 무언가를 꺼내고 있다. '꺼내다'라는 뜻의 동사 '拿'와 '鸡蛋(달걀)' 또는 '苹果(사과)'와 같은 어휘를 써서 구체적으로 무엇을 꺼내는지 작문할 수 있다.

97 ★★☆

安静

모범 답안

他们都在工作，办公室里很安静。

참고 답안

安静的情况下工作效率会更高。

그들은 모두 일을 하고 있어서, 사무실 안은 매우 조용하다.
조용한 상황에서 업무 효율이 더 높을 것이다.

단어 办公室 bàngōngshì 명 사무실 | 安静 ānjìng 형 조용하다

해설 제시된 어휘는 '安静(조용하다)'이고 사진 속 직원들은 모두 일하고 있다. '일하다'라는 뜻의 동사 '工作'와 정도부사 '很(매우)'을 써서 모범 답안처럼 작문할 수 있다.

98 ★★☆

握手

모범 답안
握手是一种礼貌。

참고 답안
你要表示友好的时候，选择握手是一种好的办法。

악수는 일종의 예의이다.
당신이 우호를 표하고 싶을 때, 악수를 선택하는 것은 좋은 방법이다.

단어 握手 wòshǒu 명 악수 | 礼貌 lǐmào 명 예의

해설 제시된 어휘는 '握手(악수)'이고 사진 속 두 인물은 악수를 하고 있다. 현재 진행을 나타내는 부사 '在'를 써서 '他们在握手(그들은 악수를 하고 있다)'로 작문할 수 있고, '~이다'라는 뜻의 동사 '是'와 '예의'라는 뜻의 명사 '礼貌'를 써서 모범 답안처럼 작문할 수도 있다.

99 ★★☆

从来

모범 답안
这是他从来没见过的词。

참고 답안
他几乎从来不看书。

이것은 그가 지금까지 본 적이 없는 단어이다.
그는 거의 지금까지 책을 보지 않는다.

단어 从来 cónglái 부 지금까지 | 词 cí 명 단어

해설 제시된 어휘 '从来'는 '没'와 함께 쓰면 '지금까지 ~한 적 없다', '不'와 함께 쓰면 '지금까지 ~하지 않다'라는 의미이다. 사진 속 남자는 책을 뚫어져라 보고 있으므로 '从来 + 没 + 동사 + 过' 형식에 동사 '见(보다)'을 써서 '지금까지 본 적이 없다'라는 과거의 경험에 대해 작문할 수 있다.

100 ★☆☆

条

모범 답안
我给他新买了一条裤子。

참고 답안
这条裤子我已经洗完了。

나는 그에게 새 바지를 하나 사 주었다.
이 바지는 내가 이미 빤 것이다.

단어 条 tiáo 양 개 | 裤子 kùzi 명 바지

해설 제시된 어휘 '条'는 바지나 도로 등을 세는 양사이고, 사진 속에는 바지 한 벌이 있다. '주어 + 给 + 대상 + 동사 + 목적어' 형식에 '사다'라는 뜻의 동사 '买'와 양사 '条'와 어울리는 명사 '裤子(바지)'를 사용하여 '~에게 바지를 사 주다'라고 작문할 수 있다. 또는 간단하게 '~하고 싶다'는 뜻의 '想'을 써서 '我想买这条裤子(나는 이 바지를 사고 싶다)'라고 작문해도 좋다.

실전 모의고사 3

〉〉 모의고사 42p

듣기 听力

제1부분

1 ×	2 ×	3 ✓	4 ×	5 ×
6 ✓	7 ✓	8 ×	9 ×	10 ✓

제2부분

11 C	12 C	13 B	14 B	15 D
16 A	17 D	18 B	19 B	20 D
21 C	22 A	23 A	24 A	25 D

제3부분

26 C	27 A	28 C	29 A	30 D
31 B	32 D	33 B	34 B	35 A
36 B	37 A	38 B	39 D	40 B
41 D	42 C	43 A	44 D	45 C

독해 阅读

제1부분

46 F	47 A	48 E	49 B	50 C
51 D	52 F	53 A	54 E	55 B

제2부분

56 A-C-B	57 A-B-C	58 B-A-C	59 B-C-A	60 C-B-A
61 A-B-C	62 A-C-B	63 B-C-A	64 B-A-C	65 A-C-B

제3부분

66 B	67 B	68 C	69 C	70 D
71 B	72 D	73 A	74 C	75 D
76 A	77 D	78 D	79 C	80 C
81 B	82 C	83 D	84 B	85 D

쓰기 书写

제1부분

86 我讨厌别人进我的房间。
87 他把吃剩的食物扔了。
88 每个人都会找到适合自己的学习方法。
89 妈妈从来不给我出主意。
90 她喜欢看有趣的故事书。
91 她把衣服弄脏了。
92 我差一点儿就赢了。
93 他是从窗户进来的吧?
94 他为这件事情而烦恼。
95 她发现这道题很难做。

제2부분

96 她正在找车钥匙。
97 我家院子里有一棵大树。
98 他们正在把沙发搬出去。
99 这次会议上讨论的问题很重要。
100 这道菜的味道很好。

듣기 听力 제1부분

1 ★★★

我的朋友小李是个摄影爱好者，每个周末都去公园拍些照片，简直把这当作了他的工作。	내 친구 샤오리는 사진 촬영 애호가이다. 매주 주말이면 공원에 가서 사진을 찍는데, 정말로 이것을 그의 직업으로 여긴다.
★ 摄影是小李的工作。 (×)	★ 사진 촬영하는 것은 샤오리의 직업이다. (×)

단어 摄影 shèyǐng 동 사진을 찍다 | 爱好者 àihàozhě 애호가 | 周末 zhōumò 명 주말 | 公园 gōngyuán 명 공원 | 拍 pāi 동 (사진을) 찍다 | 照片 zhàopiàn 명 사진 | 简直 jiǎnzhí 부 정말로 | 把 bǎ 개 ~을, 를 | 当作 dàngzuò 동 ~으로 여기다

해설 '小李是个摄影爱好者(샤오리는 사진 촬영 애호가이다)'를 통해 사진 촬영은 샤오리의 취미이지 직업이 아님을 알 수 있다. 또한 '当作了他的工作(그의 직업으로 여긴다)'라고 했지만 이것은 직업처럼 취미 생활을 열심히 한다는 뜻이지, 실제 직업이라는 것은 아니므로 제시된 문장과 녹음 내용은 일치하지 않는다.

2 ★★☆

我真笨，来中国两年了还不会用筷子，还是玛丽聪明，才来一个月就学会了。	나는 정말 멍청하다. 중국에 온지 2년이 되었는데, 아직도 젓가락을 쓸 줄 모른다. 역시 마리는 똑똑해서 온지 겨우 한 달 만에 배웠다.
★ 他和玛丽都会用筷子。 (×)	★ 그와 마리는 모두 젓가락을 쓸 줄 안다. (×)

단어 笨 bèn 형 멍청하다 | 筷子 kuàizi 명 젓가락 | 还是 háishi 부 의외로 | 聪明 cōngming 형 똑똑하다 | 才 cái 부 겨우

해설 자신은 아직도 '不会用筷子(젓가락을 쓸 줄 모른다)'라고 하였고, 마리는 한 달 만에 '学会了(배웠다)'라고 했으므로 마리만 젓가락을 쓸 줄 안다는 것을 알 수 있다. 따라서 제시된 문장과 녹음 내용은 일치하지 않는다.

3 ★★☆

这个教室这么多人说话，桌椅也直响，我们换个地方看书吧。	이 교실의 이렇게 많은 사람들이 말을 하니, 책걸상 조차도 계속 울린다. 우리 장소를 옮겨서 책을 보자.
★ 这个教室很不安静。 (√)	★ 이 교실은 매우 시끄럽다. (√)

단어 桌椅 zhuōyǐ 명 책걸상 | 直 zhí 부 내내 | 响 xiǎng 동 울리다 | 换 huàn 동 바꾸다 | 地方 dìfang 명 장소 | 安静 ānjìng 형 조용하다

해설 '这么多人说话(이렇게 많은 사람들이 말한다)'를 통해 이 교실은 매우 시끄럽다는 것을 알 수 있으므로 제시된 문장과 녹음 내용은 일치한다.

4 ★★☆

学校里的商店要什么有什么，我们不用到市中心就能买到各种生活用品。	학교 안의 상점에 필요한 건 다 있어서 우리는 시내에 가지 않아도 각종 생활용품을 살 수 있다.
★ 我们要去市中心才能买到生活用品。 (×)	★ 우리는 시내에 가야만 생활용품을 살 수 있다. (×)

단어 **市中心** shìzhōngxīn 명 시내 | **各种** gèzhǒng 형 각종의 | **生活用品** shēnghuó yòngpǐn 생활 용품

해설 '我们不用到市中心就能买到各种生活用品(우리는 시내에 가지 않아도 각종 생활용품을 살 수 있다)'을 통해 시내에 가지 않아도 생활용품을 살 수 있음을 알 수 있다. 따라서 제시된 문장과 녹음 내용은 일치하지 않는다.

5 ★★☆	
张兰第一次坐飞机。她发现机场非常大，也很漂亮，就是一时找不到登机口。	장란은 비행기를 처음 탄다. 그녀는 공항이 매우 크고 멋지다는 것도 알게 되었다. 다만 잠시 동안 탑승구를 찾지 못했다.
★ 张兰在机场很快就找到了登机口。 (×)	★ 장란은 공항에서 매우 빨리 탑승구를 찾았다. (×)

단어 **发现** fāxiàn 동 발견하다 | **一时** yìshí 명 잠시 | **登机口** dēngjīkǒu 탑승구

해설 '一时找不到登机口(잠시 동안 탑승구를 찾지 못했다)'를 통해 장란이 바로 탑승구를 찾지 못했음을 알 수 있으므로 제시된 문장과 녹음 내용은 일치하지 않는다.

6 ★☆☆	
图书馆有各种各样的书可以借阅，而且有很多座位可以坐，所以有很多学生去那儿看书准备考试。	도서관에는 빌려 볼 수 있는 각양각색의 책들도 있고 앉을 수 있는 좌석도 많다. 그래서 많은 학생들은 그곳에 가서 책을 보며 시험을 준비한다.
★ 有很多学生在图书馆看书。 (√)	★ 많은 학생들은 도서관에서 책을 본다. (√)

단어 **各种各样** gèzhǒng gèyàng 성 각양각색 | **借阅** jièyuè 동 (도서를) 빌려 보다 | **而且** érqiě 접 게다가 | **座位** zuòwèi 명 좌석

해설 '有很多学生去那儿看书(많은 학생들은 그곳에 가서 책을 본다)'에서 '那儿'은 앞쪽에서 말한 '图书馆(도서관)'이므로 많은 학생들은 도서관에서 책을 본다는 것을 알 수 있다. 따라서 제시된 문장과 녹음 내용은 일치한다.

7 ★☆☆	
哈尔滨冬天常常下雪，大家出门都穿戴得厚厚的，只露出眼睛。	하얼빈은 겨울에 자주 눈이 내려서 모두 외출할 때에는 두껍게 입고 눈만 내놓는다.
★ 哈尔滨的冬天很冷。 (√)	★ 하얼빈의 겨울은 매우 춥다. (√)

단어 **哈尔滨** Hā'ěrbīn 명 하얼빈 | **常常** chángcháng 부 늘 | **下雪** xiàxuě 동 눈이 내리다 | **出门** chūmén 동 외출하다 | **穿戴** chuāndài 동 입다 | **厚** hòu 형 두껍다 | **只** zhǐ 부 단지 | **露出** lùchū 동 드러내다

해설 '冬天常常下雪(겨울에 자주 눈이 내린다)', '穿戴得厚厚的(두껍게 입는다)'를 통해 하얼빈의 겨울은 매우 춥다는 것을 유추할 수 있으므로 제시된 문장과 녹음 내용은 일치한다.

8 ★★☆

昨天晚上我和朋友去看电影了。大家都说这部电影很好看，我却觉得非常无聊，没看完就回家了。	어제 밤 나와 친구는 영화를 보러 갔었다. 모두 이 영화가 매우 재미있다고 했지만, 나는 오히려 너무 지루해서 다 보지도 않고 집에 돌아왔다.
★ 他觉得昨天的电影很有趣。 (×)	★ 그는 어제 영화가 재미있다고 생각한다. (×)

단어 却 què 부 오히려 | 无聊 wúliáo 형 따분하다 | 有趣 yǒuqù 형 재미있다

해설 '我却觉得非常无聊(나는 오히려 너무 지루했다)'가 그의 의견이므로 제시된 문장과 녹음 내용은 일치하지 않는다.

9 ★★☆

小波得了重病，不仅要花很多钱看病，而且需要每天有人陪伴。小波的爸爸妈妈只能白天努力工作，晚上在医院陪他。	샤오보는 중병에 걸려서 진찰에 많은 돈을 써야 할 뿐만 아니라, 매일 같이 있을 사람이 필요하다. 샤오보의 아버지와 어머니는 낮에 열심히 일하고, 밤에 병원에서 그를 돌볼 수밖에 없다.
★ 小波的爸爸妈妈没有工作。 (×)	★ 샤오보의 아버지와 어머니는 직업이 없다. (×)

단어 得 dé 동 얻다 | 重病 zhòngbìng 명 중병 | 不仅 bùjǐn 접 ~뿐만 아니라 | 花 huā 동 소비하다 | 看病 kànbìng 동 진찰을 받다 | 而且 érqiě 접 게다가 | 需要 xūyào 동 필요하다 | 陪伴 péibàn 동 모시다 | 只能 zhǐ néng ~할 수밖에 없다 | 白天 báitiān 명 낮 | 努力 nǔlì 동 노력하다

해설 '小波的爸爸妈妈只能白天努力工作(샤오보의 아버지와 어머니는 낮에 열심히 일할 수밖에 없다)'를 통해 샤오보의 부모님은 직업이 있다는 것을 알 수 있으므로 제시된 문장과 녹음 내용은 일치하지 않는다.

10 ★★☆

昨天他在电视上看到一则故事，讲的是子女们为了钱而不愿意照顾父母，还把父母扔在大街上，气得他火冒三丈。	어제 그는 텔레비전에서 자녀들이 돈을 위해서 부모를 돌보는 것을 원하지 않고, 부모를 길에 버리기까지 한다는 이야기를 보고 그는 화가 머리끝까지 치밀었다.
★ 他很生气。 (√)	★ 그는 매우 화가 났다. (√)

단어 则 zé 양 편 | 故事 gùshi 명 이야기 | 讲 jiǎng 동 말하다 | 子女 zǐnǚ 명 자녀 | 为了 wèile 개 ~을 하기 위하여 | 而 ér 접 그래서 | 愿意 yuànyì 동 희망하다 | 照顾 zhàogù 동 보살피다 | 父母 fùmǔ 명 부모 | 把 bǎ 개 ~을, 를 | 扔 rēng 동 내버리다 | 大街 dàjiē 명 큰길 | 火冒三丈 huǒmào sānzhàng 성 화가 머리끝까지 치밀어 오르다

해설 '气得他火冒三丈(그는 화가 머리끝까지 치밀었다)'을 통해 그는 매우 화가 났음을 알 수 있으므로 제시된 문장과 녹음 내용은 일치한다.

11 ★☆☆

男：去杭州的计划安排得怎么样了？ 女：计划变了，杭州太热，我们改去北京了。	남: 항저우에 가는 계획은 어떻게 됐어? 여: 계획이 바뀌었어. 항저우는 너무 더워서 우리는 베이징으로 변경해서 가기로 했어.
问：女的决定去哪儿？ A 上海　B 香港 C 北京　D 台湾	질문: 여자는 어디에 가기로 결정했는가? A 상하이　B 홍콩 C 베이징　D 타이완

단어 杭州 Hángzhōu 명 항저우 | 计划 jìhuà 명 계획 | 安排 ānpái 동 준비하다 | 变 biàn 동 변화하다 | 改 gǎi 동 변경하다 | 决定 juédìng 동 결정하다 | 香港 Xiānggǎng 명 홍콩 특별 행정구 | 台湾 Táiwān 명 타이완

해설 '我们改去北京了(우리는 베이징으로 변경해서 가기로 했다)'를 통해 여자는 베이징에 가기로 결정했음을 알 수 있으므로 정답은 C이다.

12 ★★☆

女：我们俩谁比较年轻？ 男：当然是我，你是1978年生的，我比你整整小5岁呢。	여: 우리 둘 중에 누가 어리지? 남: 당연히 나지, 너는 1978년생이고 나는 너보다 5살이나 어리잖아.
问：男的是哪年出生的？ A 1977年　B 1978年 C 1983年　D 1973年	질문: 남자는 몇 년생인가? A 1977년　B 1978년 C 1983년　D 1973년

단어 俩 liǎ 수 두 사람 | 比较 bǐjiào 부 비교적 | 年轻 niánqīng 형 젊다 | 当然 dāngrán 부 당연히 | 生 shēng 동 태어나다 | 整整 zhěngzhěng 부 온전히

해설 '你是1978年生的，我比你整整小5岁呢(너는 1978년생이고 나는 너보다 5살이나 어리다)'를 통해 여자는 1978년생이고, 남자는 여자보다 5살 어린 1983년생이라는 것을 알 수 있으므로 정답은 C이다.

13 ★☆☆

男：明天我们去学校旁边的饭馆吃饭吧，听说那里的菜挺好吃的。 女：谁说的？那家的菜不新鲜，还是别去了。	남: 내일 우리 학교 옆 식당에서 밥 먹자. 거기 음식이 엄청 맛있대. 여: 누가 그래? 그 집의 음식은 신선하지 않아. 가지 않는 게 좋겠어.
问：女的为什么不去学校旁边的饭馆吃饭？ A 菜不好吃 B 食物不新鲜 C 环境差 D 价格太高	질문: 여자는 왜 학교 옆 식당에 가서 밥을 먹지 않는가? A 요리가 맛없다 B 음식이 신선하지 않다 C 환경이 나쁘다 D 가격이 너무 비싸다

단어 挺 tǐng 부 상당히 | 新鲜 xīnxiān 형 신선하다 | 还是 háishi 부 ~하는 편이 더 좋다 | 食物 shíwù 명 음식물 | 环境 huánjìng 명 환경 | 差 chà 형 나쁘다 | 价格 jiàgé 명 가격

해설 '那家的菜不新鲜(그 집의 음식은 신선하지 않다)'을 통해 여자는 그곳의 음식이 신선하지 않기 때문에 가지 않는다는 것을 알 수 있으므로 정답은 B이다.

14 ★★☆	
女: 你还在看电视，都已经看了三个小时了。 男: 还有一小会儿这个节目就完了，太有意思了，我很想看完。	여: 너 아직도 텔레비전을 보고 있네. 벌써 3시간이나 봤잖아. 남: 조금만 더 있으면 이 프로그램은 끝나, 너무 재미있어서 끝까지 다 보고 싶어.
问: 男的是什么意思? A 马上关电视 B 再看一会儿 C 节目时间太长了 D 节目完了	질문: 남자의 말은 무슨 의미인가? A 바로 텔레비전을 끄겠다 B 조금 더 보겠다 C 프로그램 시간이 너무 길다 D 프로그램이 끝났다

단어 节目 jiémù 명 프로그램 | 马上 mǎshàng 부 곧 | 关 guān 동 끄다

해설 '我很想看完(나는 끝까지 다 보고 싶다)'을 통해 남자는 텔레비전을 조금 더 보고 싶어한다는 것을 알 수 있으므로 정답은 B이다.

15 ★★☆	
男: 经理，真对不起，又迟到了，我的家太远了，总是堵车。 女: 你总是这么说，天天迟到，如果明天再迟到，以后就不用来上班了。	남: 사장님, 죄송합니다. 또 지각했습니다. 저희 집이 너무 멀어서 항상 차가 막힙니다. 여: 당신은 항상 이렇게 말하고 매일 지각하네요. 만약 내일 또 지각하면 더 이상 출근할 필요 없습니다.
问: 女的是什么意思? A 表扬男的 B 让男的休假 C 开除男的 D 批评男的	질문: 여자의 말은 무슨 의미인가? A 남자를 칭찬하는 것이다 B 남자를 휴가 보내는 것이다 C 남자를 해고하는 것이다 D 남자를 꾸짖는 것이다

단어 经理 jīnglǐ 명 사장 | 迟到 chídào 동 지각하다 | 总是 zǒngshì 부 늘 | 堵车 dǔchē 동 차가 막히다 | 如果 rúguǒ 접 만약 | 表扬 biǎoyáng 동 칭찬하다 | 休假 xiūjià 동 휴가를 내다 | 开除 kāichú 동 해고하다 | 批评 pīpíng 동 꾸짖다

해설 '如果明天再迟到，以后就不用来上班了(만약 내일 또 지각하면 더 이상 출근할 필요 없다)'를 통해 남자를 해고하는 것이 아니라 남자가 지각하는 것에 대해 강하게 꾸짖는 것임을 알 수 있다. 따라서 정답은 D이다.

16 ★★☆

女: 暑假快到了，你有什么打算？
男: 我本来想找一份工作，不过刚刚知道考上了研究生，我还是决定待在家里看书，为以后的学习做好准备。

问: 男的决定在暑假期间做什么？

A 学习　B 工作
C 写书　D 旅行

여: 곧 여름 방학이다. 넌 무슨 계획이 있니?
남: 나는 원래 직장을 찾으려고 했는데, 방금 대학원에 합격했다는 걸 알았어. 그래서 집에서 책을 보면서 앞으로의 학습을 위한 준비를 하기로 결정했어.

질문: 남자는 여름 방학 기간에 무엇을 하기로 결정했는가?

A 공부　B 일
C 책 집필하기　D 여행

단어 暑假 shǔjià 명 여름 방학 | 打算 dǎsuan 명 계획 | 本来 běnlái 부 원래 | 不过 búguò 접 그러나 | 刚刚 gānggāng 부 마침 | 研究生 yánjiūshēng 명 대학원생 | 还是 háishi 부 ~하는 편이 더 좋다 | 决定 juédìng 동 결정하다 | 待 dài 동 머물다 | 为 wèi 개 ~하기 위하여 | 期间 qījiān 명 기간 | 旅行 lǚxíng 동 여행하다

해설 '我还是决定待在家里看书，为以后的学习做好准备(나는 그래서 집에서 책을 보면서 앞으로의 학습을 위한 준비를 하기로 결정했다)'를 통해 남자는 여름 방학 기간에 공부를 하기로 결정했음을 알 수 있다. 따라서 정답은 A이다.

17 ★★☆

男: 今天的表演怎么样？听说观众都站起来鼓掌了。
女: 当然，表演中间没有一个观众离开。

问: 今天的表演怎么样？
A 很差
B 一般
C 观众不喜欢
D 很精彩

남: 오늘 공연 어땠어? 관중들이 모두 기립 박수를 쳤다고 들었어.
여: 물론이지, 공연 중간에 떠나는 관중이 하나도 없었어.

질문: 오늘 공연은 어땠는가?
A 매우 형편없다
B 보통이다
C 관중들이 좋아하지 않았다
D 매우 훌륭했다

단어 表演 biǎoyǎn 동 공연하다 | 观众 guānzhòng 명 관중 | 站起来 zhàn qǐlái 일어서다 | 鼓掌 gǔzhǎng 동 박수치다 | 当然 dāngrán 형 당연하다 | 中间 zhōngjiān 명 중간 | 离开 líkāi 동 떠나다 | 差 chà 형 나쁘다 | 一般 yìbān 형 보통이다 | 精彩 jīngcǎi 형 훌륭하다

해설 '听说观众都站起来鼓掌了(관중들이 모두 기립 박수를 쳤다고 들었다)'를 통해 오늘 공연은 매우 훌륭했음을 유추할 수 있으므로 정답은 D이다.

18 ★★☆

女: 这个周末我要和朋友看电影。
男: 我可以跟你们一起去吗? 这个周末我一个人在家，也没什么事情做。

问: 男的周末想做什么?
A 在家做事
B 跟女的去看电影
C 一个人看电影
D 一个人去逛街

여: 이번 주말에 나는 친구와 영화 볼거야.
남: 나도 너희랑 같이 가도 돼? 이번 주말에 집에 혼자 있는데 아무것도 할 게 없어.

질문: 남자는 주말에 무엇을 하고 싶은가?
A 집에서 일한다
B 여자와 영화보러 간다
C 혼자 영화본다
D 혼자 쇼핑간다

단어 **周末** zhōumò 명 주말 | **跟** gēn 개 ~와, 과 | **逛街** guàngjiē 동 쇼핑하다

해설 '我可以跟你们一起去吗?(나도 너희랑 같이 가도 돼?)'를 통해 남자는 주말에 여자와 영화보러 가고 싶어 한다는 것을 유추할 수 있다. 따라서 정답은 B이다.

19 ★☆☆

男: 你家离公司那么远，为什么不开车上班呢?
女: 我上下班的时间路上车很多，堵车不说，停车也很不方便。

问: 女的为什么不开车上班?
A 有人来接她
B 停车不方便
C 她没有汽车
D 公司离家很近

남: 너희 집은 회사에서 그렇게 먼데, 왜 운전해서 출근하지 않아?
여: 출퇴근 시간은 길에 차가 너무 많아서, 차가 막히는 것은 말할 것도 없고, 주차도 너무 불편해.

질문: 여자는 왜 운전해서 출근하지 않는가?
A 누가 그녀를 데리러 온다
B 주차하는 것이 불편하다
C 그녀는 차가 없다
D 회사는 집에서 매우 가깝다

단어 **开车** kāichē 동 운전하다 | **路** gēn 개 ~와, ~과 | **停车** tíngchē 동 차량을 주차하다 | **方便** fāngbiàn 형 편리하다 | **接** jiē 동 마중하다

해설 '堵车不说，停车也很不方便(차가 막히는 것은 말할 것도 없고, 주차도 너무 불편하다)'을 통해 차가 막히고 주차하는 것이 불편하기 때문에 운전해서 출근하지 않는다는 것을 알 수 있다. 따라서 정답은 B이다.

20 ★★☆

女: 明天跟我们一起去游泳吧。
男: 我打打球、跑跑步还可以，游泳可就不行了。

问: 男的是什么意思?
A 不想去游泳
B 不喜欢游泳
C 很会游泳
D 不会游泳

여: 내일 우리랑 같이 수영하러 가자.
남: 나 공놀이랑 달리기는 괜찮은데, 수영은 못해.

질문: 남자의 말은 무슨 의미인가?
A 수영하러 가고 싶지 않다
B 수영을 싫어한다
C 수영을 잘 한다
D 수영을 못한다

단어 **跟** gēn 개 ~와, ~과 | **打球** dǎqiú 공놀이 하다

해설 '游泳可就不行了(수영은 못한다)'라고 했는데, '不行'은 '능력 밖이다', '유능하지 못하다'라는 뜻이므로 남자는 수영을 못한다는 것을 알 수 있다. 따라서 정답은 D이다.

21 ★☆☆

男：你买这么多东西是要去哪里？ 女：我一个朋友生病住院了，我要去看她。 问：女的要去哪儿？ A 回家　　B 公司 C 医院　　D 车站	남: 너 이렇게나 많은 물건을 사서 어디 가려는 거야? 여: 내 친구 한 명이 아파서 입원했어. 나는 그녀를 보러 갈 거야. 질문: 여자는 어디에 가려고 하는가? A 집　　B 회사 C 병원　　D 역

단어 **住院** zhùyuàn 동 입원하다 | **车站** chēzhàn 명 정류장

해설 '我一个朋友生病住院了，我要去看她(내 친구 한 명이 아파서 입원했다. 나는 그녀를 보러 갈 것이다)'를 통해 여자는 병원에 병문안을 가려고 한다는 것을 알 수 있다. 따라서 정답은 C이다.

22 ★☆☆

女：我寄给你的信收到了吗？ 男：收到了，但一直没看，太忙了。 问：男的为什么没看信？ A 太忙了 B 忘了看了 C 信找不到了 D 出差了	여: 내가 너한테 보낸 편지 받았어? 남: 받았는데 계속 못 봤어, 너무 바빠. 질문: 남자는 왜 편지를 못 봤는가? A 너무 바쁘다 B 보는 걸 깜박했다 C 편지를 찾을 수 없다 D 출장갔다

단어 **寄** jì 동 (우편으로) 보내다 | **收到** shōudào 받다 | **一直** yìzhí 부 계속 | **忘** wàng 동 잊다 | **出差** chūchāi 동 출장가다

해설 '太忙了(너무 바쁘다)'를 통해 너무 바빠서 편지를 못 봤다는 것을 알 수 있으므로 정답은 A이다.

23 ★★☆

男：你知道王力在哪儿吗？ 女：我刚才在操场碰到他刚打完篮球，正准备回宿舍呢。 问：王力刚才在哪儿？ A 运动场　　B 教室 C 图书馆　　D 宿舍	남: 너 왕리 어디 있는지 아니? 여: 내가 방금 운동장에서 막 농구를 마치고 기숙사로 돌아가려던 왕리를 마주쳤어. 질문: 왕리는 방금 어디에 있었는가? A 운동장　　B 교실 C 도서관　　D 기숙사

단어 **刚才** gāngcái 명 방금 | **操场** cāochǎng 명 운동장 | **碰到** pèngdào 만나다 | **打** dǎ 동 (운동을) 하다 | **篮球** lánqiú 명 농구 | **宿舍** sùshè 명 기숙사 | **运动场** yùndòngchǎng 명 운동장

해설 '我刚才在操场碰到他(내가 방금 운동장에서 그를 마주쳤다)'를 통해 왕리는 방금 운동장에 있었다는 것을 알 수 있다. '操场'과 '运动场'은 같은 의미이므로 정답은 A이다.

24 ★★☆

女: 你是做什么工作的? 男: 以前当过司机、做过打字员，不过现在是小学老师。 问: 男的现在做什么工作? A 老师　　B 打字员 C 司机　　D 学生	여: 당신은 무슨 일을 하나요? 남: 예전에는 운전기사랑 타자수를 했었는데, 지금은 초등학교 선생님이에요. 질문: 남자는 지금 무슨 일을 하는가? A 선생님　　B 타자수 C 운전기사　　D 학생

단어 以前 yǐqián 명 이전 | 当 dāng 동 맡다 | 司机 sījī 명 운전사 | 打字员 dǎzìyuán 명 타자수 | 不过 búguò 접 그러나

해설 '现在是小学老师(지금은 초등학교 선생님이다)'를 통해 남자의 현재 직업은 선생님임을 알 수 있다. 따라서 정답은 A이다.

25 ★☆☆

男: 小王，我忘带信用卡了，你能帮我把卡送过来吗? 女: 我现在有点忙，下午给你送过去。 问: 男的忘带什么了? A 钥匙　　B 手机 C 书　　D 信用卡	남: 샤오왕, 나 신용 카드를 깜빡 잊고 안 챙겼는데, 너가 내 카드 좀 가져다 줄 수 있어? 여: 나 지금 조금 바빠서 오후에 가져다 줄게. 질문: 남자는 무엇을 잊어버리고 안 챙겼는가? A 열쇠　　B 휴대 전화 C 책　　D 신용 카드

단어 忘 wàng 동 잊다 | 带 dài 동 지니다 | 信用卡 xìnyòngkǎ 명 신용 카드 | 把 bǎ 개 ~을, ~를 | 卡 kǎ 명 카드 | 钥匙 yàoshi 명 열쇠

해설 '我忘带信用卡了(나 신용 카드를 깜빡 잊고 안 챙겼다)'를 통해 남자가 잊어버리고 안 챙긴 것은 신용 카드임을 알 수 있다. 따라서 정답은 D이다.

듣기 听力 제3부분

26 ★★☆

女: 快要放暑假了，你打算去哪里玩? 男: 我还没想好，北京、上海、西安我都没去过。你有什么建议吗? 女: 上海吧，今年世博会在上海举办。 男: 有道理，就去上海世博会。 问: 男的最有可能去哪里? A 北京　　B 杭州 C 上海　　D 西安	여: 곧 여름방학인데, 너는 어디 가서 놀 계획이야? 남: 나 아직 결정하지 못했어. 베이징, 상하이, 시안 다가 본 적이 없어. 너 제안해 줄 만한 곳 있어? 여: 상하이. 올해 상하이에서 엑스포를 개최해. 남: 일리가 있네. 그럼 상하이 엑스포에 가야겠다. 질문: 남자는 어디에 갈 가능성이 가장 높은가? A 베이징　　B 항저우 C 상하이　　D 시안

단어 放 fàng 동 쉬다 | 暑假 shǔjià 명 여름 휴가 | 打算 dǎsuan 동 ~할 생각이다 | 西安 Xī'ān 명 시안 | 建议 jiànyì 명 제안 | 世博会 shìbóhuì 명 엑스포 | 举办 jǔbàn 동 개최하다 | 道理 dàolǐ 명 일리 | 杭州 Hángzhōu 명 항저우

해설 '就去上海世博会(그럼 상하이 엑스포에 가야겠다)'를 통해 남자는 상하이에 갈 가능성이 가장 높음을 알 수 있으므로 정답은 C이다. 보기 A 베이징과 D 시안도 언급되었지만 이는 남자가 가 본 적이 없는 도시이므로 오답이다.

27 ★★★

男: 你的销售计划写完了吗? 星期一就要交了。 女: 还没有。能不能推迟一两天? 男: 不行。星期二我们就要开会讨论。 女: 那好吧, 我一定加快速度把它写好。	남: 당신 판매 계획서는 다 썼나요? 월요일에 제출해야 해요. 여: 아직이요. 하루 이틀만 미뤄 줄 수 있나요? 남: 안 돼요. 우리는 화요일 회의에서 토론해야 합니다. 여: 알겠어요. 반드시 속도를 내서 다 쓸게요.
问: 销售计划什么时候交? A 星期一　B 星期二 C 星期三　D 星期四	질문: 판매 계획서는 언제 제출해야 하는가? A 월요일　B 화요일 C 수요일　D 목요일

단어 销售 xiāoshòu 명 판매 | 计划 jìhuà 명 계획 | 交 jiāo 동 제출하다 | 推迟 tuīchí 동 연기하다 | 开会 kāihuì 동 회의를 하다 | 讨论 tǎolùn 동 토론하다 | 一定 yídìng 부 반드시 | 加快 jiākuài 동 빠르게 하다 | 速度 sùdù 명 속도 | 把 bǎ 개 ~을, 를

해설 남자의 '星期一就要交了(월요일에 제출해야 한다)'라는 말에 여자가 하루 이틀 미뤄 달라고 했으나, 남자가 안 된다고 했으므로 판매 계획서는 반드시 월요일에 제출해야 한다는 것을 알 수 있다. 따라서 정답은 A이며, 보기 B 화요일은 회의하는 날이므로 오답이다.

28 ★★☆

女: 张教授交给你的那本英文原版书你翻译完了吗? 男: 还没有, 书里有很多词我都不认识, 连词典里也找不到。 女: 你可能需要查一下古代英语词典, 因为那些词都是古代的形式, 现在根本不用了。 男: 难怪我查不到。我去试试。	여: 장 교수가 당신에게 보낸 그 영문 원본 책 번역 다 했나요? 남: 아직이요. 책에 모르는 단어가 너무 많은데 사전에도 찾을 수 없어요. 여: 아마 고대 영어 사전을 찾아봐야 할 거예요. 그 단어들은 다 고대 형식이라 지금은 안 써요. 남: 어쩐지 못 찾았더라고요. 제가 해 볼게요.
问: 女的建议男的用什么书? A 英文原版书 B 常用英语词典 C 古代英语词典 D 英国文学书	질문: 여자는 남자에게 무슨 책을 사용할 것을 제안했는가? A 영문 원본 책 B 상용 영어 사전 C 고대 영어 사전 D 영국 문학 책

단어 教授 jiàoshòu 명 교수 | 交 jiāo 동 건네다 | 英文 Yīngwén 명 영문 | 原版书 yuánbǎnshū 명 원본 책 | 翻译 fānyì 동 번역하다 | 词 cí 명 단어 | 连…也… lián…yě… ~조차도 ~하다 | 词典 cídiǎn 명 사전 | 需要 xūyào 동 필요하다 | 查 chá 동 찾아보다 | 古代 gǔdài 명 고대 | 英语 Yīngyǔ 명 영어 | 形式 xíngshì 명 형식 | 根本 gēnběn 부 전혀 | 难怪 nánguài 부 어쩐지 | 试 shì 동 시도하다 | 建议 jiànyì 동 제안하다 | 常用 cháng yòng 상용하다 | 文学 wénxué 명 문학

해설 '你可能需要查一下古代英语词典(아마 고대 영어 사전을 찾아봐야 할 것이다)'을 통해 여자는 남자에게 고대 영어 사전을 사용하라고 제안했음을 알 수 있다. 따라서 정답은 C이다.

29 ★★☆

男：轮到你上台表演了，准备好了吗？ 女：昨天我一整晚都没睡，现在心也跳得越来越厉害，就怕表演失败。 男：别担心，我相信你，我会在台下为你加油的。 女：好，谢谢！我上台了，祝我成功。 问：女的是什么意思？ A 很紧张　B 很放松 C 很开心　D 很自信	남: 네가 무대에서 공연할 차례야, 준비 다 됐니? 여: 어제 밤새도록 잠 한숨도 못 잤어. 지금 심장이 점점 더 뛰어. 공연에 실패할까 봐 두려워. 남: 걱정하지마. 나는 너를 믿어. 내가 무대 아래에서 널 위해 응원할거야. 여: 좋아, 고마워! 나 무대 올라갈게. 내 성공을 빌어 줘. 질문: 여자의 말은 무슨 의미인가? A 매우 긴장했다　B 매우 홀가분하다 C 매우 기쁘다　D 매우 자신있다

단어 轮 lún 동 차례가 되다 | 上台 shàngtái 동 무대에 오르다 | 表演 biǎoyǎn 동 공연하다 | 一整晚 yīzhěngwǎn 밤새 | 跳 tiào 동 두근거리다 | 越来越 yuèláiyuè 점점 | 厉害 lìhai 형 심각하다 | 怕 pà 동 두려워하다 | 失败 shībài 동 실패하다 | 担心 dānxīn 동 걱정하다 | 相信 xiāngxìn 동 믿다 | 加油 jiāyóu 동 격려하다 | 祝 zhù 동 기원하다 | 成功 chénggōng 동 성공하다 | 紧张 jǐnzhāng 형 긴장하다 | 放松 fàngsōng 동 긴장을 풀다 | 开心 kāixīn 형 기쁘다 | 自信 zìxìn 형 자신만만하다

해설 '一整晚都没睡(밤새도록 잠 한숨도 못 잤다)'와 '现在心也跳得越来越厉害(지금 심장이 점점 더 뛴다)'를 통해 여자가 매우 긴장했음을 알 수 있으므로 정답은 A이다.

30 ★★☆

女：你帮了我一个大忙，晚上我请你吃饭吧。 男：别客气，这是我应该做的。 女：我也不请你去外面吃了，就去我家，让我妈妈做几个我们家乡菜给你尝尝。 男：那好吧，谢谢！ 问：他们将要去哪儿？ A 学校　B 饭馆 C 男的家　D 女的家	여: 당신이 큰 도움을 주었으니, 저녁에 내가 밥 살게. 남: 괜찮아. 이건 내가 당연히 해야 하는 일인걸. 여: 나도 밖에서 사겠다는 건 아니야. 우리 집에 가자. 엄마한테 우리 고향 요리를 몇 개 해 달라고 해서 맛보게 해 줄게. 남: 좋아, 고마워! 질문: 그들은 어디에 가려고 하는가? A 학교　B 식당 C 남자의 집　D 여자의 집

단어 帮忙 bāngmáng 동 도움을 주다 | 别客气 biékèqi 괜찮아요 | 应该 yīnggāi 조동 ~해야 한다 | 外面 wàimian 명 바깥 | 家乡 jiāxiāng 명 고향 | 尝 cháng 동 맛보다 | 将要 jiāngyào 부 장차 ~하려 하다

해설 '就去我家(우리 집에 가자)'라는 여자의 말에 남자는 '那好吧(좋다)'라고 동의했으므로 그들은 여자의 집에 가려고 한다는 것을 알 수 있다. 따라서 정답은 D이다.

31 ★☆☆

男：你看起来瘦了。
女：最近天气热，吃不下去东西，而且每天又要工作到深夜。
男：那你得好好补补了。
女：等忙完了这段时间，我要给自己放个假。
男：好好休息休息。

问：女的怎么了？
A 生病了　　B 瘦了
C 胖了　　D 高兴

남: 너 살 빠진 것 같아.
여: 요즘 너무 더워서, 음식을 못 먹겠어. 게다가 매일 밤 늦게까지 일도 해야 해.
남: 그럼 너는 몸을 잘 보양해야 해.
여: 바쁜 거 끝나면 나는 내 자신에게 휴가를 주려고 해.
남: 푹 쉬어.

질문: 여자는 어떠한가?
A 병이 났다　　B 살이 빠졌다
C 뚱뚱해졌다　　D 기쁘다

단어 看起来 kàn qǐlái 보기에 ~하다 | 瘦 shòu 형 마르다 | 最近 zuìjìn 명 최근 | 而且 érqiě 접 게다가 | 又 yòu 부 또 | 深夜 shēnyè 명 심야 | 补 bǔ 동 보양하다 | 自己 zìjǐ 대 자신 | 放假 fàngjià 동 쉬다 | 胖 pàng 형 뚱뚱하다

해설 '你看起来瘦了(너 살 빠진 것 같다)'라는 남자의 말에 여자는 '吃不下去东西(음식을 못 먹겠다)'라고 살이 빠진 이유를 말했으므로 여자는 음식을 못 먹어서 살이 빠졌다는 것을 알 수 있다. 따라서 정답은 B이다.

32 ★☆☆

女：你怎么拿了这么多书？
男：刚从图书馆借的。明天我要写论文，这些书都用得上。
女：你看你，都快拿不住了，我帮你拿几本吧。
男：谢谢，我都快累坏了。

问：男的为什么拿这么多书？
A 去还书
B 帮同学借的
C 准备演讲
D 写论文用

여: 넌 책을 왜 이렇게 많이 들고 있어?
남: 방금 도서관에서 빌린 거야. 내일 논문을 써야 해서 이 책들이 다 쓸모가 있어.
여: 얘 봐, 너 다 못 들겠다. 내가 몇 권 들어 줄게.
남: 고마워. 정말 힘들어 죽는 줄 알았어.

질문: 남자는 왜 많은 책을 들고 있는가?
A 책을 반납하러 가려고
B 친구를 대신해 빌렸다
C 강연을 준비하려고
D 논문을 쓰는 데 사용하려고

단어 拿 ná 동 (손으로) 쥐다, 가지다 | 刚 gāng 부 방금 | 借 jiè 동 빌리다 | 论文 lùnwén 명 논문 | 用得上 yòngdeshàng 쓸모있다 | 拿不住 nábúzhù 잡을 수 없다 | 累坏了 lèihuàile 지칠 대로 지치다 | 演讲 yǎnjiǎng 명 강연

해설 '明天我要写论文，这些书都用得上(내일 논문을 써야 해서 이 책들이 다 쓸모가 있다)'을 통해 남자가 들고 있는 책은 논문을 쓰는 데 사용하려고 빌린 책임을 알 수 있다. 따라서 정답은 D이다.

33 ★☆☆

男: 你好，我要一张去杭州的票，21号早上九点的。 女: 好的，但是只有站票了。 男: 几点到杭州? 女: 11:30，你可以在车上自己找空座。 问: 男的在哪儿? A 医院　　B 火车站 C 商场　　D 公司	남: 안녕하세요, 항저우 가는 표 한 장 주세요. 21일 아침 9시 것으로요. 여: 알겠습니다. 근데 입석권밖에 없네요. 남: 몇 시에 항저우에 도착하나요? 여: 11시 30분이요. 차에서 직접 빈자리를 찾으시면 돼요. 질문: 남자는 어디에 있는가? A 병원　　B 기차역 C 상점　　D 회사

단어 杭州 Hángzhōu 명 항저우 | 只有 zhǐyǒu 부 ~만 있다 | 站票 zhànpiào 명 입석권 | 自己 zìjǐ 대 자신 | 空座 kòngzuò 명 빈자리 | 商场 shāngchǎng 명 상점

해설 대화가 이루어지는 장소를 묻는 문제이지만 장소가 직접적으로 언급되지는 않았다. '我要一张去杭州的票(항저우 가는 표 한 장 주세요)'를 통해 남자는 기차표를 구매하고 있음을 알 수 있다. 보기 중 기차표를 파는 곳은 기차역밖에 없으므로 정답은 B이다.

34 ★☆☆

女: 您好，有什么可以帮您的? 男: 火车快开了，我把票弄丢了。 女: 别着急，您可以去服务台补票，就在前面。 男: 好的，只能这样了，谢谢。 问: 男的为什么着急? A 钱包丢了 B 车票丢了 C 找不到朋友 D 没赶上火车	여: 안녕하세요, 무엇을 도와드릴까요? 남: 기차가 곧 출발하려는데, 표를 잃어버렸어요. 여: 조급해하지 마세요. 안내 데스크에서 표를 다시 살 수 있어요. 바로 앞에 있습니다. 남: 알겠습니다. 이렇게 할 수밖에 없겠네요. 감사합니다. 질문: 남자는 왜 조급한가? A 지갑을 잃어버렸다 B 차표를 잃어버렸다 C 친구를 찾을 수 없다 D 기차를 놓쳤다

단어 把 bǎ 개 ~을, ~를 | 弄丢 nòngdiū 동 분실하다 | 着急 zháojí 동 조급해하다 | 服务台 fúwùtái 명 안내 데스크 | 补票 bǔpiào 동 (차표·배표 등을 분실하여) 다시 사다 | 只能 zhǐ néng ~할 수밖에 없다 | 钱包 qiánbāo 명 지갑 | 丢 diū 동 잃어버리다 | 车票 chēpiào 명 승차권 | 赶上 gǎnshàng 동 시간에 대다

해설 '我把票弄丢了(표를 잃어버렸다)'를 통해 남자는 차표를 잃어버려서 조급하다는 것을 알 수 있다. 따라서 정답은 B이다.

35 ★☆☆

男：天气太热了，看我，出了一身的汗。
女：我何尝不是，衣服都湿透了。
男：我得用冷水洗个澡。
女：别图一时凉快，洗凉水澡对身体不好。至少加一点热水。

问：根据这段话可以知道什么？
A 天气很热
B 男的去运动了
C 女的要洗衣服
D 男的要洗热水澡

남: 날씨가 너무 덥다, 나 봐, 온 몸에 땀이 났어.
여: 나도 그래, 옷이 다 흠뻑 젖었어.
남: 나 찬물로 샤워 좀 해야겠어.
여: 잠깐의 시원함만 탐하지마. 찬물로 샤워하면 몸에 안 좋아. 적어도 따뜻한 물을 좀 섞어야 해.

질문: 이 글에 근거하여 알 수 있는 것은 무엇인가?
A 날씨가 매우 덥다
B 남자는 운동하러 갔다
C 여자는 옷을 빨려고 한다
D 남자는 따뜻한 물로 씻으려고 한다

단어 出汗 chūhàn 동 땀이 나다 | 一身 yìshēn 명 온몸 | 何尝 hécháng 부 언제 ~한 적이 있었느냐 | 湿透 shītòu 형 흠뻑 젖다 | 得 děi 조동 ~해야 한다 | 用 yòng 동 사용하다 | 冷水 lěngshuǐ 명 냉수 | 洗澡 xǐzǎo 동 목욕하다 | 图 tú 동 탐하다 | 一时 yìshí 명 한때 | 凉快 liángkuai 형 시원하다 | 凉水 liángshuǐ 명 냉수 | 对 duì 개 ~에 대해 | 至少 zhìshǎo 부 적어도 | 加 jiā 동 더하다 | 热水 rèshuǐ 명 따뜻한 물

해설 '天气太热了(날씨가 너무 덥다)'를 통해 날씨가 매우 덥다는 것을 알 수 있으므로 정답은 A이다. 여자가 남자에게 따뜻한 물을 섞어서 샤워하라고 했지만 이에 대한 남자의 대답은 나오지 않았으므로 보기 D는 오답이다.

36 – 37

五年前的一天，王大伯去打猎，只见一只浑身火红的狐狸从一块岩石上跳下来，逮住了一只小猴子。小猴吓得浑身发抖，吱吱叫着。[36]王大伯用枪打死了红狐狸，救了小猴子。第二天一大早，他一打开门就看见屋前堆满了山桃和野果。[37]是猴群来报恩啦。

5년전 어느 날, 왕 아저씨는 사냥을 하러 갔다가 온몸이 붉은색인 여우가 바위에서 뛰어내려 새끼 원숭이 한 마리를 잡은 것을 보았다. 새끼 원숭이는 놀래서 온몸을 벌벌 떨며, 우는 소리를 냈다. [36]왕 아저씨는 총으로 붉은 여우를 죽여 새끼 원숭이를 구해 주었다. 이튿날 이른 새벽, 그는 문을 열자마자 집 앞에 소귀나무 열매와 야생 열매가 쌓여 있는 것을 보았다. [37]원숭이 무리가 은혜를 갚은 것이었다.

단어 大伯 dàbó 명 아저씨 | 打猎 dǎliè 동 사냥하다 | 只见 zhǐ jiàn 다만 ~만 보다 | 浑身 húnshēn 명 온몸 | 火红 huǒhóng 형 시뻘겋다 | 狐狸 húli 명 여우 | 岩石 yánshí 명 바위 | 跳 tiào 동 뛰다 | 逮住 dǎizhù 붙잡다 | 猴子 hóuzi 명 원숭이 | 吓 xià 동 무서워하다 | 发抖 fādǒu 동 (벌벌) 떨다 | 打死 dǎsǐ 동 죽이다 | 救 jiù 동 구하다 | 一大早 yídàzǎo 이른 새벽 | 一…就… yí… jiù… ~하자마자 ~하다 | 打开 dǎkāi 동 열다 | 屋 wū 명 집 | 堆满 duīmǎn 상다리가 휘어질 지경이다 | 山桃 shāntáo 명 소귀나무 | 野果 yěguǒ 명 야생 과실 | 群 qún 명 무리 | 报恩 bàoēn 동 은혜를 갚다

36 ★★☆

王大伯为什么打死红狐狸？
A 他是猎人
B 他要救小猴子
C 狐狸咬了人
D 想要红狐狸皮毛

왕 아저씨는 왜 붉은 여우를 죽였는가?
A 그는 사냥꾼이라서
B 새끼 원숭이를 구하려고
C 여우가 사람을 물어서
D 붉은 여우의 가죽을 갖고 싶어서

단어 猎人 lièrén 명 사냥꾼 | 咬 yǎo 동 물다 | 皮毛 pímáo 명 피부

해설 '王大伯用枪打死了红狐狸，救了小猴子(왕 아저씨는 총으로 붉은 여우를 죽여 새끼 원숭이를 구해 주었다)'를 통해 왕 아저씨가 새끼 원숭이를 구하려고 붉은 여우를 죽였다는 것을 알 수 있다. 따라서 정답은 B이다.

37 ★★☆

王大伯家屋前的山桃和野果是从哪儿来的?	왕 아저씨 집 앞의 소귀나무 열매와 야생 열매는 어디서 난 것인가?
A 猴群送来的	A 원숭이 무리가 가져다준 것이다
B 他自己采的	B 그가 직접 딴 것이다
C 邻居送的	C 이웃이 선물한 것이다
D 他自己种的	D 그가 직접 심은 것이다

단어 自己 zìjǐ 대 자신 | 采 cǎi 동 따다 | 邻居 línjū 명 이웃집

해설 '是猴群来报恩啦(원숭이 무리가 은혜를 갚은 것이다)'를 통해 왕 아저씨 집 앞의 소귀나무 열매와 야생 열매는 원숭이 무리가 가져다준 것임을 알 수 있다. 따라서 정답은 A이다.

38 – 39

蒸饭煮饭都是洗米后放冷水再烧开，这是人们通常会采用的方法。但事实上，[38]正确的做法应该是先将水烧开，再用这开水来煮饭。这样做，[39]可以缩短蒸煮时间，保护米中的维生素。	찐 밥과 끓인 밥 모두 쌀을 씻은 후 찬물을 붓고 다시 끓이는데, 이것이 사람들이 보통 쓰는 방법이다. 그러나 사실 [38]정확한 방법은 먼저 물을 끓이고 끓인 물로 밥을 하는 것이다. 이렇게 하면 [39]찌고 끓이는 시간을 줄일 수 있고 쌀 속에 함유된 비타민도 보호할 수 있다.

단어 蒸 zhēng 동 찌다 | 煮 zhǔ 동 끓이다 | 米 mǐ 명 쌀 | 放 fàng 동 놓아 두다 | 冷水 lěngshuǐ 명 냉수 | 烧开 shāokāi 동 끓이다 | 通常 tōngcháng 명 평상시 | 采用 cǎiyòng 동 적합한 것을 골라 쓰다 | 方法 fāngfǎ 명 방법 | 事实 shìshí 명 사실 | 正确 zhèngquè 형 정확하다 | 做法 zuòfǎ 명 방법 | 应该 yīnggāi 조동 ~해야 한다 | 先 xiān 명 먼저 | 将 jiāng 개 ~을, 를 | 开水 kāishuǐ 명 끓인 물 | 缩短 suōduǎn 동 단축하다 | 保护 bǎohù 동 보호하다 | 维生素 wéishēngsù 명 비타민

38 ★★★

正确的蒸饭煮饭方法是什么?	찐 밥과 끓인 밥하는 정확한 방법은 무엇인가?
A 放冷水煮	A 찬물을 넣고 밥한다
B 先烧开水	B 물을 먼저 끓인다
C 用开水洗米	C 끓인 물로 쌀을 씻는다
D 洗米后用温水煮	D 쌀을 씻고 나서 따뜻한 물로 밥한다

단어 温水 wēnshuǐ 명 따뜻한 물

해설 '正确的做法应该是先将水烧开(정확한 방법은 먼저 물을 끓이는 것이다)'를 통해 밥을 할 때 물을 먼저 끓여야 한다는 것을 알 수 있다. 따라서 정답은 B이다.

실전 모의고사 | 3회

39 ★★☆

这段话里介绍的蒸煮方法有什么优点?

A 可以少用水
B 方法更简单
C 饭会更好吃
D 饭更有营养

이 글에서 소개한 찌고 끓이는 방법은 어떤 장점이 있는가?

A 물을 적게 써도 된다
B 방법이 더 간단하다
C 밥이 더 맛있게 된다
D 밥에 영양이 더 많다

단어 优点 yōudiǎn 명 장점 | 更 gèng 명 훨씬 | 简单 jiǎndān 형 간단하다 | 营养 yíngyǎng 명 영양

해설 '可以缩短蒸煮时间, 保护米中的维生素(찌고 끓이는 시간을 줄일 수 있고 쌀 속에 함유된 비타민도 보호할 수 있다)'를 통해 지문에서 소개한 방법으로 밥을 하면 비타민을 보호할 수 있어서 밥에 영양이 더 많다는 것을 알 수 있다. 따라서 정답은 D이다.

40 – 41

10月26日起，沪杭高速铁路正式通车。[40, 41]沪杭高铁连接上海至杭州及周边城市，全长202千米。在沪杭高铁试运行杭州至上海途中，最高时速达到416.6千米，已刷新世界铁路最高运行时速。杭州站至上海虹桥站高铁票价为一等座123.5元，二等座77.5元。

10월 26일부터 후항 고속 철도가 정식으로 개통된다. [40,41]후항 고속 철도는 상하이에서 항저우 및 주변 도시들을 연결하며 전체 길이는 202km에 달한다. 후항 고속 철도가 항저우에서 상하이로 시범 운행하는 중, 최고 시속이 416.6km에 달해 이미 철도의 세계 최고 운행 시속을 경신했다. 항저우역에서 상하이 훙치아오역까지의 고속 철도 표 값은 1등석은 123.5위안, 2등석은 77.5위안이다.

단어 起 qǐ 동 시작하다 | 沪杭 Hùháng 상하이와 항저우 | 高速铁路 gāosù tiělù 명 고속 철도 | 正式 zhèngshì 형 정식의 | 通车 tōngchē 동 개통하다 | 连接 liánjiē 동 연결하다 | 至 zhì 동 ~에 이르다 | 及 jí 접 및 | 周边 zhōubiān 명 주변 | 城市 chéngshì 명 도시 | 全长 quáncháng 명 전체 길이 | 米 mǐ 양 미터 | 运行 yùnxíng 동 운행하다 | 杭州 Hángzhōu 명 항저우 | 途中 túzhōng 명 도중 | 达到 dádào 동 도달하다 | 刷新 shuāxīn 동 (기록을) 갱신하다 | 世界 shìjiè 명 세계 | 铁路 tiělù 명 철도 | 时速 shísù 명 시속 | 高铁 gāotiě 명 고속철도 | 票价 piàojià 명 표 값 | 为 wéi 동 ~이다 | 座 zuò 명 좌석

40 ★★★

沪杭高速铁路全长多少千米?

A 82　B 202
C 416　D 131

후항 고속 철도의 전체 길이는 몇 킬로미터인가?

A 82　B 202
C 416　D 131

해설 녹음 내용에 '202', '416.6', '123.5', '77.5' 네 가지 숫자가 등장했다. '202'는 고속 철도의 전체 길이, '416.6'은 최고 시속, '123.5'와 '77.5'는 표 값이고, 질문은 후항 고속 철도의 전체 길이를 물었으므로 정답은 B이다.

41 ★★★

沪杭高速铁路在哪两个城市之间通车?

A 杭州与北京　B 杭州与南京
C 上海与北京　D 上海与杭州

후항 고속 철도는 어떤 두 도시 사이에 개통되었는가?

A 항저우와 베이징　B 항저우와 난징
C 상하이와 베이징　D 상하이와 항저우

단어 之间 zhījiān 명 (~의) 사이 | 通车 tōngchē 동 (철도 등이) 개통하다 | 与 yǔ 접 ~와, ~과 | 南京 Nánjīng 명 난징

해설 '沪杭高铁连接上海至杭州及周边城市(후항 고속 철도는 상하이에서 항저우 및 주변 도시들을 연결한다)'를 통해 후항 고속 철도는 상하이와 항저우 사이에 개통된 것임을 알 수 있으므로 정답은 D이다. '至'은 'A至B'처럼 쓰이며 'A부터 B까지'라고 해석된다.

42 – 43

[42]传说猫是老虎的师傅。猫把自己的很多本领都教给了老虎，[43]只有爬树它没有教。有一天，老虎觉得自己已经学会了猫所有的本领，就要吃掉猫。这时，猫爬到了树上，老虎只能站在树下看着，最后走开了。	[42]전설에 의하면 고양이는 호랑이의 스승이라고 한다. 고양이는 자신의 많은 재주를 모두 호랑이에게 가르쳐 주었는데, [43]단지 나무를 기어오르는 것은 가르쳐 주지 않았다. 어느 날 호랑이는 자신이 이미 고양이의 모든 능력을 다 배웠다고 생각해서 고양이를 먹어 버리려고 했다. 이때, 고양이가 나무 위로 올라갔고, 호랑이는 나무 밑에서 바라보고만 있다가 결국 떠났다.

단어 传说 chuánshuō 동 이리저리 말이 전해지다 | 师傅 shīfu 명 스승 | 把 bǎ 개 ~을, ~를 | 自己 zìjǐ 대 자신 | 本领 běnlǐng 명 능력 | 只有 zhǐyǒu 부 ~만 있다 | 爬 pá 동 기어오르다 | 树 shù 명 나무 | 所有 suǒyǒu 형 모든 | 吃掉 chīdiào 다 먹어치우다 | 站 zhàn 동 서다 | 走开 zǒukāi 동 물러나다, 떠나다

42 ★★☆

根据这段话，猫和老虎是什么关系? A 敌人　　B 朋友 C 师生　　D 同学	이 글에 근거하여, 고양이와 호랑이는 무슨 사이인가? A 적　　B 친구 C 스승과 제자　　D 동창

단어 关系 guānxi 명 관계 | 敌人 dírén 명 적 | 师生 shīshēng 명 스승과 제자

해설 '传说猫是老虎的师傅(전설에 의하면 고양이는 호랑이의 스승이라고 한다)'를 통해 고양이와 호랑이는 스승과 제자 사이라는 것을 알 수 있다. 따라서 정답은 C이다.

43 ★★☆

根据这段话，老虎没有学会什么? A 爬树　　B 抓动物 C 吃猫　　D 走路	이 글에 근거하여, 호랑이는 무엇을 배우지 못했나? A 나무 오르기　　B 동물 잡기 C 고양이 먹기　　D 걷기

단어 抓 zhuā 동 붙잡다 | 动物 dòngwù 명 동물 | 走路 zǒulù 동 걷다

해설 '只有爬树它没有教(단지 나무를 기어오르는 것은 가르쳐 주지 않았다)'를 통해 호랑이는 나무 오르기를 배우지 못했다는 것을 알 수 있다. 따라서 정답은 A이다.

44 – 45

[44]太极拳是一种武术项目，也是健身项目，在中国有着悠久的历史。尽管太极拳打起来慢悠悠的，但可以锻炼人的耐性，[45]使人心情平静、放松，所以很多人因为喜欢太极拳而来到中国。	[44]태극권은 일종의 무술 종목이자 신체를 건강하게 하는 종목으로 중국에서 유구한 역사를 가지고 있다. 비록 태극권은 느릿느릿하지만 사람의 인내심을 길러주고, [45]마음을 차분하게 하고 이완시켜 많은 사람들이 태극권을 좋아해서 중국에 온다.

단어 **太极拳** tàijíquán 명 태극권 | **武术** wǔshù 명 무술 | **项目** xiàngmù 명 종목 | **健身** jiànshēn 동 신체를 건강하게 하다 | **悠久** yōujiǔ 형 유구하다 | **历史** lìshǐ 명 역사 | **尽管** jǐnguǎn 접 비록 ~라 하더라도 | **打** dǎ 동 (운동을) 하다 | **慢悠悠** mànyōuyōu 형 느릿느릿하다 | **锻炼** duànliàn 동 (몸을) 단련하다 | **耐性** nàixìng 명 참을성 | **使** shǐ 동 ~하게 하다 | **心情** xīnqíng 명 기분 | **平静** píngjìng 동 차분하다 | **放松** fàngsōng 동 이완시키다

44 ★★☆	
这段话主要讲了什么? A 太极拳的历史 B 太极拳的打法 C 太极拳的种类 D 太极拳的简介	이 글에서 주로 말한 것은 무엇인가? A 태극권의 역사 B 태극권을 하는 법 C 태극권의 종류 D 태극권의 소개

단어 **主要** zhǔyào 부 주로 | **讲** jiǎng 동 말하다 | **打法** dǎfǎ 명 방법 | **种类** zhǒnglèi 명 종류 | **简介** jiǎnjiè 명 간단한 설명서

해설 태극권의 장점, 역사, 특징 등에 대해 말하고 있으므로 이를 모두 포괄할 수 있는 D가 정답이다.

45 ★★★	
为什么很多人到中国学太极拳? A 太极拳好学 B 太极拳好看 C 练后心情好 D 动作很慢	왜 많은 사람들은 중국에 와서 태극권을 배우는가? A 태극권이 배우기 쉬워서 B 태극권이 보기 좋아서 C 연마 후 기분이 좋아서 D 동작이 매우 느려서

단어 **练** liàn 동 연습하다, 단련하다 | **动作** dòngzuò 명 동작 | **慢** màn 형 느리다

해설 '使人心情平静、放松(마음을 차분하게 하고 이완시킨다)'을 통해 많은 사람들이 태극권을 배우는 이유가 연마 후 기분이 좋기 때문임을 알 수 있다. 따라서 정답은 C이다.

독해 阅读 제1부분

46 – 50			
A 从	B 一定	A ~부터	B 반드시
C 有趣	D 坚持	C 재미있다	D 꾸준히 하다
E 热情	F 送	E 친절하다	F 데려다주다

단어 **一定** yídìng 부 반드시 | **有趣** yǒuqù 형 재미있다 | **坚持** jiānchí 동 유지하다 | **热情** rèqíng 형 친절하다

46 ★☆☆	
夏雨明天就去北京工作了，我跟朋友要（ F 送 ）他去火车站。	시아위는 내일이면 베이징에 일하러 가서, 나와 친구는 그를 기차역에 (F 데려다줘야) 한다.

단어 跟 gēn 개 ~와, ~과 | 火车站 huǒchēzhàn 명 기차역

해설 빈칸 앞에는 조동사 '要(~해야 한다)', 빈칸 뒤에는 목적어 역할을 하는 대사 '他(그)'가 있으므로 빈칸에는 동사가 올 수 있다. 보기 중 동사는 '送(데려다주다)'과 '坚持(꾸준히 하다)'로 베이징으로 일하러 가는 친구를 위해 할 수 있는 행동으로 가장 적절한 것은 '送(데려다주다)'이다. 따라서 정답은 F이다.

47 ★★☆	
她（A 从）五岁起就练钢琴了。	그녀는 5살(A 부터) 피아노를 연습하기 시작했다.

단어 从…起 cóng…qǐ ~부터 시작하여 | 练 liàn 동 연습하다 | 钢琴 gāngqín 명 피아노

해설 빈칸 뒤의 '起'는 '从'과 함께 쓰여 '从…起'의 형식으로 '~부터 시작해서'의 의미로 쓰인다. 어린 시절부터 배우기 시작한 것을 나타내므로 정답은 A이다. '从'은 '从…开始' 형태로 쓰이기도 한다.

48 ★☆☆	
这个小姑娘非常（E 热情），大家都很喜欢她。	이 아가씨는 매우 (E 친절해서) 모두들 그녀를 매우 좋아한다.

단어 姑娘 gūniang 명 아가씨

해설 빈칸 앞에 정도부사 '非常(매우)'이 있으므로 빈칸에는 형용사가 올 수 있다. 보기 중 형용사는 '热情(친절하다)'과 '有趣(재미있다)'가 있고, '有趣'는 50번 문제의 답으로 더 적합하므로 여기서 정답은 E이다.

49 ★★☆	
他下定决心（B 一定）要把这件事情弄清楚。	그는 (B 반드시) 이 일을 분명하게 하기로 결심했다.

단어 下定 xiàdìng 동 (결심을) 내리다 | 决心 juéxīn 명 결심 | 把 bǎ 개 ~을, ~를 | 弄 nòng 동 하다 | 清楚 qīngchu 형 분명하다

해설 빈칸 뒤에 조동사 '要(~할 것이다)'가 있으므로 빈칸에는 부사가 올 수 있다. 보기 중 부사는 '一定(반드시)'밖에 없으므로 정답은 B이다.

50 ★☆☆	
大家都觉得做游戏是件（C 有趣）的事情。	모두들 게임하는 것은 (C 재미있는) 일이라고 생각한다.

단어 游戏 yóuxì 명 게임

해설 빈칸 뒤에 구조조사 '的'가 있으므로 빈칸은 관형어 자리라는 것을 알 수 있다. '게임하는 것은 (　　) 일이라고 생각한다'라고 했으므로 문맥상 '有趣(재미있다)'가 가장 적합하다. 따라서 정답은 C이다.

51 – 55			
A 决定	B 一点儿	A 결정하다	B 조금
C 温度	D 突然	C 온도	D 갑자기
E 到处	F 几乎	E 곳곳에	F 거의

단어 决定 juédìng 동 결정하다 | 温度 wēndù 명 온도 | 突然 tūrán 부 갑자기 | 到处 dàochù 명 곳곳 | 几乎 jīhū 부 거의

51 ★★☆	
A: 你怎么（D 突然）提前去日本了？ B: 我原来联系好的房子住不成了，我得在开学前找到新的房子。	A: 너는 왜 (D 갑자기) 일본에 미리 가니? B: 내가 원래 연락해 두었던 집에 살 수 없게 되어서 나는 개학 전에 가서 새 집을 찾아야 해.

단어 **提前** tíqián 동 앞당기다 | **原来** yuánlái 부 원래 | **联系** liánxì 동 연락하다 | **房子** fángzi 명 집 | **住不成** zhùbuchéng 살 수 없다 | **得** děi 조동 ~해야 한다 | **开学** kāixué 동 개학하다

해설 빈칸 뒤에 동사 '提前(앞당기다)'이 있으므로 빈칸에는 부사가 올 수 있다. 보기 중 부사는 '突然(갑자기)'과 '几乎(거의)'로 '너는 왜 (　　) 일본에 미리 가니?'라고 했으므로 문맥상 '突然(갑자기)'이 가장 적합하다. 따라서 정답은 D이다.

52 ★★☆	
A: 你来中国有一段时间了，有没有到处走走啊？ B: 我经常去旅游，中国有名的地方，我（F 几乎）都去过了。	A: 너는 중국에 온지 꽤 됐는데, 어디 좀 갔었니? B: 나는 자주 여행을 갔어. 중국에 유명한 곳은 나는 (F 거의) 다 가 봤어.

단어 **到处** dàochù 명 곳곳 | **经常** jīngcháng 부 언제나 | **有名** yǒumíng 형 유명하다 | **地方** dìfang 명 장소

해설 B에서 '자주 여행을 다녔고, 중국의 유명한 곳은 난 (　　) 다 가 봤다'라고 했으므로 문맥상 '几乎(거의)'가 가장 적합하다. 따라서 정답은 F이다.

53 ★★☆	
A: 你暑假有什么打算？ B: 我爸爸（A 决定）带我去北京玩。	A: 너는 여름 방학에 무슨 계획이 있니? B: 우리 아버지가 나를 데리고 베이징에 놀러가기로 (A 결정하셨어).

단어 **暑假** shǔjià 명 여름 방학 | **打算** dǎsuan 명 계획 | **带** dài 동 데리다

해설 빈칸이 문장 전체의 술어, 빈칸 뒤 '带我去北京玩(나를 데리고 베이징에 놀러가다)'이 목적어로 쓰인 문장이다. 보기 중 술목구를 목적어로 가질 수 있는 동사는 '决定(결정하다)'이며, '아버지가 우리를 데리고 베이징에 놀러가기로 (　　)'이라고 했으므로 문맥상으로도 '决定(결정하다)'이 가장 적합하다. 따라서 정답은 A이다.

54 ★★☆	
A: 现在好像有不少工作岗位，（E 到处）都可以看到招聘广告。 B: 可不是！不过，真正能通过广告找到合适工作的人还不多。而且有些广告是骗人的。	A: 요즘 적지 않은 일자리가 있는 것 같아. (E 곳곳에서) 모두 채용 광고를 볼 수 있어. B: 그러게 말이야! 하지만 정말 광고를 통해 적합한 일자리를 찾을 수 있는 사람은 많지 않아. 게다가 어떤 광고들은 사기야.

단어 **好像** hǎoxiàng 부 마치 ~과 같다 | **岗位** gǎngwèi 명 직장 | **招聘** zhāopìn 동 모집하다 | **广告** guǎnggào 명 광고 | **不过** búguò 접 그러나 | **真正** zhēnzhèng 부 정말로 | **通过** tōngguò 개 ~을 통해 | **合适** héshì 형 적합하다 | **而且** érqiě 접 게다가 | **骗人** piànrén 동 (남을) 속이다

해설 빈칸 뒤에 범위를 나타내는 부사 '都(모두)'가 있으므로 빈칸 주어 자리에는 복수형이 와야 한다. 빈칸 뒤에 '(　　) 모두 채용 광고를 볼 수 있어'라고 했으므로 '到处(곳곳에)'가 가장 적합하다. 따라서 정답은 E이다.

55 ★★☆

A: 王老师待人真是亲切，（ B 一点儿 ）架子都没有，总是把我们当作自己的家人。
B: 所以大家都称她为“王妈妈”啊。

A: 왕 선생님은 사람을 대할 때 진짜 친절해. (B 조금도) 거만함이 없이 항상 우리를 자신의 가족으로 생각해.
B: 그래서 모두들 그녀를 '왕 엄마'라고 부르잖아.

단어 待人 dàirén 동 사람을 대하다 | 亲切 qīnqiè 형 친절하다 | 架子 jiàzi 명 거만한 태도 | 总是 zǒngshì 부 늘 | 把 bǎ 개 ~을, 를 | 当作 dàngzuò 동 ~으로 여기다 | 自己 zìjǐ 대 자신 | 称 chēng 동 부르다

해설 '一点儿 + 명사 + 都 + 동사'는 '조금도 ~하지 않다'라는 뜻의 고정 격식이므로 빈칸에는 '一点儿(조금)'이 들어가면 적합하다. 따라서 정답은 B이다.

독해 阅读 제2부분

56 ★☆☆

A 世界上有很多国家
B 但是英语是使用最广的语言
C 每个国家都有自己的语言

A - C - B

A 세상에는 매우 많은 국가가 있다
B 그러나 영어가 가장 널리 사용하는 언어이다
C 국가마다 모두 자신의 언어가 있지만

A - C - B

단어 世界 shìjiè 명 세계 | 国家 guójiā 명 국가 | 使用 shǐyòng 동 사용하다 | 自己 zìjǐ 대 자신 | 语言 yǔyán 명 언어

해설 **1단계 : ? → B**

B의 '但是(그러나)'는 전환을 나타내는 접속사로 문장의 맨 앞에 올 수 없다.

2단계 : A → C → B

C의 '每个国家(국가마다)'는 A의 '世界上有很多国家(세상에는 매우 많은 국가가 있다)'에 속하므로 A 뒤에 C가 와야 하며, B의 '英语(영어)'는 C의 '语言(언어)'의 범위에 속하므로 C 뒤에 B가 와야 한다. 따라서 정답은 A-C-B이다.

57 ★★☆

A 小李非常喜欢画画
B 简直把画画当成了工作
C 每天不练上几个小时就好像少了什么

A - B - C

A 샤오리는 그림 그리는 것을 매우 좋아한다
B 정말 그림 그리는 것을 직업으로 여겨서
C 매일 몇 시간씩 연습하지 않으면 뭔가 빠뜨린 것 같다

A - B - C

단어 画画 huàhuà 동 그림을 그리다 | 简直 jiǎnzhí 부 정말로 | 把 bǎ 개 ~을, ~를 | 当成 dàngchéng 동 ~으로 여기다 | 练 liàn 동 연습하다 | 好像 hǎoxiàng 부 마치 ~과 같다

해설 **1단계 : A → ? → ?**

A '小李(샤오리)'는 문장의 주어이므로 문장 맨 앞에 와야 한다.

2단계 : A → B → C

그림 그리는 것을 직업으로 여겨서 매일 연습하는 것이므로 B-C 순서로 연결한다. 따라서 정답은 A-B-C이다.

58 ★★☆

A 朋友们约好到我家 B 2008年8月8日晚上8点，全世界人民都在观看北京奥运会 C 喝着啤酒，看着精彩的开幕式 B - A - C	A 친구들이 우리 집에 오기로 약속했고 B 2008년 8월 8일 저녁 8시, 전세계 사람이 모두 베이징 올림픽을 본다 C 맥주를 마시면서 멋진 개막식을 볼 것이다 B - A - C

단어 约好 yuēhǎo 약속하다 | 全世界 quánshìjiè 명 전 세계 | 人民 rénmín 명 국민 | 观看 guānkàn 동 보다 | 奥运会 àoyùnhuì 명 올림픽 | 啤酒 píjiǔ 명 맥주 | 精彩 jīngcǎi 형 멋지다 | 开幕式 kāimùshì 명 개막식

해설 **1단계 : B → ? → ?**

B '2008年8月8日晚上8点(2008년 8월 8일 저녁 8시)'과 같은 구체적인 시간은 보통 문장 맨 앞에 온다.

2단계 : B → A → C

C의 주어가 A의 '朋友们(친구들)'이므로 A 뒤에 C가 와야 한다. 따라서 정답은 B-A-C이다.

59 ★★☆

A 世界上吸烟的人数却不断减少 B 根据近几年的调查 C 中国吸烟的人数正在不断增加 B - C - A	A 세계의 흡연자 수는 오히려 끊임없이 줄고 있다 B 최근 몇 년간 조사에 따르면 C 중국의 흡연자 수는 끊임없이 증가하고 있고 B - C - A

단어 世界 shìjiè 명 세계 | 却 què 부 오히려 | 减少 jiǎnshǎo 동 감소하다 | 根据 gēnjù 개 ~에 의거하여 | 调查 diàochá 동 조사하다 | 吸烟 xīyān 동 흡연하다 | 人数 rénshù 명 사람 수 | 正在 zhèngzài 부 지금 ~하고 있다 | 不断 búduàn 부 계속해서 | 增加 zēngjiā 동 증가하다 |

해설 **1단계 : B → ?**

B의 '根据…调查(조사에 따르면)'는 보통 문장 맨 앞에 온다.

2단계 : B → C → A

C와 A 모두 흡연자 수에 대해 언급했지만 A의 '却'는 '오히려'의 뜻을 가진 단어로 같은 맥락의 문장에서는 보통 뒤쪽에 쓰인다. 따라서 정답은 B-C-A이다.

60 ★☆☆

A 其次要有合适的教学方法 B 首先要有丰富的知识 C 要成为一名合格的教师 C - B - A	A 그다음으로는 적합한 교수법이 있어야 한다 B 우선 풍부한 지식이 있어야 하고 C 한 명의 자격을 갖춘 교사가 되려면 C - B - A

단어 其次 qícì 대 다음 | 教学 jiàoxué 명 수업 | 方法 fāngfǎ 명 방법 | 首先 shǒuxiān 부 우선 | 丰富 fēngfù 형 풍부하다 | 知识 zhīshi 명 지식 | 成为 chéngwéi 동 ~이 되다 | 合格 hégé 형 표준에 맞다 | 教师 jiàoshī 명 교사

해설 **1단계 : B → A**

B의 '首先'과 A의 '其次'는 '首先…其次…(우선 ~하고, 그 다음 ~한다)'의 형식으로 쓰여 일의 선후 관계를 나타낸다. 따라서 B-A 순서로 연결하며 '우선 풍부한 지식이 있어야 하고, 그다음으로는 적합한 교수법이 있어야 한다'라고 해석된다.

2단계 : C → B → A

B-A에 주제가 나오지 않았으므로 C '자격을 갖춘 교사가 되려면'이라는 주제가 맨 앞에 와야 한다. 따라서 정답은 C-B-A이다.

61 ★★☆

A 小孩子适当地玩一点儿电脑游戏对智力发展和学习是有利的
B 但如果没有限制地玩下去
C 就可能出现一些严重的后果

A - B - C

A 아이가 적당히 컴퓨터 게임을 하는 것은 지능 발달과 학습에 유익하다
B 그러나 만약 제한 없이 게임을 계속 한다면
C 바로 심각한 결과가 나타날 수도 있다

A - B - C

단어 小孩子 xiǎoháizi 명 아이 | 适当 shìdàng 형 적당하다 | 游戏 yóuxì 명 게임 | 智力 zhìlì 명 지능 | 发展 fāzhǎn 동 발전하다 | 有利 yǒulì 형 이롭다 | 如果 rúguǒ 접 만약 | 限制 xiànzhì 동 제한하다 | 出现 chūxiàn 동 나타나다 | 严重 yánzhòng 형 심각하다 | 后果 hòuguǒ 명 (주로 안 좋은) 결과

해설 **1단계 : ? → B**

B의 '但(그러나)'은 전환을 나타내는 접속사로 문장 맨 앞에 올 수 없다.

2단계 : ? → C

C의 부사 '就'는 문장 맨 앞에 쓰일 수 없다.

3단계 : A → B → C

1, 2단계를 통해 A가 문장 맨 앞에 오고, B의 '如果(만약)'와 C의 '就(바로)'는 '如果…就…(만약 ~하다면, ~하다)' 형식으로 쓰여 가정을 나타내므로 B-C의 순서로 연결한다. 따라서 정답은 A-B-C이다.

62 ★★☆

A 曾经有几年，在中国一年有三个长假：劳动节、国庆节和春节
B 所以，从去年开始，清明节、端午节和中秋节也成为法定假日
C 然而，中国的传统节日却没有得到足够的重视

A - C - B

A 이전 수년간, 중국에서는 1년에 세 번의 장기 휴가로 노동절, 국경절, 춘절이 있었다
B 그래서 작년부터 청명절, 단오절, 중추절도 법정 공휴일이 되었다
C 그러나 중국의 전통 명절은 충분한 중시를 받지 못했다

A - C - B

단어 曾经 céngjīng 부 일찍이 | 长假 chángjià 명 장기 휴가 | 劳动节 Láodòng Jié 명 노동절 | 国庆节 Guóqìng Jié 명 국경절 | 春节 Chūnjié 명 춘절 | 从…开始 cóng…kāishǐ ~부터 시작해서 | 清明节 Qīngmíng Jié 명 청명절 | 端午节 Duānwǔ Jié 명 단오 | 中秋节 Zhōngqiū Jié 명 추석 | 成为 chéngwéi 동 ~이 되다 | 法定 fǎdìng 형 법으로 정한 | 假日 jiàrì 명 휴일 | 然而 rán'ér 접 그러나 | 传统 chuántǒng 형 전통적이다 | 节日 jiérì 명 기념일 | 得到 dédào 동 얻다 | 足够 zúgòu 형 충분하다 | 重视 zhòngshì 동 중시하다

해설 **1단계 : ? → B**

B의 '所以(그래서)'는 결과를 나타내는 접속사로 문장 맨 앞에 올 수 없다.

2단계 : ? → C

C의 '然而(그러나)'은 전환을 나타내는 접속사로 역시 문장 맨 앞에 올 수 없다.

3단계 : A → C → B

1, 2단계를 통해 A가 문장 맨 앞에 오고, 인과 관계에 따라 C-B 순서로 연결한다. 따라서 정답은 A-C-B이다.

63 ★★☆	
A 希望能得到老师的原谅 B 为了不引起更多的误会 C 他又把事情的经过说了一遍 B - C - A	A 선생님의 용서를 받을 수 있기를 바랬다 B 더 많은 오해를 일으키지 않기 위해 C 그는 사건의 경위를 다시 한번 말했고 B - C - A

단어 得到 dédào 동 얻다 | 原谅 yuánliàng 동 용서하다 | 为了 wèile 개 ~을 하기 위하여 | 引起 yǐnqǐ 동 야기하다 | 更 gèng 부 더욱 | 误会 wùhuì 명 오해 | 又 yòu 부 또한 | 把 bǎ 개 ~을, ~를 | 经过 jīngguò 명 경위

해설 **1단계 : B → C**

B의 '为了'는 '为了 + 목적 + 행위'의 형식으로 쓰여 '~을 하기 위하여 ~한다'라는 뜻이다. 이 문장의 목적은 '오해를 일으키지 않기 위해서'이며, 행위는 '사건의 경위를 다시 한번 말하는 것'이므로 B-C의 순서로 연결한다.

2단계 : B → C → A

B-C한 이유는 모두 A '선생님의 용서를 받을 수 있기를 바랬다'이므로 A는 B-C 뒤에 연결한다. 따라서 정답은 B-C-A이다.

64 ★★☆	
A 至今还是住在那个破旧的小屋里 B 张明老师这几年一直都在山区教书 C 而且一个邻居也没有 B - A - C	A 지금까지 여전히 그 낡은 작은 집에서 살고 있다 B 장밍 선생님은 최근 계속 산간 지역에서 학생을 가르치시며 C 게다가 이웃도 없다 B - A - C

단어 至今 zhìjīn 부 지금까지 | 破旧 pòjiù 형 낡다 | 小屋 xiǎowū 작은 집 | 一直 yìzhí 부 계속 | 山区 shānqū 명 산간 지역 | 教书 jiāoshū 동 학생을 가르치다 | 而且 érqiě 접 게다가 | 邻居 línjū 명 이웃 사람

해설 **1단계 : ? → A**

A는 주어가 없으므로 문장 맨 앞에 올 수 없다. 그 집에 살고 있는 사람이 언급된 보기가 A 앞에 와야 한다.

2단계 : ? → C

C의 '而且(게다가)'는 점층 관계를 나타내는 접속사므로 문장 맨 앞에 올 수 없다.

3단계 : B → A → C

B의 '장밍 선생님'이 주어이므로 문장 맨 앞에 올 수 있고, C는 A에 대한 보충 내용이므로 A 뒤에 와야 한다. 따라서 정답은 B-A-C이다.

65 ★★☆	
A 昨天下午突然下起了大雨 B 所以我没能参加昨天的会议 C 所有飞机都延误了几个小时 A - C - B	A 어제 오후 갑자기 큰 비가 오기 시작해서 B 그래서 나는 어제 회의에 참석할 수 없었다 C 모든 비행기가 모두 몇 시간이나 연착되었고 A - C - B

단어 突然 tūrán 부 갑자기 | 参加 cānjiā 동 참석하다 | 会议 huìyì 명 회의 | 延误 yánwù 동 지체하다

해설 **1단계 : ? → B**

B '所以(그래서)'는 결과를 나타내는 접속사로 문장 맨 앞에 올 수 없다.

2단계 : A → C → B

A '비가 오기 시작했다'는 C '비행기가 연착되었다'의 원인이므로 A-C 순서로 연결하고, B '나는 회의에 참석할 수 없었다'가 A-C에 대한 결과이므로 정답은 A-C-B이다.

66 ★★☆	
这次访问安排在北京。那是中国名胜古迹之一，听说故宫、长城很有名。我们可以借这个机会好好看看。	이번 방문은 베이징으로 안배되었다. 그곳은 중국의 명승고적 중에 하나이며, 고궁과 만리장성이 매우 유명하다고 한다. 우리는 이번 기회에 잘 살펴볼 수 있다.
★ 我们这次去北京的目的是: A 文化交流 B 访问 C 看故宫 D 开会	★ 우리가 이번에 베이징에 가는 목적은: A 문화 교류를 하러 B 방문하러 C 고궁을 보러 D 회의를 하러

단어 访问 fǎngwèn 동 방문하다 | 安排 ānpái 동 안배하다 | 名胜古迹 míngshèng gǔjì 명 명승고적 | 之一 zhīyī 명 ~중의 하나 | 故宫 Gùgōng 명 고궁 | 长城 Chángchéng 명 만리장성 | 有名 yǒumíng 형 유명하다 | 借 jiè 동 빌리다 | 机会 jīhuì 명 기회 | 目的 mùdì 명 목적 | 文化 wénhuà 명 문화 | 交流 jiāoliú 동 교류하다 | 开会 kāihuì 동 회의를 하다

해설 '这次访问安排在北京(이번 방문은 베이징으로 안배되었다)'을 통해 화자가 이번에 베이징에 가는 목적은 방문이라는 것을 알 수 있으므로 정답은 B이다. 고궁과 만리장성이 언급되었지만 이번 기회에 볼 수 있다는 것이지 베이징에 가는 목적은 아니므로 C는 오답이다.

67 ★★☆	
阳台是家的窗户，种植些漂亮的花草不仅可以美化环境，而且也可以看出一年四季季节的变化。	베란다는 집의 창문이다. 예쁜 화초를 재배하면 환경을 아름답게 꾸밀 수 있을 뿐만 아니라, 1년 4계절의 변화도 볼 수 있다.
★ 在阳台种花草的目的是: A 让阳台变窗户 B 了解季节 C 让阳台有窗户 D 从窗户看季节变化	★ 베란다에 화초를 심는 목적은: A 베란다를 창문으로 바꾸기 위해서 B 계절을 알기 위해서 C 베란다에 창문을 만들기 위해서 D 창문을 통해 계절의 변화를 보려고

단어 阳台 yángtái 명 베란다 | 窗户 chuānghu 명 창문 | 种植 zhòngzhí 동 재배하다 | 花草 huācǎo 명 화초 | 不仅 bùjǐn 접 ~뿐만 아니라 | 美化 měihuà 동 아름답게 꾸미다 | 环境 huánjìng 명 환경 | 而且 érqiě 접 게다가 | 四季 sìjì 명 사계절 | 季节 jìjié 명 계절 | 变化 biànhuà 명 변화 | 目的 mùdì 명 목적 | 了解 liǎojiě 동 이해하다

해설 '不仅可以美化环境，而且也可以看出一年四季季节的变化(환경을 아름답게 꾸밀 수 있을 뿐만 아니라, 1년 4계절의 변화도 볼 수 있다)'를 통해 베란다에 화초를 심는 목적이 환경을 아름답게 꾸밀 수 있는 것과 1년 4계절의 변화를 볼 수 있는 것 두 가지임을 알 수 있다. 보기 중 환경을 아름답게 꾸밀 수 있다는 것은 언급되지 않았으므로 정답은 B이다.

68 ★★☆

这个空调才用了一个星期就问题不断，不是无法启动，就是不能制冷。爸爸非常生气，决定明天把它退回去。

★ 爸爸要退还空调，是因为：

A 用得太久
B 服务不好
C 质量不好
D 价格太贵

이 에어컨은 사용한지 일주일도 안 돼서 문제가 끊임없다. 작동이 안 되거나 아니면 시원해지지 않는다. 아버지는 매우 화가나 내일 그것을 환불하기로 결정했다.

★ 아버지가 에어컨을 환불하려는 이유는:

A 너무 오래 사용해서
B 서비스가 안 좋아서
C 품질이 안 좋아서
D 가격이 너무 비싸서

단어 空调 kōngtiáo 명 에어컨 | 才 cái 부 겨우 | 不断 búduàn 부 끊임없이 | 无法 wúfǎ 동 방법이 없다 | 启动 qǐdòng 동 작동을 시작하다 | 制冷 zhìlěng 동 냉각하다 | 生气 shēngqì 동 화내다 | 决定 juédìng 동 결정하다 | 把 bǎ 개 ~을, ~를 | 退 tuì 동 (구매한 물건 등을) 반환하다

해설 '问题不断(문제가 끊임없다)'을 통해 아버지는 에어컨의 품질이 좋지 않아 환불하려는 것임을 알 수 있다. 따라서 정답은 C이다.

69 ★★★

在炎热的夏季，不少车主都习惯在车里放上一箱矿泉水或饮料。其实，高温下矿泉水瓶会放出有毒物质，因此长时间处于高温日照下的矿泉水不能饮用。

★ 夏天不能在车里放矿泉水，是因为：

A 矿泉水有毒
B 矿泉水瓶温度太高
C 矿泉水瓶在高温下有毒
D 矿泉水不能受日照

무더운 여름에 많은 차주들은 모두 차 안에 생수나 음료를 한 상자씩 넣고 다니는 습관이 있다. 사실, 고온에서 생수병은 유독 물질을 내뿜을 수 있다. 그러므로 장시간 고온의 햇빛이 내리쬐는 상황에 처했던 생수는 마시면 안 된다.

★ 여름에 차 안에 있던 생수를 마시면 안 되는 이유는:

A 생수에 독이 있어서
B 생수병의 온도가 너무 높아서
C 생수병은 고온에서 독이 있어서
D 생수는 햇빛을 쬐어서는 안 되어서

단어 炎热 yánrè 형 (날씨가) 무덥다 | 夏季 xiàjì 명 여름 | 不少 bùshǎo 형 적지 않다 | 车主 chēzhǔ 명 차주 | 习惯 xíguàn 동 습관이 되다 | 放 fàng 동 두다 | 箱 xiāng 명 상자 | 矿泉水 kuàngquánshuǐ 명 생수 | 或 huò 접 혹은 | 饮料 yǐnliào 명 음료 | 其实 qíshí 부 사실 | 高温 gāowēn 명 고온 | 瓶 píng 명 병 | 有毒物质 yǒudú wùzhì 명 유독물질 | 因此 yīncǐ 접 이로 인하여 | 处于 chǔyú 동 처하다 | 日照 rìzhào 동 햇볕이 내리쬐다 | 饮用 yǐnyòng 동 마시다 | 受 shòu 동 받다

해설 '高温下矿泉水瓶会放出有毒物质(고온에서 생수병은 유독 물질을 내뿜을 수 있다)'를 통해 여름에 차 안에 있던 생수를 마시면 안 되는 이유는 생수병은 고온에서 독이 있기 때문임을 알 수 있다. 따라서 정답은 C이다.

70 ★★☆

据报道，在每年的11月份等旅游淡季，出游费用较一般节假日节省30%。不少中老年人看准这一时机，成为淡季出游的主力军。

★ 不少中老年人在旅游淡季出去旅游是因为:
A 人比较少
B 比较空闲
C 天气比较好
D 费用比较低

보도에 따르면, 매년 11월 등 여행 비성수기에는 여행 비용을 일반 공휴일보다 30% 아낄 수 있다고 한다. 많은 중년들이 이 시기를 포착해서 비성수기에 여행을 가는 중심 세력이 되었다.

★ 많은 중년들이 여행 비성수기에 여행을 가는 이유는:
A 사람이 비교적 적어서
B 비교적 한가해서
C 날씨가 비교적 좋아서
D 비용이 비교적 낮아서

단어 据 jù 개 ~에 따르면 | 报道 bàodào 명 보도 | 淡季 dànjì 명 비성수기 | 费用 fèiyòng 명 비용 | 一般 yìbān 형 일반적이다 | 节假日 jiéjiàrì 명 명절과 휴일 | 节省 jiéshěng 동 아끼다 | 不少 bùshǎo 형 적지 않다 | 中老年人 zhōnglǎoniánrén 명 중년 | 看准 kàn zhǔn 똑바로 보다 | 一时机 yīshíjī 한 시기 | 成为 chéngwéi 동 ~이 되다 | 主力军 zhǔlìjūn 명 주력군 | 比较 bǐjiào 부 비교적 | 空闲 kòngxián 동 한가하다 | 低 dī 형 낮다

해설 '出游费用较一般节假日节省30%(여행 비용을 일반 공휴일보다 30% 아낄 수 있다)'를 통해 많은 중년들이 비용이 비교적 낮아서 비성수기에 여행을 간다는 것을 알 수 있다. 따라서 정답은 D이다.

71 ★★★

人们常常觉得很多国家人们的名字都有相同点，比如俄国男人都叫什么"夫斯基"。这正是不同国家或民族文化的体现。

★ 这段话谈的是什么?
A 名字是什么
B 名字受文化影响
C 取名的方法
D 外国人的名字

사람들은 많은 나라 사람들의 이름에는 공통점이 있다고 생각하곤 한다. 예를 들어 러시아 남자들은 모두 무슨 '브스키'라고 부른다. 이것이 바로 서로 다른 국가 또는 민족 문화의 구현이다.

★ 이 글에서 주로 말하는 것은 무엇인가?
A 이름은 무엇인가
B 이름은 문화적 영향을 받는다
C 이름을 짓는 방법
D 외국인의 이름

단어 常常 chángcháng 부 항상 | 国家 guójiā 명 국가 | 名字 míngzi 명 이름 | 相同点 xiāngtóngdiǎn 공통점 | 比如 bǐrú 접 예를 들어 | 俄国 Éguó 명 러시아 | 正是 zhèngshì 동 바로 ~이다 | 不同 bùtóng 형 다르다 | 或 huò 접 혹은 | 民族 mínzú 명 민족 | 文化 wénhuà 명 문화 | 体现 tǐxiàn 명 구현 | 谈论 tánlùn 동 논의하다 | 主要 zhǔyào 부 주로 | 受 shòu 동 받다 | 影响 yǐngxiǎng 명 영향 | 取名 qǔmíng 동 이름을 짓다 | 方法 fāngfǎ 명 방법 | 外国人 wàiguórén 명 외국인

해설 '不同国家或民族文化的体现(서로 다른 국가 또는 민족 문화의 구현)'을 통해 이 글에서 주로 말하는 것은 이름은 문화적 영향을 받는다는 것임을 알 수 있다. 따라서 정답은 B이다.

72 ★★★

感冒后应当更换牙刷，因为大多数家庭全家人的牙刷都放在一个牙缸里，虽然感冒好了，但牙刷上还带有病菌，有可能污染别的牙刷。

★ 根据这段话，牙刷：
A 应该放在一起
B 有污染
C 应全家人一起用
D 可能带有病菌

감기에 걸린 후에는 칫솔을 바꿔야 한다. 왜냐하면 대다수의 가정에서는 온 가족의 칫솔을 모두 한 칫솔 통에 두기 때문이다. 감기는 나았지만, 칫솔은 아직도 병균을 가지고 있어서 다른 칫솔을 오염시킬 수 있다.

★ 이 글에 근거하여, 칫솔은:
A 함께 두어야 한다
B 오염이 됐다
C 모든 가족이 같이 써야 한다
D 병균을 가지고 있을 수 있다

단어 感冒 gǎnmào 명 감기 | 应当 yīngdāng 동 반드시 ~해야 한다 | 牙刷 yáshuā 명 칫솔 | 大多数 dàduōshù 형 대다수의 | 家庭 jiātíng 명 가정 | 全家人 quánjiārén 온 식구 | 牙刷 yáshuā 명 칫솔 | 放 fàng 동 두다 | 牙缸 yágāng 명 양치질용 컵 | 带 dài 동 지니다 | 病菌 bìngjūn 명 병균 | 污染 wūrǎn 명 오염 | 应该 yīnggāi 조동 ~해야 한다 | 用 yòng 동 사용하다

해설 '牙刷上还带有病菌(칫솔은 아직도 병균을 가지고 있다)'을 통해 감기가 나아도 칫솔은 병균을 가지고 있을 수 있다는 것을 알 수 있으므로 정답은 D이다.

73 ★★★

昨日，上海飞往香港的FM809航班起飞半小时后返回上海机场。机上乘客说机舱里冒烟了。航空公司表示因机械故障返航，无人员伤亡。

★ 这架飞机：
A 没有飞到香港
B 没有起飞
C 起火了
D 没有乘客

어제, 상하이에서 홍콩으로 가는 FM809 항공편이 이륙 30분 후 상하이 공항으로 회항했다. 기내 승객들은 비행기 안에서 연기가 났다고 했으며, 항공사는 기체 결함으로 인해 회항했고 부상자나 사망자는 없다고 밝혔다.

★ 이 비행기는:
A 홍콩에 도착하지 않았다
B 이륙하지 않았다
C 불이 났다
D 승객이 없다

단어 昨日 zuórì 명 어제 | 飞往 fēi wǎng 비행기를 타고 ~로 가다 | 香港 Xiānggǎng 명 홍콩 | 航班 hángbān 명 항공편 | 起飞 qǐfēi 동 (비행기 등이) 이륙하다 | 返回 fǎnhuí 동 (원래의 곳으로) 되돌아가다 | 乘客 chéngkè 명 승객 | 机舱 jīcāng 명 기내 | 冒烟 màoyān 동 연기가 나다 | 航空 hángkōng 명 항공 | 表示 biǎoshì 동 나타내다 | 机械 jīxiè 명 기계 | 故障 gùzhàng 명 고장 | 返航 fǎnháng 동 (비행기 등이) 귀항하다 | 无 wú 동 없다 | 人员 rényuán 명 인원 | 伤亡 shāngwáng 동 죽거나 다치다

해설 '返回上海机场(상하이 공항으로 회항했다)'을 통해 이 비행기는 홍콩에 도착하지 않았다는 것을 알 수 있으므로 정답은 A이다. 이륙 후 비행기 안에서 연기가 났고, 기체 결함으로 인해 회항한 것이므로 B와 C는 오답이며, 승객이 없는 것이 아니라 부상자와 사망자가 없다고 했으므로 D도 오답이다.

74 ★★★

秋天是人们调养身心的大好时节。坚持早睡早起，注意“春捂秋冻”，不要一下子穿上很厚的衣服，应该让身体慢慢适应温度的变化。

가을은 사람들이 몸과 마음을 돌볼 수 있는 아주 좋은 계절이다. 일찍 자고 일찍 일어나고, '봄에 두껍게 입고 가을엔 얇게 입는 것'에 주의해야 한다. 갑자기 두꺼운 옷을 입어서는 안 되고, 몸이 천천히 온도의 변화에 적응할 수 있게 해야 한다.

★ 根据这段话，秋天应该：
A 穿很厚的衣服
B 穿得很少
C 逐渐添加衣服
D 多睡觉

★ 이 글에 근거하여, 가을에는 마땅히:
A 아주 두꺼운 옷을 입는다
B 적게 입는다
C 조금씩 옷을 덧입는다
D 많이 잔다

단어 调养 tiáoyǎng 동 몸조리하다 | 身心 shēnxīn 명 몸과 마음 | 时节 shíjié 명 계절 | 坚持 jiānchí 동 유지하다 | 早睡早起 zǎo shuì zǎo qǐ 일찍 자고 일찍 일어나다 | 注意 zhùyì 동 주의하다 | 春捂秋冻 chūnwǔ qiūdòng 봄에 두껍게 입고 가을엔 얇게 입어라 | 一下子 yíxiàzi 갑자기 | 厚 hòu 형 두껍다 | 应该 yīnggāi 조동 ~해야 한다 | 适应 shìyìng 동 적응하다 | 温度 wēndù 명 온도 | 变化 biànhuà 명 변화 | 逐渐 zhújiàn 부 점점 | 添加 tiānjiā 동 보태다

해설 '不要一下子穿上很厚的衣服，应该让身体慢慢适应温度的变化(갑자기 두꺼운 옷을 입어서는 안 되고 몸이 천천히 온도의 변화에 적응할 수 있게 해야 한다)'를 통해 가을에는 조금씩 옷을 덧입어야 한다는 것을 알 수 있으므로 정답은 C이다.

75 ★★☆

近年来，在每年8月底各大高校要开学的时候，没有拿到录取通知书的学生也不会像以往那样着急了，因为他们可以选择出国留学。

최근 몇 년, 매년 8월말에 각 대학교가 개학할 때쯤 합격통지서를 받지 못한 학생도 예전처럼 조급해하지 않는다. 그들은 외국 유학을 선택해도 되기 때문이다.

★ 根据这段话，近年来：
A 高校招生减少
B 出国是最好的选择
C 没人考大学
D 留学较容易

★ 이 글에 근거하여, 최근 몇 년:
A 대학교 신입생 모집이 감소했다
B 외국 유학이 최고의 선택이다
C 아무도 대학 시험에 응시하지 않았다
D 유학이 비교적 쉽다

단어 近年 jìnnián 명 최근 몇 년 | 底 dǐ 명 (한 해와 한 달의) 말 | 各 gè 대 각 | 高校 gāoxiào 명 대학교 | 开学 kāixué 동 개학하다 | 拿到 nádào 받다 | 录取 lùqǔ 동 합격시키다 | 通知书 tōngzhīshū 명 통지서 | 像 xiàng 동 ~와 같다 | 以往 yǐwǎng 명 이전 | 着急 zháojí 동 조급해하다 | 选择 xuǎnzé 동 선택하다 | 出国 chūguó 동 출국하다 | 留学 liúxué 동 유학하다 | 招生 zhāoshēng 동 신입생을 모집하다 | 减少 jiǎnshǎo 동 감소하다 | 容易 róngyì 형 쉽다

해설 '他们可以选择出国留学(그들은 외국 유학을 선택해도 된다)'를 통해 최근 몇 년은 유학이 비교적 쉽다는 것을 알 수 있으므로 정답은 D이다.

76 ★★★

中国有句话叫"欲速则不达"，意思是任何时候做事不能急于求成，应该静下心来一步一步去做，耐心细致地跟别人沟通，否则就可能达不到预定的目标。

★ "欲速则不达"的意思是：

A 做事不能太着急
B 做事要快
C 应该多走路
D 应该多找人商量

중국에 '욕속즉부달'이라는 말이 있는데, 언제나 일을 하면서 성급하게 성공을 바라서는 안 된다는 뜻이다. 마음을 가라앉히고 한걸음 한걸음 해 나가야만 하고, 참을성 있고 세심하게 다른 사람과 소통해야 한다. 그렇지 않으면 예정된 목표에 도달하지 못 할 수도 있다.

★ '욕속즉부달'의 의미는:

A 일을 할 때 너무 서두르면 안 된다
B 일은 빨리 해야 한다
C 많이 걸어야 한다
D 많은 사람과 상의해야 한다

단어 欲速则不达 yùsù zé bùdá 성 일을 너무 서두르면 도리어 목적을 달성하지 못한다 | 意思 yìsi 명 의미 | 任何 rènhé 대 어떠한 | 时候 shíhou 명 때 | 急于 jíyú 동 서둘러 ~하려 하다 | 求成 qiúchéng 동 성공을 바라다 | 应该 yīnggāi 조동 ~해야 한다 | 静下心来 jìngxià xīnlái 마음을 가라앉히다 | 一步 yíbù 명 한 걸음 | 耐心 nàixīn 형 참을성이 있다 | 细致 xìzhì 형 꼼꼼하다 | 跟 gēn 개 ~와, ~과 | 别人 biéren 대 다른 사람 | 沟通 gōutōng 동 소통하다 | 否则 fǒuzé 접 만약 그렇지 않으면 | 达不到 dábúdào 달성하지 못하다 | 预定 yùdìng 동 예정하다 | 目标 mùbiāo 명 목표 | 走路 zǒulù 동 걷다 | 商量 shāngliang 동 상의하다

해설 '任何时候做事不能急于求成(언제나 성급하게 성공을 바라서는 안 된다)'을 통해 '욕속즉부달'은 일을 할 때 너무 서두르면 안 된다는 의미임을 알 수 있으므로 정답은 A이다.

77 ★★☆

很多人认为牙膏就是用来刷牙的。其实牙膏有很多用处，可以擦洗咖啡杯或茶杯，可以擦掉写错的字，还可以擦皮鞋、去除衣服上的油。清洗鱼后手上留下的味道用牙膏也可以去掉。

★ 牙膏的主要用途是：

A 洗杯子　B 擦皮鞋
C 洗脏东西　D 刷牙

많은 사람이 치약은 양치할 때 사용하는 것이라고 생각한다. 사실 치약은 많은 용도가 있어서 커피잔이나 찻잔을 닦을 수도 있고, 잘못 쓴 글씨도 지워 버릴 수 있고, 구두도 닦을 수 있고, 옷에 묻은 기름도 제거할 수 있다. 생선을 씻은 후 손에 남은 냄새도 치약을 사용해서 없앨 수 있다.

★ 치약의 주요 용도는:

A 찻잔 닦기　B 구두 닦기
C 더러운 물건 닦기　D 양치하기

단어 认为 rènwéi 동 생각하다 | 牙膏 yágāo 명 치약 | 刷牙 shuāyá 동 이를 닦다 | 其实 qíshí 부 사실 | 用处 yòngchu 명 용도 | 擦洗 cāxǐ 동 깨끗이 닦다 | 咖啡杯 kāfēibēi 명 커피잔 | 或 huò 접 혹은 | 茶杯 chábēi 명 찻잔 | 擦掉 cādiào 지워버리다 | 皮鞋 píxié 명 가죽 구두 | 去除 qùchú 동 제거하다 | 油 yóu 명 기름 | 清洗 qīngxǐ 동 깨끗이 씻다 | 鱼 yú 명 물고기 | 留下 liúxià 동 남기다 | 味道 wèidao 명 냄새 | 去掉 qùdiào 없애다 | 主要 zhǔyào 형 주요한 | 脏 zāng 형 더럽다

해설 '很多人认为牙膏就是用来刷牙的(많은 사람이 치약은 양치할 때 사용하는 것이라고 생각한다)'를 통해 치약의 주요 용도는 양치하는 것임을 알 수 있으므로 정답은 D이다. 치약으로 할 수 있는 다른 방법들이 언급되었지만 그것들은 치약의 주된 용도가 아니므로 A, B, C는 오답이다.

78 ★★★

孩子前几天摔了一跤，我们以为没什么，就在家清洗了一下伤口，之后也就没太在意。没想到会摔得这么严重，居然骨折了。要是我早点注意到就好了。

★ 根据这段话，可以知道"我"觉得：

A 无聊　　B 高兴
C 同情　　D 后悔

아이가 며칠 전 넘어졌는데 우리는 대수롭지 않게 여겨 집에서 상처를 한 번 씻겨 준 후 별로 신경 쓰지 않았다. 생각지도 못하게 너무 심각하게 넘어져 그만 골절이 되었다. 내가 조금 일찍 알아차렸다면 좋았을 뻔했다.

★ 이 글에 근거하여 알 수 있는 '나'는:

A 심심하다　　B 기쁘다
C 동정한다　　D 후회한다

단어 摔 shuāi 동 넘어지다 | 跤 jiāo 명 곤두박질 | 以为 yǐwéi 동 생각하다 | 清洗 qīngxǐ 동 깨끗이 씻다 | 伤口 shāngkǒu 명 상처 | 之后 zhīhòu 명 ~뒤 | 在意 zàiyì 동 마음에 두다 | 没想到 méixiǎngdào 생각지 못하다 | 严重 yánzhòng 형 심각하다 | 居然 jūrán 부 의외로, 뜻밖에 | 骨折 gǔzhé 동 골절되다 | 要是 yàoshi 접 만약 | 注意 zhùyì 동 주의하다 | 无聊 wúliáo 형 심심하다 | 同情 tóngqíng 동 동정하다 | 后悔 hòuhuǐ 동 후회하다

해설 직접적으로 감정을 언급하지 않았으나 '要是我早点注意到就好了(내가 조금 일찍 알아차렸다면 좋았을 뻔했다)'를 통해 나는 후회한다는 것을 유추할 수 있으므로 정답은 D이다.

79 ★★★

很多学习汉语的人都觉得汉语词语的用法很难学。比如说"体会"这个词，很多学习者就分不清它和"体验""经历"以及"感受"有什么不同，因为在他们的母语中，这几个意思是用一个词来表示。

★ 这段话是在谈论：

A "体会"的用法
B 几个近义词
C 汉语词语用法复杂
D 汉语与外语比较

많은 중국어 학습자들은 중국어 어휘의 용법이 배우기 어렵다고 생각한다. 예를 들어, '체득하다' 이 단어는 많은 학습자들이 이 단어와 '체험하다', '경험하다' 및 '감수하다'의 어떤 다른 점이 있는지 정확하게 구분하지 못한다. 왜냐하면 그들의 모국어에서는 이 몇 가지의 뜻이 모두 한 단어로 표현되기 때문이다.

★ 이 글이 말하고 있는것은:

A '체득하다'의 용법
B 몇 개의 동의어
C 중국어 어휘 용법의 복잡함
D 중국어와 외국어의 비교

단어 词语 cíyǔ 명 어휘 | 用法 yòngfǎ 명 용법 | 难 nán 형 어렵다 | 比如说 bǐrúshuō 예컨대 | 体会 tǐhuì 명 체험 | 词 cí 명 단어 | 者 zhě 대 자 [그러한 속성을 가지고 있거나 동작을 하는 사람] | 分不清 fēnbuqīng 확실히 분간하지 못하다 | 体验 tǐyàn 명 체험 | 经历 jīnglì 명 경험 | 以及 yǐjí 접 및 | 感受 gǎnshòu 명 체험 | 不同 bùtóng 형 같지 않다 | 母语 mǔyǔ 명 모국어 | 表示 biǎoshì 동 나타내다 | 谈论 tánlùn 동 논의하다 | 近义词 jìnyìcí 동의어 | 复杂 fùzá 명 복잡하다 | 与 yú 개 ~와, 과 | 外语 wàiyǔ 명 외국어 | 比较 bǐjiào 동 비교하다

해설 '汉语词语的用法很难学(중국어 어휘의 용법이 배우기 어렵다)'와 이어서 말한 예를 통해 이 글이 중국어 어휘 용법의 복잡함에 대해 말하고 있다는 것을 알 수 있다. 따라서 정답은 C이다. '体会'를 예로 들어 설명했지만 이는 어휘 용법의 복잡함을 설명하기 위한 것이므로 A, B는 오답이다.

80－81

[80, 81]这种蜘蛛在求爱时，雄蛛要在雌蛛面前做一番舞蹈表演，边舞边小心地向雌蛛靠近。这时，雌蛛如果不动，并把前面两对脚缩到胸前，轻轻抖动它的触须，就表示接受了对方的爱情。

[80, 81]이러한 종류의 거미는 구애할 때, 수컷 거미가 암컷 거미의 앞에서 한차례의 춤 공연을 하고, 춤을 추면서 조심스럽게 암컷 거미에게 다가간다. 이때, 암컷 거미가 움직이지 않고 앞의 두 다리를 가슴 앞으로 움츠려 모아서 촉각을 살짝 흔들면 상대방의 애정을 받아들이겠다는 것이다.

단어 蜘蛛 zhīzhū 명 거미 | 求爱 qiú'ài 동 구애하다 | 雄 xióng 형 수컷의 | 雌 cí 형 암컷의 | 面前 miànqián 명 눈 앞 | 舞蹈 wǔdǎo 명 춤 | 表演 biǎoyǎn 동 공연하다 | 边…边… biān…biān… 동 ~하면서 ~하다 | 小心 xiǎoxīn 형 조심스럽다 | 向 xiàng 개 ~을 향하여 | 靠近 kàojìn 동 접근하다 | 如果 rúguǒ 접 만약 | 并 bìng 부 동시에 | 把 bǎ 개 ~을, 를 | 脚 jiǎo 명 발 | 缩 suō 동 움츠리다 | 胸 xiōng 명 가슴 | 轻轻 qīngqīng 형 조용하다 | 抖动 dǒudòng 동 흔들다 | 触须 chùxū 명 촉각 | 表示 biǎoshì 동 나타내다 | 接受 jiēshòu 동 수락하다 | 对方 duìfāng 명 상대방 | 爱情 àiqíng 명 애정

80 ★★★

★ 雄蛛跳舞是因为：

A 紧张　B 要睡觉

C 要吸引雌蛛　D 要捕食

★ 수컷 거미가 춤을 추는 이유는:

A 긴장해서　B 잠을 자려고

C 암컷 거미를 유혹하려고　D 먹이를 잡으려고

단어 紧张 jǐnzhāng 형 불안하다 | 吸引 xīyǐn 동 끌어당기다 | 捕食 bǔshí 동 (동물이) 먹이를 잡다

해설 '这种蜘蛛在求爱时，雄蛛要在雌蛛面前做一番舞蹈表演(이러한 종류의 거미는 구애를 할 때, 수컷 거미가 암컷 거미의 앞에서 한차례의 춤 공연을 한다)'을 통해 수컷 거미가 암컷 거미를 유혹하려고 춤을 춘다는 것을 알 수 있다. 따라서 정답은 C이다.

81 ★★★

★ 这段话谈论的主题是：

A 蜘蛛跳舞

B 蜘蛛求爱

C 蜘蛛间的交流

D 蜘蛛间的战争

★ 이 글에서 말하는 주제는:

A 거미의 춤

B 거미의 구애

C 거미 간의 교류

D 거미 간의 전쟁

단어 谈论 tánlùn 동 논의하다 | 主题 zhǔtí 명 주제 | 交流 jiāoliú 동 교류하다 | 战争 zhànzhēng 명 전쟁

해설 주제는 보통 첫 문장에 나온다. '这种蜘蛛在求爱时(이러한 종류의 거미는 구애할 때)'를 통해 이 글의 주제는 거미의 구애임을 알 수 있으므로 정답은 B이다.

82－83

有一个姓"孙"的中国人到英国留学。在伦敦办理入境手续时，工作人员一看到他的名字马上很热情地用英语对他说："啊，太阳，谢谢你能来，欢迎你！" [82, 83]原来在伦敦很少能看到太阳，而"孙"写成英文跟英语里的"太阳"这个词是一样的。

성이 '순'씨인 한 중국인이 영국으로 유학을 갔다. 런던에서 입국 수속를 밟을 때, 직원이 그의 이름을 보자마자 매우 친절하게 영어로 그에게 "오~ 태양, 와주셔서 감사합니다, 환영합니다!"라고 말했다. [82, 83]알고 보니 런던에서는 태양을 보기 힘든데, '순'을 영어로 쓰면 영어의 '태양'과 똑같기 때문이었다.

단어 留学 liúxué 동 유학하다 | 伦敦 Lúndūn 명 런던 | 办理 bànlǐ 동 처리하다 | 入境 rùjìng 동 입국하다 | 手续 shǒuxù 명 수속 | 工作人员 gōngzuò rényuán 명 직원 | 名字 míngzi 명 이름 | 马上 mǎshàng 부 곧 | 热情 rèqíng 형 친절하다 | 太阳 tàiyáng 명 태양 | 欢迎 huānyíng 동 환영하다 | 原来 yuánlái 부 원래 | 而 ér 접 그러나 | 跟 gēn 개 ~와, 과 | 词 cí 명 단어 | 一样 yíyàng 형 같다

82 ★★☆

★ 工作人员感谢中国人是因为中国人： A 给了他礼物 B 帮了他的忙 C 姓和“太阳”一样 D 能到英国留学	★ 직원이 중국인에게 고마움을 표한 이유는 중국인이: A 그에게 선물을 줘서 B 그를 도와줘서 C 성이 '태양'과 똑같아서 D 영국으로 유학을 와 줘서

단어 感谢 gǎnxiè 동 감사하다 | 礼物 lǐwù 명 선물 | 帮忙 bāngmáng 동 도움을 주다

해설 '"孙"写成英文跟英语里的"太阳"这个词是一样的('순'을 영어로 쓰면 영어의 '태양'과 똑같다)'를 통해 '孙'의 한어병음인 'sūn'과 태양의 영어 철자 'sun'이 같기 때문에 태양을 보기 힘든 영국의 직원이 이름에 의미를 부여해 중국인에게 고마움을 표한 것임을 알 수 있다. 따라서 정답은 C이다.

83 ★★☆

★ 根据这段话，可以知道英国人： A 喜欢中国人 B 喜欢中国人的名字 C 喜欢汉语 D 喜欢太阳	★ 이 글에 근거하여, 알 수 있는 영국인은: A 중국인을 좋아한다 B 중국인의 이름을 좋아한다 C 중국어를 좋아한다 D 태양을 좋아한다

해설 영국인은 중국인의 성이 태양과 발음이 같아서 좋아했으므로 영국인은 태양을 좋아한다는 것을 알 수 있다. 따라서 정답은 D이다.

84 – 85

[84]快速阅读，简称快读或者速读，就是用比平常人快几倍、十几倍、几十倍，甚至上百倍的速度进行阅读，用一句成语形容就是“一目十行”。快速阅读是[85]在注意力高度集中的状态下，从文本当中迅速汲取有价值的信息的一种学习方法和工作方法。	[84]빠르게 읽는 것은 간단하게 쾌독 또는 속독이라고 하며, 일반 사람보다 몇 배, 열 몇 배, 몇 십 배 심지어 백 배 빠른 속도로 읽는 것이다. 성어로 표현하면 바로 '일목십행'이다. 빠르게 읽기는 [85]주의력이 고도로 집중된 상태에서 문장에서 가치가 있는 정보를 빠르게 얻는 학습 방법이자 업무 방법이다.

단어 快速 kuàisù 형 신속하다 | 阅读 yuèdú 동 열독하다 | 简称 jiǎnchēng 동 간단하게 부르다 | 或者 huòzhě 접 ~이던가 아니면 ~이다 | 平常人 píngchángrén 평범한 사람 | 倍 bèi 양 배 | 甚至 shènzhì 부 심지어 | 上 shàng 동 (일정 정도나 수량에) 달하다 | 进行 jìnxíng 동 진행하다 | 成语 chéngyǔ 명 성어 | 形容 xíngróng 동 묘사하다 | 一目十行 yímù shíháng 성 한눈에 열 줄씩 읽다 | 注意力 zhùyìlì 명 주의력 | 高度 gāodù 형 정도가 매우 높다 | 集中 jízhōng 동 집중하다 | 状态 zhuàngtài 명 상태 | 文本 wénběn 명 텍스트 | 当中 dāngzhōng 명 그 가운데 | 迅速 xùnsù 형 신속하다 | 汲取 jíqǔ 동 흡수하다 | 价值 jiàzhí 명 가치 | 信息 xìnxī 명 정보 | 方法 fāngfǎ 명 방법

84 ★★☆

★ "一目十行"的意思是: A 看不清楚 B 看得很快 C 看不仔细 D 马虎地看	★ '일목십행'의 의미는: A 잘 보이지 않는다 B 매우 빨리 본다 C 자세히 보이지 않는다 D 대충대충 본다

단어 清楚 qīngchu 형 뚜렷하다 | 仔细 zǐxì 형 세심하다 | 马虎 mǎhu 형 대충하다

해설 '一目十行'은 '한눈에 열 줄씩 읽다'로 책을 매우 빨리 읽는다는 의미이다. 따라서 정답은 B이다.

85 ★★★

★ 快速阅读最关键的是: A 从慢速阅读开始练 B 注意力高度集中 C 经常练习 D 掌握技巧	★ 빠르게 읽기에서 가장 중요한 것은: A 느린 속도로 읽는 것부터 연습한다 B 주의력을 고도로 집중한다 C 항상 연습한다 D 기교를 습득한다

단어 关键 guānjiàn 명 관건 | 慢速 mànsù 형 느린 속도로 | 练 liàn 동 연습하다 | 经常 jīngcháng 부 항상 | 练习 liànxí 동 연습하다 | 掌握 zhǎngwò 동 숙달하다 | 技巧 jìqiǎo 명 기교

해설 '在注意力高度集中的状态下，从文本当中迅速汲取有价值的信息的一种学习方法和工作方法'라는 부분이 빠르게 읽기에서 가장 중요한 것을 설명한 부분이다. 얼핏 읽으면 주의력을 고도로 집중해야 한다는 말로 들릴 수도 있지만, 이는 전제 조건이며 말하고자 하는 핵심 내용은 바로 빠르게 읽기는 '문장에서 가치가 있는 정보를 빠르게 얻는 학습 방법 또는 업무 방법'이므로 이러한 기교를 습득하는 것이 가장 중요함을 알 수 있다. 따라서 정답은 D이다.

쓰기 书写 제1부분

86 ★★☆

讨厌	别人	我的房间	进	我

정답 我讨厌别人进我的房间。 나는 다른 사람이 내 방에 들어오는 것을 싫어한다.

단어 讨厌 tǎoyàn 동 싫어하다 | 别人 biéren 대 다른 사람

해설 1. 주어는 인칭대사 '我(나)'이다.

2. 술어 자리에 올 수 있는 동사는 '讨厌(싫어하다)'과 '进(들어가다)'이 있지만 내가 싫어하는 것은 다른 사람이 내 방에 들어오는 것이므로 문장 전체의 술어는 '讨厌'이다.

3. 목적어 자리에는 문맥에 맞게 '别人进我的房间(다른 사람이 내 방에 들어오다)'이라는 목적어가 와야 한다.

我	讨厌	别人 进 我的房间。
주어	술어	목적어 (주어 + 술어 + 목적어)

87 ★★☆

他　　吃剩的食物　　把　　了　　扔

정답 他把吃剩的食物扔了。　　그는 먹다 남은 음식을 버렸다.

단어 把 bǎ 개 ~을, ~를 | 剩 shèng 동 남다 | 食物 shíwù 명 음식 | 扔 rēng 동 버리다

해설 1. '把'가 보이면 '把자문'의 공식 '주어 + 把 + 목적어 + 동사 + 기타성분'을 떠올려야 한다. 주어는 '他(그)'이며 동사는 '扔(버리다)', 목적어는 '吃剩的食物(먹다 남은 음식)', 기타성분은 '了'이다.

他（주어） 把 吃剩的食物（부사어） 扔（술어） 了。

88 ★★☆

学习方法　　每个人　　自己的　　适合　　都会找到

정답 每个人都会找到适合自己的学习方法。　　모든 사람은 자신에게 맞는 학습 방법을 찾을 수 있다.

단어 适合 shìhé 동 적합하다 | 自己 zìjǐ 대 자신 | 方法 fāngfǎ 명 방법

해설 1. 주어는 '每个人(모든 사람)'으로 복수이기 때문에 범위부사 '都(모두)'가 뒤에 위치 한다.

2. 구조조사 '的' 뒤에는 명사 또는 대사가 와야 하므로 '学习方法(학습 방법)'가 '的' 뒤에 위치한다.

3. 술어 자리에는 동사나 형용사가 와야 한다. 제시된 어휘 중 동사는 '找到(찾아내다)'와 '适合(적합하다)'가 있지만, '适合'는 '自己的'와 함께 '学习方法(학습 방법)'를 꾸며주는 관형어로 쓰였으므로 문장의 술어는 '找到(찾아내다)'이다.

每个人（주어） 都会找到（부사어 + 술어） 适合 自己的（관형어） 学习方法。（목적어）

89 ★★☆

妈妈　　给我　　从来　　出主意　　不

정답 妈妈从来不给我出主意。　　어머니는 여태껏 나에게 충고를 하지 않는다.

단어 从来 cónglái 부 여태껏

해설 1. 주어는 '妈妈(어머니)'이다.

2. '从来(여태껏)'와 부정부사는 항상 '从来 + 不'의 형식으로 쓰여 '여태껏 ~하지 않는다'라는 뜻이다.

3. '给我(나에게)'는 개사구이므로 부사어의 어순에 따라 '从来不(여태껏 ~하지 않는다)' 뒤, 술어 '出' 앞에 위치한다.

妈妈（주어） 从来 不 给我（부사어 (일반부사 + 부정부사 + 개사구)） 出主意。（술어 + 목적어）

90 ★☆☆

故事书　　喜欢　　看　　她　　有趣的

정답 她喜欢看有趣的故事书。	그녀는 재미있는 이야기책 보는 것을 좋아한다.

단어 有趣 yǒuqù 형 재미있다 | 故事 gùshì 명 이야기

해설 1. 주어는 인칭대사 '她(그녀)'이다.

2. 제시된 어휘 중 동사는 '看(보다)'과 '喜欢(좋아하다)'이 있지만, 쓰기 1부분에서 '喜欢'은 주로 문장 전체의 술어로 쓰여 목적어구를 받는 것이 특징이다.

3. 구조조사 '的' 뒤에는 명사가 와야 하므로 관형어 '有趣的(재미있는)' 뒤에 명사 '故事书(이야기책)'가 위치한다.

4. '看(보다)'은 '故事书(이야기책)'에 대한 술어이다.

她 / 喜欢 / 看 有趣的 故事书。
주어 / 술어 / 목적어 (술어 + 관형어 + 목적어)

91 ★★☆

衣服　　把　　她　　弄脏　　了

정답 她把衣服弄脏了。	그녀는 옷을 더럽혔다.

단어 把 bǎ 개 ~을, ~를 | 弄脏 nòngzāng 동 더럽히다

해설 1. '把'가 보이면 '把자문'의 공식 '주어 + 把 + 목적어 + 동사 + 기타성분'을 떠올려야 한다. 주어는 '她(그녀)'이며 동사는 '弄脏(더럽히다)', 목적어는 '衣服(옷)', 기타성분은 '了'이다.

她 / 把 衣服 / 弄脏 了。
주어 / 부사어 / 술어 + 보어

92 ★★★

差一点儿　　赢　　我　　就　　了

정답 我差一点儿就赢了。	나는 이길 뻔했다.

단어 差一点儿 chà yìdiǎnr 부 거의 | 赢 yíng 동 이기다

해설 1. 주어는 인칭대사 '我(나)'이다.

2. 부사 '差一点儿'은 '하마터면'의 뜻으로 술어인 동사 '赢(이기다)' 앞에 위치한다.

3. '就'는 부사로써 '差一点儿'과 함께 부사어 자리에 온다. 어기부사인 '差一点儿'은 일반적으로 '就' 앞에 위치한다 .

我 / 差一点儿 就 / 赢 了。
주어 / 부사어 / 술어

93 ★★★

从窗户　他　是　的　进来　吧

정답 他是从窗户进来的吧? | 그는 창문으로 들어온 거지?

단어 **窗户** chuānghu 명 창문

해설 1. 쓰기 1부분에서 '是'가 제시된 경우는 두 가지로 나누어 생각할 수 있다. 첫 번째는 문장 전체의 술어로 쓰여 긴 목적어를 받는 것이고, 두 번째는 시간, 장소, 대상, 방식, 목적, 수단, 원인 등의 강조하고자 하는 내용을 '是…的' 사이에 쓰는 '是…的 강조구문'의 경우이다. 이 문장은 '从窗户进来(창문으로 들어오다)'를 강조하는 '是…的 강조 구문'이다.

2. 주어 자리에는 명사 또는 대사가 와야 하므로 '他(그)'가 주어이다.

3. 어기조사 '吧'는 물음표와 함께 문장 끝에 위치하며 추측을 나타낸다.

他　是　从窗户　进来　的　吧?

주어　부사어　술어

94 ★★☆

烦恼　为　他　而　这件事情

정답 他为这件事情而烦恼。 | 그는 이 일 때문에 고민한다.

단어 **为…而…** wèi…ér… ~때문에 ~하다 | **烦恼** fánnǎo 형 고민스럽다

해설 1. 주어는 인칭대사 '他(그)'이다.

2. '为…而…'은 '~때문에 ~하다'라는 뜻으로 '为' 뒤에는 원인이 오고 '而' 뒤에는 결과가 나온다. 문맥상 이 일 때문에 고민하는 것이므로 '为这件事情而烦恼(이 일 때문에 고민한다)'로 연결한다.

他　为　这件事情　而　烦恼。

주어　부사어　술어

95 ★★☆

她　很难　这道题　做　发现

정답 她发现这道题很难做。 | 그녀는 이 문제가 정말 풀기 어렵다는 것을 발견했다.

단어 **发现** fāxiàn 동 발견하다 | **难** nán 형 어렵다

해설 1. 주어는 인칭대사 '她(그녀)'이다.

2. 문장 전체의 술어는 '发现(발견하다)'이다.

3. 목적어 자리에 '这道题很难做(이 문제가 정말 풀기 어렵다)'라는 주술구 목적어가 와야 한다.

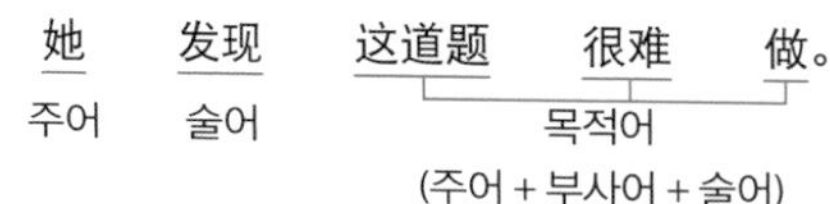

96 ★★☆

钥匙

모범 답안
她正在找车钥匙。

참고 답안
我找了半天也找不到我的钥匙。

그녀는 차 열쇠를 찾고 있다.
나는 한참 동안 찾았지만 내 열쇠를 찾지 못했다.

단어 正在 zhèngzài 부 지금 ~하는 중이다 | 车钥匙 chēyàoshi 명 차 열쇠

해설 제시된 어휘는 '钥匙(열쇠)'이고 사진 속 여자는 가방을 뒤적이며 무언가를 찾고 있다. '찾다'라는 뜻의 동사 '找'와 '자동차'라는 뜻의 명사 '车'를 써서 작문할 수 있다. 제시된 어휘가 명사이므로 열쇠와 어울리는 양사인 '把'를 써서 '一把钥匙(열쇠 하나)'라고 작문해도 좋다.

97 ★★☆

棵

모범 답안
我家院子里有一棵大树。

참고 답안
这棵大树和我在日本看过的一样。

우리 집 마당에 큰 나무 한 그루가 있다.
이 큰 나무는 내가 일본에서 본 것과 같다.

단어 院子 yuànzi 명 정원 | 棵 kē 양 그루(식물을 세는 단위) | 大树 dàshù 명 큰 나무

해설 제시된 어휘는 나무를 세는 양사 '棵'이고 양사는 '수량 + 양사 + 명사' 형식으로 쓴다. 사진 속에는 나무 한 그루가 있으므로 구체적인 장소를 넣어 '院子里有一棵大树(마당에 큰 나무 한 그루가 있다)'와 같이 작문할 수 있다.

98 ★★☆

搬

모범 답안
他们正在把沙发搬出去。

참고 답안
我一个人搬不动，所以他帮我搬出去。

그들은 지금 소파를 옮기고 있다.
나 혼자서는 옮길 수 없어서 그가 옮기는 것을 도와주었다.

단어 正在 zhèngzài 부 지금 ~하는 중이다 | 把 bǎ 개 ~을, ~를 | 沙发 shāfā 명 소파 | 搬 bān 동 옮기다

해설 제시된 어휘는 '搬(옮기다)'이고 사진 속 인물들은 소파를 옮기고 있다. '沙发(소파)'가 떠오르지 않는다면 '东西(물건)'와 같은 간단한 목적어로 바꾸어 표현해도 좋다. 현재 진행 중인 상황이므로 부사 '正在(지금 ~하는 중이다)'를 넣어 작문할 수 있다.

99 ★☆☆

讨论

모범 답안
这次会议上讨论的问题很重要。

참고 답안
他们讨论了一个下午。

이번 회의에서 토론하는 문제는 매우 중요하다.
그들은 오후 내내 토론했다.

단어 会议 huìyì 명 회의 | 讨论 tǎolùn 동 토론하다 | 重要 zhòngyào 형 중요하다

해설 제시된 어휘는 '讨论(토론하다)'이고 사진 속 인물들은 회의를 하고 있다. '他们在讨论(그들은 지금 토론 중이다)'과 같이 작문해도 좋고, '讨论'을 관형어 자리에 넣고 '문제'라는 뜻의 명사 '问题'와 '중요하다'라는 뜻의 형용사 '重要'를 써서 '~에서 토론하는 문제는 중요하다'라고 작문할 수 있다.

100 ★★☆

味道

모범 답안
这道菜的味道很好。

참고 답안
这道菜有营养，有味道。

이 요리의 맛이 매우 좋다.
이 요리는 영양도 있고 맛도 있다.

해설 제시된 어휘가 명사 '味道(맛)'이고 사진 속 인물들은 맛있게 음식을 먹고 있다. 요리를 세는 양사 '道'를 써서 주어를 꾸며주는 관형어 자리에 '这道菜(이 요리)'라고 작문하고, 정도부사 '很(매우)'과 형용사 '好(좋다)'를 써서 맛을 표현할 수 있다.

★ 고득점을 향한 쓰기 제2부분 연습 노트

96

97

98

99

100

★ 고득점을 향한 쓰기 제2부분 연습 노트

96

97

98

99

100

★ 고득점을 향한 쓰기 제2부분 연습 노트

96

97

98

99

100

★ 고득점을 향한 쓰기 제2부분 연습 노트

96

97

98

99

100

★ 고득점을 향한 쓰기 제2부분 연습 노트

96/

97/

98/

99/

100/

★ 고득점을 향한 쓰기 제2부분 연습 노트

96/

97/

98/

99/

100/

★ 고득점을 향한 쓰기 제2부분 연습 노트

96

97

98

99

100

★ 고득점을 향한 쓰기 제2부분 연습 노트

96

97

98

99

100

Memo

동양북스 추천 교재

일본어 교재의 최강자, 동양북스 추천 교재

회화 코스북

일본어뱅크 다이스키
STEP 1 · 2 · 3 · 4 · 5 · 6 · 7 · 8

일본어뱅크
좋아요 일본어 1 · 2 · 3

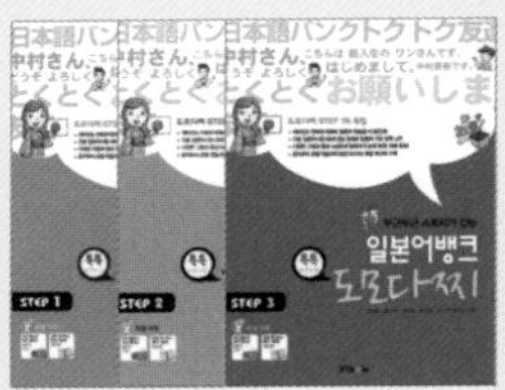

일본어뱅크 도모다찌
STEP 1 · 2 · 3

분야서

일본어뱅크
NEW 스타일 일본어 문법

일본어뱅크
일본어 작문 초급

일본어뱅크
사진과 함께하는
일본 문화

일본어뱅크
항공 서비스 일본어

가장 쉬운 독학
일본어 현지회화

수험서

일취월장 JPT
독해 · 청해

일취월장 JPT
실전 모의고사 500 · 700

일단 합격하고 오겠습니다
JLPT 일본어능력시험
N1 · N2 · N3 · N4 · N5

일단 합격하고 오겠습니다
JLPT 일본어능력시험
실전모의고사 N1 · N2 · N3 · N4/5

단어 · 한자

특허받은
일본어 한자 암기박사

일본어 상용한자 2136
이거 하나면 끝!

일본어뱅크
New 스타일 일본어 한자 1 · 2

가장 쉬운 독학
일본어 단어장

일단 합격하고 오겠습니다
JLPT 일본어능력시험
단어장 N1 · N2 · N3

중국어 교재의 최강자, 동양북스 추천 교재

중국어뱅크 북경대학 신한어구어
1·2·3·4·5·6

중국어뱅크 스마트중국어
STEP 1·2·3·4

중국어뱅크 집중중국어
STEP 1·2·3·4

중국어뱅크
문화중국어 1·2

중국어뱅크
관광 중국어 1·2

중국어뱅크
여행실무 중국어

중국어뱅크
호텔 중국어

중국어뱅크
판매 중국어

중국어뱅크
항공 서비스 중국어

중국어뱅크
시청각 중국어

정반합 新HSK
1급·2급·3급·4급·5급·6급

버전업! 新HSK 한 권이면 끝
3급·4급·5급·6급

버전업! 新HSK
VOCA 5급·6급

가장 쉬운 독학 중국어 단어장

중국어뱅크
중국어 간체자 1000

특허받은
중국어 한자 암기박사

동양북스 추천 교재

기타외국어 교재의 최강자, 동양북스 추천 교재

중고급 학습

첫걸음 끝내고 보는
프랑스어
중고급의 모든 것

첫걸음 끝내고 보는
스페인어
중고급의 모든 것

첫걸음 끝내고 보는
독일어
중고급의 모든 것

첫걸음 끝내고 보는
태국어
중고급의 모든 것

단어장

버전업! 가장 쉬운
프랑스어 단어장

버전업! 가장 쉬운
스페인어 단어장

버전업! 가장 쉬운
독일어 단어장

여행 회화

NEW 후다닥
여행 중국어

NEW 후다닥
여행 일본어

NEW 후다닥
여행 영어

NEW 후다닥
여행 독일어

NEW 후다닥
여행 프랑스어

NEW 후다닥
여행 스페인어

NEW 후다닥
여행 베트남어

NEW 후다닥
여행 태국어

수험서·교재

한 권으로 끝내는 DELE
어휘·쓰기·관용구편 (B2~C1)

수능 기초 베트남어
한 권이면 끝!

버전업!
스마트 프랑스어

일단 합격하고 오겠습니다
독일어능력시험
A1 · A2 · B1 · B2(근간 예정)